코퍼스 분석을 위한 한국어 전자사전 구축방법론

이 저서는 2013년 정부(교육부)의 재원으로 한국연구재단의 지원을 받아 수행된 연구임
(NRF-2013S1A6A4014641)
This work was supported by the National Research Foundation of Korea Grant
funded by the Korean Government(NRF-2013S1A6A4014641).

코퍼스 분석을 위한 한국어 전자사전 구축방법론

남지순

An Introduction to a Methodology of Implementing
Korean Electronic Dictionaries for Corpus Analysis

By Jeesun Nam

역락

책머리에

이 책은 한국어 코퍼스를 자동으로 처리하는 언어처리 시스템에서 필요로 하는 기계가독형(Machine-Readable) '한국어 전자사전'을 구축하기 위해 진행되었던 20여 년의 연구 결과를 담고 있다. 전자사전은 인쇄사전과 같은 지면상의 제한이 없는 속성상 지금도 지속적으로 보완·확장 중에 있으며, 이 책의 출간의 원동력이 되었던 한국연구재단 지원 프로젝트가 아니었다면 아직도 집필 작업은 끝나지 않았을 것으로 확신한다. 이런 점에서 이 책은 여전히 많은 아쉬움을 느끼게 하지만, 동시에 그동안의 오랜 마음의 짐을 조금은 덜어주는 고마운 계기가 되었다.

전자사전은 '사전'이라는 측면에서 인쇄사전 편찬자와 사전학 연구자, 어휘의미론이나 형태·통사 연구자들의 연구 영역과 닿아있고, '전자 즉 전산적'이라는 측면에서 자연언어처리 연구자와 컴퓨터공학자, 또한 현대의 언어처리 응용시스템 개발에 종사하는 실무적 연구들자의 관심 영역과 연결되어 있다.

전자사전은 인간을 위한 전자화된 디지털 사전과 달리, 컴퓨터 자동 처리를 위한 언어자원이 되므로, '기본형(Canonical Form) 표제어에 뜻풀이 정보'를 할당하는 것과는 근본적으로 다르다. 실제 언어처리에서 다루어야 하는 토큰(Token), 즉 '활용형(Inflected Form)' 어절을 표제어로 하는 것이 필요하며, 표제어에 대한 뜻풀이 정보대신 언어처리 시스템에서 요구하는 형태·통사·의미적인 정보가 일련의 형식적 태그(Tag) 방식으로 등재되어야 한다. 사전이 기본적으로 '표제어(Entry)'와 '관련정보(Information)'의 두 영역으로 구조화되는 점을 고려한다면, 인쇄사전과의 이와 같은 차이점을 통해 전자사전의 중요한 특징을 파악할 수 있다.

'표제어' 측면에서 볼 때, '활용형 표제어, 또는 활용형을 인식할 수 있도록 설계된 표제어'를 구축하려면, 영어나 다른 서구어에 비해 그 활용 양상이 훨씬 복잡하게 나타나는 한국어의 형태론적 속성을 명시적으로 빠짐없이 기술하는 과정이 선행되어야 한다. 영어와 같은 서구어에 비해 한국어 전자사전에 대한 연구가 본격화되지 않은 가장 중요한 이유이다. 이러한 실제 가능한 표면형, 활용형 어절들을 모두 찾아내는 작업과 함께, 그 형태적 구성성분들에 대한 문법적 태그를 올바르게 할당하는 작업이 요구된다. 한국어의 유형론적 특징을 고려할 때, 이러한 과정이 얼마나 까다로운 작업이 될지 예상하기 어렵지 않다.

'관련정보'의 측면에서 볼 때에는, 우선 형태소분석(Morphological Analysis) 단계에서 필요로 하는 기본 문법범주(POS) 정보 및 활용형과 연동되는 기본형에 대한 정보 등이 제공되어야 한다. 또한 구문분석(Syntactic Analysis)이나 의미분석(Semantic Analsysis)에서 필요로 하는 일련의 통사문형 정보나 어휘망, 의미분류 정보와 같은 일련의 다양한 언어 정보를 등재하고자 한다면, 이를 어떠한 방식으로 구축하고 또 어떠한 방식으로 그 결과를 구조화할 것인가를 고려해야 한다. 만일 이와 같은 사전의 확장성을 고려하지 않고 전자사전을 디자인하고 이에 기반한 응용시스템을 만들게 되면, 사전에 많은 정보들이 추가되어도 실제 텍스트 처리에 이를 효율적으로 적용하고 그 처리 결과를 제시하는 것이 가능하지 않게 된다. 가령 현행 한국어 형태소분석기들은 주어진 토큰에 대한 기본적 품사태그 정보만을 제공하게 설계되어 있고, 전자사전에는 이러한 기본 정보만이 내장된다. 결과적으로 현재의 전자사전에 다양한 언어학적 정보를 추가하는 것도 가능하지 않고, 추가가 이루어진다고 하여도 이를 실제 처리에 적용한 결과를 보일 수 있는 방법도 사실상 없는 것이다.

현재 이 책에서 소개하는 한국어 전자사전의 구축 방법론은 바로 이와 같은 문제 의식에 기반하여 이해될 필요가 있다. 이 책은 전체 6부로 구성되어 있다. 제1부에서는 전자사전과 관련된 몇 가지 주요 논점에 대한 전체적인 개관이 이루어지고, 제2부에서는 전자사전의 가장 중요한 원천이 되는 현행 인쇄사전의 문제점들에 대한 논의가 이루어진다. 이 부분은 그동안 여러 편의 단편들로 발표되었던 소논문들에 대한 요약과 정리를 포함하고 있다. 제 3부에서부터는 현재 구축된 DECO 한국어 전자사전에 대한 소개가 이루어진다. DECO (Dictionnaire Electronique du COréen) 전자사전은 프랑스 파리 제 7대학의 LADL연구소와 파리이스트대학의 LIGM연구소에서 개발된 DELA 프랑스어 전자사전과 호환 가능하도록 설계되었다. 이러한 호환성을 바탕으로 다국어 처리 플랫폼인 유니텍스(Unitex) 시스템에서 사전의 생성과 확장, 사전 적용 및 코퍼스 분석 등이 동일한 이론적 프레임에서 수행될 수 있다. 제3부에서는 DECO 사전의 어휘소의 표제어 구성과 기본 문법범주 정보 및 형태 정보 등에 대해 논의되었고, 제 4부에서는 통사문형 정보, 의미분류 정보, 그리고 감성분석과 같은 특정 응용영역에서 요구되는 감성분류 정보 등을 어떠한 분류체계를 토대로 하여 사전에 등재하였는가에 대해 논의되었다. 제5부에서는 문법소, 즉 활용후치사들에 대한 논의로서, 앞서 제3부와 제4부에서 제시된 어휘소 사전에 결합하는 일련의 후치사 복합형 사전이 유한상태 트랜스듀서(Finite-State Transducer) 방식으로 구조화되는 과정이 소개되었다. 끝으로 제6부에서는 이상에서 소개된 어휘소와 문법소 사전들을 어떻게 컴파일하여 실제 코퍼스 분석에 사용하는지에 대한 소개가 이루어졌다. 이상과 같이 현행 인쇄사전을 곧바로 전자사전으로 사용하기 어려운 문제점들에 대한 인식에서 출발하여, 실제로 언어처리에 사용될 수 있는 활용형 전자사전을 구현하기까지의 전 과정이 소개되었다.

*   *   *

이 책에 소개된 DECO 전자사전은 27만여 어휘소 표제어와 유한상태 트랜스듀서(FST) 방식으로 구현된 문법소 복합형에 대하여 530여 개의 분류태그 체계를 갖추고 있다. 44만여 기본형 표제어를 수록하고 있는 표준국어대사전에서 전문어와 북한어, 방언, 옛말을 제외하면, 일반어 표제어가 전체 17만여 항목의 규모인 점을 고려할 때, 현재 DECO 사전의 규모를 가늠할 수 있다. 이 책에서는 실제적인 구축 결과물에 대한 소개에 의미를 둠으로써, 기존의 형태론, 사전학, 통사·의미 연구 및 언어처리를 위한 형태소 분석기에 대한 관련 연구의 소개와 이론적 논의는 진행하지 않았다. 이와 함께 언어학적 '용어'에 대한 논쟁이나 개별 사례에 대한 심층적 논의도 유보하였다. 따라서 가능한 한 각주나 참고문헌의 부연 없이 기본적인 경험적 자료 위주의 논의에 집중하고자 하였다. 이러한 방식의 접근을 통해, 한국어 어휘 연구와 사전 구축, 그리고 언어학적 이론의 정립이나 언어처리 시스템을 개발하고자 하는 언어학 연구자 및 전산학 연구자들에게 실제 자료에 대한 직관을 제공하는 유용한 길잡이의 역할을 수행하기를 기대한다.

언어자료로서의 유용성과 별개로, 실제 언어처리를 위한 전자사전의 역할에서 볼 때 이와 같이 토큰의 표면형을 인식하는 활용형사전을 구축하는 접근법에 대해, 그 실효성에 의문점을 가질 수 있다. 한국어에서 명사가 여러 개 쉽게 결합하고, 논항 성분이 동사나 형용사 술어와 통합되어 나타나며 끊임없이 신조어가 출현하는 현상을 고려할 때, 한국어의 가능한 모든 어절을 표상한다는 것이 사실상 가능할까 회의적인 생각이 들기 때문이다. 이러한 관점에서 본다면, 활용형사전의 구축 대신에 일련의 언어 규칙 또는 확률적 추정 알고리즘을 통해 주어진 토큰을 적절하게 예측하거나 분리해내는 방법이 더 바람직할 수 있다. 그런데 혼동하지 말아야 할 것이, 활용형사전 구축의 접근법은 위와 같은 입장들과 배타적인 대립적 선택의 문제가 아니라는 점이다. 언어의 본질을 이루는 불변의 부분들에 대한 처리의 완성도를 높이려면 이와 같이 체계적인 방식으로 구축된 활용형사전의 제공이 반드시 요구된다. 이때 처리되지 않는 부분들에 대해 확률적 알고리즘을 보조적 기재로 사용하는 유연한 접근법이 필요한 것이다. 신조어 및 비정형적인 언어현상을 근거로, 방대한 양의 어휘적 특이성(Idiosyncrasy)의 현상을 모두 일정 규칙과 확률적 추정 알고리즘으로 처리하겠다는 생각은, 정도가 아닌 어떤 빠른 길을 찾겠다는 근시안적 사고의 한 모습이라 판단된다. 이 책에서는 오랜 시간과 노력이 소요되었으나 분명 하나의 결론에 도달할 수 있음을 경험적으로 보여줌으로써, 이 분야의 미래 연구자들이 보다 적극적이고 두려움없이 실제 언어 현실을 기술하고 이를 축적해가는 연구를 수행하는 데에 길잡이가 되기를 기대한다. 실제로 미분석어에 대한 형태소 분리 및 추정을 위한 기초적인 알고리즘의 구현은 방대한 사전 구축 작업에 비해서는 참으로 간단한 과정이다. 그런 점에서 전자사전의 미등록어에 대한 보완적 보조 장치로 고려되는 것이 필요하다. 현재 DECO 사전에 기반한 텍스트 분석 프로그램에서도 이러한 미분석어 추정 모듈을 내장하여 전체 성능을 향상하였다. 이 책에서는 이미 600쪽이 넘는 방대한 내용 탓에 현재 구축된 사전의 실제적 성능이나 이를 활용하는 다양한 활용 분야에 대해서는 더 논의하지 못하였다. 이에 대해서는 추후 별도의 지면을 통해 본격적으로 논의될 수 있기를 기대한다.

*   *   *

이 책이 완성되기까지에는 많은 스승님들과 선후배, 동료, 그리고 제자들의 도움과 노력이 있었다. 언어학과 국어학의 지지대가 되어주신 홍재성 교수님과 남기심 교수님, 이정민 교수님과 고영근 교수님, 그리고 전산학적 사유의 지평을 열어주신 최기선 교수님과 박세영 교수님께 진 빚이 많다. 이분들의 가르침과 관심을 통해 이 긴 여정이 진행될 수 있었다고 믿는다. 프랑스 파리 제7대학의 Maurice Gross 교수님의 가르침과 파리이스트대학의 Éric Laporte, Sébastien Paumier 교수의 도움과 열정이 없었다면 DECO 사전은 오늘의 이 모습에 이르지 못하였을 것이다. 멘토이면서 동료이며 친구인 Laporte 교수와 20여년간 학문적 열정을 공유해 올 수 있었던 것에 감사의 마음을 전한다. 캐나다 멕길대학의 Brendan Gillon, Glyne Piggott 교수님과 솔트룩스의 이경일 대표와 Ivan Berlocher 이사, 메타라이츠의 이창열 대표와 유성준, 송영빈 교수님에게도 마음속 고마움을 전한다. 인문학자로서 연구자로서 곁에서 힘이 되어준 전영철, 전종호, 이영훈, 김상범 교수님에게도 즐거운 감사의 마음을 표한다. 그리고 한국외대 언어인지과학과의 채희락, 송재목, 이해윤, 전종섭, Julien Eychenne 선후배 교수님들에게 그동안 표현하지 못했던 감사의 말씀을 전한다. 이 오랜 동안의 사전 구축 작업에 참여하고 함께 고민하고 헌신한 김소연 박사와 천승미, 고승희 박사, 안애림, 심승혜, 김새롬, 유광훈, 그리고 신동혁 연구원의 도움과 열정에 고마움을 표한다. 또한 연구 프로젝트 등을 통해 함께 참여하였고 원고의 교정 작업에도 도움을 준 조동희, 주희진, 최성용, 한재호, 그리고 황창회 연구원에도 따뜻한 감사의 마음을 전한다. 모두들 스승보다 더 멋진 후학들로 발전할 것을 믿는다. 끝으로 짧은 일정에도 믿고 지지해주신 역락출판사의 박태훈 이사님과 박윤정 과장님, 홍성권 대리님에게도 감사의 말씀을 전한다. 이 책은 학문하기의 즐거움을 함께 하는 수지와 예지, 기현, 세 사람의 이해와 사랑이 없이는 여기까지 오지 못하였다. 사랑하는 세 사람에게 이 책을 바친다.

차 례

02 　전자사전의 표제어 선정 및 문법범주 설정의 문제_69

03   DECO 어휘소 기본형사전의 하위분류와 형태정보_175

04　DECO 어휘소 기본형사전의 통사 · 의미 · 감성분류 정보_355

05 DECO 활용클라스와 문법소 복합형 그래프사전_491

Ⅰ. 한국어 어휘의 기본형과 활용형 / 491

Ⅱ. DECO 활용클라스 분류 / 500

06 유니텍스 플랫폼 기반 활용형사전 컴파일과 코퍼스 분석_627

표차례

코퍼스 분석(Corpus Analysis)과 전자사전(MRD)

I │ 코퍼스와 '텍스트 자동 처리'의 개념

1. 텍스트 자동 처리(Automatic Text Processing)

코퍼스 분석은 현대의 언어학 연구 분야뿐 아니라 다양한 인문·사회과학적 연구에서도 중요한, '언어자료 분석'이라는 귀납적인 의의를 가진다. 현대 언어학에서 코퍼스는 디지털화된 실제 자료체로서, 이를 자동으로 처리할 수 있는 분석도구 또는 플랫폼의 제공을 전제로 한다. 이때 '텍스트를 자동으로 처리'한다는 의미를 되짚어보면 다음과 같은 의미가 함축되어 있음을 확인할 수 있다.

1.1. '텍스트(Text)'의 개념

텍스트의 개념은 다음 두 가지 영역으로 구분될 수 있다.

문어 텍스트(Written Text)	구어 텍스트(Spoken Text)

일반적인 영역에서 기본이 되는 개념은 글로 쓰여진 문서를 의미하는 '문어 텍스트'이다. '구어 텍스트'는 음성(Speech)이라는 개념을 대신하기도 하며 이러한 음성 발화를 전사표기

(Transliteration)한 것이라는 의미를 갖기도 한다. 문어 텍스트가 음성에 대립되는 개념으로 이해될 때, 문서(Text)라는 용어로 명명되기도 한다. 문서의 처리와 달리 음성의 처리는 '텍스트 분석' 대신에 '음성 인식(Speech Recognition)'이라 명명되며 '텍스트 생성' 대신에 '음성 합성(Speech Generation)'이라고 명명된다. 음성, 즉 구어 텍스트의 분석 문제는 문어 텍스트에 비해 좀 더 까다로운데, 음성은 궁극적으로 모두 문서의 단계로 변환된 후, 문서의 분석 기술이 적용되어야 하기 때문이다. 이때 음성이 문서로 변환되는 단계, 즉 음성 자동 인식 단계에서 많은 에러가 발생하게 되므로, 이와 같이 오류율을 포함하게 되는 변환된 문서에 대한 자동 분석을 적용하게 되면 그 결과의 신뢰도는 한층 더 낮아지게 된다. 구어 텍스트의 생성 문제도 문어 텍스트로 생성된 결과물이 다시 음성으로 변환되는 단계, 즉 음성 자동 합성 단계를 적용해야 하기 때문에 이 과정에서 얼마만큼 정확하게 음성·음운 규칙이 기술되어 있느냐에 따라 그 결과의 질이 달라지게 된다.

1.2. '자동(Automatic)'의 개념

자동이라는 개념도 다음의 두 가지 영역을 포함한다.

완전 자동 (Fully Automatic)	부분 자동: 컴퓨터 보조(Computer-Aided) 인간 보조(Human-Aided)

즉 '완전 자동'은 처음부터 끝까지 인간의 개입 없이 컴퓨터가 모든 처리를 수행하는 경우를 일컬으며 '부분 자동'은 컴퓨터가 사람의 작업의 일부 과정에 개입하여(Computer-Aided) 처리를 도와주는 기능을 하거나, 반대로 사람이 컴퓨터의 작업의 전후에 개입하여 (Human-Aided) 처리의 질을 높이는 경우 등을 일컫는다. 가령 전자의 예는 전문번역가에게 여러 사전적 의미를 제시하여 주는 경우가 해당하고, 후자의 예는 컴퓨터에 의해 번역을 수행할 때 중의성이 발생하는 경우 최종 선택을 사람이 하는 경우가 해당한다. 일반적으로 '자동'으로 처리를 한다고 할 때에는 전자와 같은 완전 자동의 개념을 의미하는 경우가 많지만, 활용 분야의 복잡도에 따라 부분 자동의 방식을 채택하는 것이 보다 효율적인 경우가 나타난다.

1.3. '처리(Processing)'의 개념

처리라는 개념도 다음의 두 가지 방향을 포함한다.

분석(Analysis)	생성(Generation)

즉 '분석'과 '생성'의 작업이 여기 해당하는데, 실제 현재 활용 분야에서 자동 분석의 기술은 자동 생성의 기술보다 훨씬 더 많은 분야에서 요구되고 있으며 그러한 요구에 부합될 수 있는 자동 분석의 기술력은 상당한 수준에 이르러야 유용한 경우가 많다. 예를 들어 키워드 및 질의문에 기반한 인터넷 정보의 검색이나 문헌 도서의 검색, 맞춤법 교정기 등에서 일반적인 자연어 단어 및 문장들을 올바르게 분석해야 하는 경우가 여기에 해당한다.

'분석'은 이미 자연어로 되어 있는 일정 텍스트를 컴퓨터가 필요로 하는 일정 포맷(Format)의 형태로 변환하는 작업으로 정의된다. 예를 들어 자연어 문서에서 발견되는 일련의 문자열, 즉 '문장'을 형태 정보가 부착된 형식의 나열로 바꾸어준다든지(즉 '형태소/어휘 분석' 단계) 또는 문장 구조 정보가 표시된 형태로 변환한 결과를 보여주는 작업(즉 '구문 분석/파싱' 단계)이 여기 해당한다. 반면 '생성'은 이와 반대로 일정 형태·구문 정보 태그 및 규칙, 형식 표지들에 기반하여 인간이 사용하는 일반 자연어 문장의 형태로 바꾸어주는 과정을 의미한다. 예를 들어 사용자가 요구하는 일정 정보가 검색되었을 때 그 결과를 대화체로 재구성하여 사용자에게 제공하는 서비스 등에서 한국어 어법에 맞는 올바른 문장이 생성되어야 할 필요가 있다. 그러나 '생성'은 일정 정형화된 표현으로 한정할 수 있는 반면, '분석'은 실제 언어 사용자들이 사용하는 모든 표현들을 모두 인식하여 분석해 낼 수 있어야 한다. 이러한 점에서 '분석' 모듈은 언어 규범의 예외적인 표현들을 포함하여 훨씬 더 다양한 언어 현상들을 인식해 낼 수 있어야 한다는 부담을 안게 된다.

2. 텍스트 자동 분석과 전자사전

현대 언어처리 연구 분야에서 '텍스트 자동 처리'라는 개념을 이런 관점에서 재정의하면 '문어 텍스트에 대한 컴퓨터에 의한 분석 작업'으로 특징지어질 수 있다. 바로 이러한 정의가 이 책에서 논의하고자 하는 전자사전의 기능과 연결된다.

실제로 컴퓨터에 의한 자연어 텍스트 분석은 어떠한 방식으로 수행될까? 심리언어학자들의 실험에 의하면 인간은 다른 사람의 말이나 글을 이해할 때 주어진 문장에 대한 단계별 분석보다는 통합적인 인식과 이해의 과정을 거친다고 추정된다. 그러나 현 단계의 언어처리 기술은 일련의 모듈화된 분석 단계를 거쳐 진행되도록 설계된다. 첫 단계에서 '형태소 분석(Morphological Analysis)[1]'이 진행되고, '구문 분석(Syntactic Analysis)[2]'이 적용된 후, '의미 분석'

과 '화용 분석(Pragmatic Analysis)'이 적용되는 방식이다. 이것은 언어에 대한 지식을 배제하고 통계적 확률에 기반하는 신경망 알고리즘과 같은 기계학습 방법론에 전적으로 의존하지 않는 한, 여전히 유효한 '고전적 방법론'이다.

형태소분석은 주어진 텍스트에서 각 단어, 즉 토큰(Token)을 인식하여 이들에 대한 품사나 원형 등을 찾아내는 단계이고, 구문분석은 이렇게 분석된 토큰들이 어떠한 방식으로 문장을 구성하고 있는지를 밝혀내는 작업이며, 의미분석은 이렇게 구조화된 문장 전체가 어떠한 의미를 전달하고 있는 것인지를 기술하는 작업이다. 최종적으로 화용분석은 문장을 넘어서는 요소들이나 문맥, 발화 상황 등을 고려하여 문장 층위에서 파악되지 않은 그 외의 추가적인 화자의 의도 등을 파악하는 단계이다.

컴퓨터에 의한 자동 '분석'은 인간과 달라, 이를 '이해(Understanding)'라는 표현으로 설명하는 것은 무리가 있다. 실제로 인간과 같이 총체적이고 동시적인 언어이해 방식을 시뮬레이션하는 것은 현재 기술로는 아직 쉽지 않다. 더욱이 위와 같이 단계별로 분할된 프로세싱 방법이 선호되는 이유가 더 있는데, 첫째는 현재의 자동 분석 기술이 충분히 만족할 만한 수준에 이르고 있지 못하기 때문이다. 단계별 모듈 방식의 분석이 수행될 때 어느 모듈에서 문제점 및 오류가 있는가의 점검이 용이하며 이때 모듈별로 그 기능을 향상시키는 작업이 더 효과적으로 수행될 수 있다. 둘째로 현대의 응용 분야에 따라서는 위의 모든 모듈이 필요하지 않은 분야들이 존재하기 때문이다. 가령 인터넷 정보검색 시스템들은 형태소 분석 단계만으로도 사용자가 요구하는 기본적인 결과를 제안할 수 있으며, 구문 분석이나 의미 분석과 같은 단계를 수행함으로써 발생하는 검색 속도 저하의 문제를 고려할 때 오히려 이러한 모듈의 설정에 신중을 기해야 한다.

전자사전은 위와 같이 모듈화된 텍스트 분석 시스템의 가장 기초 단계인 '형태소분석' 단계에서 요구되는 언어자원을 내장해야 한다. 텍스트의 토큰을 분석하는 데에 일차적으로 필요한 모든 정보들을 담고 있는 저장소로서, 이러한 전자사전이 어느 정도의 완성도를 보이는가에 따라 향후 그 시스템 전체의 성능이 좌우된다. 형태론적으로 간단한 언어는 이러한 언어 정보를 프로그램 내부에 규칙의 형태로 처리하는 방식을 사용하기도 한다. 형태론적으로 복잡한 언어의 경우도, 초기의 시스템 메모리와 처리 속도 등 하드웨어의 제약이 심했던 시기에는 이를 최소의 공간과 자원으로 처리하기 위해 사전보다는 일정 규칙의 형태를 선호하였다. 그러나 언어에 따라 형태론적 특징이 이런 방식으로는 통제하기 적합하지

---

1) 또는 '어휘분석(Lexical Analysis)'으로 명명되기도 한다. 이 두 개념의 차이를 분명히 하는 학자들도 있으나 여기서는 이러한 용어에 대한 논의는 유보한다. 한국어와 같이 형태론적으로 복잡한 언어의 경우 '형태소분석'이라는 용어가 상대적으로 더 적절한 면이 있다.

2) '파싱(Parsing)'으로 명명되기도 한다.

않을 정도의 복잡한 경우가 나타나며, 특히 이와 같은 정보를 저장하고 추출하는 하드웨어의 성능이 빠른 속도로 발전하면서 대용량의 언어 정보를 사전의 형식으로 구조화하는 알고리즘의 문제는 더이상 논의의 핵심에 놓이지 않게 되었다. 문제는 자연언어의 복잡한 형태론적 특징을 얼마나 정교하게 파악하고 기술하여 이를 프로그램이 사용할 수 있는 전자자원의 형태로 제공할 수 있을 것인가에 있으며, 전자사전은 바로 이러한 가장 기초적인 요구의 대상이면서도 여전히 많은 연구자들의 갈증을 풀어주지 못하는 완결되지 않은 진행형의 연구 대상으로 남아있게 되었다.

Ⅱ 전자사전의 '표제어(Entry) & 정보(Information)' 구조

1. 전자사전과 인쇄사전

'전자사전(Electronic Dictionary)'은 인간사용자를 위한 종이사전이 온라인사전 등으로 디지털화된 '전자화된 사전'과 달리, 실제 컴퓨터 처리를 위해 개발된 컴퓨터용 사전으로 '기계가독형사전(Machine-Readable Dictionary: MRD)으로 명명하기도 한다. 컴퓨터가 어떠한 일을 목적으로 하는가에 따라 사전에 등재되어야 하는 정보의 유형과 구조가 달라질 수 있으나, 근본적으로 인간 사용자에게 사전의 가장 중요한 기능의 하나가 표제어의 '뜻풀이'에 대한 정보의 제공이라면, 기계의 경우에는 이러한 정보를 형식화하여 제공하는 것이 용이하지 않다. 현행 시스템에서 전자사전은 텍스트 자동 처리의 각 단계별 모듈에서 요구하는 일련의 정보들을 제공하는 것을 일차적인 목표로 한다.

이런 관점에서 가장 기본적인 정보 형태는 실제 코퍼스에서 관찰되는 각 토큰(Token) 단위를 인식할 수 있는 활용형 사전 정보가 된다. 여기서 텍스트에 실현되는 '표면형 단위'를 나타내는 '토큰'이 언어학적으로 어떠한 단위에 대응하는가는 언어에 따라 차이를 갖는다. 토큰은 일반적으로 처리의 효율성을 위하여, 명시적인 형식 기준에 의해 인식될 수 있는 형태로 정의된다. 즉 띄어쓰기가 존재하는 언어(Segmented Language)의 경우 '여백(Space)'과 같은 명시적 기준으로 분할된 단위를 기본 단위로 설정할 수 있어, 중국어나 일본어와 같이 띄어쓰기가 나타나지 않는 언어(Non-Segmented Language)에 비해 상대적으로 토큰 인식 작업이 수월하게 된다. 띄어쓰기가 존재하는 언어에서도 한국어의 경우 '토큰'은 '어절'에 대응되며, 영어나 프랑스어 같은 서구어의 경우는 '단어'에 더 가까운 개념이 된다.

한국어의 어절은, 동사나 형용사의 경우는 복합적인 활용어미가 결합한 '활용형(Inflected form)' 형태로 실현되며, 명사와 일부 부사의 경우는 복합적인 '조사'가 결합한 형태로 실현된다. 따라서 한국어의 경우는 동사/형용사의 어간에 활용어미가 결합한 형태, 그리고 명사/부사의 경우는 조사가 결합한 형태에 대한 사전 정보를 제공하는 것이 전자사전의 일차적인 기능이 된다. 즉 인간 사용자를 위한 인쇄사전이 '기본형(Lemma)'을 표제어로 하고, 각 표제어별 활용 특징과 형태·통사·의미 정보 등을 제공한다면, 컴퓨터를 위한 전자사전에는 '활용형'이 표제어가 되어 이들의 기본형 정보 및 이와 연관된 일련의 언어학적 정보들이 함께 제공되는 것이 필요하다. 이런 측면에서 활용형을 표제어로 하는 전자사전은 기본형에 '활용특징'을 간략히 소개하는 전자화된 인쇄사전과는 근본적으로 다른 차원의 것이 된다.

그런데 한국어와 같이 형태론적으로 복잡한 언어의 경우 이러한 활용형 사전의 규모는 서구어의 경우와는 비교가 되지 않는다. 영어의 경우 활용형 사전은 기본형 사전의 평균 2배 규모로, 그리고 프랑스어의 경우는 약 10배 규모로 확장된다고 알려져 있다(Courtois 1987). 명사와 형용사의 성·수의 변화, 동사의 1·2·3인칭 단수·복수의 다양한 서법의 활용 변화로 인해 프랑스어의 경우 9만여 개의 기본형 표제어로부터 90만 개의 활용형 표제어 사전 DELAF가 구축된 바 있다. 한국어의 경우는 이와 같은 비교 자체가 사실상 무의미하다. 활용형을 구성하는 활용후치사들이 여러 개 중첩한 후 선행하는 어근 또는 어간에 결합하면서 그 수를 폭발적으로 확장시키기 때문이다.

번호	언어	명사 표제어 수	활용형 생성 방식	어림 예시
(1)	프랑스어	10만	10만 x 4	$4 \times 10^5 = 40$만 개
(2)	한국어	10만	10만 x 10^2 x 10^3	10^{10} = 100억 개

표 1. 프랑스어와 한국어의 활용형 규모의 예시

표 1에서 보는 바와 같이 프랑스어와 한국어의 명사 기본형 표제어수를 10만개 정도로 설정한다고 할 때, 성과 수의 변화에 의해 최대 4배 정도로 확장되는 프랑스어의 경우는 약 40만개의 명사 활용형을 생성하게 된다. 반면 한국어의 경우 명사 표제어를 같은 10만개 정도로 설정한다고 해도, 여기에 결합 가능한 복합형 조사들의 목록을 구축한 후 이들과의 결합 가능성이 계산되어야 한다. 복합조사의 경우 코퍼스에서 고빈도로 관찰되는 유형으로만

한정지어도 10^2여개, 즉 100여개에 이르므로 이를 산술적으로 어림 계산하면 명사 어절의 수는 천만 개에 이르게 된다. 문제는 여기에 다시 일련의 활용어미가 결합할 수 있다는 데에 있다. 즉 서술격조사, 또는 지정사라 명명되는 '이다'의 결합인데, 가령 다음을 보자.

(1ㄱ) 봄입니다 | 봄이에요 | 봄이었겠군요 | 봄이라는군 | 봄이라서 | 봄이었으니까
(1ㄴ) 역에서였어요 | 역까지입니다 | 역에서부터예요 | 역에서였을까요

위의 (1ㄱ)은 명사 '봄'에 '이다'의 활용형이 결합한 예를 보이고 (1ㄴ)은 명사 '역'에 일련의 조사가 결합한 후 다시 여기에 '이다'가 결합한 어절의 예를 보인다. 이와 같은 방식으로 생성될 수 있는 어절의 수는 실제로 출현할 수 있는 활용어미 원소를 일부만 추가하여도 기하급수적으로 증가하기 때문에 이 자체를 어림하기도 쉽지 않다. 현행사전에서 생성 가능한 기초적인 형태들로만 한정지어도 10^3여개, 즉 1,000여개에 이르므로 이를 고려한 전체 명사 어절의 수를 환산하면 표 1에서 보이는 바와 같이 산술적으로는 무려 100억개의 활용형 표제어를 생성한다는 추정이 가능하다. 지속적으로 확장되는 명사 표제어의 현상을 유보하더라도 이같은 방식으로 생성될 수 있는 동사와 형용사 활용형을 고려하면 한국어 활용형 사전의 예상 규모가 서구어의 것과 얼마나 차이를 보일지 쉽게 가늠할 수 있다.

이러한 문제는 활용형 사전의 표제어가 될 모든 '조합가능'한 어절의 목록을 제시해야 하는 언어학자 또는 사전학자에게 적지 않은 부담이 될 뿐만 아니라, 이를 실제 시스템에서 사용될 수 있는 데이터구조(Data Structure)로 구현해야 하는 전산학자에게도 중요한 도전이 되었다. 방대한 언어 정보를 보다 효율적으로 저장(Storage)하고 검색(Retrieval)할 수 있는 데이터 구조 및 검색기법(Searching Algorithm)에 대한 연구가 중요한 논점이 되었던 이유가 여기에 있다. 그러나 이러한 문제는 알고리즘과 하드웨어의 놀라운 발전으로 더 이상 논의의 중심에 있지 않다. 문제는 여전히 이렇게 복잡한 양상을 보이는 활용형에 대한 정보를 어떻게 체계적으로 알아낼 것인가에 대한 질문이다. 현재 한국어 철자법교정기와 같은 프로그램에서 사용하고 있는 활용형 정보 사전이나 텍스트 처리 시스템의 형태소분석기에서 사용하는 활용형 정보 사전에는 일련의 하이브리드한 방식으로 한국어 어절을 분석하기 위한 정보들이 끊임없이 추가되고 있다. 그만큼 영어나 다른 서구어와는 비교되지 않을 만큼의 노력을 필요로 한다. 현재 한국어 텍스트 자동처리를 수행할 수 있는 모든 기업체와 연구소, 학교 등에서는 어떠한 수준과 형식으로든 이러한 활용형 어절을 인식할 수 있는 활용형 사전을 보유하고 있다. 그러나 사전을 구축하는 사전학자 및 언어학자에 의해 체계적인 방식으로 디자인된 경우가 드물기 때문에 이러한 전자사전에 대해 발표되어 있는 관련 연구를 찾아보기 어려운 것이 현 상황이다.

2. 전자사전에 수록되는 '표제어'의 개념

텍스트 자동 분석 시스템의 첫 단계에서부터 요구되는 '전자사전'은, 가장 기본적으로 제공해야 하는 몇 가지 정보 유형으로부터 많게는 수십 가지의 다양한 유형의 정보를 제공한다. 실제로 전자사전이 제공하는 정보의 범위에 따라 그 규모와 성격, 심지어 명칭이 달라져야 하는데, 가령 복합어(Complex Forms) 및 여러 개의 단위로 이루어진 구(Phrase)에 대한 정보까지 확장하여 제공하는 경우, 더이상 단어 수준의 정보를 담고 있는 '사전(Lexicon, Dictionary)'이라기보다 구 또는 구문 수준의 정보를 담고 있는 부분적 '문법(Grammar)'과 같은 성격이 되기 때문이다. 이러한 특징으로 인해 전자사전을 보다 넓은 의미로 '언어자원(Linguistic Resources)' 또는 '전자 데이터베이스(Electronic Database)' 등으로 명명하기도 한다.

앞서 논의한 바와 같이, 컴퓨터로 텍스트를 자동 분석하기 위해 일차적으로 요구되는 전자사전은, 무엇보다도 텍스트에 출현하는 실제 '표면형(Surface Form)'에 대해 일련의 언어학적 정보를 제공해야 한다. 표 2를 보자.

번호	출처	표제어	정보
{1}	인쇄사전	가다	[동사]: 1. 한 곳에서 다른 곳으로 장소를 이동하다 [...]
{2}	코퍼스	간	(문맥) 간 사람
{3}	전자사전	간	⇒ 가다 [동사]: 관형형 어미가 결합한 활용형

표 2. 인쇄사전과 코퍼스, 전자사전의 기본단위의 예시

인쇄사전의 표제어는 표 2의 {1}과 같이 소위 '기본형'이 된다. 반면 실제 텍스트에 출현하는 형태는 {2}와 같이 '활용형'이 되므로, 이와 같은 형태를 처리하기 위한 전자사전은 {3}과 같이 '활용형'을 표제어로 제공해야 한다. 그렇지 않을 경우 '가다'와 '간'은 서로 다른 형태가 되므로 별도의 정보 없이는 프로그램은 이러한 두 개의 상이한 형태를 하나의 동사로 인식할 수 없기 때문이다. 활용 현상이 간단한 영어와 같은 언어에서는 일련의 규칙을 통해 처리하는 '스테머(Stemmer)'와 같은 처리방식이 제안되기도 하였으나, 한국어와 같이 형태론적으로 복잡한 언어에서는 성능의 효용성이 너무 낮기 때문에 적절하지 않다.

이때 {3}의 활용형 표제어 사전에 첨부되는 일련의 정보들에는, 이것이 {가다}라는 '기본형'의 활용된 형태라는 정보가 포함되어야 하며, 현재의 활용형이 가령 서술형인지 명사형인지 아니면 관형형인지 등과 같은 '활용정보'도 아울러 제공되어야 한다. 이러한 정보들을 명시적으로 표현하기 위해, 일련의 '태그셋(Tagset)'이라는 분류체계와 사전의 형식구조에 대한 논의가 전제되어야 한다. 가령 {3}은 표 3과 같은 방식으로 형식화될 수 있다.

번호	활용형	사전 정보
{4}	간	{가, 가다. VS+ZVZ+REP+YVEZ+QMOM+EV#EV11} {ㄴ, ㄴ. EV+DT+PAS}

표 3. 전자사전의 기본단위에 대한 형식화의 예

위의 형식은 현재 이 책의 후반부에서 소개할 DECO 전자사전의 형식구조를 보이고 있는데, 위의 '사전 정보'는 다음과 같은 정보들을 함축적으로 내포하고 있다.

- 우선 '간'이라는 토큰이 '가'와 'ㄴ'의 두 개의 형태소로 구성되어 있음을 나타낸다.
- 각 형태소의 기본형이 각각 '가다'와 'ㄴ'으로 설정되어 있음을 확인할 수 있다.
- 두 형태소의 경계는 { }와 같은 중괄호로 분리되어 있다.
- 각 형태소 내부는 3개의 영역으로 구분되어 있음을 볼 수 있다. 이때 3개의 영역은 쉼표(,)와 마침표(.)를 각각 구분자(Separator)로 하여 설정되어 있다.
- 형태소 내부의 첫 영역은 표면형을 보이고, 두 번째 영역은 기본형을 보인다. 마지막 영역은 일련의 사전정보들이 '+'를 통해 연결되고 있는데, 여기서 '가다'와 같은 어휘소와 'ㄴ'과 같은 문법소는 내부 정보의 성격이 다르다. 어휘소의 경우는 품사분류 정보(VS), 형태특징 정보(REP), 통사구문 정보(YVEZ), 의미분류 정보(QMOM) 등이 수의적으로 결합하고, 마지막에 'EV#EV11'과 같은 활용클래스 정보가 부착된다. 문법소의 경우는 3가지 층위로 계층 구조화된 문법 정보, 즉 '동사후치사(EV)+관형형(DT)+과거(PAS)'와 같은 정보가 제공된다. 어휘소의 경우는 기본형 '가다' 표제어에 수록된 일련의 언어 정보들을 계승하고 있는 것으로, 즉 '간, 갈, 갔다, 갑니까' 등과 같은 활용형 표제어의 어간 부분에 이와 같이 기본형 사전에 수록된 언어 정보가 동일하게 계승되는 방식으로 사전이 구축된다. 이러한 작업은 활용형 사전이 자동으로 생성되면서 기본형 표제어에 수록된 일련의 정보들이 자동으로 계승되도록 설계되어야 한다.

즉 표 4에서 보이는 바와 같이, '가다'를 표제어로 하는 {5}과 같은 기본형 사전이 구성되고, 이로부터 앞서 표 3에서 살핀 {4}뿐 아니라 표 4의 {6}/{7}과 같은 활용형 형태들이 같은 방식으로 생성될 수 있다.

번호	표제어	사전 정보
{5}	가다	VS11+ZVZ+REP+YVEZ+QMOM
{6}	갈	{가, 가다. VS+ZVZ+REP+YVEZ+QMOM+EV#EV11}{ㄹ, ㄹ. EV+DT+FUS}
{7}	가면서	{가, 가다. VS+ZVZ+REP+YVEZ+QMOM+EV#EV11}{면서, 면서. EV+LI+AND}

표 4. 전자사전에 수록되는 '기본형'과 '활용형' 표제어의 예

표 4의 {5}의 '사전 정보' 란의 첫 성분에 부착되어 있는 활용클라스 번호(VS11)가 이 동사의 다양한 활용형을 생성하기 위한 중요한 열쇠가 된다. 이에 대해서는 다음 제5부와 제6부에서 상세하게 기술된다.

3. 전자사전에 수록되는 '정보'의 개념

3.1. 전자사전에 수록되는 정보 유형

'표제어(Entry)'와 '정보(Information)'로 이루어지는 사전 구조에 있어, 표제어의 선정만큼이나 중요한 문제가 어떠한 정보를 사전에 수록할 것인가의 문제이다. 인쇄사전은 사전에 따라 차이가 있지만 일반적으로 '표제어'와 '발음정보/품사정보/의미정보/연어정보/유사어정보/어원정보/통사정보' 등과 같은 언어 정보들을 제공한다. 반면 전자사전의 경우는 응용 시스템의 목적에 따라 또한 각 분석 모듈에 따라 요구되는 사전 정보의 성격이 달라진다. 전자사전에는 각 모듈별 분석에 필요한 정보가 제공되어야 하므로 일반적으로 각 모듈에 해당하는 다음과 같은 유형의 정보들이 제공된다(Amstrong-Warwick 1995).

- 형태 정보(Morphological Information): 단어의 품사, 활용, 파생 정보 등
- 통사 정보(Syntactic Information): 통사 문형구조 정보 등
- 의미 정보(Semantic Information): 의미자질, 논항구조 등
- 그 외 정보 부류(Other Information): 정의 및 번역 등 응용분야별 정보 등
- 음성·음운 정보(Phonetic & Phonological Information): 음성인식/합성 연관 정보

표 5는 기계번역용 사전 연구에 특화되어 있는 SYSTRAN 사전의 'Concern' 항목의 일부 기술과 오른쪽의 프랑스어 대역어 정보의 예를 보인다.

DC		STEM/ID	POS	TM MEANING
01		CONCERN	1010 HMRTN=3,GN=(N,S),PW	00 SOUCI
	41	CONCERNS	SYN-ABS, MS	
00		CONCERN	0404 HMRTN=3,GN=(S,P),1S,2S,1P,2P,3P,PR,PW	00 CONCERN
	40	CONCERNS		
	40	CONCERNING	SYN=ATRAN, PREPR=(WITH)	
	40	CONCERNED	C/P-WITH=(B=26- -PAR)	

DC	STEM/ID	POS	TM MEANING
00	CONCERNED	2024 HMRTN=21,GN=(S,P)	00 INT3ERESS3E
		SYN-APHI	
01	CONCERNING	5050 HMRTN=36	00 CONCERNANT
			G0 CONCERNANT

표 5. SYSTRAN 기계번역용 사전의 'Concern' 항목의 정보 기술 예

이 표의 예시에서 볼 수 있는 것처럼 전자사전은 인간사용자를 위한 사전이 아니기 때문에 다양한 언어 정보들이 일정 약속된 코드 또는 태그 형식으로 변환되어야 한다. 또한 이러한 모든 언어 정보들이 등재되기 위해서 가장 우선적으로 표면형, 또는 활용형에 대한 정보가 구조화되어 함께 제공되어야 함을 볼 수 있다.

3.2. 태그셋(Tagset)의 설정

각 표제어에 가장 우선적으로 할당되는 정보는, 전통적으로 문법을 구축하기 위하여 단어에 할당하였던 '품사(Part Of Speech: POS)' 또는 현대 언어학의 '문법범주(Grammatical Category)'라는 개념에 기반한다. 그러나 그 사용 목적이 상이하므로 실제적인 내용에 있어서는 기존 언어학에서의 분류 체계와 일치하지 않는 경우가 많다. 언어학 연구에서 '품사'는 사람을 위한 문법적 분류 체계로서 연구나 교육을 위한 목적으로 구성되었다면, 자동처리를 위한 문법 범주, 또는 '태그셋(Tagset)'은 컴퓨터 처리를 위한 도구로서 다음과 같은 원칙에 기반하여 가능한 상세한 정보가 제공될 수 있어야 한다.

- 체계적인(Systematic) 방식
- 빠짐없는(Exhaustive) 방식
- 일관된(Coherent) 방식

대부분의 언어 처리 시스템에서 자동분석을 위한 문법범주는 전통 언어학에서 사용한 품사 분류 체계보다 좀 더 상세한 분류 방식을 사용한다. 그런데 '태그셋'의 상세함의 정도를 어느 수준으로 해야 할지를 결정하는 것이 쉽지 않다. 문법범주, 즉 태그셋의 분류가 상세하면 할수록 이렇게 태깅된 문서로부터 구문분석 연구와 같은 그 다음 단계의 연구를 수행하는 것이 훨씬 용이해지지만(또한 구문 규칙 등을 구성하는 데에도 훨씬 용이하며), 형태소 분석 단계에서 이로 인해 발생하는 중의성(Ambiguity)의 수는 훨씬 증가하게 되어, 결과적으로 분석의 오류율이 높아지게 된다.

이와 반대로 '태그셋'의 구조를 매우 간단하게 구성한다고 하자. 현행 학교문법에서 채택하는 한국어 9품사 분류 체계와 유사하게 또는 그보다 단순하게 태그셋을 구성한다면, 앞서의 경우처럼 상세하게 분류되어 있는 방식에 비해 중의성 발생이 현저하게 감소하므로 분석의 성공률이 매우 향상될 것이다. 가령 '체언' 부분에 대해서 표 6과 같은 3가지 분류 체계를 가정해 보자.

학교문법 품사분류	<A> 단순태그셋 분류	<B> 복잡태그셋 분류	<B> 표제어예
명사	명사	일반명사	일1
		고유명사	
		의존명사	
		단위명사	일2
		서술명사	일3
대명사		1인칭 대명사	
		2인칭 대명사	
		3인칭 대명사	
수사		수사	일4

표 6. 체언에 대한 단순태그셋/복잡태그셋 비교 예시

이 표에서 보듯이, 가령 '일'과 같은 형태가 코퍼스에서 출현한다면, 현행 학교문법의 품사 분류에서는 '명사'와 '수사'의 2가지 분석 가능성이 제시될 것이고, A체계에서는 오로지 '명사'라는 1개의 태그로만 분석이 수행될 것이다. 그러나 B체계에서는 '일반명사/단위명사/서술명사/수사' 등 최소한 4가지 중의성이 발생할 것이다. 태그 체계가 복잡하면 할수록 분석의 중의성이 증가하여 정확한 태깅(Tagging)이 어려워진다. 반면 태그 체계가 간단하면 할수록 분석이 용이하나, 이렇게 획득된 결과로부터 여러 다양한 정보를 추출하고자 할 때 실제적 유용성이 현저히 떨어지게 된다.

태그셋을 구성할 때 발생하는 이와 같은 딜레마를 해결하기 위해서 관련 학계에서는 지속적인 논의가 이루어져 왔다. 그러나 이에 대한 근본적 정답을 제시하기는 어렵다. 이러한 태그셋의 설정과 이를 기반으로 하는 형태소 분석은 대부분의 자동 분석 시스템에서 일차적으로 요구되는 핵심 모듈이기 때문에 이에 대한 신중한 접근이 요구된다. 아래에서 소개될 DECO 전자사전 시스템은 위에서 살핀 A체계와 B체계를 모두 선택할 수 있도록 계층화된 태그셋 구조를 채택하고 있다. 사용자, 또는 시스템의 요구에 따라 상세 구분된 태그 체계 전체를 사용할 수도 있고, 또는 최소한으로 대분류된 단순 태그 체계만을 선택 적용하는 것도 가능하도록 구조화되어 있다는 점이 중요한 특징이다.

4. 토큰 분석방법 및 분석결과 표상 방식

4.1. 영어와 한국어의 토큰분석 방법 비교

그렇다면 형태론적으로 한국어보다 간단한 영어와 같은 언어에서의 활용형 분석은 어떻게 이루어질까? 표 7은 영국 BNC(British National Corpus) 코퍼스에 대한 영어 활용형 토큰의 분석 결과의 예를 보인다(Hausser 2001).

번호	표제어	사전 정보
{1}	go	VVB
{2}	gone	VVN
{3}	going	VVG

표 7. BNC 코퍼스의 영어 활용형 토큰 분석의 예

영어의 경우 일반적으로 전자사전과 형태소분석기에서 채택하는 토큰분석 방법은 형태소 단위가 아닌 '토큰' 전체에 대한 분석 결과를 도출하는 방법이다. 이러한 경우, 앞서 한국어의 경우와 비교할 때 다음과 같은 특징이 차이로 나타난다.

- 내부 형태소 분할 정보가 제공되지 않는다.
- 활용형, 즉 표면형에 대응되는 기본형 정보가 제공되지 않는다.
- 활용형 토큰 전체에 대한 태그가 할당되므로 각 형태소별 태그가 존재하지 않는다.

즉 예를 들어 'going'이 'go+ing'으로 구성된다는 내부 분할 정보가 제공되지 않고 그 기본형이 {go}라는 정보도 제공되지 않는다. 또한 'going' 자체가 일종의 분사 활용형임을 표시하는 '토큰 전체에 대한 태그'로 {VVG}가 결합하였다. BNC 코퍼스에 사용된 태그셋은, HMMs(Hidden Markov Models) 기반 자동태깅을 위한 학습용 주석 코퍼스를 사람이 직접 구축하기 위하여 구두점을 제외한 '139개'의 태그로 상세 분류된 'C7 태그셋'과 이를 통해 자동으로 태깅을 하는 데 사용하기 위해 '61개'로 간단 분류된 'C5 태그셋'으로 구별된다. 자동태거에 의해 획득되는 태깅 결과는 C5 태그셋을 통해 표 7에서와 같이 나타나는데, 여기 사용된 태그의 예를 더 살펴보면 표 8과 같다.

번호	태그	의미	예시
1	AJ0	일반 형용사	good, old
2	CRD	숫자, 수사 부류	one, 3609
3	NN0	일반명사로 단복수 통용	data, committee
4	NN1	단수 일반명사	pencil, goose
5	NN2	복수 일반명사	pencils, geese
6	NP0	고유명사	London, IBM
7	UNC	미분석 어휘	-
8	VVB	현재 활용형 동사어휘	forget, send
9	VVD	과거 활용형 동사어휘	forgot, sent
10	VVG	현재분사 -ing 활용형 동사어휘	forgetting, sending
11	VVI	부정법 활용형 동사어휘	forget, send
12	VVN	과거분사 활용형 동사어휘	forgotten, sent
13	VVZ	3인칭단수 -s 활용형 동사어휘	forgets, sends

표 8. BNC 코퍼스의 자동 태깅을 위한 '간단태그셋 C5'의 일부 예

영어의 경우와 같이 토큰 전체에 태그를 부여하는 방식은, 한국어와 같이 형태론적으로 복잡한 언어의 경우에는 적합하지 않다. 다음 두 가지 이유로 설명될 수 있는데, 첫째는 가령 한 동사에 대해 1천여 개의 활용형이 존재한다면 이들을 구별하는 태그의 수도 1천여 개로 확장되어야 하기 때문이다. 영어의 경우 한 동사에서 활용 가능한 형태가 많아야 10개를 넘지 않고, 이보다 복잡한 프랑스어의 경우도 최대 50개 형태를 넘지 않는 것으로 밝혀져 있다. 한국어와 같이 하나의 기본형으로부터 생성될 수 있는 활용형의 수가 많고 복잡한 언어에는 이러한 방식의 적용은 적절하지 않다. 둘째는 이처럼 활용 현상이 복잡한 언어의 경우는 각 형태소 단위에 대한 정보를 제공하는 것이 중요하기 때문이다. 가령 표 9와 같이 '서술형 과거'를 표현하는 다양한 형태의 동사 활용형에 공통으로 실현된 과거시제 형태소 {었}을 분석하여 정보를 제공하는 시스템은 한국어 연구에서는 매우 유용한 시스템이 된다.

번호	표제어	사전 정보
(1)	갔다	{가,가다.VS+ZVZ+REP+YVEZ+QMOM+EV#EV11}{ㅆ,었.EV+MT+PAS}{다,다.EV+TE+DEC}
(2)	잡았다	{잡,잡다.VS+ZVZ+REP+YVLZ+QINA+EV#EV01}{았,었.EV+MT+PAS}{다,다.EV+TE+DEC}
(3)	먹었다	{먹,먹다.VS+ZVZ+REP+YVLZ+QBIC+EV#EV02}{었,었.EV+MT+PAS}{다,다.EV+TE+DEC}
(4)	했다	{하,하다.VS+ZVP+HAP+YVLZ+QINA+EV#EV26}{ㅆ,었.EV+MT+PAS}{다,다.EV+TE+DEC}

표 9. 과거시제 형태소 {었}이 실현된 토큰에 대한 분석 정보의 예

즉 표 9에서 제시된 4개의 활용형 '갔다/잡았다/먹었다/했다'에는 과거시제 형태소 {었}이 명시적으로 드러나 있지 않다. 그러나 이들에 부착되어 있는 '사전정보'를 참조하면, 모두 동일한 형태소 {었}을 내포하고 있고 이들이 각각 어떠한 표면 형태로 활용되어 실현되었는지를 파악하는 것이 가능하다. 즉 {었}의 표면형으로 'ㅆ/았/었/ㅆ'이 실현되었음을 알 수 있다.

영어를 중심으로 하는 현대의 언어 처리 연구 이론서에서 형태소분석에 대한 논의가 상대적으로 소홀한 것은, 바로 이와 같이 형태론적으로 단순한 영어의 언어학적 속성에서 기인한다. 한국어의 경우 이러한 형태소분석을 성공적으로 수행해 낼 때 다른 언어에서보다 훨씬 심화된 정보를 제공할 수 있는 기틀이 마련되므로, 그 다음 단계 연구의 난이도가 상대적으로 수월해질 수 있는 장점이 있다.

4.2. 토큰분석 결과의 표상 방식

한국어 토큰분석 결과에, 위에서 논의한 바와 같이 '토큰 구성 형태소 정보'와 '기본형 정보', 그리고 '각 구성성분에 대한 태그 정보' 등이 할당된다고 하더라도, 이를 어떠한 방식으로 구조화할 것인가는 사전과 형태소분석 모듈에 따라 달라진다. 가령 DECO 전자사전에서는 다음과 같은 3가지 유형의 옵션이 제공되어, 토큰분석 결과의 제시에 있어 다양한 선택이 가능하다.

- 계층화된 태그셋 기반 정보유형의 선택 옵션
- 태그셋 결합 형식에 대한 선택 옵션
- 분석결과의 시각화 선택 옵션

다음에서 이에 대해 하나씩 살펴보기로 한다.

4.2.1. 계층화된 태그셋에 기반한 정보유형의 선택

앞서 논의한 바와 같이 태그셋 체계가 여러 단계로 계층화되어 있는 경우, 연구의 목적에 따라 이를 유연하게 선택하는 것이 가능하다. 표 10은 각 구성성분에 대해 핵심 태그만 선택해 적용한 결과를 보인다.

번호	표제어	사전 정보
(7ㄱ)	갔다	{가,가다.VS+EV#EV11}{ㅆ,었.EV}{다,다.EV}
(7ㄴ)	잡았다	{잡,잡다.VS+EV#EV01}{았,었.EV}{다,다.EV}
(7ㄷ)	먹었다	{먹,먹다.VS+EV#EV02}{었,었.EV}{다,다.EV}
(7ㄹ)	했다	{하,하다.VS+EV#EV26}{ㅆ,었.EV}{다,다.EV}

표 10. 토큰의 각 구성성분에 대범주 '핵심 태그'만 적용하여 분석한 결과

즉 어휘소의 경우 표 9의 '가다'에 수록된 태그 {VS+ZVZ+REP+YVEZ+QMOM}는 일련의 형태·통사·의미 정보를 나타내는데, 이들이 모두 '+'로 연결되어 있어 연구의 목적에 따라 표 10처럼 핵심 분류 정보, 또는 일련의 특정 유형의 정보만을 선택적으로 적용하는 것이 가능하다. 문법소의 경우도, '다'에 수록된 태그 {EV+TE+DEC}는 동사 후치사(EV) 중 종결형(TE)이며, 그중 서술형(DEC) 하위 범주에 속한다는 정보가 '+'의 계층 구조로 연결되어 있어 이로부터 일부 유형만을 선택하는 것이 가능하다.

이와 같은 사전의 구조와 이에 대응되는 태그셋의 깊이를 선택할 수 있는 유연성은 연구 목적에 따라 매우 중요한 장점이 된다. 사전의 상세 분류를 사용하는 경우, 가령 '자동사' 구문을 취하는지(YVEZ 태그 이용)와 같은 통사적 속성과 '이동'의 의미자질을 갖는 동사(QMOM 태그 이용)라는 특징을 이용하여 언어 연구를 진행할 수 있으며, 활용후치사의 '목적(PUR)' '양보(CNS)' '시간(TME)' 등의 다양한 의미적 특징을 세부 태그 정보로부터 추출하여 이를 언어 연구에 활용할 수 있다. 반면 이러한 세분류가 이루어지면 동일한 형태에 대한 분석의 중의성 발생 확률이 높아지게 된다. 앞서도 논의한 바와 같이 특히 단음절어나 고빈도어 어휘에서 두드러지는데, 예를 들어 '명'과 같은 어휘는 하나의 명사(NS)라는 대범주에서는 중의성이 발생하지 않지만, 명사의 상세 분류의 태그체계가 적용된 사전 분석 결과를 보게 되면 표 11과 같이 '일반명사(ZNZ)'와 '의존명사(ZND)'의 두 가지 사전 검색 결과가 추출된다.

번호	표제어	사전 정보
{1}	명	{명,명.NS+ZNZ+JN#JN02}
{2}	명	{명,명.NS+ZND+JN#JN02}

표 11. 표제어의 상세 분류에 따른 중의성 예시

실제로 일반명사로 사용된 '명'의 경우, '목숨'을 나타내는 의미와 '명령'을 나타내는 의미의 구별이 가능하다. 의존명사로 사용된 경우는 '사람을 세는 단위'로서의 의미를 갖는다. 인간사용자를 위한 사전에서 이와 같은 '뜻풀이'는 가장 중요한 사전 정보가 되지만, 이러한 의미 분류 기준은 형식화하고 객관화하기가 어렵다. 예를 들어 표준국어대사전을 보면

모두 11가지의 명사 '명'이 수록되어 있다. 더욱이 이를 어떠한 방식으로 형식화하여 컴퓨터가 인식할 수 있도록 전자사전에 수록할 것인가의 문제를 해결하기가 쉽지 않다. 이러한 이유로 현재 전자사전에는 소위 뜻풀이에 해당하는 언어 정보는 형식적 표지를 통해 매우 제한적인 방식으로 등재된다. 이러한 의미적 다양성을 유보한다고 하더라도, 형식화할 수 있는 품사 분류 체계가 세분화될수록 분석의 중의성이 증가하게 된다. 이 경우 연구 목적에 따라 코퍼스 분석시 '명'을 단지 명사(NS)라는 대범주로만 설정한 태그셋을 적용하는 것이 바람직할 수 있다. 가령 연구자가 '단음절로 된 명사'의 출현 빈도를 조사하고자 한다면, 위에서 보다 단순화된 태그셋을 적용한 사전을 이용하는 것이 바람직하다.

4.2.2. 태그셋 결합 형식에 대한 선택

위와 같은 태그셋 유형의 선택뿐 아니라, 실제 동일한 태그셋의 사전을 적용한 결과에 대해서도 태그셋 결합 형식을 사용자가 선택할 수 있다. 가령 앞서 표 9의 예들은 표 12와 같은 방식의 포맷으로 자동 변환되어 제공될 수 있다.

번호	표제어	태그셋 결합 형식의 선택
(1)	갔다	가/가다/VS/ZVZ/REP/YVEZ/QMOM/EV#EV11+ㅆ/었/EV/MT/PAS+다/다/EV/TE/DEC
(2)	잡았다	잡/잡다/VS/ZVZ/REP/YVLZ/QINA/EV#EV01+았/었/EV/MT/PAS+다/다/EV/TE/DEC
(3)	먹었다	먹/먹다/VS/ZVZ/REP/YVLZ/QBIC/EV#EV02+었/었/EV/MT/PAS+다/다/EV/TE/DEC
(4)	했다	하/하다/VS/ZVP/HAP/YVLZ/QINA/EV#EV26+ㅣㅆ/었/EV/MT/PAS+다/다/EV/TE/DEC

표 12. 태그셋 결합 형식의 다른 유형

표 12에서는 표 9에서 사용된 '콤마(,)'와 '마침표(.)', '+' 구분자가 모두 '슬러시(/)'로 변환되어 있으며, 각 형태소 경계가 { } 대신 '+'로 바뀌어 있는 것을 볼 수 있다. 이러한 표현 형식은 전자사전과 형태소분석 프로그램에 따라 결정되는 임의의 선택이어서 실제로 다양한 형식을 관찰할 수 있다. 가령 표 13은 세종 프로젝트에서 개발된 글잡이 형태소분석기에서 제공하는 형태소분석 결과의 예를 보인다.

번호	표제어	세종 글잡이사전 형태소분석 표현형식
(1)	갔다	가/VV+었/EP+다/EF
(2)	잡았다	잡/VV+었/EP+다/EF
(3)	먹었다	먹/VV+었/EP+다/EF
(4)	했다	하/VV+었/EP+다/EF

표 13. 세종 글잡이사전 형태소분석 표현 형식

표 13의 형식에서는 기본형 어휘에 형태변이가 일어날 때, 각 형태소가 어떠한 표면형으로 실현되는지에 대한 정보가 제공되지 않는다. 가령 과거 시제의 선어말 어미 {었}이 각 동사 활용형에서 어간과 결합할 때 어떻게 변이를 보이는지가 명시적으로 제시되지 않는다. 또한 이 동사들이 각각 어떠한 활용클라스에 속하는지 활용 정보가 제시되지 않으며, 어휘소의 추가적인 정보 태그를 나열할 수 있는 방법도 마련되어 있지 않다. 사전을 지속적으로 확장하는 경우, 이와 같은 코퍼스 분석 결과에 확장된 사전적 정보를 추가할 수 있도록 하려는 사전편찬자의 관점이 반영되지 않은 결과이다. 또한 '었'이나 '다'와 같은 문법소의 경우에도 'EP(선어말어미)'와 'EF(종결어미)'라는 대분류 표지 하나만을 할당할 수 있어, 앞에서와 같은 다양한 층위의 분석 결과를 제시하는 확장성을 갖추지 못했음을 확인할 수 있다.

4.2.3. 분석결과의 시각화 선택

토큰에 대한 형태소 분석 결과를, 일반적인 리스트 방식에서 벗어나 시각화한 방식으로 표상하는 선택이 가능하다. 방향성그래프(Directed Acyclic Graph: DAG) 방식으로 시각화하는 것인데, 예를 들어 그림 1은 앞서 표 12에서 제시된 '갔다'의 분석결과를 DAG 방식으로 표상한 결과를 보인다.

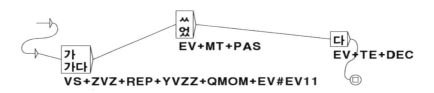

그림 1. 표제어 '갔다'에 대한 방향성 그래프 방식의 시각화 표상

하나의 문장 전체를 선조적(Linear)인 방향성 그래프 방식으로 제시하는 경우, 형태소 분석 결과에 대한 가독성(Readability)을 높이는 효과가 있다. 위에서 박스 내부(Input)에 표상된 부분은 '표면형'과 '기본형'이다. 이 둘의 형태가 동일할 경우에는 '다'와 같이 한번만 표시되도록 설정되어 있다. 박스 하단(Output)의 태그들은 이러한 '어휘 성분'에 대한 다양한 사전 정보를 나타낸다. 이러한 시각화는 주어진 문장 내의 토큰들이 다양한 중의적 분석의 가능성을 갖는 경우, 이를 효과적으로 관찰하고 연구하는 데에 있어 사용자에게 보다 직관적인 환경을 제공한다.

5. 활용형 사전 적용과 중의성 발생의 문제

코퍼스에서 관찰되는 토큰은 '기본형'이 아닌 '활용형'이므로, 이를 처리하기 위한 전자사전의 표제어는 활용형이 된다는 논의를 하였다. 활용형 사전이 구성되는 경우, 이러한 어절 구성의 조합의 수가 큰 폭으로 확장되므로, 주어진 토큰에 대한 분석의 중의성 비율이 크게 증가하는 결과가 나타난다. 앞서 논의한 '간'의 예를 보자. 기본형 '가다'에 비해 표면형 '간'은 표 14와 같이 최소 8가지의 표제어에 대응될 수 있다.

번호	표제어	'간'의 8가지 활용형 표제어
{1}	간	간/간/NS/ZNZ/XQRL/JN#JN02
{2}	간	간/간/NS/ZNU/XQRL/JN#JN02
{3}	간	간/간/NS/ZNT/JN#JN02
{4}	간	간/간/NS/ZND/JN#JN02
{5}	간	가/가/NS/ZNZ/JN#JN01+ㄴ/는/JN/AU/THE
{6}	간	가/가/NS/ZND/JN#JN01+ㄴ/는/JN/AU/THE
{7}	간	가/갈다/VS/ZVZ/EV#EV05_2+ㄴ/ㄴ/EV/DT/PAS
{8}	간	가/가다/VS/ZVZ/EV#EV11+ㄴ/ㄴ/EV/DT/PAS

표 14. '간'의 8가지 활용형 표제어

즉 명사 '간'으로 사용된 경우, '간을 보다'와 같은 의미와 '간이 나쁘다' 등과 같은 의미의 일반명사(ZNZ)가 있고, 수사 체계(ZNU)에 사용되는 저빈도 수 표현 명사로 '간(澗)'이 있다. '간 밤에'와 같이 관형사(ZNT)로 사용된 경우가 있고, '친척들 간에'와 같이 사용된 의존명사(ZND)가 있다. 또한 명사 '가'가 조사 'ㄴ'과 결합하는 가능성으로서, 이 경우도 일반명사(ZNZ)로서 '가'와 의존명사(ZND)로서 '가'가 가능하다. 동사의 경우도 두 가지 분석이 가능한데, 즉 동사(ZVZ) '가다'가 과거시제 관형형 어미 'ㄴ'과 결합한 경우와 동사(ZVZ) '갈다'가 관형형 어미 'ㄴ'과 결합한 경우가 관찰된다. 즉 이와 같이 8가지의 중의적 표제어가 관찰된다.[3]

이때 이를 DAG 형식으로 표상하게 되면 표 14와 같은 리스트나 테이블 형식의 표상 방식에 비해 보다 뛰어난 가독성을 제공할 수 있다. 위에 나타난 8가지의 분석 중의성을 그림 2와 같은 DAG 형식으로 제시한 형태와 비교해 보자.

---

3) 이것은 현재 이 단어의 뜻풀이와 같은 의미적 속성은 모두 배제하고 품사정보와 같은 형식적 특징만을 고려한 결과이다. 가령 표준국어대사전에는 위의 {1}~{4}에 해당되는 경우에 한해 모두 16가지의 표제어가 수록되어 있다.

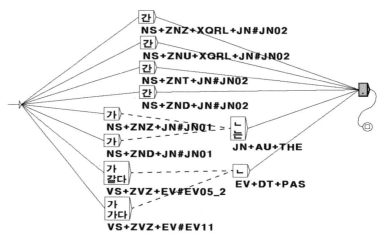

그림 2. 중의성 분석 결과를 DAG 형태로 표상한 예

　　하나의 문장에 이와 같은 토큰이 여러 개 연결되어 실현된다는 점을 고려할 때, 한 문장에서 발생할 중의적 분석의 개수가 얼마나 폭발적으로 나타날 것인가 예상할 수 있다. 가령하나의 문장이 10개의 토큰으로 구성되어 있고, 이때 각 토큰의 형태소 분석 가능성을 위의8가지보다 적은 평균 5가지 정도로 가정한다고 해도, 그 문장의 분석 가능 경로는 모두 510개가 될 것이다. 궁극적으로 약 천만개(= 9,765,625개)에 이르는 수치이다. 이중 올바른 분석은 단 1가지가 되므로 이와 같은 형태소 분석이 성공적으로 수행되려면 '1/천만'의 확률의성공률을 해결해야 함을 볼 수 있다. 언어처리에서 모든 층위에서의 '중의성' 문제의 해결이 궁극적으로 중요한 이슈의 하나가 되는 이유이다.

Ⅲ　DECO 한국어 전자사전의 태그셋

1. 활용형사전을 구성하는 어휘소 & 문법소의 태그셋

DECO(Dictionnaire Electronique du COréen) 사전은 프랑스 파리 제7대학교(Université Paris 7)의 LADL

연구소(Gross 1993)와 파리이스트대학(Université Paris-Est-Marne-la-Vallée: UPEM)의 LIGM 연구소에서 구축된 DELA 프랑스어 전자사전과 사전 구축 모델을 공유하여 구현되었다. 파리이스트 대학교(UPEM)의 컴퓨터공학자(Laporte 2005, Paumier 2003)들과의 공동연구를 토대로 개발된 유니텍스(Unitex)-KOREAN 플랫폼을 통해 한국어 활용형사전을 자동으로 생성할 수 있다.

코퍼스 분석시에 컴퓨터가 인식해야 하는 형태는 인쇄사전에 등재되는 '기본형' 표제어가 아니라 실제 표면형태인 '활용형'이 되기 때문에, 모든 기본형 표제어에 대하여 결합 가능한 모든 활용후치사(Inflectional Suffix) 정보가 제공되어야 한다. 활용변화의 관점에서 한국어의 어휘소 범주를 분류하면, 명사와 부사, 동사, 형용사의 네 가지 범주로 구분할 수 있는데, 여기서 명사와 부사에는 '조사'로 명명되는 일련의 후치사가 결합하고, 동사와 형용사에는 '어미'로 명명되는 후치사 부류가 결합한다. 부사의 경우에 아주 제한된 형태의 보조사 유형만이 수반될 수 있어 명사 부류와는 구별되지만, 활용형 생성의 측면에서 보면, 명사와 부사에는 조사가 결합하고, 형용사와 동사에는 어미가 결합하는 형식으로 유형화하는 것이 가능하다. 따라서 DECO 전자사전은 다음과 같이 구조화되어 언어처리에 필요한 활용형 정보 및 형태·통사·의미 정보들을 제공하게 된다.[4]

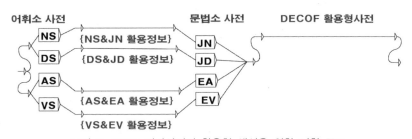

그림 3. DECO 전자사전의 활용형 생성을 위한 결합 구조

우선 '명사부(NS), 부사부(DS), 형용사부(AS), 동사부(VS)'의 4가지 대범주에 대한 어휘소 사전이 구성된다. 명사부는 학교문법의 '명사, 대명사, 수사, 관형사[5] 부류를 모두 포함하고, 부사부는 학교문법의 '부사'와 '감탄사' 범주를 포함한다. 동사부와 형용사부는 각각 '동사'와 '형용사'를 나타낸다. 학교문법의 9품사 중 '조사'는 '어미'와 함께 문법소의 영역에서 기술된다.

각 어휘소는 그 내부에 할당된 활용정보를 통해, 각각 '명사후치사(JN), 부사후치사(JD), 형용사후치사(EA), 동사후치사(EV)'의 4가지 문법소 사전과 연결된다. 이를 통해 최종적으로 활

---

4) 학교문법의 '조사'와 '어미'에 대해서는 이들에 대한 중립적인 용어로 '활용후치사', 또는 '문법소'를 사용하기로 한다. '명사/부사/형용사/동사'는 어휘소로 총칭하고, 이들이 결합하여 구성되는 토큰에 대해서는 어절, 표면형, 또는 활용형 등의 용어를 함께 사용하기로 한다.

5) 즉 '관형사'는 DECO 사전에서 '후치사 비결합 유형'으로 분류된다.

용형사전이 구성된다. 이 문법소들은 서로 여러 개가 결합한 복합형을 구성하여 어휘소와 연결되는데 이러한 결합 조건 및 결합 순서, 형태 등에 있어 매우 복잡한 제약 관계가 존재한다. 현재 유한상태 트랜스듀서(Finite State Transducer: FST)[6] 방식으로 구현되어 있는 문법소 복합형 사전에는 각 활용후치사 원소에 대한 태그 정보가 수록되며, 어휘소의 다양한 형태·통사·의미적 정보들은 리스트 형식의 사전에 여러 분류 태그 정보로 수록된다. DECO 어휘부 사전에 수록된 정보의 유형을 정리하면 다음과 같다.

- {DECO-POSInf}   문법범주 대분류/중분류/세분류 정보
- {DECO-MorInf}   형태 정보
- {DECO-LexGram}   통사 문형 정보
- {DECO-SemOnto}   의미 분류 정보
- {DECO-PolLex/NegLex/PsyLex}   감성 분류 관련 정보
- {DECO-EntLex/FeaLex/DomLex/LanLex}   개체명/자질명/도메인/다국어 정보

앞서 언급한 바와 같이, 어휘소 사전에 수록된 정보의 태그들은 '+'로 연결된 구조로 되어 있다. 문법소 사전에 수록된 계층 구조의 태그들도 '+'로 연결된 구조로 되어 있다. 어휘소 사전은 리스트 방식으로 기술된 후 컴파일되지만, 문법소 사전은 방향성 그래프 방식으로 기술된 후 FST로 컴파일된다. 다음은 어휘소 표제어에 수록되는 태그들의 형식과 예시를 보인다.

순서	태그 의미	태그 자리수	태그 특징	예
1	품사 대범주	2음절	활용번호 수반	NS01
2	품사 중범주/세범주	3음절	{Z} 접두/ NA	ZNZ
3	형태정보	3음절	NA	PHO
4	통사정보	4음절	{Y} 접두	YAED
5	의미정보	4음절	{Q} 접두	QHUM
6	감성정보	4음절	{QX} 접두	QXPO
7	개체명정보 외	4음절	{XX} 접두	XXPE
8	그 외	NA	NA	가마01
예시	토끼,NS01+ZNZ+QANM 산책하다,VS25+ZVP+PHA+CHN+QMVN+YVLS 사랑스럽다,AS06+ZAP+SPM+QPSY+YAEE			

표 15. 어휘소 범주의 관련 정보 유형과 태그 형식

---

[6] 이에 대해서는 다음 제4부를 참조할 것.

다음은 문법소에 부착된 태그 형식과 예시를 보인다.

순서	태그 의미	형식	예
1	대범주	2음절	EV, JN
2	통사·의미 중범주	2음절	TE, LI
3	통사·의미 세범주	3음절	DEC, INT

예시	는, 은. EV+DT+PRE 처럼, 처럼. JN+AU+COM 께서, JN+CA+HON

표 16. 문법소 범주의 3단계 태그 형식

이상과 같은 방식으로 태그셋 분류가 수행되면, 가령 다음 (1)과 같은 문장에 대한 분석 결과는 그림 4에서와 같이 된다. 그림 4는 분석 결과를 방향성 그래프 방식으로 표상한 예이다.

(1) 그 토끼가 사랑스러워요

그림 4. 실제 문장에 어휘소/문법소의 사전정보를 적용한 결과의 DAG 표상

이상과 같은 방식으로 구성되어 있는 '어휘소'와 '문법소'의 태그셋의 계층적 체계를 살펴보면 다음 장에서 보이는 바와 같다.

2. DECO 태그셋(DECO-Tagset)의 계층적 구조

2.1. 학교문법 9품사와 세종 태그셋, 그리고 DECO 태그셋의 비교

언어처리 시스템에서 사용하는 전자사전은 일반적으로 학교문법의 9품사나 기존의 문법서에서 제시하는 품사분류 방식보다 상세 분류가 수행된 문법범주 체계를 사용한다. 이를 통해 각 시스템에서 최적화된 태그셋을 제시하게 된다. 표 17은 학교문법의 9품사와 언어

처리를 위한 대표적 태그셋의 일환인 '세종 태그셋'을 본 연구에서 제안하는 DECO 태그셋의 분류 체계와 비교한 결과를 보인다.

학교문법 9품사분류			세종 45가지 태그셋		DECO 태그셋 분류 (11 대범주 & 97 중(세)범주)		
자립유무	5언	9품사	태그	설명	활용클라스 기반 분류	중범주	품사 및 실제표제어수 (생산성)기반 분류
단어	체언	명사	NNG	일반 명사	명사부 (NS)	ZNZ	{일반} 단순명사
						ZNX	{일반} 파생·복합명사
						ZNF	{일반} 외래명사
						ZNM	관형명사
						ZNW	시사명사
			NNP	고유 명사		ZNE	고유명사
			NNB	의존명사		ZND	의존명사
		수사	NR	수사		ZNU	수사
		대명사	NP	대명사		ZNP	대명사
	수식언	관형사	MM	관형사	부사부 (DS)	ZNT	관형사
		부사	MAG	일반 부사		ZDZ	비생산적 부사
						ZDP	생산접미사 부사
						ZDW	시사 부사
			MAJ	접속 부사		(ZDZ+QSUB)	(하위범주) 접속부사
	독립언	감탄사	IC	감탄사		ZDE	감탄부사
	용언	동사	VV	동사	동사부 (VS)	ZVZ	비생산적 동사
			VX	보조 용언		ZVP	생산접미사 동사
						ZVW	시사 동사
		형용사	VA	형용사	형용사부 (AS)	ZAZ	비생산적 형용사
						ZAP	생산접미사 형용사
						ZAW	시사 형용사
			VCN	부정 지정사		(ZAZ+CPA)	(하위범주) 지정사 '아니다'
			VCP	긍정 지정사	CP (서술)	IDA	'이다'(형용사어미와 결합)
	관계언	조사 (9범주)	JKS	주격 조사	명사부 후치사 (JN) / 부사부 후치사 (JD)	CA (논항 조사) · SUB	주격 조사
			JKC	보격 조사		ATT	보격 조사
			JKO	목적격 조사		OBJ	목적격 조사
			JKQ	인용격 조사		DIS	인용격 조사
			JKB	부사격 조사		DAT	여격 조사
						LOC	장소격 조사
						SOU	출처격 조사
						CAU	원인격 조사
						TTL	도구/자격격 조사
						COM	비교격 조사
			JKV	호격 조사		VOC	호격 조사

학교문법 9품사분류			세종 45가지 태그셋		DECO 태그셋 분류 (11 대범주 & 97 중(세)범주)			
		JX	보조사		AU (보조조사)	THE	주제 보조사
						ADD	첨가 보조사
						LIM	한정 보조사
						CCS	양보 보조사
						NUA	양태 보조사
		JKG	관형격 조사		LK (연결)	GEN	소유 연결조사
		JC	접속 조사			EXP	나열 연결조사
					SP (특수 조사)	SPO	구어 특수조사
						PLU	복수 특수조사
						PER	인명 특수조사
						LIN	삽입 특수조사
형태소	선어말 어미	EP	선어말 어미	동사부 후치사 (EV) / 형용사 후치사 (EA)	MH (존대 삽입)	SUH	주어존대 삽입어미
						INH	청자존대 삽입어미
						SIN	주어청자존대 삽입어미
					MT (시상 삽입)	PAS	과거시상 삽입어미
						PRE	현재시상 삽입어미
						FUS	미래추정시상 삽입어미
						REM	회상시상 삽입어미
					MI (중간 삽입)	DDA	인용서술형 중간삽입어미
						DCP	인용지정사 중간삽입어미
						DIN	인용의문형 중간삽입어미
						DIM	인용명령형 중간삽입어미
						DSU	인용청유형 중간삽입어미
						LIN	연결 중간삽입어미
	어말어미	EF	종결 어미		TE (종결 어미)	DEC	서술형 종결어미
						INT	의문형 종결어미
						IMP	명령형 종결어미
						SUG	청유형 종결어미
						EXC	감탄형 종결어미
		EC	연결 어미		LI (연결 어미)	CND	조건 연결어미
						REA	이유 연결어미
						TME	시간 연결어미
						CNS	양보 연결어미
						AND	첨가 연결어미
						DES	기술 연결어미
						DIS	인용 연결어미
						PUR	목적 연결어미
					AL (양태 삽입)	AUH	존칭 양태 삽입어미
						AUX	보조 양태 삽입어미
		ETN	명사형 전성어미		NO (명사)	EUM	'ㅁ'결합 명사어미
						GIN	'ㄱ'결합 명사어미

학교문법 9품사분류		세종 45가지 태그셋		DECO 태그셋 분류 (11 대범주 & 97 중(세)범주)		
	ETM	관형형 전성어미		DT (관형)	PAS	과거시상 관형어미
					PRE	현재시상 관형어미
					FUS	미래추정시상 관형어미
접두사	XPN	체언 접두사	사전표제어 내부정보로 처리 (MP)	접두사 (품사 불변)	NPF	명사에 결합하는 접두사
					APF	형용사에 결합하는 접두사
					VPF	동사에 결합하는 접두사
					DPF	부사에 결합하는 접두사
접미사				접미사 (품사 불변)	NSF	명사에 결합하는 접미사
					VSF	동사에 결합하는 접미사
					ASF	형용사에 결합하는 접미사
					DSF	부사에 결합하는 접미사
	XSN	명사파생 접미사		접미사 (품사 파생)	SFN	접미사 결합하여 명사형성
	XSV	동사파생 접미사			SFV	접미사 결합하여 동사형성
	XSA	형용사파생 접미사			SFA	접미사 결합하여 형용사형성
					SFD	접미사 결합하여 부사형성
어근	XR	어근		MOX		모든 비자립어기
학교문법 비분류	SF	마침표 물음표 느낌표	별도 부호체계 태그: 모든 비한글기호 (SB)	PUN		구두점 종결부호
	SP	쉼표 가운뎃점 콜론 빗금		SML		구두점 중간부호
	SS	따옴표 괄호표 줄표		SPA		쌍부호
	SE	줄임표		SSY		기타부호
	SO	붙임표(물결, 숨김, 빠짐)				
	SW	기타기호(논리수 학기호, 화폐기호)				
	SL	외국어		SRM		로마자
	SH	한자		SCH		한자
	SN	숫자		SNU		숫자
				EMO		이모티콘
	NF	명사추정범주	별도모듈에 서 처리 (UK)	UNK		미등록어
	NV	용언추정범주				
	NA	분석불능범주				

표 17. 학교문법과 세종 태그셋, DECO 태그셋의 분류 체계 비교

2.2. DECO 태그셋(DECO-Tagset)의 특징

표 17에서 볼 수 있는 바와 같이 학교문법에서 9품사로 분류하는 단어(Word) 부류에 일부 형태소(Morpheme)를 포함하여, 세종 태그셋에서는 전체 45가지의 태그로 분류하였다. 체언 부

분의 명사는 '일반명사/고유명사/의존명사'의 3가지로 세분류되었고, 수식언의 경우도 부사가 '일반부사/접속부사'의 2가지로 세분류되었다. 용언에서는 동사와 형용사에서 '보조용언'과 '긍정/부정 지정사' 부류가 추가되었다. 두드러지는 차이는, 관계언의 '조사' 범주를 9가지로 세분류한 체계를 사용한다는 점이다. 또한 학교문법에서 '형태소'로 간주되어 9품사 분류 체계에서 다루어지지 않았던 '어미' 부류 및 '접사/어근' 등이 추가된 점이 특징이다. 어미는 '선어말어미/종결어미/연결어미/명사형 전성어미/관형형 전성어미'로 세분하였고, 접사의 경우는 접두사에서는 '체언접두사' 한 가지만을, 그리고 접미사에서는 '명사/동사/형용사 파생접미사'의 3가지를 설정하였다. 또한 학교문법에서는 언급되지 않은 구두점 및 부호들에 대해서도 하위분류가 수행되어 12가지의 추가 태그가 할당되었다. 실제로 학교문법의 9품사 태그수의 5배에 이르는 세종 태그셋은 조사와 어미, 접사, 구두점과 부호 같은 부분에 상세 분류가 이루어진 체계로서, 학교문법의 조사 제외 나머지 8개 품사는 세종 태그셋에서는 2배 규모의 14가지 태그로 세분류되었다. 즉 학교문법과 비교한 세종 태그셋은 표 18과 같이 요약된다.

번호	학교문법	세종 태그셋
1	품사 (조사제외 8가지)	(14가지 품사 세분류)
2	품사 (조사)	(9가지 조사 세분류)
3	형태소 (어미)	(5가지 어미 세분류)
4	형태소 (접사/어기)	(5가지 접사/어기 세분류)
5	미분류 (부호/구두점)	(12가지 부호/구두점 세분류)

표 18. 학교문법 분류와 세종 태그셋의 차이

DECO 태그셋은 앞서도 논의한 바와 같이 계층적 구조로 이루어져 있다. 우선 최상위에서 전체 11가지의 대분류가 이루어진다. 그중 4가지는 '명사/부사/형용사/동사'의 4가지 어휘소에 대한 것이며, 다음 4가지는 '명사후치사/부사후치사/형용사후치사/동사후치사'의 4가지 문법소에 대한 것이다. 마지막 3가지는 '사전 내부정보로 처리한 접사·어기 부류'와 '부호·구두점 부류', 그리고 '형태소분석후 미분석어 처리 모듈에서 사용하는 미분석어 태그 부류'이다.

이때 4가지 어휘소 대범주는 다시 명사 10가지, 부사 4가지, 형용사 3가지, 동사 3가지로 중분류된다. 세종 태그셋에서 분류한 '접속부사'나 '지정사'와 같은 유형은 DECO 사전에서는 중분류의 하위분류로 다시 세분류되어 등재되어 있다. 문법소의 경우는, 명사와 부사의 후치사, 즉 '조사' 범주에 대해서는 '중분류/세분류' 체계를 통해 22가지로, 그리고 형용사와 동사의 후치사, 즉 '어미' 범주에 대해서는 33가지로 분류되었다. 사전 표제어의 내부 정보로 처리되는 접사와 어기는 모두 13가지로 분류되며, 부호와 구두점은 8가지, 미등록어 태그가 1가지로, 전체 22가지가 구성된다. 이러한 방법으로 전체 97가지의 중분류(문법소는 세분류)가 수행된다. 표 19와 같이 요약된다.

번호	학교문법	DECO 태그셋
1	품사 (조사제외 8가지)	(20가지 품사 하위분류) (*중분류)
2	품사 (조사)	(22가지 조사 하위분류)
3	형태소 (어미)	(33가지 어미 하위분류)
4	형태소 (접사/어기)	(13가지 접사/어기 세분류)
5	미분류 (부호/구두점)	(9가지 부호/구두점 세분류)

표 19. 학교문법 분류와 DECO 태그셋의 차이

위에서 세종 태그셋과 DECO 태그셋의 분포를 비교하면 알 수 있듯이, DECO 사전에서는 어휘소의 경우 세종 태그셋의 40% 이상 상세분류된 정보를 제공하고 있고, 문법소의 경우는 4배 가까운 방식의 상세분류를 제공하고 있다. 그런데 위의 분류는 어휘소의 경우는 DECO 사전의 '중분류' 수준까지만을 비교한 결과이다. 현재 표 19에는 중분류까지만 제시된 어휘소 범주의 세분류를 보면, DECO 사전의 각각의 중분류에는 '서술명사', '파생명사' '복합명사' 등이 다시 상세하게 하위분류되어 전체 80가지의 세분류가 추가로 등재되어 있다. 여기에 '접속부사'나 '부정부사', '강조부사(Intensifier)'와 같은 정보를 제공하는 의미·기능적 분류 및 형태·통사 정보와 의미·감성 정보의 분류체계에 따라 350여개의 분류 태그가 추가로 할당되어 있다. 이러한 전체 태그를 통합하면 현행 DECO 태그셋 전체는 530여개의 대규모 태그를 내장하게 된다.

DECO 태그셋의 가장 중요한 특징은 이와 같이 방대한 규모의 태그셋을 구성하는 정보들이 '+'로 연결된 계층화된 태그 체계를 이루고 있다는 점이다. 연구의 목적에 따라 대분류만을 적용하거나 또는 중분류나 세분류, 그 외 다른 통사·의미적 분류 체계 전체의 태그를 적용하거나 배제하는 유연한 선택이 가능하다. 이러한 구조적 장점을 통해 태그셋의 분류체계가 초래하는 분석결과의 중의성과 정보성의 딜레마를 상황에 맞게 조정할 수 있다. DECO 사전의 각 하위범주별 태그셋에 대해서는 제3부에서 다시 상세히 살펴본다.

다음 장에서는 이러한 사전 표제어를 구성하는 데에 중요한 정보의 원천이 되는 기존의 한국어 인쇄사전들을 검토하고 참조하는 과정에서 관찰된 여러 문제점에 대해 논의한다. 여기서 지적되는 문제점들은 기존의 사전 자체의 내재적 문제라기보다, 이토록 비정형적이고 불규칙한 인간의 언어를 형식화하고 군집화하여 일반화된 체계로 구성해 가는 과정이 얼마나 어렵고 힘든 과정인 것인가를 확인하게 하는 의미있는 발견들이라 판단된다.

전자사전의 표제어 선정 및 문법범주 설정의 문제

Ⅰ 명사 관련 범주

1. 명사 표제어 선정과 하위분류

　명사 범주[7])의 기본 유형은 '일반명사(Common Noun)' 또는 보통명사로 명명되는 일련의 어휘 부류로서, 일반적으로 '고유명사(Proper Nouns)'와 대조된다. 그러나 대소문자의 구별을 통해 고유명사와 형식적으로 구별되는 서구어의 경우와 달리, 한국어에서는 이 두 부류의 구별이 쉽지 않다. 현행 사전류[8])가 언어사전(Dictionary)과 백과사전(Encyclopedia)의 명확한 구분없이 이들을 포함하는 이유이기도 하다. 형식적으로도 의미적으로도 그 구별이 쉽지 않은 고유명사를 일반명사로부터 구별해야 하는 가장 근본적 이유는 그 표제어의 확장성에 있다. 원칙적으로 고유의 각 개별 개체를 지칭한다는 '고유명사'는 끊임없이 소멸되고 생성되는 지구상의 모든 자연적·인공적 개체의 수만큼 생산성을 갖게 되므로 그 외연에 대한 명시적인 목록의 구축이 어렵다. 명사 표제어의 외연을 체계적으로 정비하고 보완하려면 이러한 속성을 갖는 고유명사들을 일반명사로부터 분리하여 별도의 방식으로 재검토하는 것이

---

7) 현재 이 장에서의 명사 관련 논의는 남지순(2001ㄱ, 2002ㄱ, 2005, 2006)에서 수행된 명사 관련 연구들에 기반하고 있다. 보다 상세한 논의는 위의 연구들을 참조할 것.

8) 여기서 논의되는 현행 인쇄사전류는 이희승 국어대사전(1982), 신기철/신용철 새우리말큰사전(1990), 한글학회 우리말큰사전(1992), 표준국어대사전(1999), 그외 온라인 사전류로서, 별도의 논의가 필요하지 않는 한, 따로 나누어 언급하지 않기로 한다.

필요하다.

그런데 명사부의 표제어 구축에 걸림돌이 되는 문제는 이와 같은 고유명사에만 나타나는 것이 아니다. 다음 (1ㄱ)과 같이 조사의 결합에 심한 제약이 나타나는 '이복'과 같은 경우, 이를 하나의 명사 표제어로 등재할 것인가, 아니면 명사가 아닌 어기와 같은 유형으로 분류하여 이를 현재의 목록에서 제외시킬 것인가를 결정해야 한다.

(1ㄱ) *이복을 | *이복이 | *이복으로
(1ㄴ) 이복 동생 | 이복 형제

위의 (1ㄱ)에서 보는 바와 같이 '이복'은 다른 일반명사들과는 달리 조사의 결합에 제약이 심하다. 그러나 (1ㄴ)에서처럼 다른 명사를 수식하는 관형적 위치에서 하나의 독립된 토큰의 형태로 실현되기 때문에, 이를 무조건 명사의 범주에서 유보하는 것은 바람직하지 않아 보인다. 이때 이러한 현상이 몇 개의 어휘에서 나타나는 우연적 현상이 아니라 일정 군집을 이룬다면 이들을 본격적으로 검토하고 처리하기 위한 별도의 분류 체계가 요구된다. 이러한 문제는 보다 근본적으로 어기와 접사 등과 같은 비자립성분들을 명사라는 자립성분과 어떻게 구별할 것인가의 문제와 닿아있다. 더 나아가 이들이 다른 비자립성분과 결합한 복합형태로 실현되는 경우는, 이들의 지위를 어떻게 설정하는가에 따라 그 전체가 하나의 단순어로 또는 복합어로 분류되어야 한다. 가령 다음에서,

(2ㄱ) 외/아들
(2ㄴ) 이복/형

위의 (2ㄱ)는 접두사에 명사가 결합한 하나의 파생명사로 분석된다. 이때 (2ㄴ)에서 '이복'을 명사의 한 유형으로 분석하면 '이복형'은 두 개의 자립성분이 결합한 복합명사[9]가 된다. 반면 '이복'을 일종의 어기로 분석하면 이 전체는 (2ㄱ)처럼 비자립성분에 자립성분이 결합한 일종의 파생어로 분석되어야 한다. 이러한 문제는 명사의 외연의 완성도를 높이는 데에 어려움을 주는 파생어와 복합어 생성 문제와 연결된다. 파생어와 복합어 형성은 굴곡 형태소의 경우처럼 규칙화하기 어려운 '어휘적 특이성(Idiosyncrasy)'의 속성을 보이기 때문에, 명사 범주와 같이 이들의 생성력이 매우 높은 문법범주에서는 표제어 구성에 가장 어려운 걸림돌이 된다. 가령 다음에서 보듯이, 접사 '여'나 '화'에 의한 파생어 형성이나 명사 '비닐'이 결합하여 구성되는 복합어 형성은 매우 생산성이 높아, 신뢰할만한 목록 구성이 쉽지 않다.

---

9) 여기서는 '복합'과 '합성'의 용어를 별도로 구별하지 않고, 2개 이상의 자립어의 결합 형태는 모두 '복합' 형태로 총칭하기로 한다.

사전에 비명시적인 방법으로 일부 예들만 수록되는 이유이다.

(3ㄱ) 여/기자 | 여/교사
(3ㄴ) 국제/화 | 산업/화
(3ㄷ) 비닐/장갑 | 비닐/봉지 | 비닐/백

여기서 복합명사, 또는 합성명사로 명명되는 형태들에 대한 언어학적 정의도 여전히 해결되지 않은 문제이다. 그 생산성의 부담으로 인해, 사전에 등재되는 표제어는 암묵적으로 의미적 전성이 수반되는 유형들로 한정된다. 그러나 의미적 굳어짐의 정도를 판단하는 문제는 간단하지 않다. 그렇다고 띄어쓰기 속성을 기준으로 하여, 붙여쓰는 경향을 보이는 복합형을 표제어로 선정한다는 원칙도 쉽게 채택하기 어렵다. 의미 전성 현상이 뚜렷하지 않거나 의미적 변화가 전혀 수반되지 않더라도 단음절어를 내포하는 형태는 한국어 맞춤법 표기에서 붙여쓰는 경향이 높기 때문이다. 또한 2음절어 성분이 두개 결합하는 상당수의 복합명사 또는 자유명사구의 경우도 현행 맞춤법 표준안에서 띄어쓰기를 유연하게 허용하는 점이 문제이다. 이 때문에 이러한 속성을 기준으로 단일어/복합어의 구분을 수행하는 것도 적절하지 않다.

실제로 '명사+명사' 유형의 복합명사 및 자유명사구를 살펴보면, 단음절어가 내포된 경우는 그 의미 전성 여부와 관계없이 붙여쓰는 경우가 빈번함을 볼 수 있다. 단음절어는 DECO 사전에 등재된 단순명사 13,900여개 중 440여개로 전체의 3%에 불과하다. 이런 점에서 이들을 내포한 복합구성의 목록을 검토하는 작업은 상대적으로 용이하다. 그러나 단순명사 전체 수의 84%에 이르는 2음절어 명사의 경우, 이들이 2개 결합하는 복합 형태를 산술적으로 계산하면 1.4x108개, 즉 1억 4천만 개에 이르는 조합 가능성이 주어진다. 더욱이 이러한 복합구성이 2개로 한정되지 않고, 3개, 4개로 확장될 수 있다는 점을 고려할 때, 이들을 사전의 표제어로 등재하기 위한 체계적인 접근은 결코 간단하지 않다. 현행 맞춤법 표기법에서 이러한 복합 구성을 붙여쓰는 것을 허용하고 실제 코퍼스에서도 매우 빈번하게 하나의 토큰형태로 실현되는 현상은, 이러한 관점에서 볼 때 텍스트 처리를 위한 전자사전 구축에 중요한 걸림돌이 된다.

명사 표제어를 구성하는 데에 나타나는 또 하나의 문제는 '로마자 전사표기'를 통해 유입되는 외래어의 문제이다. 현대 한국어 텍스트에 빠른 속도로 확장되고 있는 이러한 외래어 부류는 한국어 어휘 체계에 들어오면서 '명사'의 지위를 갖는 신조어로 등장한다. 대체로 영어 어휘로부터 '음차 표기'에 의해 한국어 어휘로 수용되는 '차용어(Loan Word)'로서, 가장 큰 문제는 두 가지이다. 첫째는 현행 외래어표기법이 잘 지켜지지 않는다는 점이고, 둘째는 표기상에 형태·음운적으로 여러 변이형이 가능하다는 점이다. 가령 {accessory}와 같은 영어 단어에 대한 한국어 표기는 '악세사리, 악세서리, 액세사리, 액세서리'와 같이 4가지 이상의 표기 형태가 가능하며, '초콜릿(chocolate)', '카펫(carpet)', '텔레비전(television)'과 같이 매우 빈번하게 사용되는 어휘들의 경우에도 실제 코퍼스에서 여러 표기 형식이 관찰되는 것을 확인할 수 있다.

이와 같이 최근 끊임없이 도입되는 다양한 유형의 외래어 신조어와 함께 새로운 상품명, 브랜드명을 구성하는 외래어, 그리고 다양한 표기 변이 현상을 보이는 외래어 명사들의 문제는 위에서 살핀 고유명사나 복합명사 부류들처럼 명사 표제어의 외연을 구성하는 데에 부담이 된다. 이들에 대해서도 체계적인 접근을 시도하기 위해서는 우선 사전에 부분적으로 등재된 외래어 부류를 일반명사 부류와 일관되게 분리하는 작업이 필요하며, 이렇게 별도 분리된 외래어 목록을 체계적으로 확장하는 작업이 필요하다. 이러한 부류에 대한 고민은 최근 SNS 텍스트 등을 통해 빠르게 확산되는 약어 및 은어, 변형된 어휘 표현 부류를 담아내기 위한 논의와 함께 심도있게 진행되어야 한다.

이상에서 살핀 명사 표제어 구성에서 관찰되는 문제의 유형을 다음 세 가지로 정리하여 살펴보기로 한다.

- 일반명사와 고유명사의 구별 문제
- 단순명사와 비단순명사의 구별 문제
- 외래명사 및 코퍼스 시사성 명사의 처리 문제

2. 일반명사(Common Noun)와 고유명사(Proper Noun)의 구별

한국어에서 명사는 다른 문법범주에 비해 가장 규모가 크고 다양한 유형들로 구성되어 있다. 명사를 우선 '일반명사(Common Noun)'와 '고유명사(Proper Noun)'로 분류한다면, 대문자로 시작하는 영어나 프랑스어 같은 서구어에 비해 표기상의 명시적 기준을 제시하기 어려운 한국어의 경우, 이 두 범주의 구별이 쉽지 않다. 가령 '국가'를 일반명사라고 판단한다면 '프랑스'나 '이집트'는 고유명사에 가깝다고 느껴지는데, '동물'을 일반명사로 판단할 때, 마찬가지로 그 하위개념인 '철갑상어'나 '블루제브라시클리드[10]'는 어떻게 분류되어야 하는가? 또한 '프랑스인'이나 '프랑스문화원'은 어떻게 판단되는가?

영어와 같은 서구어에서도 이 두 범주의 표기상의 구별이 존재한다고 하더라도 실제로 개념상, 그리고 의미적 특징에서 이 둘의 구별은 항상 용이하지 않다. 유일한 개체라 하더

---

10) 관상용 열대어의 일종.

라도 'sun'이나 'moon'을 일반명사 범주에서 취급하며, 'John'이나 'Smith'와 같이 대문자로 표기하고 고유명사로 취급되는 경우에도 이들의 지시대상(Referent)이 이 세상에 반드시 한 명이 아닐 것이기 때문이다.

그러나 표기상의 대소문자 구별을 따르는 경우, 이러한 개념적 논쟁을 잠정적으로 유보하는 것이 가능하다. 반면 한국어의 경우는, 이와 같이 명시적으로 사용할 수 있는 기준이 존재하지 않기 때문에 이들에 대한 구별이 훨씬 더 어렵다. 이런 이유로 과연 '일반명사'와 '고유명사'의 구별 자체가 의미있는 작업인가 하는 의문이 제기될 수 있다. 처음부터 명확한 기준에 의거하지 않은 의미적 개념에 기반하여 어휘 성분을 분류한다는 자체가 잘못된 접근이라고 판단할 때, 타당성 있는 주장이 된다. 그러나 이 두 부류의 구별을 없애는 것은 문제 자체를 유보할 뿐 문제를 해결하는 것은 아니다. 의미적 직관에 의해 제기된 '구별의 필요성'은 분명히 그 자체로 의미가 있다. 고유명사와 일반명사는 그 구별의 어려움에도 불구하고 언어 연구에서 유용한 여러 가지 직관적인 정보를 제공하기 때문이다. 이러한 이유로 현대의 언어학 연구에서나 언어처리를 위한 태그셋 연구에서도, 이러한 모호성에도 불구하고 여전히 두 범주를 구별하여 설정하는 방법을 채택하고 있다. 아래에서 고유명사로 간주될 수 있는 형태들의 주요 특징을 살펴보자.

2.1. 고유명사의 판별 기준

고유명사 부류로 판단되는 어휘 성분들을 보면 일련의 공통되는 특징들이 나타난다. 다음에서 논의하는 이러한 특징들은 이 범주의 주된 현상이지만, 이것이 고유명사를 정의할 수 있는 명시적 기준이 되지는 않는다는 점을 주의할 필요가 있다. '고유명사'라는 범주 자체가 의미적, 개념적으로 주어진 데에서 오는, 피할 수 없는 한계이기도 한다.

• 번역되지 않는 어휘
고유명사는 타언어로 번역될 때 원칙적으로 '번역되지 않는 어휘'이다. 가령 다음을 보자.

(1ㄱ) <u>빌 게이츠</u>는 자선 사업을 많이 합니다
(1ㄴ) <u>삼성</u>과 (<u>애플</u> + *사과)-이 얼마전 특허 전쟁을 벌였지요

위에 실현된 '빌 게이츠, 삼성, 애플' 등은 모두 유일한 개체를 지시하는 고유명사로 판단된다. '빌 게이츠'나 '애플'은 한국어 대역어가 존재하지 않거나 존재한다고 하더라도 이로 번역될 수 없는 어휘 성격을 보인다. 같은 원리로 '삼성'과 같은 경우도 영어 대응 문서에서 다른 어휘로 '번역(Translation)'되지 못하고 '전사' 표기된다.

• 영어 텍스트의 대문자 시작 어휘

고유명사는 영어와 같은 서구어에서 대문자로 시작하는 표기 형태를 취한다. 다음을 보자.

(2ㄱ) Korea's TV production was led by Goldstar and Samsung
(2ㄴ) They put a gold star on top

위의 (2ㄱ)에서 사용된 대문자 시작 어휘 'Korea, Goldstar, Samsung'은 모두 고유명사 부류를 나타낸다. (2ㄴ)에 사용된 동일 어휘 'gold star'가 소문자로 된 두 개의 단어로 구성되어 일반명사 의미로 사용되고 있는 것과 차이를 보인다. 즉 영어 문서에서는 브랜드 명을 나타낸 고유명사와 '황금색 별'을 나타낸 일반명사의 차이가 대문자 시작 어휘라는 형식적 차이를 통해 명시적으로 구분되었다.

• 수관형사나 복수표지 수반 불가

고유명사는 일반적으로 유일개체를 의미하므로 수관형사나 복수 표지가 실현되기 어렵다. 다음을 보자.

(3ㄱ) 올림픽 후보지로 세 나라의 다섯 도시가 확정되었다
(3ㄴ) *세 미국과 다섯 부산을 후보지로 결정했다

위에서 일반명사 '나라'나 '도시'에는 수관형사 '세'와 '다섯'이 공기하였다. 반면 '미국'과 '부산'은 이러한 수관형사의 결합이 어려운데, 이러한 검증은 이들이 유일 개체를 나타내는 고유명사들임을 통사적으로 확인하는 장치가 된다. 그러나 고유명사가 일정 비유적 용법으로 사용된 경우에는 이러한 문맥이 허용될 수 있다.

(4ㄱ) 어제 대회에서 세 명의 빌 게이츠가 탄생했다
(4ㄴ) 사람들이 이제 두 개의 중국을 모두 인정한다

위에서 '빌 게이츠'와 '중국'은 각각 다음과 같은 의미로 사용되었다.

(5ㄱ) 어제 대회에서 세 명의 '빌 게이츠와 같은 컴퓨터 천재'가 탄생했다
(5ㄴ) 사람들이 이제 두 개의 '중국이라 일컫는 국가'를 모두 인정한다

• 환유적 용법으로 사용된 경우 일반명사와 상이한 분포적 특성

고유명사가 환유적 용법으로 사용된 경우, 일반명사와 상이한 통사·의미적 문맥에서 실현될 수 있다. 다음을 보자.

(6ㄱ) 나는 어제 하루종일 (*친구+*민우+<u>쇼팽</u>)-을 들었다
(6ㄴ) 나는 어제 (친구+민우+*<u>쇼팽</u>)-을 만났다

위에서 '쇼팽'은 '친구'나 '민우'와 같은 인물명사가 아닌 '쇼팽의 음악'을 나타내고 있어, (6ㄱ)과 같이 비인물명사 목적어를 요구하는 동사 '듣다' 술어 구문에서 목적어 위치에 실현되었다. 반면 인물명사 목적어를 요구하는 (6ㄴ)의 서술어 '만나다'의 경우는, 다른 인물성 명사들과는 달리 공기하지 못하였다. 이러한 특징은 '쇼팽'이 '민우'와 같은 인물 고유명사로 사용되지 않았음을 형식적으로 확인하는 장치가 된다.

2.2. 고유명사 표제어 선정 방법

이상에서 살핀 바와 같이, 일정 통사적 특징을 통해 고유명사 부류를 일반명사 부류와 구분할 수 있다. 그러나 이와 같은 두 부류의 구별의 문제 뿐 아니라 고유명사 자체의 표제어 목록을 어떻게 체계적으로 확보할 것인가도 중요한 문제가 된다. 이를 위한 현실적인 접근 방법을 고려하면 다음과 같다.

• 현행 인쇄사전에 수록된 표제어의 분류정보를 고려
현행 한국어 인쇄사전에는, 언어사전과 백과사전을 분리하는 전통이 자리잡은 서구어의 경우와 달리, 일반명사와 고유명사의 두 범주가 뚜렷이 구별되지 않고 함께 사전 표제어로 수록되어 있다. 다만 '인명'이나 '지명' 등과 같이 고유명사 성격이 강하다고 판단되는 표제어 일부에 대해서는 의미분류 정보가 부분적으로 수록되어 있다. 가령 '표준국어대사전'을 보면, '이순신'에는 {인명}, '부산'에는 {지명}과 같은 분류정보가 '명사'라는 품사 표기 옆에 추가로 등재되어 있다.

그러나 이들 정보의 수록이 일관되지 않으며, 일반명사와 고유명사 모두에 수록되기도 하며, 반면 이러한 정보가 누락된 표제어들도 관찰되므로, 이와 같은 정보 표기를 절대적으로 신뢰하기가 어렵다. 고유명사의 외연을 보완하고 확장하기 위해서는 이러한 현행사전의 한계점들을 고려하되, 여기 수록된 분류 정보를 최대한 반영하여 고유명사의 표제어 선정에 참조하는 유연함이 필요하다.

• 현행 인쇄사전의 표제어와 유사한 의미속성을 고려
현행 인쇄사전 중 표제어의 규모나 완성도의 측면에서 가장 대표적인 '표준국어대사전'의 경우, 수십여년에 거쳐 축적되어온 한국어 인쇄사전들에 기초하고 있다. 이러한 이유로 어휘

의 확장성이 열려있는 고유명사 표제어 선정에 있어 기존 사전들에 나타났던 역사적 선정 방식으로부터 완전히 자유롭지 않다. 가령 역사적 관계의 특수성으로 인해, 일본의 지명이나 인명이 다른 주요 국가의 경우보다 비대칭적으로 매우 상세히 수록되어 있으며, 이데올로기 논리에 의해 북한의 지명이나 인명은 매우 제한된 분포로 등재된 결과를 보이고 있다.

이러한 점에서 실제 코퍼스나 그외 다양한 유형의 문서들을 토대로 고유명사의 목록을 보완하는 것이 바람직하다. 현행사전에 수록된 고유명사들을 중심으로 여기서 관찰되는 유사한 의미 계열의 명사들을 고유명사로 확장하는 것이 가능하다. 예를 들어 자동차회사 이름인 '포드'는 사전에 수록되어 있으나 포털사이트 이름인 '구글'이나 '네이버'는 현행사전에는 등재되어 있지 않다. 이 경우 인명이나 지명 등의 고유명사 부류 외에, '기술과학의 발달과 연관된 산업 분야'의 고유명사 부류를 고려한다면 과거 산업에서 등장하지 않았던 새로운 유형의 상품이나 관련 회사 브랜드명 등을 확장할 수 있다. 이러한 회사명 또는 제품명 등을 실제 코퍼스에서 추출하여, 현행 인쇄사전의 고유명사 목록을 보완하는 연구가 필요하다.

3. 단순명사(Simple Noun)와 비단순명사(Complex Noun)

3.1. 비단순어 목록 구성의 문제

'비자립어'의 설정 문제는 명사 표제어를 구축하는 문제에서 중요한 논점이 된다. 이는 그 자체로 단순명사의 목록을 구성하는 데에도 직접적으로 관여할 뿐 아니라, 파생명사나 복합명사 목록을 구성할 때에도 주어진 성분의 속성이 어떻게 판별되는가에 따라, 이를 내포한 복합구성의 지위를 결정짓는 중요한 요소가 되기 때문이다.

파생어와 복합어의 대부분은 명사 부류로서, 이들은 의미적 전성 여부를 떠나 코퍼스에서 하나의 단일 토큰으로 실현될 수 있기 때문에, 이들에 대한 신뢰할만한 목록이 제공되지 않으면 사전에 기반한 텍스트 처리의 분석 오류율이 높아진다. 규칙적이지도 않으면서 높은 생산성을 보이는 파생어와 복합어 부류는, 이러한 이유로 인해 가능한 복합형태의 전체 목록이 체계적으로 연구된 사례를 찾기 힘들다. 또한 이러한 연구가 수행되었다 하더라도, 수록할 수 있는 표제어의 수와 규모에 있어 지면상의 제약을 받는 인쇄사전에는 이들을 모두 등재할 수 없기 때문에, 일정 대표형들만이 비일관된, 그리고 암시적인 방법에 의해 선정되는 방식이 사용되었다. 이러한 현실은 컴퓨터가 사용하는 전자사전을 구성하는 데에 큰 걸림돌이 된다.

앞서도 논의한 바와 같이 복합명사 부류를 자유명사구와 구별하기 위해 의미적 전성이 일어났는가 여부를 판단하는 작업은 결코 쉽지 않다. 문제는 이러한 구별과 무관하게 두 개의 명사 성분이 쉽게 결합하여 하나의 토큰으로 실현될 수 있다는 점이다. 이러한 결합 형태들이 사전에 등재되어 있지 않으면 형태소분석기는 별도의 처리 장치를 수반하지 않는한 이러한 토큰에 대한 올바른 분석을 수행할 수 없다. 가령 다음을 보자.

(1ㄱ) {지하철+표} | {지하철+입구} | {지하철+역+앞}
(1ㄴ) 지하철표를 | 지하철입구에서 | 지하철역앞은

위에서 (1ㄱ)은 특별한 의미 전성을 나타내지 않는 복합명사의 예를 보인다. 2개 또는 3개의 명사가 결합한 형태로서, 실제 코퍼스에서 (1ㄴ)처럼 하나의 토큰 형태로 실현될 수 있다. 이들이 전자사전에 등재되어 있지 않다면 사전에 온전히 의존하는 시스템에서는 인식에 실패할 것이고, 만일 이러한 모든 가능성을 사전에 등재하는 것이 불가능하다면 이들을 인식할 수 있는 일련의 규칙이나 알고리즘, 또는 통계에 기반한 일정 방식의 확률적 예측 및 인식 모듈이 제공되어야 할 것이다.

한국어의 띄어쓰기 표기의 특성을 고려할 때, 현실적으로 이러한 결합 가능 형태들을 완벽하게 사전에 모두 등재하는 것은 불가능하다. 그러므로 이와 같이 인식에 실패하는 소위 '미분석어' 또는 사전에 미등록된 '미등록어'에 대한 별도의 논의가 필요하며, 한국어 처리에서는 이러한 형태들을 올바르게 예측할 수 있는 모듈의 성능을 어느 정도까지 끌어올릴수 있을 것인가가 중요한 논점이 된다.

3.2. 현행사전에 수록된 비단순어 부류에 대한 검토

현행사전에는 생산성이 높은 접두사나 접미사가 결합하는 파생어를 모두 수록할 수 없는 지면상의 한계로, 소위 '대표형'으로 판단되는 일부 유형을 임의로 선정하여 표제어로 등재한다는 점을 지적하였다. 이 결과 궁극적으로 이들에 대한 체계적인 표제어 구성이 매우 어렵게 되었다. 가령 다음을 보자.

(2ㄱ) 여선생 | 여가수 | 여배우
(2ㄴ) 여교수 | 여형사 | 여검사
(2ㄷ) *여화가 | *여음악가 | *여과장
(2ㄹ) 여행자 | 여독 | 여유분

'여성'의 의미를 나타내는 접두사 '여'가 결합하는 파생어는 매우 많지만 이들을 의미적 유추를 통해 획일적으로 예상하기는 어렵다. 위의 (2ㄱ)이나 (2ㄴ)의 '여선생' '여가수' '여배우' '여교수' '여기자' '여검사' 등과 같이 직업을 나타내는 명사와 결합 가능하지만, 같은 예술인이라도 (2ㄷ)에서처럼 '여화가'나 '여음악가'는 어색하고 '여류 화가'나 '여류 음악가'와 같은 복합어 구성이 허용된다. 또한 직책을 표현하는 어휘에서도 '여사장'은 가능해 보이나, '여과장'은 어색하다. 이와 같이 높은 생산성을 보이는 파생어의 경우도 실제 구성 원리를 규칙화하는 것이 쉽지 않다. 그러나 현행사전에 선정되는 표제어 등재 원칙도 모호해서 그 예측이 불가능한데, 가령 표준국어대사전과 같은 현행사전을 보면 (2ㄱ)은 등재되어 있으나 (2ㄴ)의 목록은 모두 누락되어 있다. 사회적으로 아직 이러한 직업인의 수가 많지 않기 때문일 것으로 유추되기는 하지만, (2ㄷ)과 같이 명백하게 구성이 불가능한 유형들에 비해 이들은 언어학적으로 조어가 가능한 형태들이기 때문에 이러한 언어외적 속성에 의해 사전 표제어 등재 여부가 결정되는 것은 바람직하지 않다.

이러한 현행사전의 대표형 수록 방식이 가져오는 더 심각한 문제는 위의 (2ㄹ)과 같은 형태들과 연관되어 있다. 현재 접두사 '여'로 구성된 파생어 목록의 불완전성을 보완하기 위해서는, 현행사전의 표제어에서 모든 '여' 접두 파생명사를 추출한 뒤 이들을 체계적으로 검토하면서 확장하는 것이 필요하다. 그런데 이들을 (2ㄹ)과 같이 '여'로 시작하는 어휘들과 자동으로 분리할 수 있는 방법이 없다. 결국 이들과 분리해서 '여' 접두 파생어를 추출하여 검토하려면 '여'로 시작하는 모든 표제어 어휘를 개별적으로 일일이 확인하는 방법밖에는 없다. 이러한 작업을 수행하기 어렵다면 현행사전에 등재된 표제어들을 그대로 전자사전 표제어로 계승하고, 코퍼스에서 인식되지 못한 미분석어 부류에 대해 '여'와 같은 접두사 목록을 이용하여 '여+명사'의 방식으로 분할하는 것이 가능한지 체크하는 프로그램을 구현하는 것이다.

그러나 후자와 같은 접근 방식에서는 획일적으로 예측되지 않는 파생어 속성상 많은 오류율을 포함하게 되며, (2ㄹ)과 같은 유형의 미등록어에 대한 오분석의 가능성을 통제하기 어렵게 된다. 가령 표 20은 세종 글잡이 형태소분석기 프로그램의 분석 결과의 예를 보인다.

번호	세종 글잡이 형태소분석 결과	이유
(1)	여교사 ⇒ 여교사/명사	사전에 통째로 수록된 표제어
(2)	여교수 ⇒ 여/접두사 + 교수/명사	사전 미등록어: 추정 알고리즘으로 분석
(3)	여형사 ⇒ 여형사/명사추정	사전 미등록어: 접두사 분석에 실패

표 20. 접두 파생어에 대한 세종 글잡이 프로그램 형태소 분석 결과

표 20을 보면, '여교사'는 사전에 등재되어 있어 하나의 단일 명사로 분석되었고, '여교수'는 사전에 등록되지 않은 경우로, 추정 알고리즘에 의해 접두사 '여'와 명사 '교수'로 분석되었다. 반면 '여형사'의 경우는 사전에 등재되지 않고, 추정 알고리즘에서도 실패하여

정상적으로 분석이 이루어지지 않았다. 사전의 비일관성이 분석 결과의 비일관성으로 그대로 나타난 결과이다. 단순명사와 비단순명사가 체계적으로 구별되어야 하는 이유가 여기 있다. 사전 표제어의 완성도를 높이는 데에도 중요하지만, 언어학적으로 어떠한 형태론적 조어적 특징을 가지는지에 대해서도 정보를 제공하는 것이 중요하기 때문이다. 이에 대한 체계적인 고려없이 현행사전의 표제어를 기반으로 전자사전을 구성하여 언어처리를 하게 되면, 위와 같은 결과처럼 동일한 조건의 파생어들을 서로 다른 방식으로 분석한 결과를 제공하는 한계를 보이게 된다.

이상의 논의를 정리하면 다음과 같다. 파생명사와 같이 생산성이 높고 열린 목록의 어휘부를 체계적으로 전자사전의 표제어로 수록하기 위해서는, 우선 한국어의 모든 접두사, 접미사 등의 목록이 온전하게 구축되어야 하며, 이를 토대로 가능한 파생어의 조합 가능성이 체계적으로 검토되어야 한다. 즉 우선적으로 한 덩어리로 섞여있는 현행 인쇄사전의 표제어로부터 단순명사와 파생 및 복합명사를 분리해야 한다. 그 다음 비단순명사 부류로부터 접두사나 접미사와 같은 비자립성분을 분리하여, 이 목록들을 토대로 체계적인 파생어 조합 가능성을 탐구하는 것이 필요하다.

3.3. '접두사'와 '관형사'의 구별 문제

명사에 결합하는 접두사는 전형적인 비자립성분으로서, 뒤에 수반되는 명사로부터 분리되어 실현되지 못한다. 반면, 관형사는 명사를 수식하는 성분으로, 통사적으로 하나의 자립성분으로 실현될 수 있다는 점에서 접두사와는 구별된다. 가령 다음 (3ㄱ)의 어휘가 접두사를 내포한 '파생명사'로 분석된다면, (3ㄴ)는 관형사를 동반한 명사구로서 '통사적 구성'으로 분석된다.

(3ㄱ) 맨/주먹 | 군/소리 | 덧/버선 | 맏/사위
(3ㄴ) 옛 소꿉친구 | 온 동네 | 전 국회의원 | 각 학교

그런데 이와 같이 자명해 보이는 접두사와 '관형사'의 분류에 있어 최소 다음과 같이 두 가지 문제가 제기된다.

첫째, 위의 (3ㄱ)와 같이 접두사로 분석되는 '맨, 군, 덧, 맏'과 같은 형태들은 명사들로부터 분리되지 못하는 비자립성분인 반면, (3ㄴ)와 같이 관형사로 분석되는 '옛, 온, 전'의 경우, 이들이 1음절어 명사와 결합하면 두 성분이 띄어쓰여지지 않고 항상 결합된 형태로 나타나는 점이다. 표 21을 보자.

번호	어휘	관형사_명사 구성	1음절 명사와 결합
(1)	옛	옛 고향, 옛 친구	옛/집, 옛/정, 옛/벗
(2)	온	온 마음, 온 나라, 온 집안	온/몸, 온/힘
(3)	전	전 부인, 전 남편, 전 국왕, 전 주인	전/처, 전/왕
(4)	각	각 나라, 각 계층, 각 부처	각/국, 각/층, 각/부

표 21. 관형사가 1음절 명사와 결합할 때 붙여쓰는 경우의 예

뒤에 결합하는 명사들의 의미적인 공통점과 관계없이, 1음절어의 경우는 2음절어 경우와는 달리 앞 성분과 결합한 형태로 실현된다. 일반적으로 특별히 굳어진 정도가 심하거나 의미 전성의 효과가 있다고 판단되는 경우, 예를 들어 다음 (4)과 같은 경우에 한해서 일부 기존 사전에서는 접두사로서의 이중 분류를 허용하는 경우가 있다.

(4) 옛날 | 전생 | 각자

그러나 이들과 표 21의 용법의 구분이 쉽지 않을뿐더러, 이런 점에서 표 21에서 1음절 명사와 결합하여 실현된 형태들을 접두사와 구별하기는 쉽지 않아 보인다.

둘째는 위의 (3ㄱ)과 같이 분석될 수 있는 접두사 성분이 오른쪽에 명사가 아닌 일정 한자어와 결합하여 하나의 단일 명사 형태를 구성하는 경우이다. 가령 다음 (5ㄱ)과 (5ㄴ)를 비교해 보자.

(5ㄱ) 고/가구(古가구) | 고/단백(高단백) | 구/시대(舊시대) | 냉/음료(冷음료)
(5ㄴ) 고/가(古家) | 고/급(高級) | 구/식(舊式) | 냉/동(冷凍)

위의 (5ㄴ)에서 '고(古)/고(高)/구(舊)/냉(冷)'은 뒤에 2음절 자립성분, 즉 '명사'가 결합한 형태로서, 전형적인 비자립성분인 접두사에 자립성분인 명사가 결합한 파생어 구조를 보인다. 반면 (5ㄴ)에서 보는 바와 같이 1음절 한자어가 단어의 접두 위치에 오는 경우, 뒤에 수반되는 형태가 명사로서의 자립성을 가지는 못하는 1음절 한자 어기가 되면, 이들은 하나의 단순명사로 분석된다. 여기서 문제는 (5ㄴ)의 접두 성분들을 접두사로 간주할 것인가 하는 점이다. 만일 이들을 접두사로 간주하지 않는다면 (5ㄱ)의 것과 어원적으로 의미적으로 동일한 한자어에 기반하고 있음에도 서로 무관한 것으로 간주되는 문제가 발생하고, 이들을 접두사로 간주한다면 (5ㄴ)은 접두사에 어기가 결합한 특이한 어휘구조가 된다. 후자는 조어론적 관점에서 볼 때 궁극적으로 하나의 단순어로 분석되어야 할 것이다.

3.4. '접두사'와 '명사'의 구별 문제

접두사의 설정 문제는 단순한 이론 형태론적 논의를 넘어서, 전자사전에 등재되는 파생 명사의 목록을 결정하는 중요한 요인이 된다. 궁극적으로 사전에 등재되는 문법범주 결정에 일관성을 확보하는 데에 직접적인 영향을 미친다. 이와 같은 접두사 목록을 구축하는 과정에서 제기되는 또다른 문제의 유형으로 '접두사'와 '명사' 사이의 구별 문제가 있다. 다음을 살펴보자.

(6) 독/거미 | 독/약 | 독/버섯

위의 예에서 어두에 실현된 '독'을 어떻게 분석하는가에 따라, (6)의 예들은 두 개의 명사가 결합한 복합명사로 분석될 수도 있고 또는 접두사가 명사에 결합한 파생명사로 분석될 수도 있다. 다음 (7)에서 보듯이 '독'은 분명히 하나의 온전한 명사로 사용될 수 있는 어휘 성분이다.

(7) 그는 독(毒)이 든 버섯을 먹었다

그러나 앞서 접두사의 설정 문제에서 논의한 바와 같이 한자어 '독'은 다음과 같은 2음절 어휘를 구성하는 한자어 어기처럼 사용될 수 있다.

(8) 소/독(消毒) | 독/살(毒殺)

여기서 (6)에 실현된 '독'을 (7)와 같은 명사로 간주하여 이들을 모두 복합명사로 분석하는 경우 (8)과 같은 형태들에 대한 분석이 문제가 된다. 현대 한국어에서 '소(消)'와 '살(殺)'은 단독으로 명사로 사용되지 못하므로, 이때 '독'을 명사로 처리하는 경우 나머지 성분들에 대한 분석이 쉽지 않다. 가능한 분석 방법은, 나머지 성분들이 비자립 한자어 어기 유형이므로 이들을 각각 하나의 접두사 또는 접미사로 분석하여 (8)을 파생명사의 일종으로 분석하는 것이다.

반대로 (1)의 '독'을 명사로 처리하지 않고 접두사로 처리하여 그 전체를 파생명사로 분석하는 방법이 있다. 이 경우 궁극적으로 '독'은 (6)에서는 접두사로, (7)에서는 명사로 분석되어야 하며 (8)에서는 여전히 명쾌한 분석 방법을 제시하기 어렵게 된다. (8)은 여전히 2가지 분석이 가능한데, 즉 '독'을 (6)과 같은 접사의 일종으로 간주하여 그 전체를 '두 개의 비자립어로 구성된 하나의 단순어'로 분석하는 방법과, '독'을 (7)과 같은 명사로 분석하여 비자립성분으로서의 접두사 '소'와 접미사 '살'을 설정하는 방법이 가능할 것이다.

문제는 이러한 현상이 현대 한국어에서 하나의 명사로 사용되지 못하고 다른 명사의 내부에서 비자립 어기로 사용되는 단음절 한자어를 중심으로 빈번하게 관찰된다는 점이다. 다음을 보자.

(9ㄱ) 왕/자 | 왕/비 | 왕/권 | 선/왕 | 국/왕 | 왕/세자
(9ㄴ) 실/패 | 치/실 | 실/타래 | 명주/실
(9ㄷ) 알/탕 | 알/밥 | 동태/알 | 눈/알

위의 어휘들은 모두 '왕, 실, 알'을 포함한 형태로 되어 있다. '왕자'와 '실패', '눈알' 같은 어휘를 보면 특히 내적 응집력이 강해서, 여기 실현된 1음절 한자어들은 비자립 어기와 같은 인상을 준다. 그런데 이들을 이와 같이 분석하기엔 부담이 되는데, 다음과 같이 명백한 단일 명사로서의 기능을 보이기 때문이다.

(10ㄱ) 그가 왕이 되었다
(10ㄴ) 누에고치로부터 실을 만드는 기술은 일찍 시작되었다
(10ㄷ) 물고기가 알을 까고 있다

그런데 위의 예들에 나타난 '왕, 실, 알'을 하나의 명사로 분석한다면, 함께 수반된 성분들은 그 자립성 여부에 따라 명사 또는 접사와 같은 비자립 어기로 분석될 것이고, 결과적으로 전체 어형은 이에 따라 복합명사 또는 파생명사로 제각각 분석될 것이다.

여기서 (9)의 일부를 다음 예들과 비교해 보자.

(11ㄱ) 왕/세자 | 왕/비
(11ㄴ) 왕/거미 | 왕/뱀

(12ㄱ) 실/타래 | 실/패
(12ㄴ) 실/핏줄 | 실/눈

(13ㄱ) 알/밥 | 알/탕
(13ㄴ) 알/사탕 | 알/약

위에서 (11ㄴ)/(12ㄴ)/(13ㄴ)의 '왕, 실, 알'은 (11ㄱ)/(12ㄱ)/(13ㄱ)의 경우와 같은 위치에 실현되었으나, 의미적으로 차이를 보인다. 이들은 형용사적 수식어의 의미를 강하게 갖기 때문에 다음과 같이 해석된다.

(14ㄱ) 왕/거미 | 왕/뱀 = {큰 거미, 큰 뱀}

(14ㄴ) 실/핏줄 | 실/눈 = {가는 핏줄, 가는 눈}
(14ㄷ) 알/사탕 | 알/약 = {둥근 (모양의) 사탕, 둥근 (모양의) 약}

즉 '왕'은 '큰'의 의미로, '실'은 '가는'의 의미로, 그리고 '알'은 '둥근'의 의미로 사용되어 뒤에 수반되는 명사를 수식하는 형용사적 기능을 가진다는 점에서, (11ㄱ)/(12ㄱ)/(13ㄱ)의 예들과 달리 의미전성이 일어난 일종의 '접두사'로 분석하는 것이 가능하다.[11] 이 경우 (11ㄴ)/(12ㄴ)/(13ㄴ)의 예들은 접두 파생명사로, 그리고 (11ㄱ)/(12ㄱ)/(13ㄱ)의 예들은 복합명사로 분석되는 것이 가능하다.

그런데 다른 명사를 수식하는 접두 위치에 실현된 성분에 대해서 이와 같은 '의미 전성' 현상을 기준으로 접두사와 명사를 구별한다는 것이 항상 유효할까? 실제로 명사가 다른 명사를 수식하는 복합명사 구성에 있어서도 이러한 의미 전성 현상이 관찰되는데, 다음을 보자.

(15) 유령/회사 | 무당/벌레

위의 예들은 각각 자립성을 갖는 두 개의 명사가 결합한 복합명사 부류로 간주될 수 있다. 위의 '유령'과 '무당'을 다음 (16)의 예에 나타난 동일 성분들과 비교해 보자.

(16ㄱ) 유령/놀이 | 유령/이야기
(16ㄴ) 무당/집 | 무당/굿

앞서 (15)에서는 후행명사를 수식하는 형용사성 성격을 가져, 다음과 같은 해석이 가능한 반면,

(17ㄱ) 유령/회사 ⇒ 유령같은 회사
(17ㄴ) 무당/벌레 ⇒ 무당같은 (무늬의) 벌레

(16)에 나타난 '유령'과 '무당'에는 본래 명사의 의미가 더 직접적으로 보존되어 있는 것을 관찰할 수 있다. 이런 점에서 (16)에서는 '유령'과 '무당'을 명사로 간주하고 결과적으로 전체 구성을 복합명사 부류로 분석하는 데에 문제가 없어 보인다. 문제는 (15)와 같은 경우이다. 실제로 복합명사 구성은 그 내부 구성 어휘들이 어떠한 의미·통사적 관계를 함축하는가에 따라 다양한 관계 해석이 가능하기 때문이다. 가령 다음과 같이 '명사+명사' 구성의 다양한 내부 관계를 보이는 복합어의 예들을 살펴보자.

---

11) 이러한 현상은 앞에 논의하였던 '독'이 '독감'에서와 같이 '독한'의 의미로 사용된 현상과 비교된다. 디만 '독 감'이니 '독기'와 같이 '독'과 결합한 후행성분에 자립성이 없거나 아주 약한 특징을 보인다는 점에서 현재 유형들과는 차이가 있다.

(18ㄱ) 칼/춤   ⇒ [도구] 칼을 가지고 추는 춤
(18ㄴ) 칼/자루   ⇒ [전체] 칼의 자루
(18ㄷ) 고무/장갑 ⇒ [재료] 고무로 된 장갑
(18ㄹ) 증명/사진 ⇒ [목적] 증명을 위한 사진
(18ㅁ) 흑백/사진 ⇒ [속성] 흑백으로 된 사진
(18ㅂ) 친구/집   ⇒ [소유] 친구의 집
(18ㅅ) 수학/학원 ⇒ [대상] 수학을 공부하는 학원

이러한 맥락을 고려할 때, (17)과 같은 관계를 보이는 (15)의 예들을 복합명사가 아닌 일종의 '접두사+명사' 유형의 파생명사로 분석해야 할 근거가 없게 된다. 의미전성의 문제는 두 성분의 어휘적 응집도를 고려하는 데에 일정 척도가 되지만, 이를 통해 그 성분의 문법적 지위를 결정하기는 어렵기 때문이다. 여기서 위의 (17ㄴ)과 관련하여 다음 (19)를 살펴보자.

(19) 연두/벌레 | 딱정/벌레

위의 예에 나타난 '연두'나 '딱정'도 (17ㄴ)의 '무당'의 경우처럼 벌레의 모양을 묘사하기 위해 사용된 어휘 성분이다. 그런데 이들은 '무당'과 달리 현대 한국어에서 하나의 자립성분으로 사용되지 못한다. 따라서 이 경우는 '명사의 의미전성' 여부를 논의할 필요도 없다. 문제는 이들이 실제 코퍼스에서 뒷성분과 분리된 형태로 실현될 수 있다는 점이다. 다음은 실제 텍스트에 관찰된 예를 보인다.

(20ㄱ) 시집의 파릇파릇한 <u>연두</u> 색깔이 잘 어울리는...
(20ㄴ) 핑크랑 <u>연두</u> 색깔 추천해 주세요

(21ㄱ) 오래된 나무 껍질을 벗기고 있을 때, 희귀한 <u>딱정</u> 벌레가 두 마리 나왔다
(21ㄴ) 물론 도깨비들은 그 <u>딱정</u> 벌레를 폄하하지는 않았다

이처럼 자립성분인 '명사'가 아니면서도 다른 명사를 수식하는 위치에서 분리되어 실현될 수 있는 속성을 가진 2음절어 어휘들이 한국어에서 상당수 관찰되는데, 이러한 표기상의 특징으로 인해 이들은 현행사전에서 접두사라는 표제어보다는 '명사' 또는 '어기'와 같은 표제어로 등재되어 있는 것을 관찰할 수 있다. 이를 DECO 사전에서는 '관형명사'로 정의하는데, 이에 대해서는 제3부에서 논의하기로 한다.

3.5. '관형명사'와 '명사'의 구별 문제

다음을 보자.

(22ㄱ) 국제/사회 | 국제 사회
(22ㄴ) 원시/종교 | 원시 종교
(22ㄷ) 공적/자금 | 공적 자금

위의 예에 나타난 접두 성분은 다음 (23)의 접두 위치에 실현된 '명사'들과 동일한 문맥에서 실현되었다.

(23ㄱ) 현대/사회 | 현대 사회
(23ㄴ) 서양/종교 | 서양 종교
(23ㄷ) 여유/자금 | 여유 자금

위에서 보듯이, 두 개의 2음절어로 구성된 복합어 구성은 한국어 표기법에서 띄어쓰기가 유연하게 허용되기 때문에, 하나의 결합된 토큰으로 실현되기도 하고 또는 분리된 두 개의 토큰으로 실현되기도 한다. 그런데 (23)의 접두 성분들이 문장에서 자유롭게 실현되는 '명사'들임에 반해, (22)의 접두 성분들은 문장 내에서 주어나 목적어와 같은 온전한 자립어 위치에 실현되지 못한다.

(24ㄱ) (*국제 + 현대)-가 시작하는 시기가 언제입니까?
(24ㄴ) 사람들이 (*국제 + 현대)-를 살아가면서 느끼는 어려움이 무엇일까?

(25ㄱ) (*원시 + 서양)-은 동양과는 여러 다른 가치를 가지고 있다
(25ㄴ) 학자들이 왜 (*원시 + 서양)-을 더 연구하지 않을까?

(26ㄱ) 현대인에게는 (*공적 + 여유)-가 필요하다
(26ㄴ) 그들은 (*공적 + 여유)-를 갖지 못했다

위의 예들은 모두 (22)의 수식 성분들이 명사의 전형적인 통사적 위치에 실현되지 못하는 특징을 보인다. 그런데 이들을 '명사'로부터 명시적으로 구분 지을 수 있는 기준의 마련이 쉽지 않고, 이러한 한자어 2음절어의 수적 비중이 적지 않기 때문에 현행사전들에서는 이들을 다른 명사들과 구별없이 '명사' 표제어로 등재하고 있다. 또한 (22ㄷ)의 '공적(公的)'과 같이 'X-적(的)'의 형태는 '명사'와 '관형사'의 이중분류를 채택하고 있다.

이들을 다른 일반명사들과 구별없이 처리하기에는 통사·의미적으로 뚜렷한 제약 현상이 나타난다. 주격 및 목적격 후치사와는 거의 결합이 불가능하며, 어휘 성분에 따라 제한된 부사격 조사를 허용하거나 '하다' 또는 '이다'에 의한 형용사 형성을 허용하는 정도의 제한된 쓰임만이 관찰될 뿐, 대부분 이와 같이 다른 명사를 '수식'하는 위치에서만 사용되는 특징을 보인다. 뒤의 3장에서 논의될 DECO 사전에서는 이들을 '관형명사'라는 범주로

설정하고 이들에 대한 별도의 논의를 진행한다.

3.6. '접미사'와 '일반명사'의 구별 문제

명사 범주에 대한 표제어 설정에 있어 복합형을 구성하는 비자립성분의 정의 문제는 명사의 접미 위치에서도 관찰된다. 다음을 보자.

(27ㄱ) 주름/살 | 뱃/살 | 나잇/살
(27ㄴ) 결혼/식 | 졸업/식 | 회/식

위의 예에서 접미 위치에 실현된 '살'과 '식'은 그 조어 환경에 따라 의미 속성이 조금씩 차이를 보인다. 그러나 모두 다음과 같이 명사적 용법으로 사용된 어휘 '살'과 '식'과 연관성을 보인다.

(28ㄱ) 민우가 자꾸 살이 빠져서 걱정이다
(28ㄴ) 그들은 식을 올리자마자 해외로 나갔다

위에서 (27)의 예에서 사용된 '살'과 '식'은 (28)의 형태들과 무관한 성분으로 분석되지 않으므로 (27)에서 일정의 의미전성이 나타난 명사의 실현으로 분석할 수 있다. 이렇게 되면 (27ㄱ)에서 '주름/살'처럼 하나의 명사와 결합하였다면 그 전체는 '복합명사'로 간주되어야 하며, (27ㄴ)에서의 '회/식'과 같이 비자립 성분 '회'와 결합한 경우 전체는 접두 파생명사로 분석되어야 할 것이다. 반면, (27) 형태의 후행성분들을 접미사와 같은 비자립 성분으로 간주한다면, '주름/살'처럼 명사와 결합한 형태들은 '파생명사'로 처리되고 '회/식'과 같이 비자립 성분과 결합한 형태들은 하나의 단순명사로 처리되어야 할 것이다. 이 경우 앞서 언급한 경우들과 같이, 동일 한자어 접미어가 실현된 '결혼/식'과 '회/식'에 대해서 전자는 접미사를 지닌 파생어로 분석하는 반면, 후자는 두 비자립성분의 결합으로 인해 그 전체를 단순어로 처리하는 비일관된 분석이 초래된다.
또 다른 예를 보자.

(29ㄱ) 성깔/머리 | 인정/머리
(29ㄴ) 고생/바가지 | 주책/바가지

위의 예에서 접미 위치에 나타난 '머리'와 '바가지'는 다음과 같이 단독으로 하나의 명사로 사용될 수 있는 고유어 어휘와 동일한 형태를 보인다.

(30ㄱ) 그 사람은 <u>머리</u>가 크다
(30ㄴ) <u>바가지</u>에 물을 가득 담았다

다만 (30)에서 사용된 명사와 같은 의미를 표현하지 않는 (29)의 '머리'와 '바가지'를 하나의 '명사'로서 의미가 전성된 것으로 분석할 것인가, 아니면 명사와는 의미적 연관성을 가지지 않는 하나의 '접미사'로 분석할 것인가의 문제가 제기된다. 이 경우도 앞서와 마찬가지로, '명사'로 간주하면 다시 앞 성분의 자립성 여부에 따라 파생명사 또는 복합명사가 되며, 이때 앞 성분이 자립성이 없다면 이들을 추가로 접두사 부류로 등재해야 할 것인가를 결정해야 한다. 반면 이들을 '접미사'로 간주하게 되면 다시 앞 성분의 자립성 여부에 따라 단일명사 또는 파생명사가 된다. 즉 앞 성분이 자립성이 있다면 전체는 파생명사가 되지만, 자립성이 없는 경우는 두 개의 비자립성분이 결합한 형태가 되므로 하나의 단순명사로 분석되어야 한다. 이 경우도 앞서와 동일한 유형의 접미사가 내포되어 있음에도 불구하고, 이러한 구별을 수행하지 못하고 그 전체를 하나의 단일 성분으로 분석해야 한다는 점에서 분석 방법에 일관성 확보가 어렵다는 부담이 주어진다.

앞서 논의한 바와 같이 실제로 어떤 성분이 복합어를 구성할 때 단독 명사로 사용될 때의 의미와 달라진다고 해서 이를 접사와 같은 별개의 성분으로 분석해야 할 근거가 될 수는 없다. 이러한 의미적 변화는 단독 명사로 사용될 때에도 그 문맥에 따라 다양하게 관찰되며 이러한 명사들이 여러 개 결합하여 복합어를 구성할 때 일련의 의미전성이 수반되는 경우도 빈번하기 때문이다. 가령 '머리'와 '바가지'는 다음 예에서 보는 바와 같이 단독 명사로 사용될 때에도 여러 가지 의미를 갖는다.

(31ㄱ) 그 아이는 <u>머리</u>가 너무 나쁘다 (= 지능)
(31ㄴ) 그 아이는 <u>머리</u>가 너무 길다 (= 머리카락)
(31ㄷ) 그 아이는 <u>머리</u>가 너무 크다 (= 머리통)

(32ㄱ) 할아버지가 <u>바가지</u>를 사오셨다 (=물건)
(32ㄴ) 여름철 피서지에는 <u>바가지</u>를 씌우는 상인들이 많다 (=가격)
(32ㄷ) 여자가 <u>바가지</u>를 긁으면 남자들이 술을 마신다 (=잔소리)

즉 이와 같이 명사 자체에서도 여러 의미를 갖는 속성을 고려할 때, (29ㄱ)과 같은 의미적 전성을 기준으로 명사대신 접미사로 분석하는 방법은 논의의 여지가 있다. 그런데 위의 (29)를 다음의 (33)과 비교해 보자.

(33ㄱ) 곱슬/머리 | 파마/머리
(33ㄴ) 고무/바가지 | 놋쇠/바가지

위의 (33)의 경우는 앞서 (29)와는 달리 의미전성의 현상이 나타나지 않았다. 즉 이 경우는 '머리'와 '바가지'가 복합 구성의 핵(Head)으로 사용된 예를 보인다. 이를 토대로 (33)은 '명사+명사'의 복합명사로, (29)는 명사와 의미적 연관성이 없는(또는 의미가 전성된) 하나의 접미사가 실현된 '명사+접미사'의 파생명사로 분석하는 입장이 지지될 수 있다. 이에 대한 만장일치의 결론을 유도하기는 어려우나 일반적으로 (33)에 비해 그 조어적 생산성이 더 제한적인 (29)와 같은 부류를 접미사 목록에 포함시킴으로써, 중간적인 성격들의 어휘에 대한 이중적 처리를 진행하는 것이 효율적인 대안으로 판단된다.

3.7. '접미사'와 '단위명사'의 구별 문제

명사 표제어 구성에 있어 복합 구성의 어말 위치에 실현된 성분을 하나의 비자립성분으로 분석해야 할지 아니면 자립성분으로 분석해야 할지를 결정할 때, 다음과 같은 형태들이 관찰된다.

(34ㄱ) 연구/년
(34ㄴ) 을사/년 | 작/년

(35ㄱ) 이사/회
(35ㄴ) 폐/회 | 총/회

위의 예들의 어말에 실현된 '년'과 '회'를 보면, (34ㄱ)이나 (35ㄱ)에 사용된 유형은 분명한 자립성분인 명사 '연구'와 '이사'와 결합하였다. 이들을 다음에서 관찰되는 것처럼 하나의 의존명사로 분석하는 경우, '연구년'이나 '이사회'는 두 자립성분이 결합한 복합명사가 된다.

(36ㄱ) 수십 년 | 30 년
(36ㄴ) 제 2 회 | 백 회

반면, (34)과 (35)의 어말 성분들을 하나의 접미사로 분석하는 경우, (34ㄱ)이나 (35ㄱ)과 같이 선행 성분이 명사인 경우 이 전체는 파생어가 되며, 그 나머지처럼 선행 성분이 비자립어인 경우 이 전체는 두 비자립어 결합이 되어 하나의 단순명사로 분석되어야 한다. 위에서 (34)/(35)와 (36)에 실현된 '년'과 '회'가 연관성이 없는 어휘들이 아니라면 전자는 접미사로, 후자는 의존명사로 이중 분류하는 것이 적절할까? 예를 들어 '년'의 경우 다음의 예들을 더 살펴보면,

(37ㄱ) 작년 | 내년 | 금년 | 매년
(37ㄴ) 일년 | 십년 | 백년 | 천년

위의 (37ㄱ)처럼 '년'이 결합한 경우와 (37ㄴ)처럼 수사에 '년'이 결합한 경우는 모두 맞춤법 표기에서 단일 토큰으로 실현 가능하다. 또한 여기 내포된 '년'의 의미적 속성도 서로 유사하다. 이런 점에서 (37ㄱ)의 '년'과 (37ㄴ)의 '년'을 두 가지 서로 다른 범주로 구별하고, 결과적으로 (37ㄱ)은 단순어 또는 파생어로, (37ㄴ)은 복합어로 서로 다르게 분석하는 방법은 바람직하지 않다. 이런 점에서 (35)/(36)의 어말에 나타난 형태들도 의존명사로, 이들이 선행 성분과 복합 구성을 이룬다고 분석하는 것이 가능하다. 그러나 이 경우는 (35)/(36)에서 비자립어가 '년'과 '회'와 결합한 경우는 궁극적으로 비자립 접두어가 결합한 파생어가 되는 셈이어서, '작'과 '총'과 같은 1음절어 한자어로 된 접두사들을 상당수 설정해야 하는 부담이 따르게 된다.

3.8. '접미사'와 '조사', '의존명사'의 구별 문제

명사 표제어 구성에 있어, 끝으로 어말 위치에 실현된 성분들 중에서 이들이 접미사, 조사, 또는 의존명사의 중의적 분석 가능성을 갖는 형태들이 관찰된다. 다음을 보자.

(38ㄱ) 우리/끼리 | 친구/끼리
(38ㄴ) 둘/씩 | 다섯 사람/씩
(38ㄷ) 학생/들 | 그/들
(38ㄹ) 김/씨 | 제수/씨
(38ㅁ) 친구/네 | 민우/네
(38ㅂ) 서울/발 | 부산/행
(38ㅅ) 너/대로 | 그/대로
(38ㅇ) 동생/만큼 | 그/만큼

위의 예들은 모두 어말 성분으로, 앞서 살핀 유형들과는 달리 형태론적 접사라기보다는 일종의 통사적 단위로 보이는 일련의 어휘 성분이 결합한 예이다. 일반적으로 명사를 선행 성분으로 실현되므로 학자에 따라, 조사의 일종으로, 통사적 접미사의 일종으로, 또는 일련의 수식 관형절을 요구하는 비단위성 의존명사의 일종으로 분석되었다. 선행하는 명사에 여백없이 실현된다는 점에서 조사와 접미사로 제안된 것으로 보이며, 특정 문맥에 나타나면 다음과 같이 수식 성분과 분리되어 실현 가능하다는 점에서 의존명사로 제안된 것으로 보인다.

(39ㄱ) 그가 말한 <u>대로</u> 그대로 해 주세요

(39ㄴ) 당신이 노력하는 <u>만큼</u> 꼭 성공하게 될 거예요

위의 형태들을 어떠한 지위로 분석할 것인가에 따라 그 전체가 하나의 명사 표제어로 간주될지, 또한 파생이나 복합어의 지위를 갖게 될지 등이 결정된다. 이러한 문제들은 한국어 명사 표제어를 구축하는 데에 있어, 특히 높은 생산성의 비단순명사 부류를 체계적으로 검토하고 확장하는 작업에 중요한 열쇠가 된다.

이상에서 논의한 문제들에 대해 명시적 해결방안과 그 기준을 제시하기는 쉽지 않다. 실제로 이러한 문제들을 언급하는 것은 앞서도 논의한 바와 같이 현행사전의 한계점에 대한 지적이 아니라, 현행사전에 대한 검토를 통해 현재 언어적 현실의 불규칙성을 확인하고 이해하는 데에 그 목적이 있다. 실제 전자사전의 표제어를 구축하기 위해서는 이와 같이 여전히 논란의 중심에 있는 현상들에 대해 끊임없이 일련의 자의적 결정을 수반해야 하지만, 이러한 현상들에 대한 충분한 이해를 통해 향후 보다 발전적 형태의 접근 방법을 모색할 수 있을 것이라 기대한다.

4. 외래명사(Foreign Noun) 범주 설정의 필요성

4.1. 외래명사의 생산성

한국어 텍스트에서 로마자 전사표기로 실현된 '외래어(Loanword)' 유형에 대한 효율적인 처리를 위해서는, 이에 대한 별도의 외래어 사전이 필요하다. 학자에 따라 '차용어', '외국어' 등의 개념과 동일시되거나 또는 이들과 구별되기도 하는데, 영어에서 차용된 유형이 가장 많고 그외의 다른 로마자 언어 및 동양어에서 음차표기된 형태들도 관찰된다. 남지순(2005)의 연구에서는 한 일간지 신문의 200개 어절 규모의 '호텔 레스토랑' 관련기사에서 명사가 141개로 전체의 70.5%를 차지함을 분석하였고, 이때 외래어 음차 표기가 전체 명사의 절반을 넘어 53.2%(75개)를 차지함을 논의하였다. 이 신문기사에 나타난 문장의 예를 보이면 표 22와 같다.

번호	텍스트의 예
(1)	그랜드 힐튼의 클럽 바발루는 다음 달 9일까지 오후 7~9시 해피아워를 운영한다.
(2)	조니워커 레드라벨 세트(맥주 3병, 안주 1개 포함)가 6만9000원, 블랙라벨 세트는 9만9000원이다.

번호	텍스트의 예
(3)	르네상스 호텔의 스테이크하우스 '맨해튼 그릴'이 최근 문을 열었다.
(4)	서울 프라자호텔은 22일 오후 7시 프렌치 레스토랑 토파즈에서 캘리포니아의 와이너리 아이언 스톤의 와인 메이커를 초청해 디너 행사를 연다.

표 22. 외래어 비중이 높은 신문기사 문장의 예시

여기서 다룬 '호텔 레스토랑 이벤트' 관련 기사처럼 텍스트의 도메인에 따라서는 외래어 명사의 비중이 비외래어 명사의 비중을 넘어서는 경우가 관찰된다. 이 연구에서 제시된 외래어 명사와 비외래어 명사의 예를 보이면 표 23의 {5}과 {6}에서와 같다.

번호	유형	예시
(5)	외래어	위크엔드, 플라자, 호텔, 뉴스, 그랜드, 힐튼, 클럽, 바발루, 해피아워, 조니워커, 레드, 라벨, 세트, 블랙, 인터컨티넨탈, 무역센터, 트레이드타워, 아시아, 레스토랑, 마르코폴로, 오픈, 프라자, 프렌치, 토파즈, 캘리포니아, 와이너리, 아이언, 스톤, 와인, 메이커, 디너, 프랑스
(6)	비외래어	외식, 다음, 오후, 운영, 맥주, 포함, 서울, 요리, 규모, 전체, 계단식, 구조, 창가, 전망, 초청, 행사, 정찬, 상식

표 23. 신문기사에 나타난 외래어 명사와 비외래어 명사의 예시

여기서 {6}의 예를 보면, '외식'이나 '요리', '행사', '정찬'과 같은 경우를 제외하고는 '다음'이나 '오후', '운영', '포함', '규모', '전체' 등과 같이 실제 이 도메인 정보의 핵심이 되지 않는 명사들이 상당수 포함되어 있는 것을 볼 수 있다. 즉 위의 텍스트에서 사용자가 원하는 정보의 핵심은 대부분 '외래어 명사'와 '7시, 3병, 6만 9000원, 52층, 234석, 22일, 1인 10만원' 등과 같은 '수사+의존명사' 유형임을 알 수 있다.

위의 예에서 주지하는 바와 같이 외래어가 한국어 텍스트에서 사용될 때 그 원어의 알파벳 표기 형태로 직접 사용되는 경우는 거의 없다. 대부분은 한국어 음차 표기 형태를 빌어 실현되는데, 이들은 본래 원어에서 명사가 아니었던 경우에도 한국어에 도입될 때 모두 명사, 또는 명사에 준하는 성분의 통사적 위치에서 실현되는 특징을 보인다. 다음의 예에서 보듯이,

(1) 그는 <u>초코렛</u>을 먹었다

(2ㄱ) 디자인이 아주 <u>심플하다</u>
(2ㄴ) *디자인이 아주 심플

(3ㄱ) 그는 그 부분에서 <u>모데라토로</u> 연주했다
(3ㄴ) *그는 그 부분에서 모데라토 연주했다

실제 원어인 영어 텍스트에서는 각각 명사, 형용사, 부사로 기능하는 '초콜릿(chocolate)', '심플(simple)', '모데라토(moderato)'는 한국어 문장 내에서는 모두 명사성 성분만이 실현될 수 있는 위치에 실현되었다. 즉 'N-를'과 같은 목적격 위치나 'N-하다'와 같은 형용사 파생접미사 '하다'를 수반하는 위치, 또는 'N-로'와 같은 부사어 위치에서 명사(N)의 위치에 실현되었다. 즉 한국어 문장에서는 영어 어휘와의 의미적 대응성과 관계없이, 형용사나 부사 성분으로 직접 사용되는 외래어 음차표기 형태는 발견되지 않음을 확인할 수 있다. 이러한 특징으로, 외래어 음차표기 형태는 명사 범주에서 다루어져야 하는 '외래명사' 부류가 된다.

외래명사가 한국어 텍스트에 실현될 때, 언어 처리 관점에서 특히 문제가 되는 이유는 이들의 목록이 개방되어 있고 높은 생산성을 보이기 때문이다. 어휘 목록이 개방적이고 생산적인 경우, 사전의 한계에 대한 별도의 처리 모듈이 제공되지 않는 한, 자동 분석 시스템의 분석 성공률의 신뢰도가 낮아지게 된다.

외래명사 중에서 현재 이와 같이 지속적으로 확장되는 유형을 보면, 특히 고유명사(Proper Noun)와 전문용어(Terminology) 범주의 어휘들이다. 외래명사는 고유명사 중에서 특히 인명이나 조직명, 상품명, 창작물명 등의 부류로 나타나며, 전문용어 중에서는 현대 과학기술 분야와 관련된 새로운 발견, 제품, 기술 등을 나타내는 표현으로 실현된다. 더욱이 복합 구성에 의한 새로운 어휘 구성이 매우 활발하게 나타난다.

4.2. 로마자 음차표기의 변이 현상

명사 사전을 구성하는 데에 있어, 외래명사들이 보이는 더욱 심각한 문제는 한국어 텍스트에서 이들의 음차 표기법이 단일하게 나타나지 않는다는 점이다. 현행 외래어 표기법에 대한 공식적인 지침이 존재함에도 불구하고 실제 언어 사용자가 사용하는 표기 형식들은 매우 다양해서, 단일한 음차 표기에 대한 규범적인 정보만으로는 만족할 만한 자동 분석을 수행할 수 없다. 가령 위에서 살핀 신문기사 텍스트의 예에서 다음과 같은 다양한 표기 형태들을 실제 온라인 문서에서 관찰할 수 있다.

(4ㄱ) 위크엔드/ 위크앤드/ 위크엔/ 위크앤
(4ㄴ) 해피아워/ 해피아우어
(4ㄷ) 조니워커/ 죠니워커/ 조니워카/ 죠니워카
(4ㄹ) 레드라벨 세트/ 레드라벨 셋/ 레드라벨 셋트
(4ㅁ) 레스토랑/ 레스또랑

위와 같이 다양한 표기 형태로 실현될 수 있는 외래어 부류들에 대하여, 만일 자동 분석을 위해 참조하는 전자사전의 표제어로 단 하나만의 표기 형태만이 수록되어 있다면, 이들과 다른 형태들은 모두 올바르게 인식되지 못하고 일종의 미분석어로 남게 되어 시스템의 성능에 부담을 주게 된다. 또한 자동번역 시스템과 같은 응용분야에서 이들 외래어 표기들이, 대응되는 원어 어휘와 연결되기 위해서는, 모두 실제로는 하나의 공통된 정보를 담고 있는 동일 어휘라는 정보가 제공되어야 한다. 이들 변이형들은 모두 사전에 등재되어 있어야 할뿐만 아니라, 이들이 모두 동일한 성분이라는 정보가 부가적으로 제공되어야 한다.

이와 같이 다양한 표기들이 실제로는 동일 성분이라는 사실은, 이들을 정보 검색의 키워드로 하는 인터넷 검색엔진에서도 매우 중요한 정보가 된다. 예를 들어 'Columbus'에 대한 정보를 획득하기 위해 이를 인터넷 검색엔진의 키워드로 입력한다고 가정해 보자. 어떠한 음차 표기 형태를 키워드로 입력할 것인가? 현행 인터넷 검색 엔진을 사용해 다음과 같은 4가지 음차 표기 키워드를 입력해 보면,

(5) 콜럼버스/ 콜럼부스/ 컬럼버스/ 컬럼부스

이들 모두에 대해 관련 문서를 획득할 수 있다. 즉 현행 외래어 표기법 규정과는 관계없이 일반 언어 사용자들이 다양한 표기 형태들을 사용하고 있다는 사실을 확인해 준다. 보다 우수한 성능의 검색 엔진이라면 이들 4가지 표기 중의 어느 하나를 키워드로 입력하여도 4가지 관련 문서들을 모두 동시에 제시할 수 있어야 한다. 실제로 구글(www.google.com)이나 네이버(www.naver.com)와 같은 검색 엔진에서 'accessory'와 'television'에 대한 음차 표기 키워드로 다음 형태들을 입력한다면, 어떠한 형태를 입력하여도 본래의 키워드와 관련된 검색 결과를 동일하게 제공해야 할 것이다.

(6ㄱ) 악세서리/ 악세사리/ 액세서리/ 액세사리
(6ㄴ) 텔레비젼/ 텔레비전/ 테레비젼/ 테레비전/ 텔리비젼/ 텔리비전/ 테레비

실제 검색 결과는 물론 그렇게 체계적이지는 못하다. 가령 네이버의 경우 (6ㄱ)의 경우는 하나의 키워드를 입력해도 시스템이 몇 가지 변이형을 함께 인식하여 다른 변이형의 일부를 함께 결과로 제공하는 것을 볼 수 있다. 반면 (6ㄴ)의 경우는 각 키워드에 대응되는 문서만을 검색하여 제공하기 때문에 음차 표기별 편차가 심하게 나타나는 것을 볼 수 있다. 구글의 경우는 (6ㄴ)의 경우도 일부 변이형을 찾아 포함시키는 점에서, 이러한 외래어 변이형의 문제점에 대해 네이버에 비해 상대적으로 더 대응하고 있는 양상을 보인다. 이 시스템들은 이와 같은 외래어 키워드에 대한 인식률을 높이기 위한 지속적인 업그레이드를 수행하고 있어 현재 논의한 특징은 추후 변화할 수 있다.

검색엔진에서의 외래어 키워드의 처리 문제는 검색 결과의 만족도를 향상시키는 데에 매

우 중요한 요인이 된다. 이 경우에도 앞서 기계번역 시스템에서 필요로 했던 것처럼, 다양한 음차 표기 형태들이 실제로는 동일 정보를 담고 있는 한 성분이라는 정보가 제공되어야 한다. 그러므로 이상에서 살핀 외래어 음차 표기의 다양한 형태들이 자동 분석시 올바르게 인식되고, 아울러 이들이 동일 성분들임도 인식될 수 있기 위해서는 이와 같은 다양한 음차 표기 가능성에 대한 정보를 지니고 있는 특수한 형태의 전자사전이나 또는 자동 추정을 위한 규칙 모듈이 요구된다. 외래어 음차표기의 생산성과 다양성의 문제로 인해 이를 자동 추정하기 위한 규칙과 알고리즘에 대한 연구들이 수행되어 왔으나, 이들의 변이 현상이 음운 환경에 의해 예측될 수 있는 규칙적 양상을 보이지 않기 때문에 체계적인 사전 구축을 통해 이를 보완하는 작업이 반드시 요구된다.

4.3. 현행사전 외래어 표제어와 실제 코퍼스에서의 확장

현행 인쇄사전류에 등재되어 있는 외래어 부류를 검토하면, 이미 한국어 어휘 체계에서 빈번히 사용되고 있는 일반 단순명사 유형은 상대적으로 높은 완성도를 보인다. 따라서 현행 인쇄사전들에 등재된 로마자 어원 외래어 표제어들을 중심으로 1차 목록을 구축하는 것이 유용하다. 그런데 현행사전에는 동일 외래어의 다양한 음차 표기들이 여러 개의 표제어로 중복 처리된 경우가 있는가 하면 한 개의 규범적 표기 형태만이 표제어로 선정되어 있는 경우가 있다. 특히 전자와 같은 경우, 여러 개의 표제어로 등재된 유형들이 하나의 동일 원어 유형에 대응된다는 것을 기술하는 단계가 필요하다.

현행사전을 기반으로 로마자 음차 표기 외래어를 별도로 추출하는 작업을 수행하는 이유는, 앞서 논의한 바와 같이, 한자어 어원 유형에 비해 이들이 현대 한국어 문서에서 지속적으로 확대되고 생성될 수 있는 가능성이 훨씬 높을 뿐 아니라, 한자어 어원 유형과는 달리 많은 경우 2가지 이상의 표기가 가능하기 때문이다. 이러한 관점에서 볼 때 다음과 같이 로마자에서 음차된 외래어는 아니지만 표기법에 있어 2가지 이상의 형태를 유발할 수 있는 경우들도 함께 고려되는 것이 바람직하다.

(7ㄱ) 기스/ 기쓰
(7ㄴ) 히로뽕/ 히로봉
(7ㄷ) 에누리/ 애누리
(7ㄹ) 엑기스/ 액기스/ 엑끼스
(7ㅁ) 오뎅/ 오댕

위와 같이 현행사전에 등재되어 있는 외래어 표제어 목록과 더불어, 전자사전 표제어 구성에서 참고할 수 있는 자료로 세종 프로젝트의 외래어 표기 오류사례 데이터베이스가 있다. 외래어 표기법에 관한 변환 및 검색 프로그램[12]을 개발하면서 올바르지 않은 로마자 표기의 상당한 사례를 수집하여 올바른 음차 표기와 올바르지 않은 음차 표기에 대한 지침을 마련한 자료이다. 여기서 논의된 다양한 외래어 어휘에는, 기존 인쇄사전에 수록되어 있는 일반 단순명사의 유형에서부터 특수한 경제 용어나 기술 용어와 같은 전문용어 유형, 그리고 인명과 같은 고유명사 유형 등이 다양하게 포함되어 있다. 여기 수록된 데이터베이스는 매우 방대하고 특수한 어휘 요소들을 포함하고 있어, 1차적인 전자사전 표제어의 구성에는 한국어 사용자가 일반적으로 이해하고 사용하는 유형에 한정하여 외래어 추출 작업을 수행하는 것이 바람직하다. 여기서 오류 유형으로 수집한 음차 표기 형태들은 현 외래어표기법에서 단일 대표형을 강요하는 방식에 대해 역설적인 보완점이 되는 귀중한 자료가 된다.

이와 더불어 현행 온라인 신문기사나 출판물 등의 실제 텍스트에서 발견되는 외래어 유형에는 기존 인쇄사전의 표제어에는 등재되지 않은 형태들이 상당수 관찰된다. 사전 구축 작업이 역사적 시간성에 제한을 받으므로, 끊임없이 시사적으로 의미를 갖게 되는 고유명사성 외래어 유형을 일일이 반영할 수 없는 결과이기도 하며, 사전편찬 작업에 일정 이데올로기적 사고가 반영되어 있는 결과이기도 하다. 가령 현행 표준국어대사전과 같은 인쇄사전에 다음 (8ㄱ)과 같은 인명은 수록되어 있는 반면, (8ㄴ)과 같은 인명은 등재되어 있지 않다.

(8ㄱ) 링컨 | 워싱턴 | 이승만
(8ㄴ) 후세인 | 오바마 | 김일성

실제로 시사성 문서에서는, 문맥의 시점에 따라, 또는 도메인에 따라 후자와 같은 형태들이 훨씬 더 빈번하게 발견될 수 있다. 다음 (9ㄱ)과 같은 회사명이나 (9ㄴ)과 같은 기술용어들도 실제 텍스트에서 많이 관찰되는 어휘들임에도, 기존의 인쇄사전에서 이들을 발견하기는 어렵다.

(9ㄱ) 마이크로 소프트 | 네이버
(9ㄴ) 엠피쓰리 | 메모리칩

그런데 실제 코퍼스로부터 외래어 부류를 추출해 내는 작업에는 몇 가지 어려움이 따른다. 첫째로, 실제 코퍼스를 보면 고유명사 유형 중에서도 역사적으로 그 대표성이나 중요성이 검증된 유형이 아닌, 단발적이거나 일회적인 형태들이 상당수 관찰된다. 가령 한 기사의 신문기자와 같은 평범한 인명이나 단 한번 밖에는 들어보지 못할 외국의 작은 가게 이름,

---

12) 2003년도에 배포된 21세기 세종계획 한민족 언어정보화 외래어 표기법 검색 시스템 CD-ROM을 참고.

광고를 위해 사용된 일회성의 상품명과 같은 유형들이 그 예로, 이들을 모두 외래명사 사전 표제어로 선정하기에는 부담이 따른다. 이 경우 어느 수준까지를 사전의 표제어로 삼을 것인가를 결정해야 한다. 둘째로 실제 코퍼스에는 여러 외래어 표기 형태들이 중첩되어 실현되는 경우가 발견된다. 가령 다음과 같이,

(10) 글로벌 브랜드 퓨마 차이츠 회장

여러 단어로 구성된 외래어 혼용 문자열이 텍스트에서 관찰된다. 이 경우, 이를 하나의 단일 표제어로 선정할 것인가, 아니면 다음과 같이,

(11ㄱ) 글로벌 브랜드 퓨마
(11ㄴ) 차이츠 회장

여러 개의 표제어로 나누어 처리할 것인가, 아니면 두 가지 유형을 모두 사전에 중복적으로 수록할 것인가를 결정해야 한다. 마찬가지로 다음과 같은 연쇄는,

(12) 911테러 추모 행사 캠페인

이를 사전 표제어로 구축한다면, 다음과 같이

(13ㄱ) 911테러
(13ㄴ) 911테러 추모 행사
(13ㄷ) 911테러 추모 행사 캠페인

여러 유형으로 나누어 고려할 것인가, 또는 이렇게 중첩된 구성들을 중복적으로 허용할 것인가 등의 문제를 고려해야 한다. 현행 코퍼스에서 발견되는 외래명사들의 목록 구축 작업은, 이와 같은 이유로 기존의 인쇄사전에 등재된 유형에 대한 검토 작업보다 훨씬 더 어렵다. 그러나 이같은 문제에 대한 객관적인 기준을 제시하는 작업이 어려움에도 불구하고, 실제 시스템에서는 현행 텍스트에서 발견되는 모든 외래어들을 인식할 수 있는 최상의 분석력이 요구되기 때문에 가능한 한 실현 가능한 형태들을 모두 포함하는 것이 필요하다.

Ⅱ 부사 관련 범주

한국어 부사 범주[13])에 대한 기존의 연구를 보면 언어학적 현상들에 대한 다양한 논의가 수행되어 왔음에도 불구하고, 사전에서의 처리 문제에 대해서는 상대적으로 활발한 연구가 이루어지지 않았다. 부사 범주의 형태·통사·의미적인 연구 및 그 하위유형의 분류, 그리고 부사의 수식 대상 및 통사적 이동과 생략, 의미해석 범위에 대한 연구 등 상당히 광범위한 연구가 수행되었으나, 부사어 표제어 연구를 통해 전체 어휘 범주를 고찰하는 논의는 미흡한 편이다. 이러한 점에서 전자사전의 부사 표제어 목록을 구성하는 연구에 우선적으로 참조가 되는 자료는, 개별 언어학적 연구들 이전에 현행 인쇄사전에 '부사'로 등재된 표제어 목록이 된다.

현행 대사전류를 보면 부사 표제어의 수는 사전마다 차이가 있지만 대체로 15,000여개 정도를 넘나든다. 부사는 명사, 동사, 형용사 범주와 함께 어휘적으로 열려있는 문법 범주의 하나를 구성하지만, 명사와 비교할 때 상대적으로 그 수가 매우 적고,[14]) 동사와 형용사와 비교할 때 복잡한 활용변화가 나타나지 않기 때문에, 실제 자동 처리 시스템에서 요구되는 '활용형' 전자사전을 염두에 둘 때 부사 표제어 문제는 상대적으로 수월해 보인다. 더욱이 통사·의미적으로도 다른 성분을 수식하는 성분으로 사용된다는 특성으로 인해 정보의 핵심이 되지 않는 경우가 많아 일반적 언어처리 시스템의 주목을 받지 않았다. 이러한 이유로 현행 시스템들에서 사용되는 전자사전에는 특히 부사 범주에 대한 엄밀한 검증이 이루어지지 않고 인쇄사전의 표제어들이 그대로 재수록되는 경우가 많다. 그러나 부사 범주의 경우도 현행 인쇄사전의 표제어를 전자사전 어휘부 구성에 그대로 사용하는 것은 여러 가지 문제점을 보인다. 이러한 문제점들을 정리해 보면 다음과 같다.

1. 부사 사전 표제어 구성의 문제

부사 표제어 목록을 체계적으로 구축하려면 앞서 명사의 경우에서 살핀 것처럼, 생산성

---

13) 현재 부사 범주에 대한 논의는 남지순(2003ㄴ)의 연구에 기반하였다.

14) 사전마다 차이가 있지만, 표준국어대사전과 같이 대략 40만 표제어가 수록될 때 명사 표제어의 수는 30만개 이상을 차지한다.

이 수반되는 비단순어 부류에 대한 체계적인 검토를 위해 우선 '단순어'와 '비단순어'를 구별할 필요가 있다. 이 경우 다른 품사로부터 파생되지 않은 '곧, 매우, 아주, 미끈미끈' 등과 같은 유형을 추출하여 이들을 '단순부사'의 범주에서 검토하는 것이 가능하다. 반면 '비단순부사' 유형은 '솔직히, 완전히' 등과 같이 형용사에 '이/히/리/기' 형태의 접미사가 결합하거나 '정확하게, 느리게' 등과 같이 '게'가 결합하여 형성된 형태들이 해당될 수 있다. 그런데 이 경우, 선행하는 성분의 자립성 여부에 따라 그 전체가 단순부사 또는 파생부사로 구별되어야 한다. 이 경우 다시 파생부사와 동일한 접미사에 기반하고 있음에도 단순부사로 분석되는 형태들에는 이러한 공통 접미사에 대한 정보가 누락되는 문제가 발생한다. 즉 다음을 보자.

(1ㄱ) 속히
(1ㄴ) 신속히

위의 두 부사는 모두 접미사 '히'를 내포하고 있으나, 전자의 경우 그 선행 성분이 일정 자립성을 갖거나 또는 '하다'류 형용사 어간이 되지 못한다. 후자의 경우는 '신속 정확'과 같은 표현을 구성하는 준자립성분이 되거나 '신속하다' 형용사의 어간이 되므로, '히' 접미사에 의한 부사 파생을 유도하는 형태로 분석된다. 이 경우 일반적으로 (1ㄴ)은 접미사 '히'에 의한 파생부사로 분석되는 반면, (1ㄱ)은 동일 접미사를 내포하고 있지만 하나의 파생부사로 분석되지 않는다. 이런 점에서 부사 범주에 대한 단순부사와 파생부사, 복합부사 등의 분류는, 형태론적으로 중요한 특징이 되는 부사 접미사 형태와 별개의 양상을 보일 것이다.

그렇다면 여기서 근본적으로 부사 범주의 형태론적 특징에 주목할 필요가 있는 주된 이유가 무엇일까? 전자사전 표제어 구성에 있어 비단순어 유형을 별도로 분류하려는 1차적인 목적은 생산성이 높아 현행사전에 체계적으로 다루어지지 않은 유형들을 효과적으로 검토하고 보완하려는 데에 있다. 이런 관점에서 보면 '단순/파생' 등의 논의보다는 다음과 같은 형태론적 논의가 수행되는 것이 필요하다.

• 생산성이 높은 접미사 목록을 획득
• 생산성이 높은 접미사를 내포한 부사들을 추출하여 이를 군집화
• 특징적 접미사를 갖지 않는 부사 중 생산성이 높은 부류인 '의성의태어' 유형의 추출
• 비생산적 접미사를 내포하거나 특징적 접미사를 내포하지 않은 부사들의 군집화

즉 생산성이 높은 접미사를 내포한 부사들을 별도로 군집화하여 이들을 검토하는 과정을 통해 현행사전의 부사 목록의 완성도를 높일 수 있으며, 특징적 접미사를 내포하지 않은 부

사들 중에서 특히 '의성의태어'와 같이 형태론적으로 확장성이 높은 부사 어휘에 대한 별도의 검증을 통해 부사 목록의 완성도를 높일 수 있을 것이다. 이를 통해 생산성이 높은 표제어에 대해서는 '대표적 형태'들을 선정하여 수록하는 현행사전의 한계를 극복하고 이를 확장·보완하는 작업이 가능해진다.

부사 표제어 완성에 있어 이와 같은 생산적 접미사에 의행 형성되는 부사들 외에 또 하나 고려되어야 할 형태론적 문제가, 소위 '복합부사'로 명명될 수 있는 다음과 같은 유형들과 연관된다.

    (2) 앞으로 | 제멋대로

위의 형태들 중 일부는 일종의 관용표현 부사어로 간주되어 기존 인쇄사전에 수록되어 있다. 그러나 아직 온전히 어휘화되지 못하고 통사적 구성체의 양상을 보이는 다양한 추가 형태들이 실제 코퍼스에서 빈번하게 관찰된다. 이들은 앞서 한 단어 유형들과 달리, 여러 품사에 기반한 어절 형태, 특히 '명사와 조사의 결합형' 형식을 취하는 경우가 많아 이와 같은 어절 구성 패턴을 체계적으로 검토할 필요가 제기된다.

2. 접미사가 내포되지 않은 부사 유형의 고찰

부사 범주에서 형태적으로 특정 접미사를 수반하지 않는 형태들을 살펴보면 음운·형태적인 변이 및 반복을 수반하는 '의성/의태어(Onomatopoeia)' 관련 부사와 전혀 특징적 접미사가 관찰되지 않는 일련의 부사들이 있다. 의성의태 부사는 대체로 의성어 또는 의태어로 분류되어온 형태로서, 음운·형태적으로 일정 변이와 반복을 수반하는 특징을 보이며 의미적으로는 사물의 소리 및 모양을 흉내내는 특징을 가진다. 그러나 이러한 음운·형태적인 특징이 두드러지게 나타나는 어휘 부류가 존재하는가 하면, 반대로 이 범주에 포함시키기에 분명하지 않은 모호한 형태들도 상당수가 관찰된다. 이러한 이유로 이들의 군집화를 자동으로 예측하거나 수행하기 어렵다. 따라서 일반적인 의미적 특징을 고려하되, 2개 이상의 음운·형태 변이쌍을 구성하는 형태들에 대하여 그 변이 가능성을 개별적으로 고찰하는 접근법이 필요하다. 이들의 예를 들면 다음과 같다.

    (1ㄱ) 가득/ 가득가득
    (1ㄴ) 가뜩/ 가뜩가뜩

(2ㄱ) 고불고불/ 고불탕/ 고불탕고불탕

(2ㄴ) 구불구불/ 구불텅/ 구불텅구불텅

위의 예를 보면, (1ㄱ)/(1ㄴ)에서는 각각 동일 성분의 반복이 이루어졌고 (1ㄱ)에 대해 (1ㄴ)에서 경음화에 의한 음운변이가 수반된 예를 보인다. (2)에서는 이러한 형태·음운변이가 조금 더 복잡하게 나타났다. '고불고불'과 '고불탕'의 형태변이에 대해, 후자의 경우는 동일 성분 반복이 나타났고, (2ㄱ)과 (2ㄴ)에서는 /ㅗ/와 /ㅜ/의 음운변이가 수반되었다. 그런데 (2)의 쌍에 대해 '고불탕/구불텅'과 달리 다음과 같은 미반복 형태들은 허용되지 않는다.

(3) *고불/ *구불

즉 '가득/가득가득'의 쌍이나 '고불탕/고불탕고불탕'과 같은 쌍에서 보이는 관계가 '고불/고불고불'에는 적용되지 않는 것이다. 이러한 현상은 전형적인 어휘적 특이성(Idiosyncrasy)을 보이는 예로서, 이러한 의성의태부사들을 규칙의 형태로 예측하거나 단순화하기 어려운 이유가 바로 여기에 있다.

이러한 이유로 현행사전에는 이러한 의성의태어 부사의 비중이 매우 높게 나타남에도 불구하고 이들 표제어의 목록이 상대적으로 매우 불완전한 성격을 보인다.[15] 그런데 이들 의성의태어 부사들은 일정 접미사를 수반하여 동사 및 형용사 파생을 허용한다. '하다/거리다/대다/이다'의 4가지 접미사를 통해 동사를 파생시키고 '하다'를 통해 형용사를 파생시키기 때문에, 그 전체 수적 규모에 있어 높은 비중을 차지하는 의성의태어 부사의 표제어 구성은 이와 관련된 동사와 형용사 표제어 목록 구성에도 직접적인 영향을 미치게 된다. 이러한 문제들은 뒤의 제3부에서 자세히 논의된다.

특정 접미사가 나타나지 않는 부사 유형 중에는, 의성의태어를 제외한 다음과 같은 형태들이 있다.

(4) 가끔 | 가장 | 간혹 | 결코 | 꼭 | 다만 | 또 | 설마 | 일부러 | 항상

위와 같은 형태들은 전체 부사 표제어 중 숫적으로 차지하는 비중이 높지 않지만 대부분 고빈도로 사용되는 기초적인 부사 유형이다. 따라서 이들을 별도의 하위분류 유형으로 기술하면, 부사 범주의 심층적인 통사·의미론적 연구의 핵심 대상이 되는 부류들을 추출하여 연구자에게 제공할 수 있는 장점이 있다.

---

15) 이에 대해서는 다음 7.1에서 다시 논의된다.

3. '부사 표제어'와 '부사형 논항' 구별의 문제

3.1. 부사 표제어와 'N-로' 논항

다음을 보자.

(1ㄱ) 저는 <u>정말로</u> 예술을 사랑해요
(1ㄴ) 그는 <u>진정으로</u> 한국인이 맞네요

위의 부사어들은 모두 후치사 '로'를 수반한 형태를 보인다. 이 경우 선행성분인 '정말'과 '진정'은 부사이면서도 명사의 통용성을 가지고 있어 다음과 같이 'N-로'의 구성과의 비교가 가능하다.

(2ㄱ) 그는 <u>총으로</u> 사람을 죽였다고 자백했습니다
(2ㄴ) 그는 <u>전화로</u> 사람을 죽였다고 자백했습니다

여기서 '총으로'나 '전화로'는 (1)에 실현된 부사어들과 달리 통사적인 논항 구성으로 판단되지만 이들을 구별하기 위한 형식적 정의가 쉽지는 않다. (2ㄱ)에서는 '총으로'가 내포문 동사 '죽이다'를 수식하는 성분으로 사용된 반면, (2ㄴ)에서는 주절동사 '자백하다'를 수식하는 성분으로 사용되었다. 이와 같이 동일한 형태적 구조를 가진 두 개의 부사적 논항의 실제 수식 범위가 어떻게 되는가를 분석하는 문제는, 일반 어휘화된 부사 표제어에 대해서도 중요한 논점이 된다. 위의 (2)와 다음을 비교해 보자.

(3ㄱ) 그가 아이들에게 <u>편히</u> 쉬라고 말하더군요
(3ㄴ) 그가 아이들에게 <u>불쑥</u> 쉬라고 말하더군요

위에서 (3ㄱ)의 부사 '편히'는 내포문의 동사 '쉬다'를 수식하는 성분으로 실현되었고, (3ㄴ)의 부사 '불쑥'은 주절 동사 '말하다'를 수식하는 성분으로 사용되었다. 앞서 (2)에서 보인 쌍과 유사한 대응관계를 보인다. 그런데 (2)의 경우 일반적으로 사전의 부사 표제어로 등재되지 않는다면 (3)의 형태들은 부사 표제어로 수록되어 있다. 그렇다면 여기서 (1)과 같이 후치사 '로'가 결합한 형태들을 어떻게 (2)와 구별하여 사전에 수록하였을 것인가하는 의문이 제기된다. 더구나 다음을 보면,

(4ㄱ) 정부에서 <u>임의로</u> 농산물 가격을 정해 버렸습니다
(4ㄴ) 그 사람들은 <u>수시로</u> 해외를 다녀오나 봐요

'로'를 선행하는 두 성분 '임의'와 '수시'는 온전한 명사 성분으로 분석하기 어렵다. 앞서 명사 범주 관련 논의에서 지적한 바와 같이, 이들은 일반명사들과 달리 후치사 결합 등의 제약이 심한 일련의 '관형명사' 부류이다. 그렇다면 (4)와 같은 형태들을 'N-로'와 같은 통사적 구성으로 분석하는 것이 타당할지, 아니면 이 전체를 하나의 단일 부사 표제어로 수록하는 것이 타당할지, 또한 현행 인쇄사전에는 과연 이러한 형태들이 빠짐없이 수록되어 있을 것인지 여러 유형의 검토가 필요하다.

3.2. 부사어와 'ADJ-게' 논항

사전의 부사 표제어를 구성할 때 'ADJ-게' 형태로 실현된 유형들의 경우도 통사적 논항 구성과의 구별이 쉽지 않다. 다음을 보자.

(5ㄱ) 그가 친구들에게 솔직히 털어놓았어
(5ㄴ) 그가 친구들에게 솔직하게 털어놓았어

위에서 사용된 '솔직히'와 '솔직하게'는 모두 형용사 '솔직하다'와 형태적 연관성을 가지며 통사·의미적으로도 특별한 차이를 지적하기 어렵다. 반면 다음에서는 유사한 속성의 두 부사 '분명하게'와 '분명히'가 통사·의미적으로 서로 배타적인 속성을 보이는데,

(6ㄱ)   그가 분명하게 그 일을 한 것 같아요 (=그가 (확실하게+철저하게) 그 일을 한 것 같아요)
(6ㄴ) ≠ 그가 분명히 그 일을 한 것 같아요 (=그가 그 일을 한 것이 분명해요)

위의 (6ㄱ)에서는 '그가 (확실하게+철저하게) 그 일을 한 것 같아요'라는 의미로, '분명하게'가 양태를 표현하는 '술부부사'로 사용되었다면, (6ㄴ)은 '그가 그 일을 한 것이 분명해요'라는 의미로, '분명히'는 화자의 확신을 표현하는 담화표지로 사용된 '문장부사'로 기능하고 있다. {이}부사와 {게}부사가 (5)에서와 같이 동일한 환경에서 특별한 통사·의미적 변화없이 동등하게 사용되는 점이나, 또는 반대로 (6)에서와 같이 서로 배타적인 속성을 보이는 점은, 이들 부사들을 단순히 형태론적 특징으로 분류하여 사전 표제어 등재 여부를 결정하지 말고, 통사적 관점에서 동시에 연구해야 할 중요 부사 표제어로서의 지위를 가짐을 역설하고 있다. 현행 인쇄사전에서 이 두 부류의 다양한 차이를 중립적으로 고려하지 않고 일방적으로 {게}부사 부류를 표제어 항목에서 배제시키는 방법을 택하는 것은, 무엇보다도 이들이 {이}부사 유형과 달리 매우 규칙적으로 생성되는 형태론적 생산성에 기인한 점이 크다고 보인다.

실제로 {게}부사 유형은 이러한 형태적 규칙성의 특징을 넘어, 통사적인 관점에서도

{이}부사류에서는 관찰되지 않는 문법적 중의성을 유발한다. 다음과 같은 사역 구문에서 실현되는 'ADJ-게' 유형 연쇄를 보자.

(7) 그가 그 아이를 <u>슬프게</u> 만들었어요   (내포문: '그 아이가 슬프다')

위의 'ADJ-게' 연쇄는 다음 (8)의 'V-게' 연쇄와 마찬가지로 사역구문의 내포문의 술어를 형성하고 있다.

(8) 그가 그 아이를 <u>울게</u> 만들었어요   (내포문: '그 아이가 운다')

그런데 (7)의 'ADJ-게' 연쇄와 다음 문장에 나타난 동일 연쇄를 비교해 보자.

(9) 그가 그 침대를 <u>급하게</u> 만들었어요   (*내포문: '그 침대가 급하다')

위에서 보듯이 (7)과 (9)의 'ADJ-게'는 그 통사·의미적 속성이 서로 다르다. (9)의 경우 (7)과는 달리 삭제나 이동이 자유롭다. (7)과 (9)에 대한 다음의 관계쌍을 비교해 보자.

(10ㄱ)   그가 그 아이를 <u>슬프게</u> 만들었어요
(10ㄴ) ⇒ *그가 <u>슬프게</u> 그 아이를 만들었어요
(10ㄷ) ⇒ *그가 그 아이를 만들었어요

(11ㄱ)   그가 그 침대를 <u>급하게</u> 만들었어요
(11ㄴ) ⇒ 그가 <u>급하게</u> 그 침대를 만들었어요
(11ㄷ) ⇒ 그가 그 침대를 만들었어요

위의 검증을 통해 확인되는 (7)와 (9)의 'ADJ-게' 연쇄의 차이는 {게}부사류를 이와 같이 두 가지 유형으로 구분하여 처리해야 할 필요성에 대한 근거가 된다. 즉 (11)의 '급하게'는 다음과 같이 전혀 다른 형태의 부사어들로 치환될 수 있는 반면,

(12) 그가 그 침대를 (빨리 + 번갯불처럼 + 혼자) 만들었어요

위의 (10)에 나타난 '슬프게'는 이와 같이 다른 부사어로의 치환이 가능하지 않다.[16] 이

---

16) 형용사에 통사적 연결어미 '게'가 결합한 유형의 다른 예로 다음을 볼 수 있다.
  (ㄱ) 민우는 인아를 (좋게+나쁘게) 생각한다
  (ㄴ) 민우는 누구에게나 아주 (건방지게+거만하게) 군다
  (ㄷ) 인아는 아주 (선하게+차갑게) 생겼다
  위의 (ㄱ)은 다음과 같은 'V/Adj-다고' 연결어미 구성과의 관계 속에서 검토되어야 할 필요가 있다.
  (ㄹ) 민우는 인아를 (죽었다고+미쳤다고+착하다고) 생각한다
  위의 (ㄴ)와 (ㄷ)에 실현된 'Adj-게'의 경우도 삭제나 이동이 자유롭지 않은 통사적 필수 성분으로서 일반적인

경우 (11)과 같은 부사들의 통사·의미적 연구를 효율적으로 수행할 수 있기 위해서, (10)과 같은 형용사 활용형과 별도로, {게}부사 유형을 {이}부사류와 함께 전자사전의 부사 표제어로 등재하는 것이 바람직하다는 주장이 더 설득력을 얻을 수 있다.

4. 부사와 감탄사의 구별 문제

앞서 논의한 바와 같이 현행사전에 수록된 부사 표제어의 높은 비중이 '의성의태어'와 관련된 유형이다. 다음 예들은 동물들의 울음소리를 흉내낸 '의성어', 즉 '소리'와 관련된 부사 형태이다.

   (1) 깨깽 │ 깨갱깨갱 │ 맴맴 │ 개골개골 │ 으르렁으르렁 │ 음매

여기서 다음 예들을 보자. 다음은 아이나 어른의 울음이나 웃음소리를 흉내낸 의성어 유형으로 판단된다.

   (2) 으앙 │ 으앙으앙 │ 응아응아 │ 응애응애 │ 하하 │ 호호

그런데, 현행사전을 보면 위의 (1)은 '부사' 표제어로 등재되어 있는 반면, (2)는 '감탄사'라는 별도의 범주로 수록되어 있다. 위의 예들을 비교해 보면, '음매'가 아기소의 울음소리라면 '으앙'은 아기의 울음소리이며, 모두 '소리'를 흉내내고 있는 표현이라는 의미적 유사성을 가진다. 실제로 '감탄사'와 '의성어' 범주에 대한 표 24와 같은 사전적 정의[17]의 예에서도 나타나는 것처럼 이들 사이의 구별은 암시적으로 '인간' vs. '동물/사물'의 '소리'라는 의미적인 차이를 전제하는 것으로 보인다.

표제어 항목	현행 인쇄사전의 뜻풀이
'감탄사'	품사의 하나. 말하는 사람의 본능적인 놀람, 감정을 나타내거나 부름, 대답, 입버릇, 말더듬 등을 나타내는, 활용하지 않고 조사가 붙지 않으며 독립성이 강한 단어. '아차' '에라' '여보' '에' 따위. 느낌씨. 간투사. 감동사.
'의성부사'	의성어로 된 부사. '땡땡' '도란도란' '까옥까옥' 따위.
'의성어'	사물의 소리를 본뜬 말. '졸졸' '꼬꼬댁' 따위. 소리시늉말. 소리흉내말

표 24. '감탄사/의성부사/의성어'에 대한 현행사전 뜻풀이

부사어와는 구별되어야 한다. 이와 같은 구성에 나타나는 '굴다', '행동하다', '생기다'와 같은 동사들을 남지순(2007ㄱ)에서는 '형용사 술어를 위한 기능동사(Vsup)'로 분석한다.

17) 이 화면은 온라인 금성출판사 국어사전의 예를 보인다.

사전적 정의를 통해 이들 사이의 차이를 밝혀보면, '감탄사'는 '부사'와 달리, 동물이 아닌 '인간'의 입에서 표출되는 '소리/단어' 그 자체로 정의되므로 이를 소위 '흉내말'로 보지 않고 있다는 점이다. 사람의 입에서 그대로 터져 나오는 소리는 하나의 '감탄사'가 되지만 동물의 소리를 사람이 흉내내는 경우는 '소리 흉내말'로서의 의성어, 즉 의성 '부사'가 된다는 것이다. 그러나 감탄사로 등재되어 있는 (2)와 같은 유형들은 사람의 입에서 그대로 발화되는 단어라기보다는 임의의 '소리 흉내말'의 속성을 보이는 것으로 판단된다. 이러한 의미적 정의의 모호성 외에도 위의 사전 정의에서 '감탄사'의 형태·통사적 속성으로 열거하고 있는 '비활용성', '조사결합 불가능성', '독립성' 등의 특징은 일반 부사에서도 발견되는 속성들이기 때문에, '감탄사'와 '의성어/의성부사'를 구별하기 위한 기준으로 사용하기 어렵다. 결과적으로 이 두 범주의 구별은 '사람이 발화하는 표현'과 '사물의 소리를 본뜬 것'이라는 애매한 의미 풀이에 의존할 수밖에 없다.

이와 같은 모호한 기준에 의해 '부사'와 '감탄사' 범주를 구분하여 각각을 사전 표제어를 구성하는 현행사전의 문제점을 극복하기 위해서는, 현재 이 두 부류의 표제어들을 모두 추출하여 이에 대한 체계적인 검증 작업이 진행되어야 한다. 다음은 현행사전에 '감탄사'로 등재되어 있는데,[18]

(3) 야옹 | 어흥

이는 '사람이 발화하는 표현'으로 보기 어렵고, 위의 (1)과 같이 동물의 소리를 본뜬 의성의태 부사와 유사한 속성을 보인다. 반면 다음의 예들은 '사람'과 관련된 소리 표현임에도 불구하고 현행사전에 모두 '부사'로 등재되어 있다.

(4) 헤헤 | 히히

그러나 위 형태들 역시 '감탄사'로 등재되어 있는 (2)의 '하하', '호호'와 같은 방식으로 처리되어야 적합하다. 다음 형태들도 현행사전에 '부사'로 등재되어 있는데, 음식을 먹을 때 '의도하지 않게' 수반된 소리에 대한 흉내말의 성격을 보이므로 감탄사와 구별될지 모르나, 이 경우도 동물이 아닌 인간의 소리를 흉내내고 있다는 점에서 감탄사의 암묵적인 정의에 적용되는 특징을 보인다.

(5) 냠냠 | 쩝쩝

---

18) 예를 들어 한글학회 사전에는 '야옹'은 부사로, '어흥'은 감탄사로 등재되어 있고, 이희승 사전과 신기철/신용철 사전에는 모두 감탄사로 등재되어 있다. 반면 표준국어대사전에는 모두 부사로 등재되어 있다.

이와 같이 '감탄사'와 '의성 부사' 사이의 구별을 위한 형식적인 정의가 주어지지 않는 한, 이들 두 범주 사이의 구별은 사전마다 차이를 보이게 되며, 한 사전 내에서도 어떤 일관된 원칙이 부재하는 문제가 나타난다. 이런 점에서 전자사전의 어휘부의 대범주를 설정하는 작업에 있어서, 감탄사 부류를 부사 범주의 하위유형으로 설정하여, 의성 부사류와의 연관성 속에서 심도있게 비교 검토하는 것이 더 효과적이라 판단된다. 이는 제3부에서 다시 논의된다.

5. 부사와 명사의 구별 문제

하나의 동일 단어 형태가 문장 내에서 두 가지 이상의 문법적 기능을 수행할 때 이것을 두 개의 별개의 단어로 간주하여 두 가지 품사를 할당하는 것이 바람직한지, 아니면 단일 성분이 두 가지 기능을 보이는 것으로 간주하는 것이 바람직한지 쉽게 결정하기 어려운 경우가 나타난다. 가령 명사가 다른 명사를 수식하는 다음과 같은 예를 보면,

(1) 그는 <u>친구</u> 카메라를 처음 보았다

위에서 나타난 '친구'는 다음과 같은 문장의 관형어 '새' '신형'과 같은 기능을 수행하고 있다.

(2ㄱ) 그는 <u>새</u> 카메라를 처음 보았다
(2ㄴ) 그는 <u>신형</u> 카메라를 처음 보았다

여기서 (1)에 나타난 '친구'를 명사의 한 기능으로 볼 것인가, 아니면 이 경우 명사가 아닌 '관형사'와 같은 별도의 품사로 이중 처리할 것인가의 문제가 제기된다. 한국어에서 명사는 다른 명사의 왼편에 실현되어 의미적으로 후행 성분을 수식하는 기능을 하는 경우가 매우 빈번하기 때문에, 현행 문법에서 이와 같이 수식어로 실현된 명사들을 '관형사'로 이중 분류하는 예는 찾기 어렵다. 이러한 원칙은 지면상의 부담을 갖는 현행 인쇄사전에서는 더욱 선호하는 표제어 분류 원칙이 된다.

그런데 다음 예를 보면,

(3ㄱ) 그는 그 책을 찾는데 <u>온종일</u>을 보냈다
(3ㄴ) 그는 <u>온종일</u> 잠만 잤다

위의 (3ㄱ)에서 명사구 위치에 실현된 '온종일'은 (3ㄴ)에서 부사어 성분으로 실현되었다. 즉 이 경우는 '온종일'을 앞서의 경우에서 본 것처럼 '명사'와 '부사'의 두 범주로 이중분류를 수행하는 것이 적합한 것인가의 문제가 된다. 그런데 앞서 '명사'와 '관형사'에 대한 문제에 있어 거의 대부분의 문법서와 사전에서 일관되게 '명사' 범주 하나만을 설정하는 것과는 달리, (3)과 같은 경우에는 현행사전들의 처리 방식이 제각각이어서 일관성이 결여되어 있는 것을 볼 수 있다. 즉 일부 사전에는 '명사'로만 분류되기도 하고, 일부 사전에는 '부사'로만 분류되기도 하며, 또다른 사전에서는 '명사/부사'로 이중 분류되기도 한다. 이 경우 전자사전의 '부사' 표제어를 구성하는 데에 있어 선결되어야 할 중요한 문제가 된다. 부사와 명사 사이의 구별 문제는 '부사 표제어' 구성에서 매우 중요한 문제로서 다음과 같이 다섯 가지 의미 범주로 나누어 살펴볼 수 있다.

5.1. '시간'을 표현하는 부사/명사의 처리

다음은 {시간성}의 의미 자질을 표현하는 어휘들이다.

그새	기왕	매일	아까	잠기	최초
당분간	매달	매주	요새	추후	평생
당장	매월	매해	온종일	최근	향후

표 25. {시간성} 의미 자질의 어휘 부류의 예

이들은 문장내에서 일반 명사와 같은 위치에 분포하기도 하지만, 하나의 부사어 같은 성분으로 실현되기도 한다. 특히 다음과 같이 문장 내에서 이동이나 삭제가 자유롭고, 그 수식 대상도 문장이나 구 전체가 되는 경우들도 관찰된다.

(4ㄱ) 그는 잠시 자리를 비웠어요
(4ㄴ) 그는 평생 외국에 나가서 살았습니다

위의 부사어 위치에 실현된 '잠시'와 '평생'에는 일정 후치사가 수반되어 '잠시를'이나 '평생을'과 같은 명사구 논항이 형성될 수 있다.

(5ㄱ) 그는 잠시를 참지 못해서 결국 일을 망쳤어요
(5ㄴ) 그는 평생을 학문적 연구에 바쳤습니다

그러나 결합 가능한 후치사의 선택이 항상 자유로운 것은 아니어서, 일부 형태들은 후치사를 허용할 때 다음과 같이 '에'만을 허용하거나, '는, 도, 만' 유형의 보조사 형태를 동반한 연쇄를 요구하는 등, 제한된 통사 형식만을 구성한다.

(6ㄱ) 기왕-(Ø+에) 그가 왔으니 물어보자
(6ㄴ) 아까-(Ø+는+도) 내가 잘못 했다
(6ㄷ) 추후-(Ø+에) 통지가 올 것입니다
(6ㄹ) 최근-(Ø+에+에는+에도+에만) 그가 다섯 번 출장을 갔어요
(6ㅁ) 향후-(Ø+에) 3년간 그를 절대 만나지 못할까요?

이 경우 비록 후치사가 수반되었다 하더라도, 위의 (5)의 경우와는 달리 명사구의 위치에서 논항의 역할을 수행하지 못하며 여전히 시간 부사구의 기능만을 수행하는 것으로 보인다. 이와 같이 {시간성}의 의미 특징을 보이는 일련의 어휘 부류에 있어, (6)과 같이 일련의 특정 후치사만이 결합하여 여전히 부사어로 기능하는 경우에는 (5)와는 달리 '부사' 범주에서 다루어지는 것이 바람직하다. 이 경우 부사에 결합 가능한 일련의 후치사들에 대한 고려를 통해 올바르게 인식될 수 있기 때문이다.

5.2. '수량 또는 부분'을 표현하는 부사/명사의 처리

표 26의 예들을 보자.

| 각자 | 군데군데 | 최대한 | 대부분 | 일체 |
| 가지가지 | 마디마디 | 역간 | 갑절 | |

표 26. '수량/부분' 의미 자질의 어휘 부류의 예

위의 예들은 '갑절' '대부분' '약간' 등과 같이 수량적인 속성을 나타내는 의미 특징과 '군데군데'나 '마디마디'처럼 개체의 일부분을 나타내는 의미 특징을 보이는 어휘들이다. 앞서와 같이 부사로서의 기능과 명사로서의 기능을 동시에 수행할 수 있는 예로서, 우선 다음과 같이 부가어적으로 사용된 부사의 위치에 실현될 수 있다.

(7ㄱ) 우리들이 각자 천원씩을 내자
(7ㄴ) 명절이 가까워오자 물건값이 갑절 오르면서 품귀 현상이 일어났어요
(7ㄷ) 이 물건은 군데군데 흠이 나기는 했지만 아직은 쓸 만합니다
(7ㄹ) 최대한 후하게 매겨서 70점은 줄 수 있겠습니다

또한 다음과 같이 후치사와 결합하여 명사구 논항의 위치에도 실현된다.

(8ㄱ) <u>각자가</u> 천원씩을 내자
(8ㄴ) 그 물건 값이 <u>갑절이</u> 올랐어요
(8ㄷ) 그 물건의 <u>군데군데에</u> 흠이 났습니다
(8ㄹ) 그 경우에는 우리 회사에서 <u>최대한(을+으로)</u> 보상하겠습니다

위와 같은 통사적 특징을 고려할 때, 이들은 부사와 명사 범주에서 이중적으로 처리되어야 할 형태로 보인다.

5.3. '가정 또는 논리적 연결'을 표현하는 부사/명사의 처리

표 27의 예들을 보자.

일단	한편	만약	만일	물론	원래

표 27. '가정/논리적 연결' 의미 자질의 어휘 부류의 예

위의 형태들은 의미적으로 어떤 가정이나 또는 논리적 연결 관계를 표현하는 어휘 부류로서, 현행사전에 '부사/명사'로 이중 분류되어 있다.[19] 그런데 이들 중에는 다음과 같이 일정 후치사와 결합하여 실현되었다 하더라도, 명사구 논항의 역할은 수행하지 못하고 여전히 부사구의 기능을 보이는 형태들이 있다.

(9ㄱ) 원래-(Ø+는+에는) 그 사람은 보수주의자였다
(9ㄴ) 일단-(Ø+은) 그 사람을 믿어 보십시오
(9ㄷ) 한편-(Ø+으로) 그는 행복한데, 또 다른 한편-(E+으론) 늘 불안한 마음을 감출 수가 없었다[20]

위에서 '원래', '일단', '한편'은 뒤에 일련의 후치사가 수의적으로 결합할 수 있는데, 이 경우에도 문장내에서 부사어의 통사적 속성이 변하지 않는다. 다음을 보자.

---

19) 가령 '일단'의 경우를 보면, 이희승 사전과 한글학회 사전, 표준국어대사전에는 부사로만 등재되어 있으며, 신기철/신용철 사전에는 명사와 부사로 이중 분류되어 있다. '한편'의 경우는 신기철/신용철 사전에는 명사로, 한글학회 사전에는 부사로, 그리고 이희승 사전과 표준국어대사전에는 명사와 부사로 이중 분류되어 있다.

20) 여기 실현된 '한편'의 경우, '그는 아이들을 돌보는 한편 틈틈이 피아노 연습을 했다'와 같이 관형어 수식을 받는 의존명사의 용법과는 구별된다.

(10ㄱ) 만일-(∅+에+에라도) 그가 온다면 어떻게 하겠나?

(10ㄴ) 만약-(∅-에+에라도) 내일 발표가 난다면 어떻게 할래?

여기 나타난 '만일'과 '만약'의 경우도 뒤에 '에/에라도'와 같은 후치사가 수반되어도 본래의 접속부사로서의 용법이 달라지지 않는다. 그런데 이들은 (9)와는 달리 다음과 같이 명사구 논항 위치에서 하나의 명사 성분으로 사용될 수 있다.

(11ㄱ) 그는 <u>만일</u>을 대비해서 모든 것을 준비해 두었다

(11ㄴ) 내일은 <u>만약</u>을 대비해서 마음의 준비를 하는 게 좋겠어

이 경우 (9)와 같은 유형은 부사 범주에서만 다루어지고, (10)/(11)과 같은 문맥에서 관찰되는 어휘들은 부사와 명사 표제어 모두에서 처리되는 것이 바람직하다.

5.4. '순수 부사 표현'으로 분류되어야 할 유형

표 28의 성분들도 현행 인쇄사전에는 '부사/명사'로 이중 처리되고 있다.21)

온통	돌연	즉각	한층

표 28. 순수 부사 표현으로 분류되어야 할 어휘의 예

그런데 앞서의 경우들과는 달리, '명사' 범주의 설정은 적절하지 않아 보인다. 이들은 어떠한 후치사도 허용하지 않을뿐더러 의미적으로도 문장의 일정 부분을 수식하는 부가어로서 기능하는 것으로 보인다. 다음을 보자.

(12ㄱ) 온 세상이 <u>온통</u> 하얀 눈으로 덮여있어요

(12ㄴ) 그 사람이 <u>돌연</u> 모든 계획을 취소해 버렸군

(12ㄷ) 올해에는 그런 옷차림이 <u>한층</u> 더 눈에 띕니다

이와 같은 부류는 실제 현행사전에 명사로의 이중 분류가 제시되어 있을지라도, 그 통사·의미적 자질을 고려할 때 부사 범주에서 다루어지는 것이 바람직하다.

---

21) 이들의 경우도 사전마다의 처리는 모두 일치하지 않는다. '온통'과 '즉각', '한층'의 경우는 이희승 사전과 신기철/신용철 사전에 모두 명사와 부사로 이중 분류되어 있는 반면, 한글학회 사전에는 부사로만 등재되어 있다. 반면 '돌연'의 경우는 이들 사전들 모두에 명사와 부사로 이중 분류되어 있다. 그러나 표준국어대사전에는 모두 부사로만 처리되고 있다.

5.5. 외래어 전문용어 유형의 부사/명사의 처리

표 29의 표현들은 현행 인쇄사전들에 모두 '부사'로 등재되어 있다.

포르테	포코 아 포코	라피다멘테	린포르짠도

표 29. 외래어 전문용어 유형의 예

이들은 음악 분야의 전문용어들로서, 이들이 현행사전에 부사로 분류된 것은 의미상으로는 한국어 부사 대역어에 대응되기 때문으로 보인다. 그러나 이와 같은 외래어들은 실제 한국어 문장에서 사용될 때 모두 명사와 유사한 통사적 지위를 획득한다. 가령 다음에서 보듯이,

(13ㄱ) 이 부분은 <u>라피다멘테</u>로 연주하시오
(13ㄴ) *이 부분은 <u>라피다멘테</u> 연주하시오

'빠르게'라는 의미의 '라피다멘테(rapidamente)'는 후치사 '로'와 결합하여 부사어로 실현되고 있다. 즉 명사로서의 통사적 지위를 갖게 되는데, 한국어 일반 부사들과는 달리 문장내에서 단독으로 실현되는 것 자체가 불가능하기 때문이다. 이는 다음과 같은 외래어 표현들이,

(14ㄱ) 스마트(smart)
(14ㄴ) 로맨틱(romantic)

단순히 의미적인 유사성으로 볼 때에는 한국어의 '형용사'에 대응되나, 실제 문장내에서의 용법에서는 접미사 '하다'를 동반하여 형용사를 구성하는 '명사'와 유사한 형태·통사적 지위를 가지는 현상과 유사하다.

(15ㄱ) 그 사람은 정말 <u>스마트하다</u>
(15ㄴ) *그 사람은 정말 <u>스마트</u>

앞서 명사 관련 논의에서도 언급한 바와 같이, 이와 같은 외래어 유형은 부사 사전의 표제어가 아닌 '명사'의 하위범주로 '외래명사'에서 처리되는 것이 바람직하다.

6. 부사와 관형사의 구별 문제

현행 인쇄사전에서 '부사'로, 또는 '명사'로, 또는 '부사/명사'의 이중 성분으로 분류되고 있는 일련의 어휘 부류가 존재하는데, 이들의 상당수는 사실상 '관형사'로 분류되는 것이 바람직한 형태들이 있다. 표 30을 보자.

도합	자칭	소위	대략	대강

표 30. 부사/관형사의 구별 문제

이들은 의미적으로도 후행하는 명사 부류의 양적 속성이나 질적 특징을 표현하는 수식 성분으로의 특성을 보이는 형태들로서 문장 내에서 후치사의 결합에 심한 제약을 보이는 경우가 많다. 이런 점에서 이들을 명사 범주에서 다루는 것에는 일단 어려움이 있다. 여기서 다음 문장을 보자.

(1ㄱ) <u>대략</u> 100명 가량이 이번 학회에 등록했다
(1ㄴ) <u>자칭</u> 핵문제 전문가들이 어제 모두 한 자리에 모였다

위에 실현된 '대략'과 '자칭'은 각각 그 오른편의 명사구를 수식하고 있다. 이러한 통사적 구성에서 이들에 대한 문법범주 설정에 다음과 같은 세 가지 입장이 가능하다.

• 명사로 보는 입장
첫째로 이들을 '명사'로 보는 입장은, 앞서도 논의한 바와 같이 일반적으로 명사는 다른 명사 앞에서 쉽게 수식어 성분으로 사용된다는 특징으로부터 뒷받침된다. 가령 다음과 같은 경우가 이에 해당한다.

(2) <u>고무</u> 장갑 │ <u>증명</u> 사진

위의 예와의 유사성을 통해 (1)의 형태들을 '명사'로 간주할 수 있다. 그러나 위에서도 언급한 바와 같이 (1)의 '대략'과 '자칭'은, (2)의 '고무'나 '증명'과는 달리, 실제 문장내에서 후치사의 결합이 자유롭지 않기 때문에 이런 점에서 전자를 명사로 간주하는 데 이의를 제기할 수 있다. 그렇다면 다음을 보자.

(3) <u>원시</u> 사회 │ <u>국제</u> 관계 │ <u>의복</u> 동생

위의 연쇄에서 왼편에 실현된 성분들은 (1)의 경우처럼 어떠한 후치사도 허용하지 않으면서 뒤에 실현되는 명사를 수식하고 있다. 여기서 위의 (3)의 왼편 성분들을 명사로 간주한다면, (1)의 유형들도 마찬가지로 명사의 일종으로 그 오른편의 명사구를 수식하고 있다는 가정이 가능하다.

• 부사로 보는 입장

둘째로 이들을 '부사'로 보는 입장은, 한국어 부사 범주에서 소위 '명사를 수식하는 부사'로 논의되는 일련의 어휘들에 대한 관찰을 통해 뒷받침된다. 가령 다음과 같은 예에서 나타난 '바로'나 '고작'과 같은 경우이다.

(4ㄱ) <u>바로</u> 그 사람이 내가 찾던 사람이다
(4ㄴ) <u>고작</u> 10명만으로 무슨 일을 할 수 있을까?

위의 형태들을 부사 범주에서 다룬다면, 앞서 (1)의 왼편 성분들도 명사를 수식하는 '부사'의 일종으로 간주할 수 있을 것이다.

• 관형사로 보는 입장

셋째로 일반적인 '명사'들과는 차이를 보이는 (1)의 왼편 성분들에 대하여 제시할 수 있는 또 하나의 처리 방식은 이들을 일종의 '관형사' 부류로 취급하는 것이다. 위의 (2)의 성분들과는 달리, 명사 범주에서 다루어지기에는 무리가 있고, 오직 명사구만을 수식하는 위치에서 실현되는 어휘 부류를 부사의 일종으로 처리하기에도 부담이 있다면, 다음과 같이 일정 관형사 부류와의 유사성을 기반으로 이들을 분류할 수 있다.

(5ㄱ) <u>온갖</u> 스타들이 그 행사에 참석했다
(5ㄴ) <u>자칭</u> 스타들이 그 행사에 참석했다

위의 예에서 '온갖'은 현행사전들에서 '관형사'로 처리되고 있는 한 예이며, '자칭'은 '부사'로 등재되고 있는 예이다. 그러나 이들은 모두 뒤에 수반되는 명사구를 수식하는 공통점을 보이며, 통사·의미적인 기능에서도 이와 같은 문맥에서는 서로 다른 문법 범주를 할당할만한 차이를 보이지 않는다.

실제로 이들을 '명사'로 간주하는 첫 번째 입장의 문제점을 들어보면, (1)의 왼편 성분들은 (3)의 왼편 성분들과는 차이가 있다는 점이다. (3)은 어휘화된 연쇄를 구성하고 있어, 이 전체가 일련의 어휘적 복합어의 성격을 보이므로 붙여쓴 표기법도 허용되지만, (1)의 왼편

성분들은 일련의 통사적 수식 성분으로의 속성을 유지하고 있어서 후행명사구와 붙여쓰는 것이 불가능하다. 실제로 (1) 문장 구조는 다음과 같다.

(6ㄱ) [대략 100명 가량]이 이번 학회에 등록했다
(6ㄴ) [자칭 핵문제 전문가들]이 어제 모두 한 자리에 모였다

두 번째 입장인 '명사를 수식하는 부사' 범주의 설정도 문제가 있는데, 기본적으로 '부사'와 '관형사' 범주의 가장 큰 차이는 그 수식 대상의 속성에 달려 있다. 명사를 수식하는 성분에 '부사'라는 명칭을 부여하기 시작하면 일반 '관형사'들과의 구별이 사실상 어려워진다. 이런 점에서 (1)과 (4)에 나타난 성분들처럼, 후치사의 결합에 제약을 보이면서 명사구를 수식하는 위치에 실현되며, 위 (3)의 형태들과 달리 오른편 명사구와 어휘적 결합의 응집력을 보이지 않는 경우, '관형사' 관련 범주에서 검토되는 것이 바람직하다.

반면 위에서 논의한 문맥과 달리, 명사를 수식하지 않고, 다른 부사나 관형사, 형용사나 동사 같은 범주를 수식하는 성분으로 실현되는 경우는 분명히 '부사'로서의 기능을 수행하고 있는 것으로 판단된다. 다음을 보자.

(7ㄱ) 바로 그렇게 하면 돼
(7ㄴ) 고작 그런 일을 하려고 그랬니?
(7ㄷ) 대략 그런 정도로 이해하면 됩니다
(7ㄹ) 대강 얘기해 보렴

위에서 살핀 어휘들의 경우, 이들이 어떠한 통사적 환경에서 실현될 수 있는가에 따라 사전 표제어 구축시 이중분류하는 방식을 택하는 것이 필요하다.

7. 부사 범주 표제어 목록의 확장

7.1. 의성의태 부사의 변이형에 대한 체계적 확장

앞서 논의한 바와 같이 '의성의태어 부사' 또는 '상징부사'로 명명되는 일련의 부사들은 한국어 부사 범주에서 매우 높은 비중을 차지하는 어휘 부류이다. 다시 몇 가지 예를 들어 보면 표 31과 같다.

깜박깜박	꽝꽝	지지배배	허둥지둥
간들간들	딸그랑딸그랑	싱글벙글	

표 31. 의성의태 부사의 예

이들 부사들은 대체로 현행사전에 [꼴]이나 [모양], [상태] 또는 [소리]와 같은 형식적 분류 표지를 동반하고 있다. 그러나 이와 같은 표지가 체계적으로 빠짐없이 기재되어 있는 것이 아니어서, 같은 음운적, 의미적 쌍을 이루는 형태들에 대해서도 이런 정보가 부재되어 있는 경우가 많다. 이와 같이 사전마다 이와 같은 표기 원칙이 제대로 일관성있게 지켜지지 않고 있을뿐더러, 경우에 따라 그 판단 근거가 지극히 주관적이거나, 또는 어떤 형태적인 특징이 사전편찬자의 판단에 암시적으로 영향을 미친 결과가 반영되기도 한다. 실제로 언어학 연구에서 논의하는 '의성의태어'란 의미적인 분류이기 때문에, 그 대상을 명시적으로 정의하기가 쉽지 않기 때문이다. 다음 예에서 보이는 형태들은 의미적으로 '색깔'이나 '형태'를 묘사하고 있는데, 이들은 현행사전의 풀이말을 따르면 의태어 유형으로 분류된다.

(1) 붉으락푸르락 | 푸르락누르락 | 알록달록 | 삐죽삐죽 | 굽이굽이 | 잘록잘록

그런데 이와 같은 '의태어' 유형의 풀이말이 제시되지 않은 다음과 같은 부사들도 의미적으로는 위의 예들과 연관성을 가진다.

(2) 붉으스레 | 삐쭈룩이 | 구부스름히

이를 보면 실제로 의성의태어를 정의하는 데에 있어 사용되는 그 의미적인 기준이라는 것이 상당히 모호하다는 것을 확인할 수 있다.

표 32의 예들은 현행사전에 '의태어' 유형에 포함시켜 다루고 있는 유형들인데, 사실상 이들은 '의미적으로는' 의태어의 한 유형으로 다루기에는 무리가 있어 보인다.

겸사겸사	문득문득	빨리빨리	차례차례
두고두고	미리미리	사이사이	
몰래몰래	물어물어	서로서로	

표 32. 사전에 '의태어'로 등재된 '동일유형 반복형' 문제유형의 예시

위의 부사들은 의성의태어 부사들과 의미적으로 가깝다기보다는, 형태상으로 음운 반복이 일어나고 있다는 점에서 유사성을 보인다. 위의 부사들은 동일한 형태가 두 번 반복되는

구조를 보이는 형태들이다.

이와 같은 '반복 형태'라는 형태론적 특징에서 살펴보면, '서로'나 '빨리', '미리'와 같이 강조를 위해 부사가 반복되는 경우와 '겸사', '두고'와 같이 자립성이 없는 성분이 반복해서 부사가 형성된 경우로 분류할 수 있다. 여기서 '부사'가 반복되는 유형은 구어체에서는 더욱 생산성이 있을 것으로 보인다.

다음을 보자.

  (3) 느릿느릿: [어찌씨] 느릿느릿한 꼴[22]

표제어 '느릿느릿'은 '느릿느릿한 꼴'이라는 풀이말을 근거로 일종의 '의태어'로 간주될 수 있다. 반면 이와 의미적으로 동일 계열에 속하는 다음 표제어는 위와 같은 방식의 풀이말을 가지지 않기 때문에 '의성의태어' 목록의 구축에도 일관성을 기대하기 어렵다.

  (4) 빨리빨리: [어찌씨] ① 걸리는 시간이 아주 짧게
                    ② 움직이는 돗수가 아주 잦게

그렇다면 표 33과 같은 표현들은 현행사전에 어떻게 처리되고 있을까?

슬쩍슬쩍 살짝살짝	몰래몰래 부랴부랴	두리뭉술 두루뭉술

표 33. 의성의태어 변이형 예시

위의 형태들은 일반적으로 인정되는 의태어들과 그 의미적인 면에 있어서도 유사한 성격을 보이며, 형태적인 특징에 있어서도 음절의 반복 구조를 보인다든지 음소 변이에 의한 2개 이상의 쌍을 형성한다든지 하는 전형적인 '의성의태어'의 속성을 공유하고 있다. 그러나 아래의 예에서 볼 수 있듯이 이들 모두의 풀이말에는 위의 (3)의 예처럼 '의태어' 유형으로 처리될 수 있는 형식적 근거가 나타나지 않는다.

  (5) 살짝살짝: [어찌씨] ① 남이 모르는 사이에 자꾸 재빠르게
                    ② 힘 안 들이고 자꾸 가볍게

더구나 '슬쩍슬쩍', '살짝살짝', '몰래몰래', '부랴부랴'는 일단 부사로는 등재되어 있으나,

---

22) 한글학회 '우리말큰사전'의 뜻풀이의 예를 보인다.

'두리뭉술'과 '두루뭉술'은 일종의 어기와 같은 비자립형태로 간주된 탓인지 표제어 자체가 누락되어 있다.[23)

그렇다면 이와 같은 의미적 기술의 문제를 극복하기 위해 '의성의태어'를 일정 형태적 특성, 예를 들어 '음절 반복 구조'의 특성에 의해 규정하는 것은 어떠할까 하는 생각이 들 수 있다. 그러나 이 경우에도 표 34와 같은 현상들이 문제가 된다.

바로바로	아주아주	서로서로	어서어서
고생고생	두고두고	사이사이	차례차례

표 34. 음절 반복 현상을 보이는 의성의태어 예시

위의 예들은 모두 앞서 살핀 형태들처럼 음절의 반복 구조 구성을 허용하고 있으나, 현행사전에서 '의성의태어'의 일종으로 풀이되고 있지 않으며 실제로도 어떤 {모양}이나 {꼴}, 또는 {느낌}으로 풀이되기 어려운 어휘 부류이다. '의성의태어'의 문제 역시, 의미·직관적 판단에 기초하여 대표적 현상들을 수집한 후, 이들에 대한 형태·의미적 특징들을 나열하는 전통적인 연구 방식을 사전 편찬에 적용한 결과이다.

위의 '반복 형태'들과 유사하지만 약간의 형태 변이가 수반되는 표 35와 같은 형태들을 살펴보자.

가다오다	메주왈고주왈	이모저모	보나마나
너도나도	미주알고주알	차일피일	흐지부지

표 35. 변이가 수반되는 반복형 유형의 예시

위의 형태는 동일 유형이 반복한 구조가 아니라, 음운 변이를 수반한 반복구조로서, '의성의태어 부사'들이 보이는 음운 변이 및 반복 현상들과 유사한 성격을 보인다. 그러나 만일 이들을 현재의 '의성의태어' 부류에 포함시킨다면 이러한 의미적 명칭 자체에 대한 수정이 필요할 것이다. 만일 이들을 제외시키고자 한다면, 어떠한 기준에 의해 이와 같은 유형들을 분리해 낼 것인가 하는 명시적인 원칙의 제시가 필요할 것이다.

'의성의태어 부사'들의 사전 표제어 구성에 있어 또다른 심각한 문제는, 현행사전에서 추

---

23) 위의 예들에 대한 현행사전의 불일치 현상의 몇가지 경우를 제시해 보면 다음과 같다. '부랴부랴'는 표준국어대사전에는 {모양}이라는 풀이말을 갖는 의태어 유형으로 나타나나 다른 사전들에는 이러한 표지가 실현되지 않은 일반 부사로 처리되고 있으며, 반면 '살짝살짝'과 '슬쩍슬쩍'의 경우는 이희승 사전에만 {모양}이라는 풀이말을 갖는다. '몰래몰래'의 경우는 이희승 사전에는 표제어로 등재되어 있지 않다.

출되는 목록이 서로 일치하지 않는다는 점에 있다. 하나의 사전에서도 각 형태·음운 변이 군집쌍의 내부 목록 구성에 일관성을 찾기 어려운 경우가 많다. 예를 들면 현행사전에 다음과 같이 다섯 가지의 의성의태어가 부사로 등재되어 있다.

(6ㄱ) 가들막가들막 / 까들막까들막
(6ㄴ) 거들먹거들먹/ 꺼들먹꺼들먹
(6ㄷ) 그들먹그들먹

위에서 '끄들먹끄들먹'의 부재는, 특별한 이유 없이 사실상 사전 표제어에 누락된 비일관적인 처리의 한 예로 보인다. 이러한 현상은 '의성의태어'가 자동으로 획일적인 변이 규칙을 따르지 않는 현상과 연관이 있다. 이 부사들의 음운 변이 및 반복 현상을 보면, 이러한 변이가 규칙적이지 않아 일정 규칙의 형태로 자동 처리할 수 없음을 확인할 수 있다. 개별 어휘들을 사전에 일일이 수록해야 하는 이유가 바로 여기에 있다.

더 어려운 문제는, 이와 같은 누락된 형태들의 형성 가능성에 대한 판단 여부도 인지적으로 명확하게 기술하기 어렵다는 데에 있다. 가령 다음과 같이 9개의 부사가 현행사전에 등재되어 있는데,

(7ㄱ) 가득/ 가득가득
(7ㄴ) 가뜩/ 가뜩가뜩
(7ㄷ) 그득/ 그득그득
(7ㄹ) 그뜩/ 그뜩그뜩
(7ㅁ) Ø/ 까득까득

여기서 '까득까득'에 대응되는 '까득'이 불가능할 것 같지 않다. 더 나아가 다음과 같은 추가적 변이형도 가능할 것으로 보인다.

(8ㄱ) 끄득/ 끄득끄득
(8ㄴ) 까뜩/ 까뜩까뜩
(8ㄷ) 끄뜩/ 끄뜩끄뜩

즉 (7ㅁ)의 '까득까득'이 가능하다면 (8ㄱ)의 '끄득끄득'도 가능할 것 같고 이들과 더불어 (8ㄴ)의 '까뜩까뜩'과 (8ㄷ)의 '끄뜩끄뜩'도 구어체 문맥에서 불가능할 것 같지 않다. 즉 이러한 경음화 등의 자음변이와 모음변이의 가능한 경우의 수를 고려해 보면 위의 의미계열의 군집에서 전체 16가지의 변이형 부사가 형성될 수 있을 것으로 예상된다. 그러나 구어체 문맥을 고려하기 시작하면 '가득가득가득'과 같이 3번 반복된 표현을 허용할 수 없는지 망설

여진다. 다음과 같이 단음절 의성어 부사가 반복형을 이룰 때 반복의 횟수를 어느 정도로 제한하는 것이 합리적인지 결정하는 것도 어렵기 때문이다.

(9) 빵/ 빵빵/ 빵빵빵/ 빵빵빵빵/ 빵빵빵빵빵/ 빵빵빵빵빵빵 등등

더욱이 위의 (7)/(8)과 형태·음운적으로 유사한 성격을 보이는 다른 의성의태어 군집이 있다고 해도, 이 군집의 목록을 체계적으로 보완하기 위해 위와 동일한 프로세싱을 자동으로 적용하는 것도 가능하지 않다. 아래의 부사들은 '물기가 없이 뻣뻣한 상태'를 의미하는 부사들로 모두 사전에 등재된 유형들이다.

(10ㄱ) 가닥가닥/ 까닥까닥
(10ㄴ) 거덕거덕/ 꺼덕꺼덕

이들은 앞서 (7)/(8)과 매우 유사한 형식을 보이지만, 이들과는 달리 (9)와 같은 '무반복형'들은 부사어로 존재하지 못한다.

(11ㄱ) *가닥/ *까닥
(11ㄴ) *거덕/ *꺼덕

이처럼 (7ㄱ)에서 살핀 '가득가득'과 (8ㄱ)에서 살핀 '가닥가닥'은 형태·음운 상으로 유사한 형태임에도, 그 의미적인 차이와 더불어 변이형 군집의 목록이 달라지기 때문에, 자동으로 한 집합으로부터의 유추에 의해 다른 의성의태 부사들의 변이형 전체 군집을 예측할 수 없는 한계가 나타난다.

이상과 같이 복잡한 현상을 보이는 의성의태어 부사들은 인터넷 신문기사나 학술논문 등과 같은 객관적 유형의 텍스트를 처리할 때에는 상대적으로 낮은 빈도를 보이는 부사의 유형이다. 그러나 어린이 전래동화나 이야기 텍스트 등에서는 가장 활발하게 나타나고 있는 어휘 유형에 속한다. 궁극적으로 부사 범주에 대한 신뢰할 수 있는 자동 분석을 가능하게 하기 위해서는 이러한 유형의 부사들에 대한 체계적인 표제어 구축이 선행되어야 한다. 더욱이 앞서 언급한 바와 같이, 의성의태어의 비중이 상대적으로 높은 부사 표제어 수를 고려할 때, 이 문제는 부사 표제어 전체 개수를 가늠하는 중요한 요인이 된다.

7.2. 'ADJ-게' 부사 유형의 수록

앞서도 언급한 바와 같이, 형용사에 형태소 {게}가 결합하여 형성된 부사 유형은 일반적

으로 현행 인쇄사전에는 누락되어 있다. 다만 다음과 같이 대응되는 형용사가 존재하지 않는 경우나,

(12ㄱ) 그는 <u>뻔질나게</u> 지방 출장을 간다
(12ㄴ) 그 집은 음식 맛이 <u>되게</u> 없다

다음과 같이 대응되는 형용사와는 그 의미가 달라진 경우에 한해 표제어로 등재된다.

(13ㄱ) 그까짓 물건을 가지고 <u>더럽게</u> 잘난 체를 하는군
(13ㄴ) 민우는 그 사실을 <u>까맣게</u> 모르고 있었다

또한 다음과 같은 복합 구성 형태도 현행사전에 표제어로 등재되어 있는데,

(14) 입이 닳게 | 눈이 시게 | 목이 빠지게

위의 유형들은 일련의 관용표현들로서, 각 단어의 의미적 특징으로 유추되거나 예측될 수 있는 복합 구성이 아니기 때문에, 이러한 유형에 대한 낱낱의 검토와 기술이 요구된다. 이들의 체계적인 보완과 검토를 위해 현행사전에 수록된 관용표현들을 중심으로, 이들을 일반 단순부사 표제어와 분리하여 처리하는 것이 필요하다.

여기서 문제는 다음과 같이 형용사와 규칙적인 대응관계를 보이는 {게}부사 유형들에 있어, '일부'만이 특별한 원칙 없이 사전 표제어로 등재되어 있는 현상이다.

(15ㄱ) 서투르게 - 서투르다
(15ㄴ) 횡하게 - 횡하다

위에서 '서투르게'나 '횡하게'는 현행사전에 부사로 등재되어 있는데, 특별히 이들이 선정된 이유를 설명하기 어렵다. 이와 같은 형태에 대해서는 모두 사전에 등재되거나 또는 모두 배제되거나 하는 일관된 처리가 요구된다. 이러한 일관성은 사전의 표제어를 체계적으로 확장하고 보완하는 작업에 매우 중요한 원칙이 되기 때문이다. 이에 대한 해결책을 제시하기 위해, '동사' 범주의 높은 비중을 차지하는 'N-하다' 부류에 대한 처리와 비교해 보자. 다음을 보자.

(16ㄱ) [동사 표제어] 'N-하다'
(16ㄴ) [명사 표제어] 'N'-를 하다

(17ㄱ) [형용사 표제어] 'ADJ'
(17ㄴ) [부사 표제어] 'ADJ-게'

한국어에서 (16ㄱ)의 동사 부류는 명사구가 실현된 (16ㄴ)과 같은 구문과 규칙적으로 대응된다. 가령 '공격하다'와 같은 동사는 '공격을 하다'와 같은 동사구문과 규칙적으로 대응관계를 보이므로, 위와 같은 표제어 선정 방식은 상당히 많은 어휘들에 대한 '동사'와 '명사'의 중복적 처리 문제를 제기한다. 이러한 부담으로 일부 사전이나 연구서에서는 (16ㄱ)과 같은 동사를 인정하지 않고 (16ㄴ)의 동사구문이 축약된 것으로 간주하거나, 또는 반대로 (16ㄱ)과 같은 동사만을 인정하고 (16ㄴ)과 같은 동사구문은 이것이 후치사 '를'의 삽입에 의해 분리된 것으로 간주하는 입장을 취하기도 한다. 그러나 현행 인쇄사전의 대부분은 이러한 중복적 부담에도 불구하고 위의 (16ㄱ)을 동사 표제어에서, 그리고 (16ㄴ)을 명사 표제어에서 처리하는 원칙을 채택하고 있다.

이러한 원칙을 (17)의 경우에도 적용한다면, (17ㄱ)을 형용사 표제어에서 다루지만 이와 동시에 (17ㄴ)을 부사 표제어에서 다루는 방법을 수용할 수 있다. 이것은 위의 '하다' 동사의 경우와 달리 현행사전에서 채택하는 방법은 아니다. 그러나 이러한 지면상의 제약을 갖지 않는 전자사전의 표제어 구성에서는 이와 같은 이중 분류가 가져오는 장점이 더 많다. 가령 연구자들이 부사의 다양한 통사·의미적 속성을 연구하기 위해 {게}유형과 {이}유형을 비교·논의하는 작업을 한다면, 이들이 모두 전자사전의 부사 표제어로 등재되어 있는 것이 더 유리하다. 또한 코퍼스 기반 정량적 연구에서 부사 출현 통계를 구할 때에도, 하나의 단일부사로 사용될 수 있는 {게}유형 부사를 표제어로 할당하는 시스템이 보다 효율적일 것임이 자명하다. 현재 일부 대표적 {게}유형만을 사전 표제어로 등재하는 현행사전의 방식은, 이를 바로잡기 위한 시간과 비용의 부담을 훨씬 가중시키는 결과를 가져오게 되었다.

7.3. '명사구 논항' 형식의 부사 유형의 등재

7.3.1. 'N-로' 부사 유형

앞서 언급한 바와 같이, 현행사전에 부사 표제어로 등재된 유형들 중에 다음과 같이 후치사 '로'를 동반한 형태들이 발견된다.

(18) 진실로 | 공짜로 | 억지로

위의 예들은 명사에 기반한 'N-로' 통사구성의 형식을 보이는데, 이와 같은 형식은 이외에도 많은 명사들로부터의 생성이 가능하기 때문에 '대표형' 수준의 표제어 설정은 피하는 것이 바람직하다. 체계적인 전자사전을 구축하기 위해서는, 현재 사전에 수록되어 있는 이러한 구성들을 분리하여 별도의 개별적인 검토를 수행하는 것이 필요하다.

반면 다음의 예를 보면,

    (19) 때때로 | 대체로 | 공으로 | 날로 | 생으로

'로'를 선행하는 성분이 다른 위치에서는 실현되지 못하는 어기와 같은 형태들이다. 따라서 이 경우는 'N-로'와 같이 형식화되기 어렵고, 하나의 굳어진 부사로 처리하는 것이 적합해 보인다. 그런데 다음을 보면, (19)와 같이 오직 '로'와의 결합만이 가능한 것은 아니지만, 그렇다고 (18)와 같이 일반 명사로 간주하기에는 그 통사적 구성에 있어 심한 제약을 보이는 중간 형태들이 관찰된다.

    (20) 의외로 | 임의로 | 대대로

앞서도 논의한 바와 같이, 위에서 '로'를 수반한 형태들은 다음과 같이 '이다' 또는 '의'를 수반한 통사적 위치나, 명사를 선행하는 관형어 위치에서 제한적으로 관찰된다.

    (21) 의외이다 | 임의의 | 임의 해석 | 대대 손손

이 경우 (20)는 '로'의 선행 성분이 완전 어휘화된 부사어라기보다, 명사성의 속성을 어느 정도 유지하고 있어 (21)과 같은 구성을 허용하는 것으로 보인다. 실제로 '로'를 수반한 형태들을 일률적으로 처리하는 것이 어려운 문제가 바로 이와 같은 현상에서 기인한다. 이런 관점에서, 부사 표제어에는 (19)와 같이 완전히 굳어진 형태들을 중심으로 등재하고, 그 외의 유형들은 모두 별도의 방식으로 검증 과정을 거치는 것이 바람직하다.
    끝으로 다음을 보자.

    (22) 절대로 | 좀체로 | 참으로 | 통째로

위에 나타난 '로' 구성은 앞서와는 달리 하나의 부사에 강조적 의미를 부가하기 위해 '로'가 덧붙여진 {ADV-로}의 형태들이다. 즉 다음과 같이 '로'를 생략한 경우 모두 '부사'로 기능한다.

    (23) 절대 | 좀체 | 참 | 통째

이런 경우 (22)과 (23)의 형태들은 모두 부사 사전의 표제어로 등재된다.

7.3.2. 'N-에' 부사 유형

다음의 예를 보자.

   (24) 기왕에 | 은연중에

이들은 현행사전에 '명사', 또는 '부사'로 처리되어 있는 '기왕', '은연중'과 같은 어휘에 기반한 복합 구성 형태이다. 이들은 후치사 '에'를 동반하는 형태를 하였지만 여전히 부사이므로, '기왕', '은연중'과 함께 모두 부사 표제어로 등재되는 것이 필요하다.

실제로 (18)의 예와 같이 명사에 '에'가 결합하는 통사적인 구성은 다음에서 보는 바와 같이 매우 생산적인데,

   (25) 새벽에 | 오후에 | 가을에

이 경우는 일반적인 명사구 논항 'N-에'와의 구별이 쉽지 않으므로 별도의 방식으로 검토되는 것이 필요하다. 반면 다음과 같이 굳어진 부사구 유형은 위의 형태들과 구별될 필요가 있다.

   (26) 단김에 | 단숨에 | 엉겁결에 | 한꺼번에

위의 형태들은 명사나 부사와 같은 자립 성분에 '에'가 결합한 통사적 구성으로 보기 어렵다. 이들은 일종의 굳어진 형태로, 부사 표제어로 등재되는 것이 적절하다.

7.3.3. 'N-없이' 부사 유형

다음 예들을 보자.

   (27) 거침없이 | 남김없이 | 두서없이

이들은 'N-없다' 유형의 형용사 부류에 대응되는 'N-없이' 유형의 부사 부류이다.

   (28ㄱ) 그 아이는 누구에게나 거침없어요
   (28ㄴ) 사람들이 주문한 음식들이 전혀 남김없네요
   (28ㄷ) 그 사람의 말은 늘 두서없군요

위의 예문들에 나타난 'N-없다' 형용사는 다음과 같이 '명사(N)' 논항이 실현된 'N-이 없

다' 구문과 대응된다.

> (29ㄱ) 그 아이는 누구에게나 <u>거침</u>이 없어요
> (29ㄴ) 사람들이 주문한 음식들이 전혀 <u>남김</u>이 없네요
> (29ㄷ) 그 사람의 말은 늘 <u>두서</u>가 없군요

반면 다음을 보자. 다음 'N-없이' 유형의 부사는,

> (30) 가차없이 | 느닷없이 | 실없이

아래와 같은 'N-없다' 유형의 형용사 부류와 대응된다.

> (31) 가차없다 | 느닷없다 | 실없다

그런데 앞서 (28)/(29)에서 보인 것과 같은 대응 관계가 허용되지 않는다. 즉 (31)에 대해 'N-이 없다' 방식의 대응문이 나타나지 못한다.

> (32) *<u>가차</u>가 없다 | *<u>느닷</u>이 없다 | *실이 없다

실제로 (32)와 같은 구문이 불가능하다는 관찰을 통해, (30)/(31)에 실현된 '없이/없다'의 선행성분이 하나의 명사인지도 명확하게 판단하기 어렵게 된다. 이런 면에서 굳어짐이 심한 (30) 부류에 비해, 상대적으로 자유로운 명사구에 기반한 (27)과 같은 'N-없이' 부사 유형이 사전 표제어 구성에 문제를 제기한다. 즉 (27)의 부사가 (33ㄱ)과 같은 관계쌍을 허용한다면, (30)의 부사는 (33ㄴ)과 같은 관계를 형성하는데,

> (33ㄱ) {N-없이 / N-없다 / N-이 없다}
> (33ㄴ) {N-없이 / N-없다 / *N-이 없다}

위의 (33ㄱ)처럼 'N-이 없다'의 통사적 구성이 가능한 경우는 일반적인 명사 부류에 '없다'가 공기한 생산적인 형용사 술어 구문과의 구별이 쉽지 않기 때문이다. 다음을 보자.

> (34ㄱ) {자식없이 / 자식없다 / 자식이 없다}
> (34ㄴ) {돈없이 / 돈없다 / 돈이 없다}
> (34ㄷ) {주저함없이 / 주저함없다 / 주저함이 없다}

위에 나타난 'N-없이'는 사전에 부사 표제어로 수록되지 않은 형태들로, 'N-이 없다'라는

통사적 구성과 연관되어 있는 것으로 보인다. 그러나 위의 (33ㄱ)의 관계를 허용하는 모든 'N-없이' 형태를 사전 표제어에서 배제하는 것이 바람직한지에 대해서는 심층적 논의가 필요하다. 높은 생산성을 보이는 유형이지만, 앞서 살핀 경우들처럼 하나의 부사 표제어로도 이중분류되는 것이 유용한 측면이 있으며, 또한 이 문제는 뒤에 보게될 'N-없다' 형용사 부류와도 밀접한 관계를 보이게 된다.

7.3.4. 'N-같이' 부사 유형

현행사전을 보면 위의 'N-없이' 유형과 유사한 또 다른 부류가 관찰된다. 예를 들면 표 36과 같다.

| 유령같이 | 도깨비같이 | 얼음장같이 | 집채같이 |
| 귀신같이 | 알토란같이 | 장승같이 | 금수같이 |

표 36. 'N-같이' 부사 유형의 예시

위의 예들은 현행사전에 모두 부사 표제어로 수록된 형태들이다. 그러나 이들도 어느 정도 생성력을 가진 통사적 구성과 구별하기 어렵다. 가령 다음과 같이 현행사전에 수록되지 않았으나, 생성 가능한 유사한 형태들이 쉽게 관찰된다.

(35) 어린애같이 | 꿈같이 | 친구같이

이 문제도 'N-같다' 유형의 형용사 표제어 처리와 상응되는 것으로, 'N-같다' 구성 역시 다음과 같이 어휘화된 경우를 제외하고는, 'N-과 같다'와 같은 통사적인 구성과의 연관성이 고려될 수 있다.

(36) 악착같다 | 감쪽같다

즉 위의 형태들은 다음과 같은 대응관계가 불가하므로 '같다'의 선행성분이 명사인지 자체도 결정할 수 없지만,

(37) *악착과 같다 | *감쪽과 같다

다음 형태들은 'N-과 같다' 대응문 설정이 상대적으로 용이한 것을 볼 수 있다.

(38ㄱ) 금수같이 / 금수같다 / ≒ 금수와 같다
(38ㄴ) 꿈같이 / 꿈같다 / ≒ 꿈과 같다

이 경우 앞서 'N-없이'처럼 'N-같이'도 다음과 같은 두 가지 유형의 연관 관계가 설정된다.

(39ㄱ) {N-같이 / N-같다 / N-와 같다}
(39ㄴ) {N-같이 / N-같다 / *N-와 같다}

'N-같이'의 경우도 (36)처럼 어휘화된 경우들이 아니라면, (39ㄱ)에서 보이는 바와 같이 생산성이 높은 명사구에 기반하는 통사구문과의 구별이 필요하다. 만일 이러한 형태들을 부사 사전의 표제어로 등재하려면 이들에 대한 별도의 체계적인 검토가 진행되는 것이 필요하다.

7.3.5. 명사를 내포한 관용표현 부사어의 처리

현행 인쇄사전에는 일련의 굳어진 복합구성의 구 유형 표제어들이 발견된다. 예를 들면 표 37과 같다.

개벽이래	잘해야	하루건너	쥐잡듯이
얼마든지	하루바삐	너나할것없이	
이야말로	해마다	아닌밤중에	

표 37. 관용표현 유형의 부사어 예시

이들은 대부분 명사구을 내포한 복합구성의 형태로서, 관용적인 표현이거나 의미적으로 굳어진 형태들이다. 이들은 그 수가 제한되어 있으나 형태·구조적 특성상 단일 부사 유형과는 별도의 검토를 통해 체계적으로 보완되는 것이 필요하다. 위에서 특히 '너나할것없이'나 '아닌밤중에'와 같은 유형은 여러 개의 문법적 단위들이 결합하여 구성된 복합 형태로서, 이들은 각각 표 38과 같이 7개, 5개의 형태소가 결합된 관용어 유형들이다.

번호	표제어	내부 구성
(1)	너나할것없이	너(대명사)+나(대명사)+하(동사'하다')+ㄹ(관형형어미)+것(의존명사)+없(형용사'없다')+이(부사화 접미사)
(2)	아닌밤중에	아니(형용사'아니다')+ㄴ(관형형어미)+밤(명사)+중(의존명사)+에(후치사)

표 38. 관용적 부사어 표제어의 내부구성 분석 예시

이와 같은 형태들도 체계적인 목록의 확장을 위해서는 현행사전의 부사 표제어로부터 분리되어 추가적으로 논의될 필요가 있다.

8. 특수 목적의 사전 구축을 위한 현행 표제어의 유보

8.1. '고어' 표기 및 예스런 표현

현행사전의 부사 표제어에는 소위 {고어}, 또는 {옛}이라는 표지와 함께 수록되거나, 아니면 현대 한국어에서는 사용되지 않는 자모음이 사용된 어휘 형태들이 발견된다. 예를 들면 다음과 같다.

   (1) 가빅야빅 | 가까빅 | 그어긔

실제 컴퓨터가 다루어야 하는 텍스트가 이와 같은 고어를 포함한 문서일 때에는, 컴퓨터가 참조하는 전자사전도 이러한 표현들에 대한 정보를 제공해야 하는 것이 당연하다. 그러나 이는 일반적인 현대 텍스트를 처리하기 위한 전자사전에서는 불필요한 정보가 되므로 이에 대한 별도의 처리를 하는 것이 바람직하다. 여기서 이들과 함께 고려되어야 할 형태들이 있다. 표 39를 보자.

므슴다	믈읫	염평히
올밋올밋	소불하	고살고살

표 39. 별도의 처리가 필요한 고어/예스런 표현 예시

위의 형태들은 현행사전에는 어떤 특별한 형식적 표지 없이 '부사'로 등재되어 있다. 이들은 현대 한국어 문서에서는 좀처럼 관찰되지 않는 표현들로서, 그 의미나 쓰임도 거의 알기 어려운 통시적인 표현들이다. 그러나 앞서 (1)의 경우는 형식적인 표지가 명백했던 반면, 표 39의 경우는 사전에 '부사' 표제어로 수록되어 있으나 이러한 형식적인 표지가 나타나지 않기 때문에 이들에 대한 명시적이고 형식적인 기준의 마련이 어렵다.

이런 점에서 표 39와 같이 유보되는 목록은 완전히 객관적일 수 없다. 그럼에도 불구하고 이들이 현행 인쇄사전의 전체 표제어에서 차지하는 비중이 매우 높기 때문에, 실제적인 시스템의 효율성을 고려할 때 이들을 분리하여 유보하는 방식이 현실적으로 선호된다.

8.2. '통시적' 형용사 유형에서 파생된 부사 부류

현행 인쇄사전에서 관찰되는 생소하고 고어적인 부사 표제어들 중에는 이들이 통시적인 형용사 유형에서 파생되어 등재되었기 때문에 발견되는 유형들도 상당수에 이른다. 가령 예를 들면 표 40과 같다.

술명히	율렬히	희행히	잠상스레
범홀히	정미히	탁근스레	상패스레

표 40. '통시적 형용사' 유형에서 파생된 부사의 예

이들은 형태상으로 모두 형용사에서 파생되는 {이}부사 유형의 형태를 보이고 있다. 현행 사전에는 실제로 이들 부사뿐 아니라, 이들과 형태적으로 관련된 형용사 유형들도 모두 표제 어로 수록되어 있다. 그런데 이들은 현대 한국어에서 더이상 쓰임이 관찰되지 않아 그 의미 도 정확히 파악하기 어려운 통시적인(Diachronic) 형용사 부류이다. 따라서 형용사 전자사전을 구축하는 과정에서 이와 같은 형태들이 별도의 장치로 분리되면, 그와 병행해서 부사 전자사 전의 표제어를 구성하는 작업이 효율적으로 이루어질 수 있다. 그런데 표 41을 보자.

경박히	싱싱히	추잡히
고귀히	악착히	한산히

표 41. 현행 형용사와 '통시적 파생' 관계의 부사의 예

위의 부사들과 형태적으로 대응되는 형용사들은 앞서 표 40의 경우들과는 달리 현대 한 국어에서 빈번하게 관찰되는 형태들이다. 이들은 다음에서 보는 바와 같이 모두 형용사 표 제어로 수록되어 있다.

　(2) 경박하다 | 고귀하다 | 싱싱하다 | 악착하다 | 추잡하다 | 한산하다

표 42의 경우도 이와 유사하다.

명예스레	자비스레	분주스레	명랑스레

표 42. 현행 형용사와 '통시적 파생' 관계 부사의 또다른 유형

위의 표 41의 형태들이 '하다' 형용사 부류와 파생 관계를 보인다면, 표 42의 형태들은 다음과 같이 '스럽다' 형용사와 파생 관계를 보이는 유형으로 모두 현행사전에 '부사'로 수록된 형태들이다.

(3) 명예스럽다 | 자비스럽다 | 분주스럽다 | 명랑스럽다

그런데 이들의 경우도 현대 한국어 문장에서 자연스럽게 사용되는 부사 형태로 판단되지 않는다. 즉 다음과 같이 '스레' 유형보다는 '스럽게'와 같은 부사형태로 실현되어야 더 자연스럽다.

(4) 명예스럽게 | 자비스럽게 | 분주스럽게 | 명랑스럽게

현행사전에 표 41이나 표 42와 같은 부사들이 상당수 등재하게 된 것은, 이러한 {이}파생 부사들이 통시적인 변화를 거쳐 오면서 현대 한국어에서는 그 쓰임이 매우 제한적으로 나타나게 된 데에 이유가 있는 것으로 보인다. 이 경우는 {이}파생이 이루어지기 전의 '형용사'가 통시적인 유형이기 때문이 아니라, {이}파생 부사의 쓰임 자체가 통시적으로 변화하였기 때문인 것으로 판단된다. 따라서 이들의 경우는 형용사 사전의 표제어와 관계없이 부사 사전에서 별도의 검토가 이루어져야 한다.

8.3. '방언' 유형

현행사전에 수록된 부사 표제어에는 소위 '방언'으로 정의될 수 있는 유형이 상당수 포함되어 있다. 예를 들면 표 43과 같은데,

| 남우세스레 | 느런히 | 갑작시리 |

표 43. 별도의 처리가 필요한 방언 유형

이들의 경우 일부 사전에는 {방언}이라는 표지가 명시적으로 부착되어 있기도 하지만, 많은 경우 이러한 형식적 표지없이 뜻풀이를 통해 암시적으로 설명되거나 또는 이러한 별도의 설명없이 등재되는 경우가 많다. 이들의 경우도 앞서 '고어' 유형과 같이 특수 목적을 위한 사전에서 다루어지기 위해 별도의 모듈로 분리되는 것이 바람직하다. 그러나 앞서 본 바와 같이, 이들 유형의 경우도 객관적인 기준의 제시가 어렵기 때문에 이러한 목록이 철저

히 객관적인 방법으로 구성되기 어렵다. 다만 실제 시스템의 효율성을 높이기 위해, 이러한 유형을 일반 부사 부류와 분리하는 것이 필요하다는 현실적인 필요성에 기반한 것임을 환기할 필요가 있다.

궁극적으로 전자사전은 기계가 참조하기 위한 것이다. 인간이 참조하는 사전에서는 지나치게 반복적이고 규칙적인 파생 관계나 어휘 현상은 오히려 그 가독율을 저하시키고, 또한 인간의 인지적 능력에 의해 상당부분의 추론이 가능하기 때문에 이와 같은 현상들을 함축적으로 처리하는 경우가 많았다. 앞서 살핀 {게}유형 부사들의 경우가 대표적인 예라 하겠다. '의성의태어 부사'들의 경우도 비슷하다. 유사한 형태들 중에서 많은 경우들이 사전에 누락되어 있으나 의미적 유추가 가능한 인간 사용자들에게는 큰 문제가 되지 않는다. 이러한 점에서 볼 때 기계가 참조하기 위한 전자사전을 구축하기 위해서는 인간 중심의 인쇄사전에 대한 체계적이고 전반적인 재검토가 불가피하다는 사실을 확인하게 된다. 인간과 같은 추론 능력이 없는 기계를 위한 전자사전의 구축은 바로 이런 점에서 기존의 언어학적 성과와 인쇄사전들에 대한 보다 겸허하고도 근본적인 재검토를 수행하게 한다는 장점이 있다.

Ⅲ 형용사 관련 범주

전자사전의 형용사 어휘부[24])의 표제어를 선정하기 위해서는 현행 인쇄사전에 등재된 형용사 표제어에 대한 개별적인 검토를 수행할 필요가 있다. 한국어에서는 '형용사'라는 범주 설정 자체에 대한 학자들의 이견이 존재하지만, 이러한 논의는 사실상 종결되기 어려운 소모적인 성격을 가진다. 보다 중요한 문제는 이들의 명칭이 무엇인가가 아니라 어떠한 어휘 형태들이 논의의 대상이 되는가를 명시해야 한다는 점이다. 이와 같이 연구 대상에 대한 명시적인 외연의 설정이 가능하기 위해서는 객관적이고 형식적인 기준이 필요하다. 이를 위하여 '형용사' 범주는 '한국어에서 활용어미를 취하는 용언 중에서 현재시제 서술형 활용어미로 'ㄴ다'를 취할 수 없는 모든 어휘 부류'라는 형식 기준으로 정의되었다. 현행 인쇄사전

---

24) 이 부분에 대한 논의는 남지순(2003ㄱ)의 연구에 기반하고 있다. 형용사에 대한 논의는 Nam(1990/1996), 남지순(2007ㄱ)에서도 상세히 소개된 바 있다.

류에서 수록하고 있는 '형용사'라는 표제어 범주를 이같은 기준을 통해 살펴보면, 현재의 불분명하고 비일관된 처리 문제를 가늠할 수 있는 장점이 있다.

1. 형용사와 동사의 구별 문제

1.1. 현행 인쇄사전의 문제

현행 인쇄사전류에는 '형용사'라는 품사 범주가 설정되고 있으나, 이들에 대한 명시적인 정의가 부재하여 사전마다 그 표제어의 선정 방식이 동일하지 않다. 일반적으로 그 기준이 '의미적인 속성'에 기반하고 있기 때문에, 특히 용언 범주의 '동사' 부류와의 구별이 사전마다 상이한 경우가 많다. 다음을 보자.

(1) 해당하다 | 붐비다 | 번창하다

위의 예들은 사전에 따라 형용사로 또는 동사로, 또는 그 의미나 쓰임이 동일함에도 위의 두 가지 품사로 이중 분류되고 있다.[25] 그러나 이와 같은 의미적인 해석에 기반하여 동사와 형용사를 구분하는 것은 어렵다. 가령 다음을 보자.

(2) 관하다 | 들끓다 | 번영하다

위의 예들은 (1)의 예들과 의미적으로 매우 가깝다. 그러나 이들은 현행사전들에서 모두 '동사' 표제어로 제시되고 있다.[26] 의미적으로 서로 유사하나 현행사전들 모두에서 형용사와 동사로 구별되고 있는 더 확실한 예를 들어보면 다음과 같다.

(3ㄱ) 박식하다 | (넓게)알다
(3ㄴ) 무지하다 | 모르다
(3ㄷ) 과도하다 | 넘다

---

25) 예를 들어, '해당하다'는 이희승 사전에서는 '자동사'로, 신기철/신용철 사전에서는 '형용사'로, 한글학회 사전에서는 '자동사'로, 그리고 표준국어대사전에서는 '동사'로 등재되어 있다. 또한 '붐비다'는 이희승 사전과 신기철/신용철 사전에서는 '형용사'로, 한글학회 사전에서는 '자동사'와 '형용사'의 이중 품사로, 그리고 표준국어대사전에서는 '동사'로 분류되어 있다. '번창하다'는 이희승 사전에서는 '형용사'로, 신기철/신용철 사전과 한글학회 사전에서는 '형용사'와 '자동사'로 이중 품사로, 그리고 표준국어대사전에서는 '동사'로 분류되어 있다. 여기서도 이와 같은 사전별 차이는 앞으로는 특별한 언급이 필요하지 않을 경우 일일이 열거되지 않고 통합적으로 논의된다.
26) 단 '번영하다'의 경우에는 이들 사전들 모두에서 '동사'와 '형용사'의 이중 품사를 제시하고 있다.

위의 쌍들은 의미적으로 서로 동의 관계에 가깝게 판단되는데, 현행사전이나 학교문법에서 '(3)의 각 처음 항목'은 형용사로, '(3)의 각 두 번째 항목'은 동사로 분류되고 있다. 현행사전들이 형용사 범주를 정의할 때 의미적 판단을 우선적으로 전제하고 있으나, 이것이 동사 부류와의 구별을 가능하게 하는 절대적인 기준으로 사용되고 있는 것은 아니기 때문이다. 실제로 형용사에 대한 기존의 연구들은 대체로 현행사전에 '형용사'로 등재되어 있는 유형들에 대하여 이들 성분에 대한 특징적 의미 속성을 기술하고, 일반화할 수 있는 형태·통사적인 속성들을 정리하는 방식으로 진행되었다. 가령 '형용사'로 정의될 수 있는 형태들에 대해, 현재형 활용어미에서 관형형 및 서술형 활용이 동사와 다른 점, 명령형이 대체로 불가능한 점, 대격보어 형태를 취하지 못하는 점 등이 주요 특징으로 논의되었다.

그러나 문제는, 형용사 범주 설정을 위한 명시적인 기준이 제시되지 않은 상태에서 형용사 범주에 대한 의미·형태·통사적인 속성들이 논의되는 것은 논의의 순서가 바뀐 것이라는 점이다. 일정 명시적 기준에 근거하여 '형용사'라는 문법범주가 설정된 후, 이 기준에 의거하여 외연이 확정되고, 이와 같이 획득된 실제 어휘들에 대한 귀납적인 관찰을 통해 의미·형태·통사적인 속성들이 열거되어야, 근본적으로 객관적 연구방법의 신뢰도를 확보할 수 있다는 기본 전제가 지켜지지 않은 것이다.

1.2. 불구용언 및 모호한 의미 속성 표제어의 처리

'현재시제 서술형 어미 {ㄴ다}의 결합 불가능성'을 형용사 범주라는 연구대상 설정을 위한 기준으로 전제하고 논의를 시작하면, 가령 다음과 같은 형태들에 대한 일관된 처리가 가능해진다.

(4ㄱ) 그런 말에 속다니 그 사람은 너무 못났다
(4ㄴ) 그 아이는 정말 못됐다
(4ㄷ) 그 남자는 어깨가 딱 바라졌다

위에서 나타난 술어 '못나다'와 '못되다', '바라지다'는 현재형 서술형에서 {ㄴ다} 어미를 허용하지 않는다. 그러나 이들은 일반적으로 형용사로 간주되는 어휘들과 달리, 활용어미로 {다} 형태를 취하지도 못한다.

(5ㄱ) 그런 말에 속다니 그 사람은 너무 (*못난다 + *못나다)
(5ㄴ) 그 아이는 정말 (*못된다 + *못되다)
(5ㄷ) 그 남자는 어깨가 딱 (*바라진다 + *바라지다)

위의 형태들은 서술형 현재시제에서, (4)에서처럼 반드시 형태소 {었}이 삽입된 형태로 실현되어야 하는 부류이다. {ㄴ다} 활용형의 불가능성을 기준으로 이들을 분류하면 이들 모두 '형용사' 범주로 설정될 수 있다. 실제 현행 인쇄사전에 모두 형용사로 등재되어 있는 이러한 형태들에 대한 명시적인 근거를 마련할 수 있게 되는 것이다. 이러한 형용사는 현재 약 120여개가 관찰되는데, 이중 '게을러빠지다, 순해터지다'와 같이 일련의 특징적인 접미 사에 의한 부류를 제외하면 '낡다, 비다, 생기다'와 같은 비접사 유형의 어휘는 약 30여개 관찰된다. 이는 제3부에서 상세히 소개된다.

위와 같은 형용사의 형식적 정의에 기반하면, 다음과 같이 서술형 활용 자체가 불가능한 일정 불구 용언의 문제도 일관성있게 처리할 수 있다. 다음을 보자.

(6ㄱ) <u>가공할</u> 사건
(6ㄴ) 그 사건은 (*가공하다 + *가공한다 + *가공하였다)

(7ㄱ) <u>애꿎은</u> 사람
(7ㄴ) 그 사람은 (*애꿎다 + *애꿎는다 + *애꿎었다)

위의 예들은 '가공하다', '애꿎다'의 형태로 현행사전에 형용사 표제어로 등재되어 있으나, 서술형으로는 실현되지 못하는 일련의 불구용언들이다. 이들은 현재시제 서술형 자체가 관찰되지 않기 때문에, 결합되는 어미 형태로 {ㄴ다}가 가능한지의 여부가 확인되지 않는다. 그러므로 {ㄴ다} 활용형의 불가능성을 기준으로 이들을 분류할 때, 이들은 형용사의 범주에 포함되지 않고, 굳어진 형태로 부사 표제어로 수록되거나 또는 별도의 관용표현 처리 모듈에서 처리될 수 있다.

끝으로 형용사와 동사의 구별의 측면에서 사전마다 일관된 처리를 보이지 않는 예를 한 가지 더 살펴보면 다음과 같다.

(8ㄱ) 기울다 | 솟아나다 | 긴장하다
(8ㄴ) 저렴하다 | 충만하다

위의 예들도 사전에 따라 동사로 분류되기도 하고 형용사로 분류되기도 하며, 어떤 경우는 형용사/동사의 이중 품사로 분류되고 있다. 사전마다의 이러한 불일치 현상은 사전편찬 학자의 의미적 직관에 의해 야기되기도 하며, 해당 어휘가 가지는 다양한 형태·통사적인 기능에 의한 망설임에서 비롯되기도 한다. 그러나 이들의 경우에도 {ㄴ다} 활용 가능성을 기준으로 검토해 보면, (8ㄱ)의 세 경우는 동사로, (8ㄴ)의 두 경우는 형용사로 처리되는 것이 적절하게 판단된다.

2. 'N-X' 구성 형태의 형용사 표제어

현행사전에 형용사 표제어로 등재된 일련의 형태들은 '명사'에 일정 성분이 결합되어 구성된 복합 형태를 이루고 있다. 이들 처리의 가장 큰 어려움은 통사적인 구성체로서의 지위를 일정 부분 유지하고 있어 어휘적 파생어들과 달리 구성의 생산성이 열려 있다는 점이다. 또한 명사로서의 문법적 속성이 남아 있어서 이를 수식하는 관형어가 출현하는 등 일련의 통사적 구문의 구성이 가능하다는 점이 문제가 된다. 이러한 문제점들로 인해 현행사전에는 매우 제한된 일부 '대표적' 예들만이 등재되어 있어 그 목록이 사전마다 차이를 보이며 이들에 대한 체계적인 일관된 검토를 더욱 어렵게 한다. 이런 경우 이들을 단일 형용사 부류와 함께 논의하기 이전에 별도의 검증 과정을 거치는 것이 필요하다. 이러한 'N-X' 유형의 형용사 표제어와 관련해서는 앞서 명사 관련 논의와 부사 관련 논의에서 부분적으로 언급되었다. 이들을 다시 살펴보면 아래에서 보듯 3가지 유형으로 정리된다.

2.1. 'N-답다' 유형

다음 예들은 현행사전에 '형용사' 표제어로 등재되어 있다.

   (1) 남자답다 | 사람답다

위의 'N-답다' 유형은, 명사로부터의 의미 전성이 뚜렷하고 어휘적으로 굳어진 다음과 같은 'N-답다' 형태와는 차이가 있어 보인다.

   (2) 두 아이가 아주 <u>정답다</u>

즉 (1)의 구성에 나타난 '명사'는 다음과 같이 사전에 등재되지 않은 'N-답다' 구성을 이루는 명사 부류와 다르지 않다.

   (3) 여자답다 | 인간답다

그런데 이러한 유사성에도 불구하고, 사전에는 (1)만이 등재되어 있다. (3)의 '여자', '인간'은 명사로만 등재되어 있을 뿐이다. 실제로 다음에서 보듯이 명사에 '답다'가 결합하여 구성되는 통사적 구성은 매우 생산적이다.

(4ㄱ) 그 분이 정말 <u>전문가답습니다</u>
(4ㄴ) 그 사람이 정말 <u>선배답군요</u>
(4ㄷ) 그 사람은 참 <u>어른답다</u>

위의 'N-답다'[27]를 보면, 하나의 형용사로 굳어졌다기보다 '명사'의 성격이 강하게 남아 있는 통사적인 구성체의 일종으로 보인다. 다음과 같이 명사를 수식하는 관형어 성분을 삽입할 수 있음이 그 한 증거이다.

(5ㄱ) 그 분이 정말 <u>거시경제학의</u> 전문가답습니다
(5ㄴ) 그 사람은 역시 <u>진정한</u> 남자다운 면모를 갖추었어요

즉 위의 구성은 명사이 관형어의 수식을 받을 수 있는 지위를 그대로 유지하고 있음을 보여준다. 위의 (15)는 다음과 같이 분석된다.

(6ㄱ) 그 분이 정말 [거시경제학의 전문가]-답습니다
(6ㄴ) 그 사람은 역시 [진정한 남자]-다운 면모를 갖추었어요

이러한 관점에서 볼 때 'N-답다' 구성에 대한 별도의 검토없이 이를 곧바로 하나의 형용사로 등재하는 것은 적절하지 않아 보인다.[28] 가령 다음과 같이 완전히 어휘화된 유형과는 다르며, 이러한 구성을 허용하는 명사(N) 유형을 선험적으로 모두 목록화하는 것도 쉽지 않기 때문이다.

(7) 호숫가의 모습이 정말 <u>아름답구나</u>

참고로 표준국어대사전을 보면 '답다'는 접사로 수록되어 있다. 다음에서 보듯 {N-X} 유형의 형용사 또는 동사 술어들이 {N-후치사 X}와 같은 구문과 대응 관계를 이루는 것과는 대조적으로, '답다'는 명사(N)와 분리되지 못하기 때문으로 보인다.

(8ㄱ) 꿈<u>같다</u> = 꿈-과 같다
(8ㄴ) 맛<u>없다</u> = 맛-이 없다
(8ㄷ) 사람<u>답다</u> = *사람-{후치사} 답다

---

27) 'N-답다'와 관련한 위의 논의는 이희승 사전과 신기철/신용철 사전에 기반한 것으로, 가령 한글학회 사전에서는 위의 예들 중에서 '남자답다', '사람답다', '인간답다'와 '어른답다'가 형용사로 등재되어 있는 것을 볼 수 있으며, 표준국어대사전에서는 이들 연쇄가 모두 제외되어 있는 것을 관찰할 수 있다.

28) 이러한 이유로 학자에 따라서는 '답다'를 하나의 통사적 접미사라는 부류로 명명하기도 하였다. 여기서는 '통사적 접미사'라는 개념을 이와 다른 개념으로 사용한다. 명사와 조사 사이에 실현되는 일련의 형태들로서, 조어적인 관점에서 볼때 선행명사와의 어휘적 결속력이 강하지 않는 일련의 통사적 구성을 이루는 부류를 지칭하기 위해 사용하였다. 이에 대해서는 제5부에서 다시 논의된다.

(9ㄱ) 사랑하다 = 사랑-을 하다
(9ㄴ) 조절되다 = 조절-이 되다

위에서 보듯 'N-같다/없다/있다' 등은 일정 조건 속에서 선행 명사 성분과 분리될 수 있다. 동사의 경우는 더욱 규칙적으로 'N-하다/되다'와 같은 형태들이 'N-를 하다/N-이 되다'와 같은 방식의 구문과 대응되는 것을 확인할 수 있다. 이런 점에서 볼 때 'N-답다' 구성을 하나의 통사적 구문으로 분석하기 어려워진다. 그런데 이 'N-답다'가 하나의 형용사 어휘라면, (6)과 같이 관형어의 수식을 받는 구문 구조는 일반적인 한국어의 통사적 현상과는 맞지 않는다. 이러한 문제점으로 인해 표준국어대사전과 같은 사전에서는 'N-답다' 표제어는 수록되지 않게 된 것으로 보인다.

여기서 보다 실제적인 문제는, 이 구성을 하나의 어휘 성분으로서 형용사 표제어에서 취급할 것인가 아니면 하나의 통사적 구성으로서 문법적 구문에서 취급할 것인가를 논의하기 이전에, 현재 맞춤법 표기에서 반드시 붙여쓴 하나의 어절로 실현된다는 점이다. 이러한 현상은 언어처리 시스템에서 이를 포함한 토큰을 인식하고자 할 때 중요한 걸림돌이 되므로, 이에 대한 일관된 체계적인 처리가 요구된다. 이를 위해 '답다'를 선행하는 명사의 의미적 특징을 보면, 화자의 긍정적 평가를 담은 일련의 의미 계열 명사가 실현되는 것을 관찰할 수 있다. 그러나 이를 규칙의 형태로 예측하고 명시하는 것이 가능하지 않은 어휘적 특이성(Idiosyncrasy)의 속성을 보이므로, 궁극적으로 이에 대한 개별적인 목록의 구축이 요구된다. 현재와 같은 사전 표제어의 구축을 위해서는 (6)과 같은 구문의 특이성에 대한 논의는 잠정적으로 유보하고, 현행사전에서 관찰되는 'N-답다' 부류와 코퍼스에서 추출되는 'N-답다' 부류를 중심으로 추후 체계적인 확장을 위한 별도의 분류 작업을 진행하는 것이 필요하다.

2.2. 'N-같다' 유형

다음에 제시된 'N-같다' 형태들도 위의 'N-답다'처럼 현행사전에 형용사 표제어로 등재되어 있다.

(10ㄱ) 파리에서 지낸 시간이 정말 <u>꿈같아요</u>
(10ㄴ) 이 점쟁이는 <u>귀신같네요</u>

반면 다음의 형태들은 사전에는 누락되어 있는데,

(11ㄱ) 그 사람은 <u>어린애같아요</u>
(11ㄴ) 그 집은 <u>장난감같네</u>

여기서 이들은 사실상 모두 통사적인 복합 구성의 성격을 보인다. (10)과 (11)를 구별할만한 특별한 의미적·통사적 차이는 관찰되지 않으며, 다음과 같이 이들 모두 관형어의 수식을 허용하고 있기 때문이다.

(12ㄱ) 파리에서 지낸 시간이 [한순간의 꿈]-같아요
(12ㄴ) 그 사람은 [아무것도 모르는 어린애]-같아요

이 부류의 구성에 대해 표준국어대사전을 보면, 다른 인쇄사전들과 동일하게 (10)의 'N-같다'만을 형용사 표제어로 수록하고 있다. 기존 사전의 비일관성이 그 다음 사전들에 그대로 반복되는 빈번한 사례의 한 예를 보이고 있다. 그런데 'N-같다'의 경우에도 다음과 같이 완전히 어휘화한 형태들이 존재한다.

(13ㄱ) 두 사람의 키가 똑같아요
(13ㄴ) 그 아이의 거짓말은 감쪽같구나

위의 술어들은 하나의 단일 형용사로 처리되어야 할 유형으로, 앞서 (12)의 경우와는 달리 관형어 수식을 허용하지 않는다.

(14ㄱ) 두 사람의 키가 (*변함없는 + 변함없이) 똑같아요
(14ㄴ) 그 아이의 거짓말은 (*기막힌 + 기막히게) 감쪽같구나

앞서 관형어의 수식을 허용하는 (10)/(11)의 'N-같다'에서의 명사은 통사적으로 명사의 속성을 아직 유지하기 때문으로 보이는데, 이들에 대응되는 'N-과 같다' 구문은 명사의 의미자질에 따라 그 자연스러움의 정도에서 차이를 보인다.

(15ㄱ)   파리에서 지낸 시간이 정말 꿈과 같아요
(15ㄴ)   ??이 점쟁이는 귀신과 같네

(16ㄱ) ≒ 그 사람은 어린애와 같아요
(16ㄴ)   ??그 집은 장난감과 같네

위에서 보듯이 '꿈같다'는 '꿈과 같다'와 거의 동일하게 판단되는데, '귀신같다'의 경우는 '귀신과 같다'의 대응문이 매우 어색하게 보인다. '어린애같다'와 '어린애와 같다'는 나타내는 의미가 다소 차이가 있어 보이며, '장난감같다'에 대해 '장난감과 같다'는 부자연스러워 보인다. 그러나 이러한 의미적 판단은 객관성을 담보하기가 쉽지 않다.

실제로 'N-같다'의 경우도 코퍼스에서 단일 토큰의 형식으로 높은 빈도로 실현되는 부류

이므로, 이에 대한 올바른 분석을 위해서는 이와 관련된 현행사전 표제어를 별도로 분리하여 개별적인 어휘 검증 작업을 진행함으로써 체계적인 표제어 확장을 검토해야 한다.

2.3. 'N-없다/있다' 유형

다음 예를 보자.

(17ㄱ) 어제 정말 <u>맛있는</u> 음식을 먹었어
(17ㄴ) 이 영화는 너무 <u>재미없어요</u>

위의 예에 제시된 'N-없다'/'N-있다' 형태들은 현행사전에 형용사 표제어로 수록되어 있다. 반면, 다음의 형태들은 관찰되지 않는데,

(18ㄱ) 그 아이는 정말 <u>용기없는</u> 아이구나
(18ㄴ) 매사에 <u>성의없는</u> 사람들은 아무 것도 이루지 못해

앞의 경우들과 마찬가지로, (17)과 (18)을 명확히 구분지을 근거는 찾기 어렵다. 이들은 앞서 살핀 'N-답다'와 달리, 두 어절로 된 'N-가 없다'/'N-가 있다'와 체계적으로 대응된다. 즉위의 (17)과 (18)의 예들은 다음과 같은 술어 구문과 대응된다.

(19ㄱ) 어제 정말 <u>맛이 있는</u> 음식을 먹었어
(19ㄴ) 이 영화는 너무 <u>재미가 없어요</u>

(20ㄱ) 그 아이는 정말 <u>용기가 없는</u> 아이구나
(20ㄴ) 매사에 <u>성의가 없는</u> 사람들은 아무 것도 이루지 못해

여기서 이를 'N-하다'류 형용사의 분리문과 비교해보면 다음과 같은데,

(21ㄱ) 'N-없다/있다' = 'N-가/는/도/만) 없다/있다'
(21ㄴ) 'N-하다'   = 'N-(는/도/만) 하다'

위에서 (21ㄴ)과 같은 형용사 분리문은 진정한 통사적 구성이 아니기 때문에 (21ㄱ)의 구조와는 차이를 보인다. 가령 다음을 보면,

(22ㄱ) 그 아이는 정말 <u>친절해요</u>
(22ㄴ) 그 아이는 정말 <u>친절도 해요</u>
(22ㄷ) 그 아이는 정말 <u>친절은 해요</u>

여기서 형용사 '친절하다'는 후치사 '도'나 '은'에 의해 두 개의 어절로 분리되어 실현되었다. 그러나 이 경우 다음과 같이 명사를 수식하는 관형어의 삽입이 불가능하다.

  (23ㄱ) *그 아이는 정말 [특별한 친절]-도 해요
  (23ㄴ) *그 아이는 정말 [대단한 친절]-은 해요

이러한 분리 현상은 '명사'가 아닌 비자립성분 '어기'에 '하다'나 '스럽다'와 같은 접미사가 결합한 형태의 형용사에서도 관찰되는 특징이다.

  (24ㄱ) 그 아이는 아주 (상냥하네 + 상냥도 하네)
  (24ㄴ) 그 아이는 정말 (거만스럽네 + 거만도 스럽네)

'N-있다/없다' 연쇄는 위의 이러한 유형들과는 차이를 보인다. 다음과 같이 분리된 어절에서 명사를 수식하는 관형어의 삽입이 허용된다.

  (25ㄱ) 어제 정말 [신비한 맛]-이 있는 음식을 먹었어
  (25ㄴ) 이 영화는 너무 [특별한 재미]-가 없어요

'N-하다'류 형용사의 분리문과 'N-하다'류 동사의 분리문은 차이를 보이는데, 즉 후자의 경우는 진정한 통사적 구문을 구성하는 것으로 보인다. 다음 (26)과 같은 'N-하다'류 동사의 분리문에 대한 (27)의 예시를 보자.

  (26) 'N-하다' = 'N-를(/는/도/만) 하다'

  (27ㄱ) 사람들이 그 회사의 입장에 대해 비판했습니다
  (27ㄴ) 사람들이 그 회사의 입장에 대해 비판을 했습니다
  (27ㄷ) 사람들이 그 회사의 입장에 대해 비판만 했습니다

위에서 (27ㄱ)과 달리 (27ㄴ)/(27ㄷ)처럼 분리문 형식에 나타난 명사 '비판'은 관형어의 수식을 받을 수 있다는 점에서 (26)의 형용사 분리문과 구별된다.

  (28) 사람들이 그 회사의 입장에 대해 [신랄한 비판]-을 했습니다

이와 같이 'N-하다' 유형의 동사가 규칙적으로 'N-를 하다' 동사구문에 대응됨에도, 현행 사전에는 여기 실현되는 명사 역시 표제어로 이중 분류되는 방식을 택하고 있다고 논의한 바 있다. 이런 점에서 'N-없다/있다' 형용사와 별도로 여기 실현되는 명사 역시 하나의 표제

어로 이중 분류되는 방식이 일관성있는 처리 방법으로 보인다. 문제는 이러한 형용사 목록을 체계적으로 구축하기 위해서, 여기 실현 가능한 '명사'의 목록을 어떻게 확보할 것인가이다. 이를 위해서는 우선적으로 현행사전에 등재된 'N-없다/있다' 표제어를 일반 형용사 부류와 구별하여 별도로 검토하는 과정이 필요하다. 명시적 기준 없이 일부 대표형이 다른 형용사 표제어와 섞여있는 현재의 상황은 앞서의 경우들과 마찬가지로 체계적인 형용사 표제어 외연을 확보하는 데에 걸림돌이 된다.

끝으로, 앞서의 경우들과 같이 완전히 어휘화한 'N-없다/있다' 형용사 유형은 형용사 표제어로 등재되는 데에 문제가 없다.

(29ㄱ) 부모님의 사랑은 <u>그지없어요</u>
(29ㄴ) 반백년 인생이 정말 <u>덧없구나</u>!

3. 관용어구 형태의 형용사 표제어

3.1. 굳어진 형태의 형용사구 표제어

다음 문장의 술어구는 현행 인쇄사전에 하나의 '형용사' 표제어로 등재된 부류이다.

(1ㄱ) 어제 도착한 편지가 <u>온데간데없어요</u>
(1ㄴ) 해안가 절벽이 <u>깎아지른듯합니다</u>

그런데 위 예문의 술어 위치에 실현된 '온데간데없다'와 '깎아지른듯하다'는 여러 개의 단위로 표기가 가능하다는 점에서 이를 단일 형용사 표제어로 수록하기에는 문제가 있다.[29] 실제로 여러 개의 단위들이 결합한 복합 구성으로 그 의미 및 용법의 굳어진 정도가 심한 관용표현 부류이다. 앞서 부사의 경우에서 논의한 바와 같이, (1)의 관용표현들도 각각 7개와 6개의 형태소의 결합으로 구성된 형용사성 술어구문이다. 표 44와 같다.

---

29) 사전에 따라서는 '온데간데없다', '깎아지른듯하다'처럼 하나의 연쇄로 붙여서 '형용사' 표제어로 등재한 경우가 있는가 하면, '온 데 간 데 없다', '깎아지른 듯하다'와 같이 여러 개의 연쇄 형태로 표기하여 이를 '형용사' 표제어로 등재한 경우가 있다. '깎아지른듯하다'는 '깎아지르다'를 표제어로 하여 등재되면서 일종의 활용 형태로 간주되는 경우도 관찰된다.

번호	표제어	내부 구성
(1)	온데간데없다	동사(오다)+관형형어미(ㄴ)+의존명사(데)+동사(가다)+관형형어미(ㄴ)+의존명사(데)+형용사(없다)
(2)	깎아지른듯하다	동사(깎다)+연결형어미(아)+동사(지르다)+관형형어미(ㄴ)+의존명사(듯)+형용사(하다)

표 44. 관용적 형용사구 표제어의 내부구성 분석 예시

이와 같은 관용구에 기반한 형용사 술어는 일반 형용사 표제어와는 별도로 검토될 필요가 있다.

3.2. 4자성어에서 파생된 형용사 표제어

현행사전을 보면 다음과 같이 한자어 4자성어에 '하다'가 결합하여 형용사 표제어로 등재된 유형들이 상당수 관찰된다.

(2) 남녀유별하다 | 산명수려하다 | 세월여류하다

그런데 한자어 4자성어들은 하나의 문장적 의미를 가지는 경우가 많다. 뜻풀이의 한 예로 한글학회 사전을 보면, 위의 4자성어들은 표 45와 같이 정의되어 있다.

번호	명사 표제어	한글학회 사전의 정의
(1)	남녀유별	남녀의 사이에 분별이 있음
(2)	산명수려	산과 물의 경치가 맑고 아름다움
(3)	세월여류	세월이 흐르는 물과 같이 빨리 흘러감

표 45. 한자어 4자성어의 현행사전 뜻풀이

이러한 4자성어는 사전에 따라 명사 표제어로 수록되어 있기도 하고 '하다'가 결합한 형태로 형용사로 수록되어 있기도 한데, 그 처리 방식이 서로 일치하지 않는다.[30]

위와 같은 현행사전들의 비일관된 처리의 문제 외에도, 이들은 온전한 문장의 의미를 갖는 경우가 많아 이를 술어로 하는 주어의 설정이 어려운 경우가 많다. 다음을 보자.

(3ㄱ) ?*두 사람이 남녀유별하다
(3ㄴ) ?*시간이 세월여류하다
(3ㄷ) ?*자연이 산명수려하다

---

30) 이희승 사전과 신기철/신용철 사전과는 달리 위 사전에는 4자성어에 '하다'가 결합하여 형성된 형용사 표제어는 설정하지 않고 있다. 표준국어대사전에서는 위의 예들 중, '산명수려하다'만을 형용사로 등재하고, 나머지 경우는 모두 4자성어를 명사로서만 취급하고 있다.

위에서 보듯이 위의 4자성어를 술어로 하는 문장에 적절한 주어를 할당하는 것이 어렵다. 이들의 의미적 특징에 따라 편차가 있지만, 일반적으로 현대 한국어에서 하나의 단어로 사용되기 어렵다는 것을 확인할 수 있다. 가령 다음과 같은 예에서 주어 부분이 채워져 있는 것은,

    (4) <u>대한민국은</u> 산명수려하다

문두에 나타난 '대한민국은'이 주어 성분이 아니라 '장소 보어'가 주제화되어 실현된 것으로 분석되어야 한다. 이런 점에서 한자어 4자성어에 기반하여 구성된 복합구성을 일반 다른 형용사들과는 함께 처리하는 것은 바람직하지 않다. 이들에 대한 별도의 검증 작업이 필요하다.

3.3. 불구적 용법의 형용사 표제어

다음의 예들은 서술형 활용이 허용되지 않는 어휘 형태들을 보인다. 즉 형용사 범주에서 다루어지기 위한 형식적인 조건인 '현재형 활용 어미로 {ㄴ다}가 가능한지의 여부'가 확인되지 않는 유형들인데, 현행사전에는 모두 형용사 표제어로 분류되어 있다.

    (5ㄱ) 그 아이가 <u>오죽하면</u> 그런 일을 했을까요?
    (5ㄴ) 그 사람은 <u>여차하면</u> 도망갈 기세군요
    (5ㄷ) 사람들은 그 사건을 <u>대수롭게</u> 여기지 않았습니다
    (5ㄹ) 그는 그 소식을 <u>달갑게</u> 받아들이지 않았어요

이들은 다음에서 보는 바와 같이 서술형 활용 자체가 불가능한 불구 용언들이다.

    (6ㄱ) *그 아이가 (오죽하다 + 오죽한다)
    (6ㄴ) *그 사람은 (여차하다 + 여차한다)
    (6ㄷ) *사람들은 그 사건이 (대수롭다 + 대수롭는다)
    (6ㄹ) *그에게는 그 소식이 (달갑다 + 달갑는다)

위에서 보듯이 이들은 서술형 활용이 불가하고, 제한된 일부 부사형 활용 형태만을 허용한다. (5ㄱ)의 예는 '오죽하면, 오죽했으면, 오죽하여, 오죽하랴' 등과 같은 형태로 실현되며, (5ㄴ)의 경우도 '여차하면, 여차하니' 등과 같은 부사형 연결형 형태로 실현된다. (5ㄷ)과 (5ㄹ)의 경우도 '대수롭게'나 '달갑게' 등과 같은 부사형의 실현이 가능하다. 그런데 이들은 (6ㄷ)/(6ㄹ)에서 보듯이 '긍정적 서술문'에는 실현되지 못하지만 다음과 같은 '부정적 서술문'

에는 실현 가능하다.

(7ㄱ) 사람들은 그 사건이 <u>대수롭지 않았다</u>
(7ㄴ) 그에게는 그 소식이 <u>달갑지 않았어요</u>

위의 예들은 현행사전에 '오죽하다', '여차하다', '대수롭다', '달갑다'의 형태로 모두 형용사 표제어로 등재되어 있으나, 현재형 서술형 어미로서 {ㄴ다}가 결합 가능한지 여부에 대한 판단 자체가 불가능하므로, 현재의 형용사 표제어 범주에서 분리되어 검토된다.

4. 고어·방언 유형의 형용사 표제어

다음 예들을 보자.

(1) 가비얍다 | 가ᄉ멸다 | 겨를ᄒ다 | 맛갈다

위의 형태들은 현행사전에 {고어} 표현임을 표시하는 일정 표지들과 함께 등재되어 있다.[31] 앞서 부사의 경우에서처럼 컴퓨터가 처리하고자 하는 텍스트의 유형이 이와 같은 고어 표현을 함유한 문서라면 이들 형태에 대한 전자사전이 필요할 것이나, 그 외의 경우에는 적합하지 않은 형태들이므로 이들에 대해서는 별도의 방식으로 분류되는 것이 바람직하다.
반면 다음과 같은 예들은 사전에 따라 '고어' 표현으로 등재되기도 하고, 일부 지역에서 사용되는 '방언' 유형으로 처리되기도 하며, 또는 아무런 언급 없이 참조 표시만을 수반하기도 한다.

(2) 어즈럽다 | 저프다 | 개롭다

현행사전의 한 예로 '한글학회 사전'의 뜻풀이를 보면 다음과 같다.

(3ㄱ) 어즈럽다 ⇒ 어지럽다
(3ㄴ) 개롭다 ⇒ 괴롭다 {경남}

위에서 보는 바와 같이 '어즈럽다'는 별도의 표지없이 '어지럽다'로 참조 표시되어 있고,

---

31) 이희승 사전과 신기철/신용철 사전, 표준국어대사전에서는 이들 고어 유형을 모두 형용사 표제어로 등재하고 있으나, 한글학회 사전에서는 이들을 취급하지 않는다.

'개릅다'는 {경남} 지역 방언으로 등재되었다. 반면 다른 사전에는 표제어가 '개릅다'로 등재되었고, '괴롭다' 의미의 {경상} 지역 방언으로 표기되어 있다. 이와 같이 사전에 따라 불규칙적으로 처리되고 있는 이들 유형은 형용사 기본 표제어 부류와 구별되어 별도의 모듈에서 고려되는 것이 바람직하다.

다음 예는 현행사전에는 특별한 표지가 부착되지 않았음에도 불구하고, 위의 표현들과 더불어 현재 형용사 표제어에서 분리되는 것이 바람직한 형태들이다.

(4) 가팔지다 | 길편하다 | 무편하다 | 박흡하다 | 승겁들다 | 알매하다

앞서 부사 표제어 검증에서 논의한 바와 같이, 위의 형태들도 대부분 그 의미를 알기 어려운 한자어 2음절어에 '하다/들다/지다' 등이 수반된 유형으로서, 현대 한국어 텍스트에서 거의 쓰임을 찾아보기 어려운 통시적인 표현들이다.[32]

이 경우 이러한 형태들을 포함하는 형용사 표제어 목록을 구축하게 되면 불필요한 중의성(Ambiguity)을 유발시킬 확률이 높다. 현재 이렇게 추출된 어휘수가 현행 인쇄사전 형용사 표제어 전체에서 1/3 정도에 이른다는 점을 고려할 때, 이들을 일반 형용사 부류와 분리하여 별도의 모듈을 구성하는 것은 자동 시스템의 효율성을 향상시키는 데 매우 중요한 의미를 가질 것으로 생각된다.

5. 로마자 전사표기 외래어에서 파생된 형용사 표제어

다음의 예를 보자.

(1) 리리컬하다 | 애브노멀하다

위의 형태들은 현행 인쇄사전에 '형용사' 표제어로 등재되어 있다. 영어의 형용사에 해당하는 'lyrical', 'abnormal'은 한국어에 차용될 때 그 자체로 활용이 불가능하기 때문에, 이를 가능하게 하는 장치로서 '하다'를 동반한다. 위와 같은 영어 형용사 차용어에 '하다'가 결합한 형태는 의미적으로나 형태적으로나 하나의 형용사로 취급될 수 있다. 그러나 이들 유형은 그 목록의 범위를 설정하기가 어렵다. 그 이유는 다음 세 가지로 정리될 수 있다.

---

32) 실제로 이와 같은 형태들에 대한 사전적 처리도 매우 불규칙해서, 가령 표준국어대사전에는 '가팔지다'와 '길편하다'는 발견되지 않는 반면, 그 외의 사전들에는 위의 예들 모두가 형용사로 등재되어 있다.

첫째는 영어와 같은 로마자 언어의 전사표기 형태가 어느 정도 한국어 어휘 체계에 수용된 '차용어'로 자리매김하였는가에 대한 결정이 어렵다. 가령 위의 외래어 형용사가 실제로 한국어 어휘로 사용되는 형태들로 간주할 수 있을지 논의의 여지가 있고, 이런 경우 추가될 수 있는 영어 형용사의 음차표기 차용어는 큰 폭으로 확장되어야 할 가능성이 있다. 현행사전들에 수록되어 있는 이러한 형용사 목록이 서로 이질적으로 나타나는 이유가 여기에 있다.[33] 둘째는 현대 한국어 텍스트에 영어에서 차용되는 신조어 외래어가 지속적으로 생성되고 확장되고 있다는 점이다. 여기서 파생될 수 있는 형용사의 목록은, 상대적으로 안정적인 특징을 보이는 비외래어 형용사 부류와는 달리 생산성이 높기 때문에 별도의 처리가 요구된다. 셋째는 앞서 명사 범주에서 '외래어 명사' 유형에서 논의한 바와 같이, 로마자 전사표기의 철자법의 다양성의 문제에 있다. 가령 {abnormal} 원어에 대응되는 (1)과 같은 외래어 형용사 표제어는 다른 사전에서는 (2)와 같이 등재되어 있다.[34]

    (2) 애브노오멀하다

이러한 음차표기 다양성의 문제는 앞서 명사 범주에서 언급한 바와 같이 실제 언어생활에서 매우 심각하게 나타나기 때문에 이들 유형의 형용사 부류에 대한 체계적인 논의가 수반되어야 한다.

6. 'N-이다' 유형의 새로운 형용사 부류의 설정

6.1. 'N-이다' 유형의 형용사 설정의 필요성

다음 예에서 나타난 'N-이다' 술어 부류는 현행 인쇄사전이나 문법서에서는 '형용사'로 등재되어 있지 않으나, 그 통사·의미적 속성으로 볼 때 형용사 표제어의 일환으로 다루어지는 것이 바람직하다고 생각되는 형태이다. 다음을 보자.

    (1ㄱ) 그 사람은 정말 매사에 <u>열성이에요</u>
    (1ㄴ) 아이들이 서로 먼저 가려고 <u>안달이네요</u>
    (1ㄷ) 방학이 되니 아이들이 놀러가자고 <u>난리입니다</u>

---

33) 위의 예들의 경우도 이희승 사전과 신기철/신용철 사전에는 수록되어 있는 반면, 한글학회 사전과 표준국어대사전에는 모두 누락되어 있다.
34) 즉 이희승 사전에는 (1)과 같이, 신기철·신용철 사전에는 (2)와 같이 등재되어 있다.

위의 문장들에서 술어로 나타난 '열성이다', '안달이다', '난리이다'는 명사 '열성', '안달', '난리'로부터 파생된 형용사 부류로 분류되어야 한다.[35] 이들은 다음과 같이 'N-이다'의 연쇄로 나타난 지정사 구문과는 통사·의미적인 면에서 차이를 보인다.

    (2ㄱ) 그 사람은 내 친구의 <u>동생이에요</u>
    (2ㄴ) 그 사람은 <u>변호사입니다</u>

위의 지정사 구문에 나타나는 '이다' 선행명사는, 의미적으로 주어 위치의 명사와 공지칭 관계에 있거나 개념적으로 더 큰 범주를 나타낸다. 반면 (1)의 '이다' 선행명사들은 대체로 인간의 속성이나 태도를 나타내는 추상명사 부류로서 'N-이다' 구성이 일종의 성상형용사와 같은 의미를 나타낸다. 여기서 관찰되는 명사들의 상당수가 다음과 같은 'N-스럽다'나 'N-맞다' 유형의 형용사 파생을 허용하는 현상이 이러한 의미적 특이성을 확인해 준다.

    (3ㄱ) 극성이다/ 극성스럽다/ 극성맞다
    (3ㄴ) 억척이다/ 억척스럽다/ 억척맞다
    (3ㄷ) 주책이다/ 주책스럽다/ 주책맞다
    (3ㄹ) 고집이다/ 고집스럽다/ 고집맞다

위와 같이 'N-이다/스럽다/맞다' 부류의 대응 관계는 '이다'라는 새로운 유형의 형용사 파생 접미사 설정의 필요성을 뒷받침한다. 실제로 '이다'는 뒤에 보게 될 'X-적(的)-이다' 유형의 새로운 형용사 설정에도 관여하는 파생접미사 부류가 된다. 즉 다음을 보면,

    (4ㄱ) 그 사람은 너무나 <u>이기적이네요</u>
    (4ㄴ) 그 의견은 충분히 <u>논리적입니다</u>

위에서 '이기적이다'와 '논리적이다'는 각각 영어 형용사 {egoist}, {logical}에 대응되는 단일 형용사로서, 영어와 같은 서구어의 상당수 형용사에 대한 한국어 대역어가 이와 같은 'X-적(的)-이다' 유형의 형용사 형태로 실현된다. (4)와 같은 문장의 술어를 하나의 형용사로 분류하지 않는 경우, 한국어 형용사 문장 구조의 상당 유형이 올바르게 기술되지 못하고 누락되는 현상이 초래된다. 이 문제는 다음 장에서 다시 논의된다. '이다' 파생접미사 설정의 또 다른 근거는, 동사 범주에 있어, 의성의태어로부터 동사를 파생하는 데에 사용되는 '하다/거리다/대다/이다' 4가지 파생접미사 부류를 통해 나타난다.

---

35) 이에 대한 자세한 논의는 Nam(1990)에서 상세하게 다루어진 바 있다.

(5ㄱ) '의성의태어-하다'　(반짝하다)
(5ㄴ) '의성의태어-거리다' (반짝거리다)
(5ㄷ) '의성의태어-대다'　(반짝대다)
(5ㄹ) '의성의태어-이다'　(반짝이다)

동사 범주의 파생 접미사 유형으로 실현되는 '이다'는 형용사 범주에서도 위와 같은 일련의 파생 과정에 개입하는 접미사 부류로 설정되는 것이 타당해 보인다.

여기서 'N-이다'류 형용사에 실현된 명사(N)는 '스럽다/맞다'류 형용사뿐 아니라, 일련의 특정 의미자질의 명사와 공기하는 '떨다/부리다' 동사와 공기할 수 있다. 다음에서,

(6ㄱ) 극성을 떨다/ 극성을 부리다
(6ㄴ) 억척을 떨다/ 억척을 부리다
(6ㄷ) 주책을 떨다/ 주책을 부리다
(6ㄹ) 고집을 떨다/ 고집을 부리다

사람의 성격/태도와 연관된 속성을 나타내는 명사를 수반하는 '떨다'나 '부리다' 등이 'N-이다'를 구성하는 명사(N)와 공기하는 현상은, 'N-이다'의 형용사성 의미 속성을 잘 보여준다. 이런 점에서 위와 같은 의미 계열의 명사 부류를 추출하는 작업이 중요하며, 어떠한 형식 기준을 마련할 것인가가 'N-이다' 류 형용사 표제어를 구축하는 데에 핵심 열쇠가 된다.

6.2. 'N-이다' 형용사 정의의 형식 기준

위의 (1)과 같은 유형의 'N-이다' 술어 구문을 허용하는 명사(N) 목록을 획득하기 위해서는, 우선 이 구문을 (2)와 같은 지정사 구문과 형식적으로 구별하기 위한 기준이 마련되어야 한다. Nam(1990)에서 이러한 기준으로 다음 3가지가 제시되었다.

첫째, 대응되는 의문문이 '어떠하' 의문문으로, '누구/무엇' 유형의 의문문은 허용되지 않는다. 실제로 (1)의 문장들에 대응되는 의문문의 형태를 보면 (2)의 지정사 구문과는 전혀 다른 유형이 된다. (2)의 'N-이다'에서 '동생'과 '변호사'는 주어의 보격으로서의 명사적 속성을 유지하고 있어 다음과 같이 '누구'나 '무엇' 의문사 의문문에 대응되는 반면,

(7ㄱ) 그 사람이 <u>누구에요?</u>
(7ㄴ) 그 사람은 <u>뭐에요?</u>

위의 (1)의 '열성', '안달'은 (7)과 같은 의문문에는 대응되지 못하고 다음과 같이 '어떠하' 의문문에 대응된다. 위의 (1ㄱ)에 대해 다음을 보자.

(8ㄱ) 그 사람은 (*누구에요? + *뭐에요? + 어때요?)
(8ㄴ) ⇒ 그 사람은 정말 매사에 열성이에요

이는 여기 사용된 명사들이 '이다'를 통한 파생 과정을 거치면서 더 이상의 명사적 속성을 지니고 있지 않기 때문이기도 하지만, 이 명사들의 의미적 속성이 사람의 성격/태도 등을 나타내고 있어 형용사 술어문의 의문문인 '어떠하' 유형이 대응된 것으로 보인다.

둘째, 'N-이다'의 명사에는 관형어 수식이 가능하지 않은 반면, 'N-이다' 전체에 대해 정도부사나 비교부사의 수식이 가능하다. 가령 (1)의 명사들에는 관형어 수식이 가능하지 않지만, 'N-이다' 전체에 대해 '매우'와 '아주' 같은 정도부사나 '더', '더욱'과 같은 비교부사의 수식이 가능하다. 반면 지정사 구문인 (2)의 'N-이다' 구문에는 명사 성분에 대한 관형어 수식이 허용된다. 다음과 같이 관형어 수식어 삽입 검증을 해보면, (1)과 (2)의 차이를 볼 수 있다.

(9ㄱ) *그 사람은 정말 매사에 [완벽한 열성]이에요
(9ㄴ) 그 사람은 [유명한 변호사]입니다

반면 정도부사의 삽입은 (1)의 형태들에만 가능하다.

(10ㄱ) 그 사람은 매사에 (매우+아주+더+더욱) 열성이에요
(10ㄴ) *그 사람은 (매우+아주) 변호사입니다

셋째, 주어 위치에 반드시 '인물성({+Hum})' 의미 자질을 가진 어휘만이 실현된다. 가령 다음과 같이 주어 위치에 인물성 명사, 비인물성 명사, 또는 절의 분포를 모두 허용하는 지정사 구문과는 달리,

(11ㄱ) 그 사람은 변호사입니다
(11ㄴ) 피아노는 악기이다
(11ㄷ) 진실을 알고도 말하지 않는 것은 죄악이에요

'N-이다' 형용사는 다음과 같이 비인물성 명사 및 절 등이 분포한 주어는 허용하지 않는다.

(12) 그 (피아니스트 + *피아노 + *피아노 연주를 하는 것)-은 매사에 열성이에요

이상에서 'N-이다' 형용사를 지정사 구문과 구별하기 위해 제시한 형식 기준을 정리하면 표 46과 같다.

	'N-이다' 형용사
기준 1	'N-이다'에 대응되는 의문문은 반드시 '어떠하-?'의 형태이다
기준 2	'N-이다'에 대하여 정도부사 및 비교부사의 수식이 가능하다
기준 3	'N-이다'는 반드시 인물성((+Hum)) 주어를 요구한다

표 46. 'N-이다' 형용사 정의의 형식 기준

즉 이와 같은 세 가지 형식적 기준을 충족시키는 명사 부류 추출을 기반으로 구축된 'N-이다' 부류는, 추상적 명사들과 달리, 현행사전이나 문법서에는 형용사 표제어로 수록되어 있지 않다. Nam(1996)에서는 위의 기준에 근거하여 인쇄사전의 30만 명사 표제어로부터 100여개의 명사를 추출한 과정과 그 결과가 소개되어 있다. 이에 대해서는 다음 3장에서 다시 논의된다.

6.3. 이중적 성격의 명사 유형

여기서 위와 같은 'N-이다' 형용사 부류를 설정하는 데에 있어 주목해야 할 일련의 명사 부류가 있다. 다음을 보자.

(13) 그 사람은 <u>바람둥이에요</u>

위 문장에서 술어로 기능하는 '바람둥이이다'는 직관적으로는 인간의 속성/태도를 나타내는 추상명사 기반 'N-이다' 형용사 부류와는 차이가 있다. 그런데 이 술어는 앞서 논의한 지정사 구문과는 달리 위의 3가지 형식 기준을 모두 충족시키고 있다.

(14ㄱ) 그 사람은 (*누구에요? + ?*뭐에요 + <u>어때요?</u>)
(14ㄴ) 그 사람은 <u>아주</u> 바람둥이에요/ 그 사람은 <u>이 친구보다도 더</u> 바람둥이에요
(14ㄷ) (<u>그 사람</u> + *그 책상 + *그 일을 하는 것)-은 바람둥이에요

여기서 다음을 보자.

(15) 그 사람이 그 <u>바람둥이에요</u>

위 문장에 나타난 '바람둥이이다'는 하나의 형용사 술어로 사용된 (13)과는 달리 '지정사 술어' 구성으로 보인다. 즉 다음과 같이 분석되어야 한다.

(16) 그 사람이 [그 바람둥이]-에요

다음과 같은 통사적 검증들이 이와 같은 의미 해석을 뒷받침한다.

(17ㄱ) 그 사람이 <u>누구에요?</u> ⇒ 그 바람둥이에요
(17ㄴ) *그 사람이 (<u>아주 + 매우</u>) 그 바람둥이에요

위의 검증을 통해 볼 수 있듯이 (15) 구문은 (13)과 달리, (18)과 같은 지정사술어 문장이다.

(18) 그 사람이 (<u>그 바람둥이 + 그 변호사</u>)-에요

이와 같은 이중적 구문을 허용하는 명사 부류를 자세히 관찰해 보면, 앞서 인간의 성격이나 상태, 태도, 속성 등을 나타내는 '열성/억척/극성' 등과 같은 추상적 명사들과 다르다. 이들은 앞서 나타낸 속성의 묘사와 함께 이러한 속성을 가진 구체적 인물 개체를 동시에 지칭하는 '바람둥이/건달/사기꾼' 등과 같은 명사들임을 알 수 있다. 이와 같이 형용사 술어 구문과 지정사 술어 구문을 동시에 구성할 수 있는 '이중적 명사 유형'의 예를 더 들어보면 표 47과 같다.

건달	구두쇠	병신	악질
겁쟁이	깡패	사기꾼	철부지
괴짜	멋쟁이	술고래	촌놈

표 47. '이중적 성격의 명사 유형'의 예시

지정사 구문과 형용사 구문의 이중적 구조를 허용하는 명사 유형에 대해서는 추후 심층적으로 더 논의될 필요가 있다.[36]

---

36) 이외에도 'N-이다' 연쇄는 여러 다양한 경로에 의해 다양한 방식으로 획득된다. 몇 가지 예를 들면 다음과 같다.
  (ㄱ) 민우는 (소띠+서울태생)이다
  (ㄴ) 진우는 민우와 동갑이다
  (ㄷ) 이 종이는 (세모꼴+보라색)이다
  (ㄹ) 인아는 지금 의식이 없는 상태이다
  (ㅁ) 인아는 내일 떠날 (계획+생각)이다
  (ㅂ) 진오는 (석방+사형)이다
  위에서 (ㄱ)과 (ㄴ)에 나타난 'N-이다'는 인물성 주어를 요구하고, 대응되는 의문문의 유형도 '(누구+무엇)이니?'보다는 '어떠하니?'에 대응되는 속성을 보인다. 그러나 본 연구에서 형용사로 처리하는 'N-이다'들과는 달리 '정도부사'의 수식이 불가능하다. (ㄷ)의 경우는 '어떠하니?' 의문문에 대응되나, 비인물성 주어를 취하고 또한 정도부사의 삽입이 어색하다는 점에서 본 연구에서는 형용사 술어로 분류되지 않는다. (ㄹ)과 (ㅁ)의 경우는 인물성 주어를 취하고 '어떠하니?'에 대응되나 '이다'를 수반한 명사가 반드시 일정 관형절의 수식을 요구하기 때문에 정도부사의 삽입이 어렵고, 또한 '인아는 지금 어떤 상태이니?'/인아는 어떤 (계획+생각)이니?'와 같은 '어떤 N-이니?' 유형의 의문문을 허용한다는 점에서 본 연구의 대상과는 구별되었다. (ㅂ)의 경우도 위의 (ㄹ)과 (ㅁ)의 경우와 마찬가지로 인물성 주어를 취하고 '어떠하니?'에 대응될 수 있으나 정도부사

7. 'X-적(的)-이다' 형용사 부류의 설정

7.1. 'X-적(的)-이다' 형용사 설정의 필요성

다음의 예를 보자.

(1ㄱ) 그 사람은 <u>이기적입니다</u>
(1ㄴ) 그런 제안은 <u>논리적이네요</u>

위 문장에서 술어로 사용된 '이기적이다'와 '논리적이다'는 'X-적(的)-이다'의 형태로, 형용사 술어적 성격을 보인다. 앞서 언급한 바와 같이 영어와 같은 서구어 형용사의 상당 부류가 한국어로 번역될 때 이와 같은 'X-적(的)-이다' 형태의 술어로 대응된다. 현행 인쇄사전에는 'X-적(的)' 형태만을 명사/관형사와 같은 방식으로 이중 분류하고 있다. 그러나 다른 명사의 왼편에 실현되어 관형어처럼 사용되는 것은 일반 명사들에도 빈번하게 나타나는 현상이므로 유독 'X-적(的)'에 대해서만 관형사의 범주를 이중적으로 할당하는 것은 적절하지 않다. 가령 다음을 보자.

(2) 이기적 생각 | 개인 생각 | 자기중심 생각

위에서 명사 '생각'은 '이기적/개인/자기중심'의 수식을 받는 형태로 나타났다. 여기 나타난 이러한 수식 성분들은 모두 관형어의 기능을 수행하는 명사 범주로 분류될 수 있다. 그러나 여기서 '이기적'과 같은 형태에 대해 군이 이러한 이중 분류를 수행한 이유는 이들의 의미적 속성이 형용사성 성격이 강한 데에서 온 부담감도 작용한 것으로 보인다. 앞서 명사 범주에 대한 논의에서 이러한 수식어적 성격의 한자어 어휘가 상당수 존재함을 언급한 바 있는데, 이와 같이 명사의 수식어 위치에 실현되는 일련의 어휘 성분들은 여기서 논의되는 'X-적(的)' 형태와 함께 명사의 한 하위유형으로 분류되는 것이 타당하다. 다음 제3부에서 이들은 '관형명사(ZNM)'로 분류된다. 이에 대해서는 제3부에서 상세히 소개된다.

여기서 'X-적(的)'보다 더 중요한 문제는 'X-적(的)-이다' 유형을 하나의 형용사 표제어로 설정해야 하는 필요성이다. 이들을 하나의 형용사 범주로 분류하지 않으면 한국어 형용사 어휘부 자체에 적지않은 공백이 생기게 되며, 이들을 술어로 하는 문형 구조에 대한 통사적

의 삽입이 불가능하다. 이상의 검증을 통해 위의 'N-이다' 연쇄는 하나의 형용사로 간주되지 않고, 명사(N)의 어휘부에서 추가적인 논의가 진행되어야 한다.

인 연구가 누락되는 문제가 발생하기 때문이다. 현행사전에 약 700여개가 수록되어 있는 방대한 양의 'X-적(的)' 형태에 기반한 'X-적(的)-이다' 형용사를 사전 표제어에 등재하는 작업은 이런 면에서 중요한 의미를 갖는다. 이들을 술어로 하는 문형구조에 대한 통사적 연구는 Nam(1996)과 남지순(2007ㄱ)에서 수행된 바 있으며, 제3부와 제4부에서 이에 대한 논의가 진행된다.

7.2. 'N-적(的)-이다'와 'N-적(的)'의 통사적 환경

'X-적(的)-이다' 형용사의 목록을 구성하는 문제는, 앞서 살핀 'N-이다' 부류와는 달리 형태적 측면에서 'X-적(的)' 자체가 명확하게 특징지어지므로, 이를 위한 형식적 기준의 마련이 필요하지 않다. 이 경우 현행사전에 수록되어 있는 'X-적(的)' 표제어를 획득하여 이들을 기반으로 구성되는 'X-적(的)-이다' 술어의 특징을 기술하는 과정이 필요하다. 우선 이들을 살펴보면, 위의 'N-이다' 형용사들이 보이는 통사·의미적인 속성을 공유하고 있다. 가령 (1ㄱ)을 살펴보면 앞서 논의한 'N-이다' 형용사 구문의 형식적 기준을 모두 충족시키고 있음을 알 수 있다.

(3ㄱ) 그 사람은 (<u>어때요?</u> + *누구에요? + *뭐에요?)
(3ㄴ) 그 사람은 (<u>아주 + 매우</u>) 이기적입니다
(3ㄷ) (<u>그 사람은</u> + *그 물건은) 이기적입니다

그러나 위의 'N-이다' 형용사 구문과는 달리 모든 'X-적(的)-이다' 술어에 대하여 인물성 주어의 분포는 필수적이지 않다. 가령 다음을 보면,

(4ㄱ) <u>그 여자는</u> 철저하게 타산적입니다
(4ㄴ) <u>그 결정은</u> 합리적이네요
(4ㄷ) <u>그가 내일 떠나는 것은</u> 거의 확정적이군요

주어 위치에는 인물성명사, 비인물성명사, 보문절 등이 다양하게 분포하고 있는 것을 확인할 수 있다. 'X-적(的)' 문제에 대한 기존의 연구에서 많은 비중을 차지한 것은 'X-적(的)' 자체가 하나의 명사인가 관형사인가 또는 그 외의 품사 성분인가와 같은 논의들로, 'X-적(的)-이다' 전체에 대하여 어떠한 지위를 부여할 것인가와 같은 논의는 사실상 활발하게 이루어지지 않았다. 이와 같은 상황은 현행 인쇄사전들에 'X-적'을 '명사'와 '관형사'의 이중 품사로 정의하고 있는 현상에 대한 고찰로부터 주로 문제의 제기가 이루어져 왔기 때문으로 보인다.

'X-적(的)'이 실현될 수 있는 그외의 통사적 환경을 보면, 'X-적(的)-이다' 형용사와 규칙적인 대응 관계를 보이는 부사로 'X-적(的)-으로' 형태가 있다. 다음을 보자.

  (5ㄱ) 합리적이다 | 논리적이다 | 이기적이다
  (5ㄴ) 합리적으로 | 논리적으로 | 이기적으로

이러한 대응관계 고찰을 통해 'X-적(的)-이다' 형용사에 대한 부사형으로 'X-적(的)-으로'를 부사 표제어 목록에 수록하는 것이 가능하다. 이와 같이 '이다'류 형용사에 대한 '으로'류 부사의 파생 관계 설정의 가능성은 앞서 살핀 'N-이다'류 형용사 부류에서도 발견된다.

  (6ㄱ) 열성이다 | 억척이다
  (6ㄴ) 열성으로 | 억척으로

'X-적(的)'이 실현될 수 있는 또 다른 통사적 환경은, 다음과 같이 뒤에 아무런 표지를 수반하지 않고 후행명사를 수식하는 관형어 위치이다.

  (7) 합리적 사고 | 이기적 행동

이 위치에 실현된 'X-적(的)'은 실제로 'X-적(的)-이다' 형용사가 관형형 어미를 수반하여 활용된, 다음과 같은 'X-적(的)-이다-ㄴ' 형태로 치환될 수 있다.[37]

  (8) 합리적인 사고 | 이기적인 행동

---

37) 그러나 모든 'X-적'이 'X-적-인'에서 자동으로 획득되는 것은 아니다. 가령 다음과 같은데,
  (ㄱ) 지적 소유권 / ?*지적인 소유권
  여기서는 'X-적'이 실현된 첫 번째 연쇄가 어느 정도 굳어진 '복합어' 유형을 구성하고 있어 'X-적-인'의 실현이 어려운 것으로 판단된다. 즉 다음과 같은 경우는 동일한 형태의 'X-적'이 'X-적-인'으로 치환되는 데에 문제가 없다.
  (ㄴ) 지적 사고력 / 지적인 사고력
  반대로 'X-적-인'이 실현된 구성에 'X-적'을 대응시키기 어려운 경우도 있다.
  (ㄷ) 이기적인 사람 / ?*이기적 사람
  위와 같은 현상은 일정 어휘 'X'가 'X-적-인'만을 허용하기 때문이 아니라, 뒤에 동반되는 명사에 따라 그 치환 여부가 결정되는 때문이다. (ㄷ)의 쌍은 다음 (ㄹ)의 쌍과 대조를 이룬다.
  (ㄹ) 이기적인 행동 / 이기적 행동
  마찬가지로 모든 'X-적'이 자동으로 'X-적-이다' 구성을 허용하는 것도 아니다. 위의 (ㄱ)에 대해 다음과 같은 'X-적-이다' 구문이 가능하지 않음을 볼 수 있다.
  (ㅁ) *소유권이 지적이다
  그러나 여기서 보이는 'X-적'과 'X-적-인', 'X-적-이다' 사이의 대응 관계는, 'X-적-이다' 자체가 가지는 어휘·형태적인 현상이 아니라 공기하는 성분들과의 통사·의미적인 제약 관계에서 나타나는 현상으로 보인다.

이상에서 관찰되는 'X-적(的)' 관련 형태들의 통사 환경을 정리하면 표 48에서 보이는 바와 같다.

	'X-적(的)' 관련 유형	예시
형용사	'X-적(的)-이다'	그 사람은 이기적이다 / 이기적인 사람
부사	'X-적(的)-으로'	그 사람은 이기적으로 행동한다
(관형)명사	'X-적(的)'	이기적 행동

표 48. 'X-적(的)' 관련 유형의 통사적 환경

이상과 같이 'X-적(的)-이다'를 형용사 표제어로 등재하는 경우, 이러한 형용사 술어를 포함하는 보다 확장된 형용사 술어의 통사·의미 연구가 가능해진다.[38]

8. 의태어 기반 형용사 부류의 체계적 확장

형용사 표제어에서 가장 높은 비중을 차지하는 부류는 '의성의태어' 형태들과 연관된 형용사 유형이다. 예를 들면 표 49와 같다.

까슬까슬하다	꼽슬꼽슬하다	철컥철컥하다
근질근질하다	미끈미끈하다	푹신푹신하다
꼬깃꼬깃하다	삐걱삐걱하다	호리호리하다

표 49. 의성의태어 기반 형용사 예시

일반적으로 어떤 지속적인 상태나 속성을 기술하는 형용사 범주의 의미적인 속성상, 움직임 없는 상태성을 묘사하는 '의태어' 표현이 '하다'와 결합하여 형용사를 형성하게 되며, 일련의 움직임을 함유하는 상태를 기술하는 '의태어' 및 소리를 묘사하는 '의성어' 계열은 '하다/거리다/대다/이다'를 수반하여 '동사'를 유도하게 된다. 의성의태어 표현은 한국어에서 매우 발달해 있는 어휘 현상 중의 하나로서 대부분의 경우 부사적 요소로 기능하는데, 한국

---

38) 여기서는 언급되지 않았으나, 'X-적' 형태에는 부사적인 용법만을 보이는 유형들이 있다. 예를 들면 다음과 같다.
　(ㄱ) 가급적 빨리 오너라
　(ㄴ) 그는 비교적 빨리 돌아왔다
　위에서 '가급적'과 '비교적'은 'X-적-이다' 구성을 허용하지 않는 부사들로서, 이들은 그대로 부사 전자사전의 표제어가 된다.

어 부사에서 이들 유형이 가장 높은 비중을 차지하고 있는 점을 고려하면 이들 어휘수의 그 방대함을 가늠할 수 있다. 이러한 이유로 현행사전의 '형용사'와 '동사'의 표제어에서도 이들과 연관된 형태들이 매우 높은 비중을 차지하고 있다. 그러나 형태·음운적인 변이로 인해 유사한 의미 계열의 어휘가 다양하게 확장될 수 있는 속성상, 기존의 인쇄사전에서는 이들을 체계적 방법으로 기술하는 대신 일련의 주요한 유형과 특징적 유형들을 중심으로 기술하고 있다. 이 때문에 현행사전에 수록된 의성의태어 부류는, 앞서 부사 관련 논의에서 언급한 바와 같이, 군집별 재검토가 필요하다.

앞서 부사 관련 논의에서, 사전에 수록되어 있는 의성의태어를 검토해보면, 누락된 형태가 많아 실제로 훨씬 더 많은 형태·음운 변이 목록을 획득할 수 있다고 하였다. 가령 {Curly} 유형의 의성의태어 형용사를 체계적으로 재구성해보면 표 50과 같이 모두 52가지의 형태가 실현됨을 볼 수 있다(Nam 1996, 남지순 2007ㄱ).

고부랑하다	꼬부랑하다	구부렁하다	꾸부렁하다
고부랑고부랑하다	꼬부랑꼬부랑하다	구부렁구부렁하다	꾸부렁꾸부렁하다
고부스름하다	꼬부스름하다	구부스름하다	꾸부스름하다
고부스레하다	꼬부스레하다	구부스레하다	꾸부스레하다
고부슴하다	꼬부슴하다	구부슴하다	꾸부슴하다
고부정하다	꼬부정하다	구부정하다	꾸부정하다
고부정고부정하다	꼬부정꼬부정하다	구부정구부정하다	꾸부정꾸부정하다
고불고불하다	꼬불꼬불하다	구불구불하다	꾸불꾸불하다
고불탕하다	꼬불탕하다	구불텅하다	꾸불텅하다
고불탕고불탕하다	꼬불탕꼬불탕하다	구불텅구불텅하다	꾸불텅꾸불텅하다
고불통하다	꼬불통하다	구불통하다	꾸불통하다
고붓하다	꼬붓하다	구붓하다	꾸붓하다
고붓고붓하다	꼬붓꼬붓하다	구붓구붓하다	꾸붓꾸붓하다

표 50. {Curly} 유형의 의성의태어 형용사 군집의 예시

이들은 형태·음운적 연관성뿐 아니라 의미적으로도 {curly/curvy/twisty/bendy} 등으로 기술될 수 있는 일련의 공통점을 보이는 어휘 군집을 이룬다. 그러나 실제로 각 문맥에 사용될 때의 개별 의미 속성은 차이를 보이며, 이들을 명확히 어느 범위까지 하나의 군집으로 묶어 표현할 수 있을지에 대해서도 일관된 기준을 마련하기가 쉽지 않다. 만일 위의 표와 같은 변이형들이 모두 확정된다면 이들이 {CURLY}와 같은 일련의 의미자질을 공통으로 하는 의성의태어 군집을 구성한다는 정보를 사전에 수록할 수 있다. 그러나 만일 이러한 변이형 목록을 아직 체계적으로 획득하지 못하였다면 이를 완성하기 위한 검증 작업이 요구된다. 이 경우 위와 같은 일련의 목록으로부터 형태·음운 변이가 실현되는 일련의 변이 및 조합의 양상을 패턴화하는 과정이 필요하다. 위의 표 50에 나타난 패턴을 정리해보면 표 51과 같은데,

번호	내부 형식에 대한 임의표현	개수
패턴1	{(고+꼬)-부-(랑+장+르탕+人)}(1+2)-하다	16
패턴2	(고+꼬)-부-(스름+스레+슴+르퉁)-하다	8
패턴3	{(고+꼬+구+꾸)-불}2-하다	4
패턴4	{(구+꾸)-부-(렁+정+르텅+人)}(1+2)-하다	16
패턴5	(구+꾸)-부-(스름+스레+슴+르퉁)-하다	8

표 51. 52개의 {CURLY} 변이형 패턴 기술

이러한 과정을 통해 현행사전에 불규칙하게 수록된 의성의태어 관련어에 대한 체계적인 확장이 가능하다.

근본적으로 과연 '의성의태어'라는 범주 설정 자체가 필요할 것인가 의문이 들 수 있다. 이를 지지하는 중요한 근거는 각 문법 범주내에서 이들이 차지하는 양적 중요성이다. 앞서 도 언급한 바와 같이 한국어 부사와 형용사, 동사 범주에서 '의성의태어' 부류와 연관되는 어휘의 수는 매우 높은 비중을 보이기 때문에 이는 궁극적으로 전자사전 전체의 표제어 규 모 및 유형 분류에 중요한 영향을 미치게 된다.

9. 'N-ADJ' 복합 구성에 대한 문제

다음을 보자.

(1) 힘세다 | 힘겹다 | 맷집좋다 | 넉살좋다

위의 예들은 모두 현행 인쇄사전류에 하나의 형용사로 등재되어 있다. 그런데 이들의 내 적 구조를 살펴보면 모두 '명사'에 하나의 '형용사'가 결합한 'N-ADJ' 유형의 복합 형태를 이루고 있다. 위의 형태들을 두 개의 어절로 분리한 (2)와 같은 대응 구문을 통해 이를 확인 할 수 있다.

(2) 힘이 세다 | 힘에 겹다 | 맷집이 좋다 | 넉살이 좋다

이와 같이 명사 논항과 형용사, 또는 동사 술어가 결합하여 하나의 토큰으로 실현되는 것은 매우 빈번하게 발견되는 현상으로, 이들이 현행사전에 빠짐없이 등재되어 있는 것이 아니라면, 이들에 대한 별도의 검증을 거쳐 이를 보완할 필요가 있다. 이를 위해서는 우선 일반 단순 형용사 표제어와 구별하여 분리하는 작업이 요구된다.[39]

Ⅳ 동사 관련 범주

동사 표제어 목록[40]을 구축하려 할 때, '동사/형용사/부사/명사'의 각 문법범주별 외연 설정의 문제는 서로 복잡하게 관련되어 있어 각 범주별 개별적 연구는 사실상 가능하지 않다. 가령 부사 범주의 가장 중요한 비중을 차지하는 의성의태어 부류는 현행 인쇄사전의 등재 방식이 일관성을 가지지 않아 이들 목록에 대한 전반적인 재검토가 요구되었다. 이는 앞서도 여러번 언급한 바와 같이 부사 사전의 표제어뿐 아니라, 이들로부터 '하다' 결합에 의해 파생되는 형용사 부류 및 '하다/거리다/대다/이다' 결합에 의해 파생되는 동사 부류에 직접적인 영향을 미치기 때문에, 형용사 및 동사 사전의 표제어 구성에 있어서도 반드시 함께 고려되어야 하는 문제이다.

동사 범주의 설정에서 또 다른 중요한 문제는 명사에 '하다/되다'가 결합하여 형성되는 동사 유형과 관계가 있다. 이들을 동사 범주에서 처리할 것인가 제외시킬 것인가를 결정해야 하며, 만일 동사 표제어로 등재한다면, 이와 관련되는 명사들도 모두 명사 표제어에 이중 분류를 수행할 것인가를 결정해야 한다. 실제로 동사 범주는 형용사와 부사, 명사의 각 범주로부터 일정 형태적 파생 관계를 통하여 획득될 수 있기 때문에, 동사 표제어의 외연 설정의 문제에 있어 다른 문법 범주들의 체계적인 어휘부 구성 여부는 중요한 변수가 된다.

전자사전의 동사 표제어 구축에 있어 일차적인 자료는 현행 인쇄사전류에 등재된 동사 표제어 어휘가 된다. 현행 인쇄사전에 등재된 동사 표제어들에 대한 개별적인 검토를 수행하면서 관찰된 주요 문제점들을 정리해 보면 다음과 같다.

---

39) 이러한 복합 구성은 사실상 동사의 경우에도 관찰된다.
  (ㄱ) 힘내다 | 능청떨다 | 심술부리다
  위의 형태는 명사와 동사가 결합하여 'N-V'와 같은 복합 구성을 이루고 있는 것으로, 다음과 같은 두 개의 어절 구문과 대응된다.
  (ㄴ) 힘을 내다 | 능청을 떨다 | 심술을 부리다
  동사의 경우에도 이들에 대한 체계적인 목록의 획득을 위해서는 이들을 분리해내어 개별적으로 검토하는 단계를 거치는 것이 필요하다.
40) 이 장의 동사 범주의 표제어 구성에 대한 논의는 남지순(2003ㄷ) 연구에 기반하고 있다.

1. 의성의태어 부사에서 파생된 동사 유형

1.1. 현행 인쇄사전의 문제

앞서 부사와 형용사 범주 표제어 문제에서 논의하였듯이, 의성의태어 부사로 명명되는 일련의 부사들은 상당수의 동사를 파생한다. 이들은 형태·음운적 변이 현상을 수반하여 일정 형태가 반복되는 구조적 특성을 보이며, 의미상으로도 보통 {소리}나 {꼴}, {형태} 등을 묘사하는 기능을 가지는 어휘 성분들로서, 한국어에서 일반적으로 부사 범주로 실현된다. 이와 같이 변이를 수반한 반복 구조라는 형태적 특성 및 소리나 모양의 흉내말이라는 의미적 특성은, 특별한 의미 차이 없는 유사한 형태들을 대량으로 생산하게 하여 이들 부사의 수를 폭발적으로 증가하게 만든다. 이러한 이유로 현행 인쇄사전에서의 이들 부사의 처리 방식을 보면, 우연적 혹은 의도적으로 누락된 형태들이 빈번히 관찰된다. 누락된 형태들에 대한 추론이 가능한 인간 사용자를 대상으로 하고 있는 인쇄사전의 관점에서는 그다지 치명적인 결함이 되지 않는 이와 같은 현상은, 명시적으로 구성되어야 하는 전자사전의 구축시에는 자동 인식 재현율을 감소시키는 중요한 장애물이 된다.

현대의 자동 처리 시스템들은 제한된 특정 영역, 가령 정보의 검색이나 추출, 비즈니스 문서나 웹문서 등의 자동 번역 분야 등으로 한정된 영역에서 요구되는 전자사전을 필요로 하는 경우가 많아, 일반적으로 정보의 핵심이 되지 않는 부사 범주, 더욱이 '의성의태어'와 같은 부사 유형은 전자사전의 논의에서 중요한 문제로 다루어지지 않았다. 그러나 이야기체나 동화, 소설 등 특정 영역의 텍스트에서는 의성의태어 부류가 빈번한 어휘 유형의 하나가 되며, 이 현상이 부사 범주에만 국한되지 않고 이들과 형태적으로 관련된 동사 및 형용사 부류와 맞닿아 있다는 점에서 문제가 된다. 즉 이들 부사의 방대함은 그대로 동사와 형용사 부류의 방대함으로 이어지게 되기 때문에, 부사 목록의 비체계성과 비일관성은 관련 형용사와 동사 목록의 비체계성과 비일관성으로 연결되는 문제를 발생한다.

현행 인쇄사전에 등재되어 있는 '의성의태어' 표제어를 검토해보면 사전마다 차이가 있으나 대략 3,500여개 정도로 나타난다(Nam 1996). 이때 이들의 비일관된 표제어 선정 방식을 보완하기 위해, 이러한 어휘들의 형태·의미적 속성을 고려하여 일련의 형태·음운 변이를 어휘별로 군집화(Clustering)하는 과정이 필요하다. 이 경우 전체 어휘수가 약 9,200여개 정도로의 확장되는 것을 관찰할 수 있다(남지순 2003ㄷ). 이때 이러한 군집의 개수는 약 1,450여개 정도로서 군집별 부사의 수는 평균 약 6개 정도로 나타난다. 그러나 그 편차가 심하게 나타나서, 경우에 따라서는 수십개에 이르는 부사 변이형태들을 포함하는 군집 유형들이 관찰된다. 이와 같은 방식으로 군집화하는 작업을 통해 현행사전에 누락된 형태들에 대한 보완이 가능해진다.

1.2. '의성의태어'의 군집화와 군집별 개수

현행사전에 수록되어 있는 불규칙한 수의 의성의태어 표제어에 대한 개별적 검증 과정을 거쳐 궁극적으로 의성의태어의 군집을 구성하는 것이 필요하다. 앞서 지적한 바와 같이 현재 이러한 방식으로 최종 획득된 군집의 수는 1,450여개로 나타났고, 전체 의성의태어의 수는 9,200여개로 나타났다. 이중 '어기' 형태로만 사용되는 부류는 3,680여개, 그리고 '부사'로 사용되는 형태는 5,520여개로, 이들 의성의태어로부터 다시 형용사와 동사가 파생된다.

형용사를 유도하는 의성의태어는 의미적으로 모두 모양이나 형태, 상태들을 묘사하는 '의태어' 유형에 한정되고 파생 접사도 '하다'만으로 한정되는 반면, 동사를 유도하는 유형은 의미적으로 이와 같은 '의태어' 계열외에도 동물의 소리나 반복적인 움직임의 소리 등을 묘사하는 '의성어' 계열도 포함되며, 파생 접사도 '하다'뿐 아니라, '거리다/대다/이다' 등 4가지 형태가 나타나기 때문에 그 수가 큰 폭으로 증가한다. 현재 이렇게 유도되는 동사의 수는 10,970여개로서, '의태어' 부류에 대해 '하다'에 의해서만 유도되는 2,620여개의 파생형용사 수를 압도적으로 넘어선다. 이는 표 52와 같이 정리된다.

형태	군집수	품사	어휘수	의미속성	파생접미사 유형	예시
(형태음운반복)	1,450	어기	3,680	의성의태어	-	쑥덕
		부사	5,520	의성의태어	-	쑥덕쑥덕
(X)+(접미사)	870	파생동사	10,970	의성의태어	하다/거리다/대다/이다	긁적대다
(X)+(접미사)	580	파생형용사	2,620	의태어	하다	퉁퉁하다

표 52. '의성의태어 군집'과 연관되는 '어기/부사/형용사/동사'의 개수

위의 표에서 보듯이, 의성의태어에는 '쑥덕쑥덕, 깜박깜박, 덜커덩, 첨벙'과 같이 하나의 부사어로 사용될 수 있는 어휘들 외에 다음과 같이 하나의 부사어로 사용되기 어려운 일련의 어기 형태들이 상당수 관찰된다.

(1) 쑥덕 | 만지작 | 머뭇 | 긁적

표 52에서 보듯이 하나의 부사로 사용되지 못하는 비자립 어기는 전체 의성의태어 군집의 원소들 중 40%에 이른다. 이러한 어기들 중에는 반복형이 되면 하나의 부사어로 기능할 수 있는 경우가 많다. 위의 (1)의 성분과 다음 (2)의 어휘들을 비교해 보자.

(2ㄱ) 사람들이 여기저기서 <u>쑥덕쑥덕</u> 말들이 많습니다

(2ㄴ) 그 아이가 계속 <u>만지작만지작</u> 두 손을 움직이면서 이 물건을 보고 있네요

(2ㄷ) 낯선 아이가 <u>머뭇머뭇</u> 아주 수줍은 모습을 보였어요

(2ㄹ) 그 아이는 <u>긁적긁적</u> 머리를 긁으며 우리에게 다가왔습니다

이러한 의성의태어 '어기'와 '부사'는 전체 9,200여개 원소로 구성되어 1,450개의 군집을 이루고 있다. 앞서 언급한 바와 같이 하나의 군집이 평균 6개 정도의 변이형으로 구성되는 것을 볼 수 있다. 이때 이러한 의성의태어들은 다음과 같이 그 의미자질에 따라 각각 배타적으로 동사와 형용사 범주를 유도한다. 표 53을 보자.

파생어별 군집	파생하는 어기/부사	표제어유형	개수	예시
동사를 파생하는 의성의태어 군집 (870여개)	어기	X	990	쑥덕
	부사	ADV	3,950	첨벙
	동사: (어기+접미사) (2,170여개)	X-하다	70	만지작하다
		X-거리다	1,000	머뭇거리다
		X-대다	950	긁적대다
		X-이다	150	쑥덕이다
	동사: (부사+접미사) (8,800여개)	ADV-하다	3,850	덜커덩하다
		ADV-거리다	3,500	깜박거리다
		ADV-대다	1,200	킬킬대다
		ADV-이다	250	첨벙이다
형용사를 파생하는 의태어 군집 (580여개)	어기	X	2,690	푹신
	부사	ADV	1,570	쨍쨍
	형용사: (어기+하다)	X-하다	1,050	푹신하다
	형용사: (부사+하다)	ADV-하다	1,570	쩌릿쩌릿하다

표 53. 군집화된 의성의태어 분포와 동사/형용사 파생 현상

이 표에서 '동사를 파생하는 의성의태어'는 어기가 990개, 부사가 3,950개로 즉 전체 4,940개에 이르며, 이들은 870개의 군집을 구성하는 변이형들이다. 반면 '형용사를 파생하는 의성의태어'는 어기가 2,690개, 부사가 1,570개로 전체 4,260개에 이르며 이들이 구성하는 군집의 수는 580여개로 나타났다.

동사의 경우, 490여개의 '어기'들 중 일부 형태로부터 '하다/거리다/대다/이다'에 의해 파생이 이루어져서 전체 2,170여개의 파생동사가 형성된다. 또한 3,950여개의 '부사'들 중 일부에 이러한 접미사가 결합하여 전체 8,800여개의 파생동사가 생성된다. 이렇게 해서 '의성의태어로부터 유도되는 파생동사'는 전체 10,970여개가 된다.

형용사의 경우도 2,690여개의 '어기'들 중 일부 형태로부터 '하다'에 의해 파생이 이루어져

서 전체 1,050개의 파생형용사가 생성된다. 또한 1,570여개의 '부사'들 중 일부에 접미사가 결합하여 1,570여개의 파생형용사가 생성된다. 이렇게 전체 2,620여개의 형용사가 파생된다.

4가지 접미사에 의해 유도되는 파생동사에 비해 파생형용사의 경우는 '하다' 한가지 접미사에 의해서만 유도되므로 결과적으로 생성되는 표제어 수가 훨씬 적다. 10,970여개의 파생동사에 비해 파생형용사는 약 1/4에 불과한 2,620여개로 나타났다. 그러나 동사 파생과 관련된 의성의태어 수가 4,940여개이고 특히 거기서 어기의 수는 990여개에 그친 반면, 형용사 파생과 관련된 의성의태어의 수는 4,260개로서 동사 파생 관련 의성의태어와 거의 비슷한 규모를 보이고 있다. 특히 형용사 파생 관련 어기의 수는 2,690여개로 동사 파생 관련 990여개의 어기에 비해 2.7배에 이른다. 반면 부사의 경우는 형용사 파생 관련 부사가 1,570여개로서 동사 파생 관련 부사 3,950여개의 40%에 그친다. 이러한 과정을 거쳐 획득된 의성의태어 관련 '부사/동사/형용사' 목록은 전자사전에 이들과 관련된 세부 태그를 수반하여 등재된다. 이에 대해서는 다음 제3부에서 살펴보기로 한다.

2. 'X-어-뜨리다' 동사의 변이형 유형

동사 범주에서 생산적인 형태·음운적 변이쌍이 나타나는 형태로, '의성의태 부사' 파생 유형 외에도 'X-어-뜨리다' 부류가 있다. 다음은 현행사전에 등재되어 있는 'X-어-뜨리다' 유형의 동사 변이형의 예를 보인다.

(1ㄱ) 망가뜨리다/ 망가트리다/ 망가터리다
(1ㄴ) 무너뜨리다/ 무너떠리다/ 무너트리다/ 무너터리다
(1ㄷ) 허물어뜨리다/ 허물어트리다

어떠한 기준에 의하여 4가지 변이형이, 또 2가지 혹은 3가지 변이형이 등재된 것인지 알기 어렵지만, '뜨리다' 부류의 동사는 다음과 같은 4가지 음운·형태변이를 수반하는 것으로 보인다.

(2) X+어+{뜨리다/트리다/떠리다/터리다}

어휘 성분의 개별적 의미 속성과 사용 빈도 등에 따라 이러한 4가지 변이가 조금 더 자연스럽고 빈번한 유형이 있고 상대적으로 이러한 변이가 덜 활발한 부류가 나타난다. 이러한 이유로 이들을 모두 획일적으로 처리하기는 어려우나, 실제로 어느 유형에 이러한 변이

가 나타나고 어느 유형에는 불가능한지를 명확하게 구별할 근거를 마련하는 것이 쉽지 않다. 위의 예에서 보듯이, 현행사전에 수록되어 있는 이 동사들의 변이형 목록은 명시적인 원칙이 마련되지 않아 사전마다 상이한 목록을 구성할 뿐더러, 한 사전 내에서도 일관되게 처리되어 있지 않은 현상이 나타난다.

이런 점에서 이들과 관련된 표제어에 대한 인식률을 높이기 위해서는, 비일관된 방식으로 현행사전에 등재되어 있는 현재 유형들에 대한 체계적인 점검이 이루어져야 한다. 이를 위해 현행사전에 등재되어 있는 'X-어-뜨리다' 유형의 표제어들을 별도로 분리해내고, 앞서 의성의태어의 경우처럼 이들 변이형에 대한 군집화를 수행한다. 남지순(2003ㄷ)에서는 현행사전에 수록된 모든 'X-어-뜨리다' 유형의 표제어들을 개별적으로 분류하여 전체 430여개의 변이형 표제어를 재구성하였다.

3. 'X-어-지다' 동사 유형

3.1. 'X-어-뜨리다'와 'X-어-지다'의 대응 관계

앞서 논의한 'X-어-뜨리다' 동사류에 대해 다음과 같이 일련의 '사역(타동)/피동(자동)'의 대응 관계를 형성하는 'X-어-지다' 동사 부류가 관찰된다.

    (1ㄱ) 엎어뜨리다/ 엎어지다
    (1ㄴ) 깨뜨리다/ 깨지다
    (1ㄷ) 떨어뜨리다/ 떨어지다
    (1ㄹ) 부러뜨리다/ 부러지다
    (1ㅁ) 망가뜨리다/ 망가지다

문법적으로 사동/피동의 쌍을 이루는 이러한 동사 부류의 특징을 고려할 때, 사전에 둘 중의 한 항목이 누락되어 있는 경우를 검토하여 이들에 대한 체계적인 보완을 수행하는 것이 필요하다는 것을 확인할 수 있다. 이와 같이 'X-어-뜨리다/지다'의 대응쌍이 구성되는 경우, X 위치에는 하나의 동사, 또는 비자립어가 분포된다. 위의 예를 보면, (1ㄱ)의 경우는 '엎다/깨다' 같은 동사에 '어-{뜨리다/지다}'가 문법적 장치로서 결합하였다. 그러나 (1ㄷ)~(1ㅁ)에는 'X' 위치에 하나의 동사로 기능하지 못하는 비자립성분이 실현되었다. 즉 (1ㄷ)~(1ㅁ)에 대해 다음을 볼 수 있다.

(2) *떨다 | *부리다 | *망그다

3.2. 동사(X)와 'X-어-지다'의 피동 변형

위의 관찰을 통해 'X-어-{뜨리다/지다}'의 쌍을 일련의 통사적 규칙으로 생성하거나 예측하는 것이 쉽지 않을 것임을 예상할 수 있다. 현행사전에 이들에 대한 체계적인 어휘쌍이 일관되게 제시되지 않은 상황에서, 이러한 문제는 동사 표제어의 완성도를 높이는 데에 걸림돌이 된다. 여기서 특히 'X-어-지다' 유형을 살펴보면 문제가 좀 더 복잡해짐을 알 수 있다. 사전에 등재되어 있는 'X-어-지다' 표제어 중에는 앞서의 예들과는 달리 'X-어-뜨리다' 동사와 대응되지 않는 유형들이 있다. 다음을 보자.

(3ㄱ) 가려지다 | 나누어지다 | 알려지다 | 켜지다
(3ㄴ) 토라지다 | 헤어지다 | 처지다 | 우거지다

위의 (3ㄱ)은 'X-어-뜨리다'와는 관계를 맺지 않지만, 하나의 '동사(X)'에 '어-지다'가 결합하여 피동적 의미를 갖는 동사로 유도된 형태들이다. 즉 다음과 같이 피동 의미의 어휘가 파생된 것이다.

(4ㄱ) 가리다 ⇒ '가리다-어-지다': 가려지다
(4ㄴ) 나누다 ⇒ '나누다-어-지다': 나누어지다
(4ㄷ) 알리다 ⇒ '알리다-어-지다': 알려지다
(4ㄹ) 켜다 ⇒ '켜다-어-지다': 켜지다

반면 위의 (3ㄴ)에 나타난 형태들은 표면적으로는 동일하게 'X-어-지다'의 형태를 취하고 있지만, 이러한 파생적 연관관계가 전혀 나타나지 않는 형태들이다.

3.3. 형용사(X)와 'X-어-지다'의 파생 유형

'X-어-지다'에서 'X' 위치에 동사가 아닌 일정 '형용사가 실현된 경우가 관찰된다. 즉 동사가 아닌 형용사로부터 파생되는 경우인데, 이 경우 '어-지다'의 의미 기능이 동사를 기반으로 하는 유형과는 차이를 보인다. 즉 이 경우 '어-지다'는, 형용사로 표현된 일정 속성이 외면화되거나 어떤 상태의 변화가 일어난 결과적인 특징을 나타내는 동사화 파생 접미사이다. 다음을 보자.

(5ㄱ) 길다   ⟹ '길다-어-지다': 길어지다

(5ㄴ) 다르다 ⟹ '다르다-어-지다': 달라지다

(5ㄷ) 좋다   ⟹ '좋다-어-지다': 좋아지다

(5ㄹ) 적다   ⟹ '적다-어-지다': 적어지다

그런데 이와 같이 '형용사'에 '어-지다'가 결합하는 파생은 생산성이 매우 높게 나타난다. 즉 앞서 (3)처럼 '동사'나 일정 '어기'에 '어-지다'가 결합하는 형태에 비해 (5)와 같이 '형용사'에서 유도되는 형태는 훨씬 다양하게 나타난다. 표 54에서 보이는 예들도 'ADJ-어-지다' 유형이다.

초라해지다	거북해지다	구차해지다	홀가분해지다
초조해지다	불분명해지다	예민해지다	
불안해지다	간편해지다	지저분해지다	

표 54. 'ADJ-어-지다' 구성의 예시

그런데 이와 같은 'ADJ-어-지다' 유형의 파생은 모든 형용사로부터 자동으로 획득될 수 있는 것이 아니어서, 각 형용사에 대한 개별적인 검토가 이루어져야 그 목록의 획득이 가능하다. 이를 위해서는 1차적으로 현행사전에 수록되어 있는 '어-지다' 유형 표제어들을 추출하였다. 현행사전에서 획득한 'X-어-지다' 표제어는 약 400여개로, 이중 'ADJ-어-지다' 유형이 약 120여개를 차지하였다. 이를 토대로 각 형용사 표제어에 대한 개별 검증을 수행한 결과 현재 DECO 사전에는 모두 2,890여개의 'ADJ-어-지다' ({ZVP+JIP+ADJ} 태그로 등재) 표제어를 구축하였다. 이에 대해서는 제3부에서 다시 논의된다.

4. 그외 'X-연결어미-V' 구성의 처리 문제

'X-연결어미-V' 구성은, X 위치에 '동사(V)'나 '형용사(ADJ)'가 실현된 후, 일정 형태의 연결어미가 결합하고 다시 하나의 '동사(V)'가 결합하는 복합 구성이다. 이들을 보면, 아래 (1ㄱ)과 같이 사전의 표제어로 수록된 형태들이 있는가 하면, (1ㄴ)와 같이 사전에 등재되지 않은 형태들이 관찰된다.

(1ㄱ) 주고받다 | 좋아하다 | 즐거워하다

(1ㄴ) 하고말다 | 가버리다 | 행복해하다 | 죽게하다 | 가지않다

위의 형태들은 'V/ADJ-{어/고/게/지}-V'의 구성인데, 여기서 (1ㄱ)의 형태들만이 하나의 단위로 간주되어 사전에 등재되는 것은, 이 유형만을 일종의 굳어진 표현으로 간주하고 등재한 이유 때문으로 보인다. 실제로 의미적 결속력이 강하거나 전체 음절수가 짧고 빈번하게 사용되는 부류일 때, 붙여쓴 표기를 선호하며 이를 사전에 등재하는 방식을 택하는 경우가 많다. 그러나 이에 대한 명시적인 기준을 제시하기 어려워, 이러한 구별이 사전편찬자의 주관적인 결정에 의존적인 경우가 많다. 표제어 목록의 신뢰도를 높이려면 이들 형태에 대한 일관성있는 처리가 필요하다. 여기에서도 현행사전에 수록되어 있는 동사 표제어 중에서 '{V/ADJ}-연결어미-V'의 구성을 개별적으로 검토한 후, 이러한 통사적 구성에 대한 체계적인 조합 가능성을 본격적으로 검토하는 작업이 요구된다.

5. '사역/피동' 접미사가 결합한 동사 유형

다음과 같은 형태들도 현행 인쇄사전에 동사 표제어로 수록되어 있다.

(1) 죽이다 | 재우다 | 나타내다 | 먹히다

이들은 아래 동사들의 '사역(Causative)' 또는 '피동(Passive)'의 형태들이다.

(2) 죽다 | 자다 | 나타나다 | 먹다

동사 어휘의 사동/피동 구문은 여러 방식으로 실현된다. 가령 (2)의 '죽다'의 경우 (1)에서 본 '죽이다'와 달리 다음과 같은 통사적 변형문으로 사역 구문을 구성할 수 있다.

(3) 죽-게-하다 | 죽-게-되다 | 죽임-을 당하다

이러한 통사적 사역 구문이 비교적 규칙적 방법으로 형성될 수 있다면, (1)과 같은 어휘화는 문법적 장치와 달리 제한된 동사 어휘에서 불규칙하게 관찰되기 때문에 이들에 대한 규칙기반 유추가 불가능하다. 따라서 사동/피동 접미사가 결합할 수 있는 파생어 유형을 개별적으로 검토하여 이들을 체계적인 자료구조로 확장하는 연구가 필요하다. 가령 표 55에서 접미사 {이}가 결합한 동사 표제어 부류는 현행사전에 불규칙적으로 수록되어 있어, 관련 동사 표제어를 체계적으로 구축하려면 이와 같은 개별 검증 작업이 수반될 필요가 있다.

기저 동사	피동접사	사동접사	동사 표제어
베다	이		베이다
보다	이	이	보이다
볶다	이		볶이다
섞다	이		섞이다
속다		이	속이다
쌓다	이		쌓이다
썩다		이	썩이다
쏘다	이	이	쏘이다
엮다	이		엮이다

표 55. 피동/사동 접미사가 결합할 수 있는 파생동사 검증의 예시

그런데 사역/피동 동사 부류의 사전 표제어 구성에 있어, 이러한 형태들과 기본 동사 사이의 대응관계를 '문장(Sentence)'이 아닌 '단어(Word)' 차원에서 기술하는 것은 한계가 있다는 점을 상기해야 한다. 다음을 보자.

(4) 깨다 | 깨우다 | 깨이다

위의 세 가지 어휘가 모두 동사 표제어로 수록될 경우, 기본 동사 '깨다'에 대하여 '깨우다'와 '깨이다'는 각각 '사역/피동'의 파생형이 생성된 것으로 그 형태·통사적 부가 정보가 할당될 수 있다. 그런데 다음을 보면,

(5) 그는 실수로 현관 유리창을 <u>깼다</u>

위에 실현된 동사 '깨다'는 (4)에서와 같은 파생 관계를 허용하지 않는다.

(6ㄱ) *그는 실수로 현관 유리창을 <u>깨웠다</u>
(6ㄴ) *현관 유리창이 <u>깨였다</u>

위의 (5)에 나타난 '깨다' 동사는 다음과 같은 파생 관계를 형성하기 때문이다.

(7) 깨다 | 깨뜨리다 | 깨지다

동사 '깨다'에 대한 사역/피동형 정보를 이 동사의 의미나 사용 문맥을 제외하고 제공하는 것은 적절하지 않다는 것을 확인할 수 있다. 동사 표제어의 통사·형태적 정보가 이와 같이 문장 층위에서 비로소 올바르게 제공될 수 있음을 고려할 때, 사전에 수록되는 정보에는 분석 '가능성'의 후보가 모두 포함되도록 구현하는 것이 바람직하다.

6. 'N-하다/되다' 구성에 대한 처리

명사에 '하다'나 '되다'가 결합하여 구성된 'N-하다/되다' 연쇄에 대한 현행 인쇄사전에서의 처리 방식을 보면 다음 두 가지이다. 이들을 단일 표제어로 간주하여 동사 항목으로 등재하거나[41], 또는 일종의 동사구로 간주하여 명사 표제어 아래에 부가적인 정보로 제시함으로써 별도의 동사 표제어를 설정하지 않는 방식이다.[42]

이와 같은 사전적 처리 양상은 이에 대한 언어학적 연구 관점과도 무관하지 않다. 'N-하다/되다' 연쇄를 하나의 독립된 동사 표제어로 간주한다는 것은, 이들을 'N-를 하다/되다'와 같은 복합 동사구와는 별개의 단일 어휘 성분으로 분석한다는 입장이 전제되어 있는 반면, 'N-하다/되다'에 대한 별도의 표제어를 설정하지 않는다는 것은 이들을 처음부터 'N-를 하다/되다'와 동일한 복합 동사구로 간주한다는 입장이 전제되어 있기 때문이다. 가령 전자와 같은 입장에서는, 다음의 예에서 처음 성분들에서는 '하다'나 '되다'를 동사화 접미사로 분석하고 두 번째 성분들에서는 일종의 기능동사(Support Verb)로 분석하여 이들 사이의 통사적 차이점을 규명하는 데에 주력한다.

(1ㄱ) 공부하다 | 공부를 하다
(1ㄴ) 생산되다 | 생산이 되다
(1ㄷ) 공격하다 | 공격을 하다, 공격을 당하다

반면 후자와 같은 입장에서는 이들 구문이 일정 변형 장치에 의해 유도될 수 있는, 그러나 기본적으로 동일한 단위라는 분석을 지지한다. 통사 연구에서 종결되지 않는 자유로운 논쟁과 달리, 동사 사전을 실제로 구축하고자 할 때에는 어떠한 방식으로든 자의적인 선택이 필요하다. 어떠한 목적의 사전을 구성하느냐에 따라 그 선택의 근거가 마련될 수 있다. 코퍼스 분석의 인식률을 높이는 것을 목적으로 하는 사전이라면 가능한 모든 어절 형태에 대한 분석이 가능해야 하고, 또한 각 품사 표제어별 목록과 정보를 일관되게 제공하는 것이 필요하므로, 앞서도 언급한 바와 같이 'N-하다/되다' 연쇄에 실현되는 명사들과 중복적으로, 이들을 동사 표제어로 등재하는 것이 바람직하다고 판단된다.

---

41) 가령 예를 들면 한글학회 사전이 여기 해당한다.

42) 가령 이희승 사전과 신기철/신용철 사전이 여기 해당한다. 이들 사전에서는 '하다' 동사 표제어의 설정 없이 관련 정보를 명사에 할당하고 있다. 반면 표준국어대사전에서는 '하다' 동사 표제어를 설정하고 있다는 점에서 이들과 구별되나, 이들을 명사의 하위 표제어로 정렬하고 있다는 점에서 앞서 한글학회의 사전과도 차이를 보인다.

6.1. 서술명사와 기능동사(Support Verb)의 결합 유형

현행사전에 수록되어 있는 'N-V' 구성 형태에는 명사에 '하다'나 '되다'가 결합한 형태들이 주를 이루고 있지만, 다음에서 보는 바와 같이 명사에 일련의 동사들을 수반한 복합형들도 수록되어 있다.

(2) 욕먹다 | 겁주다 | 겁먹다 | 화내다 | 열나다

즉 위의 연쇄들은 'N-{먹다/주다/내다/나다}' 등과 같은 형태로, 여기서는 명사(N)가 일련의 '서술명사(Predicative Noun)'로서 서술어의 핵(Head)이 된다. 서술명사는 의미적으로는 술어의 기능을 하지만, 문법적으로는 활용을 하지 못하기 때문에, 이러한 서술명사를 문법적으로 보조하기 위해 '기능동사(Support Verb)'가 수반되었다. 즉 (2)의 '욕먹다'는, '밥먹다'와 같이 일반 '구체명사'에 '분포동사(Distributional Verb)'[43]가 결합한 구성과는 차이를 보이는데, 다음을 보자.

(3ㄱ) 욕먹다 ⇒ 욕을 먹다
(3ㄴ) 밥먹다 ⇒ 밥을 먹다

'욕먹다'와 '밥먹다'는 '욕을 먹다'와 '밥을 먹다'의 동사구 형태에 대응된다. 이와 같이 이들은 다음과 같은 문장의 술어 위치에 실현될 수 있다.

(4ㄱ) 그 아이는 어제 <u>욕을 먹었어요</u>
(4ㄴ) 그 아이는 어제 <u>밥을 먹었어요</u>

위의 (4ㄱ)에서는 '욕'이 서술명사로서 술어의 중심이 되어 '먹다'는 양태적 문법어로 나타난 반면, (4ㄴ)에서는 '밥'은 분포동사 '먹다'의 목적어 성분으로 사용된 구체명사이다. 이러한 통사·의미적 차이는 다음과 같은 관형어 변형 검증을 통해 확인된다.

(5ㄱ) 그 아이는 어제 <u>심한</u> 욕을 먹었어요
(5ㄴ) 그 아이는 어제 <u>상한</u> 밥을 먹었어요

위에서 '먹다'를 선행하는 명사 '욕'과 '밥'은 각각 관형어 '심한'과 '상한'의 수식을 받아 실현되었다. 이때 이 관형어들이 술어 성분 전체에 대한 부사어 '심하게'와 '상하게'로 치환된 다음과

---

43) M. Gross(1981)는 '기능동사(Support Verb)'에 대립되는 일반 동사 유형을 '분포동사(Distributional Verb)'로 명명하고 있다. 스스로 논항의 속성 및 유형을 결정짓지 못하는 기능동사들과는 달리, 이들 분포동사는 스스로 적정 논항을 요구하는 술어(Predicate)의 역할을 수행한다.

같은 문장들을 살펴보면, '욕을 먹다'의 기능동사 구문만이 이를 허용하는 것을 볼 수 있다.

(6ㄱ) 그 아이는 어제 <u>심하게</u> 욕을 먹었어요
(6ㄴ) *그 아이는 어제 <u>상하게</u> 밥을 먹었어요

즉 (6ㄱ)의 경우 동사 위치에 실현된 '먹다'가 실제 술어의 기능을 하지 않고 서술명사 '욕'이 이 기능을 수행하므로, 서술명사 '욕'과 의미적으로 연관되는 '심하게'가 술어 구문을 수식하는 부사어 형태로 공기하였다. 반면 (6ㄴ)에서는 술어의 핵심이 동사 '먹다'이므로, 이 문장에 실현되는 부사어는 목적어 성분인 명사 '밥'이 아니라 동사 '먹다'와 의미적 제약관계를 갖게 된다. 따라서 '밥'과 의미적으로 연관되는 '상한'은 부사어 '상하게' 형태로 실현하지 못하게 된다.

이와 같은 기능동사 구문은 앞서 'N-{하다/되다}' 만큼 생산적으로 나타나지 않으나, 선행하는 명사가 단음절어인 경우 한국어 표기법 상에서 쉽게 하나의 어절을 구성하는 경향을 보이므로 이들과 연관된 동사 표제어의 구축에 어려움을 준다.

6.2. 복합명사(Complex Noun)와 '하다/되다'의 결합 유형

'N-{하다/되다}' 연쇄를 하나의 동사 표제어로 간주하게 되면 '복합명사'에 '하다/되다'가 결합한 형태들의 확장성을 해결해야 하는 문제가 나타난다. 다음을 보자.

(7ㄱ) 시험공부하다 | 영어공부하다
(7ㄴ) 가위질하다 | 저울질하다
(7ㄷ) 세계화하다 | 공용화하다

위의 예에서 (7ㄱ)은 '공부-하다'를 구성하는 명사가 '시험공부', '영어공부', '음악공부'와 같은 복합 구성을 이루게 된 경우로, 모두 서술성 명사 '공부'에 기반하고 있기 때문에 '하다'를 동반한 'N-하다' 구성이 가능한 형태들이다. 이들의 경우는 '시험 공부하다/영어 공부하다'와 같이 2개 토큰 이상으로 분리되어 실현될 수 있기 때문에, 이들을 전자사전의 동사 표제어에서 고려할 것인가를 결정해야 할 필요가 있다.

위에서 (7ㄴ)과 (7ㄷ)은 명사에 '질' 또는 '화'와 같은 접미사가 결합되어 새로운 파생명사가 구성되고 다시 이를 기반으로 'N-하다' 구성이 이루어진 예이다. 이들은 (7ㄱ)의 경우처럼 두 단위로 쉽게 분리되는 복합명사 부류는 아니다. 다만 서술화 접미사 '질/화'가 결합하여 비로소 '하다'를 수반할 수 있는 서술명사가 된 유형들로서, 이러한 접미사에 의한 파생명사는 생산성이 높기 때문에 이를 기반으로 하는 'N-하다' 동사 표제어도 생산성이 높아

지는 문제가 발생하게 된다.

6.3. 구체명사와 대동사 '하다'의 결합 유형

현행사전에 등재되어 있는 'N-하다' 동사 표제어를 보면, 의미적으로 추상성·서술성 등의 속성을 보이는 일련의 명사에 기능동사로서의 '하다'가 결합한 구성들이다. 그러나 '대동사'로 사용된 '하다'가 결합한 표 56과 같은 'N-하다' 구성과 이들을 구별하는 것은 항상 명확하지는 않다.

번호	의미계열	현행표제어	예시
{1}	{요리/식사}	O	요리하다, 밥하다, 외식하다, 식사하다
		X	저녁하다, 반찬하다, 한식하다, 이유식하다
{2}	{학문/예술}	O	학문하다, 노래하다, 연극하다
		X	예술하다, 영화하다, 문학하다
{3}	{사업/직장}	O	사업하다, 농사하다, 무역하다, 상업하다
		X	회사하다, 농장하다, 가게하다, 병원하다
{4}	{직업/역할}	O	-
		X	배우하다, 의사하다, 총장하다, 엄마하다

표 56. 동일 의미계열 명사 결합 'N-하다' 중 사전에 일부만이 수록된 예

이 표는 동일한 의미 계열의 명사에 동사 '하다'가 결합한 'N-하다' 유형에 있어 일부만이 현행사전의 표제어로 등재되어 있는 현상을 보인다. {1}에서 '요리 또는 식사'를 나타내는 유형 중, 현행사전에 등재되어 있는 '요리하다/밥하다/외식하다/식사하다' 등은 현재 수록되지 않은 '저녁하다/반찬하다/한식하다/이유식하다' 등과 비교할 때, 상대적으로 조금 더 추상화되고 일반화된 성격의 명사 결합형으로 판단되지만, 이들 사이의 차이를 명확히 기술하기는 쉽지 않다. {2}에서도 '노래하다/연극하다'는 사전에 있지만 '영화하다' 또는 더 일반화된 개념인 '예술하다'는 등재되어 있지 않다. 이 경우 유사한 부류인 '학문하다'가 사전에 있는 것과는 차이를 보인다. {3}의 경우에도 '사업하다/농사하다'는 사전에 있지만 '회사하다/가게하다/농장하다' 같은 부류는 사전에 등재되어 있지 않다. {4}와 같이 일정 직업을 나타내는 '배우하다/가수하다/의사하다' 같은 경우도 사전 표제어로 등재되지 않았다.

실제로 위의 형태들을 보면 '하다'가 일련의 대동사로 사용된 경우로, 이들은 각 명사의 의미계열에 따라 특정 분포동사로 치환하는 것이 가능하다. 가령 위의 예들은 다음과 같은 분포동사 구문으로 대응될 수 있다.

(8ㄱ) N-하다 = N-를 {짓다/만들다/먹다 등}
(8ㄴ) N-하다 = N-를 {전공하다/배우다/공연하다 등}
(8ㄷ) N-하다 = N-를 {경영하다/운영하다 등}
(8ㄹ) N-하다 = N-를 {맡다/역임하다/(직업을)하다 등}

즉 다음과 같이 '하다' 대신 구체동사들을 대응시킬 수 있다.

(9ㄱ) 이유식하다 = 이유식을 하다 = 이유식을 먹다
(9ㄴ) 문학하다   = 문학을 하다   = 문학을 전공하다
(9ㄷ) 병원하다   = 병원을 하다   = 병원을 운영하다
(9ㄹ) 총장하다   = 총장을 하다   = 총장을 맡다

이와 같이 명백한 서술성 추상명사에 '하다'가 결합하지 않은 'N-하다' 복합 구성이 실제 코퍼스에서 다양하게 관찰되므로, 이들에 대한 체계적인 고찰이 요구된다.

6.4. 일반명사와 분포동사(Distributional Verb) 결합 유형

실제 코퍼스를 관찰해 보면 위와 같은 구체명사 기반 'N-하다'들 외에도 다음과 같은 'N-V' 구성들이 종종 발견된다.

(10) 밥먹다 | 머리빗다 | 애태우다 | 잠자다 | 힘쓰다

위의 구성은 모두 다음과 같은 복합 동사구 구성에 대응된다.

(11) 밥을 먹다 | 머리를 빗다 | 애를 태우다 | 잠을 자다 | 힘을 쓰다

위의 대응쌍에서 보듯이, (10)은 명사 논항의 후치사가 생략되고 '분포동사(Distributional Verb)' 술어와 결합하여 형성된 복합 동사구 형태들이다. 여기서 (10)의 '밥먹다'와 같은 형태들을 하나의 사전 표제어로 등재하는 것은 부담스럽게 느껴진다. 위의 (10)-(11)의 관계를 보면 다음과 같은데,

(12ㄱ)   N-V
(12ㄴ) = N-후치사 V

앞서 살핀 'N-하다'와 'N-를 하다'의 관계도 위의 (12)의 한 특수한 형태로 분석될 수 있다. 여기서 (12)의 동사(V) 위치에는 다음과 같은 형용사(ADJ) 부류도 실현될 수 있는데,

(13ㄱ) 힘세다 = 힘이 세다
(13ㄴ) 맛있다 = 맛이 있다
(13ㄷ) 돈없다 = 돈이 없다

이를 바탕으로 위의 (12)의 형식 관계는 다음과 같이 확장될 수 있다.

(14ㄱ)   N-{V/ADJ}
(14ㄴ) = N-후치사 {V/ADJ}

여기서 고려한 'N-{V/ADJ}'과 같은 연쇄는, 실제로 복합동사와 복합형용사의 표제어 논의와 연관되는 복잡한 문제로서, 전자사전의 동사와 형용사의 표제어 목록을 구축할 때 이러한 형태들을 어떠한 방식으로 일관되게 처리할 것인가는, 선결되어야 하는 중요한 문제가 된다.[44]

7. 고어 및 방언, 관용어구 구성의 처리

끝으로 현행 인쇄사전에 동사 표제어로 등재되어 있는 형태들 중에 실제 텍스트에서 사실상 접하기 어려운 형태들이 상당수 수록되어 있는 것을 볼 수 있다. 표 57을 보자.

번호	유형	예시
[1]	고어/옛표현	면힐하다, 멸빈하다, 자휼하다, 파방치다, 팽조하다, 푸지위하다
[2]	방언류	거테가다, 감부다, 게루다, 멜르다, 제티다, 푸ㄲ다
[3]	4자성어-하다	감지덕지하다, 인구준행하다, 존이불론하다, 행이득면하다
[4]	전문용어-하다	그루갈이하다, 기름걸레질하다, 개똥갈이하다, 갓모자갈이하다

표 57. 현행사전에 수록된 '고어/방언/4자성어/전문용어' 부류의 동사 표제어 예시

위에서 {1}은 '고어' 및 옛스런 동사 표현들의 예를 보이며, {2}는 사전에 '방언류'로 표시된 동사들을 보인다. {3}은 한자어 4자성어에 '하다'가 결합하여 구성된 동사구의 예를 보이며, {4}는 특정분야의 전문용어 복합구성에 '하다'가 결합하여 구성된 일종의 '관용어

---

44) 이들은 현행사전에 수록된 'N-하다' 형용사 표제어들(예를 들어 '불행하다', '친절하다' 등)과는 구별되어야 한다. 앞서, 형용사 부류의 경우에는 'N-(는-도-만) 하다'에서와 같이 특정 후치사가 삽입되어 명사(N)와 '하다'와 분리될 수 있으나 그 사이에 다른 성분의 삽입이 어렵고, 명사가 실현된 위치를 형용사 구문의 일반 논항의 위치로 보기 어려우며, '하다'라는 별도의 형용사가 존재하지 않기 때문에 'N-하다' 동사 구성과는 다르게 분석되어야 한다는 점을 지적한 바 있다.

구' 동사의 예를 보인다.

이와 같은 형태들은 현행 인쇄사전을 참고하여 형용사 및 부사 사전의 표제어를 구성할 때에도 지적되었던 문제의 유형이다. '고어'나 '방언'류에 대한 현행사전의 처리가 일관되지 않아 이들을 분리해내기 위한 형식적인 기준의 마련이 쉽지 않으나, 현행 인쇄사전에 수록된 이들 어휘의 수가 매우 방대하기 때문에 이들을 현재 동사 표제어에 그대로 포함시키는 것은 바람직하지 않다고 판단된다. 따라서 별도의 처리가 필요하다고 생각되는 이러한 어휘 유형을 추출하여 체계적인 검토를 수행하는 것이 요구된다.

PART 03

DECO 어휘소 기본형사전의
하위분류와 형태정보

I DECO 어휘소사전 표제어 구성과 하위분류

1. 전체 구성도

   DECO 전자사전의 어휘소 기본형사전은 4가지 대범주에 대해 20가지의 중분류로 하위분류되어 구성된다. 대분류는 활용형사전을 구축하기 위한 기본적 문법범주 분류로서 '명사(NS)'와 '부사(DS)', '형용사(AS)', 그리고 '동사(VS)'의 4가지로 분류된다. 중분류는 각각의 범주에 대해 중요하고 비중이 있는 형태·통사적 속성을 기반으로 설정되었다. 여기에 중요한 세분류 및 형태정보가 추가로 할당되며, 다양한 언어처리 응용분야에서 요구되는 통사 문형정보 및 의미정보, 감성/극성 정보, 도메인/개체명 정보 등이 별도의 분류 체계와 함께 제시되었다. 이 장에서는 대범주별 '하위분류 정보(POSInfo)'와 '형태 정보(MorInfo)'에 대해 살펴보기로 한다.

1.1. 어휘소 '하위분류 정보(POSInfo)'와 '형태정보(MorInfo)'

		3가지 세분류 & 8가지 관련정보 태그
대명사	ZNP	
수사	ZNU	4가지 세분류 & 11가지 관련정보 태그
의존명사	ZND	2가지 세분류 & 24가지 관련정보 태그
관형명사	ZNM	3가지 세분류 & 8가지 관련정보 태그
관형사	ZNT	3가지 세분류 & 15가지 관련정보 태그
일반명사	ZNZ	7가지 세분류 & 8가지 관련정보 태그
비단순명사	ZNX	10가지 세분류 & 23가지 관련정보 태그
외래명사	ZNF	3가지 세분류 & 18가지 관련정보 태그
고유명사	ZNE	4가지 세분류 & 5가지 관련정보 태그
시사명사	ZNW	6가지 세분류

그림 5. DECO 어휘소의 104가지 하위분류정보와 149가지 형태분류 체계

그림 5는 DECO 전자사전의 4가지 대범주별 하위분류 체계 및 형태정보 유형을 보인다. 4가지 대범주 중 '명사부(NS)'는 가장 복잡한 어휘부를 구성한다. 전체 10개의 중분류로 구성되어 있으며 그 표제어의 개수도 전체 사전 규모의 70% 가까이를 차지한다. '부사부(DS)'는 4개의 중분류로, 그리고 '형용사부(AS)'와 '동사부(VS)'는 각각 3개의 중분류로 구성되어 전체 20개의 중분류를 구성한다.

9품사와 같은 분류 체계를 채택하고 있는 학교문법과 달리, 어휘소를 위와 같은 4가지 대분류로 설정하고, 문법소를 다시 '명사/부사 후치사(조사)'와 '형용사/동사 후치사(어미)' 분류로 설정하여 이들을 각각 하위분류하는 방식은, DECO 사전이 일차적으로는 활용형 사전을 구성하는 것을 목표로 구축되었기 때문이다. 가령 학교문법의 '관형사'는 DECO 사전에서는 '명사/수사/대명사'와 함께 명사부(NS)에 포함된다. 이때 '관형사'는 조사의 결합이 어렵고 다른 명사를 수식하는 위치에만 실현되는 일련의 '관형명사'들과 유사하므로 이러한 속성을 가진 하위유형으로서 명사부(NS) 내부에 설정되었다. 즉 이들은 다른 명사 어휘들이 일련의 조사 복합형과 결합하여 활용형을 생성할 때, '영(Zero)형태'의 조사 부류와 결합하는 방식으로 설정된다.

학교문법의 '감탄사'의 경우도 '부사부(DS)'의 하위유형으로 설정되었는데, 이들은 의미·통사적으로 부사의 일부 유형과 상당부분의 속성을 공유한다. 또한 무엇보다도 활용형 생성 측면에서, 다양한 조사 복합형과 결합되는 명사 및 복잡한 활용어미를 취하는 '동사/형용사' 용언류와 구별된다. 이런 점에서 이 경우도 앞서 '관형사' 부류처럼 부사 범주내에서 '영(Zero)' 형태의 후치사와 결합하는 방식으로 설정되었다. 그림 5에서 보는 것처럼 이들은 '감탄부사'로 명명되었다.

DECO 사전에는 어휘소 부분이 이와 같이 4가지 대범주로 군집화되었다. 이와 아울러 이들에 대한 중범주/세범주 분류 체계를 통해 학교문법의 9품사 분류 정보를 넘어서서 보다 상세한 하위분류 정보가 제공되도록 하였다. 위의 분류표에서 보는 바와 같이 각 중범주 내부의 세분류 체계를 고려하면 전체 104가지의 '대분류/중분류/세분류' 체계를 갖추게 된다. 여기에 149가지의 형태정보 태그가 수록된다.

위의 분류표에서 보듯이 대범주별 하위분류(POSInfo)와 기본정보(MorInfo)는 다음과 같이 구성된다. 전체 104가지의 대/중/세분류 태그와 149가지의 형태 관련 태그로 구성된다.

- 대분류: 4가지(명사(NS)/ 부사(DS)/ 형용사(AS)/ 동사(VS))
- 중분류: 20가지(명사 10가지/ 부사 4가지/ 형용사 3가지/ 동사 3가지)
- 세분류: 80가지(명사 45가지/ 부사 13가지/ 형용사 7가지/ 동사 15가지)
- 형태 및 추가 정보: 149가지(범주별 일부 태그 중복)

여기에서 소개되는 DECO 기본형사전은 버전 V5.1-2017(Nam 2017)으로, 전체 어휘소 표제어 270,050여개를 내장하고 있다. 이를 기반으로 문법소, 즉 활용형 후치사 사전과 연동되어 DECOF 활용형사전이 구축된다. 제3부와 제4부에서 어휘소 사전의 하위분류 및 형태정보, 그리고 통사·의미·감성 정보 등이 기술되고, 제5부에서 문법소, 즉 활용후치사 복합형의 사전이 소개된다. 이후 제6부에서 이들을 컴파일하여 DECOF 활용형사전을 생성하는 방법이 소개된다.

2. 표제어 구성과 분류체계 구성 방식

DECO 사전의 기본형 표제어 목록은 표 58와 같은 과정을 통해 구축되었다.

단계	단계별 작업 내용
1단계	현행 인쇄사전에 등재되어 있는 각 품사별 표제어에 대한 수동 검토
2단계	현대 한국어에서 거의 그 쓰임을 알기 어렵다고 판단되거나 특별한 전문용어 및 다단어로 된 복합 구절, 또는 사전에 잘못 분류되어 있다고 판단되는 유형들을 추출하여 별도의 데이터베이스를 구성하여 유보
3단계	생산성이 높은 어휘 부류, 가령 높은 생산성의 파생접사가 결합한 유형이나 의성의태어 부류, 또는 특별한 의미 전성없이 형성될 수 있는 복합어 표제어 부류를 별도로 분리하여 이들에 대한 체계적인 확장 및 보완 작업을 수행. '인쇄사전' 기반 표제어 토대 구축
4단계	사전에 하나의 어휘소로 등재되어 있지 않지만 실제 품사를 부여하여 어휘소로 수록하는 것이 필요하다고 판단되는 유형들에 대한 사전편찬자의 '언어직관' 기반 표제어 확장
5단계	코퍼스로부터 표제어 확장을 위해 이상에서 구축된 표제어들에 대하여 활용형사전을 구축. 이를 위해 조사 및 활용어미의 최소 기본단위 목록을 구성하고 이들의 복합형 조합 가능성을 검토하여 활용후치사의 복합형 사전을 그래프 방식으로 구현. 이를 통해 활용형사전 초기버전을 완성한 후 코퍼스 분석에 적용
6단계	위 단계에서 현재 구축된 사전을 기반으로 코퍼스 분석을 수행한 후 분석에 실패한 미분석어(Unknown Words)에 대한 수동 점검
7단계	코퍼스로부터 확장할 수 있는 어휘소 표제어 및 활용어미 복합 구성 목록을 구축하여 이를 '4단계'의 DECO 사전에 추가. '코퍼스' 기반 표제어 확장
8단계	위 단계에서 구축된 사전을 다시 새로운 코퍼스 분석에 적용한 후 분석에 실패한 새로운 미분석어 목록을 획득. 이들에 대한 수동 점검. 여기서 발견된 새로운 형태들을 사전에 추가. '6~7단계'를 반복적으로 수행하는 부트스트랩(Bootstrap) 방식의 방법론 적용

표 58. DECO 전자사전 표제어 구축 단계

위의 1단계에서 3단계까지는 현행 인쇄사전에 수록된 표제어 전체를 검토하고 분석하는 과정을 포함한다. 이를 통해 현재 사전에서 제외되어야 한다고 판단되거나 유보가 필요한 부분들을 설정하고, 반대로 확장이 필요한 유형들을 별도로 분류하여 이들을 체계적으로 보완하는 방법을 고찰한다.

이어 4단계에서 현행사전의 비일관된 처리를 보충하고, 미등록된 형태들에 대한 언어학적 직관에 기반한 확장 작업을 수행한다. 이 부분에서 '조합적 생성력(Combinatorial Productivity)'을 검토하여 전자사전의 일관된 표제어 목록을 구축한다.

5단계에서 6단계는 코퍼스를 통해 현재 구축된 표제어 목록을 검증하고 실제 자료 구조를 통해 본격적으로 가공하는 작업을 수행한다. 이를 위해 4단계에서 구축된 사전의 활용형사전 초기 버전을 생성하여 이를 코퍼스에 적용하여 코퍼스에서 '미분석된 토큰(Unknown Tokens)'들을 추출하여 분석한다. 7단계에서는 위의 6단계에서 획득된 미분석어 목록으로부터 본격적인 코퍼스 기반 표제어 확장 연구가 수행된다. 어휘소의 확장 및 문법소 결합형의 확장이 이루어진다.

8단계는 위에서 6단계와 7단계에서 수행된 작업을 반복적으로 새로운 코퍼스를 통해 재적용하는 부트스트랩(Bootstrap) 방식의 연구 방법을 적용한다. 이러한 단계를 통해 추출되는 새로운 유형들에 대한 구조적 분석을 통해 단순 추가 작업이 아닌, 일련의 패턴을 예측하고 또한 현재 코퍼스에서 관찰되지 않았으나 실현 가능한 유형들에 대해 확장할 수 있는 프레임을 구성한다.

이상과 같은 방식으로 표제어 목록이 구축되면, 이들에 대한 하위분류가 수행된다. DECO 사전의 분류 체계는 원칙적으로 실제 '어휘' 자료에 기반한 상향식(Bottom-up) 경험적 분류 방식을 통해 완성된다. 언어 현상의 계층적 구조를 연구할 때 '개념'에 기반하는 하향식(Top- down) 분류 방식을 수행하는 경우, 실제 어휘적 특이성을 있는 그대로 반영하지 못하는 위험이 따르기 때문이다.

기본적인 분류 체계를 정립할 때 가능한 한 현행 인쇄사전과 학교문법에서 제시하는 분류의 틀을 따르고자 하였다. 새로운 용어나 명칭을 지나치게 확장적으로 사용하는 논의는 본 연구의 실제적인 연구 목적과는 부합하지 않기 때문이다. 다만 용어 상의 중립적 의미의 부여가 필요하거나 세분화된 현상에 대한 적절한 용어가 부재하는 경우에 한해서는 일부 새로운 명칭을 부여하여 논의를 진행하였다.

DECO 전자사전은 현재도 지속적으로 확장 보완되고 있다. 현대 온라인 사회관계망 텍스트들로부터 새롭게 추가되는 어휘소 유형의 다양성과 그 확장성을 고려할 때, 이들을 보다 효과적으로 기술할 수 있도록 새로운 분류 유형과 관련 정보의 태그셋 확장이 요구된다. 현재 소개되는 사전의 표제어 및 분류체계는, 이런 점에서 현 시점의 사전 버전에 적용된 동적인 구조물로 이해되어야 한다.

II 대범주별 하위분류 정보와 형태정보

현재 4가지 대범주는 아래에서 '명사부(NS), 부사부(DS), 형용사부(AS), 동사부(VS)'의 순서로 소개된다. 여기서 논의되는 범주별 각 어휘소의 예를 가능한 충분히 제시하고자 하였으나, 전체 광범위한 규모로 인해 대체로 일부 예만이 수록되었다. 이 경우 한국외국어대학교 디지털언어지식콘텐츠연구센터 홈페이지를 통해 각 항목별 목록을 다운로드 받을 수 있다 (http://dicora.hufs.ac.kr).

1. 명사부(NS)의 하위분류 체계와 형태정보

명사부(NS)는 위에서 소개한 바와 같이 모두 10가지의 중분류로 구성되며 그림 6과 같다. 이들은 다음 장에서 각각 차례로 소개된다.

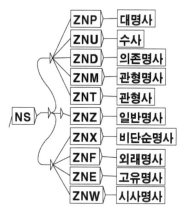

명사(NS)의 10개 중범주	학교문법
대명사(ZNP) 범주	체언
수사(ZNU) 범주	
일반명사(ZNZ) 범주	
의존명사(ZND) 범주	(미분류/명사범주)
관형명사(ZNM) 범주	
관형사(ZNT) 범주	수식언
비단순명사(ZNX) 범주	(미분류/명사범주)
외래명사(ZNF) 범주	
고유명사(ZNE) 범주	
시사명사(ZNW) 범주	

그림 6. 명사부(NS)의 하위분류 체계

그림 6의 10가지 하위분류 중 학교문법의 '체언'에 해당되는 부분은 '대명사/수사/일반명사'이다. '의존명사/관형명사'는 일반명사의 하위 개념으로 설정될 수 있으나, 그 통사·의미적 속성을 고려할 때 일반명사 부류와 구별된 범주를 구성하는 것이 효율적이라 판단되었다. 일련의 언어처리용 형태소분석기에서 설정하고 있는 '동사성 서술명사/형용사성 서술명사'와 같은 분류는 DECO 사전에서는 별도의 하위범주를 구성하지 않고, '일반명사(ZNZ)'의 하위분류 태그(PHV/PHA)로 등재되었다. '관형사'는 앞서 설명한 바와 같이 학교문법에서는 체언이 아닌 수식언 범주에서 다루어졌으나, '관형명사'처럼 후치사의 결합이 어렵고 명사만을 수식하는 위치에만 사용되는 유사점을 통해, 명사부(NS)에서 함께 하위유형으로 다루어졌다.

'비단순명사(ZNX)'는 형태론적 기준에 의해 '일반명사(ZNZ)' 부류와 분리되었고, '외래명사(ZNF)'는 형태·음운·어원적 속성에 의해 일반명사와 구별되어 별도 범주를 구성하였다. '고유명사(ZNE)'는 의미·개념적 특징에 의해 일반명사와 구별되었고, '시사명사(ZNW)'는 그 출처적 특징에 의해 현재의 일반명사 부류와 구별되었다. 이런 점에서 볼 때 '비단순명사/외래명사/고유명사/시사명사'의 분류는 언어학적으로 단일 기준에 근거하지 않는, 상향식 '경험적 분류'의 양상을 보인다. 즉 이들은, 실제 개별 어휘 자료를 나열하고 이들을 상위 유형으로 군집화하여 분류 체계를 정립해 가는 과정에서, 다른 부류에 비해 수적 비중이 높고 목록의 완성도가 낮아 특별한 표제어 목록의 구축이 필요하다고 판단된 유형들이다. 이러한 현실적인 이유로 이들은 '일반명사' 부류에서 분리되어 별도의 검증 작업의 대상이 되었다.

1.1. 대명사(ZNP) 범주

1.1.1. 하위분류 체계

그림 7은 대명사(ZNP) 범주의 하위분류 체계를 보인다.

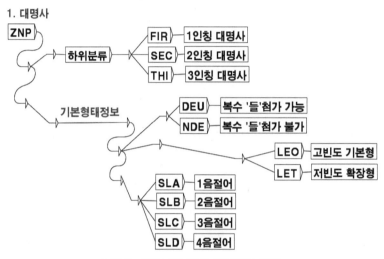

그림 7. 대명사(ZNP)의 하위분류 체계

1.1.2. 하위분류 표제어 분포

'대명사(ZNP)' 범주는 학교문법에서도 '대명사'로 분류되어온 어휘들을 포함한다. 이들은 그림 7에서 보는 바와 같이 '1인칭 대명사(FIR)', '2인칭 대명사(SEC)', 그리고 '3인칭 대명사(THI)'의 3가지 하위유형으로 분류된다. 현재 DECO 사전에 내장된 전체 표제어 갯수는 330여개[45]이다. 이들에 대한 하위유형별 표제어의 수와 기초 형태정보에 따른 표제어 분포를 보면 표 59와 같다.

---

45) 앞으로 논의되는 표제어 개수는 기본적으로 끝자리수를 십단위로 올림한 값으로 제시하기로 한다.

유형	태그	설명	예시	표제어수
하위분류	FIR	1인칭 대명사	나, 본인	60
	SEC	2인칭 대명사	너, 당신	50
	THI	3인칭 대명사	거기, 그대	220
형태특징	DEU	복수 '들' 첨가 가능	걔, 귀관	280
	NDE	복수 '들' 첨가 불가	나, 너	40
기본확장어휘	LEO	고빈도 기본어휘	거기, 그	100
	LET	저빈도 확장어휘	여등, 척하	210
음절정보	SLA	1음절어	나, 너	40
	SLB	2음절어	그대, 너희	210
	SLC	3음절어	거시기, 여러분	50
	SLD	4음절어	여기저기, 누구누구	20

표 59. 대명사(ZNP)의 하위유형별 표제어 분포

1.1.3. 하위분류 태그별 특징 기술

1.1.3.1. 대명사 인칭 분류(FIR/SEC/THI)

대명사(ZNP)는 인칭 표현에 따라 1인칭(FIR), 2인칭(SEC), 3인칭(THI)의 3가지로 분류되었다. 각각의 예를 들어보면 다음과 같다.

(1ㄱ) 나, 우리, 과인, 소승, 신첩
(1ㄴ) 귀관, 너희, 당신, 임자, 자네
(1ㄷ) 걔, 그놈, 그대, 누구, 무엇, 얼마, 전자, 후자

대명사 표제어는 상당부분 현행 인쇄사전에 기반하고 있다. 문법범주의 속성상, 이들은 확장성이 높은 어휘 부류가 아니라는 점에서 현행사전의 신뢰도가 높다고 할 수 있다. 이들의 경우 현대 한국어에서 전혀 쓰임을 알기 어려운 고어적인 유형은 유보되었으나, 역사적 문맥에서 사용되는 대명사 부류는 쓰임의 빈도가 높지 않다 하더라도 현재의 목록에 포함될 필요가 있다. 현재 330여개에서, 1인칭 대명사는 60여개, 2인칭은 50여개로 나타났다. 3인칭 표현의 대명사는 220여개로 전체의 약 69%에 이르는 것으로 나타났다. 표 60과 표 61은 각각 1인칭 대명사와 2인칭 대명사의 목록을 보인다.

과인	불초	소녀	소첩	오인	저희	종하생	천첩
나	불초고	소생	쇤네	오제	제	지	첩
내	불초남	소승	시생	우리	졸부	짐	추생
본관	불초녀	소신	신	우리네	졸생	척말	하관
본원	불초자	소인	신첩	우생	졸승	척하	
본인	빈도	소인네	아등	우승	졸자	천신	
불녕	빈승	소자	오등	저	졸처	천자	

표 60. 1인칭 대명사 부류

공	귀하	너희	네따위	니년	여등	제형	첨좌
군	귀형	네	노형	니놈	여러분	존형	형
귀공	너	네녀석	니	니따위	임자	첨원	형장
귀관	너네	네년	니네	당신	자	첨위	
귀군	너따위	네놈	니녀석	댁	자네	첨존	

표 61. 2인칭 대명사 부류

위에서 언급한 바와 같이, 위의 목록에는 역사적 표현들로서 현재에는 빈번히 사용되지 않는 형태들이 포함되어 있다. 다만 전혀 그 쓰임을 알기 어려운 형태들과 달리, 사극이나 역사소설 등 특정 텍스트 유형에서는 관찰 가능한 형태들을 나타낸다. 3인칭 대명사 부류에 대해서는 다음을 보자.

1.1.3.2. 인물성/사물성 의미 분류(QHUP/QTHP/QHTP)

위에서 볼 수 있듯이, 1인칭과 2인칭은 의미적으로 모두 '인물성' 대명사이다. 반면 3인칭 대명사의 경우는 인물을 지시하거나 또는 사물을 지시하는 대명사로 사용되며, 일정 유형은 두 가지 모두를 지시할 수 있다. 즉 다음과 같이 분류된다.

- '인물'을 나타내는 유형(QHUP): 그대, 쟤, 아무개 등
- '사물'을 나타내는 유형(QTHP): 그곳, 무엇, 여기 등
- '인물/사물'을 모두 나타낼 수 있는 유형(QHTP): 각각, 그, 저따위 등

이와 같이 인칭별 대명사 부류는 지시대상의 의미적 속성에 따라 다시 세분류될 수 있다. 그림 8은 대명사 부류를 의미적 특징에 의해 분류한 체계를 보인다.

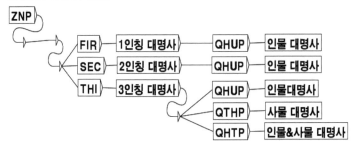

그림 8. 대명사(ZNP)의 하위 의미분류 체계

대명사 범주의 의미적 특징은 '인물성(HUP)'과 '사물성(QTHP)', 그리고 '인물성과 사물성을 동시에 나타내는 유형(QHTP)'의 3가지로 나타난다. 의미분류별 표제어 수와 그 예를 보이면 표 62와 같다.

유형	태그	설명	예시	표제어수
의미정보	QHUP	인물 지칭 대명사	나, 우리	210
	QTHP	사물 지칭 대명사	얼마, 어디	80
	QHTP	인물 & 사물 대명사	저거, 거기	40

표 62. 대명사 의미분류별 표제어 분포

3인칭 대명사(THI)에는, 형태론적으로 '이, 그, 저'와 같은 지시어에 사람 및 사물을 표현하는 상당어구가 결합한 복합형이 포함된다. 또한 '누구, 무엇, 얼마' 등과 같은 의문사 부류도 포함된다. 표 63은 3인칭 대명사 중 '사물'(QTHP)을 지시하는 대명사 부류를 나타낸다.

거시기	모모	어느때	얼마	요날	이때	저번	조날
그곳	무어	어느메	여	요때	이쪽	저쪽	조때
그날	무엇	어데	여기	요번	이편	저편	조번
그때	뭐	어드메	여기저기	요쪽	저게	전자	조쪽
그쪽	뭣	어디	예	요편	저곳	접때	조편
그편	아무것	어디메	요게	이게	저기	조게	차처
머	아무데	어디어디	요곳	이곳	저날	조곳	후자
모	어느것	언제	요기	이날	저때	조기	

표 63. 3인칭 대명사 중 '사물'을 나타내는 부류

1.1.3.3. 복수표지 결합 여부(DEU/NDE)

대명사의 많은 경우는 '들'이 결합하여 복수형이 형성될 수 있으나, '들'의 결합이 어려운 형태들이 있다. 다음 (2ㄱ)은 (2ㄴ)과 같이 '들'의 결합이 가능한 반면,

    (2ㄱ) 각자 | 고것 | 귀관 | 그자 | 너희 | 니네
    (2ㄴ) 각자들 | 고것들 | 귀관들 | 그자들 | 너희들 | 니네들

다음 (3ㄱ)은 (3ㄴ)에서 보이는 바와 같이 '들'의 결합이 어렵다.

    (3ㄱ) 과인 | 나 | 아등 | 짐
    (3ㄴ) *과인들 | *나들 | *아등들 | *짐들

이러한 현상은 대명사 표제어의 의미·어휘적 속성과 연관되어 있다. 실제 데이터를 살펴보면, 대명사의 대부분(약 90%)이 '들'이 결합하여 복수형을 형성할 수 있는 것(DEU)으로 나타난다. 반면 그외 10% 정도만이 '들'의 결합을 허용하지 않는다(NDE).

1.1.3.4. 음절 정보(SLA/SLB/SLC/SLD)

대명사의 음절별 정보를 보면, 1인칭 대명사의 경우 1음절어의 비중이 높은 반면, 3인칭 대명사의 경우는 복합형 등이 빈번하여 2~4음절형이 폭넓게 분포하는 것을 알 수 있다. 표 64는 1음절어 대명사 부류의 예를 보이고, 표 65는 4음절어 대명사 부류의 예를 보인다.

걔	공	나	놈	댁	뭣	예	자	제	짐
거	공	내	누	머	신	옹	재	제	첩
게	군	너	뉘	모	얘	옹	저	지	형
경	그	네	니	뭐	여	이	저	지	

표 64. 1음절어 대명사 부류

고것저것	그것조것	어느누구	요것저것	이것저것	저것조것
고것조것	누구누구	어디어디	요것조것	이것조것	조것저것
그것저것	아무아무	여기저기	이것요것	자기자신	

표 65. 4음절어 대명사 부류

1.1.3.5. '고빈도 기본어휘/저빈도 확장어휘'(LEO/LET)

현행 인쇄사전에서 추출된 대명사 어휘 중 특히 1인칭과 2인칭 부류에는 현대 한국어에서는 많이 사용되지 않는 대명사 어휘들이 포함되어 있다. 사전의 재현율(Recall)을 고려하면, 고어나 옛 표현 부류가 아닌 한, 많이 사용되지 않는 형태라 하더라도 가능한 한 이들을 표제어로 수록하는 것이 바람직하다.

이 경우 이러한 저빈도 유형을 사전 표제어로 수록하되, 고빈도 유형과 구별하는 태그를 부여하게 되면, 추후 코퍼스 분석시 표제어의 층위를 선택함으로써 사전을 유연하게 적용할 수 있는 장점이 있다. DECO 사전에서는 이러한 표제어 구성의 효율성을 향상시키기 위하여, 어휘소 사전을 코퍼스에 1차 적용하여 추출된 '빈도(Frequency)' 정보를 바탕으로 '고빈도 기본어휘'(LEO) 유형과 '저빈도 확장어휘(LET)'유형을 분류하였다. 표 66은 '저빈도 확장어휘(LET)'로 등재된 표제어 유형의 일부 예를 보인다.

궐녀	소저	오제	종백씨	중형	천신	첨존
궐자	수하	우승	종중씨	차처	천자	첨좌
불녕	여등	자	종하생	척말	첨원	추생
불초고	오인	종백	중씨	척하	첨위	

표 66. '저빈도 확장어휘'(LET) 표제어 부류

1.1.3.6. '대명사' 표제어 설정의 문제

품사 분류 문제에 있어 종종 관찰되는 것처럼, 대명사의 경우도 일반명사와의 구별이 늘 그렇게 명확한 것만은 아니다. 가령 '서로, 자기, 자신'과 같은 재귀대명사나 '무엇, 누구'와 같은 의문대명사 외에도 '애, 여러분, 당신'과 같은 담화론적 대명사 부류(Deictic Pronoun)가 있다. 이들은 '여보'와 같이 호격으로 사용되는 일련의 감탄사, 또는 부사 형태들과의 구별이 쉽지 않다.

일반적으로 수식어를 요구하는 일종의 '의존명사'로 사용되어 왔으나, 현대 어법에서 3인칭 대명사처럼 사용되는 '놈, 녀석'과 같은 형태들의 처리도 문제가 된다. 이와 같이 중간적인 성격을 보이는 유형들에 대해서 일단은 이중적 분류를 수행하는 방법이 바람직하다.

또한 지시어 '이, 그, 저, 요' 등이 결합한 복합형 대명사가 다양하게 생성될 수 있는 것도, 대명사의 외연을 설정하는 데에 고려되어야 할 문제점이다. 다음을 보자.

(4ㄱ) 이것 | 이거 | 이자
(4ㄴ) 이놈 | 이년 | 이애
(4ㄷ) 이자식 | 이녀석 | 이여자 | 이아이 | 이새끼

현행사전에는 (4ㄱ)만이 대명사 표제어로 수록되어 있다. 그런데 (4ㄱ)과 유사한 (4ㄴ)의 형태는 어떻게 처리할지, 또한 이와 의미적으로 대응 관계를 보이는 (4ㄷ)은 어떻게 처리할지 문제가 된다. 즉 '이놈'에 대해 '이자식', '이녀석' 등은, 단음절어와 2음절어 명사가 결합했다는 차이를 보이지만 의미적으로 유사한 특징을 보이고 있고, '이년'과 '이여자'나 '이애'와 '이아이'의 경우도 이들과 의미적 유사성을 보이고 있다. 실제로 (4ㄷ)의 경우, 규범문법에서는 띄어써야 올바른 형태로 간주하지만, 실제 언어 현실에서는 하나의 토큰으로 사용되는 양상이 빈번하게 관찰된다. 이들을 복합 대명사의 일종으로 사전에 포함시킬지 아니면, 두 개의 단위로 띄어써야 하는 통사 구성으로 처리할 것인지도 결정해야 하는 문제가 된다.

DECO 사전에는 현행 인쇄사전에 등재되어 있는 (4ㄱ)과 같은 형태들과 단음절로 된 (4ㄴ)과 같은 형태들은, 가능한 한 모두 포함시키는 원칙을 택하였다. (4ㄷ)과 같은 형태들은 코퍼스에서 자주 관찰되는 형태라면, 이들의 경우도 별도의 표지와 함께 모두 포함시키는 방식으로 설정하였다. 이러한 형태들은 현재의 '대명사(ZNP)' 범주와 구별된 모듈에서 지속적인 확장성이 검토될 수 있도록, '시사명사(ZNW)' 범주로 설정되었다.

1.2. 수사(ZNU) 범주

1.2.1. 하위분류 체계

그림 9는 수사(ZNU) 범주의 하위분류 체계를 보인다.

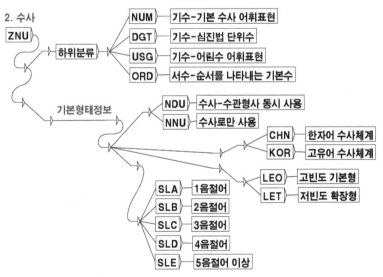

그림 9. 수사(ZNU)의 하위분류 체계

1.2.2. 하위분류 표제어 분포

'수사(ZNU)' 범주는 학교문법에서도 수사로 분류되어온 어휘들이다. 이들은 그림 10에서 보는 바와 같이 '기본수로서 기본 수사의 어휘표현 유형(NUM)'과 '기본수로서 십진법 단위를 나타내는 어휘 표현(DGT)' 부류, 그리고 '기본수로서 어림수 유형의 어휘 표현(USG)' 부류와 '서수사로서 순서를 나타내는 기본수(ORD)' 유형의 4가지 하위유형으로 분류된다. 이들의 전체 표제어 갯수는 190여개이다. 이들의 하위분류 표제어 분포를 보이면 표 67과 같다.

유형	태그	설명	예시	표제어수
하위분류	NUM	기수: 기본 수사 어휘 표현	일곱, 이	30
	DGT	기수: 십진법 단위 수사	천, 만	10
	USG	기수: 어림수 어휘 표현	대여섯, 삼사십	100
	ORD	서수: 순서 표현 기본수	첫째, 서너째	50
어원정보	CHN	한자어 수사 체계	만, 삼	100
	KOR	고유어 수사 체계	둘, 쉰	90
형태통사특징	NDU	수사/수관형사 통용 표현	다섯, 마흔	170
	NNU	수사로만 사용되는 표현	하나, 스물	20
기초어휘특징	LEO	고빈도 기본어휘	서른, 아홉	190
	LET	저빈도 확장어휘	-	0
음절정보	SLA	단음절어 수사	일, 둘	30
	SLB	2음절어 수사	아흔, 여든	40
	SLC	3음절어 수사	대여섯, 육칠억	90
	SLD	4음절어 수사	일고여덟, 두어서넛	30
	SLE	5음절어 이상 수사	스무남은째, 여덟아홉째	10

표 67. 수사(ZNU) 범주의 하위유형별 표제어 분포

1.2.3. 하위분류 태그별 특징 기술

1.2.3.1. 수사 체계 분류 (NUM/DGT/USG/ORD)

현재 '수사(ZNU)' 범주에는 약 190여개가 수록되어 있다. 그러나 수사는 여러 개의 수 표현 어휘들이 결합한 복합형으로 하나의 수를 나타내므로, '원칙적으로' 무한한 수의 '숫자(아라비아 숫자)'에 대응되는 무한한 수의 '수사(언어표현 수사)' 표현이 가능하다. 가령 숫자 '23,985,746'을 나타내는 수사 표현은 '이천 삼백 구십 팔만 오천 칠백 사십 육'과 같은 복합 구성으로 실현된다.

이러한 점에서, 무한한 수의 표제어를 구성할 수 있는 수사에 대해 단순 리스트 방식의

사전 표제어 구성 방식은 원천적으로 적합하지 않다. 그러나 자연언어로 표현되는 수사 표현은 아라비아 숫자 방식과는 달리 완전 '무한한(Infinite)' 어휘 형성 특징을 보이지는 않는다. 즉 한국어 어휘 체계에서도 '억, 조, 경, 해' 정도가 넘어가기 시작하는 수사 표현은 아라비아 숫자로 치환되어 사용된다. 수사 형식으로 사용되는 단위가 어디까지라고 이론적으로 결정할 수는 없지만 실제 언어 현실에서 수사 형식은 반드시 '유한한(Finite)' 조합으로 사용된다.

이러한 '유한성'의 특징은 수사 표현을 '정규문법(Regular Grammar: RG)' 또는 '유한상태 오토마타(Finite-State Automata: FSA)'[46] 방식으로 표상할 수 있다는 근거를 마련해 준다. 이런 점에서 궁극적으로 수사 표현에 대한 논의는 다단어 표현(Multi-Word Expressions: MWE)에 대한 '복합구성 사전'에서 다루어져야 한다. 여기에서는 현재 등재되는 수사 표제어 유형을 다음과 같이 4가지 하위부류로 한정하였다.

첫째 유형은 '복합 구성을 위한 기본형 수사 어휘(NUM)' 부류이다. 예를 들어 '스물, 아홉, 여든, 일곱, 칠, 팔, 하나' 등과 같이 수사 복합 구성을 위해 사용되는 기본 단위들로서 어휘화된 수사 표현들이다. 여기서 '백, 천'과 같은 '십진법의 단위가 되는 어휘 부류'는 조금 더 특별하므로 다음 두 번째 유형에서 다루어진다. 이 부류는 여기서 제외되어 현재 30여개의 표제어가 수록되어 있다. 표 68은 그 일부 예를 보인다.

구	마흔	셋	아흔	열	이	칠
넷	사	쉰	여덟	예순	일	팔
다섯	삼	스물	여든	오	일곱	하나
둘	서른	아홉	여섯	육	일흔	

표 68. 기본수 어휘(NUM) 부류

둘째 유형은 '수사 체계의 십진법 단위를 이루는 수사 어휘들(DGT)'이다. 예를 들어 '십, 백, 천, 만, 억, 조, 경, 간, 양'과 같은 형태로서, 수사의 십진법 단위를 나타내는 형태들이다. 표 69는 이 어휘들의 예를 보인다.

| 간 | 만 | 십 | 양 | 조 | 해 |
| 경 | 백 | 양 | 억 | 천 | |

표 69. 단위수 어휘(DGT) 부류

---

46) 유한상태 오토마타(FSA)와 유한상태 트랜스듀서(FST)에 대해서는 제4부를 참조할 것.

셋째 유형은 '기수 표현 중에서 부정확한 어림수를 표현하는 어휘 유형(USG)'으로서, 예를 들어 '기백, 두서넛, 수십만, 이삼십' 등이 여기 포함된다. 표 70의 예와 같다.

기만	기천만	사오백	수만	수천만	육칠만	일고여덟	칠팔천
기백	기천억	사오십	수백	수천억	육칠백	일이만	팔구만
기백만	기천조	사오억	수백만	수천조	육칠십	일이백	팔구백
기백억	너댓	사오조	수백억	여덟아홉	육칠억	일이십	팔구십
기백조	너덧	사오천	수백조	열댓	육칠조	일이억	팔구억
기십	너이	삼사만	수십	예닐곱	육칠천	일이조	팔구조
기십만	대여섯	삼사백	수십만	오륙만	이삼만	일이천	팔구천
기십억	두서넛	삼사십	수십억	오륙백	이삼백	칠팔만	
기십조	두셋	삼사억	수십조	오륙십	이삼십	칠팔백	
기억	두어서넛	삼사조	수억	오륙억	이삼억	칠팔십	
기조	두엇	삼사천	수조	오륙조	이삼조	칠팔억	
기천	사오만	서넛	수천	오륙천	이삼천	칠팔조	

표 70. 어림수 표현(USG) 부류

이와 같은 어휘 부류는 매우 유연하게 생산성이 있을 것으로 보이지만, 실제로는 다음 두 가지 유형의 조합으로 한정되는 특징을 보인다.

　(5ㄱ) 두서넛 | 대여섯 | 사오만 | 사오백 | 삼사천 | 육칠억
　(5ㄴ) 기십억 | 기백만 | 기천억 | 수백 | 수백억 | 수천조

위에서 (5ㄱ)은 일정 이웃하는 수들에 한해 그 조합이 가능한 형태들을 보이고, (5ㄴ)은 단위수 앞의 숫자를 '기'나 '수'와 같은 형식으로 임의의 값으로 표현하는 유형들을 보인다.
넷째 유형은 '차례나 순서를 나타내는 서수 표현의 어휘 유형(ORD)'이다. 이 부류는 현재 그 수가 상대적으로 많지 않기 때문에, 위의 기수의 경우와는 달리 '정확한 수사 표현'과 '부정확 어림 표현'을 별도로 분리하지 않았다. 표 71은 일부 예를 보인다.

너댓째	두 번째	스무 번째	여섯 번째	열두째	열여덟째	열한째
너덧째	두세째	스무째	여섯째	열 번째	열여섯 번째	예닐곱째
네 번째	둘째	아홉 번째	열네 번째	열세 번째	열여섯째	일고여덟째
넷째	서너째	아홉째	열넷째	열셋째	열일곱 번째	일곱 번째
다섯 번째	세 번째	여덟 번째	열다섯 번째	열아홉 번째	열일곱째	일곱째
다섯째	셋째	여덟아홉째	열다섯째	열아홉째	열째	첫째
대여섯째	스무남은째	여덟째	열두 번째	열여덟 번째	열한 번째	한두째

표 71. 서수의 '정확한 수와 어림수'를 포함하는 부류(ORD)

1.2.3.2. '수사로만 사용'과 '수관형사 통용' 유형

수사 범주에는 '수사로만 사용되는 유형(NNU)'과 '수사 및 수관형사로 동시에 사용되는 유형(NDU)'의 두 가지 유형이 나타난다. 즉 수사와 수관형사로 사용될 때 형태가 달라지는 다음과 같은 경우들이 전자(NNU)에 해당한다. 표 72는 수사로 사용될 때 수관형사와 형태가 달라지는 '스물, 하나, 둘, 셋, 넷'의 형태와 '서넛'과 같은 복합형의 예를 보인다.

너이	두서넛	두어서넛	둘	셋	여럿
넷	두셋	두엇	서넛	스물	하나

표 72. 수관형사와 형태가 다른 수사 부류(NNU)

위의 12개 표제어를 제외한 나머지 93%의 수사 표제어는 모두 수관형사로도 사용된다. 이들은 모두 '수사/수관형사로 동시에 사용되는 유형(NDU)'으로 분류된다.

1.2.3.3. '한자어'와 '고유어' 수사 체계 (CHN/KOR)

수사 표제어에는 '한자어 수사 체계에 속하는 부류(CHN)'와 '고유어 수사 체계에 속하는 부류(KOR)'의 분류 정보가 제공된다. 한자어의 예를 들면 '만, 이삼백' 등이 있고, 고유어의 예를 들면 '마흔, 넷' 등이 있다.

1.2.3.4. 음절 정보 (SLA/SLB/SLC/SLD/SLE)

수사 표제어에도 표제어의 음절별 정보가 제공된다. 현재 5가지의 음절 정보 태그가 할당되었는데, 3음절 이상의 경우는 어림수를 나타내기 위해 여러 단위가 결합한 복합형이 대부분이다. 1음절어 수사의 예를 보이면 표 73과 같다.

간	넷	백	셋	양	열	이	천
경	둘	사	쉰	양	오	일	칠
구	만	삼	십	억	육	조	팔

표 73. 1음절어 수사 부류(SLA)

1.2.3.5. 수사 복합형 표상 유한상태 오토마타

앞서 논의한 바와 같이, 현재 DECO 사전에 수록된 수사 표제어는 기본적인 단위 유형만으로만 한정되었다. 이러한 기본 단위들이 여러 개가 결합하여 하나의 복합 구성을 이루므로, 이에 대한 올바른 분석을 위해서는 복합 수사를 인식할 수 있는 별도의 장치가 필요하다. 가령 다음 (6ㄱ)과 같이 여러 개의 토큰으로 실현된 복합 수사를 (6ㄴ)처럼 별도의 단위로 인식한다면, 이에 대한 정확한 해석 대신에 개별적 단위들에 대한 수 단위들이 별도 인식되는 오류가 나타날 것이다.

(6ㄱ) 칠천 구백 이십만 육천 팔 원　(=79,206,008 원)
(6ㄴ) 칠천/ 구백/ 이십만/ 육천/ 팔/ 원 (=7000 / 900/ 200,000/ 6,000/ 8/ 원)

여기서 다음을 보자. 다음은 한자어(CHN)로 된 기수사 복합형의 예를 보인다.

(7ㄱ) 구 (9)
(7ㄴ) 구십구 (99)
(7ㄷ) 구백구십구 (999)
(7ㄹ) 구천구백구십구 (9999)
(7ㅁ) 구만구천구백구십구 (99999)
(7ㅂ) 구십구만구천구백구십구 (999999)
(7ㅅ) 구백구십구만구천구백구십구 (9999999) 등등

앞서 (6ㄱ)과 같이 수사 복합형이 여러 단위의 다단어 표현(MWE)으로 실현되는 경우, 이에 대한 올바른 해석을 위해서는 이들에 대한 결합 정보가 필요하다. 그런데 (7)의 예에서 보듯, 일정 수 단위가 서로 결합하여 하나의 토큰을 구성하는 경우는 문제가 더 복잡해진다. 이 경우 전체 토큰에 대한 사전적 정보가 제공되지 않으면, 프로그램이 이 토큰들의 정확한 내부 분할을 수행하지 않는 한, 해당 토큰의 분석에 실패하게 된다. 실제로 '수'와 관련된 정보는 현대 다양한 텍스트에서 정보의 핵심이 되는 경우가 많다. 그런데 형식적으로 쉽게 인식될 수 있는 '아라비아 숫자'들과 달리, 자연 언어로 표현되는 '수사 표현'은 이러한 복합구성에 대한 정보 없이는 그 올바른 인식이 쉽지 않아 텍스트 자동 분석에 중요한 걸림돌이 된다.

이러한 복합 구성의 수사 표현을 자동으로 분석하기 위해서는 이를 명시적인 방법으로 표상하는 것이 필요하다. 그림 10은 {1~999}까지의 수를 표상하는 FSA를 방향성 그래프(Directed Graph) 방식으로 제시한 예를 보인다.

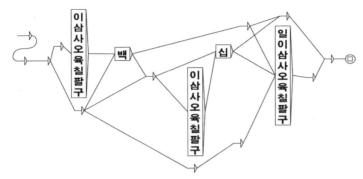

그림 10. {1~999}까지의 수사표현을 표상하는 FSA 그래프 {ChnNum1to999.grf}

그림 10의 그래프에서, 각 경로 사이 여백의 실현 가능성을 명시하는 경우, 실제 코퍼스에서 다양한 형식으로 나타나는 수사 복합형을 효율적으로 분석하는 것이 가능해진다. 앞서 논의한 바와 같이 '자연언어로 된 수사 표현'은 현실적으로 유한한 조합으로 실현되므로, 이와 같은 방법으로 구축한 그래프 사전을 호출하여 실제 수사 복합형에 대한 처리를 수행할 수 있다.

수사 복합형의 문제와 함께, 문장 내에서의 수사의 문법적 특성을 더 살펴보면 이들이 반드시 일정 단위명사 뷰류와 호응되는 현상을 관찰할 수 있다. 즉 수사는 문장 내에서 수식하는 명사와 곧바로 연결되지 않고 일련의 단위명사를 수반하거나, 또는 수식하는 명사의 오른쪽으로 이동한 위치에서 관찰된다. 다음을 보자.

(8ㄱ) 그 <u>여섯 학생에게</u> 이 가방들을 전해 주세요
(8ㄴ) 그 <u>여섯 명의 학생에게</u> 이 가방들을 전해 주세요
(8ㄷ) 그 <u>학생들 여섯 명에게</u> 이 가방들을 전해 주세요
(8ㄹ) 그 <u>학생들 여섯에게</u> 이 가방들을 전해 주세요

위에서 수사와 관련된 4가지 문맥을 FSA로 표상하면 그림 11과 같은데,

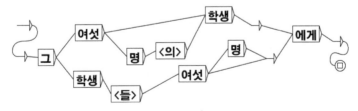

그림 11. '여섯 학생' 명사구의 4가지 통사적 문맥을 표상하는 FSA

여기 실현된 일반명사, 단위명사, 후치사 등을 문법범주로 치환하여 일반화된 문법으로 기술하면, 그림 12와 같이 궁극적으로 일종의 전이망문법(Transition Network)으로 구현된 '부분 문법 그래프(Local Grammar Graph: LGG)'(Gross 1997, 1999)가 구축된다.

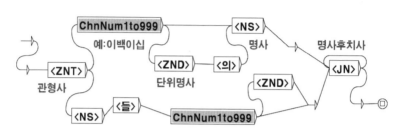

그림 12. {1~99} 수사 포함 명사구에 대한 4가지 통사적 문맥의 FSA

그림 12은 앞서 {ChnNum1to999.grf}에서 구축한 수사 복합형을 인식할 수 있도록 이 그래프 내부에서 이 FSA를 호출한다(회색으로 표시되어 있는 박스 부분이 호출되는 서브그래프). 이와 같이 수사 복합형을 표상한 FSA를 호출하여 문법을 기술하면 코퍼스 분석에 필요한 보다 복합적인 언어 자원을 구축할 수 있게 된다. 이런 점에서 고전적 개념의 '사전'과 '문법'의 경계는 더이상 의미가 없다는 것을 확인할 수 있다. FSA와 부분문법그래프(LGG)에 대해서는 제6부에서 다시 논의된다.

수사는 수식하는 명사의 의미적 속성에 따라, 공기하는 단위명사가 결정된다. 즉 인물명사 '학생'의 경우 단위명사 '명'이 나타났고 여기 수반되는 수사 체계는 '고유어' 수사 체계가 실현되었다. (8ㄹ)에서 수사 '여섯'은 인물명사에 수반되는 후치사 '에게'와 결합하였다. 다음과 같이 비인물성 명사 '의자'를 수식하는 수사 '여섯'의 경우 '에게'대신 '에'와 결합하는 현상과 구별된다.

(9) 그 의자 여섯-(*에게 + 에) 모두 표시를 해주세요

이런 점에서 수사로서의 '여섯'은 연관되는 명사의 의미 속성에 따라 인물성 또는 비인물성의 의미 해석을 갖는, 일종의 대명사와 같은 특징을 보인다. 수사 범주는 아래에 살펴볼 '단위성 의존명사 부류(ZND)'와 함께 고려되어야 한다.

1.3. 의존명사(ZND) 범주

1.3.1. 하위분류 체계

그림 13은 의존명사(ZND) 부류의 하위분류 체계를 보인다.

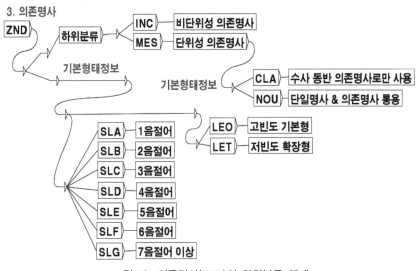

그림 13. 의존명사(ZND)의 하위분류 체계

1.3.2. 하위분류 표제어 분포

'의존명사(ZND)' 범주는 그림 13에서 보는 바와 같이 '비단위성 의존명사(INC)'와 '단위성 의존명사(MES)'로 하위분류된다. 현재 사전에 수록된 전체 표제어 수는 1,090여개이다. 이중 비단위성 의존명사(INC)는 170여개인 반면, 수사를 동반하는 단위성 의존명사는 920여개로 나타났다. 하위유형별 표제어 수를 보이면 표 74와 같다.

유형	태그	설명	예시	표제어수
하위분류	INC	비단위성 의존명사	김, 노릇	170
	MES	단위성 의존명사	가닥, 마리	920
형태통사특징	CLA	의존명사로만 사용	개, 개비	490
	NOU	명사/의존명사 통용	고개, 계단	250
기초어휘특징	LEO	고빈도 기본어휘	거기, 그	760
	LET	저빈도 확장어휘	여등, 척하	330

유형	태그	설명	예시	표제어수
음절정보	SLA	1음절어 의존명사	명, 단	470
	SLB	2음절어 의존명사	개비, 다스	410
	SLC	3음절어 의존명사	꾸러미, 마지기	130
	SLD	4음절어 의존명사	메가비트, 밀리리터	60
	SLE	5음절어 의존명사	테라바이트	20
	SLF	6음절어 의존명사	제곱센티미터	10
	SLG	7음절어 이상 의존명사	세제곱밀리미터	10

표 74. 의존명사(ZND) 범주의 하위분류와 표제어 분포

1.3.3. 하위분류 태그별 특징 기술

1.3.3.1. 비단위성 의존명사(INC)

'의존명사(ZND)'는 일반명사들처럼 뒤에 다양한 후치사를 수반하는 통사적 위치에 실현 가능하지만, 반드시 앞에 일정 수식어 성분을 수반해야 한다는 점에서 일반명사들과 차이를 보인다. 이 경우 수식어의 성격에 따라 '비단위성 의존명사(INC)'와 '단위성 의존명사(MES)'의 두 가지 하위분류가 가능하다.

'비단위성 의존명사'는, 수관형사의 수식을 받는 '단위성 의존명사'와 달리 다양한 형식의 수식어를 반드시 필요로 한다. 이 수식어는 절, 또는 명사, 지사 관형사 등, 각 의존명사에 따라 달리 나타나며, 동시에 뒤에 수반될 수 있는 후치사의 형태도 의존명사에 따라 제약이 나타난다. 다음을 보자.

(10ㄱ) 그는 학교에서 나오는 길에 친구들과 만났다
(10ㄴ) 모든 일은 여러분이 하기 나름입니다
(10ㄷ) 우리는 너무 놀란 나머지 할 말을 잊었어요

위에서 보듯이 '길'이나 '나름', '나머지'와 같은 명사 부류에 앞의 수식어 성분이 주어지지 않으면 문장이 비문이 된다. 그런데 여기 실현되는 수식어 유형은 의존명사 범주의 각 개별 어휘들의 통사·의미적 속성에 따라 달라지는 어휘적 특이성의 특징을 보이기 때문에 획일적인 분류가 불가능하다. 이에 대한 체계적인 기술을 위해서는 각 어휘 성분에 대한 개별적인 검증을 통한 귀납적 군집화가 이루어져야 한다. 이를 위해 완성도 높은 목록을 구축하는 것이 필요하다. 현재 DECO 사전에 수록된 비단위성 의존명사는 약 170여개로서, 표 75에서 보이는 바와 같다.

가량	께	대	딴	분	옹	즈음	탓
가운데	꼴	대로	때문	뻔	외	지	터
간	끝	댁	리	뻘	이	지경	턱
거	끼리	덕	마당	뿐	이내	짓	턱
거리	나름	덕분	마련	사이	이래	짜리	통
건너	나머지	덧	만	새	이상	짝	투
것	나위	데	만	생	이외	째	티
겨를	나절	동안	만치	생	이전	쪽	판
격	남짓	둥	만큼	성	이하	쯤	편
결	내	들	말	셈	이후	차	편
경	내내	들이	망정	수	일쑤	차	폭
곳	너머	듯	모양	시	자	참	품
군	네	듯이	무렵	식	자식	채	한
귀중	녀석	등	바	십상	적	척	한
귀하	년	등등	바람	씨	전	체	해
길	녘	등등등	바로	양	점	초	형
김	노릇	등속	밖	양	정도	축	후
간	놈	등지	백	어치	족족	측	
깨	님	따름	법	여	줄	치	
껏	당	따위	별	여지	중	치	

표 75. 비단위성 의존명사 부류 (INC)

1.3.3.2. 단위성 의존명사의 '분류사/수량사' 하위유형

의존명사의 두 번째 유형은 '단위성 의존명사(MES)'로서, 앞에 반드시 일정 수관형사를 수반해야 하는 형태이다. 단위성 의존명사는 현재 약 920여개가 등재되어 있으며, '분류사(Classifier) 유형'과 '수량사(Quantifier) 유형'으로 하위분류된다. 다음을 보자.

(11ㄱ) 세 명의 정치인
(11ㄴ) 삼 킬로의 밀가루

위에서 '명'과 '킬로'는 표면적으로 유사한 통사적 환경에서 실현되었다. 수관형사의 수식을 받고, 뒤에 수식하는 명사를 수반하는 다음과 같은 문맥에서 나타났다.

(12) NUM {단위성 의존명사}-의 N

그러나 이들의 통사·의미적 기능은 서로 차이를 보인다. (11ㄱ)에서 수사 '세'는 실제적으로 명사 '정치인'을 수식하는 수관형사로서, 영어와 같이 분류사가 나타나지 않는 언어에서는 다음 (6)과 같이 직접 명사에 연결된 형태로 출현한다.

(13) three politicians

다음과 같은 유사한 한국어 문맥에서도 이 관계가 확인된다.

(14ㄱ) = 정치인 세 <u>명</u>
(14ㄴ) = 세 정치인

위의 (11ㄱ)/(14ㄱ)/(14ㄴ)의 쌍에서 보이는 관계는 한국어 수사 수식 명사구의 전형적인 변형 관계로, 명사나 의존명사, 수 표현에 따라 제약이 나타나지만 일반적으로 이와 같은 관계가 성립한다.

반면 (11ㄴ)에서 실현된 수사 '삼'은 뒤에 수반된 명사를 수식하는 수관형사가 아니라 단위명사 '킬로'를 수식하는 성분으로 사용되었다. 따라서 영어와 같이 분류사가 나타나지 않는 언어에서도, 다음 (15)에서 보이는 바와 같이 생략되지 못한다.

(15ㄱ) three kilos of flour
(15ㄴ) *three flours

위와 같은 현상은 다음과 같은 한국어 문맥에서도 확인된다.

(16ㄱ) = 밀가루 삼 <u>킬로</u>
(16ㄴ) = *삼 밀가루

DECO 사전에서는 위에서 나타나는 통사·의미적 특징을 고려하여, 단위명사 유형 중에서 (11ㄱ)의 '명'과 같은 형태는 분류사(Classifier)로, (11ㄴ)의 '킬로'과 같은 형태는 수량사(Quantifier)로 분류하였다. 여기서 이들의 의미적 속성을 더 관찰해 보면 그림 14와 같은 상세 분류가 가능하다.

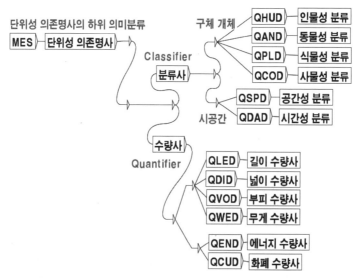

그림 14. 단위성 의존명사(MES)의 '분류사/수량사'의 하위의미분류

위의 그림에서 보는 바와 같이 분류사는 모두 6가지 의미 유형으로 하위분류되며, 수량사 부류도 6가지 의미 유형으로 하위분류된다. 분류사는 구체적 개체에 대한 분류를 위한 단위로 사용되는 유형과 시공간을 분류하는 단위로 사용되는 2가지 유형으로 나뉜다. 구체적 개체는 '인물/동물/식물/사물'을 위한 분류사 유형으로, 시공간 대상은 '공간/시간'을 나타내는 분류사 유형으로 나뉜다. 이들은 개별적 개체화가 가능한 명사들을 수반하여 이를 셀 수 있는 대상으로 환원하여, 명사의 의미적 특징에 따른 '분류' 정보를 제공한다. 이들이 실현된 명사구의 예를 들면 다음과 같다. (17)은 구체적 개체의 예를 보이고 (18)은 추상적 대상의 예를 보인다.

(17ㄱ) 인물성: 손님 다섯 분 | 어른 세 명
(17ㄴ) 동물성: 돼지 일곱 마리 | 고등어 세 손
(17ㄷ) 식물성: 장미꽃 열 송이 | 소나무 다섯 그루
(17ㄹ) 사물성: 책 다섯 권 | 연필 세 자루

(18ㄱ) 공간성: 책방 다섯 곳 | 포장마차 세 군데
(18ㄴ) 시간성: 휴가 여섯 번 | 세미나 열두 회

이들의 예와 표제어수를 보이면 표 76과 같다. 분류사는 전체 550여개, 수량사는 전체 370여개로 나타난다.

단위명사 하위분류	의미태그	설명	예시	표제어수
분류사 (Classifier) 유형 6가지 하위의미분류	QHUD	인물성 의존명사	분, 명	20
	QAND	동물성 의존명사	마리, 손	20
	QPLD	식물성 의존명사	떨기, 송이	40
	QCOD	사물성 의존명사	권, 개	380
	QSPD	공간 의존명사	곳, 군데	50
	QDAD	시간 의존명사	회, 번	40
수량사 (Quantifier) 유형 6가지 하위의미분류	QLED	길이 의존명사	야드, 마장	50
	QDID	넓이 의존명사	평, 헥타르	40
	QVOD	부피 의존명사	리터, 배럴	90
	QWED	무게 의존명사	톤, 파운드	30
	QEND	에너지 의존명사	헤르쯔, 칼로리	110
	QCUD	화폐 의존명사	원, 푼	50

표 76. 단위성 의존명사의 하위유형별 표제어 분포

1.3.3.3. 단위성 의존명사의 하위유형별 목록

여기서 '인물성' 명사의 분류사(QHUD)로 사용된 의존명사의 예를 보이면 표 77과 같다.

구	놈	무리	쌍	인	족
기	대	분	아이	인조	패
년	명	사람	애	조	

표 77. 단위성 의존명사 중 인물성(QHUD) 의미부류

표 78는 '동물성' 명사를 분류(QAND)하는 의존명사의 예를 보인다.

두	무리	손	알	족	쾌
두름	뭇	수	자래	짝	필
마리	미	쌍	쟁기	축	

표 78. 단위성 의존명사 중 동물성(QAND) 의미부류

그리고 표 79는 '식물성' 명사를 분류(QPLD)하는 의존명사의 예를 보인다.

갓	단	두름	뿌리	송이	잎	줄기	통
그루	동	떨기	속	수	접	쪽	편
꼬투리	되	뭇	손	숭어리	주	채	포기
다발	두	본	송아리	쌍	줄	타	

표 79. 단위성 의존명사 중 식물성(QPLD) 의미부류

위에서 보듯이, '쌍'이나 '손', '수'와 같은 형태는 동물성 명사나 식물성 명사를 분류하는 데에 공통으로 사용된다. 이러한 용법의 의존명사 부류는 이중적으로 분류되었다. 분류사 중에서 인물, 동물, 식물성 명사 부류를 제외한 그외의 다양한 구체적 사물들에 대한 분류 사는 한국어 문법체계에서 매우 발달해 있는 어휘 부류이다. 표 80은 현재 380여개의 '사물 성' 분류(QCOD) 의존명사의 일부 예를 보인다.

가	개비	고개	구	꾸러미	단계	동	땀
가닥	건	고리	구멍	끼	당	동강	떼
가락	걸음	곡	군	끼니	대	두둑	
가지	결	곡조	권	낱	더미	두렁	
간	겹	골	기	눈	덩어리	둥치	
갈래	계	곱	꺼풀	님	덩이	등	
갑	계급	과	꼬치	다스	도	등급	
개	계단	교	꼭지	단	도막	등분	

표 80. 단위성 의존명사 중 구체 사물성(QCOD) 의미부류 일부

한편, '수량사' 유형의 의존명사는 모두 6가지로 하위분류 되었는데, 전체 370여개에 대한 일부 예를 보이면 표 81과 같다.

가마	궤	냄비	데시미터	드램	루피
가마니	궤짝	냥	데시벨	드럼	루피아
가우스	그램	냥쭝	데시아르	디옵터	룩스
가웃	그레이	노르말	데카그램	디옵트리	류
갈	그레인	노트	데카르	디피아이	리
갈론	그릇	놋트	데카리터	뙈기	리라
감마	근	뉴턴	데카미터	란드	리브르
갤런	근쭝	다인	데캐어	람다	리알
거웃	글라스	다임	도	래드	리액턴스
경	금	단	도오즈	량	리엘
고랑	기가	단보	독	럭스	리이그
공기	기가바이트	단지	돈	레이	리터
곽	기니	달러	돈쭝	롱톤	리트르
관	길	대접	동이	뢴트겐	릴
광년	길더	데니어	되지기	루멘	링크
광주리	깡통	데시그램	두임	루블	
굴덴	나노미터	데시리터	드니에	루우블리	

표 81. 단위성 의존명사 중 수량사 유형 일부

1.3.3.4. '단위성 의존명사로만 사용'과 '명사 통용' 유형

이 클라스에서는 '의존명사로만 사용되는 유형'(CLA)이 490개 나타나며, '명사로도 사용될 수 있는 유형'(NOU)이 430여개 나타난다. 각각의 예를 들면 다음과 같다.

(19ㄱ) CLA: 개 | 마리 | 명 | 송이
(19ㄴ) NOU: 사람 | 광주리 | 계단 | 가마니

그런데 이렇게 통용이 가능한 의존명사들이 실제 문장 속에 실현되는 경우, 의존명사와 일반명사를 통사적으로 구별하는 것이 쉽지 않다. 다음을 보자.

(20ㄱ) 오늘 아침 다섯 <u>사람</u>이 왔다.
(20ㄴ) 오늘 아침 다섯 <u>남자</u>가 왔다.

위에서 '사람'과 '남자'는 모두 수사를 수반하는 동일한 통사 문맥에 실현되었다. 그러나 다음을 보면 '사람'의 경우는 새로운 명사 '청년'을 수반하는 의존명사로 사용될 수 있는 반면, '남자'의 경우는 이러한 새로운 명사의 출현이 어려워 보인다.

(21ㄱ) 오늘 아침 <u>청년</u> 다섯 사람이 왔다
(21ㄴ) ??오늘 아침 <u>청년</u> 다섯 남자가 왔다

수사 수식어를 명사 앞으로 이동한 다음과 같은 구문에서는 그 차이가 더 분명하게 나타난다.

(22ㄱ) 오늘 아침 <u>다섯 사람</u>의 청년이 왔다
(22ㄴ) *오늘 아침 <u>다섯 남자</u>의 청년이 왔다

즉, '사람'의 경우는 다른 명사의 수를 세는 데에 추가적으로 실현될 수 있는 성분이라는 점에서 '남자'와 차이를 보인다. 전형적인 '명, 분'과 같이 다른 명사의 수를 세는 단위명사 위치에 실현이 가능하다는 점에서 '사람'은 하나의 '단위성 의존명사'로 분류될 수 있는 반면, '남자'는 이러한 기능을 가지지 못하는 순수한 일반명사로 분류되어야 한다. 이런 점에서 '사람'은 '남자'와 구별되지만, 항상 의존명사로만 기능하는 '명'이나 '분'과는 차이를 보인다.

단위성 의존명사 중에는 일부 명사처럼 수사의 수식 없이도 사용되는 유형들이 존재한다. 현재 이들은 DECO 사전에 별도의 태그를 통해 구별되어 있다. 일반적으로 수사를 수반하는 의존명사의 용법을 보이는 형태들 중에 특히 측량 단위를 표현하는 형태들이 이러한 특징을 나타내는데, 예를 들어 '데시벨' '미터' '킬로그램', '엔', '유로'와 같은 형태들이다. 다음과 같은 특정 유형의 문장에서 단독으로 실현된 특징을 보이는데,

(23ㄱ) 그 길이는 '<u>미터</u>'로 잽니다
(23ㄴ) '<u>데시벨</u>' 단위로 측정을 합니다.
(23ㄷ) 모두 '<u>엔</u>'화로 바꿀 예정입니다.

즉 위의 예들은 일종의 메타표현들로서, 'X-단위로 측정하다/재다/사용하다'와 같은 문장 형식에서 실현된 형태들이다. 이 경우 단위명사들이 수사없이 일반명사와 같은 용법으로 사용된다.

1.3.3.5. 음절 정보(SLA/SLB/SLC/SLD/SLE/SLF/SLG)

앞서 논의한 '단위성 의존명사(MES)'는 외래어에서 유입된 상당수의 측량 단위 표현들로 인해 여러 음절로 구성된 표제어 형태가 빈번하지만, '비단위성 의존명사(INC)'의 경우는 상대적으로 짧은 단음절어의 비중이 높다. 비단위성 의존명사의 음절수 분포를 보면 다음과 같다.

- 1음절어(SLA) 비단위성 명사(INC): 110여개
- 2음절어(SLB) 비단위성 명사(INC): 60여개
- 3음절어(SLC) 비단위성 명사(INC): 10여개

위의 각각의 예를 보이면 다음과 같다.

(24ㄱ) 길 | 녘 | 뻔 | 척
(24ㄴ) 가량 | 나름 | 노릇 | 무렵 | 바람
(24ㄷ) 가운데 | 나머지 | 등등등 | 투성이

반면 다음은 단위성 의존명사의 음절수 분포를 보인다.

- 1음절어(SLA) 단위성 명사(MES): 360여개
- 2음절어(SLB) 단위성 명사(MES): 350여개
- 3음절어(SLC) 단위성 명사(MES): 120여개
- 4음절어(SLD) 단위성 명사(MES): 60여개
- 5음절어(SLE) 단위성 명사(MES): 20여개
- 6음절어(SLF) 단위성 명사(MES): 10여개
- 7음절어 이상(SLG) 단위성 명사(MES): 10여개

단위성 의존명사의 경우도 1음절어의 수가 가장 많으며, 2음절어, 3음절의 순서로 나타난다. 4음절어 이상은 대부분 외래어 전사표기 형태로서 '메가비트, 밀리미터, 테라바이트, 제곱센티미터' 등과 같은 형태들이 여기 해당한다.

1.4. 관형명사(ZNM) 범주

1.4.1. 하위분류 체계

그림 15는 관형명사(ZNM)의 하위분류 체계를 보인다.

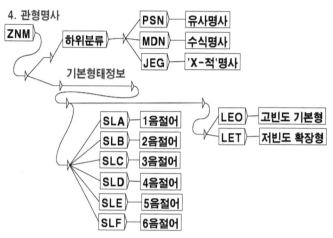

그림 15. 관형명사(ZNM)의 하위분류 체계

1.4.2. 하위분류 표제어 분포

'관형명사(ZNM)' 범주는 현행사전이나 학교문법에서 별도의 명칭으로 분류되지 않은 일련의 통사·의미적인 특수성을 보이는 명사 부류이다. 이들은 특히 다음과 같은 속성을 보인다.

• 다른 명사를 수식하는 관형어 위치에 실현
• 현대 한국어에서 명사로서의 자립성 약하여 주어/목적어 위치에 출현 불가
• 그외의 다른 조사의 결합에 심한 제약이 존재
• 대체로 한자어 2음절어의 형태적 특징

위에서 보듯이 이들은 일반명사들의 가장 중요한 속성인 '주어'나 '목적어' 위치에 실현하지 못하고 그 외의 조사들과의 결합도 자유롭지 못하다는 점에서 차이를 보인다. 또한, 일반적으로 2음절어 한자어로 구성되기 때문에 한국어 맞춤법 표기법상 문장 내에서 다른 성분에 붙여쓰여지지 않는 자립형식으로 출현할 수 있다는 점에서 또한 접사 등과 같은 비자립성분과는 구별된다. 가령 다음 (25ㄱ)에 실현된 관형명사 '조기'는 피수식어 위치의 명

사와 분리되어 하나의 독립된 토큰의 형태로 실현될 수 있다는 점에서 (25ㄴ)과 같이 관형어 위치에 실현되는 일반명사 '외국'과 유사한 속성을 보인다.

(25ㄱ) <u>조기</u> 유학
(25ㄴ) <u>외국</u> 유학

그러나 (25ㄱ)의 '조기'는, 주격조사나 목적격 조사를 수반하여 주어나 목적어로 기능하는 명사 '외국'과 달리 문장 내에서 이러한 성분으로 기능하지 못한다.

이러한 '관형명사(Modifying Noun)' 부류는 다음과 같이 '유사명사(PSN)'와 '수식명사(MDN)', 그리고 'X-적(的)명사(JEG)'의 3가지 유형으로 하위분류된다.

• 유사명사(PSN): 약간의 명사성 속성을 유지하는 부류(일부 조사를 허용)
• 수식명사(MDN): 관형어적 속성이 굳어진 부류(조사 허용이 거의 불가)
• 'X-적(的)명사(JEG)': '으로/이다'만을 허용하는 관형명사 유형

위에서 언급한 바와 같이 유사명사는 제한된 형태의 조사를 허용하거나 일부 형용사 파생을 허용할 수 있는 반면, 수식명사(MDN)는 이러한 형태·통사적 속성에 있어 보다 심한 제약을 보인다. 'X-적(的)' 명사는 한자어에 접미사 '적(的)'이 결합한 형태로 다른 명사를 수식하거나 또는 '이다'나 '으로'를 수반한 위치에서만 실현된다. 관형명사는 현재 DECO 사전에 전체 1,920여개로 등재되었다. 이들의 하위유형별 표제어 수를 보이면 표 82와 같다.

유형	태그	설명	예시	표제어수
하위분류	PSN	유사명사	간이, 과다	160
	MDN	수식명사	민주, 과격	940
	JEG	'X-적' 관형명사	합리적, 이기적	800
기본확장어휘	LEO	고빈도 기본어휘	모의, 의붓	860
	LET	저빈도 확장어휘	냉간, 내폭	1040
음절정보	SLA	1음절어	NA	0
	SLB	2음절어	국유, 고등	1100
	SLC	3음절어	강제적, 이산화	680
	SLD	4음절어	무계획적, 비이성적	110
	SLE	5음절어	형이상학적	20
	SLF	6음절어	무정부주의적	10

표 82. 관형명사(ZNM) 범주의 하위분류와 표제어 분포

1.4.3. 하위분류 태그별 특징 기술

1.4.3.1. 유사명사 범주(PSN)

유사명사는 다음 예에서 명사 왼쪽의 관형어 위치에 실현된 수식어 성분들이다.

(26ㄱ) <u>각종</u> 대회 | <u>각종</u> 경기
(26ㄴ) <u>간이</u> 식당 | <u>간이</u> 휴게실
(26ㄷ) <u>고등</u> 교육 | <u>고등</u> 생물
(26ㄹ) <u>무단</u> 결석 | <u>무단</u> 횡단
(26ㅁ) <u>즉석</u> 요리 | <u>즉석</u> 식품

위의 형태들을 다음 예들과 비교해 보자.

(27ㄱ) <u>고무</u> 장갑 | <u>비닐</u> 장갑 | <u>가죽</u> 장갑
(27ㄴ) <u>증명</u> 사진 | <u>여권</u> 사진 | <u>가족</u> 사진

형태·통사적으로 볼 때 (26)의 예들은 (27)의 예들과 유사하다. (26)의 수식 성분들이 일반 명사와 구별되는 가장 중요한 차이가 명사의 기본적인 기능인 '주어/목적어'의 통사적 기능을 수행할 수 없다는 점이다.

(28ㄱ) *간이가 | *간이를
(28ㄴ) *무단이 | *무단을
(28ㄷ) *고등이 | *고등을

위의 예에서 보듯이 (26)의 수식성분들은 주격/목적격 조사 자체의 결합을 허용하지 않는다. 반면 일부 제한된 후치사를 동반하여 보어 위치에 실현되거나 '하다'를 수반하여 형용사를 파생할 수 있다.

(29ㄱ) 그들은 <u>간이로</u> 설치한 식당에 들어갔다
(29ㄴ) 그들이 <u>무단으로</u> 길을 건넜다
(29ㄷ) 인간이 모든 생명체 중에서 가장 <u>고등하</u>다는 것이 사실입니까?

위에서 보듯이, '간이' '무단' '고등'은 일부 통사적 위치에서는 제한적으로 다른 명사들과 유사한 기능을 한다. 이와 같은 검증을 통해 획득된 유사명사는 현재 DECO 사전에 160 여개가 등재되어 있다. 이들을 대체로 2음절 한자어로 구성되어 있으며 일부 유형이 3음절 어로 실현된다. 표 83은 일부 예를 보인다.

가공	과대	내국	단상	모두	불모	유휴	천부
가변	과소	내생	단성	모의	불문	이질	천연
가상	과잉	내연	당기	무단	불시	인위	청정
가성	관치	다각	대상	무성	불치	자구	초대
각종	구두	다면	도보	무연	불후	장기	환상
간이	구상	다원	동계	무염	상용	절대	후발
고가	국영	다중	동기	무통	선진	정기	후생
고등	국유	다형	동문	무풍	수동	정예	후진
고속	극도	단기	동시	무한	수상	조기	
고유	기성	단독	동위	법정	수시	즉석	
공동	기정	단립	만능	부동	수의	즉시	
과다	난치	단명	망상	불가분	원시	즉흥	

표 83. '유사명사(PSN)' 부류의 일부

1.4.3.2. 수식명사 범주(MDN)

앞서 유사명사 부류와 달리 '수식명사'는 관형명사 중에서 어떠한 유형의 후치사도 허용하지 않는 형태이다. 현대 한국어에서 자립명사와 비자립 어기 사이의 중간적 성격을 보이는 유사명사 부류와 달리, 한자어의 의미적 자립성만 가진 채 형태·통사적으로는 자립성을 획득하지 못한 유형이다. 다음 예의 선행성분들을 보자.

(30ㄱ) 간접 자본 | 간접 투표
(30ㄴ) 구급 상자 | 구급차
(30ㄷ) 민주 국가 | 민주 정치
(30ㄹ) 연두 벌레 | 연두 빛깔
(30ㅁ) 의붓 아버지 | 의붓 오빠
(30ㅂ) 이복 동생 | 이복 형제
(30ㅅ) 저명 인사 | 저명 계층
(30ㅇ) 희소 가치 | 희소 성향

대부분 한자어로 되어 있으나, '의붓'과 같은 순우리말로 구성된 형태도 포함된다. 뒤에 오는 성분이 2음절어인 경우 일반적으로 붙여쓰거나 띄어쓰기가 모두 허용되며, 1음절어가 뒤따르는 경우는 붙여쓰는 것이 더 자연스러운 경우가 많다.

(31ㄱ) 구급차 | 구급약
(31ㄴ) 의붓딸 | 의붓형

현재 수식명사는 DECO 사전에 940여개가 수록되어 있으며, 이중 10여개의 3음절어를 제외하면 모두 2음절어 형태로 되어 있다. 3음절어에는 '수산화, 수소화, 일산화' 등과 같이

'X-화' 형태의 화학과 관련된 용어들이 나타난다.

수식명사의 의미적 특징들을 보면, 추상적 속성 및 모양이나 자질 등의 양태뿐 아니라 '의붓, 이복, 이종' 등과 같이 가족관계를 표현하는 어휘 부류, '연두, 보라, 주홍, 주황'과 같은 색깔 관련 어휘들이 포함된다. 후자의 경우는 '색, 색깔, 빛, 빛깔' 등과 같은 특정 명사 부류와 공기하는 특징을 보인다. 표 84는 전체 940여개의 수식명사 중 일부 예를 보인다.

가능	강대	건전	과대	국부	내수	능동	대중
가상	강력	고고	과소	국소	내연	다양	도서
가시	강렬	고위	광역	국제	내열	다의	독불
가용	강박	공공	괴기	군소	내용	다중	돌연
간결	강수	공동	구급	군수	내진	단순	동계
간접	강우	공식	구비	균일	내한	단열	동일
간편	개별	공정	구체	극기	내향	단일	
간헐	거대	과격	국립	극성	농후	대인	

표 84. '수식명사(MDN)' 부류의 일부

1.4.3.3. 'X-적(的)'명사 범주(JEG)

현재 DECO 사전에는 810여개의 'X-적(的)' 명사(JEG)의 표제어가 내장되어 있다. 이때 'X' 위치에는, 대체로 한자어로 된 명사 또는 비자립성분이 실현된다. 'X-적(的)' 부류은 기존 인쇄사전에서 명사 및 관형사로 간주되어 왔으나, 실제로 일반명사 부류와는 형태·통사적 기능 및 의미 속성에서 차이를 보인다. 이러한 이유로 표준국어대사전에서는 이들을 명사가 아닌 '어기'와 같은 중간적 성분으로 등재하기도 하였다. 이들은 앞서 논의한 유사명사 및 수식명사 부류처럼, 일반명사들의 가장 전형적인 위치인 주어/목적어 위치에 실현되지 못하고 일정 제한된 통사적 위치에서만 실현 가능하다. 이들이 실현되는 위치는 다음의 3가지 문맥으로 정리된다.

- '이다'를 수반한 서술어 성분
- '으로'를 수반한 부사어 성분
- 명사를 수식하는 관형어 성분

각각의 예를 보이면 다음과 같다.

(32ㄱ) 그는 너무 <u>감정적이다</u>
(32ㄴ) 그는 너무 <u>감정적으로</u> 판단한다
(32ㄷ) 그는 너무 <u>감정적</u> 판단이 앞서서 이성을 잃을 때가 많다

즉 '이다'를 수반하여 서술어 형태로 실현되거나 '으로'를 수반한 부사어 형태로 실현 가능하며, 다른 명사를 수식하는 관형어 위치에 실현된다. '이다'나 '으로'를 수반하는 점에서 명사와 유사하고, 단독으로 명사 앞에 실현될 수 있다는 점에서 명사 또는 관형사 범주로 분류될 수 있으나, 의미적으로는 명사보다는 형용사 범주와 더 가까운 속성을 보인다. 이러한 형용사적 속성을 고려하여 DECO 사전에서는 'X-적-이다' 형태를 '이다'에 의해 유도된 형용사 표제어로 등재하고, 'X-적-으로'는 이와 연관된 부사 표제어로 분류하였다. 따라서 (32ㄷ)과 같이 관형명사 범주에서 논의되는 'X-적(的)' 명사는 (32ㄱ)과 (32ㄴ)과 같은 형태의 형용사/부사 범주와 형태론적 연관성을 갖게 된다.

그런데 'X-적(的)' 형태는 현재에도 생산성이 있어, 특히 'X' 위치에 순우리말이나 외래어가 분포한 다음과 같은 형태들이 관찰된다.

(33) 어린아이적 발상이다 | 넌센스적인 행동이야

표 85는 DECO 사전에 수록되어 있는 800여개의 'X-적(的)' 명사의 일부를 보인다.

가공적	거국적	고의적	관습적	궁극적	남성적
간접적	거시적	고전적	관용적	권위적	낭만적
간헐적	건설적	고정적	관조적	귀족적	내면적
감각적	격동적	고증적	광란적	규범적	내부적
감동적	격정적	고질적	광신적	규칙적	내성적
감명적	결과적	공간적	광적	극단적	내재적
감상적	결사적	공개적	교육적	극적	내적
감성적	결정적	공격적	구국적	근본적	내향적
감정적	경쟁적	공상적	구조적	근시안적	냉소적
강압적	경제적	공식적	구체적	급진적	노골적
강제적	경험적	공적	국가적	긍정적	논리적
개괄적	계급적	과도기적	국민적	기본적	논증적
개략적	계속적	과도적	국보적	기술적	누진적
개방적	계절적	과학적	국부적	기습적	능동적
개별적	계획적	관념적	국소적	기적적	능률적
개인적	고무적	관능적	국지적	기초적	
개혁적	고백적	관례적	군사적	기형적	
객관적	고압적	관료적	굴욕적	낙천적	

표 85. 'X-적(的)'명사(JEG)의 일부

1.4.3.4. 음절 정보(SLA/SLB/SLC/SLD/SLE)

앞서 지적한 바와 같이 'X-적(的)'을 구성하는 성분 'X'는 대체로 한자어 2음절어로서, 현대 한국어에서 자립성을 가진 '명사' 부류와 자립성을 가지지 못한 일종의 '어기' 부류를 모두 포함한다. 다음 (34ㄱ)과 (34ㄴ)은 각각 명사와 어기가 '적(的)'을 수반한 예를 보인다.

(34ㄱ) 공격-적, 논리-적
(34ㄴ) 이기-적, 합리-적

'X' 성분의 대부분이 2음절로 되어 있는 특징으로 인해, 'X-적(的)' 관형명사의 음절별 구성에서 3음절어(SLC)의 비중이 가장 높다. 표 86에서 보이는 바와 같다.

태그	설명	예시	표제어수
SLA	1음절어	NA	0
SLB	2음절어	공적, 단적	20
SLC	3음절어	가시적, 노골적	660
SLD	4음절어	과도기적, 무차별적	110
SLE	5음절어 이상	형이상학적, 무정부주의적	20

표 86. 'X-적(的)'명사의 음절별 표제어 수

이 유형의 조어론적 특징상 1음절어 어휘(SLA)는 존재할 수 없다. 2음절어 어휘는 전체 20여개로 나타났다. 표 87는 이들 목록을 보인다.

공적	극적	단적	미적	사적	심적	양적	외적	종적	질적
광적	내적	물적	법적	성적	암적	영적	전적	지적	횡적

표 87. 2음절어로 된 'X-적(的)'명사의 표제어 목록

2음절어(SLB) 어휘는 위에서 보듯이 'X'가 1음절어로 된 구성이므로 그 수가 제한적이다. 이 경우 'X-적-이다'와 같은 형용사 술어를 허용하지 않는 경우가 많다. 즉 'X-적-으로' 부사 형태로만 존재하고, 대응되는 형용사 술어가 허용되지 않는 경우이다.

(35ㄱ) 외적으로는 문제가 없다　☞ *증거가 외적이다
(35ㄴ) 단적으로 말해서　☞ *그 사건은 단적이다
(35ㄷ) 전적으로 그 사람 책임이다 ☞ *그 사람 책임이 전적이다

반면 2음절 한자어에 '적(的)'이 결합하여 전체 3음절어가 된 경우는 전체의 80% 이상을 차지한다. 또한 3음절 한자어에 결합하여 4음절 관형명사가 된 경우는, 부정 접두사 '비, 무, 불, 부, 반' 등이 결합한 파생 형태가 대부분이다. 이때 이 접두사들은 '적(的)'을 제외한

나머지 성분과는 결합에 제약을 보여, 실제로 2음절 한자어에 '적(的)'이 결합한 후 파생되는 것으로 보인다. 다음을 보자.

(36ㄱ) 비판 > 비판적 > 무비판적
(36ㄴ) 비판 > *무비판 > (무비판적)

(37ㄱ) 인륜 > 인륜적 > 반인륜적
(37ㄴ) 인륜 > *반인륜 > (반인륜적)

위에서 보듯이, '무비판적'에 대해서 '무비판'은 가능하지 않다. 반면 '비판적'과 '비판'은 모두 가능하다. 이를 통해 '비판/비판적'과 같이 '적(的)' 파생이 일어난 후 여기에 다시 접두사 '무(無)'에 의한 파생이 일어나는 것으로 분석할 수 있다. '반인륜적'의 경우도 '반인륜'이 존재하지 못하는 점에서, '인륜 > 인륜적 > 반인륜적'과 같은 순서의 파생이 일어난 것으로 분석된다.

1.5. 관형사(ZNT) 범주

1.5.1. 하위분류 체계

그림 16은 관형사(ZNT) 범주의 하위분류 체계를 보인다.

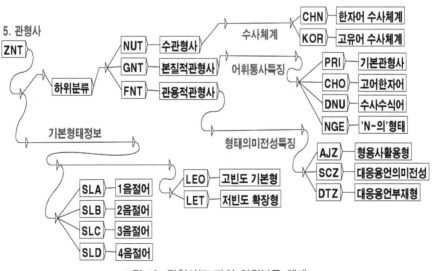

그림 16. 관형사(ZNT)의 하위분류 체계

1.5.2. 하위분류 표제어 분포

'관형사(ZNT)' 범주는 다음과 같이 3가지 유형으로 하위분류되며 전체 420여개의 표제어로 구성되어 있다.

- 수관형사(NUT)
- 본질적 관형사(GNT)
- 관용적 관형사(FNT)

'수관형사(NUT)'는 수사체계에 따라, 한자어 수사체계(CHN)과 고유어 수사체계(KOR)로 분류된다. '본질적 관형사(GNT)' 유형은 기본적 유형(PRI)과 고어 한자어에서 비롯되어 그 쓰임이 제한적인 유형(CHO), 그리고 수사를 수식하는 관형사(DNU), 'N-의' 명사구 형태로 된 관형사(NGE) 유형으로 하위분류된다.

끝으로 '관용적 관형사(FNT)'는 형태적으로는 대응되는 용언이 존재하는 유형이다. 그러나 실제로 대응되는 형용사나 동사가 존재하지 않는다는 점에서 용언의 관형형과 구별되는데, 이를 좀 더 구체적으로 살펴보면 다음과 같은 3가지 유형으로 분류된다. 즉 형태적으로 대응되는 형용사가 존재하지만 이와 무관하게 관형사로의 쓰임이 빈번한 유형(AJZ), 대응되는 용언이 존재하지만 그 의미 전성이 뚜렷한 유형(SCZ), 그리고 용언활용형의 형태를 띄고 있기는 하지만 실제로는 대응되는 용언이 존재하지 않는 유형(DTZ)으로 하위분류된다. 이들의 하위유형별 표제어 분포를 보이면 표 88과 같다.[47]

유형	태그	설명	예시	표제어수
하위유형1 (NUT:수관형사)	CHN	한자어 수사체계	백, 천	110
	KOR	고유어 수사체계	두, 마흔	60
하위유형2 (GNT:본질관형사)	PRI	기본관형사	그깟, 몇	130
	CHO	고어한자어	당, 범	20
	DNU	수관형사명사구수식	일금, 도합	20
	NGE	N-의 형태	각각의, 하등의	10
하위유형3 (FNT:관용관형사)	AJZ	형용사활용형	어떤, 이런	40
	SCZ	대응용언의미전성	고얀, 썩을	40
	DTZ	대응용언부재형	무슨, 외딴	30
기본확장어휘	LEO	고빈도 기본어휘	어느, 별	240
	LET	저빈도 확장어휘	어인, 애먼	180

---

47) 앞서 언급한 바와 같이 현재 사전에 등재된 표제어수를 십단위로 조절하여 제시하는 원칙을 적용하였기 때문에, 이 표에 분류된 각 항목별 수를 합하면 전체 420개를 넘는 갯수로 나타난다.

유형	태그	설명	예시	표제어수
음절정보	SLA	1음절어	딴, 한	100
	SLB	2음절어	허튼, 한낱	150
	SLC	3음절어	막다른, 새빨간	150
	SLD	4음절어	빌어먹을, 한다하는	40

표 88. 관형사 범주의 하위분류와 표제어 분포

1.5.3. 하위분류 태그별 특징 기술

1.5.3.1. 수관형사(NUT) 유형

수관형사 부류는 앞서 수사에서 논의한 유형과 대응되는 형태들로, 대부분은 수사와 동일한 형태를 보이나, '두, 한' 등과 같은 형태는 수사와 다른 형태를 보인다. 이들은 약 170여개로, 한자어 수사체계에 속하는 유형과 고유어 수사체계에 속하는 유형의 두 가지로 나뉜다.

- 한자어 수사체계(CHN) 부류
- 고유어 수사체계(KOR) 부류

1.5.3.1.1. '한자어 수사체계'(CHN) 관형사

'만, 백, 사, 기십, 칠팔천' 등과 같은 한자어 수관형사로, 현재 DECO 사전에 110여개가 수록되어 있다. 표 89는 한자어 유형의 수관형사를 보인다.

간	기천	삼	수십만	오륙	육칠천	일이억	팔구만
경	기천만	삼사	수십억	오륙만	이	일이조	팔구백
구	기천억	삼사만	수십조	오륙백	이삼	일이천	팔구십
기만	기천조	삼사백	수억	오륙십	이삼만	조	팔구억
기백	만	삼사십	수조	오륙억	이삼백	천	팔구조
기백만	백	삼사억	수천	오륙조	이삼십	칠	팔구천
기백억	사	삼사조	수천만	오륙천	이삼억	칠팔	
기백조	사오	삼사천	수천억	육	이삼조	칠팔만	
기십	사오만	수만	수천조	육칠	이삼천	칠팔백	
기십만	사오백	수백	십	육칠만	일	칠팔십	
기십억	사오십	수백만	십여	육칠백	일이	칠팔억	
기십조	사오억	수백억	양	육칠십	일이만	칠팔조	
기억	사오조	수백조	억	육칠억	일이백	칠팔천	
기조	사오천	수십	오	육칠조	일이십	팔	

표 89. 수관형사 중 한자어(CHN) 부류

1.5.3.1.2. '고유어 수사체계'(KOR) 관형사

'네, 석, 쉰, 첫, 한, 두어, 여남은, 예닐곱' 등과 같이 고유어 수관형사로, 현재 60여개가 등재되어 있다. 표 90은 고유어(KOR) 유형의 수관형사를 보인다.

너	네	두서너	서	스무	여든	열한	첫
너대	다섯	두세	서너	스무남은	여섯	예닐곱	첫째
너댓	닷	두세째	서너째	스물네	열	예닐곱째	한
너댓째	대여섯	두어	서른	아홉	열네	예순	한두째
너덧	대여섯째	두어서너	석	아흔	열댓	일고여덟	
너덧째	댓	두어째	세	여덟	열두	일곱	
넉	두	마흔	쉰	여덟아홉	열세	일흔	

표 90. 수관형사 중 고유어(KOR) 부류

수관형사의 경우, 고유어 체계의 '한, 두, 세, 네, 스무'의 4가지 형태를 제외하고는 모두 수사와 형태적으로 일치한다. 즉 이들은 현재 두 범주에서 중복적으로 등재된다. 수관형사에도 '기십'이나 '칠팔천', '두어', '예닐곱'과 같은 어림수 표현이 포함되는데, 앞서 수사에 대한 논의에서 살핀 것처럼, 그 조합이 제한적으로 나타난다. 이들은 언뜻 매우 생산적일 것으로 생각되나, '일이' '이삼' '삼사' '사오' '오륙' '육칠' '칠팔' '팔구' '구십' 등과 같이 이웃하는 수를 바탕으로 하는 어림수 외에는 수적으로 조합이 이루어지지 않는다. 이들의 경우 유한한 수의 표제어를 구성하므로 가능한 형태들이 모두 사전 표제어에 등재되는 방식으로 처리되었다.

앞서 수사에 관한 논의에서 언급한 바와 같이, '수관형사의 복합형'은 여기서 살핀 기본 단위들을 중심으로 유한상태 오토마타(FSA) 방식으로 표상된다.

1.5.3.2. 본질적 관형사 유형(GNT)

이 부류는 형태적으로 불변 형태를 보이는 본질적 관형사 부류로서, 180여개가 수록되어 있다. 이들은 다시 다음의 4가지로 하위분류된다.

- '기본 유형'(PRI) 관형사
- '고어 한자어'(CHO) 관형사
- '수관형사 내포 명사구' 수식(DNU) 관형사
- 'N-의' 형태(NGE) 관형사

1.5.3.2.1. '기본 유형'(PRI) 관형사

'기본 관형사' 부류는 다음 문장의 수식어 위치에 실현된 유형들처럼 전형적인 불변형 관형사 유형을 나타낸다.

(38ㄱ) 각 학급에서 1명씩 왔습니다.
(38ㄴ) 세상에 맨 사기꾼들만 넘쳐나는구나!
(38ㄷ) 새 작업 환경에 적응하려면 누구나 노력이 필요합니다
(38ㄹ) 어느 분이 먼저 오셨나요?
(38ㅁ) 의 학생이 어제 온 학생입니까?
(38ㅂ) 한낱 짐승이 이렇게 은혜를 갚으려 하였군요!

이러한 관형사 부류는 현재 DECO 사전에 130여개가 등재되어 있다. 표 91은 이들 관형사 부류의 일부를 보인다.

가지가지	그깟	네깟	벨	어인	우리	저깟	조따위
각	그따위	니	벨벨	여느	웬	저따위	조딴
각종	그딴	니까짓	벼라별	여러	윗	저딴	조만
갖가지	그만	니깐	별	옛	이	저만	총
갖갖	긴긴	니깟	별별	온	이까짓	저희	한
고	까짓	당해	별의별	온갖	이깐	전	한낱
고까짓	내	뒷	새	왠	이깟	전전	헛
고깐	너까짓	딴	수	왼	이내	제	현
고깟	너깟	매	아랫	요	이따위	제까짓	
고따위	너네	맨	아무	요까짓	이딴	제깐	
고딴	너따위	먼먼	아무아무	요깐	이만	제깟	
고만	너희	몇	양대	요깟	일개	조	
그	네	몇몇	어나	요따위	저	조까짓	
그까짓	네까짓	모모	어느	요딴	저까짓	조깐	
그깐	네깐	뭇	어느어느	요만	저깐	조깟	

표 91. 본질관형사 중 기본유형(PRI) 관형사 일부

위에서 보듯이, '이/그/저/요/조' 등의 지시어에 일정 성분이 결합한 '그까짓, 그따위, 그딴'과 같은 복합형 관형사 부류와, 인칭 대명사 '너/제' 등에 결합한 '너따위, 너까짓' 등과 '제따위, 제까짓' 등과 같은 복합형이 포함되어 있다.

1.5.3.2.2. '고어 한자어'(CHO) 관형사

'고어 한자어' 부류는 한자어에 기반한 고어적인 표현들로서, 특정 의미 계열의 명사 앞에서만 실현된다. 예를 들어 다음을 보자.

(39ㄱ) 고 김 영희 여사

(39ㄴ) 귀 회사에서

(39ㄷ) 타 기관에서

(39ㄹ) 구 삼양식품

위에서 보듯이, (39ㄱ)의 관형사 '고'는 사람의 인명을 나타내는 명사구 앞에 위치한다. 이때 '김 영희'와 같은 온전한 이름 대신 '영희'나 '김'과 같은 일부분만 실현되면 부자연스럽다. 사람을 대신하는 직책이나 그외 유사한 인물성 명사가 실현되어도 이것이 구체적 개인을 지칭하는 것으로 해석될 수 있어야 한다. 반면 (39ㄴ)의 '귀'는 일반적으로 '회사, 기관, 학교' 등과 같이 집합적 조직을 의미하는 명사들을 수식하는 관형사로 실현된다. (39ㄷ)의 '타'나 (39ㄹ)의 '구'의 경우도 (39ㄴ)의 경우와 유사한 의미제약 관계를 보인다. 이들에 대한 명시적인 기준을 제시하기는 어렵지만 기본적인 관형사 부류와는 달리 그 통사·의미적 제약이 심하며 일상적으로 저빈도의 출현 양상을 보이기 때문에 이들에 대한 별도의 구별이 유용하다고 판단되었다. 이렇게 추출된 '고어 한자어' 부류는 현재 DECO 사전에 약 20여개가 수록되어 있다. 표 92에서 보이는 바와 같다.

고 구 귀	당 대 동	모 반 범	본 속 순	신 양 원	주 타

표 92. 본질관형사 중 고어한자어(CHO) 관형사 부류

1.5.3.2.3. '수관형사 내포 명사구' 수식(DNU) 관형사

'수관형사 내포 명사구 수식' 관형사(DNU) 유형은, '수관형사'를 포함하는 명사구를 다시 수식하는 관형사 부류이다. 대체로 '수'의 합이나 또는 금액, 시간 등의 수관형사 내포 명사구와 연관된 의미자질을 보이는데, 예를 들면 다음과 같다.

(40ㄱ) 단돈 오백 원만 있으면 됩니다

(40ㄴ) 물경 오억 원의 손해를 보았습니다

(40ㄷ) 만 삼 일만에 공사를 끝냈어요

(40ㄹ) 일금 백만 원을 지불하기로 함

현재 이 관형사 부류도 DECO 사전에 약 20여개가 수록되어 있다. 표 93과 같다.

갓	단	도합	물경	연	작	제
근	단돈	만	약	일금	장장	한

표 93. 본질관형사 중 '수관형사 내포 명사구' 수식(DNU) 관형사 부류

1.5.3.2.4. 'N-의' 형태(NGE) 관형사

'N-의' 형태의 관형사 부류는 '명사'에 속격 표지 '의'가 결합한 형태로서, 본래의 명사의 기능을 상실하고 일종의 관용적 표현으로 굳어진 예를 보인다. 예를 들면 다음과 같다.

(41ㄱ) 그 사람에게는 <u>하등의</u> 잘못도 없습니다
(41ㄴ) 그 사람은 이번에 <u>절호의</u> 기회를 놓쳤군요

위의 '하등의'나 '절호의'는 더이상 명사 '하등'과 '절호'의 기능을 갖지 못하고 이와 같이 굳어진 표현으로만 사용되는데, 이 경우 뒤에 수반되는 명사구도 어휘·의미적인 제약이 심해 제한된 형태들만이 공기할 수 있는 것을 확인할 수 있다.

현재 DECO 사전에는 약 10여개가 수록되어 있는데, 이는 관용적 표현들에 대한 현재 진행 중인 연구를 통해 지속적으로 확장되고 있는 유형이다. 이 부류는 추후 확장될 때 현재의 태그를 이용하여 다른 관형사 부류와 구별되어 사전에 등재된다.

1.5.3.3. 관용적 관형사(FNT) 유형

'관용적 관형사(FNT)' 부류는 형태적으로는 용언의 관형형을 띤 관용적 관형사들이다. 즉 용언의 관형형 활용으로 분류되기보다 굳어진 관형사 범주로 다루어져할 유형으로, 현재 110여개가 수록되어 있다. 표 94는 이 목록을 보인다.

가의할	고런조런	넨장칠	뭔	썩을	오랜	육실할	젠장맞을
가진	고만한	다른	바른	아무러한	오른	이러한	젠장칠
가탄할	고얀	대모한	배라먹을	아무런	올	이런	조러한
가통할	그러한	때늦은	벌건	애먼	옹근	이런저런	조런
감천할	그런	때아닌	빌어먹을	어떠한	외딴	이런조런	조만한
갖은	그런요런	때이른	빨간	어떤	요러한	이만한	주된
거치른	그런이런	막다른	뻘건	어쩐	요런	저러한	지난
고러한	그런저런	모든	새빨간	어쩔	요런저런	저런	지지난
고런	그런조런	모모한	세상없는	어찌한	요런조런	저만한	천하없는
고런요런	그만한	몹쓸	시뻘건	엄한	요만한	저지난	크나큰
고런이런	기나긴	무슨	쌔고쌘	염병할	우라질	제미붙을	헌
고런저런	넨장맞을	무슨무슨	쌘	오는	육시랄	제밀할	

표 94. '관용적 관형사(FNT)' 유형의 목록

이들은 다음과 같은 3가지로 하위분류된다.

- '형용사 활용형'(AJZ) 관형사
- '대응용언 의미전성'(SCZ) 관형사
- '대응용언 부재형'(DTZ) 관형사

1.5.3.3.1. '형용사 활용형'(AJZ) 관형사

'형용사 활용형 관형사' 부류는 형태상으로는 형용사의 활용형의 양상을 보이고 있지만, 이미 관형사로서 쓰임의 비중이 중요하다고 판단되는 유형이다.

(42ㄱ) 요즘 같은 때에 <u>그만한</u> 사람도 없어요
(42ㄴ) <u>어떤</u> 사람이 어제 전화를 했던데요?
(42ㄷ) <u>이런</u> 문제가 자꾸 발생하면 곤란합니다

위에서 나타난 '그만한, 어떤, 이런' 등과 같은 관형사는 현재 형용사 범주에서 다루어지고 있는 '그만하다, 어떻다, 이렇다' 등과 별도로 관형사 범주에서도 중복 분류되는 것이 바람직하다고 판단된 유형들이다. 이들은 현재 약 40여개이다.

1.5.3.3.2. '대응용언의 의미전성'(SCZ) 관형사

다음을 보자.

(43ㄱ) <u>빌어먹을</u> 놈이 요즘은 전화도 없네!
(43ㄴ) 그 사람이 했던 말이 <u>새빨간</u> 거짓말이었네요!
(43ㄷ) 그 <u>썩을</u> 놈이 내 돈을 다 써버렸어!

위의 예에 나타난 '빌어먹을, 새빨간, 썩을'의 관형사는 용언 '빌어먹다, 새빨갛다, 썩다'와 같이 형태적으로 실제 대응되는 용언형이 존재하더라도, 그 의미가 대응되지 않는 굳어진 형태들이다. 이와 같은 '대응용언 의미전성 관형사' 부류는 40여개가 수록되어 있다.

1.5.3.3.3. '대응용언 부재형'(DTZ) 관형사

다음에서 나타난 관형어 성분들도 모두 형태적으로는 용언의 관형형 어미를 취하고 있는 것으로 관찰된다.

(44ㄱ) <u>무슨</u> 색깔이 제일 마음에 드세요?
(44ㄴ) <u>외딴</u> 곳에 갑자기 관광객들이 왔습니다

(44ㄷ) 그날은 아이들이 갖은 핑계를 대며 학교에 가질 않았습니다

(44ㄹ) 우라질 놈이 도대체 말을 들어야 말이지!

(44ㅁ) 어제는 한다하는 사람들이 모두 한 자리에 모였습니다

위에 나타난 '우라질, 한다하는, 갖은, 무슨, 외딴'은 형태적으로는 용언의 관형형으로 보이지만 실제 대응되는 용언이 존재하지 않는다. 이와 같이 '대응용언 부재형 관형사' 부류는 현대 한국어 용법에서 관형사로 굳어진 형태들로서 현재 30여개가 등재되어 있다. 이 부류의 목록도 현재 진행중인 관용표현 연구와 함께 지속적으로 확장되고 있다.

1.6. 일반명사 단순형(ZNZ) 범주

1.6.1. 하위분류 체계

그림 17은 '일반명사 단순형(ZNZ)'(이후 일반명사로 약칭) 범주의 하위분류 체계를 보인다.

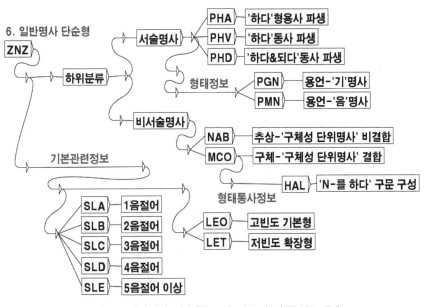

그림 17. 일반명사 단순형(ZNZ) 범주의 하위분류 체계

1.6.2. 하위분류 표제어 분포

'일반명사(ZNZ)' 범주는 서술명사와 비서술명사 유형으로 나뉜다. 이때 서술명사는 파생

되는 용언의 형태에 따라 다음과 같이 3가지로 하위분류된다.

- {하다} 형용사 파생형(PHA)
- {하다} 동사 파생형(PHV)
- {하다/되다} 동사 파생형(PHD)

반면, 비서술명사는 단위명사의 결합유무를 통해 의미적 특성을 형식화하여, 다음과 같이 2가지로 하위분류되었다.

- 추상명사: 구체성 단위명사 비결합형(NAB)
- 구체명사: 구체성 단위명사 결합형(MCO)

현재 DECO 사전에 수록되어 있는 일반명사 표제어의 수는 13,880개이다. 이는 현행 인쇄사전의 30만여개에 이르는 명사 표제어에 대해 낱낱의 개별적인 검증 작업을 거쳐서 획득된 것이다. 우선 별다른 표지없이 섞여있는 상당수의 고유명사와 복합명사, 외래명사 부류들과 분리하기 위해, 로마자 전사표기를 제외한 어휘 성분 중 온전한 자립성분 한 개로만 구성된 어휘들을 추출하였다. 이들에 대한 최종 검토를 거쳐 현재의 '일반명사'의 목록이 구축되었다. 이 부류를 구성하는 과정에서 분리되어 별도의 범주를 설정하고 있는 그외 명사 부류의 판단 근거와 유형을 정리하면 표 95와 같다.

분류기준	분류방식	별도범주	<별도범주>에서 다루어지는 어휘특징
조어적 특징	{자립성분 하나} vs. {비자립&자립/ 2개이상자립어}	1.7장 비단순명사 (ZNX)	비자립성분과 자립성분으로 구성된 '파생명사' 부류와 자립성분 두 개 이상으로 구성된 '복합명사' 부류. 단 외래어를 내포한 일반명사 복합형은 '외래명사(ZNF)'에서, 외래어를 내포한 고유명사 복합형은 '고유명사(ZNE)'범주에서 분류함. 'N+N' 형태 중 현행사전에 부재하여 확장된 유형은 '시사명사(ZNW)'에서 다루어짐.
어원적 특징	{고유/한자어} vs. {외래어}	1.8장 외래명사 (ZNF)	로마자 전사표기로 이루어진 외래어 부류로서, 확장성이 높고 표기법의 다양성이 나타나는 부류. '외래명사로만 이루어진 단순형'과 '외래명사를 내포한 복합형' 모두 포함.
지시적 특징	{일반명사} vs. {고유명사}	1.9장 고유명사 (ZNE)	백과사전의 표제어가 되는 어휘 부류로, 확장성이 높음. 현행 인쇄사전의 역사적으로 검증된 부류에만 한정. 그 외의 현대 새로운 인명/회사명/제품명 등 '개체명(Named Entity)' 관련어는 '시사명사(ZNW)' 범주에서 다룸.
출처적 특징	{현행사전에 검증된 유형} vs. {코퍼스에서 새로 추가된 유형}	1.10장 시사명사 (ZNW)	코퍼스에서 관찰되는 신조어 부류. 일반명사와 고유명사 모두 포함. 일반명사 경우는 파생/복합에 의한 '비단순명사' & 외래어 전사표기에 의한 '외래명사'가 해당되며, 고유명사 경우는 '단순/비단순', '고유어/한자어/외래어' 모든 유형이 포함됨.

표 95. 일반명사 단순형(ZNZ) 외의 다른 범주에서 처리된 명사 유형

위에서 보는 바와 같이, 첫째 조어적 특징을 기준으로 할 때, 비자립성분과 자립성분으로 구성된 '파생명사' 부류와 두 개 이상의 자립성분으로 구성된 '준복합명사/복합명사' 부류는 제외되어 1.7장의 '비단순명사(ZNX)' 범주에서 소개된다. 단 외래어를 내포한 일반명사 복합형은 뒤의 외래명사(ZNF) 범주에서 다루어지며, 외래어를 내포한 고유명사 복합형은 뒤의 고유명사(ZNE) 범주에서 다루어진다. 그외 현행사전에 등재되어 있지 않아 지속적으로 확장이 진행되는 높은 생산성의 '명사+명사' 복합형의 경우는 시사명사(ZNW) 범주에서 다루어진다.

둘째로, 어원적 특징을 기준으로 할 때, 로마자 전사표기로 이루어진 외래어 부류는 확장성이 높고 표기법의 다양성이 나타나는 형태로 1.8장의 '외래명사(ZNF)' 범주에서 소개된다. 이 부류에는 '외래명사로만 이루어진 단순형'과 '외래명사를 내포한 복합형'이 모두 포함된다.

셋째로, 지시적 특징을 기준으로 할 때, 백과사전의 표제어가 되는 고유명사 부류는 현재 일반명사와 분리되어 1.9장의 '고유명사' 범주에서 소개된다. 고유명사에서는 현행 인쇄사전에 역사적으로 검증된 부류를 다루며, 그 외의 현대 새로운 인명/회사명/제품명 등 '개체명(Named Entity)' 부류는 시사명사 범주에서 다루어진다.

실제로 현행 인쇄사전에 수록된 명사 표제어로부터 '일반명사 단순형'을 추출하는 작업이 수행되면, 코퍼스를 기반으로 새로운 명사 유형을 추가하는 작업이 진행된다. 여기서 추출되는 명사 목록에서는 현재 코어(Core)가 되는 '일반명사 단순형'에 추가될 유형은 거의 발견되지 않는다. 즉 코퍼스에서 관찰되는 명사 부류는 위의 3가지 확장형 유형(비단순명사, 외래명사, 고유명사)의 하나에 해당되기 때문에 '자립성분 하나로 구성된 고유어/한자어 기반 일반명사' 부류에는 새롭게 추가되지 않는다. 코퍼스에서 관찰되는 대규모의 신조어 및 사전 미등록어 부류는 다음 네 번째 기준에 의해 다루어진다.

넷째로, 출처성 특징을 기준으로 할 때, 코퍼스에서 일반명사와 고유명사를 모두 포함하는 신조어 부류가 관찰되는데 이들은 1.10장의 '시사명사' 범주에서 소개된다. 여기서 관찰되는 일반명사의 경우는, 파생/복합에 의해 생성된 '비단순명사'이거나 외래어 전사표기에 의해 새로이 도입된 '외래명사'의 특징을 보인다. 고유명사의 경우는 조어적 특징에서 '단순/비단순' 모든 유형이 나타나며, 어원적 특징에서 '고유어/한자어/외래어'의 다양한 유형이 나타난다.

현재 DECO 사전에 수록된 전체 13,880여개의 '일반명사 단순형(ZNZ)'의 하위유형별 표제어의 예와 그 수를 보이면 표 96에서 보이는 바와 같다.

유형	태그	설명	예시	표제어수
서술명사의 하위분류	PHA	'하다' 형용사 파생	결백, 겸손	260
	PHV	'하다' 동사 파생	복수, 경멸	2710
	PHD	'하다/되다' 동사 파생	감동, 감소	2310
서술: 형태정보	PGN	'기' 결합 파생명사	더하기, 던지기	30
	PMN	'ㅁ' 결합 파생명사	모임, 묶음	60
비서술명사의 하위분류	NAB	구체성단위명사 비결합(추상)	가격, 가을	4660
	MCO	구체성단위명사 결합(구체)	연필, 가방	4790
비서술·통사정보	HAL	'N-를하다 구성	사업, 반상회	900
기본확장어휘	LEO	고빈도 기본어휘	여름, 가난	9300
	LET	저빈도 확장어휘	가록, 작월	4580
음절정보	SLA	1음절어	값, 옷	440
	SLB	2음절어	여름, 아이	11670
	SLC	3음절어	가르마, 가마귀	1590
	SLD	4음절어	고슴도치	190
	SLE	5음절어 이상	버르장머리	10

표 96. 일반명사 단순형(ZNZ) 범주의 하위분류와 표제어 분포

1.6.3. 하위분류 태그별 특징 기술

1.6.3.1. '서술성 명사' 정의의 문제

'서술성 명사(Predicative Noun)'는 언어학적으로 쉽게 정의하기 어려운 범주이다. 이러한 이유로 서술성 명사를 정의하기 위한 현실적 방법의 하나로, 뒤에 '하다'나 '되다', '스럽다' 등과 같은 동사 또는 형용사 술어를 파생하는 접미사를 수반할 수 있는가의 여부를 검토한다. 현행 일부 자동처리 시스템에서 채택하는 태그셋의 '서술명사' 분류 기준이, 통사적 특징보다는 바로 이와 같은 형태적 특징, 특히 '하다'와의 결합 가능성에 의존하여 서술성명사와 비서술성명사를 구별하는 방식을 사용하는 이유도 여기에 있다. 그러나 엄밀하게 볼 때, 이러한 서술성 파생접미사의 결합 여부로 명사의 '서술성' 속성을 정의하는 것은 한계가 있다. 다음을 보자.

(45ㄱ) 임종 - 임종하다
(45ㄴ) 죽음 - *죽음하다

위에서 '임종'과 '죽음'은 의미적으로 서로 가까운 명사임에도 불구하고, 후자의 경우는 '하다'에 의한 서술어 구성이 허용되지 않는다. 그렇다면 (45ㄱ)은 서술명사로 판정되고 (45

ㄴ)은 비서술명사로 판정되어야 할 것인데, '죽다'와 같은 서술어의 명사형을 비서술명사로 설정하는 것은 분명히 모순된 설정으로 보인다. 그렇다면 여기서 '하다'가 어떠한 형태·통사적 환경에서 실현되는 것인지를 설명할 수 있을까? 몇 가지 가설이 가능하다.

첫째, 일반적으로 한자어 명사에 '하다' 결합 현상이 더 두드러진다는 점을 들어 (45ㄴ)과 같이 고유어에 '하다'가 결합하는 형태가 불가능하다고 추론할 수 있다. 그런데 다음과 같이 유사 의미 계열의 두 명사에 있어 고유어인 '사랑'은 서술어 구성을 허용하는 반면, 한자어인 '우정'은 그것을 허용하지 않는 점을 보면 이러한 가설을 뒷받침하기는 어렵다.

(46ㄱ) 사랑 - 사랑하다
(46ㄴ) 우정 - *우정하다

둘째로, '죽음'은 이미 동사에 명사형 어미가 결합한 형태라서 '하다' 결합이 안되는 것이 아닐까 가정해 볼 수 있다. 그러나 다음에서 보듯이 이러한 가설도 적합하지 않다.

(47ㄱ) 달리기 - 달리기하다
(47ㄴ) 운동 - 운동하다

위의 (47ㄱ)에서 동사 '달리다'의 명사형 '달리기'에 조어적으로 '하다'가 결합하는 것은 문제가 되지 않아 보인다. 실제로 동사나 형용사에 명사형 어미가 결합한 어휘는 실제로 가장 명백한 '서술어'의 기능과 의미를 가진다. 즉 다음에서 보듯이,

(48ㄱ) 그가 친구들을 <u>도왔다</u>
(48ㄴ) 그가 친구들에게 <u>도움</u>을 주었다

(48ㄴ)의 '도움'은 (48ㄱ)의 서술어 '돕다'와 대응되는 명사형으로, '도움을 주다'라는 서술어의 핵으로 기능하고 있다. 이러한 이유로 동사나 형용사와 형태론적 파생 관계에 있는 명사가 서술어 위치에 실현되는 경우, 이들을 서술명사로 명명하고, 이를 수반하는 '주다/하다/받다' 등과 같은 동사들을 '기능동사(Support Verb)' 또는 '경동사(Light Verb)'로 정의하는 것이 가능하다. 이런 점에서 볼 때, 다음과 같은 동사파생 명사들도 전형적인 서술명사들이다.

(49ㄱ) 자다 - 잠
(49ㄴ) 달리다 - 달리기
(49ㄷ) 돕다 - 도움

그런데 이들은 의미·통사적으로는 서술명사임에도, 형태론적으로 모두 '하다'와 결합이

가능한 것은 아니다.

> (50ㄱ) 잠-자다/ *잠-하다
> (50ㄴ) 달리기-하다
> (50ㄷ) 도움-주다/ *도움-하다

결론적으로, 위의 검증을 통해 '서술명사'의 범주를 설정하기 위한 장치로 '하다/되다' 등과 같은 서술성 파생접미사의 결합 여부만을 고려하는 것은 적절하지 않다는 것을 확인할 수 있다. 이를 보완할 수 있는 하나의 방법은, 최소한 다음과 같은 두 가지 기준으로 '서술 명사'를 정의하는 것이다.

- '하다/되다' 등의 접미사를 통해 동사나 형용사 술어를 파생하는 명사 부류
- '동사나 형용사 술어로부터 일련의 명사화 접미사를 통해 획득된 명사 어휘 부류

1.6.3.2. '하다/되다' 파생과 'ㅁ/기' 명사형

언어학적으로 '서술성 명사'를 위에서 언급한 두 가지 기준을 이용하여 정의하는 경우, 현재 DECO 사전에서 설정한 다섯 가지 태그를 사용하여 이를 분류할 수 있다. 앞서 살핀 바와 같이 '하다/되다'의 결합과 관련한 하위분류로 다음 3가지 부류가 설정되었다.

- '하다' 결합하여 형용사를 파생하는 명사(PHA)
- '하다' 결합하여 동사를 파생하는 명사(PHV)
- '하다/되다' 모두와 결합하여 동사를 파생하는 명사(PHD)

그리고 형용사나 동사로부터 'ㅁ/기'의 접미사를 통해 명사형이 형성된 경우 다음 2가지 형태정보 특성이 표시되었다.

- 동사/형용사에 '기'가 결합하여 파생된 명사(PGN)
- 동사/형용사에 'ㅁ'이 결합하여 파생된 명사(PMN)

위의 '하다/되다' 파생을 유도하는 명사 부류는 현재 '일반명사 단순형(ZNZ)'의 하위범주로 설정된 반면, 'ㅁ/기'에 의해 파생된 명사 부류는 별도의 범주를 구성하지 않고 추가적 형태 정보로 수록되었다. 전자의 경우 5,280여개로 현재 13,880여개 단순명사의 38%에 이르는 높은 비중을 차지하는 반면, 'ㅁ/기'의 형태로 등재된 어휘는 90여개에 지나지 않기 때문이다. 여기서 앞서 예에서 본 바와 같이, '하다/되다'를 허용하는 명사 뷰류에는 조어적으로 이미

'ㅁ/기'에 의해 용언에서 파생된 형태들이 포함된다. 앞서 살핀 것처럼 이 두 부류는 한국어의 조어론적 특징에서 서로 배타적인 성격을 보이지 않는다. 반면 의미적인 특징에 의한 예측도 불가능하다. 다음은 추가적 예를 보인다.

(51ㄱ) 던지기-하다 | 날치기-하다 | 다지기-하다 | 뒤집기-하다
(51ㄴ) *보기-하다 | *거두기-하다 | *섞기-하다 | *덜기-하다

(52ㄱ) 노름-하다 | 다짐-하다 | 다툼-하다 | 싸움-하다
(52ㄴ) *꾸밈-하다 | *미끄럼-하다 | *그림-하다 | *사무침-하다

위에서 (51)은 '기' 파생명사의 '하다'와의 결합 양상을 보이고, (52)는 'ㅁ' 파생명사의 '하다'와의 결합 양상을 보인다. 여기서 (51ㄱ)과 (52ㄱ)은 각각 '하다'와의 결합이 가능한 반면, (51ㄴ)과 (52ㄴ)의 형태들은 이러한 결합이 허용되지 않는 것을 관찰할 수 있다. 표 97은 '기' 결합형 명사(PGN)의 예를 보이고, 표 98은 'ㅁ'결합형 명사(PMN)의 예를 보인다.

거두기	날치기	더하기	덮치기	듣기	맡기	섞기
꺾기	다지기	던지기	돋보기	들치기	보기	좇기
나누기	달리기	덜기	뒤집기	만들기	빼기	차기

표 97. 일반명사 단순형(ZNZ) 중 '기'결합형 명사(PGN) 일부

가름	꾐	다짐	맞춤	받침	사무침	싸움	조림
견줌	꾸밈	다툼	매김	보탬	새김	쌈	졸임
고침	나무람	돌림	모듬	볶음	서두름	엮음	찜
꾐	노름	뜀	모임	북돋음	속삭임	연달음	차림
굴림	놀림	뜸	무침	비빔	솎음	올림	튀김
그림	놀음	마춤	묶음	사귐	시새움	이음	흐느낌
꾀임	높임	마침	미끄럼	사모침	시침	절임	

표 98. 일반명사 단순형(ZNZ) 중 'ㅁ'결합형 명사(PMN) 일부

끝으로 표 99는 '하다'와 결합하여 형용사를 파생하는 명사(PHA)의 일부 예를 보인다.

가난	거만	결여	고지식	과량	광범위	균등	냉정	동등
간단	건강	결핍	곤궁	과민	괴망	극빈	노망	만족
간사	검소	겸손	곤란	과밀	교만	극소	노쇠	무념
감사	결백	고독	공평	과욕	궁색	근면	능통	무능
강대	결벽	고유	과다	과중	궁핍	낙후	단일	무덕

무력	무식	무죄	미개	박학	부덕	부진	불편	비창
무례	무심	무지	미력	방종	부산	불가결	불행	비통
무리	무안	무진장	미련	방탕	부실	불결	비감	빈곤
무명	무욕	무취	박명	번영	부정	불능	비등	빈궁
무미	무용	무효	박복	부강	부족	불운	비만	
무사	무정	문란	박색	부귀	부지런	불충	비정	

표 99. '하다'와 결합하여 형용사를 파생하는 명사(PHA)의 일부

1.6.3.3. 비서술명사의 '구체/추상'(MCO/NAB) 하위분류

비서술성 명사는, 일반적 명사 개념분류에서 설정하는 '구체명사(MCO)'와 '추상명사(NAB)' 부류를 내포한다. 이 두 부류를 명시적으로 정의할 수 있는 기준의 설정이 쉽지 않으나, 언어학적으로 유용한 특징을 나타내므로 일련의 방식으로 이러한 분류를 유지하는 것이 바람직하다고 판단된다. 이를 위해 다음 두 가지 기준을 이용하였다.

1.6.3.3.1. 단위성 의존명사와의 공기 현상

일차적인 검증 기준은, 일련의 '단위성 의존명사(단위명사)' 부류와 결합이 가능한가의 기준에 따라 비서술명사의 두 가지 하위유형을 분류하는 방식이다. 단위명사가 결합하는 유형은 '구체명사(Concrete Noun)' 또는 개체를 나타내는 명사 부류로, 결합이 어려운 유형은 '추상명사(Abstract Noun)' 또는 개념을 나타내는 명사 부류로 분류한다. 이는 다양한 의미 해석의 가능성으로 인하여, 그 명시적 정의가 쉽지 않은 '추상성'과 '구체성'의 문제를 가능한 한 형식적 기준에 의해 검증하는 장치가 된다. 다음과 같은 두 가지 유형의 분류사 동반 문맥에 실현될 수 있는 명사들은 '구체명사'로 간주된다.

(53ㄱ) NUM {단위명사}-의 N
(53ㄴ) N NUM {단위명사}

이때 구체명사 부류는, 다시 결합 가능한 '단위명사'의 형태에 따라 '셀 수 있는 명사, 또는 가산명사(Countable Noun)' 부류와 '셀 수 없는 명사, 또는 물질명사(Uncountable Noun)' 부류로 구별될 수 있다. 다음을 보자.

(54ㄱ) 다섯 자루의 연필
(54ㄴ) 두 개의 가방

(55ㄱ) 이 리터의 물
(55ㄴ) 삼 킬로의 밀가루

위에서 명사 '연필/가방/물/밀가루'는 구체성 단위명사 '자루/개/리터/킬로' 등과 공기하였다. 이러한 특징을 통해 구체성 명사로 분류되는데, 여기서 (54)는 소위 '셀 수 있는 명사, 또는 가산명사'의 형태를 보인다. 즉 여기 수반된 단위명사는 앞서 '단위명사' 관련 논의에서 언급한 '분류사(Classifier)' 유형이다. 반면 (55)의 경우는 소위 '셀 수 없는 명사, 또는 물질명사' 유형으로, 이 경우 수반되는 단위명사 부류는 '물질의 양, 크기, 정도'를 측량하는 '수량사(Quantifier)' 유형이다.

그런데 일정 형태의 단위명사 부류가 결합할 수 있으나 구체명사로 분류하기 어려운 어휘들이 있다. 다음을 보자.

(56ㄱ) 두 <u>번</u>의 가르침
(56ㄴ) 다섯 <u>가지</u>의 시련

위에서 명사 '가르침/시련'은 앞서 (54)/(55)와 유사한 통사적 문맥에서 실현되었다. 이들도 '번/가지'과 같은 단위명사 부류와 공기하였으나, 의미적으로 이 명사들은 구체명사보다는 추상명사에 더 가깝게 판단된다. 실제로 앞서 단위명사에서 논의하였던 '회/번' 등의 '시간성 분류사' 유형과 '가지/부류/종류' 등과 같은 일련의 '총칭적 분류사' 유형이 수반되는 경우이다. 단위명사의 공기 양상을 통해 분명히 그 구체성의 의미자질을 판단할 수 있는 부류가 있는가 하면, (56)과 같이 특정 부류의 분류사와 공기하는 추상성의 명사 부류가 존재한다. 단위명사 전체에 대한 보다 심화된 연구가 진행되지 못한 현 시점에서, 이러한 문제점에 대한 현실적인 보완책으로 다음 두 번째 기준을 이용하여 '구체명사/추상명사'를 구별하는 방법을 사용한다.

1.6.3.3.2. 오감을 통한 묘사 가능성

비서술성 명사의 하위분류를 위한 이차적 기준으로, 다음과 같이 주어진 명사에 대해 '색깔/모양/냄새/소리/맛/촉감'과 같은 오감을 통한 묘사가 가능한가를 검증 방법으로 설정한다.

(57) N-의 {색깔/모양/냄새/소리/맛/촉감} ADJ(어떠하다)

즉 예를 들어 '연필'이나 '가방' '물' '밀가루' 등은 모두 (54)와 같은 문장의 명사 위치에 실현될 수 있는 반면, '가르침'이나 '시련'과 같은 어휘는 이러한 문맥에 실현되기 어렵다. 이러한 검증은 위에서 일련의 분류사를 허용하는 추상적 의미의 명사 부류들을 구체명사들로부터 분리할 수 있는 장치가 된다.

이러한 두 가지 기준을 토대로 하여, 비서술명사의 경우 '구체성 명사' 부류와 '추상성 명사' 부류로 하위분류를 수행하였다. 현재 DECO 사전에 '구체성 명사'는 4,790여개, '추상성 명사'는 4,660여개가 수록되었다.

1.6.3.3.3. 'N-를 하다' 구성 명사(HAL)

현재 DECO 사전에 '하다' 동사를 파생하는 서술명사로 등재된 어휘 부류는, 1차적으로 현행 인쇄사전에 수록되어 있는 'N-하다' 표제어 정보를 토대로 구성되었다. 즉 다음과 같은 문장에 실현된,

(58ㄱ) 그 사람이 <u>사업하다가</u> 완전히 망했대요
(58ㄴ) 오늘 혹시 몇 시에 <u>회의하는지</u> 아시나요?

명사 '사업'이나 '회의'는 '하다' 동사를 파생하는 서술명사의 일종으로 보인다. 그럼 다음에 나타난 형태들은 어떠할까?

(59ㄱ) 그 사람이 <u>(비즈니스+회사+대리점+출판사)-하다가</u> 완전히 망했대요
(59ㄴ) 오늘 혹시 몇 시에 <u>(반상회+세미나+스터디)-하는지</u> 아시나요?

예상할 수 있는 것처럼 위의 (59)에서 'N-하다' 형태로 실현된 유형들은 현행사전에 동사 표제어로 수록되어 있지 않다. 이들은 의미적으로 (58)의 명사들과 유의어 관계에 있는 부류로서, 가령 '비즈니스/회사/대리점/출판사' 등의 명사는 '사업'과 동의어 내지는 하위어 관계에 있으며, '반상회/세미나/스터디' 등의 명사도 '회의'의 특수한 형태를 보이는 하위어 개념들이다. 이런 점에서 (59)의 구성도 (58)과 같이 적법하게 'N-하다'를 구성할 수 있는 성분으로 판단되며, 그렇다면 이들도 모두 동사의 표제어로 등재되는 것이 가능하다.

다만 명사의 어휘 의미적 관계를 고려할 때, 이와 같은 유의어 관계의 어휘 구조는 파생 및 복합 구성을 통해 매우 복잡하게 확장될 수 있다는 점이 문제가 된다. (59ㄱ)에서 '커피숍/빵집/치킨집' 등 다양한 종류의 회사 및 사업, 또는 점포 유형 등이 명사 위치에 실현될 수 있고 (59ㄴ)에서 '동창회/동문회/임원회의/부장회의' 등 다양한 종류의 회의 및 모임, 세미나 부류가 명사 위치에 실현될 수 있다.

이러한 확장성의 부담은, 다음과 같이 서술성 명사라기보다 구체성 명사에 가깝다고 판단되는 명사 부류에서도 확인된다.

(60ㄱ) 작년엔 <u>딸기하다</u> 재미를 못봐서 올해엔 사과를 해볼까 합니다
(60ㄴ) 밥하고 <u>갈비찜하는</u> 데에 시간이 얼마나 걸리나요?
(60ㄷ) 그가 <u>팀장하면</u> 야근은 절대 없을거야!

위에서 관찰되는 '딸기하다/갈비찜하다/팀장하다'는 각각 구체성 명사 '딸기/갈비찜/팀장'을 수반하여 실현되었다. 여기 사용된 '하다'는 대동사 형태로서 다음과 같은 특정 동사들을 대신하는 것으로 보인다.

(61ㄱ) 딸기하다　　= 딸기를 재배하다
(61ㄴ) 갈비찜하다　= 갈비찜을 요리하다
(61ㄷ) 팀장하다　　= 팀장직을 맡다

위에서 (59)와 (60)의 'N-하다' 구성은 실제로는 사전에 등재되어야할 어휘화된 대상이라기보다, 'N-를 하다'와 같은 동사구 구문을 기저형으로 설정하는 것이 적절해 보인다. 이러한 구성은 모든 명사에 무조건 허용되지 않고 일련의 의미적 제약 조건이 충족되는 경우에 한정되지만 여전히 그 확장성이 열려있기 때문에, 이들을 앞서 살핀 'N-하다' 유형의 서술성 명사(PHV)와 함께 분류하기에는 부담이 된다. DECO 사전에서는 이러한 부류의 명사들을 'N-를 하다' 유형의 술어 구문을 허용하는 부류(HAL)로 설정하여 현재 관찰되는 정보를 등재하는 방식을 택하였다. 현재 약 900여개의 명사에 대하여 이러한 태그가 부여되었다.

1.6.3.4. '고빈도 기본어휘'와 '저빈도 확장어휘'

사전 구축에 있어 사전 표제어의 규모가 커지고 그 완성도가 높아질수록 실제로 자주 사용되지 않는 저빈도 어휘 부류가 문제가 된다. 현행사전에서 추출된 표제어 목록은 코퍼스에서 추출된 목록에 비해 훨씬 방대하고 완성도가 높지만, 역사적이고 특수한 환경에서 구축된 유형들을 담고 있어 현재 언어 현실에서 거의 사용되지 않는 어휘 형태들이 포함될 위험이 있다. 전자사전은 인쇄사전과 달리 지면상의 제약이나 비용과 같은 현실적인 문제는 없지만, 지나치게 불필요한 표제어를 내장하고 있는 경우, 이에 따른 불필요한 중의성을 유발하게 되어, 전체 시스템의 효율성이 낮아지게 되는 문제가 발생한다. 이러한 이유로 앞서 논의한 바와 같이, 현행사전에 기초하여 전자사전의 표제어를 구성할 때 상당수의 고어 및 현대 한국어에서 의미를 알기 어려운 통시적 표현들을 별도로 걸러내어 유보하는 방법을 사용하였다. 현재의 DECO 사전 표제어 목록은 이러한 과정을 거쳐 구축되었다.

이렇게 구축된 전자사전 표제어에 대하여, 여기서는 다시 코퍼스를 통한 빈도(Frequency) 검증을 수행한다. 이를 통해 '고빈도 기본어휘(LEO)'와 '저빈도 확장어휘(LET)'의 두 부류로 분류하기 위한 토대를 마련할 수 있다. 다음을 보자.

(62ㄱ) 가족 | 갈등 | 비난 | 비누 | 추론 | 쾌락
(62ㄴ) 가금 | 갈필 | 골품 | 과념 | 봉토 | 희담

위의 예에서 (62ㄱ)와 (62ㄴ)을 비교하면, 단어의 의미나 그 쓰임의 비중에 있어 직관적으로 뚜렷한 차이를 포착할 수 있다. (62ㄴ)은 모국어 화자의 직관으로도, 그리고 실제 코퍼스에서의 빈도적 관점에서도 그 쓰임이 제한적인 '저빈도 확장어휘'의 예를 보인다. 이러한 분류는 이론적으로 객관화하고 정당화하기는 쉽지 않지만, 언어습득이나 사전기반 연구, 자동 번역 시스템이나 태거 개발 등에서 유용한 정보를 제공할 수 있다는 장점이 있다.

1.6.3.5. 음절수 정보와 '단음절어' 명사 목록

현재 DECO 전자사전에 수록된 '일반명사 단순형(ZNZ)' 표제어들의 음절별 분포를 보면, 2음절어의 수가 압도적으로 높은 비율을 보인다. 다음과 같이 정리되는데,

- 1음절어 명사(SLA): 440여개(3%)
- 2음절어 명사(SLB): 11670여개(84%)
- 3음절어 이상의 명사(SLC/SLD/SLE): 1,790여개(13%)

여기서 전체 13,890여개의 한국어 단순명사 부류에 있어 10개 중 8개 이상이 2음절어로 되어 있다는 것을 확인할 수 있다. 순수 단일명사로 3음절 이상인 것은 그 비중이 매우 작아서, 코퍼스에서 관찰되는 3음절어 이상의 토큰은 이미 파생어나 복합어 구성으로 이루어져 있을 확률이 높다.

1음절어 명사(SLA)는 440여개로 전체의 약 3%에 불과하지만, 다음과 같이 다양한 의미를 가진 고빈도의 어휘인 경우가 많다.

(63) 간 | 상 | 성 | 신 | 이 | 장 | 차

만일 이들에 대한 의미적 다양성을 상세하게 나누어, 이를 다중 처리하는 시스템이라면, 현재의 표제어 수준보다 한층 복잡한 중의성의 문제를 다루어야 할 것이다. 단순명사의 대부분이 2음절어인 한국어 어휘적 특성상, 이러한 단음절어의 목록은 다양한 복합구성의 미등록어를 효과적으로 유추하고 분할하는 데에 중요한 자원이 된다. 표 100은 현재 DECO 사전에 등재된 440여개의 단음절어 명사 전체 목록을 보인다.

표 100. 일반명사 단순형(ZNZ) 중 1음절어 명사(SLA) 440개 목록

가	군	낫	돌	맴	베	삼	싹	운	주	출	표
각	굴	낯	돎	먹	벼	삽	쌀	움	죽	춤	품
간	굽	낱	돔	멋	벽	상	쌈	원	줄	충	피
감	굿	내	동	멍	변	새	쌍	위	중	취	하
갑	궁	냉	돛	멱	별	색	쑥	윤	쥐	층	한
값	궐	넋	되	면	볏	샘	씨	윳	즙	치	합
갓	궤	널	둑	명	병	생	악	융	짐	칠	항
갓	귀	노	뒤	모	볕	서	안	윷	집	칩	해
강	균	녹	득	목	보	선	알	은	짓	침	핵
개	귤	논	들	몫	복	설	앎	음	징	칸	행
객	극	놀	등	몸	본	섬	암	의	짚	칼	향
건	글	놋	딸	묘	볼	성	앞	이	짝	코	현
걸	금	농	땀	무	봄	섶	애	인	짬	콩	혈
검	급	뇌	땅	묵	봉	세	액	일	찌	탄	호
겁	기	눈	때	문	부	셈	야	잎	찜	탈	혼
겉	길	늪	땜	물	북	소	약	자	차	탈	홈
게	김	능	땡	뭍	분	속	양	잔	찬	탑	화
겨	깃	님	떡	미	불	손	얼	잠	참	탓	회
격	깡	다	떼	민	붓	솜	업	장	창	탕	회
견	깨	단	똥	밀	비	솥	역	재	채	태	획
겹	꼴	달	뜀	밑	빔	쇠	연	쟁	책	터	효
경	꽃	닭	뜰	박	빗	수	염	저	챙	테	후
곁	꾀	담	뜸	밖	빛	순	엿	적	처	톱	흉
계	낌	담	뜻	발	빵	술	영	전	천	통	흠
곡	꾼	답	띠	밤	빰	숨	옆	절	철	투	힘
곰	꿀	당	레	밥	뺑	숯	예	점	첨	티	
곱	꿈	닻	마	방	뼈	숲	옥	접	청	파	
공	끈	대	막	밭	뺨	쉬	올	젓	체	파	
과	끌	댁	만	배	뽕	숫	옴	정	초	판	
곽	끗	더	만	밸	뿔	승	옷	젖	촉	팔	
관	끝	덕	맏	뱀	사	시	옻	조	촌	팥	
광	낙	덤	말	번	삭	식	왕	좀	총	패	
괴	난	덧	맘	벌	삯	신	요	종	추	펄	
굄	날	도	맛	범	산	실	욕	좌	축	편	
구	남	독	망	법	살	심	용	죄	축	평	
국	납	돈	매	벗	삶		우			폐	
			맥							폭	

1.7. 일반명사 비단순형(ZNX) 범주

1.7.1. 하위분류 체계

그림 18은 '일반명사 비단순형(ZNX)'(이후 비단순명사로 약칭)의 하위분류 체계를 보인다.

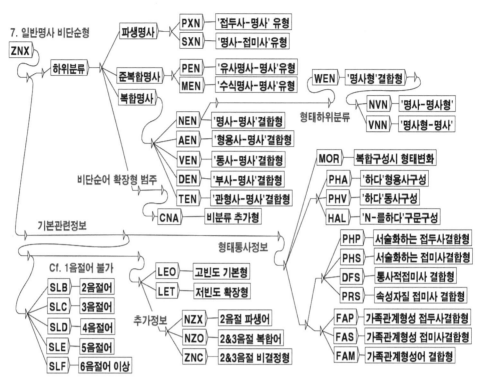

그림 18. 일반명사 비단순형(ZNX)의 하위분류 체계

1.7.2. 하위유형별 표제어 분포

'비단순명사(ZNX)'는 '일반명사 비단순형' 부류로서, 다음과 같이 3가지 유형으로 하위분류된다.

- 파생명사 부류: '비자립성분'과 '명사'의 결합형
- 준복합명사 부류: '관형명사'와 '명사'의 결합형
- 복합명사 부류: '자립성분'과 '명사'의 결합형

즉 '파생명사/준복합명사/복합명사' 부류의 3가지 유형으로 하위분류되는데, 이때 파생명사는 비자립성분인 '접두사/접미사'가 자립성분인 '명사'와 결합하는 형태이며, 준복합명사는 표기상으로는 띄어쓰기를 수반하여 자립성분처럼 실현되지만, 문장 내에서 온전한 명사의 지위를 갖지 못하여 반드시 다른 명사를 수식하는 '관형명사(ZNM)'가 자립성분인 '명사'와 결합하여 구성되는 복합형태이다. 복합명사는 하나의 자립성분과 '명사'가 결합한 형태로서, 이때 자립성분은 동사나 형용사, 부사 등 다양한 형태로 실현된다.

현행 문법에서 '복합명사'라는 명칭은 학자에 따라 '합성명사'와 동일한 개념 또는 반대되는 개념, 하나가 다른 하나를 포함하는 개념 등 여러 방식의 정의가 주어졌는데, 여기서는 이러한 용어상의 논의는 배제하기로 한다. DECO 사전에서는 '합성명사'라는 별도의 개념은 사용하지 않고, 이들 전체를 어우르는 개념으로 '비단순명사'라는 중립적 용어를 사용하고, 그 내부에 '파생명사'와 '복합명사'를 위와 같은 방식으로 정의하여 사용하기로 한다.

위의 '비단순명사(ZNX)' 범주의 3가지 하위유형에 대한 세부 분류 형태를 보면 다시 다음과 같이 구분된다.

- 파생명사 ☞ '접두사'가 결합하는 유형(PXN)과 '접미사'가 결합하는 유형(SXN)
- 준복합명사 ☞ 관형명사 중 '유사명사' 결합형(PEN)과 '수식명사' 결합형(MEN)
- 복합명사 ☞ 명사+N(NEN), 형용사+N(AEN), 동사+N(VEN), 부사+N(DEN),
  관형사+N(TEN)

파생명사는 '접두사'가 결합하는 유형(PXN)과 '접미사'가 결합하는 유형(SXN)으로 구분되며, 준복합명사는 '유사명사' 결합형(PEN)과 '수식명사' 결합형(MEN)으로 구분된다. 복합명사는 '명사와 명사의 결합형(NEN)'과 '형용사와 명사의 결합형(AEN)', '동사와 명사의 결합형(VEN)', '부사와 명사의 결합형(DEN)', '관형사와 명사의 결합형(TEN)'의 다섯 가지로 하위분류된다. 이들의 하위유형별 표제어 수와 예를 보이면 표 101과 같다.

유형	태그	설명	예시	표제어수
파생명사	PXN	'접두사+명사' 결합형	가속도, 백김치	17330
	SXN	명사+접미사 결합형	유행가, 오락실	18530
준복합명사	MEN	'수식명사+명사' 결합형	가시광선, 부당이득	12210
	PEN	'유사명사+명사' 결합형	즉석요리, 구두계약	3360
복합명사	NEN	'명사+명사' 결합형	김장철, 꼬리뼈	7790
	AEN	'형용사+명사' 결합형	미친개, 쓴웃음	490
	VEN	'동사+명사' 결합형	군만두, 죽을힘	430
	DEN	'부사+명사' 결합형	나란히꼴, 뻥튀기	230
	TEN	'관형사+명사' 결합형	딴살림, 옛추억	100
비단순어 추가형	CNA	비분류 추가형	흑백논리, 백지수표	3100

표 101. 비단순명사(ZNX) 하위유형별 표제어 분포

위에서 보듯이, '파생명사'의 경우는 파생접사의 목록이 완성도 있게 구축되는 경우, 이들을 토대로 개별적인 조어적 검증을 통해 파생명사의 목록을 체계적으로 확장하는 것이

가능하다. 파생(Derivation)은 개별 어휘적인 속성으로 나타나므로, 생산성이 높은 접사의 경우를 제외하고는 목록의 완성도를 높이는 것이 가능하다. 이것은 수식명사와 유사명사에 기반하는 '준복합명사'의 경우도 마찬가지이다. 반면 '복합명사'의 경우는 통사적 자유구성과의 구별이 쉽지 않기 때문에 이러한 목록의 완성도를 높이는 것이 훨씬 까다롭다. 현재 DECO 사전에서는 이러한 파생명사와 준복합명사의 경우, 우선적으로 이를 구성하는 접사와 관형명사 목록을 구축한 후 이들에 대한 개별적인 검증을 통해 복합형 부류의 목록을 확장하였다. 이러한 과정을 통해 35,860여개의 파생명사 표제어가 구축되었고, 15,570여개의 준복합명사 표제어가 획득되었다.

반면 복합명사는 1차적으로 현행사전에 표제어로 등재되어 있는 유형들을 토대로, 의미 전성이나 어휘적 응집력의 현상을 보인다고 판단되는 형태들을 우선적으로 선정하여 수록하였다. 이렇게 하여 현재 9,040여개 목록이 구성되었다. 실제로 복합명사 부류 중 가장 높은 비중을 차지하는 '명사+명사' 유형(NEN)의 경우에는, 현행사전에 등재되어 있지 않아 코퍼스에서 추가로 확장되는 유형의 비중이 매우 높다. 그러나 이들은 아직 검증이 필요한 다양한 유형을 포함하기 때문에 1.10의 '시사명사(ZNW)'에서 별도로 다루어진다. 현재 시사명사 범주에는 '명사+명사' 결합형(NEN) 47,170여개와, 구성성분에 대한 분류 정보가 아직 제공되지 않는 '비분류 추가형(CNA)' 37,710여개의 표제어가 수록되어 있다.

또한 앞서 언급된 바와 같이, 일반명사 복합형 중에서 '외래어'를 내포한 유형은 이 범주에서 다루어지지 않았다. 이들은 별도로 1.8의 '외래명사(ZNF)' 범주에서 다루어진다. 또한 '외래어 표기형'을 내포하였어도 이 복합형이 '고유명사'가 되는 경우는 1.9의 '고유명사(ZNE)' 범주에서 다루어진다.

1.7.3. 하위분류 태그별 특징 기술

1.7.3.1. '파생명사' 유형

1.7.3.1.1. '접두파생명사(PXN)'과 '접미파생명사(SXN)'

위의 표에서 보듯이 파생명사는 현재 35,860개로 접두사 기반 파생어가 17,330개, 접미사 기반 파생어가 18,530개로 구성되어 있다. 현행사전의 명사 전체 표제어를 개별적으로 검토하여 비단순어 유형을 분리하였고, 이로부터 접두 또는 접미 위치에 실현된 모든 '비자립성분'을 추출하였다. 이렇게 하여 명사를 구성하는 '접두사(PFX)' 및 '접미사(SFX)' 목록을 획득하였다. 이 오랜 작업의 과정에서 획득된 조어적 정보를 이용하여 파생명사의 조합 검증 작업이 진행되었고, 코퍼스와의 대조 작업 등을 통해 최종적으로 파생명사 목록이 구축되었다. 현재 DECO 사전에 구축되어 있는 파생명사 35,800여개는 그 접사 정보를 내장한 대규모의 파생어 목록을 구성하고 있다. 현재 파생명사가 구성되기 위해 사용된 접사의 규모는 다음과 같다.

- 접두사(PFX): 1,440개(570개의 서로 다른 형태) ☞ 17,330개의 접두파생어(PXN)
- 접미사(SFX): 1,030개(450개의 서로 다른 형태) ☞ 18,530개의 접미파생어(SXN)

실제로 접두사와 접미사에는 단음절어의 비중이 매우 높고, 이로 인해 다의어 또는 동형어 부류가 높은 빈도로 나타난다. 접두사는 현재 평균 2.5개의 다의어/동형어 현상을 보이고 접미사의 경우는 2.3개의 규모로 이러한 현상을 보인다.

표 102는 현재 DECO 사전에 수록되어 있는 접미사 '가'의 9가지 중의적 형태와 이와 관련된 파생어의 예를 보인다. 현재 파생명사 중 이와 같이 접미파생어(SXN) 태그가 부착되어 있는 표제어들에는 각 접사의 분류번호가 함께 제공된다.

번호	접미사	의미	파생명사 예시
{1}	가01	價: 가격	분양가
{2}	가02	家: 집안	재벌가
{3}	가03	歌: 노래	찬송가
{4}	가04	家: 사람	건축가
{5}	가05	街: 거리	주택가
{6}	가06	架: 막대	십자가
{7}	가07	價: 값	평가
{8}	가08	加: 더함	배가
{9}	가09	暇: 겨를	병가

표 102. 접미사 '가'가 결합하는 9가지 파생명사 유형의 예

중의성이 높은 접미사의 예를 하나 더 들어보면, 표 103과 같이 '화'의 경우 모두 7가지 중의적 유형들이 존재하는 것을 볼 수 있다.

번호	접미사	의미	파생명사 예시
{1}	화01	貨: 재화	금화
{2}	화02	話: 이야기	신화
{3}	화03	靴: 신발	운동화
{4}	화04	火: 불	포화

번호	접미사	의미	파생명사 예시
(5)	화05	花: 꽃	야생화
(6)	화06	化: 변화	무효화
(7)	화07	畵: 그림	인물화

표 103. 접미사 '화'가 결합하는 7가지 파생명사 유형의 예

위의 7가지 접미사들 중에서 '변화'를 나타내는 '화06'의 생산성이 제일 높다. 현재 이 부류의 접미사 정보가 부착한 접미파생명사가 720여개 DECO 사전에 수록되어 있다. 이 접미사는 선행명사에 서술성을 부여하는 서술화접미사 부류로서, 이들이 결합한 형태들에는 모두 '하다'가 결합하여 파생동사가 다시 생성될 수 있다. 이러한 특징은 다른 유형의 접미사 '화'에는 적용되지 않으므로 이와 같은 내부정보의 제공이 중요한 의미를 가진다. 위 '화03'의 '신발'을 의미하는 접미사가 결합한 파생명사의 예를 보면 표 104와 같다.

골프화	럭비화	배드민턴화	스포츠화	여성화	체조화
기성화	발레화	볼링화	승마화	운동화	패션화
남성화	방수화	숙녀화	실내화	전투화	펜싱화
농구화	방한화	스케이트화	아동화	조깅화	탁구화
등산화	배구화	스키화	야구화	축구화	테니스화

표 104. 접미사 '화(靴)'가 결합한 파생명사의 예

이와 같은 '신발'이라는 의미의 '화(靴)'가 결합하는 파생어는 대체로 스포츠 이름에 조합하는 것으로 보인다. 그러나 단순히 명사의 의미적 특징으로 유추할 수 있는 것도 아니어서, 가령 신발을 신지 않는 운동 종목인 '수영/태권도/유도/씨름'과 같은 종목에는 이러한 파생어가 형성되지 않으며, 발을 주로 이용하지 않는 운동 종목인 '양궁/카누'와 같은 경우에도 이러한 별도의 파생어가 형성되지 않는다. 다음을 보자.

(64ㄱ) *수영화 | *태권도화 | *유도화 | *씨름화
(64ㄴ) *양궁화 | *카누화

또한 '남성/여성/아동'과 같은 일련의 인물명사와 결합하지만, '남자/여자/아이/어른'과 같은 유의어에는 이러한 파생어가 형성되지 못한다. 다음을 보자.

(65ㄱ) 남성화 | 여성화 | 아동화
(65ㄴ) *남자화 | *여자화 | *아이화 | *어른화

이들은 또한 영어와 같은 서구어로 번역될 때 다음과 같이,

(66ㄱ) 스포츠화 | 농구화 | 테니스화
(66ㄴ) sports shoes | basketball shoes | tennis shoes

'X shoes' 형태의 복합명사로 번역되어야 하는 형태들로서, 만일 스포츠와 관련된 위와 같은 파생명사가 누락된 경우는 이러한 영어 대역어에 대응되는 접미사 '화(靴)'에 대한 분류 정보가 기계번역 시스템과 같은 모듈에서 중요한 열쇠가 된다.

1.7.3.1.2. '접두사(PFX)' 목록과 파생명사 생성

앞서 언급한 바와 같이 이 범주는 비자립성분과 자립성분의 결합으로 이루어진 구성으로서 접두사 기반 형태(PXN)와 접미사 기반 형태(SXN)로 분류된다. 접두사는 고유어 및 한자어로 구성되어, 현대 국어에서 형태적 자립성을 가지지 못하고 다른 자립성분의 앞에 실현될 수 있는 모든 비자립 형태들을 일컫는다. 접미사도 고유어 및 한자어로, 현대 국어에서 형태적 자립성을 가지지 못하고 다른 자립성분의 뒤에 실현될 수 있는 모든 비자립 형태들을 일컫는다. 여기서는 명사에 결합되는 유형들로 한정된다.

이 부류에는 {가01+처분}과 같은 형태의 정보가 추가되어 있다. 단음절어 성분은 중의성 발생률이 높기 때문에 이들에 대한 유형 분류 정보는 유용한 도구로 활용될 수 있다. 그런데 개별 어휘적 특이성을 보이는 파생 현상에서도 높은 생산성을 가지는 접사들이 나타난다. 이 경우 이러한 접사에 기반한 파생어에 대한 완성도 높은 목록의 구축이 쉽지 않기 때문에, 이러한 생산성의 문제는 전자사전과 이를 바탕으로 하는 텍스트 자동분석 시스템에 상당한 부담이 된다.

앞서 지적한 바와 같이, 실제 현행사전들의 표제어들을 검토해보면, 이러한 불규칙성과 생산성의 원리로 인해 일부 '대표적' 유형의 파생명사들만이 사전편찬자 직관에 의존하여 선정되어 있다. 이는 지면상의 한계를 가지지 않는 전자사전의 '체계적인' 표제어 확장에 걸림돌이 된다.

체계적인 파생명사 표제어 구축을 위해서는 파생명사를 유도할 수 있는 모든 비자립성분의 목록이 우선적으로 준비되어야 한다. 앞서 소개한 바와 같이 현행사전의 모든 비단순명사 표제어를 검토하여, 여기에 내포되어 있는 비자립성분들을 분리해 내는 과정을 거쳤으며, 이를 통해 최종적으로 1,440여개의 접두사 목록을 획득하였다. 많은 경우가 단음절어로서, 음절 특성상 의미적 중의성의 발생 비율이 높아, 실제 형식상으로 구별되는 어휘 유형은 모두 570개가 된다. 표 105는 현재 DECO 사전의 파생명사를 구성하고 있는 570개의 접두사 목록 전체를 보인다.

가　교　느티　뜨　방　샛　알　외　전
가랑　구　늑　뜨개　방아　생　암　왼　전전
가시랑　구공　능　마　배　생사　압　요　절
가장　구메　늦　마제　배내　생안　앙　요용　점
각　구수　다　막　배냇　서　애　용수　접
간　구정　다람　만　배달　서늘　애벌　우　정
간난　국　다박　맏　백　석　액　우두　제
갈　군　다팔　말　뱁　선　앵무　운　제비
갈음　굴　단　망　버드　선들　야　울　젯
갈이　굴렁　담　맞　범　섣　약　움　조
감　권　당　매　법　설　양　웃　조랑
갑　귀　대　매개　벗　설농　어　웅　조약
강　귀엣　대접　맨　변　설렁　어금　원　족
강남　규　대차　맵　별　섭　어리　원두　존
강낭　균　더듬　맷　병　성　어릿　월　졸
갖　그　더벅　맹　보　세　어염　월계　좀
개　극　덧　메　보금　소　얼　위　좁
객　근　덮　멥　보라　소득　얼간　유　종
갯　금　데릴　면　보슬　소쩍　얼떨　유리　종달
거둥　급　도　면류　보습　속　얼룩　육　종려
건　기　도돌이　멸　복　손　엄　윤　좌
검　길　도마　명　복사　솔　엇　율　주
격　까까　도요　모　복슬　송　엉덩　융　주근
견　까막　독　모눈　본　송골　엊　은　주마
결　깡　돌　모닥　봉　쇄　여　음　주안
겸　깨끼　돌개　모두　부　쇠　여러　응　죽
겹　꺽　돗　모시　부슬　수　역　의　준
경　꺾　동　목　부시　수양　연　이　줏
계　꼭두　동아　몰　부싯　숙　연두　이듬　중
고　나　되　몽당　북　순　열　이복　중년
고동　나눗　된　묘　북새　숫　염　이종　중중
고조　나막　두　무　분　쉬　엽　익　즉
곡　나박　두레　무당　불　승　영　인　증
곤　난　뒤　무리　붕　시　예　일　증조
골　난장　뒤응　묵　비　식　옛　입　지
곰　날　득　문　빈　신　오　자　직
곱　날　들　문둥　빗　신접　오두　자물　진
곱사　남　등　물　빙　실　오른　자봉　진동
곱수　납　등고　못　뻐드렁　실력　오막　자오　질
공　낱　등복　뭉게　사　심　오목　자장　집
공상　내　등압　미　사시　심심　오지　자치　징
곳　냉　따발　민　산　쌍　옥　작　징검
과　노　따옴　밀　살　썰　온　잔　짝
관　녹　딱　바둑　삽　쓰레　올　잡　쪽
광　논　딱정　바른　삽살　아　옹　장　차
광대　농　때　박　삿　아롱　옹달　재　착
괘　높　땅　반　상　악　와　재종　찰
괴　누　떠꺼　발　상고　안　완　저　참
괴불　누비　떡갈　밧　새　안간　왕　적　첩
괴혈　눈　뛰엄　　새앙　안짱　왜　　창

채	촛	칙	투	표주	핫	헌	혼	후레
처	총	친	투명	푸	항	헐	홀	훈
천	최	침	통	품	해	험	홍	휘
첨	추	타	튀	풋	햅	헛	홑	휴
첩	축	탁	특	픗	햇	현	화	흉
청	축사	탄	파	피	행	혈	확	흑
청둥	춘	탈	패	필	향	형	환	흡
체	출	태	편	하	허	호랑	활	희
초	충	택	평	학	허드레	호래	황	힐
초생	췌	토	폐	한	허드렛	호로	회	
초승	취	통	포	함	허벅	호리	횡	
촉	측	퇴	폭	함박	허줏	혹	효	
촌	치	툇	표	합	허튼		후	

표 105. 접두 파생명사를 구성하는 570여개 어형의 접두사 목록

앞서 언급한 바와 같이 위의 접두사들이 결합하여 구성되는 '접두 파생명사(PXN)'의 전체 수는 17,330여개이다. 이중 특히 1음절어 접두사와 1음절어 명사가 결합한 파생어는 2음절 어 이상의 명사와 결합하는 경우에 비해 일반적으로 어휘적 결집력이 더 강하게 나타난다. 일부 예를 보이면 표 106과 같다.

가열	겹눈	곰탕	광선	군침	극약
갑옷	골병	과열	국왕	권총	깡통

표 106. 접두 파생명사(PXN) 중 2음절어 예

1.7.3.1.3. '접미사(SFX)' 목록과 파생명사 생성

접미사 결합 명사(SXN)의 경우도 이를 위한 체계적인 구축을 위해서는 접미사 목록 자체 의 체계적인 구성이 선행되어야 한다. 앞서 접두사와 같은 방식으로 구축된 접미사 목록은 현재 1,030여개이다. 이들 역시 단음절어의 비중이 높고 중의성을 가진 형태들이 많아서, 실제 형태상으로는 모두 450여개의 어휘 유형으로 구성된다. 표 107은 현재 450여개 접미 사 목록 전체를 보인다.

가	갈	객	격	곡	곽	구녁	군	근
가락	감	갱이	견	골	관	구녕	굽	금
가리	갑	거	결	곱	광	구리	궁	급
가마리	강	거리	경	곳	괴	구완	권	기
각	갖	거미	계	공	교	구원	귀	길
간	개	건	고	과	구	국	규	깔

깡	대강이	류	배	살이	암	자기	짱	토
깨비	대기	륜	배기	상	앗이	자위	째	톱
껏	더미	률	백	새	앗이	작	쫄	통
꼬	덧	릉	뱅이	색	애	잠	쯤	통수
꼬대	덩이	리	번	생	액	잡이	찌	퇴
꼽	데기	림	벌	서	약	장	차	투성이
꾸러기	도	립	범	서리	어	장이	착	퉁이
꾸머리	도리	마	법	석	어리	재	찰	틀
꾼	독	마루	벼락	선	어치	쟁	참	파
꿈치	동	마리	벽	설	언	쟁이	창	판
끌	동아리	말	변	성	업	저	채	패
끼리	동이	망	별	성이	에지	적	책	패기
나부라기	동자	망태기	병	세	여	전	처	포
나부랑이	두	맡	보	소	역	절	천	푼
나부래기	두덩	매	보라	속	연	점	첩	품
난	두리	맹	복	손	열	정	청	풍
남	둥이	맹이	본	솔	염	젓	체	풍지
납	따구니	머거리	봉	송	엽	제	초	피
낭	따리	머리	부	송이	오라기	조	초리	필
낱	딱지	멩이	부렁	쇄	오리	족	촌	하
내	때기	면	부리	수	외	졸	총	학
내기	땡이	면피	부림	순	요	졸중	추	한
내미	떼기	명	부성이	술	욕	종	축	할
널	뚝	모	부지	숭이	용	좌	춤	함
네	뚱아리	목	북숭이	습	우	주	충	합
녀	뚱이	무	분	승	우리	주부	충이	항
년	뜨기	무리	불	시	운	주의	취	해
녘	띰	묵	불통	시울	원	중	측	행
노	띠	문	붕	식	월	증	치	헌
농	띠기	물	붙이	신	위	지	치기	형
뇨	락	미	비	신료	유	지개	치레	호
눈	란	민	비음	실	유어	지거리	칙	호지
능	량	바가지	빙	심	유화	지기	침	혼
님	력	바구니	빡	싸대기	율	지방	칭	화
다구	렴	바귀	빨	싸배기	음	직	카락	환
다구니	령	바라지	빼기	썰미	의	진	칼	활량
다귀	례	박	뻘	썹	이	진탕	타	회
다리	로	박이	뻑	씀	이개	질	탁	효
단	록	박질	뿔	씨	익	짐	탄	후
담	론	반	사	아	인	집	탕	훈
답	뢰	받이	사귀	아비	일	징	태기	
당	료	발	사위	아치	입	짜	터기	
대	루	밥	산	악	잇	짜기	텅	
대가리		방	살	안	자	짝	텡이	

표 107. 접미 파생명사를 구성하는 450여개 어형의 접미사 목록

현재 DECO 사전에는 전체 18,530여개의 접미 파생명사가 수록되어 있다. 1음절어 명사와 1음절어 접미사가 결합한 2음절어 파생어 유형은 모두 990여개이며, 앞서 접두 파생명사처럼 이 유형도 2음절어 이상의 명사와 결합하는 경우에 비해 어휘적 결집력이 강하게 나타

난다. 표 108은 일부 예를 보인다.

강변	곡조	공로	궁노	귀청	글발	피보
겉봉	골치	공적	궁전	글귀	금박	끝장

표 108. 접미 파생명사(SXN) 중 2음절어 예

1.7.3.2. '준복합명사' 유형

1.7.3.2.1. '수식명사 결합(MEN)'과 '유사명사 결합(PEN)'

준복합명사의 경우는 전체 15,570여개로, 관형명사(ZNM) 중 '수식명사(MDN)' 기반 파생어가 12,210여개, '유사명사(PSN)' 기반 파생어가 3,360여개로 나타났다. 관형명사 부류는 현행사전에 대부분 명사 표제어로 수록되어 있다. 이 경우도 현행사전에 수록된 일반명사 표제어를 개별적으로 검토하여 '수식명사'와 '유사명사' 목록을 구축하였고, 이에 기반하여 후행명사와의 조합 검증을 진행하였다.

- 수식명사(MDN): 940개 ☞ 12,210개의 수식명사+명사형(MEN)
- 유사명사(PSN): 160개 ☞   3,360개의 유사명사+명사형(PEN)

현재 '관형명사(ZNM)' 범주에는 위의 '수식명사'와 '유사명사' 외에도 'X-적(的)명사' 부류가 포함되어 있다. 그런데 현재 '준복합명사' 부류를 구성하는 데에는 이러한 'X-적(的)명사'를 내포한 형태는 포함되지 않았다. 'X-적(的)명사'의 X 위치에 실현되는 성분이 대부분 2음절 한자어로 되어 있기 때문에, 'X-적' 자체는 대부분 3음절어가 된다. 이때 후행 명사는 2음절어의 비중이 높기 때문에, 이러한 3음절어의 수식을 받는 준복합명사는 궁극적으로 전체가 5음절어 이상이 될 가능성이 높아진다. 5음절어 이상이 되면 하나의 토큰으로 실현될 확률이 급속도로 낮아진다. 한국어는 복합어의 띄어쓰기가 유연하게 허용되지만, 일반적으로 이는 4음절 환경에서 빈번하게 나타나는 것으로, 5음절어 이상은 일반적으로 띄어쓰기가 더 선호되기 때문이다. 더욱이 'X-적(的)명사'가 뒤에 결합하는 명사와 의미적 전성을 보이는 경우도 거의 없기 때문에, 사전에서 단일 표제어로 고려될 근거도 관찰되지 않는다.

1.7.3.2.2. 준복합명사 표제어 목록

앞서 논의한 바와 같이 준복합명사는 '유사명사 기반 복합명사(PEN)'와 '수식명사 기반 복합명사(MEN)'로 분류된다. 전자는 일정 후치사 부류를 한정적으로 허용하는 '유사명사(PSN)'

가 실현된 '간이식당, 사설탐정'과 같은 형태가 해당되며, 후자는 후치사 동반에 더 제약을 보이는 '수식명사(MDN)'가 실현된 '강박관념, 특별수사'와 같은 형태가 해당된다.

이 부류의 복합명사에는 2개의 2음절어 복합구성 형태가 가장 비중이 높아, 한국어 표기법에서 띄어쓰거나 붙여쓰는 두 가지 양상이 유연하게 허용된다. 이런 점에서 앞서 파생명사 부류와 차이를 보인다. 앞서 '관형명사(ZNM)' 논의에서 살핀 바와 같이 '유사명사(PSN)'와 '수식명사(MDN)'는 극히 일부의 3음절어를 제외하면 대부분 2음절로 되어 있으며 대부분 한자어로 되어 있다. 이때 뒤에 후행명사가 2음절어 이상이면 띄어쓰기가 쉽게 나타나는 반면, 1음절어이면 일반적으로 붙여 표기된다.

의미 전성이 일어날 때 붙여쓰기를 하여 자유명사구와 구별될 수 있는 복합명사 부류(예: '키 작은 오빠' vs. '내 작은오빠')와 달리, 이들의 경우는 의미 전성 현상이 거의 나타나지 않기 때문에 띄어쓴 형태와 붙여쓴 형태가 규칙적으로 대응 관계를 보인다. 즉 위의 예들에 대해 다음과 같은 현상이 관찰된다.

(67ㄱ) 간이식당 | 간이 식당
(67ㄴ) 사설탐정 | 사설 탐정

(68ㄱ) 강박관념 | 강박 관념
(68ㄴ) 특별수사 | 특별 수사

이들은 일반명사처럼 자유로운 자립성분을 선행 성분으로 갖지 못하고 형태·통사적으로 제약을 보이는 형태들을 기반으로 구성되었기 때문에 '준복합명사'로 분류되었다. 이중 '유사명사 기반 복합명사(PEN)'는 3,360여개로, 이들의 예를 보면 표 109와 같다.

가공_인물	고유_개념	구두_계약
가성_소다	공동_묘지	모의_시험
간이_식당	과다_광고	

표 109. 유사명사 기반 복합명사(PEN)'의 예

반면 '수식명사 기반 복합명사(MEN)'는 12,210여개의 표제어를 구성한다. 유사명사의 표제어가 160여개인 반면, 수식명사의 표제어는 940여개로 그 규모가 훨씬 크기 때문에, 이를 기반으로 하는 전체 준복합명사의 표제어 수에서도 차이를 보인다. 표 110은 그 예를 보인다.

가시_거리	공정_거래	농산_가공
간접_고용	구급_약품	도서_지역
간헐_효과	내열_제품	

표 110. '수식명사 기반 복합명사(MEN)'의 예

1.7.3.3. '복합명사' 유형

1.7.3.3.1. '명사/형용사/동사/부사/관형사' 5가지 결합형

끝으로 복합명사의 경우는, 앞서도 언급한 바와 같이 의미전성이 일어나거나 어휘적 응집력이 높다고 판단되는 유형을 중심으로 표제어 목록이 구성되어 있다. 현재 9,040여개가 수록되어 있는데, 그중 '명사+명사' 결합형이 7,790개로 그 비중이 가장 높고, 그 외 '형용사/동사/부사/관형사' 범주와 결합한 복합어 유형을 모두 합한 것이 1,250여개로 나타난다. 한국어에서 복합명사의 핵(Head)은 후행성분이 되므로 위의 다양한 성분들은 모두 선행성분이 되며, 후행성분에는 명사 또는 명사형의 어휘가 실현되어야 한다. 실제로 사전에 수록되는 복합명사 표제어 선정에서 가장 어려운 문제는, 통사적 구성으로 분석될 수 있는 일반명사구와의 구별 문제이다. 형용사나 동사의 관형형이나 관형사가 선행성분으로 나타난 경우 일반명사구의 어순과 일치하기 때문에 복합명사 여부를 결정하는 것이 쉽지 않다. 반면 부사가 선행성분으로 나타난 경우는 자유명사구와 다른 어순 때문에 특별한 조어적 구성이 되지만, 만일 동사의 명사형이 후행성분으로 실현되는 경우는 다시 자유명사구와의 구별이 어렵게 된다. 즉 다음에서 보듯이 현재 5가지 복합명사 구성은 자유명사구와 동일한 어순으로 나타날 수 있다.

(69ㄱ) [명사+명사]   (NEN): 김장철
(69ㄴ) [형용사(관형형)+명사]   (AEN): 쓴웃음
(69ㄷ) [동사(관형형)+명사]   (VEN): 죽을힘
(69ㄹ) [관형사+명사]   (TEN): 딴살림
(69ㅁ) [부사+명사(동사의 명사형)]   (DEN): 뺑튀기

위의 동일한 구조를 가진 다음의 자유명사구 구문과 비교하면 이를 확인할 수 있다.

(70ㄱ) [명사_명사]   자유명사구: 김장 재료
(70ㄴ) [형용사(관형형)_명사]   자유명사구: 쓴 가루약
(70ㄷ) [동사(관형형)_명사]   자유명사구: 죽을 운명
(70ㄹ) [관형사_명사]   자유명사구: 딴 사람들
(70ㅁ) [부사_동사]   자유명사구: 뺑 튀었다

위에서 (69)과 (70)를 구별할 수 있는 차이는 두 가지이다. 첫째는 (69)에서 두 성분이 결합할 때 일종의 의미전성을 수반하는 '어휘화' 현상을 보인다는 점이다. 둘째는 (69)의 경우, 이러한 의미전성의 가능성과 연관되어 표기법상에서 붙여쓰는 것을 원칙으로 하는 반면, (70)의 경우는 띄어쓰기를 원칙으로 하는 자유명사구라는 점이다. 그런데 규범적으로 맞게 작성된 텍스트만을 처리하는 사전 구축이 목적이 아니라면, 위의 두 가지 차이는 사실상 전자사전 표제어 구축에 그리 유의미한 기준이 되지 못한다. '의미전성이 일어나서 어휘화가 되었다는 속성'을 명시적으로 정의하기 어려울 뿐 아니라, 띄어쓰기 문제는 실제 언어생활에서 매우 유연하게 적용되기 때문이다. 또한 굳어짐의 정도가 애매한 유형들이 계속 관찰되는데 이들을 사전에 등재할 것인가 아니면 배제할 것인가를 결정해야 하고, 또 한편으로 이러한 의미적 속성과 관계없이 이들이 쉽게 하나의 토큰으로 실현된다면, 전자사전은 어떠한 방식으로든 이들을 인식하고 분석할 수 있어야 하기 때문이다.

이러한 문제점은 언어학적 논의에서 전혀 새로운 것이 아니지만, 문제는 여전히 이에 대한 만장일치의 명쾌한 답을 제시하기 어렵다는 점이다. 혹은 엄격한 문법학자들에 의해 일련의 검증 기준이 마련되었다 하더라도, 코퍼스에서 실제 관찰되는 수백만, 수천만 개의 복합형 토큰들에 대해 일일이 이러한 검증 기준을 적용하여 구별해내는 작업은 완전히 별개의 작업이 된다.

문제의 처음으로 다시 돌아가 보면, 이러한 이유로 복합어에 대한 논의는 그 복잡도나 규모에 있어 파생어의 논의보다 훨씬 더 어렵다. 따라서 현재 비단순명사(ZNX)의 '복합명사' 표제어는 현행 인쇄사전에서 검증된 소위 '굳어진 유형'에 기반하여 구성되었다. 반면 실제 코퍼스에서 추출되는 복합어의 대부분은 두 개 이상의 명사로 구성된 복합명사 유형인데, 이들은 현재 다루어진 유형들과 특히 다음과 같은 면에서 차이를 보인다.

- 특별한 의미 전성 현상이 관찰되지 않음
- 상대적으로 덜 어휘화된 것으로 판단됨
- 시사적으로 유행어나 신조어의 성격을 보여 특정 시기에 사용되는 경향을 보임
- 자유명사구와의 구별이 어렵고, 지속적으로 확장 가능성을 가짐

현행사전에 수록된 복합명사 표제어 중에도 실제로 의미전성이나 어휘화 현상이 뚜렷하지 않아, 코퍼스에서 관찰되는 수많은 형태들과의 구별이 어려운 형태들이 포함되어 있다. 그러나 분명히 하나의 복합명사로 등재되어야 할 유형들을 상당수 포함하고 있다. 이런 점에서 이들은 코퍼스에서 지속적으로 쏟아져 나오는 복합어 목록과 분리하여 고려될 필요가 있다. 앞서도 언급한 바와 같이, 이러한 필요에 의해 현행사전에서 추출된 복합명사 부류는

비단순명사(ZNX) 범주에서 다루어지는 반면, 코퍼스에서 추가로 획득된 복합명사 부류는 뒤에서 소개될 '시사명사(ZNW)' 범주에 수록되었다.

그러나 실제 텍스트 처리에서는 여전히 미분석되는 복합어 유형들이 관찰된다. 이를 해결하기 위해서는, 현재 코퍼스에서 관찰되는 부류를 사전에 계속적으로 추가하는 방법과 병행하여, 일련의 복합어 분할 알고리즘을 적용하여 이들을 분할 처리하는 하이브리드한 접근 방법이 적용되어야 한다.

1.7.3.3.2. 복합명사 표제어 목록 일부

현재 복합명사는 '형용사/동사/부사/관형사/명사'의 다섯 범주가 '후행명사'와 결합하여 구성되는 내부 구조를 보인다. 여기서 '부사' 결합형으로 분류된 유형은, 조어적인 관점에서 볼 때, 단일 부사형뿐 아니라, 동사나 형용사의 어간형, 의성의태어 부사의 어기 부분, 또는 사이시옷 등이 삽입된 형태, 접두사와 관형사의 경계에서 애매하게 나타나는 유형 등 앞서 4가지 범주에 속하지 않는 모든 비정형 유형들을 포함하는 범주로 정의되었다.

각 유형별 복합명사의 표제어의 예를 들면 다음과 같다. 우선 '관형사 결합형 복합명사(TEN)'의 경우는 DECO 사전에 전체 약 100여개가 등재되어 있다. 이들 중 일부 예를 보이면 표 111에서 보이는 바와 같다.

딴마음	딴생각	뭇시선	옛사랑	오른발	오른팔	왼번	왼팔
딴말	딴소리	뭇짐승	옛정	오른뺨	오른편	왼뺨	왼편
딴사람	딴판	옛날	옛집	오른손	온몸	왼손	
딴살림	무슨짝	옛말	옛터	오른쪽	왼발	왼쪽	

표 111. '관형사 결합형 복합명사(TEN)' 예

둘째로, '형용사 결합형 복합명사(AEN)'의 경우는 DECO 사전에 전체 약 490여개가 등재되어 있다. 이들 중 일부 예를 보이면 표 112와 같다.

가는눈	구린입	난부자	단비	맑은술	묵은쌀	빈방
같은말	굳은살	난사람	단술	매운탕	미친개	빈속
거센말	궂은일	낮은말	단잠	먼바다	미친년	빈손
검은깨	긴말	누른밥	단팥죽	먼발치	미친놈	빈자리
검은손	긴병	단감	더운밥	먼빛	바른길	빈집
검은콩	긴소매	단꿈	더운피	먼산	바른말	빈터
곤소금	긴팔	단무지	떫은맛	먼일	바른손	빈틈
곧은길	깊은숨	단물	막된놈	무른돌	빈말	선무당

선잠	센물	속된말	식은땀	신맛	싼값	쓴웃음
선지식	센바람	쉰밥	식은죽	신트림	쓴맛	쓴잔

표 112. '형용사 결합형 복합명사(AEN)' 예

셋째로, '동사 결합형 복합명사(VEN)'의 경우는 DECO 사전에 전체 약 430여개가 등재되어 있다. 이들 중 일부 예를 보이면 표 113과 같다.

감칠맛	군밤	덴가슴	뜬구름	산몸	알권리	지난밤
건넌방	깔창	든거지	뜬눈	산보살	웃을일	지난번
견딜힘	꺾은선	든부자	뜬소문	산부처	죽은깨	지난주
경칠놈	끓는점	들것	마른날	산송장	죽은피	지난해
고인돌	날벌레	들머리	마른땅	살길	죽을병	찐만두
공든탑	날숨	들숨	마른침	살날	죽을상	찐보리
괴인돌	날짐승	들통	변한말	살맛	죽을죄	찐쌀
괸돌	내친말	땔감	볶은밥	상한손	죽을힘	
구른돌	녹는점	땔거리	볼일	설자리	준말	
구운흙	눌은밥	땔나무	뺄셈	숨은공	지난날	
군만두	닮은꼴	뗀석기	산목숨	숨은눈	지난달	

표 113. '동사 결합형 복합명사(VEN)' 예

넷째로, '부사 결합형 복합명사(DEN)'의 경우는 DECO 사전에 전체 약 230여개가 등재되어 있다. 이들 중 일부 예를 보이면 표 114와 같다.

건넌방	곧창자	껌정소	끈끈액	넓적코	들치기	보슬비
건넛집	깜박불	꼬꼬닭	끽소리	높낮이	멍멍개	부슬비
걸대	꺾꽂이	꼬두밥	나눗셈	누룽밥	물렁뼈	북슬개
걸어총	꺾쇠	꽂아칼	날름막	늙다리	물렁살	뻥튀기
검버섯	껌둥개	끈끈막	날름쇠 넓적뼈	덮밥	벌렁코	펴묻기

표 114. '부사 결합형 복합명사(DEN)' 예

다섯째로, '명사 결합형 복합명사(NEN)'의 경우는 DECO 사전에 전체 약 7,790여개가 등재되어 있다. 이들 중 단음절어 명사 2개로 구성된 '명사+명사' 부류는 현재 290여개로, 이들의 일부 예를 보이면 표 115와 같다.

갓끈	뒤뜰	먹칠	물통	밤참	뱃삯	불꽃
개털	땅속	몃국	밑줄	밥값	뱃살	불볕
굴젓	뜀틀	목젖	발끝	밥때	뱃속	불티
굴빛	말굽	몸값	발등	밥맛	벌꿀	비옷
굴색	말끝	물길	발밑	밥알	벌집	빵집
금값	말똥	물독	발뼈	밥줄	범띠	뼈끝
꿀떡	말뜻	물때	발틀	방밑	별표	뼛속
꿀맛	말띠	물똥	밤낮	밭길	볏짚	뽕잎
꿩알	말벗	물맛	밤눈	밭일	봄날	
꼿수	말수	물병	밤비	뱀띠	봄볕	
끝단	말술	물속	밤빛	뱀술	봄비	
납빛	맘속	물약	밤색	뱃길	봄빛	
눈코	맛김	물엿	밤일	뱃놈	불길	

표 115. '명사 결합형 복합명사(NEN) 2음절어 유형의 예

1.7.3.4. '비분류 추가형'(CNA)

위에서 언급한 바와 같이 비단순명사(ZNX)는 지속적으로 확장 가능한 어휘범주이다. 이러한 지속적인 확장성을 유연하게 반영할 수 있도록, 비단순명사 내부에 '비분류 추가형(CNA)'이라는 별도의 범주가 마련되었다. 이들은 '시사명사(ZNW)'에 수록된 형태들로부터 1차적 검토를 거쳐 재추출된 유형으로, 외래명사나 고유명사와 구별되어 일반명사 비단순형으로 분류된 표제어들을 나타낸다. 현재 3,100여개가 이 범주로 분류되어 수록되었다.

이와 같이 실제 사전 구축 작업에서, 이러한 동적인 검증 과정을 거치는 형태들에 대한 범주의 설정은 매우 중요하다. 이들은 다른 하위범주들에 비해 수록되어 있는 정보의 특징이나 내용이 상대적으로 단순하고 유연한 속성을 보이므로 추후 보다 상세한 하위분류가 수행되어야 한다. 여기에는 '관형사+명사'형이나 '접두사+명사'형, 또는 '명사+명사'형 등 다양한 내부 구성 정보가 아직 미분류된 상태로 함께 포함되어 있다. 표 116은 '비분류 추가형'(CNA)의 일부 예를 보인다.

각츰	가열화	갈비집	감찰반	개방안	개혁안
가구수	가짜약	감사과	감청색	개선안	검정색
가맹사	가판점	감사반	강도짓	개인땅	겉크기
가설등	각료급	감식과	개발실	개편안	

표 116. 비단순명사(ZNX)의 '비분류 추가형(CNA)' 중 일부 예

1.7.4. 하위유형별 추가 형태정보

이상에서 논의한 '비단순명사(ZNX)' 전체에 대해 하위유형별로 추가 형태정보들을 살펴보면 표 117에서 보이는 바와 같다.

번호	유형	태그	설명	예시	표제어수
1	복합명사 형태정보	WEN	'용언명사형' 포함형	반올림, 줄임표	1450
		NVN	'명사+명사형' 결합형	반올림, 그네뛰기	1110
		VNN	'명사형+명사' 결합형	줄임표, 거스름돈	350
2	2/3음절 주요어	NZX	'파생어' 중 2음절어	가열, 맹물	3520
		NZO	'복합어' 중 2/3음절어	걸림돌, 빈손	5600
		NZC	'비단순어 추가형' 중 2/3음절어	피명, 핵폭탄	1120
3	형태변화	MOR	복합구성 시 형태변화형	방앗간, 이맛살	60
4	서술어형성	PHA	'하다' 형용사 구성 서술명사	불운, 무병	20
		PHV	'하다' 동사 구성 서술명사	과로사, 간청	440
		HAL	'N-를 하다' 구성 비서술명사	반찬, 가구점	3150
5	특수접사	PHP	'서술화 접두사' 결합 형태	배차, 발포	410
		PHS	'서술화 접미사' 결합 형태	감전사, 적대시	50
		DFS	'통사적 접미사' 결합 형태	내외간, 능력껏	260
		PRS	'속성자질 접미사' 결합 형태	가정용, 주입식	2050
		FAP	'가족관계 형성 접두사' 결합형	시동생, 수양아들	220
		FAS	'가족관계 형성 접미사' 결합형	미혼모, 외숙모	20
		FAM	'가족관계 형성어' 결합형	입양자녀, 직계후손	60
6	기본확장어휘	LEO	고빈도 기본어휘	가석방, 간접선거	43370
		LET	저빈도 확장어휘	함수호, 취화수소	16500
7	음절정보	SLB	2음절어 비단순명사	녹차, 횟집	4270
		SLC	3음절어 비단순명사	눈덩이, 거짓말	34910
		SLD	4음절어 비단순명사	가계수표, 희소가치	15800
		SLE	5음절어 비단순명사	광스펙트럼, 가내수공업	5470
		SLF	6음절어 이상 비단순명사	자가면역질병	3060

표 117. 일반명사 비단순형(ZNX) 범주의 추가정보별 특징

위의 표에서 볼 수 있는 바와 같이 각 하위유형별 특징적인 형태정보들은 서로 차이를 보인다. 위의 특징들에 대해서 다음에서 차례로 살펴보기로 하자.

1.7.4.1. '명사+명사' 복합명사의 추가 형태정보

복합명사 부류 중 '명사+명사' 결합형에서 '용언의 명사형이 실현된 경우, 별도의 태그 정보(WEN)가 추가된다. 두 명사 성분의 구성에 있어, 용언의 명사형이 '앞성분으로 결합한 유형(VNN)'과 '뒷성분으로 결합한 유형(NVN)'으로 하위분류된다.

- 용언명사형 내포(WEN): {용언명사형}+{명사} ☞ VNN 범주(350여개)
- 용언명사형 내포(WEN): {명사}+{용언명사형} ☞ NVN 범주(1,110여개)

각각의 예를 보이면 다음과 같다.

(71ㄱ) {VNN}: 갈림/길 | 그림/책 | 내림/굿 | 놀이/터 | 도움/말 | 물음/표
(71ㄴ) {NVN}: 갈비/찜 | 곱/하기 | 공/차기 | 널/뛰기 | 닭/볶음 | 말/다툼

용언의 명사형은 대체로 '기'와 'ㅁ'에 의한 형태가 주를 이루나, 이외에도 '놀이'나 '먹이' 처럼 파생접미사가 결합하여 구성된 명사 형태들도 포함된다. '용언명사형+명사(VNN)' 부류 는 350여개의 표제어를 구성하고 있으나 '명사+용언명사형(NVN)'은 1,110여개의 표제어를 구성하고 있어 후자가 약 3배의 비중을 차지하는 것을 볼 수 있다. 표 118은 '용언명사형+ 명사(VNN)' 복합명사 350여개의 일부 예를 보인다.

갈림길	꾸밈말	놀잇배	도움말	뜀뛰기	박음판	붙임줄
걸림돌	꾸밈음	높임말	돌림병	마침꼴	받침돌	붙임표
괴임돌	낮춤말	높임법	돌림술	마침표	받침잔	빠짐표
굄대	내림굿	누름돌	돌림잔	맞춤법	받침틀	뻗침대
굄돌	내림조	느낌씨	돌림턱	매김꼴	배움터	
그림책	내림차	느낌표	돌림판	맺음말	버팀줄	
그림판	내림표	늘임표	디딤돌	묶음표	볶음밥	
기움말	놀이터	다림판	딸림음	물음표	부림말	

표 118. '용언명사형+명사'형 복합명사(VNN)의 예

위에서 '용언명사형'은 'ㅁ/기/이' 등에 의해 유도된 형태를 보이는데, 특히 'ㅁ'에 의한 명 사형이 가장 빈번하게 나타난다. 의미적으로는 어떠한 행위를 위한 도구나 방법 등을 나타 낸다. 그 전체 수는 아래 복합명사 유형의 1/3 규모로써, 상대적으로 생산성이 높지 않음을 확인할 수 있다.

반면 표 119는 '명사+용언명사형'형 복합명사(NVN) 1,110여개의 일부 예를 보인다.

가리찜	고추쌈	꼴바꿈	널받침	돈벌이	등치기	물받이	벼룩잠
가지찜	곱하기	꽃꽂이	논갈이	돌싸움	땅파기	밑넓이	벽걸이
간무침	공짚기	꽃놀이	논매기	돌쌓기	떼죽음	밑받침	봄맞이
간볶음	공치기	꽃맞이	눈가림	돌차기	뜻매김	반올림	부채춤
갈비찜	굴튀김	꽃받침	눈속임	동트기	말다툼	반죽음	북어찜
개싸움	귀걸이	꽃쌈	눈싸움	뒤넘김	말타기	발걸음	북춤
겉보기	귓쌈	꽃지짐	달맞이	뒤트기	맛보기	발돋음	불놀이
겉싸개	글짓기	끝내기	닭볶음	뒤트임	모심기	발뺌	뼈붙이
게걸음	금박이	끝막음	닭싸움	뒤풀이	목걸이	밤새움	
게지짐	길닦기	끝바꿈	닭찜	뒷감기	목놀림	밤샘	
게찜	김내기	납땜	닭튀김	뒷막이	몸가짐	밥벌이	
겨울잠	김매기	낫치기	담타기	뒷받침	몸놀림	밭갈이	
겹받침	김무침	낯가림	돈내기	등밀이	물갈이	밭매기	
고기쌈	김쌈	널뛰기	돈놀이	등받이	물놀이	배쌈	

표 119. '명사+용언명사형'형 복합명사(NVN)의 예

이 경우도 형태론적으로 고유어 용언에 기반한 명사형이 실현되므로, 복합구성 자체가 순수 고유어인 경우가 많다. 이러한 형태론적 특징과 더불어 의미론적으로도 요리/음식의 이름이나 놀이/경기의 이름, 동작을 나타내는 표현 등이 주로 나타난다. 또한 뒷성분 명사가 용언에서 유도된 명사들이므로 '요리하다/운동하다' 등과 같은 동사의 하위 의미 속성과 연관된 특징을 보인다.

1.7.4.2. '복합명사' 2음절어 & 3음절어 유형

앞서 지적한 바와 같이 '비단순명사(ZNX)' 부류는 높은 확장성을 가진다. 이런 점에서 사전의 효율적 구조화와 유연한 적용을 위해, 여기서 특히 중요하다고 판단되는 표제어 유형에 대한 별도의 태그를 부여하는 것이 유용하다고 판단된다. 이러한 정보를 제공하기 위한 하나의 장치로, 현재 비단순명사(ZNX)에 대한 음절수 정보를 고려할 수 있다. 비단순명사는 기본적으로 2개 이상의 성분이 결합한 형태들이기 때문에, 2음절어가 전체의 85% 가까이에 이르는 단순명사 부류와 달리, 전체가 2음절어로 구성된 형태는 매우 제한되어 있다. 즉 '비단순명사'가 2음절어 형태라면, 두 구성 성분이 모두 1음절어 성분이어야 하기 때문이다. 1음절어가 많은 접사의 경우와 달리, 단순명사 전체에서는 1음절어가 전체의 약 3%에 해당하는 440여개에 지나지 않기 때문에, 2음절어로 된 비단순명사는 그 수가 제한적이며 고빈도어 유형일 가능성이 높아진다.

같은 원리로, 기본적으로 2음절어 이상으로 형성되는 '관형명사'가 결합하는 준복합명사의 경우는 1음절어 명사가 결합하여도 전체 음절수가 3음절이 된다. 따라서 복합명사의 경우는 3음절어 형태가 고빈도 주요 어휘 부류가 될 가능성이 높아진다. 따라서 이러한 음절

정보를 가지는 비단순명사들에 대하여 다음과 같은 추가 태그를 할당하였다.

- 파생명사 부류 중 2음절어 유형: NZX 태그(3,520여개)
- 복합명사 부류 중 2음절/3음절어 유형: NZO 태그(5,600여개)
- 비단순어 추가형(CNA) 중 2음절/3음절어 유형: NZC 태그(1,120여개)

1.7.4.3. 복합형 구성시 형태변이 발생 유형(MOR)

비단순명사 범주의 '복합명사' 부류에는 두 성분이 결합하는 과정에서 기저 성분의 형태변이가 일어나는 유형이 관찰된다. 이와 같은 표제어에는 '형태변이가 일어나는 유형'임을 나타내는 별도의 태그(MOR)가 추가된다. 현재 약 60여개로서, 표 120에 일부 예를 보인다.

고갯마루	깻묵	마굿간	소맷부리	옥니박이	줏가	핏발
귓밥	나룻목	맷집	숫자	윗도리	촛농	햇살
귓부리	뒷면	모랫벌	싯귀	윗동아리	침댓잇	혓부리
귓불	뒷바라지	방앗간	아랫도리	윗면	콧대	혼령
귓전	뒷전	베갯잇	아랫동아리	윗목	콧배기	
기왓장	뒷짐	빗발	아랫목	이맛살	텃세	
깃발	뒷춤	서릿발	악령	장삿속	핏대	

표 120. 복합형 구성 시 형태변이가 일어난 유형(MOR)의 예

기본적으로 '사이시옷'이 삽입되는 변이가 가장 대표적인 형태이며, '악령'이나 '옥니박이'차람 '영/령'의 변이나 '이/니'의 변이가 나타난 형태들도 포함된다.

1.7.4.4. 서술어 용언 구성 여부에 대한 정보

복합명사 표제어에는, 파생접미사 '하다'를 수반하여 형용사 또는 동사를 형성할 수 있는 부류에 대한 추가 정보가 수록되어 있다. 이들은 다음 세 가지 유형으로 분류된다.

- '하다'와 결합하여 형용사를 구성할 수 있는 복합명사: PHA 태그
- '하다'와 결합하여 동사를 구성할 수 있는 복합명사: PHV 태그
- 'N-를 하다' 유형 구문을 허용하는 복합명사: HAL 태그

여기서 특히 '하다'와 결합하여 동사를 구성할 수 있는 복합명사(PHV)을 보면 일련의 '서술화 접두사' 또는 '서술화 접미사'의 결합에 의해 구성되는 형태들이 관찰된다. 이 부분은 아래에서 다시 논의된다.

반면, 'N-를 하다' 유형 구문을 허용하는 복합명사(HAL) 유형에는, 앞서도 논의한 바와 같이, 서술성 명사로 간주하기 어려운 명사들이 '하다'와 함께 통사적 구문을 이루는 형태들이 포함된다. 이에 대한 특징은 앞서 '일반명사 단순형(ZNZ)'에서 상세히 논의된 바 있다. 현재 이러한 구문을 허용하는 복합명사 표제어는 3,150여개로 나타났다.

1.7.4.5. 6가지 특수 접사가 결합된 파생명사 부류

1.7.4.5.1. 서술화 접두사 결합 서술명사(PHP)

파생명사 '배차, 상처'는, 단음절 명사 '차'와 '처'에 서술화 접두사 '배(配)'와 '상(喪)'이 결합하여 서술명사화된 경우(PHP)이다. 이때 본래의 명사에서는 허용되지 않았던 '하다' 동사 파생 접미사의 결합이 가능해진다. 즉 특정 접두사가 결합함으로써 '하다'와의 결합이 가능한 서술명사로 변환되는 경우이다. 현재 410여개가 수록되어 있다. 표 121은 이러한 접두사가 결합하여 이루어진 파생어 부류에서 2음절로 된 형태의 일부 예를 보인다.

가열	개막	과세	등산	발병	배역	세차
가획	개문	단열	매표	방독	배차	소등
간병	개표	단음	면죄	배균	분반	
감차	개항	도색	멸균	배색	선곡	
감획	검표	득표	문병	배선	세뇌	

표 121. 서술화 접두사가 결합하여 서술명사가 된 유형(PHP)의 예

1.7.4.5.2. 서술화 접미사 결합 서술명사(PHS)

파생명사 '과로사, 영웅시'는 명사 '과로'와 '영웅'에 서술화 접미사 '사(死)'와 '시(視)'가 결합하여 서술명사화된 경우(PHS)이다. 이 경우도, 본래의 명사에서는 허용되지 않았던 '하다' 동사파생 접미사의 결합이 가능해진다. 즉 특정 접미사가 결합함으로써 '하다'와의 결합이 가능한 서술명사로 변환되는 경우이다. 현재 50여개가 수록되어 있다. 표 122는 이러한 접미사가 결합하여 이루어진 파생어 부류에서 3음절로 된 형태의 일부 예를 보인다.

감전사	금기시	돌연사	사고사	영웅시	자연사	중대시
골절사	낙마사	동격시	쇼크사	위험시	적대시	중독사
과로사	낙하사	동일시	실족사	의문사	절대시	질식사
과음사	단순사	문제시	안락사	의문시	졸도사	추락사
구토사	당연시	발작사	야만시	이단시	죄악시	확실시

표 122. 서술화 접미사가 결합하여 서술명사가 된 유형(PHS)의 예

1.7.4.5.3. 통사적 접미사 결합형(DFS)

'통사적 접미사 결합형(DFS)'은 '간, 뻘, 째'와 같은 일련의 접미사가 결합하여 다음 예시와 같은 형태를 구성한 경우를 나타낸다.

(72) 내외-간 | 조카-뻘 | 자루-째

위에 실현된 접미사 성분은, 앞 성분과의 조어적 관계가 파생어 관계에 있는 것인지 확실하지 않다. 이들 접미사가 결합하는 명사들은 그 목록이 열려 있으며, 두 성분 사이의 어휘·의미적 관계에도 심한 제약이 보이지 않는다. 이들에 대해서는 앞서 단순명사의 논의에서도 '의존명사/접미사/일반명사/조사' 등의 구별 문제에서 언급된 바 있다. 이들은 뒤의 '명사 활용형사전' 생성을 위한 조사 복합형에 대한 논의에서도 다시 언급된다. 현재 이들을 내포한 복합구성 표제어에는 260여개가 수록되어 있다. 표 123은 '통사적 접미사 결합형(DFS)' 표제어의 일부를 보인다.

가부간	연인간	소송건	시간내	동생뻘	박스째	강의차
다소간	이성간	실종건	조직내	삼촌뻘	봉투째	거래차
가족간	이웃간	청구건	집단내	손녀뻘	뿌리째	계약차
고부간	친구간	가을내	극비리	손자뻘	상자째	관광차
남녀간	형제간	겨울내	비밀리	아들뻘	가을쯤	구경차
내외간	후보간	방학내	성공리	자식뻘	겨울쯤	사업차
노사간	결제건	가족내	성황리	가방째	내일쯤	인사차
모녀간	계약건	기간내	고모뻘	그릇째	새벽쯤	가능한
부자간	사면건	단지내	누나뻘	껍질째	어디쯤	최대한
세대간	상고건	며칠내	누님뻘	덩굴째	언제쯤	최소한

표 123. '통사적 접미사 결합형(DFS)'의 예

1.7.4.5.4. 속성·자질 표현 접미사 결합형(PRS)

'속성/자질을 표현하는 접미사 결합형'(PRS)은 '가정용, 주입식'과 같이 명사 '가정'과 '주입'에 접미사 '용(用)', '식(式)'과 같은 접미사가 결합한 형태를 나타낸다. 여기 사용된 접미사는 개체의 어떤 속성 또는 자질을 기술하고 있어 함께 공기한 다른 명사에 대한 수식어 또는 속사의 기능을 수행한다. 이러한 접미사를 내포한 어휘 부류는 현재 2,050여개이다. 표 124는 일부 예를 보인다.

가구용	가축용	감상용	개량식	개별성	거주용	건축용
가사체	간결체	감시용	개량종	개인성	건물용	검사용
가스식	간부용	감염성	개발용	개인용	건반식	검사측
가시성	간식용	감정용	개발품	개폐식	건설용	게임용
가정용	간이식	강건체	개방성	객관식	건설측	겨울용
가족측	간헐식	강의식	개방식	거주식	건조용	격려용

표 124. '속성/자질을 표현하는 접미사 결합형(PRS)'의 예

1.7.4.5.5. 가족관계 표현 접두사 결합형(FAP)

현재 파생명사에는 '가족관계를 표현하는 접두사 결합형(FAP)' 정보가 부착된 표제어가 220여개 수록되어 있다. 이들은 가령 '친동생, 시동생'과 같은 형태로, '친(親)', '시(媤)'와 같은 접두사가 결합된 파생어이다. 표 125는 일부 예를 보인다.

생질녀	시조부	외삼촌	의형제	조부모	증조부	친아들
생질부	양부모	외손녀	장손녀	종고모	친가족	친아빠
시고모	양손녀	외손자	장조모	종손녀	친고모	친언니
시누이	양손자	외숙모	장조부	종손자	친남매	친엄마
시동생	양아들	외숙부	장조카	증손녀	친누나	친자식
시부모	외당숙	의남매	재당숙	증손자	친누님	친형제
시조모	외사촌	의동생	재당질	증조모	친누이	

표 125. '가족관계를 표현하는 접두사 결합형(FAP)'의 예

1.7.4.5.6. 가족관계 표현 접미사 결합형(FAS)

위와 마찬가지로, 파생명사에는 '가족관계를 표현하는 접미사 결합형'(FAS) 정보가 부착된 표제어가 20여개 있다. 이는 가령 '미혼모, 미혼부'와 같은 형태에 나타난 '부(父)'나 '모(母)'와 같은 접미사로, 이들이 결합한 파생명사 표제어의 예를 보이면 표 126과 같다.

고모부	독신모	미혼부	이모부
대리모	미혼모	수양모	출산모

표 126. '가족관계를 표현하는 접미사 결합형(FAS)'의 예

1.7.4.6. 가족관계 표현 어휘 결합형(FAM)

위에서 살핀 가족관계 표현 접사들과 별도로, 복합명사 부류에는 '가족관계를 표현하는 어휘들이 결합하여 구성된 복합구성(FAM)'이 관찰된다. 예를 들어 '입양자녀, 직계후손' 등

에 내포된 '입양'이나 '직계'와 같은 형태들로서, 이들은 접사가 아닌 관형명사 또는 일반명사로 실현되어 나타난다. 이들과 결합하는 후행명사들도 대체로 가족관계와 연관된 의미계열의 형태가 실현되며, 전체 복합어는 대부분 4음절어 형태를 구성한다.

이 범주에는 그 조어적 구성이 특별하지 않은 일반 복합구성 형태도 포함되기 때문에, 그 목록이 지속적으로 확장된다. 현재 DECO 사전에 60여개 표제어에 이러한 정보가 부착되어 있다. 표 127은 일부 예를 보인다.

열혈아들	외동손녀	적출자녀	직계비속	처가식구	친정식구
예비부모	외동아들	정식부부	직계인척	청춘과부	친정엄마
예비부부	이모형제	조실부모	직계자손	친자형제	친정조카
예비엄마	입양자녀	조카손주	직계친족	친정동생	친척동생
올케언니	잡종자손	조카아들	직계후손	친정부모	친척형제

표 127. '가족관계를 표현하는 어휘 결합형(FAM)'의 예

1.7.4.7. '고빈도 기본/ 저빈도 확장' 어휘와 음절수

이상에서 논의한 비단순명사 부류의 형태적 특징들 외에도 DECO 사전에는 이들이 '고빈도 기본어휘(LEO)'에 속하는지 또는 '저빈도 확장어휘(LET)'에 속하는지에 대한 분류 정보가 등재되어 있다. 또한 각 표제어의 음절수에 대한 정보가 제공되는데, 이러한 유형의 정보는 추후 코퍼스 분석시에 표제어의 우선순위를 순차적으로 적용하여 사전 적용의 효율성을 높이는 데에 사용될 수 있다. 또한 사전 적용으로 분석되지 않는 미분석어 형태들을 처리하기 위한 알고리즘 개발에서, 현재의 음절수 정보를 활용하여 보다 효과적인 추정 모델을 제안할 수 있다.

1.8. 일반명사 외래어(ZNF) 범주

1.8.1. 하위분류 체계

그림 19는 '일반명사 외래어(ZNF)'(이후 외래명사로 약칭) 범주의 하위분류 체계를 보인다.

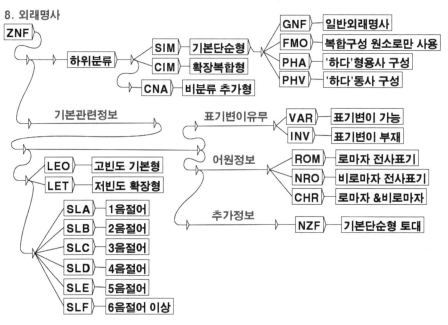

그림 19. 일반명사 외래어(ZNF) 범주의 하위분류 체계

1.8.2. 하위분류별 표제어 분포

'외래명사(Foreign Noun: ZNF)' 부류는 학교문법에서는 별도의 범주로 따로 분류되지 않은 유형이다. 이들은 일반 고유어 및 한자어 기반 명사들과는 달리, 영어와 같은 로마자 사용 언어로부터 전사표기(transliteration)되어 차용된 어휘들을 의미한다.

현재 외래명사 범주가 설정된 배경으로 다음 세 가지 측면을 고려할 필요가 있다. 첫째는 한자어로부터 수용된 외래어 유형은 이미 현대 한국어에서 그 표기법이 정착되어 있어 표기상의 혼란이 가중되지 않는 반면, 현대 한국어에서 차용이 활발하게 이루어지고 있는 외래어는 대부분 '영어'에서 도입되는 형태로서, 이 경우 한국어로 음차 표기되는 과정에서 여러 방식의 표기법이 가능하기 때문이다. 국립국어원의 외래어 표기법 규정이 존재하나, 실제 언어 현실에서 사용되고 있는 외래어 표기 방식을 보면, 규정대로만 이들 어휘 성분들을 고려해서는 올바른 정보 처리 시스템을 구현할 수 없는 경우가 많다. 즉 많은 사용자들이 규정과 다른 형태로 표기를 하는 경우가 많기 때문에 이러한 다양한 변이형들을 고려하기 위해서는 단지 '대표형' 또는 표준안만으로 구성된 기존 사전이 아닌, 이러한 표기 변이들을 모두 인식하고 처리할 수 있는 전자사전이 요구된다.

둘째는 이와 같이 로마자에서 차용된 표현의 대부분이 명사 용어이며, 원어에서 형용사나 동사인 경우에도 한국어에 차용될 때에는 '하다'가 결합하는 명사 위치에 실현되기 때문에, 이들을 '명사'라는 범주에서 처리하는 것이 적절하다는 점이다. 이들은 순고유어 및 한자어와 결합한 외래명사 복합형(CIM)을 구성하기도 한다.

셋째, 외래명사는 끊임없이 새로 생성되는 신조어, 또는 전문용어, 고유명사 등의 영역에서 가장 핵심에 있다는 점이다. 현행 인쇄사전에 등재되지 않은 신조어 유형은 한자보다는 영어 중심의 기술 관련 용어 및 특정 영역별 용어, 새로운 제품이나 회사 기업 등의 명칭이 대부분을 구성한다. 이들은 그 생산성에 의한 목록의 개방성 때문에 현재의 다른 명사 부류와는 별도로 처리되는 것이 바람직하다.

이와 같이 설정된 '외래명사(ZNF)' 범주에는 현재 12,680여개의 표제어가 수록되어 있다. 기본단순형(SIM)과 확장복합형(CIM)으로 하위분류되며, 지속적으로 외연이 확장되는 범주 속성을 고려하여, 새로이 추가되는 형태들을 위한 '비분류 추가형(CNA)' 범주가 부여되었다.

- 외래명사(ZNF) 기본단순형: SIM 태그(1,980여개)
- 외래명사(ZNF) 확장복합형: CIM 태그(9,900여개)
- 외래명사(ZNF) 비분류 추가형: CNA 태그(800여개)

위에서 보듯이 '기본단순형'에는 1,980여개의 표제어가 수록되어 있고 확장복합형에는 9,900여개가 수록되어 있다. 이들의 예를 들면 각각 (73ㄱ), (73ㄴ)과 같다.

(73ㄱ) 가스 | 드라마 | 초콜릿 | 텔레비전 | 카펫트
(73ㄴ) 가스레인지 | 마이너스옵션 | 모바일폰 | 온라인몰 | 슈퍼마켓

여기서 외래명사의 '기본단순형(SIM)'은 다시 그 형태·통사적 속성에 의해 4가지로 하위분류된다.

- 기본 외래명사: GNF 태그(1,240여개)
- 복합어를 구성하는 비자립어: FMO 태그(60여개)
- '하다' 형용사를 구성: PHA 태그(60여개)
- '하다' 동사를 구성: PHV 태그(30여개)

위에서 '기본 외래명사(GNF)' 부류를 제외한 나머지 부류는, 의미적 속성에 있어 하나의 명사보다는 관형사나 형용사, 동사와 가깝다. 실제로 원어에서는 이와 같은 '비명사성' 외래어가 한국어에 차용될 때에는, '하다'와 같은 일련의 장치와 결합하지 않고 단독으로는 사용되지 못하기 때문이다. 다음은 각각 위의 'FMO/PHA/PHV' 범주의 예를 보인다.

(74ㄱ) [FMO] 미스터 | 로컬 | 그랜드 | 멀티
(74ㄴ) [PHA] 드라마틱 | 액티브 | 파워풀 | 로맨틱
(74ㄷ) [PHV] 다이빙 | 슬라이딩 | 리프팅 | 더빙

현재 전체 12,680개로 구성되어 있는 외래명사의 하위유형별 표제어의 수와 예시를 보면
표 128과 같다.

유형	태그	설명	예시	표제어수
하위분류	SIM	기본단순형	실로폰, 베란다	1980
	CIM	확장복합형	에어백, 아로마향	9900
	CNA	비분류 추가형	샤브샤브, 클라이언트	800
SIM의 하위분류	GNF	기본 외래명사	디자인, 잉크	1240
	FMO	복합구성 원소로만 사용	라이프, 데이	60
	PHA	하다형용사 구성	섹시, 나이브	60
	PHV	하다동사 구성	리드, 다이빙	30

표 128. 외래명사(ZNF)의 하위유형별 표제어의 분포

1.8.3. 하위분류 태그별 특징 기술

1.8.3.1. 외래명사 '기본단순형(SIM)'의 하위유형

앞서 논의한 바와 같이 외래명사 '기본단순형(SIM)'은 그 형태·통사적 특징에 의해 다시
4가지로 하위분류된다. 이들을 간단히 살펴보면 다음과 같다.

1.8.3.1.1. '기본 외래명사' 부류(GNF)

'기본 외래명사'(GNF)는 다른 유형들과 달리 한국어 문장 내에서 완전히 어휘화되어 하나
의 명사로 사용되는 유형들이다. 현재 DECO 사전에 1,240여개가 수록되어 있다. 이들 중 1
음절어와 2음절어 유형의 일부를 원어 정보와 함께 제시하면 표 129와 같다.

가스/gas	로봇/robot	메달/medal	박스/box	벤치/bench
게임/game	로켓/rocket	메모/memo	발레/ballet	벨/bell
골프/golf	루머/rumor	멤버/member	백/bag	벨트/belt
그룹/group	리듬/rhythm	모델/model	백신/vaccine	보컬/vocal
뉴스/news	리본/ribbon	모터/motor	버스/bus	보트/boat
도넛/doughnut	린스/rinse	믹서/mixer	버터/butter	볼륨/volume
레몬/lemon	메뉴/menu	밀크/milk	버튼/button	볼링/bowling

부츠/boots	쇼/show	잼/jam	컵/cup	팀/team
비닐/vinyl	쇼크/shock	조깅/jogging	케첩/ketchup	팁/tip
빌딩/building	쇼핑/shopping	주스/juice	코트/coat	파티/party
샌들/sandal	수프/soup	채널/channel	쿠폰/coupon	패션/fashion
샘플/sample	스키/ski	채팅/chatting	퀴즈/quiz	펜/pen
샤워/shower	스타/star	치즈/cheese	크림/cream	포크/fork
샴푸/shampoo	시럽/syrup	치킨/chicken	클럽/club	피자/pizza
세일/sale	알람/alarm	카드/card	택시/taxi	핀/pin
센터/center	앨범/album	카레/curry	터널/tunnel	필름/film
셔츠/shirt	오븐/oven	캠프/camp	테러/terror	필터/filter
소다/soda	와인/wine	커튼/curtain	토픽/topic	햄/ham
소스/sauce	잉크/ink	커피/coffee	트럭/truck	호텔/hotel
소파/sofa	재즈/jazz	컬러/color	티켓/ticket	힌트/hint

표 129. '기본 외래명사(GNF)' 중 1음절어 & 2음절어의 예

1.8.3.1.2. '복합어를 구성하는 비자립어' 부류(FMO)

'복합어 구성 비자립어(FMO)' 부류는 현재 60여개가 수록되어 있다. 이들은 현대 한국어에서 단독으로 명사로 사용되기 어렵고, 일종의 접사 및 수식어, 또는 의존 성분으로 기능하여 다른 명사와 복합어를 구성하는 유형이다. 예를 들면 다음과 같다.

(75ㄱ) 로컬 브랜드　　☞ *로컬-이/ *로컬-을
(75ㄴ) 아메리칸 스타일　☞ *아메리칸-이/ *아메리칸-을
(75ㄷ) 콘티넨탈 부페　　☞ *콘티넨탈-이/ *콘티넨탈-을
(75ㄹ) 멀티 태스킹　　　☞ *멀티-가/ *멀티-를

위의 예에서 선행 성분들은 한국어 문장 내에서 주어나 목적어와 같이 명사로 사용되지 못한다. 반드시 다른 명사를 수반하여 복합어 형태로 실현된다. 이때 후행명사도 외래어가 분포되는 것이 더 자연스럽다. 이들은 원어에서도 명사보다는 일종의 형용사 부류로 사용되는 형태로서 (1)에 대응되는 영어 표현을 보면 다음과 같다.

(76ㄱ) local　　　　☞ local brand
(76ㄴ) American　　☞ American style
(76ㄷ) continental　☞ continental buffet
(76ㄹ) multi　　　　☞ multi-tasking

그런데 영어와 한국어 사이의 품사 간의 대응 관계가 항상 규칙적인 것이 아니어서, 다음과 같이 영어에서는 분명히 하나의 명사로 사용되는 형태들이,

(77) photo ｜ hair ｜ woman

한국어에서는 여전히 단독으로 명사로 사용되지 못하는 경우가 나타난다.

(78ㄱ) 포토 일러스트레이터 ☞ *포토-가/ *포토-를
(78ㄴ) 헤어 칼라 ☞ *헤어-가/ *헤어-를
(78ㄷ) 우먼 파워 ☞ *우먼-이/ *우먼-을

이와 같은 어휘들은 한국어에서 다른 외래어 단어를 동반한 복합어 구성에서는 관찰되지만, 아직 온전히 명사의 지위를 획득하지 못하여 명사 위치에서 자유롭게 실현되지 못하는 것으로 보인다. 표 130은 '복합어 구성 비자립어(FMO)'의 일부 예를 보인다.

그랜드	덤프	머니	미스	브리티쉬	언더	점보
내셔널	데이	멀티	미스터	비치	오버	타이거
네일	덴트	메이드인	밀리	아메리칸	우먼	터보
네임	라이프	메조	밀리터리	아시안	울트라	
넥스트	라틴	모닝	벌룬	아이리쉬	웨어	
뉴	리빙	모멘트	보잉	아쿠아	유러피안	
다크	맨	몰	뷰티	애플	이코노	

표 130. 외래명사 단순기본형 중 복합구성어(FMO)로만 사용되는 유형

1.8.3.1.3. '하다' 형용사를 구성하는 유형(PHA)

외래명사에서 '하다' 형용사를 구성하는 유형(PHA)은 60여개로서, 어원적으로 대부분 형용사의 지위를 가지는 형태들이다. 한국어 문장에서 사용될 때 외래어는 스스로 활용되지 못하기 때문에, 활용을 가능하게 하는 '하다' 파생접사가 결합되어 형용사를 형성한다. 표 131은 일부 예를 보인다.

글로벌	디렉트	베이직	스페셜	아카데믹	와이드	젠틀
나이브	럭셔리	세이프	스포티	액티브	와일드	차밍
내추럴	로컬	섹시	슬로	어필	유니버설	퍼펙트
다이내믹	리버럴	센티멘털	시니컬	에로틱	유니크	해피
드라마틱	모던	쇼킹	심플	엘레강스	인터내셔널	
드레시	미니멀	스마트	아이러니컬	영	인포멀	

표 131. 외래명사 단순기본형 중 '하다' 형용사 구성(PHA) 유형

1.8.3.1.4. '하다' 동사를 구성하는 유형(PHV)

외래명사에서 '하다' 동사를 구성하는 유형(PHV)은 현재 30여개이다. 이들은 어원적으로

대부분 동사나 동사성 명사의 지위를 가지는 형태들이다. 위의 '하다' 형용사 구성 유형 (PHA)과 마찬가지로, 동사성 접미사 '하다'가 결합되어 파생 동사를 구성한다. 표 132는 '하다' 동사 구성(PHV)의 일부 예를 보인다.

가글	다이빙	더빙	리드	모니터링	스트레치	어프로치
글라이딩	다이어트	드래그	리프팅	믹스	스트레칭	에스코트
노크	대시	디스플레이	마사지	스토킹	슬라이딩	윙크

표 132. 외래명사 단순기본형 중 '하다' 동사 구성(PHV) 유형

1.8.3.2. 외래명사 '확장복합형(CIM)'

외래명사 '확장복합형(CIM)'은 현재 9,900여개의 표제어를 내장하고 있다. 다음을 보자.

(79ㄱ) 가스보일러, 레몬주스, 스포츠센터, 인터넷뱅킹
(79ㄴ) 엑스세대, 고전발레, 전자메일

위의 예에서 (79ㄱ)은 영어 어휘의 전사표기로만 구성된 복합어이고, (79ㄴ)은 한자어와 결합한 복합어의 예를 보인다. 이와 같이 혼합된 조어가 되는 경우에도, 한국어 문장에서는 하나의 토큰으로 표기되는 경우가 빈번하다.

(79ㄴ)과 같이 한자어와의 결합은 그 구성요소의 이질성을 밝히는 것이 상대적으로 쉽지만, (79ㄱ)과 같이 영어 어휘만으로 구성된 형태는 이들을 복합어로 판단하는 문제가 조금 더 복잡해진다. 다음을 보자.

(80) 골키퍼 | 멀티잭

위에서 (80)의 외래어 어휘들은 복합명사 유형으로 분류되었는데, 원어의 관점에서 볼 때, 두 개 이상의 성분으로 결합된 복합어로 판단되기 때문이다. '골키퍼'는 '골(goal)'과 '키퍼(keeper)'라는 두 명사의 합성어이고, '멀티잭'은 '멀티(multi)'라는 접두어와 '잭(jack)'이라는 명사의 결합으로 구성된 파생어 형태이다. 원어에서 복합어 형성이 여백이나 하이픈을 수반하여 이루어질 때에는 형식적인 기준이 주어지지만, 여백없이 하나의 단일 형태로 구성되는 복합어의 경우는 단일어와 구별하기 위한 보다 세심한 논의가 필요하다. 실제로 외래명사의 '확장복합형(CIM)' 부류는 조어적인 속성상, 구성요소들에 대한 조합 검증을 수행하면 현재의 목록을 보다 체계적으로 확장할 수 있다. 이들의 외연을 확장하기 위해서는 '기본단순형(SIM)' 목록과 분리하여 검토하는 것이 필요하다. 위의 (80)과 같은 형태에 대한 단순어/

복합어의 구별이 선행되어야 하는 이유가 여기에 있다. 표 133은 '확장복합형(CIM)' 부류의 일부 예를 보인다.

뮤지컬드라마	미션스쿨	바겐세일	박스오피스
뮤지컬쇼	미팅사이트	바나나머핀	박테리아균
뮤지컬코미디	믹스커피	바나나칩	반도체칩
뮤직드라마	민트티	바닐라맛	발레슈즈
뮤직박스	밀리언셀러	바닐라향	발레스쿨
뮤직비디오	밀리터리룩	바비큐치킨	발마사지
미네랄워터	밀크로션	바스오일	발코니창
미네랄팩	밀크쉐이크	바이러스백신	배드민턴공
미니로봇	밀크카라멜	바이오리듬	배터리잭
미니바	밀크커피	바이올린줄	배터리팩
미니버스	밍크코트	바인더노트	배팅찬스
미니스커트	바게트빵	바캉스시즌	

표 133. 외래명사 '확장복합형(CIM)' 부류의 예

1.8.4. 외래명사 추가 정보

표 134는 현재 '외래명사(ZNF)'의 추가 정보 유형을 보인다.

유형	태그	설명	예시	표제어수
변이유무	VAR	표기변이 가능	돈가스, 배터리	1160
	INV	표기변이 부재	골프, 칼슘	850
어원정보	ROM	로마자 표기형	베이컨, 애플파이	10940
	NRO	비로마자 표기형	가라오케, 웨하스	90
	CHR	로마자 & 비로마자	알로에즙, 바나나향	880
	NZF	기본단순형 토대 유형	샌드위치, 이벤트	2000
기본확장어휘	LEO	고빈도 기본어휘	가스, 소파	920
	LET	저빈도 확장어휘	갈락탄, 고스트	960
음절정보	SLA	1음절어	갭, 댐	100
	SLB	2음절어	가운, 게임	700
	SLC	3음절어	가솔린, 데이트	700
	SLD	4음절어	모자이크, 박테리아	350
	SLE	5음절어	내비게이터	130
	SLF	6음절어 이상	스타일리스트	40

표 134. 외래명사(ZNF)의 추가정보 유형

표기변이의 유무에 대한 정보와 어원정보, 그리고 '고빈도 기본어휘/저빈도 확장어휘' 정보 및 음절 정보 등이 별도의 태그로 부여된다.

1.8.4.1. 표기변이 유무(VAR/INV)

외래명사는 외래어 표기법이 잘 지켜지지 않는 현재의 언어현실 속에서 다양한 표기변이 형태로 나타난다. 한국어 어휘체계 내에서 영어 차용어의 비중이 빠른 속도로 증가하고 있기 때문에 이에 대한 신중한 접근이 요구된다.

그런데 비록 로마자 언어에서 전사표기를 통해 차용된 외래명사라 하더라도, 그 음가의 특징에 의해서 또는 이미 한국어 어휘로 완전 정착된 특성에 의해서, 그 표기법 상에 변이(Variation)가 나타나지 않는 형태들이 있다. 가령 다음을 비교해 보자.

> (81ㄱ) [carpet] 카펫/ 카페트 / 카펫트/ 카핏
> (81ㄴ) [internet] 인터넷/ *인터네트/ *인터넷트

위에서 보듯이 (81ㄱ)은 실제 사용자들에 의해 여러 표기가 관찰되지만, (81ㄴ)은 한국어 표기에서 이미 한 가지로만 고정되어 사용되고 있다. 후자의 경우는 표기 변이 자체를 고려할 필요가 없는 형태이다. 이러한 속성 정보를 등재하기 위해서, 외래명사 표제어에는 그 표기변이의 유무에 따라 다음 두 가지 정보가 부가된다.

- 표기 변이가 나타나는 로마자 외래어 유형: VAR 태그
- 표기 변이가 나타나지 않는 로마자 외래어 유형: INV 태그

위의 각각의 예를 살펴보면 다음과 같다.

> (82ㄱ) {VAR}: 초콜릿 | 악세사리 | 네비게이터 | 다큐멘터리
> (82ㄴ) {INV}: 민트 | 샴푸 | 스타일 | 카메라 | 캠핑

위의 (82ㄱ)에서 'chocolate'은 '초콜릿, 초코렛, 초콜릿트, 쵸콜렛' 등과 같은 다양한 표기로 실현될 수 있다. 이와 같이 표기 변이를 수반하는 외래명사 표제어 유형은 1,160여개로 기본단순형(SIM) 1,980여개의 58%를 차지한다. 반면 (82ㄴ)에서 'mint'나 'shampoo', 'style', 'camera', 'camping' 등과 같은 영어 어휘는 한국어에서 '민트, 샴푸, 스타일, 카메라, 캠핑'으로 굳어져서 다른 표기 가능성이 나타나지 않는다. 이러한 유형은 약 850여개로 기본단순형(SIM) 표제어 중 42%를 차지한다.

현재 (82ㄱ)과 같이 '표기변이가 나타나는 유형(VAR)'은 이러한 변이형들에 대한 효과적인 기

술이 수반되어야 한다. 다양한 표기변이형들을 사전 표제어로 등재하고, 이들이 공통의 어원정보를 가지는 변이형들임을 효과적으로 기술하기 위해서, 유한상태 트랜스듀서(FST) 형식의 '부분문법그래프(Local Grammar Graph: LGG)'를 이용할 수 있다. 그림 20은 '초콜릿'에 대한 변이형들을 사전의 표제어로 등재하기 위해 구축된 LGG 그래프문법의 예를 보인다.

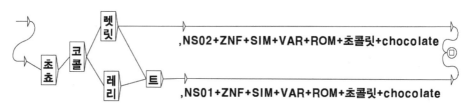

그림 20. '초콜릿(chocolate)'의 표기변이형 사전 구축을 위한 LGG 문법

위 그래프는 모두 24가지(=(2x2x2x2)+(2x2x2x1))의 음차 표기 가능성을 표현하고 있다. 이때 '렛/릿'으로 끝나는 8개의 변이 형태는 모두 '유종성 명사'가 되어, 뒤에 유종성명사와 결합하는 조사 복합형({JN02} 클라스)을 취한다. 반면 '트'로 끝나는 나머지 16가지의 변이 형태는 '무종성 명사'가 되어, 무종성명사 부류와 결합하는 조사 복합형({JN01} 클라스)을 취한다. 위의 {Chocolate.grf} 그래프 문법으로 표상된 24가지 음차표기 변이형의 사전 표제어 목록을 보이면 표 135와 같다.

초코렛트,NS01+ZNF+SIM+VAR+ROM+초콜릿+chocolate	초콜릿,NS02+ZNF+SIM+VAR+ROM+초콜릿+chocolate
초코렛,NS02+ZNF+SIM+VAR+ROM+초콜릿+chocolate	초콜레트,NS01+ZNF+SIM+VAR+ROM+초콜릿+chocolate
초코릿트,NS01+ZNF+SIM+VAR+ROM+초콜릿+chocolate	초콜리트,NS01+ZNF+SIM+VAR+ROM+초콜릿+chocolate
초코릿,NS02+ZNF+SIM+VAR+ROM+초콜릿+chocolate	초코렛트,NS01+ZNF+SIM+VAR+ROM+초콜릿+chocolate
초코레트,NS01+ZNF+SIM+VAR+ROM+초콜릿+chocolate	초코렛,NS02+ZNF+SIM+VAR+ROM+초콜릿+chocolate
초코리트,NS01+ZNF+SIM+VAR+ROM+초콜릿+chocolate	초코릿트,NS01+ZNF+SIM+VAR+ROM+초콜릿+chocolate
초콜렛트,NS01+ZNF+SIM+VAR+ROM+초콜릿+chocolate	초코릿,NS02+ZNF+SIM+VAR+ROM+초콜릿+chocolate
초콜렛,NS02+ZNF+SIM+VAR+ROM+초콜릿+chocolate	초코레트,NS01+ZNF+SIM+VAR+ROM+초콜릿+chocolate
초콜릿트,NS01+ZNF+SIM+VAR+ROM+초콜릿+chocolate	초코리트,NS01+ZNF+SIM+VAR+ROM+초콜릿+chocolate

표 135. 초콜릿(chocolate)의 표기변이형 사전 예시

그림 20과 같은 LGG 문법을 이용하면 표기변이형들에 대한 사전 표제어 목록을 효과적으로 구현할 수 있다. 표 135와 같이 획득된 표기변이형 표제어는 활용클라스 정보({NS01}과 {NS02})를 내장하고 있어, 제5부에서 논의될 명사후치사(조사) 복합형({JN01}과 {JN02})과 결합하게 된다. 이를 통해 실제 코퍼스에서 관찰되는 다양한 변이형태들을 올바르게 인식한 후, 그 원어 정보 및 대표형에 대한 정보를 제공할 수 있게 된다.

1.8.4.2. 어원 정보(ROM/NRO/CHR)

앞서 '외래명사(ZNF)'는 기본적으로 로마자 언어의 전사표기로 구성된 외래어 유형으로 정의되었다. 그런데 어원적 관점에서 이를 더 구체적으로 표현하면, 실제 이 부류는 다음과 같은 형태들을 포함한다.

- 로마자에서 차용된 전사표기형: ROM 태그(10,940여개)
- 비로마자에서 차용된 외래어: NRO 태그(90여개)
- 로마자와 한자어, 고유어, 비로마자 등이 결합한 유형: CHR 태그(880여개)

우선 '로마자에서 차용된 전사표기형(ROM)'을 보면, 다음 (83ㄱ)과 같이 외래명사 단순형의 대부분의 형태들이 여기 해당한다. (83ㄴ)과 같은 외래명사 복합형에서도 이와 같이 로마자에서만 도입된 형태들은 이 태그가 부여되었고, (83ㄷ)과 같이 프랑스어 등 다른 로마자 언어에서 유래된 형태들도 여기 포함되었다.

(83ㄱ) 그래프/graph | 냅킨/napkin | 뉴스/news
(83ㄴ) 액션드라마/action drama | 애플파이/apple pie
(83ㄷ) 마담/madame | 데뷔/debut | 망또/manteau

반면 다음과 같이 '비로마자에서 차용된 외래어(NRO)' 부류도 현재의 '외래명사' 범주에 포함되었다. 이들이 한자어와 구별되는 가장 큰 특징은, 전사표기가 이루어지는 방식이 로마자처럼 발음에 기반하여 실제 언어현실에서 다중적 표기법으로 실현될 수 있다는 점이다.

(84) 돈가스 | 모찌 | 스시 | 에누리 | 히로뽕

이들의 수는 90여개로 전체 표제어의 1%도 되지 않는다. 그러나 표기변이의 문제를 고려할 수 있도록 현재의 외래명사 범주에 별도의 태그로 수록되도록 하였다.

세 번째 유형인 '로마자와 한자어, 고유어, 비로마자 등이 결합한 유형(CHR)'은 '확장복합형(CIM)'의 경우에 해당한다. 이들의 예를 들면 다음과 같다.

(85) 알로에즙/aloe-汁 | 바나나향/banana-香

확장복합형(CIM) 중에서 이러한 혼합형 유형은 880여개로 복합형 전체 9,900여개 중 약 9%를 차지한다.

1.8.4.3. '고빈도 기본/ 저빈도 확장' 어휘와 음절수

'외래명사'의 '기본단순형(SIM)' 범주에는 '고빈도 기본어휘(LEO)'와 '저빈도 확장어휘(LET)' 정보가 수록되었다. 이는 코퍼스에서의 빈도 정보를 토대로 수행되었다. 그 결과 다음과 같은 분포로 나타났다.

- 고빈도 기본어휘 ☞ LEO 태그(920여개)
- 저빈도 확장어휘 ☞ LET 태그(990여개)

또한 표제어의 음절별 특징을 보면, 1음절어부터 6음절어 이상에 이르기까지 다양하게 실현되었다. 이때 2음절어와 3음절어의 비중이 가장 높게 나타났다. 이 두 부류의 합이 1,400여개로 전체의 약 2/3를 차지한다. 표 136은 1음절어 표제어의 일부 예를 보인다.

갭	램	룸	백	빔	숏	웹	줌	키	팀	핀
갱	랩	립	밴	빽	숯	잡	진	콘	팬	햄
골	럼	링	벨	색	실	잭	칩	탭	펄	홀
뉴	록	맨	볼	샵	씬	잼	카	톡	펜	홈
댐	롤	맵	북	샷	앱	젠	캔	톤	폰	힐
돔	롱	몰	붐	쇼	업	젤	컵	톱	폼	
랜	룰	바	뷰	솔	울	존	컷	티	풀	

표 136. 1음절어(SLA) 외래명사 예

표 137과 표 138는 각각 3음절어와 4음절어 이상 외래명사의 일부 예를 보인다.

가스펠	게이머	그래픽	기프트	넘버링	뉴트론	데이트
가이드	게이트	그랜드	나이브	네티즌	니코틴	도메인
가톨릭	고릴라	그레이	나이트	넥타이	니크롬	도미노
개런티	고스트	글라스	나이프	노이즈	다이빙	독트린
갤러리	곤돌라	글래머	난센스	노하우	다이얼	드라마
게릴라	그래뉼	글러브	내셔널	논픽션	데스크	드라이
게스트	그래프	글로벌	내추럴	뉘앙스	데이터	드래그

표 137. 3음절어(SLC) 외래명사 예

그라운드	글라이더	글리코겐	나프탈렌	내비게이터	네이티브
그라운딩	글라이딩	기타리스트	내레이션	내셔널리즘	네트워크
그랑프리	글로벌리즘	나르시스트	내레이터	내추럴리즘	노미네이션
그러데이션	글리세린	나르시시즘	내비게이션	네거티브	노미네이트

노스탤지	다운로드	다이어그램	다이옥신	드라이브	디바이스
노이로제	다운타운	다이어리	다큐멘터리	드라이빙	디스카운트
니힐리즘	다이내믹	다이어트	데오드란트	드라이어	디스코텍
다다이스트	다이너스티	다이얼로그	드라마틱	드라이클리닝	디스플레이
다다이즘	다이아몬드	다이얼링	드라이버	디렉터리	디자이너

표 138. 4음절어 이상의 외래명사 예

1.9. 고유명사(ZNE) 범주

1.9.1. 하위분류 체계

그림 21은 '고유명사(ZNE)' 범주의 하위분류 체계를 보인다.

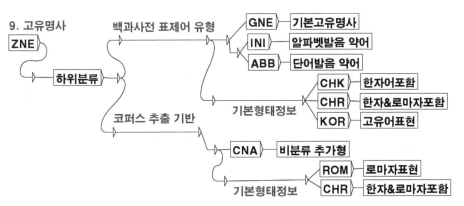

그림 21. 고유명사(ZNE)의 하위분류 체계

1.9.2. 하위분류별 표제어 분포

'고유명사(ZNE)' 범주는 기본적으로 백과사전(Encyclopedia)의 표제어로 등재될 수 있는 어휘 항목을 나타낸다. 현행 한국어 사전에는 언어사전(Dictionary)와 백과사전의 명확한 구별없이 표제어들이 함께 수록되어 있기 때문에, 현재 이 범주를 구성하는 표제어 목록을 구축하기 위해서는 현행 인쇄사전에 수록된 명사 표제어에 대한 개별적인 검토를 수반해야 한다. 이 부류는 다음과 같이 3가지 유형으로 구성된다.

• 기본고유명사 부류: GNE 태그
• 알파벳발음 약어 유형: INI 태그

• 단어발음 약어 유형: ABB 태그

'기본고유명사(GNE)' 부류는 기본적인 백과사전 표제어 유형을 나타내며, '알파벳발음 약어(INI)'와 '단어발음 약어(ABB)' 유형은 특정 약어 형태의 고유명사들을 나타낸다. 이들의 예를 들면 다음과 같다.

(86ㄱ) [GNE]: 삼국유사 | 지리산 | 한글
(86ㄴ) [INI]: 더블유에이치오/WHO | 유엔/UN | 유케이/UK
(86ㄷ) [ABB]: 나토/NATO | 유니세프/UNICEF | 아스키/ASCII

위에서 (86ㄱ)은 기본적인 고유명사 부류를 보이며, (86ㄴ)은 알파벳발음을 개별적으로 표기한 약어(INI)의 예를 보인다. 반면 (86ㄷ)은 전체 단어발음을 전사표기한 고유명사 부류를 보인다. 즉 다음과 같이 두 가지 약어가 주어졌을 때, 이를 어떻게 한국어 표기로 전사해야 하는지가 이미 결정되어 있는 것을 볼 수 있다.

(87ㄱ) WHO ☞ *후 / 더블유에이치오
(87ㄴ) NATO ☞ 나토/ *엔에이티오

위의 (87)에서 'WHO'는 '후'로 발음하거나 표기하지 않고, '더블유에이치오'로 읽고 표기하지만, 'NATO'는 '엔에이티오'로 읽거나 표기하지 않고 '나토'로 읽고 표기하기 때문이다. 이들의 경우는 사전에 개별적으로 등재되어야 한다. 또한 현재 코퍼스에서 끊임없이 확장되므로 지속적인 보완 작업이 요구된다.

현재 고유명사 범주에도 이외에 '비분류 추가형 부류(CNA)' 범주가 설정되어 있다. 이는 앞서 다른 범주에서도 논의한 바와 같이, 실제 코퍼스 등에서 관찰되는 다양한 시사적인 유형을 포함하는 동적인 범주의 역할로 설정되었다. 이 범주에 포함되는 어휘의 예를 들면 다음과 같다.

(88) 마티즈 | 유레일패스 | 타잔

현재 '고유명사(ZNE)' 범주에는 11,470여개의 표제어가 수록되어 있다. 하위유형별 표제어 분포를 보이면 표 139와 같다.

유형	태그	설명	예시	표제어수
백과사전 표제어	GNE	기본고유명사	비잔틴문화, 에펠탑	10,310
	INI	알파벳발음 약어	더블유에이치오(WHO), 아이오시(IOC)	40
	ABB	단어발음 약어	나토(NATO), 유네스코(UNESCO)	20

유형	태그	설명	예시	표제어수
코퍼스추출	CNA	비분류 추가형	기네스북, 뉴요커	1,100
형태정보	CHK	한자어 포함	가야국, 수덕사	8,320
	CHR	한자어&로마자포함	칸영화제, 그리스비극	2,470
	KOR	고유어 표현	거문고자리, 산디놀음	50
	ROM	로마자 표현	프레온가스, 유레일패스	580

표 139. '고유명사(ZNE)' 범주의 하위유형별 표제어 분포

1.9.3. 하위분류 태그별 특징 기술

'고유명사(ZNE)'는 앞서 언급한 바와 같이, 현행사전에 수록된 명사 표제어 중 '백과사전 표제어' 유형으로 판단되는 어휘 부류를 추출하여 현재 표제어 목록의 토대를 마련한 것이다. 이러한 과정을 통해 귀납적으로 획득된 어휘 목록의 특징을 살펴보면, 역사적 사건이나 역사적 인물, 지명 등에 대한 부류가 주를 이루는 것을 볼 수 있다. 역사적으로 검증된 유형들이 표제어로 수록된 경우이므로, 현재 코퍼스에서 추가되는 부류에 비해 질적으로 신뢰도가 높은 면이 있으나 양적으로는 한계가 있다. 이들은 '기본고유명사(GNE)'와 '알파벳발음 약어(INI)', '단어발음 약어(ABB)'의 3가지로 분류된다.

1.9.3.1. '기본고유명사'(GNE) 유형

'기본고유명사(GNE)'는 '감로국' '간다라미술' '에펠탑'처럼 역사적으로 중요도가 검증된 사건이나 개체, 지명 등을 나타낸다. 현재 10,310여개가 수록되어 있다. 표 140은 일부 예를 보인다.

가가와현	가야산	간경도감	갈문왕	강남구	강촌별곡
가격카르텔	가역반응	간다라미술	갈항사삼층석탑	강동구	강탄기원절
가고시마현	가우절	간도	감로국	강릉시	강호가
가곡원류	가인봉	간도국민회	감로왕	강릉오층탑	강호파
가나	가잠성	간도시보	감리교	강릉타령	강화군
가나안어	가즈나왕조	간문제	감문국	강림절	강화도
가덕도	가집행선고	간문터널	감찰위원회	강목집요	강화도사건
가덕해전	가차도	간백산	감천궁	강서고분	강화조약
가라국	가처분방어	간섬유협약	갑골문자	강서군	강화천도
가락국기	가톨릭	간왕	갑산군	강서신도회	강희자전
가례도감	가파도	간월도	갑신정변	강서파	개경
가례원류	가평군	간척도	갑오경장	강선루	개구리타령
가리봉	각목문자	갈라파고스제도	갑자사화	강원대학교	개국절
가리산	각태봉	갈로석기시대	강감찬전	강원도	개로왕
가마산	각화사	갈릭문자	강건체	강원일보	
가야국	각황사	갈마반도	강계군	강진군	

표 140. '기본고유명사(GNE)'의 예

고유명사 중에서 '지명'이나 '역사적 인물', '역사적 사건'이나 '역사적 제도' 등은 그 목록의 확장성이 높지 않다. 그러나 그외의 경우, 가령 '책'이나 '음악, 미술 등 예술작품', '사회적 인지도가 있는 인물' '새로운 회사나 조직' '시사적/사회적 사건' 등과 같은 유형은 지속적으로 추가가 이루어져야 한다.

1.9.3.2. '알파벳발음 약어'(INI) 유형

앞서 논의한 바와 같이 '알파벳발음 약어(INI)' 유형의 표제어는 현재 40여개가 수록되어 있다. 표 141의 예를 통해 볼 수 있듯이, 이들도 코퍼스를 통해 지속적으로 확장되어야 하는 어휘 부류이다.

더블유비에이/WBA	에쓰디아이/SDI	오이씨디/OECD
더블유에이치오/WHO	에쓰케이/SK	와이더블유씨에이/YWCA
더블유티오/WTO	에이치피/HP	와이엠씨에이/YMCA
디디알/DDR	에이티엔티/AT&T	유에스/US
디제이/DJ	에이피/AP	유에스비/USB
비엠더블유/BMW	에프비아이/FBI	유에스에스아르/USSR
시엔엔/CNN	엘에이/LA	유에스에이/USA
씨아이에이/CIA	엘지/LG	유엔/UN
아이비엠/IBM	엠비씨/MBC	유케이/UK
아이에스비엔/ISBN	엠비에이/MBA	제이에스에이/JSA
아이엠에프/IMF	엠에스/MS	제이피/JP
아이오시/IOC	오비/OB	케이티/KT

표 141. 알파벳발음 약어 유형 (INI) 예시

1.9.3.3. '단어발음 약어'(ABB) 유형

'단어발음 약어(ABB)' 형태는 현재 20여개 정도가 수록되어 있다. 위의 형태들보다 상대적으로 단어가 길고 자음과 모음이 섞여있어서 단어와 같은 발음이 가능한 특징을 보인다. 그러나 이에 대한 명확한 기준이 존재하지 않기 때문에 이러한 영어 원어표기에 대한 규칙적 유추는 가능하지 않다. 각 개별 어휘의 리스트가 구축되어야 하는 이유가 여기에 있다. 표 142는 이들의 예를 보인다.

가트/GATT	아스키/ASCII	유니세프/UNICEF
나스닥/NASDAQ	아펙/APEC	유닉스/UNIX
나토/NATO	오펙/OPEC	포스코/POSCO
아셈/ASEM	유네스코/UNESCO	

표 142. 단어발음 약어 유형(ABB) 예시

1.9.3.4. '비분류 추가형'(CNA) 유형

　'비분류 추가형(CNA)'은 역사적 개체명임에도 사전에 누락되어 있거나 시사적인 특징으로 인해 사전에 아직 추가되지 못한 형태들로서, 신문이나 온라인 등의 실제 코퍼스에서 발견되는 다양한 유형의 고유명사들이다. 즉 새로운 기업의 이름이나 현대 유명 정치인, 예술가 이름, 신제품이나 신기술 명칭 등이 주로 나타난다. 이들은 어휘 속성상 지속적으로 확장되는 동적인 구조를 보인다.

　현재 1,100여개가 등재되어 있으며 이들에 대한 고유명사 의미분류의 대분류 체계가 적용되어 있다. 표 143은 '사물성(QTHN)' 부류를 표현하는 '비분류 추가형(CNA)' 고유명사의 일부 예를 보인다.

그랜저	러시안룰렛	미키마우스	아디다스	요오드
기네스북	로가디스	바이블	아라비안나이트	월드와이드웹
누가바	로또	본차이나	아모레	유러달러
뉴아반떼	로빈슨크루소	부라보콘	아반떼	유레일패스
뉴올리언스재즈	로빈후드	비엔나왈츠	아베마리아	이에프소나타
닉슨독트린	루이뷔통	사스	애니콜	장발장
다음메신저	리복	사운드오브뮤직	야후메신저	정글북
다음솔루션	마티즈	산타페	에델바이스	제인에어
다음커뮤니케이션	만다라	선키스트	에스페란토	징글벨
데미안	매가패스	스포티지	엘라스틴	체어맨
도요타렉서스	맥베스	스핑크스	엠에스엔메신저	코로나
돈키호테	먼로독트린	신데렐라	오디세이	콜롬보
동쥐앙	메로나	쌴타페	오스람	타잔
드라큘라	모나리자	쏘나타	올림픽컵	포스트잇
라보엠	미스터코리아	쏘렌토	와트	

표 143. '사물성(QTHN)'을 표현하는 '비분류 추가형(CNA)'의 예

1.9.4. 형태어원 정보의 4가지 하위유형

　현재 고유명사 목록은 현행사전에 수록된 명사 표제어 유형에 기반하므로 역사적으로 검증된 유형들에 대한 표제어의 비중이 높다. 따라서 한자어 기반 어휘의 수가 압도적으로 높은 비중으로 나타나므로, 많은 경우가 '한자어' 또는 '한자어+고유어' 결합형으로 이루어져 있다. 고유명사의 어원정보는 다음과 같이 4가지 유형으로 분류된다.

- '한자어' 또는 '한자어+고유어' 구성 형태: CHK 태그
- '한자어+로마자' 구성 형태: CHR 태그
- 순 '고유어'로 된 어휘 형태: KOR 태그

• '로마자'로만 구성된 형태: ROM 태그

다음은 각각의 예를 보인다.

(89ㄱ) [CHK]: 삼국유사 | 국립도서관 | 지리/산
(89ㄴ) [CHR]: 고대/올림픽 | 라틴/어
(89ㄷ) [KOR]: 한글 | 물뱀자리 | 스승의날
(89ㄹ) [ROM]: 나이팅게일 | 디즈니랜드 | 센트럴파크

표 144는 '한자어', 또는 '한자어+고유어' 구성 형태(CHK)의 일부 예를 보인다.

가가	가곡선	가도사건	가량국	가로림만
가각고	가곡원류	가독상속	가례도감	가로회
가각본	가공제	가라국	가례도감의궤	가릉강
가격혁명	가덕도	가라지봉	가례언해	가릉령
가경일	가덕해전	가락국기	가례원류	가리봉
가경절	가도	가란도	가례집람	가리산

표 144. '한자어/한자어+고유어' 구성 형태(CHK)의 예

반면 표 145는 '고유어'로 구성된 고유명사 유형(KOR)의 예를 보인다.

거문고자리	까마귀자리	도마뱀자리	물뱀자리	삼짇날
거북놀이	꼬리별	돌고래자리	바다뱀자리	새쫓기노래
게자리	나무쇠연극	망석말이춤	바위자리	설날
계면놀이	날치자리	망아지자리	뱀자리	스승의날
고래자리	높샌성운	머리털자리	불무노래	시집살이노래
고물자리	눈의날	머슴날	사냥개자리	조랑말자리
고싸움놀이	늑대별	먹중춤	산디놀음	조심기노래
길쌈노래	달구놀이	물고기자리	삵괭이자리	한글

표 145. '고유어'로 구성된 형태(KOR)의 예

1.9.5. 하위 의미분류 정보

현재 '고유명사(ZNE)' 범주의 의미 분류는 하향식(Top-down) 방식의 개념 분류가 아닌, 상향식(Bottom-up) 방식의 어휘 군집화 분류에 기반한 것이다. 가령 일반명사의 경우, 유생물 범주에 '인간/동물/식물' 등과 같은 하위분류가 가능하다면, 고유명사의 경우에는 '인간'과 같은 하위 범주는 등장하지만 '동물/식물과 같은 하위 범주는 큰 의미가 없다. 일반적으로 동물이나 식물의 각 개체에 고유한 명칭을 부여하는 경우가 드물기 때문이다. 현대의 시사적 코퍼스에서

는 각 개인이 반려동물이나 특정 관계의 동물/식물에 대해 고유 명칭을 부여하는 경우가 가능하지만, 역사적으로 검증된 백과명사 표제어에서는 사실상 찾기 어려운 의미 특징이 된다.

동물이나 식물의 '학명' 기반 하위분류에서 나타나는 특정 명칭들, 가령 '도둑놈의지팡이'나 '월하미인'과 같은 명칭들은 현행사전에서 명사 표제어의 높은 비중을 차지하는 유형인데, 이들을 일반명사 범주에서 다루기에는 다소 부담스럽다. 일반적인 동식물 분류 체계에서 어떤 특정 부류를 나타낸다는 점에서 고유명사와 유사한 면이 있어 보이지만 유일개체를 지시하는 본질적인 고유명사들과는 거리가 있어 보인다. 이들은 한편으로는 일련의 전문용어(Terminology) 부류로 판단되는데, 문제는 이러한 유형들의 경계가 그리 명확하지 않다는 데에 있다. 즉 '고래자리'와 같은 별자리 이름은 전문용어의 일종으로 판단할 수도 있을 것이나, 이러한 새로운 발견이나 발명물 명칭이 역사적 고유명사 유형에서 빈번하게 나타나는 점을 생각하면, 이는 고유명사 범주에서도 고려되어야 할 대상으로 보인다. DECO 사전에서는 이와 같이 여러 범주들의 경계에서 모호한 형태들에 데해서는 가능한 한 중복 분류를 수행하는 원칙을 유지하였다. 이러한 원칙하에서 '고유명사(ZNE)'는 다음과 같은 방식으로 군집화되어 최종적으로 현재의 귀납적 의미분류 체계를 제안하게 된다.

1.9.5.1. 고유명사의 '상향식(Bottom-up)' 의미분류

그림 22는 현재 '고유명사(ZNE)' 범주 어휘들의 의미적 분류체계를 보인다.

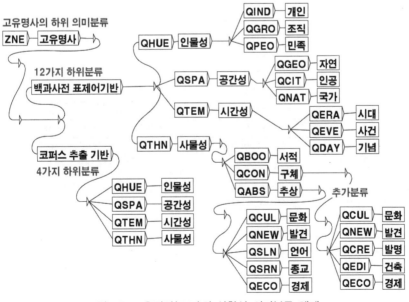

그림 22. 고유명사(ZNE)의 상향식 의미분류 체계

위에서 보는 바와 같이 코퍼스 추출 기반 부류를 제외한 기본 고유명사 부류는 우선 4가지 대범주로 하위분류된다.

- 인물성 고유명사: QHUE 태그
- 공간성 고유명사: QSPA 태그
- 시간성 고유명사: QTEM 태그
- 사물성 고유명사: QTHN 태그

이들 4가지 대범주는 다시 각각 3가지 유형으로 세분류되며, 특히 '사물성(QTHN)' 부류는 한 단계 더 세분화된 유형으로 분류된다.

1.9.5.2. 의미분류별 표제어 분포

위에서 살핀 '고유명사(ZNE)'의 각 하위 의미분류별 표제어의 개수와 예시를 살펴보면 표 146과 같다.

유형	태그	설명	예시	표제어수
QHUE 인물성	QIND	개인 인명	낙랑공주, 루이십육세	490
	QGRO	인물집단 조직	국방위원회, 감사원	2590
	QPEO	인종 & 민족	그리스인, 만주족	240
QSPA 공간성	QGEO	자연 지리명	몽고고원, 구룡반도	2390
	QCIT	인위 행정구역명	달성군, 버지니아주	350
	QNAT	국가 & 대륙명	로마제국, 북아메리카	170
QTEM 시간성	QERA	시대명	근생대, 석기시대	60
	QEVE	사건명	나폴레옹전쟁, 강화조약	790
	QDAY	기념일명	개천절, 과학의날	210
QTHN 사물성	QBOO	서적명	금오신화, 고려사절요	1080
	QCON 구체	QCUL/ 문화	단도무늬토기, 알함브라궁전	720
		QNEW/ 발견	견우성, 기린자리	170
		QCRE/ 발명	궤도폭탄, 다니엘습도계	120
		QEDI/ 건축	경주박물관, 백금서당	2640
		QECO/ 경제	무공훈장, 금탑산업훈장	30
	QABS 추상	QCUL/ 문화	강건체, 개구리타령	580
		QNEW/ 발견	게르하르트반응, 그린함수	100
		QSLN/ 언어	게르만어, 설형문자	170
		QSRN/ 종교	대승불교, 모르몬교	150
		QECO/ 경제	사탕조례, 바이마르헌법	180

표 146. '고유명사'의 하위 의미분류에 따른 표제어의 분포

이와 같이 현행사전에서 추출된 고유명사 부류는 4가지 대범주 내에 다시 12가지로 세분류되어 기술된 반면, 코퍼스에서 추출된 '비분류 추가형(CNA)' 범주의 표제어들은 표 147과 같이 4가지 대범주 수준까지만 분류가 수행되었다.

유형	태그	설명	예시	표제어수
CNA 비분류 추가형	QHUE	인물성 고유명사	아브라함, 월트디즈니	200
	QSPA	공간성 고유명사	남예멘, 도나우강	500
	QTEM	시간성 고유명사	아시안게임, 월드컵	20
	QTHN	사물성 고유명사	기네스북, 골든글러브상	130

표 147. 고유명사의 '비분류 추가형(CNA)'의 의미분류 체계

1.9.5.3. 고유명사 '인물성(QHUE)' 의미범주

이 범주는 다시 3가지로 하위분류된다. '개인인명(QIND)'과 '인물집단(QGRO)', 그리고 '인종민족(QPEO)'으로 분류되는데, 각각을 살펴보면 다음과 같다.

1.9.5.3.1. 개인인명(QIND) 범주

'개인인명(QIND)'은 각 개인에 대한 고유명칭으로서, 기존의 사전에 수록된 개인 고유명칭은 대체로 '왕, 불교 승려, 정치적 관직' 등과 관련된 인물들에 집중되어 있다. 이러한 현상은 고유명사의 어휘 목록의 구성이 각 언어별 문화·역사적 특징과 밀접하게 연관되어 있다는 점을 시사한다. 현대의 코퍼스에서 추출되는 시사성 고유명사 부류에 이러한 불교적 인물보다는, '정치인, 경제인' 등의 인물명이 월등하게 높은 비중을 보이는 면과도 대조를 이룬다.

이런 점에서 현재 수록된 고유명사들이 대체로 역사적 시점에서 중요한 유형들을 나타내므로, 여러 이유로 여기에 누락된 형태들은 존재하지만, 이들 표제어가 확장성을 갖는 열린 목록을 구성하지는 않는다. 따라서 역사성 고유명사의 목록을 보다 체계적으로 보완하고 완성하기 위하여 이 부류에 나타나는 일정 접미 패턴을 분석하는 것이 의미가 있다고 판단된다. 가령 'X-왕/세자/조/종' 등과 같은 접미 형태는 '왕(KING)'을 나타내는 의미 부류로 군집화하는 것이 가능하며 'X-승/대사' 등과 같은 형태의 접미어를 취하는 어휘는 불교적 인물을 나타내는 의미 부류로 군집화할 수 있다. 이러한 군집화는 일련의 공통의 의미자질을 갖는 고유명사들을 하나로 표현하는 것을 가능하게 할 뿐 아니라, 현재 사전에 수록되지 않은 유사한 의미계열의 고유명사들을 예측하는 알고리즘의 개발에 중요한 언어자원이 될 것이다.

표 148은 현재 '인물성(QHUE)>개인인명(QIND)'로 분류되는 고유명사 어휘들로부터 귀납적으로 추출된 85개의 접미패턴의 목록을 보인다.

왕/王	여래/如來	십삼세/Ø	천왕/天王	성왕/聖王
일세/Ø	여왕/女王	십일세/Ø	형제/兄弟	수녀/修女
이세/Ø	태자/太子	장군/將軍	황제/皇帝	십오세/Ø
보살/菩薩	공주/公主	존자/尊者	황후/皇后	십육세/Ø
왕후/王后	대왕/大王	천자/天子	관군/冠軍	십칠세/Ø
삼세/Ø	동자/童子	팔세/Ø	교주/教主	십팔세/Ø
국사/國師	칠세/Ø	고조/高祖	나한/羅漢	역사/力士
공신/功臣	금강/金剛	대사2/大蛇	대감/大監	왕비/王妃
신/神	대제/大帝	대사3/大士	대공/大公	율사/律師
대사1/大師	십세/Ø	대원군/大院君	대신/大神	자존/慈尊
공/公	십이세/Ø	대장/大將	도사/道師	지신/地神
명왕/明王	거사/居士	밀다/密多	무당/武幢	천신/天神
사세/Ø	관음/觀音	선인/仙人	미륵/彌勒	태공/太公
오세/Ø	구세/Ø	십사세/Ø	법사/法師	태후/太后
대군/大君	대비/大妃	용왕/龍王	본존/本尊	호왕/好王
부인/夫人	세자/世子	천녀/天女	선사/禪師	화상/和尙
육세/Ø	세존/世尊	천사/天使	선생/先生	황태후/皇太后

표 148. '개인인명(QIND)' 유형 고유명사의 고빈도순 접미패턴 목록

표 148의 접미패턴은, 현행사전에서 추출된 고유명사 부류 중 '개인인명(QIND)'을 나타내는 어휘들을 낱낱이 검토하여 획득한 목록이다. 현재 가장 많은 고유명사를 구성하는 접미패턴부터 고빈도순으로 정렬한 목록으로, '왕'이 170개의 고유명사를 유도하는 가장 고빈도의 접미패턴으로 나타났다. 그 다음의 '일세/이세'는 외국의 왕의 인명에 결합한 형태로, 각각 54개와 33개의 인명을 유도하였다. 4 번째 고빈도어는 '보살'로 28개의 고유명사가 나타났다. 이와 같이 고빈도순 목록을 보면, 왕족과 승려에 대한 접미패턴이 특히 빈번함을 알 수 있다.

현재 인쇄사전에서 추출한 '개인인명' 관련 표제어는 모두 9,100여개로 나타났다. 그런데 이중 위와 같은 접미패턴을 수반하는 유형은 780여개로 전체의 9%로 나타났으며, 나머지 91%에 해당하는 8,320여개의 표제어는 특별한 패턴이 없는 다음과 같은 형태로 나타났다.

(90) 강감찬 | 가또오 기요마사 | 겸재 | 허난설헌 | 가리발디 | 히틀러

이러한 무패턴 유형의 어휘들 중에서, 한국인은 '강감찬'과 같은 전체 이름이 표제어가되지만, 서구인의 경우는 '톰슨'과 같은 방식으로 표제어를 구성한 후, 그 내부정보를 명시하는 방식을 사용한다. 따라서 동형어 표제어의 수가 높은 비중을 차지하게 된다. 표 149는현행사전에서 추출한 '톰슨'에 대한 12가지 표제어[48]의 예를 보인다.

```
톰슨01/ Thomsen (Hans Peter Jogen Julius)
톰슨02/ Thompson (Benjamin)
톰슨03/ Thompson (Francis)
톰슨04/ Thompson (William)
톰슨05/ Thomsen (Christian Jurgensen)
톰슨06/ Thomsen (Vilhilm Ludvia Peter)
톰슨07/ Thomson (Elihu)
톰슨08/ Thomson (James)
톰슨09/ Thomson (Kenneth)
톰슨10/ Thomson (Sir Charles Wyville)
톰슨11/ Thomson (Sir William)
톰슨12/ Thomson (Virgil)
```

표 149. 현행사전에 수록된 12가지 '톰슨' 표제어의 예

고유명사의 일부 하위범주에서 관찰되는 이와 같은 형태들은, 앞서 다른 범주들에서 관찰되었던 고어체나 방언, 통시적 쓰임 등처럼 DECO 사전 표제어 구성시 별도의 모듈로 분리되었다. 다만 역사적 의미 특징을 보이는 고유명사의 속성을 고려할 때, 각 하위범주별로 나타나는 주요 '접미패턴'은 그 목록의 제공이 유용하다 판단되어 여기 논의된다.

1.9.5.3.2. 인물집단 (QGRO) 범주

고유명사의 '인물성(QHUE)' 의미범주의 두 번째 유형인 '인물집단(QGRO)'은, 인물들의 집단이나 단체, 회사, 조직뿐 아니라, 건축물 명칭을 통해 환유적으로 집단을 표현하는 어휘 부류들도 함께 포함한다. 예를 들어 '감사원, 봉은사' 등이 이러한 환유적 방식으로 '인물집단'을 지칭하기 위해 사용될 수 있다. 이는 '독립문'과 같이 확실한 비인물성 장소성 명사, 즉 '건축물'만을 지칭하는 어휘 부류와 구별된다. 다음을 보자.

(91ㄱ) 감사원에서 그 사건에 <u>개입했어요</u>
(91ㄴ) *독립문에서 그 사건에 <u>개입했어요</u>

위의 (91ㄱ)에서 '감사원'은 인물집단의 의미로 사용되어, 반드시 인물성 주어를 요구하는 술어 '개입하다'의 주어 위치에 실현되었다. 반면 이러한 의미 해석이 가능하지 않은 (91ㄴ)의 '독립문'은 이러한 서술어의 주어 위치에 실현되지 못한다. 이 두 명사가 다음과 같이 '건축물'의 의미로 사용되어, '위치하다'와 같이 장소성 명사를 주어로 요구하는 서술어와 공기할 수 있는 현상과 대조된다.

---

48) 온라인 표준국어대사전 최근 버전(2018년 3월 현재)을 보면, 위에서 나열된 12명의 '톰슨' 중에서 4명만을 등재하였고, 최근까지 생존하여서 아직 사전에 수록되지 않았던 2명의 다른 '톰슨'이 추가로 등록되어 있다.

(92ㄱ) 감사원은 안국역 근처에 <u>위치하고</u> 있다
(92ㄴ) 독립문은 서대문 근처에 <u>위치하고</u> 있다

위의 검증을 통해 '감사원'은 현재 '인물집단(QGRO)' 범주에 분류될 수 있는 반면, '독립문'은 이러한 분류가 불가능함을 알 수 있다. 그러나 이 두 명사는 모두 '건축물'의 의미 기능을 가지므로, 뒤에 논의하게 될 '사물성(QTHN)' 범주의 '구체물(QCON)' 범주로 분류된다. 이 경우 '감사원'은 두 범주에서 이중 분류된다. 실제로 현재 범주에 속하는 표제어의 상당부분이, '감사원'과 같이 '건축물'로서의 이중적 해석을 허용하기 때문에, 이와 같이 두 범주로 이중 분류된다.

현재의 범주가 '인물집단'을 의미한다는 점에서 본질적으로 '유일한 지시대상'을 지칭하는 고유명사 정의에 적합하지 않다고 판단할 수 있다. 그러나 이 부류는 이러한 집단 전체를 하나의 유일 개체로 지시한다는 점에서 고유명사 범주로 분류될 수 있다. 즉 이 부류의 명사들은 반드시 집합적 개체를 지칭하지만 그 전체를 하나로 해석하는 점에서 뒤에서 살필 '인종·민족(QPEO)' 범주와는 차이를 보인다. 이 부분은 뒤에서 다시 논의하기로 한다. 앞서도 논의한 바와 같이 고유명사를 명시적으로 정의하는 것은 불가능하다. '유일한 지시대상을 지칭'한다는 의미적 정의도 '강감찬, 히틀러' 같은 일반적인 개인인명의 고유명사의 특징에 부합하는 듯이 보이지만, 엄밀하게 '강감찬'이라는 인명의 소유자가 현실 세계에서 단 한명은 아닐 것이기 때문이다. 이와 같이 비언어적 현실 문맥에 대한 논의를 포함하게 되면 '고유명사'라는 범주 자체의 설정이 한층 어렵게 된다. 어휘 분류 연구가, 구체적으로 어떠한 목적을 위해 진행되는가하는 '현실적인 목적성'에 주목하여 진행되어야 하는 이유이다.

앞서와 마찬가지로 귀납적으로 구축된 현재 이 범주의 표제어들을 통해 관찰되는 접미패턴을 보면 상당히 다양한 양상이 나타난다. 전체 590여개에 이르는데, 이중 가장 많은 고유명사 표제어를 형성하는 상위 고빈도어 접미패턴의 목록을 보면 표 150과 같다.

사1/寺	청/廳	대학교/大學校	성 /省	회사/會社
파/派	부2/府	회사1/會社	단1/團	소/所
국/局	당1/黨	위1/衛	연구소/研究所	성당/聖堂
위원회/委員會	부1/部	은행/銀行	기구1/機構	회사/會社
학파/學派	도감/都監	영/營	학교/學校	학교/學校
서1/署	대학/大學	감/監	협회/協會	교회/敎會
원/院	도감/圖鑑	아문/衙門	대2/隊	
사2/司	군1/軍	성/省	공사1/公社	
회/會	위원회/委員會	시/寺	연맹/聯盟	

표 150. '인물집단(QGRO)' 유형 고유명사의 고빈도순 접미패턴 목록

이러한 목록 역시, 현재 이 부류 고유명사의 누락된 형태를 보완하기 위한 미등록 고유명사 추정 알고리즘의 개발에 유용한 언어자원으로 활용될 수 있다.

1.9.5.3.3. 인종·민족(QPEO) 범주

고유명사의 '인물성(QHUE)' 의미범주의 두 번째 유형인 '인종·민족(QPEO)'은 '그리스인' 등과 같이 일정 국가나 부족의 민족이나 국민을 지칭하는 어휘들을 지칭한다. 이들은 의미적 측면에서 볼 때 엄밀하게 단일 개체에 대한 명칭이 아니다. 위에서 '인물집단'을 표현하는 '감사원'과 같은 부류는, 비록 지시대상에 여러 개체의 집합성을 전제하지만 전체를 '하나의 단일 개체'로 해석하고 있어, 다음과 같은 복수형 형성이 불가능하다. 반면, 이 부류의 명사들은 각 개별 개체에 대해 현재의 속성을 부여하기 때문에, 다음과 같이 복수 표지의 결합이 가능하다.

(93ㄱ) *<u>감사원들에서</u> 이 일에 개입했어요
(93ㄴ) <u>그리스인들은</u> 올리브를 많이 먹어요

또한 이 부류의 명사들은 일반적으로 '유일한 개체'를 의미하는 고유명사 부류가 허용하지 않는 '수량 표지'의 결합을 허용한다는 점에서도, 앞서 살핀 고유명사들과 차이를 보인다.

(94ㄱ) *그 회담을 위해 <u>다섯 명의</u> 오바마가 한국에 옵니다
(94ㄴ) 그 회담을 위해 <u>다섯 명의</u> 미국인이 한국에 옵니다

이러한 검증을 통해 실제로 현재 유형의 명사들을 고유명사 범주에서 다루는 것이 적절할까 의문이 들 수 있다. 그러나 이들은 (93ㄴ)이나 (94ㄴ)에서의 의미와는 별개로, 개념적으로 하나의 단일 집단을 지칭하는 것이 가능하며, 프랑스어와 같은 일련의 서구어에서 전형적인 고유명사들처럼 '대문자 어두어'로 사용되는 특징을 보인다. 즉 '프랑스의'의 의미로 사용된 형용사 français와 달리 '프랑스인'이라는 민족을 나타낼 때에는 Français와 같이 대문자로 표기해야 한다. 또한 파생법 관점에서 볼 때, '나라명'과 같은 분명한 고유명사 어휘로부터 파생되는 특징을 보이므로, 이와 같은 특징에 의해 이들을 고유명사의 범주에서 처리하는 것이 효율적이라고 판단된다.

'인종·민족(QPEO)'의 고유명사 부류에도 뒤에 결합하는 일련의 접미패턴이 관찰된다. 표 151에서 보는 바와 같이 전체 13개 유형이 관찰되었고, 이중 가장 높은 빈도를 보이는 접미패턴은 '족(族)'으로 나타났다.

족/族	가/家	원인/原人	인류/人類	민족/民族
인/人	도/徒	제족/諸族	족속/族屬	
왕조/王朝	인종/人種	번족/蕃族	사람/∅	

표 151. '인종·민족(QPEO)' 유형 고유명사의 고빈도순 접미패턴 목록

1.9.5.4. 고유명사 '공간성(QSPA)' 의미범주

고유명사의 두 번째 대분류인 '공간성(QSPA)' 범주는 비인공적, 자연 지리적 공간뿐 아니라 인위적으로 형성된 공간과 추상적, 공간적 개념의 공간 등의 다양한 의미 속성을 보인다. 이 범주는 '자연지리(QGEO)'와 '행정구역(QCIT)', 그리고 '국가대륙(QNAT)'의 3가지로 하위분류되었다.

1.9.5.4.1. 자연지리(QGEO) 범주

'공간성(QSPA)' 범주의 첫 번째 하위유형인 '자연지리(QGEO)'는 '가야산, 구룡반도' 등과 같은 자연, 지형, 지리적 명칭을 나타낸다. 일반적으로 인공적으로 새로이 건설되거나 개발되어 새로운 명칭이 부여된 공간과 구별하여, 자연발생적 자연공간과 지리적 환경을 의미하는 고유명사 부류를 포함한다. 현재 2,390여개로 구성되었는데, 고유명사 전체 범주에서 상대적으로 높은 비중을 차지한다. 여기서 관찰되는 접미패턴을 보면 'X-산/산맥/강/천/반도/곶' 등과 같이 전형적인 의미자질을 명시적으로 보여주는 어휘들이 등장한다. 표 152는 이 부류에서 관찰되는 135개 접미패턴 목록을 보인다.

산/山	포/浦	해안/海岸	사/寺	저/渚
도/島	천/川	양/洋	지대/地帶	지구대/地溝帶
봉/峰	사막/沙漠	악/岳	굴/窟	광산/鑛山
강/江	지/池	열도/列島	곡/谷	화산맥/火山脈
섬/∅	해류/海流	산맥/山脈	동/洞	대/帶
호/湖	고원/高原	암/岩	고지/高地	점/點
령/嶺	대/帶	구계/區系	협/峽	수도/水道
산맥/山脈	온천/溫泉	성/城	지방/District	저/底
제도/諸島	대/臺	계/界	대지/∅	산성/山城
만/灣	수/水	대륙/大陸	해구/海溝	재/∅
현/峴	곶/串	계/系	해협/∅	담/潭
해협/海峽	주/洲	운하/運河	랜드/Land	평원/平原
해/海	하/河	빙하/氷河	해연/海淵	사막/沙漠
반도/半島	군도/群島	대지/臺地	해협/海峽	구/區
치/峙	폭포/瀑布	동굴/洞窟	구릉/丘陵	시/Sea
분지/盆地	제도/諸島	권/圈	연/淵	랜드/Land
평야/平野	산지/山地	지방/地方	곡지/谷地	환초/環礁

순상지/楯狀地	수렴대/收斂帶	퇴/堆	준평원/準平原	제도/諸島
고개/Ø	환류/環流	해분/海盆	호수/湖水	유적/遺跡
지협/地峽	항/港	협곡/峽谷	스트림/Stream	케이브/Cave
갑/岬	제/堤	혈/穴	고개/Ø	만류/灣流
고원/高原	벌/伐	도/渡	북벽/北壁	힐/Hill
대정/大井	해령/海嶺	내해/內海	뱅크스/Banks	힐즈/Hills
폭/瀑	고/庫	나루/Ø	캐년/Canyon	협만/峽灣
사굴/蛇窟	창/倉	금산/金山	지방/地方	습원/濕原
지구대/地溝帶	도/道	철산/鐵山	해팽/海膨	초원/草原
원/原	반류/反流	단구/段丘	밸리/Valley	저지/低地

표 152. '자연지리(QGEO)' 유형 고유명사의 고빈도순 접미패턴 목록

1.9.5.4.2. 행정구역(QCIT) 범주

'공간성(QSPA)' 범주의 두 번째 하위유형인 '행정구역(QCIT)' 부류는, 위와는 달리 인공적으로 건설된 모든 공간 개념으로서 뒤에서 살필 '국가대륙명(QNAT)'의 하위유형들을 지칭한다. 예를 들어 '강동구, 뉴멕시코주, 달성군'과 같은 형태들이 여기 해당한다. 이 부류는 사실상 인위적으로 계층화된 국가 시스템의 모든 하위 개념들을 포함할 수 있으므로 그 목록의 규모가 방대하다. 가령 '도/시/구/군/동/면/읍/리' 등으로 계층화된 개념들이 전세계 국가들에서 관찰될 수 있어, 그 외연의 설정이 쉽지 않고 계속적으로 확장될 수 있다. 이 부류에서 관찰되는 접미패턴은 표 153과 같이 22개가 나타났다.

군/郡	도/道	북도/北道	촌/村	리/里
주/州	부/府	경/京	문/門	타운/Town
성/省	시티/City	로/路	보/輔	
현/縣	시/市	가/街	포/浦	
구/區	남도/南道	자치구/自治區	특별시/特別市	

표 153. '행정구역(QCIT)' 유형 고유명사의 고빈도순 접미패턴 목록

위에서 전체 표제어 규모에 비해 접미패턴의 수가 상대적으로 많지 않은 것은 상당수의 어휘들이 이러한 특정 접미패턴 없이 단독으로 실현되는 경우가 많은 현상과도 무관하지 않다. 현행사전에서 2,300여개의 표제어가 획득되었는데, 이때 전체 표제어의 83%에 이르는 1,960여개 어휘는 표 154와 같이 특별한 패턴없이 단독형 어휘로 실현되기 때문이다.

가고시마	가스코뉴	가흥	감포	강남	강문	강화
가나안	가와사끼	갈리아	갑산	강동	강북	개경
가베스	가평	갈릴리	강경	강릉	강진	개백

개성	경산	고오베	광주	그라나다	깐조우	나라
개원	경성	고창	괴산	그라츠	꾸이린	나이로비
거진	경인	고흥	구례	그로노블	꾸이쑤이	나쿠르
거창	경주	곡산	구룡	그리니지	꾸이양	나폴리
경기	계림	곡성	구리	그린빌	나가노	
경남	고구	공주	군산	글래스고	나가사끼	
경북	고성	광명	규우슈우	금천	나고야	

표 154. '행정구역(QCIT)' 유형의 무패턴 고유명사 표제어의 예

이들의 경우도 높은 표제어 비중에 비해 실제 코퍼스에서 관찰되는 부류는 매우 제한되어 있어, 앞서 '개인인명'의 경우처럼 사전의 효율성을 상당부분 저하시킬 수 있는 유형으로 판단된다. 따라서 DECO 전자사전에는 350여개의 '고빈도 기본어휘(LEO)' 부류만을 선정하여 추후 활용형사전 컴파일을 위한 기본어 사전에 포함하였다.

1.9.5.4.3. 국가대륙(QNAT) 범주

'공간성(QSPA)' 범주의 세 번째 하위유형인 '국가대륙(QNAT)' 범주는, 국가/나라 이름을 포함하여 대륙이나 우주의 단위에 이르는 그 이상의 모든 명칭을 포함한다. 예를 들어 '가야국, 로마제국' 등이 여기 해당하는데, 여기서 나타나는 접미패턴을 보면 표 155와 같이 16가지가 관찰된다. 현재 이 부류에는 170여개의 고유명사 표제어가 수록되어 있다.

국/國	연방/聯邦	제국/帝國	연합/聯合
왕국/王國	공화국/共和國	공국/公國	토후국/土侯國
제국/帝國	나라/Ø	제도/諸島	시국/市國
공화국/共和國	대공국/大公國	합중국/合衆國	동맹/同盟

표 155. '국가대륙(QNAT)' 유형 고유명사의 고빈도순 접미패턴 목록

1.9.5.5. 고유명사 '시간성(QTEM)' 의미범주

'시간성(QTEM)' 범주는 고유명사로 간주되는 모든 시간 관련 명사들을 포함한다. 이들은 다시 '시대명(QERA)', '기념일명(QDAY)', 그리고 '사건명(QEVE)'의 3가지 범주로 하위분류된다.

1.9.5.5.1. 시대명(QERA) 범주

'시간성(QTEM)' 고유명사의 첫 번째 범주인 '시대(QERA)'는 예를 들어 '쥐라기, 청동시대' 등과 같은 표현으로 현재 60여개가 수록되어 있다. 여기 출현한 접미 패턴을 보면 표 156과 같이 12가지 유형이 나타났다.

시대/時代	세/世	전기/前期	전국/戰國
기1/紀	기2/期	중기/中期	에이지/Ages
대/代	룽/隆	후기/後期	빙기/氷期

표 156. '시대(QERA)' 유형 고유명사의 고빈도순 접미패턴 목록

1.9.5.5.2. 기념일명(QDAY) 범주

'시간성(QTEM)' 고유명사의 두 번째 범주인 '기념일명(QDAY)'는 '개천절, 과학의날'과 같이 인위적으로 설정된 특정 날짜, 또는 달력의 일정 날짜를 의미하는 표현으로 현재 약 210여 개가 수록되어 있다. 여기서 추출된 접미패턴은 표 157과 같이 약 40여개로 나타났다.

절/節	시/時	데이/Day	보름/Ø	제/祭
날/Ø	년/年	축일/祝日	성절/聖節	시기/時期
일/日	재일/齋日	첨례/瞻禮	복/伏	주/週
요일/曜日	주간/週間	단오/端午	간/間	기원/記元
주일/主日	달/Ø	주기/週期	성월/聖月	이망/已亡
겁/劫	기념일/記念日	기원/紀元	수일/首日	상갑/上甲
해/Ø	월/月	야/夜	전야/前夜	경/頃

표 157. '기념일명(QDAY)' 유형 고유명사의 고빈도순 접미패턴 목록

이 부류의 고유명사들도 엄격하게 보면, 매년, 매주 반복될 수 있는 날짜, 기념일의 명칭이므로 다음과 같이 일정 횟수나 순서, 수량 등의 표현이 가능하다.

(95ㄱ) 다섯 번의 한글날
(95ㄴ) 세 번째 크리스마스
(95ㄷ) 매달 마지막 토요일들

이런 점에서 고유명사 범주에서의 처리 문제가 논의가 될 수 있으나, 개념적으로 '한글날, 크리스마스, 토요일' 등은 하나의 기념일이나 특정 날짜로 판단되며, 영어와 같은 로마자 언어에서도 대문자 어두어로 표기되는 점(예: Christmas)을 참조하여 고유명사 범주에 포함하였다.

1.9.5.5.3. 사건명(QEVE) 범주

'시간성(QTEM)' 고유명사의 마지막 범주인 '사건명(QEVE)'은 '강화조약, 계유정란' 등과 같이 역사적으로 일어났던 이미 지난 사건을 의미하는 어휘 부류이다. 이 경우도 'X-난/정변/전쟁/사건/조약/회의' 등과 같은 특정 유형의 접미패턴이 관찰된다. 이 부류의 표제어로부터 190여개의 접미패턴이 관찰되는데, 이중 고빈도어 일부를 보이면 표 158과 같다. 현재 DECO

사전에는 이 범주에 속하는 고유명사로 790여개가 수록되어 있다.

조약/條約	협정/協定	동맹/同盟	사화/士禍	협상/協商
전쟁/戰爭	회의/會議	계획/計劃	회담/會談	사변/事變
사건/事件	선언/宣言	해전/海戰	대첩/大捷	전투/戰鬪
운동/運動	혁명/革命	문제/問題	대전/大戰	조례/條例
난/亂	싸움/∅	협약/協約	민란/民亂	

표 158. '사건명(QEVE)' 유형 고유명사의 고빈도순 접미패턴 목록

시사성 코퍼스에서 추출되는 고유명사와 달리, 역사적 사건에 기반하는 고유명사 부류이므로 대부분 한자어로 된 '조약/전쟁/사건/난/협정/회의/선언/혁명' 등과 같은 어휘들이 나타난 것을 볼 수 있다.

1.9.5.6. 고유명사 '사물성(QTHN)' 의미범주

끝으로 고유명사의 마지막 대범주인 '사물성(QTHN)' 범주를 보면, 이 경우도 다음과 같이 3가지 유형으로 하위분류되었다. '서적명(QBOO)'과 '구체물(QCON)'과 '추상물(QABS)'의 부류로 나뉘는데, 다음에서 살펴보자.

1.9.5.6.1. 서적명(QBOO) 범주

'사물성(QTHN)' 범주의 첫 번째 하위부류인 '서적명(QBOO)'은, 역사적 문헌과 작품, 책과 관련된 정보가 현행사전에 높은 비중으로 출현하면서 나타나는 특별한 하위범주이다. 예를 들면 '가곡원류, 고려사절요'와 같은 책 이름 명사로서, 여기 실현되는 접미패턴을 보면 약 150여개로 나타났다. 이중 고빈도어 일부를 보이면 표 159와 같다.

전1/傳	별곡/別曲	첩/帖	가사1/歌辭	실기/實記
가/歌	론/論	사2/詞	사전/事典	원류/原流
경/經	곡/曲	편1/編	요/謠	선/選
언해/諺解	사1/史	전2/典	대전/大全	의궤/儀軌
집/集	문/文	시/詩	지2/誌	악부/樂府
록/錄	지/志	편2/篇	집요/輯要	장2/藏
서/書	일보/日報	법전/法典	유취/類聚	
장1/章	신문/新聞	고/考	육전/六典	
기/記	전서/全書	도설/圖說	정음/正音	
실록/實錄	본/本	절요/節要	소/疏	
일기/日記	유고/遺稿	보감/寶鑑	총서/叢書	

표 159. '서적명(QBOO)' 유형 고유명사의 고빈도순 접미패턴 목록

현재 인쇄사전에 수록된 책이름 유형의 고유명사는 2,200여개로 나타났다. 그러나 이 경우도 전체 사전의 성능을 저하하는 고문서 또는 특수 유형을 제외하고 1,080여개를 DECO 사전에 포함하여 코퍼스 분석을 위한 활용형사전을 생성하였다.

1.9.5.6.2. 구체물(QCON) 범주

'사물성(QTHN)' 범주의 두 번째 하위부류인 '구체물(QCON)'은 다음과 같이 5가지 유형으로 세분류된다.

- [문화물] '문화(Culture)' 유산으로 남겨진 모든 구체적 사물명: QCUL 태그
- [발견물] 과학적 '발견(Discovery)'과 관련된 구체적 사물명: QNEW 태그
- [발명물] 과학·기술 '발명(Creation)'과 관련된 구체적 사물명: QCRE 태그
- [건축물] 이동이 불가능한 모든 '건축물(Edifice)' 관련 사물명: QEDI 태그
- [경제물] 사회·제도적 산물로, '경제(Economy)' 관련 사물명: QECO 태그

위에서 보듯이, '문화물(QCUL)'은 문화유산으로 남겨진 모든 구체적 산물로서 이동이 가능한 작은 개체로부터 이동이 불가능한 조형물에 이르기까지 모든 유형을 포함한다. 예를 들어 '단도무늬토기, 알함브라궁전' 등이 여기 해당한다.

반면 '발견물(QNEW)'은 '공작자리, 미다스은하, 미라혹성'과 같이 별자리 등 '과학·역사적인 '발견(Discovery)'에 의해 이름 붙여진 개체들을 나타내며, '발명물(QCRE)'은 '거북선, 다니엘습도계, 무공훈장, 마제석기' 등과 같이 과학·기술 '발명(Creation)'에 의해 새로이 만들어진 구체물에 대한 명칭이다. '건축물(QEDI)'은 '간문터널, 경인고속도로' 등과 같이, 이동이 불가능한 인위적으로 구축된 모든 사회적 건축물로서, 앞서 '문화·예술적' 활동의 산물로 남겨진 구체물을 의미하는 '문화물(QCUL)' 범주와 구별된다. 끝으로 '경제물(QECO)'은, '무공훈장, 금탑산업훈장'과 같이 이동이 가능한, 인위적으로 제작된 모든 사회·제도적 경제 관련 사물을 나타낸다. 이 부류는 의미적으로 매우 다양하게 분류되므로 그 접미패턴의 유형도 매우 복잡하게 나타난다. 현재 860여개의 접미패턴이 이 범주에서 관찰되며, 이중 고빈도어 일부를 보이면 표 160과 같다.

사1/寺	성1/星	사2/司	부2/府	부1/部
파/派	학파/學派	회/會	능/陵	도감/都監
국/局	서1/署	청/廳	전/殿	성2/城
선/線	원/院	자리/Ø	당1/黨	문/門

표 160. '구체물(QCON)' 유형 고유명사의 고빈도순 접미패턴 목록

이 부류에 속하는 고유명사 표제어는 전체 3,680여개로, 이중 '건축물(QEDI)' 관련 유형이 가장 높은 비중을 차지하였다.

1.9.5.6.3. 추상물(QABS) 범주

'사물성(QTHN)' 범주의 마지막 하위부류인 '추상물(QABS)'도 다음과 같이 5가지 유형으로 세분류된다.

- [문화] '문화(Culture)' 유산으로 남겨진 모든 추상적 대상명: QCUL 태그
- [발견] 과학적 '발견(Discovery)'과 관련된 추상적 대상명: QNEW 태그
- [언어] 전세계 '언어(Language)'와 관련된 추상적 대상명: QSLN 태그
- [종교] 전세계 '종교(Religion)'와 관련된 추상적 대상명: QSRN 태그
- [경제] 사회·제도적 개념으로, '경제(Economy)' 관련 대상명: QECO 태그

여기서 '문화(QCUL)'는 '개구리타령, 계면놀이' 등과 같이 '문화·사회·무형예술' 등의 형태를 일컫는다. '발견(QNEW)'은 '게르하르트반응, 그린함수' 등과 같은 어휘로 '과학·수학·학문적 성과' 등을 표현한다. '언어(QSLN)'는 '갑골문자, 그리스어' 등의 언어를 표현하며 '종교(QSRN)'는 '감리교, 대승불교'와 같은 종교 관련어를 표현한다. 끝으로 '경제(QECO)'의 경우는 '개발진흥기금, 경성헌법' 등과 같은 형태로서, 정치·경제·사회적 장치 및 제도, 계획 등이 여기 해당한다. '추상물' 범주에 실현되는 접미패턴을 살펴보면 모두 200여개로, 이중 고빈도어 일부를 보이면 표 161과 같다.

어/語	소설/小說	음악/音樂	어군/語群	경기/競技
교/敎	문자/文字	방/方	대회/大會	민요/民謠
가/歌	체/體	미술/美術	문명/文明	양식/樣式
곡/曲	선/線	계획/計劃	예술/藝術	실험/實驗
종/宗	극/劇	노래/Ø	시/詩	가사/歌詞
타령/打令	장/章	도/圖	화/畵	
무/舞	회의/會議	헌장/憲章	문/文	
문화/文化	원칙/原則	놀이/Ø	창/唱	
악/樂	정책/政策	사/詞	풍/風	

표 161. '추상물(QABS)' 유형 고유명사의 고빈도순 접미패턴 목록

이상에서 고유명사 하위 의미분류별 접미패턴과 그 표제어의 특징을 보면, 이미 역사적으로 검증된 부류를 대상으로 하고 있음을 알 수 있다. 현대 코퍼스에서 관찰되는 유형과 달리, 이와 같은 역사적 고유명사들의 경우는 그 목록이 지속적으로 확장되지 않으므로 위와

같은 접미패턴을 통해 현재 누락되어 있는 패턴들을 효과적으로 보완하는 것이 가능하다.

현재 코퍼스기반 고유명사 부류로 설정되어 있는 '비분류 추가형(CNA)'에는 모두 850여개가 수록되어 있다. 여기에는 위의 4가지 대범주 분류 수준의 정보가 제공되어 있다. 그러나 코퍼스 기반 고유명사는 현대의 새로운 제품 개발이나 신기술 발전 등으로 끊임없이 확장되는 성격을 보인다. 이들에 대한 효과적인 보완·확장을 위해, 현재 지속적으로 추가되는 새로운 어휘들은 고유명사/일반명사 등의 구별없이 일차적으로 '시사명사(ZNW)' 범주에 내장된다. 그 이후 추가적 검증과 분류 작업이 수행되면 각각 고유명사나 외래명사, 비단순명사 부류로의 '비분류 추가형(CNA)' 범주로 삽입된다.

앞서도 지적한 바와 같이, 고유명사 부류에서 특히 현행사전에서의 표제어의 비중이 높고 그 쓰임의 정도가 매우 낮아 전자사전의 효율성을 저하시킬 것으로 판단되는 일련의 어휘들은 다른 범주에서처럼 별도의 모듈로 분리되었다.[49)

1.10. 시사명사(ZNW) 범주

1.10.1. 하위분류 체계

그림 23은 '시사명사(ZNW)' 범주의 하위분류 체계를 보인다.

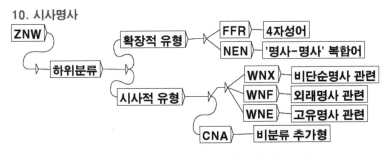

그림 23. 시사명사(ZNW) 범주의 하위분류 체계

---

49) 다만 고유명사의 경우는, 분리된 어휘들이 명확하게 일정 의미적 속성을 공유하는 특징을 보이므로, 이상에서 각 하위범주별 접미패턴을 추출하여 그 목록을 제시하였다. 현재 '고유명사(ZNE)' 범주에서 유보된 어휘들은 다음과 같은 의미계열 형태로서, 현행사전에서 역사적 정보를 제공하는 표제어로 수록된 어휘들이다.
   (ㄱ) '인물성(QHUE)'의 '개인인명(QIND)' 부류 중 거의 쓰임이 없다고 판단되는 유형
   (ㄴ) '공간성(QSPA)'의 '자연지리명(QGEO)' 부류 중 거의 쓰임이 없다고 판단되는 유형
   (ㄷ) '공간성(QSPA)'의 '행정구역명(QCIT)' 부류 중 거의 쓰임이 없다고 판단되는 유형
   (ㄹ) '사물성(QTHN)'의 '서적명(QBOO)' 부류 중 거의 쓰임이 없다고 판단되는 유형
   이들은 현재 추가되고 있는 도메인 전문용어(Terminology) 사전과 함께 별도의 특수사전을 구성한다.

1.10.2. 하위범주의 표제어 분포

'시사명사(ZNW)'는 전자사전의 효과적인 확장과 편집에 중요한 의의를 가지는 동적인 구조의 명사 범주이다. 이 부류는 현대 온라인 문서, 인터넷 기사, 댓글, 개인 블로그나 쇼핑몰, 트위터(Twitter)나 페이스북(Facebook)같은 SNS 사회관계망 텍스트 등 다양한 형식의 '사용자생성문(User-Generated Text)'에서 추출되는 어휘와 구, 토큰 등을 포함한다.

현재 '확장적 유형'과 '시사적 유형'으로 하위분류된다. 우선 '확장적 유형'은 다음과 같이 분류되는데,

- 4자성어 부류: FFR 태그
- '명사+명사' 복합어 부류: NEN 태그

위의 형태들은 앞서 9가지 명사 범주에서 다루어지지 않은 확장적 어휘를 나타낸다. 특히 복합명사 부류(NEN)는 상대적으로 표제어 비중이 높아, 앞서 수록한 9가지 표제어 부류와의 차별화된 처리가 요구된다. 여기서 '4자성어 부류'는 현대 한국어에서 상대적으로 쓰임이 잦아 의미가 널리 알려진 고빈도어 중심으로 구성되었다. 현재 70여개를 포함한다. '명사+명사' 복합어는, 조어적 특징에서 볼 때, 앞서 '비단순명사(ZNX)'의 '명사+명사' 결합형에 속하는 부류이다. 이들은 상대적으로 구성이 자유로우며 특별한 굳어짐의 현상이 관찰되지 않아 별도로 분리된 형태들인데, 현재 47,170여개로 표제어의 비중이 높은 편이다. 효율적 전자사전 적용을 위해 별도의 처리가 바람직하다고 판단되는 유형으로, 사용자의 연구 목적에 따라 현재의 '시사명사(ZNW)' 사전을 제외하고 코퍼스 분석을 수행할 수 있도록 디자인되었다.

현재 지속적으로 표제어가 확장되고 있는 가장 동적인 부류는 '시사적 유형'이다. 이들은 다음과 같이 4가지 부류로 분류된다.

- 비단순명사 관련 시사적 명사: WNX 태그
- 외래명사 관련어 시사적 명사: WNF 태그
- 고유명사 관련어 시사적 명사: WNE 태그
- 비분류 추가형 시사적 명사: CNA 태그

위에서 '비단순명사 관련어(WNX), 외래명사 관련어(WNF), 고유명사 관련어(WNE)'는 추가적 검증과 세분류가 완료되면, 각각 앞서 살핀 '비단순명사(ZNX), 외래명사(ZNF), 고유명사(ZNE)' 범주로 이동하게 된다. 위의 마지막 유형인 '비분류 추가형(CNA)'은 코퍼스에서 미분석된 토큰에서 추출된 표제어로서, 이들이 어느 유형의 명사 범주로 편입되어야 하는지 아

직 결정되지 않은 형태들이다. 여기에는 또한 구어체, 비표준어, 약어, 비속어 등, 규범문법에서 올바른 것으로 인정하지 않는 형태들도 포함된다. 현재 시사명사(ZNW) 범주에는 91,630여개가 수록되어 있다. 이들의 하위유형별 표제어 수를 보이면 표 162에서와 같다.

유형	태그	설명	예시	표제어수
확장적유형	FFR	4자성어 부류	고진감래, 권선징악	70
	NEN	명사+명사복합어	행정소송, 환경훼손	47170
시사적유형	WNX	비단순명사 관련	가족모임, 양꼬치	4680
	WNF	외래명사 관련	갤럭시노트, 갈릭피자	710
	WNE	고유명사 관련	남포동, 브이제이특공대	1290
	CNA	비분류 추가형	고객만족도, 고공농성장	37710

표 162. '시사명사(ZNW)' 범주의 하위유형별 표제어 분포

1.10.3. 하위분류 태그별 특징 기술

1.10.3.1. 4자성어와 '명사+명사' 복합어 부류

현대 한국어에서 '4자성어'는, 일반명사 부류처럼 사용될 수 있는 유형들로부터 하나의 구, 또는 문장적 의미를 가지는 속담과 같은 유형에 이르기까지 다양하다. 경우에 따라 하나의 단어로 설정하기에 부적합하고, 그렇다고 하나의 온전한 문장으로 분류하기도 어렵다. 이러한 이유로 이들에 대한 별도의 지위를 부여할 필요가 제기되며, 이러한 연구를 위해서는 사전에서 별도의 태그와 함께 수록되는 것이 필요하다. 이들은 현재 시사명사(ZNW) 부류에 '4자성어(FFR)' 태그와 함께 수록되었는데 일부 예를 보이면 표 163과 같다.

견물생심	난형난제	맹모삼천	어부지리	이심전심
고진감래	대기만성	박리다매	역지사지	작심삼일
괄목상대	동문서답	사면초가	오비이락	조강지처
구구절절	동병상련	삼고초려	오월동주	좌불안석
군계일학	마이동풍	상전벽해	온고지신	청출어람
권선징악	막역지우	새옹지마	와신상담	칠전팔기
금의환향	만고불변	설상가상	용두사미	

표 163. 시사명사 중 '4자성어(FFR)' 유형의 예

이와 더불어 수적으로 높은 비중을 보이는 '명사+명사(NEN)' 유형의 복합명사가 있다. 이들의 일부 예를 보이면 표 164와 같다.

가격효과	가두판매	가슴호흡	가자미젓	가택침입
가계경제	가락국수	가언판단	가정경제	각급기관
가공생산	가로글씨	가역가능	가정부인	각급단체
가공수입	가로무늬	가역기관	가정통신	각도변화
가공수출	가로세로	가역변화	가족경제	각도제어
가공창고	가로좌표	가역작용	가족계획	각도조절
가두검문	가루비누	가역전극	가족노동	각료인선
가두검색	가루설탕	가연물질	가족세습	각막기증
가두데모	가루소금	가연물체	가족수당	각막은행
가두모금	가루우유	가열살균	가족제도	각막이식
가두방송	가속운동	가을바람	가죽가방	
가두선전	가슴둘레	가을보리	가죽구두	
가두연설	가슴마디	가입전화	가죽장갑	
가두집회	가슴운동	가자미눈	가지나물	

표 164. 시사명사 중 '명사+명사(NEN)' 유형의 예

위에서 분류된 '명사+명사(NEN)' 유형에는 특별한 의미전성 효과나 어휘화된 속성이 관찰되지 않는다. 실제로 이들을 자유로운 복합명사구와 구별하여 사전에 표제어로 등재하는 것이 적절한지 추가적인 검토가 필요한 유형들로서, 이들을 등재하기 시작하면 과연 이러한 모든 부류에 대한 체계적인 사전 표제어 구성이 가능할지 의문이 제기될 수 있다. 그러나 위의 형태들 중 일부는 현행사전에 이미 표제어로 수록된 유형이 있고, 또 코퍼스에서 빈번하게 하나의 토큰으로 실현되는 부류들도 있으며, 또 일부는 상당히 어휘화가 진행되어 직관적으로 이를 하나의 굳어진 유형으로 처리하는 데에 부담이 없는 형태들도 존재한다. 가령 다음을 보면,

(96ㄱ) 가루비누 | 가루설탕 | 가루소금 | 가루우유
(96ㄴ) 가죽가방 | 가죽구두 | 가죽장갑 | 가죽지갑
(96ㄷ) 가계경제 | 가두검문 | 가역반응 | 가택침입

처음 두 가지 유형에서 '가루'와 '가죽'은 후행명사의 속성이나 재료를 나타내는 부류로 이러한 속성이나 재료를 허용하는 구체물이라면, 얼마든지 위와 같은 '명사+명사' 유형의 복합명사가 생성될 수 있을 것으로 보인다. 반면 (96ㄷ)의 유형들은 대체로 추상적 의미의 두 명사의 결합으로, (96ㄱ)/(96ㄴ)에 비해서는 개념적으로 보다 응집력이 있는 것으로 판단된다. 그러나 현재 이와 같이 획득된 어휘 부류가 47,170여개에 이르고, 이들의 어휘화된 속성에 대한 구별이 쉽지 않으므로, 현 단계에서는 추후 이들에 대한 추가적인 검증을 위해, 별도의 범주(NEN)를 설정하였다.

1.10.3.2. 시사성 유형의 4가지 범주

위의 형태들과는 달리, 실제 코퍼스를 보면 사전에 등재되지 않아 분석에 실패한, 상당수 유형의 새로운 어휘들이 관찰된다. 이들은 출처의 측면에서 보나, 그 의미적 속성으로 보나, 현대의 '시사적 성격'을 잘 보여주는 형태들이다. 다음을 보자.

(97ㄱ) [비단순명사 유형] 외장/하드 | 개봉/영화 | 묻지마/살인
(97ㄴ) [외래명사 유형]   배터리/팩 | 동계/올림픽 | 강화/필름,
(97ㄷ) [고유명사 유형]   비씨/카드 | 오바마 | 홍대/입구 | 아이폰

위의 형태들은 모두 현행사전에 수록되어 있지 않은 형태들로, 코퍼스에서 관찰되어 추가된 어휘들이다. 대체로 복합어 또는 외래어 형태들이다. 위에서 (97ㄱ)은 고유어 또는 한자어로 된 '일반명사 비단순형(WNX)'의 예를 보이고, (97ㄴ)은 '외래명사(WNF)' 부류로서, 외래어로만 구성되거나 또는 외래어를 포함한 복합어로 구성된 형태들을 나타낸다. (97ㄷ)은 '고유명사(WNE)' 부류로서, 앞서의 정의에서처럼, 외래어를 포함하거나 또는 복합어 형태가 되거나 관계없이, 모두 고유명사 범주에서 다루어진다. 다만 앞서 '비단순명사(ZNX), 외래명사(ZNF), 고유명사(ZNE)'와 같은 태그를 부여받지 못하고 '시사명사(ZNW)'로 총칭된 것은, 아직 추가적인 검증과 세분류가 수행되어야 할 중간적인 형태들이기 때문이다.

현재 시사명사 범주에서도 '비분류 추가형(CNA)'이 존재하는데 현재 이 부류에는 37,710여개의 표제어가 수록되어 있다. 이들은 (97)의 3가지 시사명사 부류들에 비해, 아직 표제어로서의 적절성도 완전히 검증되지 않았고, 각 유형별 세분류가 덜 진행된 형태들이다. 일부 예를 보이면 표 165에서 보이는 바와 같다.

가격거품	가로수길	가슴통증	가재버터구이
가격대비맛	가리비해물그라탕	가슴확대	가재코스요리
가격대비성능	가마로강정	가쓰오다시국물	가족오락관
가구광택제	가성비갑	가요대축제	가지카레우동
가든샐러드	가쉽거리	가요시상식	가츠나베정식
가로세로낱말맞추기	가슴성형	가재마늘구이	가츠라정식

표 165. '시사명사(ZNW)' 중 '비분류 추가형(CNA)'의 예

이러한 '시사명사(ZNW)' 범주의 설정은, 단기간에 온전하게 완성될 수 없는 언어 사전의 구축 작업을 보다 효과적으로 진행할 수 있게 하는 기재가 된다.

2. 부사부(DS)의 하위분류 체계와 형태정보

2.1. 하위분류 체계

그림 24는 '부사부(DS)' 범주의 하위분류 체계를 보인다.

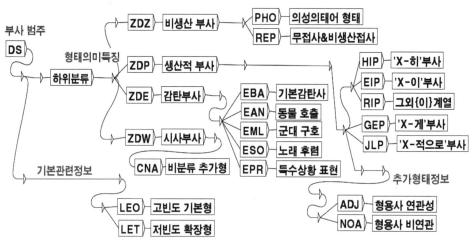

그림 24. 부사부(DS) 범주의 하위분류 체계

2.2. 하위분류 방식과 표제어 분포

2.2.1. 하위유형

현재 '부사(DS)' 범주는 다음과 같은 4가지 유형으로 하위분류되어 있다.

- 비생산부사 유형: ZDZ 태그
- 생산적부사 유형: ZDP 태그
- 감탄부사 유형: ZDE 태그
- 시사부사 유형: ZDW 태그

즉 단일형, 굳어진 유형 또는 생산성이 높지 않은 접미패턴이 결합한 '비생산부사(ZDZ)' 유형과 규칙적인 생산성을 보이는 접미패턴이 결합한 '생산적부사(ZDP)' 유형, 학교문법에서 감탄사로 분류되었던 형태들을 지칭하는 '감탄부사(ZDE)' 유형, 그리고 코퍼스에서 추출되어

지속적으로 추가되고 있는 '시사부사(ZDW)' 유형이다.

여기서 '비생산부사' 범주에는 일련의 비생산적 접미어뿐 아니라 굳어진 통사적 구성 형태에 이르기까지, 형태론적으로 명확한 '부사화 접미사'를 갖지 않은 모든 유형이 포함된다. 반면 '생산적부사'에는 전형적이고 생산적인 5가지의 접미사가 결합된 형태가 해당된다. 이런 점에서 위의 분류는 파생법적 관점에서의 '단순/비단순 부사'의 개념과는 차이가 있다.

2.2.2. 부사 범주의 '비생산/생산' 분류의 의의

앞서도 지적한 바와 같이 '비생산부사(ZDZ)' 범주로 분류된 부사들 중에는 단순어뿐 아니라 일정 접미패턴을 내포한 제한된 수의 부사 부류가 포함되어 있다. 이들 중에는 '파생법(Derivation)'의 관점에서 볼 때 파생 접미사로 간주될 수 있는 형태들도 포함되어 있다. 앞서 명사의 경우와는 달리, 여기서 굳이 '단순/파생'과 같은 형태론적 개념을 도입하지 않은 이유는, 일정 부사에 반복해서 관찰되는 접미 패턴이 나타날 때, 이러한 접미사를 하나의 파생접미사로 설정하고 이들을 획일적으로 파생부사로 분류하는 것이 적절하지 않기 때문이다. 예를 들어 다음을 보자.

(1ㄱ) 곧 | 매우 | 아주 | 방긋방긋
(1ㄴ) 필연코 | 결단코 | 무심코
(1ㄷ) 기필코 | 한사코 | 결코

위에서 (1ㄱ)은 명백하게 별도의 접미사 유형이 존재하지 않기 때문에 비생산부사로 간주되는 데에 문제가 없다. 반면 (1ㄴ)/(1ㄷ)에서는 '코'라는 일정 형태가 반복적으로 나타났다. 여기서 (1ㄴ)의 선행성분들은 단독으로 사용되는 명사성 성분의 분석이 가능하므로 이 전체 어휘를 다음과 같은 형태의 파생부사로 분류할 수 있다.

(2) {명사 '필연/결단/무심'} + {접미사 '코'}

그러나 (1ㄷ)의 선행성분인 '기필, 한사, 결'은 자립성이 없는 성분이기 때문에 이 부사 전체 형태를 하나의 파생어로 분석하는 것이 가능하지 않다. 비자립어 두 개의 결합을 파생어로 간주하는 것은 조어법에서 적절하지 않기 때문이다.

다음 경우도 위의 (1ㄴ)/(1ㄷ)들과 유사한 현상을 보인다.

(3) 종내 | 끝끝내 | 끝내 | 못내 | 마침내

위의 (3)의 부사들은 모두 '내'라는 접미패턴을 내포하고 있지만 이를 선행하는 성분이 모두 자립어는 아니어서, 이런 경우 '내'를 하나의 접미사로 설정하는 것이 적합한지에 대해서도 의문이 제기된다.

실제로 부사를 파생할 수 있는 파생접미사를 정의할 수 있는 명백한 기준을 제시하기는 어렵다. 이러한 이유로 제한된 수의 부사에 공통으로 실현되는 일련의 접미패턴을 모두 파생접사로 분석하고, 그러한 부사를 파생부사로 명명하는 것은 적절하지 않아 보인다. 따라서 여기 설정된 '생산적부사(ZDP)' 범주는 이들이 조어론적 관점에서 단순부사의 일종으로 분석되어야 할지, 또는 파생부사나 복합부사로 분석되어야 할지에 대한 논의는 유보하고 다음과 같이 명시적으로 정의되는 부류를 총칭하는 것으로 정의된다.

- 'X-{이}계열 접미패턴' 유형 부사: HIP/EIP/RIP 태그
- 'X-게' 유형 부사: GEP 태그
- 'X-적(的)-으로' 유형 부사: JLP 태그

그렇다면 이와 같이 조어론적인 정의와도 일치하지 않는 '비생산/생산 부사'의 유형 분류가 필요한 이유는 무엇일까? 앞서 명사의 경우에서 살핀 바와 같이 '생산적부사(ZDP)' 유형의 목록의 방대함과 그 생산성 때문이다. 동일한 이유로 인해 현행사전에 수록된 이러한 부류의 부사 목록은 그 완성도는 높지 않다. 접미패턴에 따라서는 지속적인 확장성을 갖고 있는 경우가 있기 때문에, 이들에 대한 체계적인 보완을 위해서는 '비생산부사' 유형과 분리할 필요가 있다. 이러한 필요성은 뒤에서 논의할 '형용사'와 '동사' 범주에서도 동일하게 적용된다.

2.2.3. 부사 범주의 표제어 분포

현재 DECO 사전에 수록되어 있는 부사 범주 15,440여개에 대한 하위유형별 표제어 수와 그 예를 보이면 표 166과 같다.

유형	태그	설명	예시	표제어수
ZDZ (비생산부사)	PHO	의성의태어 형태	가물가물, 대굴대굴	5000
	REP	무접사&비생산접사	결국, 겨우	870
ZDP (생산적부사)	HIP	'X-히' 부사	각별히, 간신히	1150
	EIP	'X-이' 부사	꼼꼼이, 낱낱이	540
	RIP	그외 {이}계열	게걸스레, 구슬피	420
	GEP	<X-게>부사	거세게, 되게	5070
	JLP	<X-적으로>부사	이성적으로, 합법적으로	730

유형	태그	설명	예시	표제어수
ZDE (감탄부사)	EBA	기본유형	그래, 네	460
	EAN	동물호출	이랴, 휘이	20
	EML	군대구호	어깨총, 편히쉬어	30
	ESO	노래후렴	영차, 에야디야	50
	EPR	특수상황	아멘, 나무아미타불	20
ZDW(시사부사)	CNA	비분류 추가형	나몰라라, 다시말해	1080
기본형태정보	LEO	고빈도 기본어휘	가까스로, 글쎄	7210
	LET	저빈도 확장어휘	가칫가칫, 짝자르그	8180

표 166. 부사(DS) 범주의 하위유형별 표제어 분포

'비생산부사(ZDZ)'에 분류되어 있는 의성의태어(PHO)의 비중은 'X-게' 유형(GEP)과 함께 가장 높은 비중을 차지했다. 반면 '무접사 또는 비생산접사(REP)' 유형 부사의 개수는 870여개로 전체 부사의 5.6%에 지나지 않는다. 감탄부사(ZDE)의 경우도 580개로 전체의 3.8%로 나타났다. 시사부사(ZDW)는 코퍼스로부터 지속적으로 확장되고 있는 유형으로 현재 1,080여개가 수록되었다.

2.3. 하위분류 태그별 특징 기술

2.3.1. '비생산부사'(ZDZ) 범주

이들은 형태적으로 접미사를 수반하지 않거나 또는 생산성이 높지 않은 일련의 접미패턴을 취하는 형태들로서, 뒤에서 보게 될 '생산적부사(ZDP)' 부류와는 달리 그 목록이 확장적이지 않다. 이들은 다음 2가지로 분류된다. 형태론적 관점에서 볼 때, 음운·형태적인 변이 및 반복을 수반하는 '의성의태어(Onomatopoeia)' 관련 부사(PHO)와 '비접미 또는 비생산접미사 부사(REP)'로 분류된다.

- '의성의태어(Onomatopoeia)' 관련 부사: PHO 태그
- '비접미 또는 비생산접미사' 유형 부사: REP 태그

2.3.1.1. '의성의태어' 부사(PHO)

이들은 대체로 학교문법에서 의성어 또는 의태어로 분류되어온 형태들이다. 음운·형태적으로 일정 변이와 반복을 수반하는 특징을 보이며, 의미적으로는 사물의 소리 및 모양을 흉내내는 특징을 가진다. 실제로 이들을 온전히 의미적 특징에 의존해서 분류하는 것은 쉽

지 않기 때문에 이러한 의미적 특징을 고려하되, 2개 이상의 음운·형태 변이쌍을 구성하는 형태론적 특징을 동시에 고려하는 방법을 택하였다. 이를 통해 의성의태어들의 군집화를 진행하였고, 개별 군집별 변이 관계를 체계적으로 보완하고 확장하는 작업을 수행할 수 있었다. 이에 대해서도 앞서 제2부에서 상세하게 논의된 바 있다. 이상과 같이 획득된 의성의태 부사의 예를 들면 다음과 같다.

　　(4ㄱ) 가득/ 가득가득/ 가뜩/ 가뜩가뜩
　　(4ㄴ) 고불고불/ 고불탕/ 고불탕고불탕/ 구불구불/ 구불텅/ 구불텅구불텅

이러한 방식의 접근은 현행사전에서 종종 누락되는 일정 변이형들에 대한 보다 체계적인 점검을 가능하게 하였다. 가령 색깔을 표현하는 일정 부사류가 의성·의태어 관련 부사류에 포함되어야 할지 의미적 관점에서는 의견이 일치하지 않을 수 있지만, 일정 모양을 나타내면서 '빨긋빨긋/불긋불긋' 등과 같은 일련의 변이쌍이 나타나는 특징을 통해 이들을 현재 범주에서 고찰하는 것이 가능해진다. 이때 'ㅂ/ㅃ'의 자음 변이가 나타나는 형태에 비해 '노릇노릇/누릇누릇'과 같이 초성의 변이 없이 모음 변이만 수반되는 형태는 상대적으로 그 변이쌍의 수가 적어진다. 이러한 변이쌍의 규모는 그 음운·형태적인 특징에 따라 큰 편차를 보인다.

의미적으로 소위 '의태어' 및 '의성어'로 분류될 수 있는 형태들은 일정 접미사를 수반하여 동사를 파생할 수 있다. 즉 '하다/거리다/대다/이다'의 4가지 접미사 형태가 비교적으로 규칙적으로 실현된다. 여기서 의미적으로 '의성어'로 분류될 수 있는 형태들은 형용사 부류를 파생하지 못한다. 따라서 일정 '의태어' 부류만이 '하다'를 수반하여 형용사를 파생하게 된다. 다음은 이렇게 파생된 동사와 형용사의 예를 보인다.

　　(5ㄱ) 바스락　☞ 동사: 바스락하다/ 바스락거리다/ 바스락대다
　　(5ㄴ) 미끈미끈 ☞ 형용사: 미끈미끈하다

2.3.1.2. 무접사·비생산접사 부사(REP)

이들은 전체 부사 범주에서 상대적으로 그 수는 적지만, 문장 안에서 중요한 용법을 갖는 형태들이 많이 포함된다. 다음을 보자.

　　(6) 가끔 | 가장 | 결코 | 꼭 | 설마 | 일부러 | 즉 | 항상

표 167은 비생산부사(ZDZ) 중 '무접사/비생산접사'(REP) 유형의 일부를 보인다.

가끔	계속	근데	날로	단연	더	도합
가장	고작	금방	내리	단연코	더구나	돌연
간혹	곧	급기야	냅다	단지	더러	동시에
갑자기	골고루	기껏	냉큼	당분간	더불어	되레
갑절	과연	기어코	너무	당시	더욱	된통
거꾸로	구태여	기왕	넌지시	당장	덜	두루
거듭	그나마	기필코	늘	대강	덩달아	드디어
거의	그냥	꼭	다	대개	도대체	따라서
거저	그다지	꽉	다만	대체	도로	따로
게다가	그리고	꽤	다시	대체로	도리어	때때로
겨우	그만	꼭	단	대충	도무지	때로
결국	그야말로	끝끝내	단김에	대판	도처에	또
결코	그토록	끝내	단박	대폭	도통	똑바로

표 167. 비생산부사 중 '무접사/비생산접사'(REP) 유형의 예

이 범주에는 접속부사 유형이 포함되며, 시간부사, 부정부사, 정도부사 등 다양한 중요 통사·의미 기능을 갖는 주요 부사들도 포함된다. 이에 대해서는 제4부의 DECO-SemOnto 의미분류 체계에서 다시 논의된다. 현재 SemOnto 분류체계에서 '접속부사(QSUB)'로 분류된 120개의 표제어 목록을 보이면 표 168과 같다.

가령	그러니까	그리고	또	아마도	요러고	하물며
게다	그러다	그리다	또는	아무래도	요러나	하여
게다가	그러다가	그리다가	또다시	아무러나	요러니	하여간
결국	그러면서	그리도	또한	아무리	요컨대	하여금
고래	그러므로	그역시	마침내	아무쪼록	이래도	하여튼
고래로	그러자	그예	만약	아무튼	이래서	하여튼지
고래서	그러잖아도	근데	만일	어쨌든	이래야	하지만
고러다	그러하니	끝끝내	모쪼록	어쨌든지	이어	한데
고로	그러한즉	끝내	반면	여하간	이어서	혹간
곧잘	그런고로	내나	불연즉	여하튼	이역시	혹시
그래	그런단들	더구나	비록	여혹	저래도	혹시나
그래도	그런대로	더군다나	설령	역시	저래서	혹여
그래서	그런데	더더구나	설사	연고로	저래야	혹은
그래야	그런즉	더더군다나	설영	연즉	종내	황차
그러기에	그럼	더불어	설혹	예컨대	좌우간	
그러나	그렇지마는	더욱	심지어	요래	필경	
그러니	그렇지만	따라서	아마	요래서	필경에	

표 168. '접속부사(QSUB)'로 분류된 표제어 목록

2.3.2. '생산적부사'(ZDP) 범주

'생산적부사(ZDP)' 범주는 부사형 전성어미 {이/히/리/기}가 결합하는 형태들과 {게}에 의

해 형성된 형태, 그리고 'X-적(的)'에 {으로}가 결합한 유형들을 포함한다. 이들은 다음과 같이 모두 5가지 태그로 기술된다.

- 'X-히' 부사: HIP 태그
- 'X-이' 부사: EIP 태그
- 'X-그외 {이}계열' 부사: RIP 태그
- 'X-게' 부사: GEP 태그
- 'X-적(的)-으로' 부사: JLP 태그

위에서 {이/히/리/기} 계열의 부사들을 다시 3가지로 나눈 것은 그 수적 중요도에 기반한 것이다. {게} 계열 부사는 앞서 논의한 것처럼, 실제 문장 내에서 위의 부사들과 호환되거나 또는 배타적인 통사적 특징을 가지고 사용되므로 이들도 부사 표제어로 포함하였다. 'X-적(的)-으로'의 경우도 앞서 논의한 것처럼, 형용사 표제어로 등재된 'X-적(的)-이다'와 대응되는 부사 표제어로 수록되었다.

2.3.2.1. 'X-히' 부사(HIP)

'X-히' 부사는 전체 1,150여개로, 대부분 형용사와 파생 관계에 있다. 이를 제외하면 나머지 60여개 정도만이 형용사와 파생 관계를 보이지 않는 유형으로 분류된다. 다음 (7ㄱ)은 'X-하다' 형용사와 파생 관계의 'X-히' 부사를 보이고, (7ㄴ)은 이러한 관계가 나타나지 않는 부사들을 보인다.

(7ㄱ) 가득히 | 간곡히 | 부지런히 | 비스듬히 | 정확히 | 훤히
(7ㄴ) 간신히 | 감히 | 도저히 | 번번히 | 서서히 | 특히

표 169는 'X-히' 부사(HIP) 중 형용사와 연관되지 않는 유형의 예를 보인다.

가만히	공연히	명실공히	속속히	열심히	익히	특히
간간히	공히	무단히	속히	올올히	일제히	필히
간신히	괜히	번번히	순전히	유심히	자연히	훌훌히
감히	기여히	본연히	여실히	으례히	조심히	훌훌히
고히	도저히	서서히	여하히	의례히	콜콜히	

표 169. 'X-히' 부사(HIP) 중 형용사와 연관되지 않는 유형의 예

2.3.2.2. 'X-이' 부사(EIP)

'X-이' 부사는 540여개로서, 이 경우도 형용사와 파생 관계에 있는 부사가 430여개이고, 이러한 관계를 보이지 않는 형태가 110여개로 나타났다. 각각의 예를 들면 다음과 같다.

(8ㄱ) 같이 | 깊이 | 꼿꼿이 | 나지막이 | 시무룩이 | 덧없이 | 헛되이
(8ㄴ) 고이 | 굳이 | 길길이 | 낱낱이 | 더욱이 | 지긋이 | 틈틈이

'X-이' 부사류는 그 수에 있어서 앞의 형태에 비해 50% 정도의 비중을 보이는데, 이것은 형용사 범주에서 '하다'류 형태가 가장 높은 비중을 차지하는 현상과 무관하지 않다. 위의 'X-히' 부사류가 형용사에서 파생된 경우는 모두 '하다'류 형용사와 연관을 보이는 반면, 'X-이' 부사류의 경우는 다양한 형태의 형용사와 연관이 있는 것을 볼 수 있다. 가령 '같이', '깊이', '덧없이'의 경우는 '같다', '깊다', '덧없다'와 연관을 가지는 반면, '꼿꼿이'와 '나지막이', '시무룩이'의 경우는 '꼿꼿하다'와 '나지막하다', '시무룩하다'와 같은 '하다'류 형용사와 관계를 보인다. 표 170은 'X-이' 유형(EIP) 중에서 형용사와 연관되지 않는 유형의 목록의 예를 보인다.

가이	굳이	나날이	번번이	색색이	일일이	짜긋이
간간이	그여이	낱낱이	부득이	속속이	일찍이	짬짬이
갈갈이	근근이	누누이	불쑥이	쌍쌍이	자긋이	참참이
결결이	급작이	다달이	뿔뿔이	알알이	적이	철철이
겹겹이	기어이	더없이	살곰이	애꿎이	점점이	층층이
고이	기이	더욱이	살금이	연년이	주줄이	칸칸이
곰곰이	길길이	들이	상긋이	오롯이	줄줄이	틈틈이
곳곳이	길이	땀땀이	샅샅이	올올이	집집이	푼푼이

표 170. 'X-이' 부사(EIP) 중 형용사와 연관되지 않는 유형의 예

2.3.2.3. 'X-{이}변이형' 부사(RIP)

'X-{이}변이형' 부사는 420여개로서, 이 경우는 위에서처럼 명확하게 'X-히/이' 형태가 아닌 그 나머지 부류를 나타낸다. 이 범주의 부사의 외연을 결정하기 위한 형태적 특징을 명시적으로 기술하기 어려우므로, 이 경우는 반드시 형용사와 일정 형태적 연관성을 보이는 형태들로 한정된다. 즉 모두 '일정 형용사에 음소 /ㅣ/가 결합하여 형성되는 부사' 형태로 정의된다. 여기 포함되는 부사들의 마지막 음절의 형태는 '피/삐/(스)레/기/니/리/해/쉬'의 8가지이다. 이들의 형용사와의 대응 관계를 보면 표 171과 같다.

번호	끝음절	예시
{1}	/피/	구슬프다-구슬피 ∣ 어설프다-어설피
{2}	/삐/	바쁘다-바삐 ∣ 가쁘다-가삐
{3}	/레/	거북스럽다-거북스레 ∣ 근심스럽다-근심스레
{4}	/기/	고즈넉하다-고즈너기
{5}	/니/	길다랗다-길다라니 ∣ 가느다랗다-가느다라니
{6}	/리/	멀다-멀리 ∣ 별다르다-별달리
{7}	/해/	숱하다-숱해
{8}	/쉬/	쉽다-쉬

표 171. 'X-{이}변이형' 부사의 끝음절별 예시

이 표의 형태들 중에서 {3}의 '(스)레' 형태의 부사의 수가 압도적으로 많은데, 그것은 형용사의 형태론적 특징에 있어, '하다' 다음으로 높게 실현되는 접미사가 '스럽다'인 점과 연관성을 보인다.

2.3.2.4. 'X-게' 부사(GEP)

'게'에 의한 부사형은 전성부사라기보다는 일종의 부사형 활용어미로 간주될 수 있다. 그러나 문장 안에서 {이/히/리/기} 부사와 호환될 수 있으며, 문맥의 의미에 따라서 둘 중의 한 가지만이 허용되는 경우가 있다. 앞서 논의한 바와 같이 이러한 이유로 이들 역시 부사 표제어로 등재되어, 부사에 대한 형태·통사적 논의에서 다루어지도록 하였다.

'X-게' 부사는 현재 DECO 사전에 5,070여개가 수록되어 있다. 위의 {이}계열 부사들의 약 2배 이상의 비중을 보인다. 이들은 일반적인 형용사 어휘에 대해 상대적으로 규칙적인 파생관계를 보인다. 다음을 보자.

(9) 가늘게 ∣ 가깝게 ∣ 가볍게 ∣ 간단하게 ∣ 별나게 ∣ 은은하게

이들 중에는 의태어 부사로부터 '하다'에 의해 형용사가 파생된 후, 다시 '게'에 의해 부사형이 유도된 경우들도 포함된다. 예를 들면 다음과 같다.

(10ㄱ) 꼬불꼬불 ☞ 꼬불꼬불하다 ☞ 꼬불꼬불하게
(10ㄴ) 얼룩덜룩 ☞ 얼룩덜룩하다 ☞ 얼룩덜룩하게

2.3.2.5. 'X-적-으로' 부사(JLP)

'X-적(的)-으로' 부사는 730여개로, 'X-적(的)-이다' 형용사와 규칙적으로 대응된다. 예를 들

면 다음과 같다.

    (11ㄱ) 합법적으로 / 합리적이다
    (11ㄴ) 논리적으로 / 논리적이다
    (11ㄷ) 추상적으로 / 추상적이다

이들은 앞서 지적한 바와 같이, 현행사전에서는 부사 및 형용사 표제어에서 다루어지지 않는 형태들이다. 통사·의미적 관점에서 한국어 형용사 서술어의 중요한 비중을 차지하는 'X-적(的)-이다' 부류를 형용사 표제어로 등재하는 것이 적절하다는 원칙을, 현재의 부사 표제어 설정에서도 적용하였다. 예를 보이면 표 172와 같다.

악질적으로	연속적으로	외교적으로	위생적으로	의식적으로	인격적으로
암적으로	열광적으로	외부적으로	위선적으로	의학적으로	인공적으로
압도적으로	열성적으로	외적으로	위협적으로	이기적으로	인위적으로
애국적으로	열정적으로	우발적으로	유기적으로	이론적으로	일반적으로
야만적으로	엽기적으로	우선적으로	유동적으로	이상적으로	일방적으로
야생적으로	영구적으로	우연적으로	육감적으로	이색적으로	일상적으로
야성적으로	영웅적으로	우호적으로	육체적으로	이성적으로	일시적으로
양심적으로	영적으로	우회적으로	윤리적으로	이질적으로	일차적으로
역사적으로	예술적으로	원시적으로	율동적으로	이차적으로	임시적으로
역학적으로	예외적으로	원초적으로	음악적으로	인간적으로	입체적으로

표 172. 'X-적(的)-으로' 부사 표제어의 예

2.3.3. '감탄부사'(ZDE) 범주

이 범주는 학교문법에서 '감탄사' 범주에서 다루어진 유형으로서, DECO 사전에는 '부사 (DS)' 범주의 하위유형인 '감탄부사(ZDE)'로 분류되었다. 이는 현재 그 의미적 특징에 따라 다음 5가지로 세분류된다.

2.3.3.1. '기본형태' 감탄부사(EBA)

이 부류는 기본적인 감탄부사 유형이다. 아기의 감정표현 흉내말 및 아기를 부르는 말, 또는 사람들이 일상생활에서 발화하는 감탄 소리 표현 등이 포함된다. 예를 들면 다음과 같다.

    (12) 가만있자 | 거봐 | 그래 | 쉿 | 아냐 | 아이구 | 어머 | 제기 | 호 | 휴

기존 사전에 '감탄사'로 등재된 형태들에 대해 의성의태어 부사와의 구별이 어렵다는 문

제는 앞서 여러 차례 논의되었다. 현재 목록은 현행사전의 '감탄사' 표제어를 가능한 한 반영하여 구축되었으나, 추후 이들에 대한 보다 명확한 분류 기준이 마련되어야 한다. 표 173은 이 부류의 예를 보인다.

가만있거라	고런	글쎄요	네길할	머시기	쉿
가만있자	고렇지	기래	네미	머시냐	시
가설랑	고롬	기럼	넨장	메롱	쌍
가설랑은	곤두곤두	기여	넨장맞을	무어	썅
거	곤지곤지	까꿍	넨장칠	뭐	쒜쒜
거보시오	그거참	까짓	녜	뭘	쒜쒜쒜
거봐	그것참	까짓것	도리도리	바이바이	씨
거봐라	그래그래	각	둥개둥개	배라먹을	아
거시기	그러게	깜짝야	둥둥	빌어먹을	아가
거시키	그런	깜짝이야	따로따로	빠이빠이	아구
거지같이	그렇지	난장맞을	마	섬마섬마	아나
거참	그려	난장칠	맙소사	세상에	아냐
걸음마	글쎄	네	매매	세상천지에	아뇨
검지검지	글쎄다	네기	맴매	쉬	
게	글쎄올시다	네길	머	쉬야	

표 173. 감탄부사(ZDE) 중 '기본형 감탄부사(EBA)' 유형

2.3.3.2. '동물호출' 감탄부사(EAN)

이 부류는 '구구, 이랴, 휘이'와 같이 감탄부사 중에서 특히 동물을 부를 때 사용하는 일정 어휘 표현을 나타낸다. 현재 20여개로 그 목록을 보면 표 174와 같다.

구	둬둬둬	쉬이	워이	후여
구구	뒈뒈	왕	이랴	훠
끼라	드레드레	우여	이러	훠이
둬둬	쉬	워리	죄죄	휘여

표 174. 감탄부사(ZDE) 중 '동물호출 감탄사(EAN)' 유형

2.3.3.3. '군대구호' 감탄부사(EML)

이 감탄부사는 '세워총, 바로, 쉬어, 차려'과 같이 의미적으로 군대에서의 구호나 구령 등의 의미 특징을 보이는 용어들이다. 현재 약 20여개가 수록되어 있다. 표 175는 일부 예를 보인다.

걸어총	받들어총	쏴	우향우	차총
검사총	세워총	어깨총	일보	편히쉬어
꽂아칼	쉬어	엎드려뻗쳐	일어섯	
뒤로돌아	쉬여	엎드려사격	좌향좌	
바로	쏘아	열중쉬어	차려	

표 175. 감탄부사(ZDE) 중 '군대구호 감탄사(EML)' 유형

2.3.3.4. '노래후렴' 감탄부사(ESO)

이들 감탄부사는 '얼씨구, 어영차, 어둥둥, 영차, 지화자'과 같이 노래후렴구와 같은 표현들이다. 현재 50여개가 수록되어 있다. 표 176은 이들 목록을 보인다.

니나노	어야디야	어허야어허	에야디야	이야차
상사뒤요	어얼싸	어화	에여라차	이어차
상사디야	어여디어	어화둥둥	에헤라	이엉차
아리랑	어여차	얼럴럴상사뒤야	에헤야	이여차
어기야	어영차	얼싸둥둥	영차	이엿싸
어기야디야	어이디야	얼씨구	영치기	이영차
어기여차	어절씨구	얼씨구나	영치기영차	이응차
어기영차	어쩔씨구	얼씨구나절씨구나	옹해야	지화자
어둥둥	어허둥둥	얼씨구절씨구	응헤야	

표 176. 감탄부사(ZDE) 중 '노래후렴 감탄사(ESO)' 유형

2.3.3.5. '특수상황' 감탄부사(EPR)

그 외의 '나무아미타불, 만세, 멍군, 브라보, 아멘, 안녕, 알라, 이리오너라' 등과 같이 종교적 상황이나 기도문, 도박, 놀이 등 특수상황, 또는 외래어에서 도입된 형태 등 다양한 도메인 관련 감탄부사가 있다. 이들은 표 177에서 보이는 바와 같다.

고	멍군	심봤다	안녕	파이팅
나무아미타불	불이야	싸구려	알라	
만만세	브라보	아디유	이리오너라	
만세	스톱	아멘	장군	

표 177. 감탄부사(ZDE) 중 '특수상황 감탄사(EPR)' 유형

2.3.4. 시사부사(ZDW) 범주

'시사부사(ZDW)'는 코퍼스에서 지속적으로 추가되는 시사적인 유형으로 그 수가 계속 확

장되고 있다. 현재 1,070여개가 수록되어 있으며, 일부 예를 보이면 표 178과 같다.

가감없이	갸르르르르	곱게곱게	꽁냥꽁냥	넘넘
가능케	걍	공감공감	꾸역꾸역	넙대대하게
가당치	거침없이	군데군데	나른나른	네맘대로
가당키나	걸핏하면	군말없이	나름대로	네버
간지나게	겨우겨우	귀염귀염	나몰라라	네에
감동감동	겸사겸사	그나저나	난리난리	넵
감사감사	경멸적으로	그냥저냥	남김없이	넵넵
강추강추	계획없이	그따구	남달리	넹
개	고고싱	그때그때	내참	녭
개같이	고루고루	그러러니	너도나도	녭녭
개나소나	고민고민	극구	너무너무	누가봐도
개달달	고작해야	금방금방	널리널리	누구나
개판으로	곧이어	급급	넓게넓게	누군가
갸르르	곰곰	기대기대	넘나	눈곱만큼

표 178. '시사부사(ZDW)' 범주의 예시

위의 예들을 관찰해 보면 몇 가지 특징이 나타난다. (13ㄱ)과 같이 구어체에서 강조를 위해 어휘를 반복하여 새로운 표현을 구성하거나, (13ㄴ)과 같이 SNS 환경에서 의도적으로 형태에 변이를 준 경우, 그리고 (13ㄷ)과 같이 신조어나 새로운 접사들을 사용하는 경우 등으로 나누어 볼 수 있다.

(13ㄱ) 감사감사 | 고민고민 | 기대기대 | 공감공감
(13ㄴ) 넵 | 녭 | 넘넘 | 넘나 | 걍
(13ㄷ) 간지나게 | 개달달 | 강추강추 | 고고싱 | 꽁냥꽁냥

이들 중에는 사전의 표제어로 등재되는 것이 바람직한가하는 근본적 질문에 대한 검증이 요구되는 형태들도 포함되어 있어, 기존의 다른 부사 부류와는 별도의 태그를 부여하는 것이 바람직하다고 판단되었다.

2.4. 추가 형태 정보

2.4.1. 생산적부사(ZDP)의 '형용사 관련 유무' 정보

'생산적부사(ZDP)' 유형은 기본적으로 생산적 부사화 접미사들이 결합한 형태를 나타낸다. 이는 이 부류의 부사들이 '형용사' 범주로부터 일정 파생 접미사를 통해 파생된 부류임을

암시하는데, 실제로 이러한 접미사가 수반되었다고 하더라도 그 선행 성분이 반드시 형용사가 되는 것은 아니다. 전혀 파생관계를 찾을 수 없는 일종의 어기와 같은 비자립성분이 관찰되기도 한다.

따라서 이 부류의 부사들에는 다음과 같은 형태적 특징 정보가 부여되었다.

- 형용사 연관형 부사 유형: ADJ 태그
- 형용사 비연관형 부사 유형: NOA 태그

각 하위유형별로 위의 형태적 특징을 살펴보면 표 179와 같다.

유형	태그	설명	예시	표제어수
HIP	ADJ	'형용사 연관성	각별히, 관대히	1100
	NOA	형용사 비연관	가만히, 간신히	60
EIP	ADJ	'형용사 연관성	꼼꼼이, 외로이	430
	NOA	형용사 비연관	누누이, 낱낱이	110
RIP	ADJ	'형용사 연관성	게걸스레, 구슬피	420
GEP	ADJ	'형용사 연관성	거세게, 고르게	5070
	NOA	형용사 비연관	되게, 더럽게	10
JLP	ADJ	'형용사 연관성	이성적으로, 합법적으로	730

표 179. '생산적부사(ZNP)'의 하위유형별 추가 형태정보(ADJ/NOA 태그)

이 부사들은 형용사와 매우 규칙적 대응 관계를 보인다. 따라서 '형용사 비연관형(NOA)'은, 하위유형에 따라서는 전혀 관찰되지 않거나, 관찰되는 경우에도 매우 적은 비중으로 나타나는 것을 볼 수 있다. 여기서 'X-이' 부사(EIP) 유형에서 110여개가 관찰된 것은 상대적으로 높은 수치로 보여진다.

2.4.2. '고빈도 기본어휘'와 '저빈도 확장어휘' 정보

앞서 명사 범주에서 논의한 것처럼 부사(DS) 범주에서도 '고빈도 기본어휘(LEO)' 부류와 '저빈도 확장어휘(LET)' 부류가 구별되었다. 현재 기본어휘 유형에는 7,210여개가 포함되었고, 확장어휘 유형에는 8,180개가 포함되었다. 이러한 정보는 실제 언어처리 시스템에서 사전을 유연하게 적용할 수 있는 효과적인 장치가 된다.

3. 형용사부(AS)의 하위분류 체계와 형태정보

3.1. 하위분류 체계

그림 25는 '형용사(AS)' 범주의 하위분류 체계를 보인다.

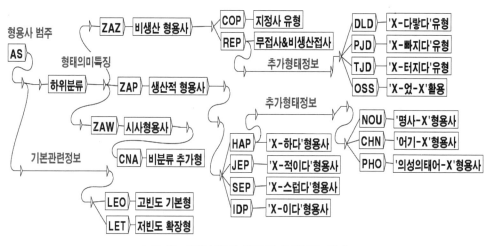

그림 25. 형용사(AS) 범주의 하위분류 체계

3.2. 하위분류 방식과 표제어 분포

3.2.1. 하위분류 방식

'형용사(AS)' 범주는 다음 3가지 유형으로 하위분류된다.

- '비생산형용사(ZAZ)' 범주
- '생산적형용사(ZAP)' 범주
- '시사형용사(ZAW)' 범주

'비생산형용사(ZAZ)' 범주는 앞서 부사의 경우와 마찬가지로, 특정 접미사가 나타나지 않거나 일정 비생산적 접미 패턴이 결합한 부류를 나타낸다. '생산적형용사(ZAP)' 범주는 생산성이 있는 일련의 접미 패턴이 결합한 유형이며, '시사형용사(ZAW)' 범주는 코퍼스에서 추출되어 지속적으로 추가되고 유형의 형용사 어휘들을 나타낸다.

형용사와 동사의 경우에도, '하다' '스럽다' '거리다'와 같이 매우 생산적인 접미사들이 존재하기 때문에, 이들을 토대로 파생어나 복합어와 같은 유형을 분류하는 시도가 가능하다. 그런데 문제는 앞서 부사의 경우에서처럼 이러한 접미사들이 일정 자립성분에도 결합하지만, 비자립 어기 부류에도 결합한다는 점이다. 이 경우 전자는 파생용언으로 분류되지만, 후자는 동일한 접미사를 수반하였음에도 단일어로 분류되어야 한다. 이러한 문제 때문에 선행성분의 자립성에 기반하여 단순용언/파생용언을 분류하는 방식보다 '하다/스럽다/거리다'와 같은 접미사 유형을 중심으로 형용사의 하위유형을 분류하는 것이 더 효율적이라 판단된다. 이런 점에서 앞서 부사의 경우처럼 형용사와 동사 범주도 '단순어/파생어/복합어'와 같은 조어적 특징에 의한 하위분류는 수행되지 않았다.

3.2.2. 형용사 범주의 표제어 분포

형용사 범주의 위의 세 가지 대범주는 다시 하위분류가 수행되었다. 형용사 범주에는 현재 9,040여개의 표제어가 수록되어 있다. 하위유형별 표제어의 분포를 보면 표 180과 같다.

유형	태그	설명	예시	표제어수
ZAZ (비생산형용사)	COP	지정사 유형	아니다	1
	REP	무접사&비생산접사	기쁘다, 가소롭다	960
ZAP (생산적형용사)	HAP	'X-하다' 형용사	가능하다, 거만하다	4240
	SEP	'X-스럽다' 형용사	미련스럽다, 불안스럽다	410
	JEP	'X-적이다' 형용사	합리적이다, 이기적이다	730
	IDP	'X-이다' 형용사	안달이다, 열성이다	100
ZAW(시사형용사)	CNA	비분류 추가형	가고프다, 개같다	2600

표 180. '형용사(AS)' 범주의 하위유형별 표제어 분포

위에서 볼 수 있듯이, '비생산형용사(ZAZ)'는 '지정사'와 '무접사/비생산접사 결합형'의 2가지로 하위분류되고, '생산적형용사(ZAP)'는 그 접미사 패턴에 따라 4가지로 하위분류된다. '시사형용사(ZAW)'는 '비분류 추가형' 한 가지 태그가 부여된다. 다음에서 이들을 각각 살펴보기로 한다.

3.3. 하위분류 태그별 특징 기술

3.3.1. '비생산형용사'(ZAZ) 범주

이 부류의 형용사는 특정 형태적 접미사가 존재하지 않거나 또는 존재하더라도 형성되는 표제어의 수가 생산적이지 않은 경우들이다. 다시 다음과 같이 하위분류된다.

- 지정사 유형: COP 태그
- 무접사 또는 비생산 접미패턴 결합형: REP 태그

3.3.1.1. '지정사' 유형(COP)

기존 문법에서 '지정사'로 명명되어 온 형태에는 '이다'와 '아니다'가 있는데, '이다'의 경우 명사에 결합한 형태로만 실현되기 때문에 '서술격조사'로 명명되기도 하였다. DECO 사전은 궁극적으로 어절 단위의 활용형사전을 목표로 하므로, 반드시 명사에 결합하여 실현되어야 하는 '이다'는 제5부에서 논의할 '명사후치사(조사)' 중 '서술조사(CP)' 범주로 설정된다. 따라서 현재의 '지정사(COP)' 태그는 '아니다'에만 할당된다.

3.3.1.2. '무접사 · 비생산접사 형용사'(REP)

이 유형은 '짧다, 길다'처럼 형태적 특징이 나타나지 않는 형용사 유형 및 '롭다, 맞다'와 같은 일련의 비생산적 접미패턴을 취하는 형용사 유형들을 나타낸다. '비생산적'이라는 기준은, 뒤에서 논의할 '생산적형용사(ZAP)' 부류가 4가지 고빈도 접미사를 토대로 명시적으로 정의되므로, 이에 대한 부정적 정의로 해석된다. 즉 현재의 '비생산 접미패턴'은 몇개에서 몇십개에 이르는 다양한 규모의 형용사 어휘를 유도하는 접미사 부류를 총칭한다. '생산적형용사(ZAP)' 부류에 비해 상대적으로 적은 수의 형용사를 유도한다는 특징은, 바꾸어 말하면 이들이 결합한 표제어 목록이 상대적으로 한정되어 있다는 것을 의미한다. 즉 생산성이 높은 '하다/스럽다'와 같은 형용사 부류의 목록과는 차이를 보인다. 다음 (1)은 접미 패턴이 나타나지 않는 '무접사' 형용사 부류의 예를 보인다.

　(14) 가깝다 | 굵다 | 얕다 | 익다

다음은 '비생산 접미패턴'이 수반된 형용사의 예를 보이는데,

(15ㄱ) {롭다}: 가소롭다 | 감미롭다
(15ㄴ) {랗다}: 길다랗다 | 곱다랗다
(15ㄷ) {지다}: 구성지다 | 기름지다

여기서 '롭다'나 '랗다' '지다'와 같은 일정 접미 형태들이 공통으로 나타났다. 그런데 다음에서 논의할 '생산적형용사'에 비해, 이와 같은 비생산적 접미 패턴이 유도하는 형용사는 수적으로 매우 적은 비중을 차지한다. '생산적형용사'가 상위 4가지 접미사를 통해 5,480여개가 유도된 반면, 현재 다양한 유형의 비생산적 접사들이 구성하는 형용사의 수는 전체 960여개에 지나지 않는 것을 볼 수 있다.

3.3.2. '생산적형용사'(ZAP) 범주

'생산적형용사(ZAP)' 부류는 형용사 표제어에서 수적으로 비중이 높은 상위 4가지 접미사가 결합한 형용사 어휘를 나타낸다. 선행성분의 자립성 유무에 따라, 조어법상 하나의 단순어가 되거나 파생어가 될 수 있다. 여기서 논의하는 상위 4가지 접미사 부류는 다음과 같다.

- 'X-하다' 유형:　　HAP 태그
- 'X-적-이다' 유형: JEP 태그
- 'X-스럽다' 유형: SEP 태그
- 'X-이다' 유형:　　IDP 태그

3.3.2.1. 'X-하다' 유형(HAP)

이 부류의 형용사에서 '하다'의 선행성분(X) 위치에는 '한자어기'가 나타나거나 '명사', 또는 '의성의태어'가 실현될 수 있다. 현재 'X-하다' 형용사는 그 수가 가장 많아서 전체 4,240여개로 전체 형용사 9,020개의 47%에 이른다. 이중 '의성의태어'에 '하다'가 결합한 형태가 2,750여개로 가장 많다. 이들이 'X-하다' 형용사 전체의 65%에 이른다. 선행성분에 '명사'가 실현되는 경우는 상대적으로 그 수가 많지 않다. 290여개로 전체 'X-하다' 형용사의 7%에 불과하다. 나머지 '비자립 한자어 어기'가 선행성분(X)에 실현된 경우가 1,200여개로 28%로 나타났다. 표 181은 'X-하다' 형용사의 예를 보인다.

한가하다	핼쑥하다	허탈하다	험하다	호리호리하다	홀쭉하다
한랭하다	행복하다	허하다	헤벌쭉하다	호방하다	홀쭉홀쭉하다
한산하다	향긋하다	허황하다	혁혁하다	호연하다	홀쭉하다
한심하다	허다하다	헐렁하다	현격하다	호젓하다	훌쭉훌쭉하다
한적하다	허름하다	헐렁헐렁하다	현능하다	호쾌하다	화급하다
합당하다	허망하다	헐쑥하다	현란하다	호탕하다	화끈하다
해괴하다	허무하다	헐쭉하다	현량하다	혹독하다	화끈화끈하다
해끗해끗하다	허술하다	헐쭉헐쭉하다	현명하다	혼미하다	화려하다
해말끔하다	허심하다	험난하다	현저하다	혼잡하다	화목하다
해말쑥하다	허약하다	험악하다	협소하다	혼탁하다	화사하다
해박하다	허전하다	험준하다	호락호락하다	홀가분하다	화창하다

표 181. 'X-하다'(HAP) 형용사의 예

3.3.2.2. 'X-적(的)-이다' 유형(JEP)

'X-적(的)-이다' 유형(JEP)은, 어기 또는 명사 성분에 한자어 '적(的)'이 결합하고 다시 '이다'가 결합한 형태로서, 이들은 학교문법이나 현행사전에서는 형용사 범주로 등재되어 있지 않다. 그러나 DECO 사전에는 아래에서 논의하는 'X-이다' 유형과 함께 형용사 표제어로 수록되었다. 이에 대한 논의는 앞서 제2부에서 상세히 다루어진 바 있다. 표 182는 그 일부 예를 보인다.

간접적이다	개인적이다	공개적이다	극단적이다	내재적이다	도전적이다
간헐적이다	객관적이다	공격적이다	극적이다	내적이다	독단적이다
감각적이다	건설적이다	공식적이다	근본적이다	노골적이다	독립적이다
감격적이다	격동적이다	공적이다	급진적이다	논리적이다	독보적이다
감동적이다	격정적이다	과학적이다	긍정적이다	능동적이다	독선적이다
감명적이다	결정적이다	관능적이다	기술적이다	단적이다	독자적이다
감상적이다	경제적이다	광신적이다	기적적이다	단정적이다	독점적이다
감성적이다	경험적이다	광적이다	기형적이다	대조적이다	독창적이다
감정적이다	계획적이다	구체적이다	낙관적이다	대중적이다	돌발적이다
강제적이다	고무적이다	국제적이다	낙천적이다	대칭적이다	동물적이다
개괄적이다	고의적이다	국지적이다	남성적이다	대표적이다	동양적이다
개방적이다	고전적이다	군사적이다	낭만적이다	도덕적이다	동적이다
개별적이다	고정적이다	규칙적이다	내성적이다	도발적이다	

표 182. 'X-적(的)-이다'(JEP) 형용사의 예

3.3.2.3. 'X-스럽다' 유형(SEP)

접미사 '스럽다'는 형용사 범주에서만 관찰되는 전형적인 유형으로서, 약 410여개의 형용사를 유도하는 생산적인 접미사 부류이다. 이들이 결합한 형용사 어휘의 예를 보면 표 183과 같다.

난잡스럽다	덕성스럽다	미련스럽다	변스럽다	불미스럽다
내숭스럽다	덕스럽다	미심스럽다	별스럽다	불안스럽다
내흉스럽다	독살스럽다	미안스럽다	복스럽다	불편스럽다
냉정스럽다	만족스럽다	미욱스럽다	복잡스럽다	불행스럽다
넉살스럽다	말썽스럽다	민망스럽다	부담스럽다	비밀스럽다
능글스럽다	맛깔스럽다	믿음직스럽다	부자연스럽다	비아냥스럽다
능청스럽다	망신스럽다	밉살머리스럽다	부자유스럽다	뻔뻔스럽다
다정스럽다	먹음직스럽다	밉살스럽다	부지런스럽다	사랑스럽다
다행스럽다	멋스럽다	바람직스럽다	분주스럽다	사치스럽다
당혹스럽다	명랑스럽다	발칙스럽다	불경스럽다	상냥스럽다
당황스럽다	명예스럽다	방자스럽다	불량스럽다	상스럽다
대견스럽다	모멸스럽다	방정스럽다	불만스럽다	새삼스럽다
대담스럽다	무안스럽다	번잡스럽다	불만족스럽다	
대범스럽다	무지스럽다	변덕스럽다	불명예스럽다	

표 183. 'X-스럽다'(SEP) 형용사의 예

3.3.2.4. 'X-이다' 유형(IDP)

이 부류는 '열성이다, 억척이다' 등과 같이 일정 명사 유형에 '이다'가 결합한 형태로, 앞서 제2부에서 논의된 바와 같이 통사・의미적으로 형용사 술어의 속성을 공유하는 유형들이다. 이 유형의 형용사는 현행사전에 등재된 전체 '명사' 표제어에 대한 개별적인 통사・의미적 검증을 통해 추출한 100여개의 특정 명사 부류에 기반하여 구성되었다(Nam 1990). 'N-이다' 부류도 앞서 'X-적-이다'처럼, 현행사전과 학교문법에서 형용사 범주로 분류되고 있지 않아 DECO 사전에 새로 추가된 형용사 유형이다. 이들의 목록을 보이면 표 184와 같다.

간섭이다	동감이다	생억지이다	안달이다	옹고집이다	지성이다
갈등이다	등쌀이다	생트집이다	안심이다	외고집이다	진심이다
걱정이다	땡땡이다	선심이다	앙숙이다	요변덕이다	질색이다
건성이다	맹목이다	성심이다	앙탈이다	욕심이다	집념이다
고생이다	무관심이다	성화이다	애교다	유감이다	찬성이다
고역이다	반대다	소동이다	야단이다	육갑이다	청승이다
고집이다	반항이다	소란이다	어리광이다	응석이다	추태다
궁상이다	발광이다	시비이다	억지이다	자랑이다	투정이다
그만이다	발악이다	시치미다	억척이다	잔소리이다	트집이다
극성이다	방정이다	신경질이다	엄살이다	재촉이다	호강이다
깡이다	배짱이다	심술이다	여유이다	전문이다	호들갑이다
난리이다	변덕이다	심통이다	열성이다	정성이다	
노망이다	불만이다	아양이다	열심이다	주접이다	
농땡이다	생고집이다	아우성이다	열정이다	주정이다	
능청이다	생난리이다	악착이다	오도방정이다	주책이다	
독촉이다	생떼이다	안간힘이다	오두발광이다	지랄이다	

표 184. 'X-이다'(IDP) 형용사의 목록

3.3.3. '시사형용사'(ZAW) 범주

시사형용사는 현재 코퍼스에서 지속적으로 추출되어 확장되고 있는 구어체 표현, 또는 신조어 및 외래어, 약어 등의 다양한 형태들로서 현재 2,600여개가 등재되어 있다. 표 185는 일부 예를 보인다.

가고프다	가슴아프다	가치지향적이다	감동있다	강도높다
가관이다	가시나답다	간단간단하다	감명깊다	강아지같다
가능성없다	가을같다	간첩같다	감옥같다	강추이다
가능성있다	가족같다	갈대같다	감정없다	개고급지다
가망없다	가짜같다	갈등있다	감흥없다	개공감이다
가망있다	가치없다	감각없다	값비싸다	개구리다
가부장적이다	가치있다	감동깊다	갓난아이같다	개구장이같다
가성비좋다	가치중립적이다	감동없다	강단있다	개귀엽다

표 185. '시사형용사(ZAW)' 범주의 예

위의 예를 통해 이와 같이 현재 코퍼스에서 새로 추가되는 유형들의 특징을 정리해 보면 다음과 같다.

(16ㄱ) 가성비좋다 | 감동깊다 | 값비싸다 | 강도높다
(16ㄴ) 가능성없다 | 가망있다 | 가짜같다 | 감옥같다
(16ㄷ) 개구리다 | 개귀엽다 | 개공감이다 | 강추이다

위에서 (16ㄱ)은 보어 위치의 명사 논항이 뒤에 수반된 형용사 술어와 결합하여 실현된 복합 술어구 형태를 보이며, (16ㄴ)은 '없다/있다/같다' 같은 형태가 명사를 수반하여 새로이 형성된 복합 구성을 보인다. (16ㄷ)은 신조어 유형으로 접두사 '개'가 결합한 형용사나 '강추'와 같은 신조어가 나타난 형태의 예시이다.

현재 이러한 '시사형용사(ZAW)' 범주의 어휘들에, 사전 표제어로서의 지위를 부여할 수 있는가에 대한 심층 검토가 수반될 필요가 있다. 그러나 동시에 이들은, 현대 사회관계망 (SNS) 텍스트의 분석에서 기존의 다른 표제어들보다 훨씬 직접적이고 직관적인 방법으로 연구자가 찾고자 하는 핵심 정보를 제공할 수 있는 가능성을 갖는다.

3.4. 추가 형태 정보

이상에서 논의한 형용사 범주의 하위유형들에 대해 추가적 형태 특징들을 살펴보면 표

186과 같다.

유형	태그	설명	예시	표제어수
REP (무접사 & 비생산접사 부류) 의 형태정보	OSS	'X-었-X' 유형	생기다, 외지다	130
	DLD	'X-다랗다' 유형	커다랗다, 가느다랗다	20
	PJD	'X-빠지다' 유형	약해빠지다, 느려빠지다	70
	TJD	'X-터지다' 유형	불어터지다, 순해터지다	30
HAP (X-하다 부류) 의 형태정보	NOU	'명사-X' 형용사	건강하다, 고독하다	290
	CHN	'어기-X' 형용사	협소하다, 투명하다	1200
	PHO	'의성의태어-X' 형용사	구불구불하다, 글썽글썽하다	2750
기본형태정보	LEO	고빈도 기본어휘	가렵다, 간편하다	5220
	LET	저빈도 확장어휘	간활하다, 궁박하다	3800

표 186. 형용사(AS) 범주의 하위유형별 형태정보

표 186에서 보는 바와 같이, 비생산형용사의 '무접사/비생산접사' 유형(REP)에서 4가지 형태적 특징에 따라 추가 태그가 부여되었다. 생산적형용사의 경우 'X-하다' 부류(HAP)에서 3가지 형태 정보에 따라 추가 태그가 할당되었다. 그외 다른 품사들에서와 마찬가지로 '고빈도 기본어휘(LEO)'와 '저빈도 확장어휘(LET)' 정보가 부착되었다.

3.4.1. 'X-었-X' 형태적 정보(OSS)

'비생산형용사(ZAZ) 범주에 속하는 일련의 형용사들 중에는 현재시제 종결형 활용을 할 때, 선어말어미 '었'이 반드시 삽입되어야 하는 형태들이 있다. 일반적인 형용사들의 활용형태와 다르다는 점에서 이들이 동사의 한 유형으로 분류될 수도 있을 것이나, 의미적 속성에서 볼 때에도, 상태의 지속적 속성을 보이는 점으로 미루어 형용사의 범주에서 분류되는 것이 더 타당하다고 판단된다. 이들은 {ㄴ다} 현재시제 종결형 어미를 취하지 못하는 용언을 형용사 범주로 설정하는 DECO 사전의 형용사 정의에도 부합된다. 이에 대해서는 제2부에서 논의된 바 있다.

현재 이러한 특징을 보이는 형용사 부류는 약 130여개이다. 이들 표제어에는 'X-었-X'의 특징을 보이는 태그(OSS)가 부착되었다. 현재 '빠지다/터지다' 유형의 상당수 형용사가 이 범주에 포함되는데, 이들을 제외한 '었' 활용 형용사들의 예는 표 187과 같이 나타난다.

간드러지다	낡다	두드러지다	못생기다	오래되다	흐드러지다
골비다	다라지다	딱바라지다	바라지다	외떨어지다	흐무러지다
까부라지다	덜되다	마디지다	비다	외지다	
까지다	도드라지다	막되다	생기다	잘빠지다	
꼬부라지다	되바라지다	못되다	안되다	잘생기다	

표 187. '었' 활용형(OSS) 중 '터지다/빠지다' 이외의 유형

3.4.2. 'ADJ-{어}-빠지다/터지다/다랗다' 형태 정보

'비생산형용사(ZAZ)' 부류에는 '생산적형용사(ZAP)'의 접미사들처럼 높은 비중의 형용사를 구성하지는 않지만, 일련의 형용사에 결합하여 추가적 뉘앙스를 첨부하는 특징적인 접미사 부류가 관찰된다. '빠지다/터지다/다랗다'에 의해 유도되는 형용사 부류인데, 현재 '시퉁머리터지다'를 제외하고는 모두 선행성분이 '형용사(ADJ)'로 나타난다.

여기서 'ADJ-어-빠지다'의 비중이 제일 높아 약 70여개로 나타났고, 'ADJ-어-터지다'는 30여개, 그리고 'ADJ-다랗다'는 20여개로 나타났다. 처음 두 가지 접미사는 선행성분(ADJ)의 의미적 속성을 '부정적'으로 강조하고 있는 반면, 마지막 형태는 그러한 속성이 뚜렷함을 강조하는 중립적 의미 자질을 가진다. 이들의 예를 보면 다음과 같다.

(17ㄱ) 나약해빠지다 | 둔해빠지다 | 말라빠지다 | 착해빠지다 | 흔해빠지다
(17ㄴ) 게을러터지다 | 물러터지다 | 불어터지다 | 순해터지다 | 좁아터지다
(17ㄷ) 좁다랗다 | 길다랗다 | 곱다랗다 | 커다랗다 | 작다랗다 | 짧다랗다

위에서 '빠지다'와 '터지다'는 서로 호환이 되기도 하지만 이러한 대응관계가 늘 성립하는 것은 아니다.

(18ㄱ) 게을러빠지다/게을러터지다
(18ㄴ) 착해빠지다/착해터지다
(18ㄷ) 말라빠지다/*말라터지다
(18ㄹ) *좁아빠지다/좁아터지다
(18ㅁ) *불어빠지다/불어터지다

위의 예를 통해 '터지다'와 달리, '빠지다'는 특히 사람의 성격이나 태도를 표현하는 의미 속성을 강조하는 데에 사용되는 접미사로 보인다. '좁아터지다'나 '불어터지다'에서처럼 사물의 속성을 표현하는 형용사에 '빠지다'의 결합이 부자연스럽게 나타나는 하나의 근거가 된다.

현재 이들에는 각각 다음과 같은 추가 정보 태그가 할당되어, 추후 이 목록의 확장과 함께 별도의 통사·의미적 연구가 가능하도록 하였다.

- '빠지다' 결합 형용사 유형: PJD 태그
- '터지다' 결합 형용사 유형: TJD 태그
- '다랗다' 결합 형용사 유형: DLD 태그

여기서 '빠지다/터지다' 부류의 100여개 형용사는 모두 '었' 활용(OSS) 방식을 따른다. 다음을 보자.

(19ㄱ) 그 사람은 너무 (*게을러빠져요 + 게을러빠졌어요)
(19ㄴ) 국수 면발이 심하게 (*불어터지다 + 불어터졌다)

3.4.3. 'X-하다' 형용사의 형태 정보

'하다' 접미사로 이루어진 형용사(HAP)는 앞서도 언급한 바와 같이, 그 선행성분의 형태적 속성에 따라 다음 세 가지로 분류가 가능하다.

- '어기+하다' 유형: CHN 태그
- '명사+하다' 유형: NOU 태그
- '의성의태어+하다' 유형: PHO 태그

각각의 예를 들어 보면 다음과 같다.

(20ㄱ) 가혹하다 | 투명하다 | 협소하다
(20ㄴ) 행복하다 | 고독하다 | 건강하다
(20ㄷ) 구불구불하다 | 글썽글썽하다 | 구부스름하다

위에서 (20ㄱ)과 같이 자립성이 없는 한자어 어기 '가혹, 투명, 협소'가 '하다'와 결합한 형태는 조어법적 관점에서 하나의 단일어가 되며, (20ㄴ)처럼 명사 '행복, 고독, 건강'이 접미사 '하다'를 선행하는 경우는 명사로부터 파생된 파생어가 된다. (20ㄷ)의 경우는 '구불구불'이나 '글썽글썽'과 같이 부사 형태와 결합한 경우는 이로부터 파생된 파생어로 분석될 수 있으나, '구부스름'과 같은 어기에 '하다'가 결합한 것은 하나의 단일어로 취급되어야 한다. 여기서 효과적인 표제어 구축을 위해, 실제 파생법의 관점보다는 '히/게/하다/스럽다/거리다' 등과 같은 중요 접미사별 관점에서 각 문법범주별 하위범주를 설정하는 시도가 왜 보다 의미있는지를 확인하게 된다.

현재 'X-하다' 부류 중에서 '의성의태어+하다' 유형(PHO)의 비중이 가장 높아 2,750여개가 등재되어 있다. 그 다음은 '어기+하다' 유형(CHN)으로 1,200여개가 수록되었다. 후자의 경우

대체로 한자어 2음절어 어기로 되어 있으나, '엉성하다, 엉뚱하다'와 같이 고유어 어기에 '하다'가 결합한 형태들도 포함된다. 이 부류에 나타나는 한자어 어기에는, 앞서 '명사(NS)' 범주에서 '관형명사(ZNM)' 범주에서 다루어졌던 '유사명사(PSN)'로 이중 분류되는 형태들이 상당수 포함된다. 즉 이들은 현대 한국어에서 자립적 지위를 갖지 못하여 주어나 목적어 위치에 사용되지 못하지만, 일정 후치사를 동반하거나 '하다'와 결합하여 형용사를 형성하는 어기로 사용될 수 있는 특징을 보인다. 반면 '명사+하다' 유형(NOU)은 현재 290여개로서, '어기+하다' 유형에 비해 그 수가 훨씬 적다. 표 188은 '어기+하다' 유형(CHN)의 예를 보인다.

아담하다	야비하다	엄연하다	열악하다	온순하다	용감하다
아련하다	야속하다	엄정하다	영구하다	온유하다	용렬하다
악독하다	야하다	엄중하다	영롱하다	온전하다	용이하다
악랄하다	약소하다	엄하다	영리하다	온화하다	용졸하다
안이하다	약하다	엉뚱하다	영민하다	옹색하다	용하다
안일하다	양순하다	엉성하다	영세하다	옹졸하다	우둔하다
알뜰하다	양호하다	여전하다	영악하다	완강하다	우람하다
암담하다	어눌하다	역력하다	영특하다	완고하다	우수하다
앙상하다	어색하다	역부족하다	예리하다	완곡하다	우아하다
애매하다	어수선하다	연로하다	예민하다	완만하다	우월하다
애석하다	어엿하다	연소하다	오만하다	완연하다	우직하다
애절하다	어중간하다	연약하다	오묘하다	왕성하다	울적하다
애통하다	억울하다	연연하다	오붓하다	왜소하다	울창하다
애틋하다	엄격하다	연하다	온건하다	요긴하다	
야릇하다	엄밀하다	열등하다	온난하다	요염하다	
야박하다	엄숙하다	열렬하다	온당하다	요원하다	

표 188. '어기+하다' 유형(CHN) 형용사의 예

3.5. 형용사 기반 '파생/복합 형용사' 구성에 대한 고찰

다음에서 논의하는 파생·복합형용사 형태는, 기저에 하나의 형용사가 실현되고 '부사/명사/형용사' 등의 자립성분이 선행성분이 되어 복합형용사를 구성하거나, 또는 '접두사/접미사'의 비자립성분이 결합하여 파생형용사를 구성하는 형태들이다. 즉 하나의 형용사 성분에 다른 성분이 결합하여 품사의 변화없이 파생/복합의 조어적 구성을 이루는 경우이다. 앞서 언급한 바와 같이, DECO 사전의 형용사 분류체계에서는 이와 같은 조어적 정보는 별도의 정보 태그로 등재되지 않았다. 다음 5가지 유형은 현재 형용사 표제어 9,020여개를 구축하는 과정에서 귀납적으로 획득된 조어적 특징을 정리한 것으로 다음에서 이들에 대해 간단히 살펴보기로 한다.

- {PFX-ADJ}: '접두사+형용사' 유형의 파생형용사
- {ADJ-SFX}: '형용사+접미사' 유형의 파생형용사
- {ADV-ADJ}: '부사+형용사' 유형의 복합형용사
- {ADJ-ADJ}: '형용사+형용사' 유형의 복합형용사
- {N-ADJ}: '명사+형용사' 유형의 복합형용사

3.5.1. '형용사' 앞에 접두사(PFX) 결합한 파생형용사

형용사에 결합하는 접두사는 명사처럼 다양하지 않다. 현재 형용사 표제어를 구축하는 과정에서 '형용사 어두에 실현되는 비자립어'로 20여개가 추출되었는데, 이들의 목록과 각 형태별 파생어의 예를 보이면 각각 표 189, 표 190과 같다.

강	고	끈	드	새	시	엇	유	해
거	굼	되	메	샛	억	연	최	헤

표 189. 형용사에 결합하는 접두사 유형

강/강마르다	끈/끈질기다	새/새까맣다	엇/엇비슷하다	해/해말갛다
거/거세차다	되/되바라지다	샛/샛노랗다	연/연붉다	헤/헤멀끔하다
고/고되다	드/드높다	시/시건방지다	유/유다르다	
굼/굼뜨다	메/메마르다	억/억세다	최/최우수하다	

표 190. 각 접두사별 파생형용사의 예시

이러한 접두사 결합형 어휘는 현재 형용사 표제어의 하위유형 분류에서 별도의 태그를 구성할 만큼 높은 비중을 보이지 않는다. 따라서 접두파생 형용사 표제어에 대한 개별적 내부 정보로 할당하는 방법을 택하였다.

3.5.2. '형용사' 뒤에 접미사(SFX) 결합한 파생형용사

형용사에 추가로 결합하여 다시 새로운 형용사를 유도하는 접미사 형태는 앞서 논의한 '빠지다/터지다/다랗다' 유형이다. '하다/스럽다' 등의 접미사는 명사나 부사와 같은 다른 품사 어휘에 결합하여 새로운 파생어를 유도하는 파생접미사인 반면, 이들은 '형용사' 자체에 결합하는 파생접미사이므로 본래 어휘의 품사 전이를 수반하지 않는다. 이 접미사 부류는 표준국어대사전에는 다음과 같이 정의되어 있다.

(21ㄱ) 빠지다: 앞말이 뜻하는 성질이나 상태가 아주 심한 것을 못마땅하게 여김을 나타내는 말.
'보조동사'

(21ㄴ) 터지다: ☞ '빠지다'를 참조

(21ㄷ) 다랗다: 그 정도가 꽤 뚜렷함의 뜻을 더하는 '접미사'

즉 모두 앞말의 의미적 속성을 강조하는 어휘로서, '빠지다/터지다'는 보조동사로 정의되어 있고 '다랗다'는 접미사로 등재되어 있다. 그러나 이들의 문법적 지위에 대한 논의 이전에, 가령 '느려터지다, 게을러빠지다' 등과 같은 형태들이 빈번하게 단일 토큰으로 실현된다는 점에서 그 전체가 사전의 표제어로 다루어질 필요가 있으며, 이 경우 'ㄴ다' 현재 서술형 활용을 허용하지 않는다는 점에서 동사가 아닌 형용사로 분석하는 것이 바람직하다.

현재 이 접미사 부류가 내포된 형용사들은 '비생산형용사(ZAZ)'의 '무접사/비생산접사' 형용사(REP) 범주에서 별도의 형태정보 태그를 동반하여 수록되었다. 앞서 언급한 바와 같이 이들 세 가지 접사가 결합한 형용사는 전체 120여개이며, 이들의 예를 보이면 다음과 같다.

(22ㄱ) 빠지다: {게으르다}-{어}-빠지다 ☞ 게을러빠지다

(22ㄴ) 터지다: {느리다}-{어}-터지다 ☞ 느려터지다

(22ㄷ) 다랗다: {길다}-다랗다 ☞ 길다랗다

위에서 보듯이 '빠지다/터지다'는 중간에 연결어미 {어}를 필요로 한다. 반면 '다랗다'의 경우는 형용사의 어간에 직접 연결되어 일정 의미적 뉘앙스를 첨가한다.

3.5.3. '형용사' 앞에 부사(ADV) 결합한 복합형용사

일부 '부사'는 형용사와 결합하는 복합구성 형태를 띤다. 이와 같이 관찰된 부사는 약 10여개이다. 이들과 각 형태별 복합형용사의 예를 보이면 표 191, 표 192와 같다.

덜	딱	막	못	쪽	잘

표 191. 형용사에 결합하는 부사 유형

덜/덜되다 딱/딱바라지다	막/막되다 못/못생기다	쪽/쪽고르다 잘/잘생기다

표 192. 각 부사별 파생형용사의 예시

이들도 접미패턴의 유무에 따라 '단순형/생산적형용사'로 분류되는 현재의 하위분류 방식에서는 별도의 범주로 설정되지 않는다.

3.5.4. '형용사' 앞에 형용사(ADJ) 결합한 복합형용사

현재 '비생산/생산적 형용사'의 분류에 있어, '파생형용사'나 '복합형용사'의 구별은 별도로 논의되지 않는다고 언급하였다. 따라서 다음과 같은 형태들도 별도의 범주를 구성하지 않고, 반복된 형용사(x)의 접미패턴의 특징에 따라 하위범주 내부에 개별적으로 기술된다.

(23ㄱ) X-디-X
(23ㄴ) X-고-X
(23ㄷ) X-X

다음은 각 패턴에 대한 예를 보인다.

(24ㄱ) 가볍디가볍다 | 굵디굵다 | 젊디젊다 | 짜디짜다
(24ㄴ) 길고길다 | 넓고넓다
(24ㄷ) 검노랗다 | 곧바르다 | 굳세다 | 재빠르다

3.5.5. '형용사' 앞에 명사(N) 결합한 복합형용사

현행사전에 등재되어 있는 '명사+형용사'형 복합형용사는 매우 한정되어 있다. 실제 코퍼스에서 이 복합형은 지속적으로 확장적인 성격을 보이는데, 현행사전에 수록된 이들 복합형의 예를 보이면 다음과 같다. 표 193에서 보듯이, 복합형을 이루는 명사는 대체로 단음절어이거나 자주 사용되는 어휘 유형으로 나타났다.

겉/겉약다	낯/낯뜨겁다	색/색다르다
귀/귀밝다	똥/똥마렵다	손/손쉽다
기/기막히다	명/명길다	입/입바르다
꾀/꾀바르다	배/배부르다	키/키크다
남/남다르다	뼈/뼈아프다	힘/힘세다

표 193. '명사+형용사'형 복합형용사의 예시

이와 같은 복합형용사들의 경우도, 이들 명사를 후행하는 형용사의 접미 패턴 형식에 따라 '비생산/생산적 형용사'로 분류되어 등재된다.

3.6. 'N-있다/없다/같다/답다' 복합구성의 문제

명사(N)에 다음과 같은 일련의 형용사성 성분이 결합한 복합구성은 위의 경우들과는 달리, 이를 허용하는 명사 목록을 기술하는 것이 쉽지 않다.

(25) N-{있다/없다/같다/답다}

위의 예를 각각 들어보면 다음과 같다.

(26ㄱ) 용기있다 | 재미있다
(26ㄴ) 겁없다 | 맛없다
(26ㄷ) 귀신같다 | 대궐같다
(26ㄹ) 남자답다 | 어른답다

위의 유형들에 대해서 앞서 제2부에서 언급한 바와 같이, 명사와 이들 후행성분들과의 조합의 가능성을 의미적으로 유추하는 것이 쉽지 않다. (26ㄱ)과 (26ㄴ)은 명사 뒤에 {가} 유형의 조사가 결합하여 통사적 구성을 이룰 수 있는 반면, (26ㄷ)의 경우는 이러한 통사적 구성과의 대응이 불규칙하게 허용된다. 가령 (26ㄷ)에는 {와}와의 결합형은 다소 어색하게 판단되지만, (27)과 같은 일정 문맥에서는 보다 자연스럽게 허용되기도 하기 때문이다.

(27ㄱ) 그 아이는 이제 <u>어른같은</u> 모습이 되었다
(27ㄴ) 그 아이는 이제 <u>어른과 같은</u> 모습이 되었다

위에서 (26ㄹ)의 경우는, 앞서의 경우들과는 달리 대응되는 통사적 구성문이 존재하지 않는다. 이런 점에서 위의 세 가지 유형과 달리, 형용사 단일 표제어로 등재되어야 할 것으로 보인다. 그런데 '아름답다, 똑같다'와 같이 굳어진 일부 경우를 제외하고는, 결합 가능한 명사의 목록을 설정하기 어렵다는 점이 문제이다. 여기 실현되는 명사들이 일련의 '긍정적 가치'를 표현한다는 의미적 속성을 보이기는 하나, 실제 많은 경우 이러한 의미적 속성으로 예측할 수 없는 어휘적 특이성의 현상을 보이기 때문이다.

이와 같이 (25) 유형에 대한 열린 생산성의 문제는, 형용사 표제어 구성 작업에 걸림돌이 되는데, 이는 다시 이로부터 {게} 또는 {이}에 의해 유도되는 부사 표제어의 외연에도 직접적인 영향을 미친다는 점에서 더 심각한 문제가 된다.

현재 DECO 사전에서 (25)와 같은 형용사들은 '생산적형용사(ZAP)' 범주로 분류되지 않았다. 생산적형용사 부류가 '하다/스럽다'와 같은 높은 생산성의 접미사 유형에 기반한 형태들이라면, '있다/없다/같다/답다' 부류는 이와 같은 접미사 부류와는 양상이 다르기 때문이

다. 선행명사와의 관계가 어휘화된 응집력을 보이는 파생접미사들과 달리 (25)의 형태들은 통사적인 결합구성의 양상을 보인다. 현행사전에 이들 표제어의 수가 극도로 제한되어 있는 이유가 여기에 있다. 다음을 보자.

(28ㄱ) 그 친구는 <u>어른스럽다</u>
(28ㄴ) 그 친구는 <u>어른같다</u>
(28ㄷ) 그 친구는 <u>어른답다</u>

'N-스럽다/같다/답다'는 모두 동일한 문맥에서 실현되었다. 그런데 여기에 다음과 같이 관형절을 삽입해 보면,

(29ㄱ) *그 친구는 [그 집안을 대표하는] 어른스럽다
(29ㄴ) 그 친구는 [그 집안을 대표하는] 어른같다
(29ㄷ) 그 친구는 [그 집안을 대표하는] 어른답다

선행명사에 대한 관형절 수식을 허용하지 않는 '스럽다'와 달리, '같다/답다'는 이러한 관형절 수식을 허용하고 있다. 이는 이들이 실현된 술어구성이 온전히 하나의 형용사로 어휘화되지 않은 중간적 통사적 구성임을 암시하고 있다. '같다'나 '답다'는 선행명사와 분리되지 않고 하나의 토큰으로 실현되었음에도, 이러한 관형적 구성이 허용되는 특이한 속성을 보이고 있다. 실제로 다음에서 보는 '있다/없다'의 경우는 명사(N)로부터 분리될 때, 관형절의 수식을 자연스럽게 허용하는 전형적인 통사적 구성체의 성격을 보인다. 먼저 다음 문장을 보자.

(30ㄱ) 그 집 음식이 <u>맛스럽다</u>
(30ㄴ) 그 집 음식이 <u>맛없다</u>
(30ㄷ) 그 집 음식이 <u>맛있다</u>

위에서 'N-스럽다/있다/없다'는 모두 동일한 문맥에서 실현되었다. 이 경우 (31)에서 보이는 것처럼 'N-있다/없다'는 'N-이 있다/없다'의 통사적 구성으로 분리가 가능하다.

(31ㄱ) *그 집 음식이 <u>맛-(이+은+도) 스럽다</u>
(31ㄴ) 그 집 음식이 <u>맛-(이+은+도) 없다</u>
(31ㄷ) 그 집 음식이 <u>맛-(이+은+도) 있다</u>

이때 분리된 명사(N)에 일정 관형어의 수식이 가능하다.

(32ㄱ) *그 집 음식이 [정갈한] 맛이 스럽다
(32ㄴ) 그 집 음식이 [정갈한] 맛이 없다

(32ㄷ) 그 집 음식이 [정갈한] 맛이 있다

이런 검증을 통해 (25)에서 살핀 'N-있다/없다/같다/답다' 구성은 '하다/스럽다' 등의 접미사가 결합한 어휘화된 하나의 형용사들과는 차이가 있다고 판단된다. 여기서 한가지 살펴볼 점은, 실제로 '스럽다/하다'가 일정 조건이 충족되면 구어체적 환경에서 다음과 같이 선행명사와 분리될 수 있다는 점이다.

(33ㄱ) 그 사람이 <u>친절해요</u>
(33ㄴ) ☞ 그 사람이 <u>친절은 한데</u> 일을 잘 못해요

(34ㄱ) 아이가 <u>사랑스러워요</u>
(34ㄴ) ☞ 아이가 <u>사랑은 스러운데</u>, 너무 시끄럽네요

그런데 이 경우는 일련의 보조사에 의해 분리된 것으로서, 위의 '있다/없다/같다/답다' 구문의 명사들처럼 관형절을 취하는 명사 논항으로 기능하지는 못한다.

(35ㄱ) *그 사람이 [천사같은] <u>친절은 한데</u> 일을 잘 못해요
(35ㄴ) *아이가 [하늘같은] <u>사랑은 스러운데</u>, 너무 시끄럽네요

이런 점에서, 분명한 형용사 접미사 부류로 판명되는 '하다/스럽다'와 달리, '있다/없다/같다/답다'는 선행하는 명사와 온전히 형용사 어휘를 구성하지 않고, 일정 통사적 구문의 중간적 성격을 유지하고 있음을 확인할 수 있다. 앞서 언급한 바와 같이 'N-있다/없다/같다/답다'의 단일형태로 실현되는 복합형이 코퍼스에서 빈번하게 추출됨에도, 현행사전에 거의 등재되어 있지 않은 이유가 여기 있다. 이들은 현재 시사형용사(ZAW) 범주에서 지속적으로 확장되고 있다.

4. 동사부(VS)의 하위분류 체계와 형태정보

4.1. 하위분류 체계

그림 26은 '동사부(VS)' 범주의 하위분류 체계를 보인다.

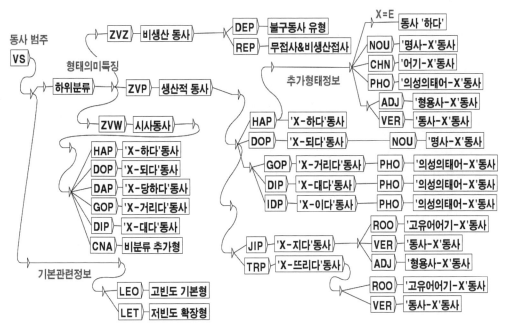

그림 26. 동사(VS) 범주의 하위분류 체계

4.2. 하위분류 방식과 표제어 분포

4.2.1. 하위분류 방식

동사(VS) 범주는 앞서 부사와 형용사 범주에서와 마찬가지로, '비생산동사(ZVZ)' 범주와 '생산적동사(ZVP)' 부류로 대분류된다. 비생산동사는 다시 다음과 같이 2가지 유형으로 세분류된다.

• 불구동사 유형: DEP 태그
• 무접사/비생산적 접사 유형: REP 태그

또한 생산적동사는 다음과 같이 7가지 유형으로 세분류된다.

• 'X-하다' 유형: HAP 태그
• 'X-되다' 유형: DOP 태그
• 'X-거리다' 유형: GOP 태그
• 'X-대다' 유형: DIP 태그

- 'X-이다' 유형:　IDP 태그
- 'X-지다' 유형:　JIP 태그
- 'X-뜨리다' 유형: TRP 태그

위에서 접미사 '하다'는 다양한 성분을 선행성분으로 취할 수 있어, 선행성분(X)이 '명사/어기(주로 한자)/의성의태어(부사&어기)/형용사/동사' 등 다양하게 분포한다. 반면 '되다'의 경우는 명사만을 수반하며, '거리다/대다/이다'는 의성의태어만을 수반한다. '지다/뜨리다'는 '어기/형용사/동사' 등을 선행성분으로 취한다. 현재 동사는 DECO 사전에 48,290여개의 표제어가 등재되어 있다. 코퍼스에서 지속적으로 추가되는 복합 구성 형태들로 인해 그 규모는 계속 확장되고 있다.

4.2.2. 동사 범주의 표제어 분포

현재 DECO 사전의 동사 표제어는 전체 48,390개로서, 하위유형별 표제어의 수와 예시를 보면 표 194에서와 같다.

유형	태그	설명	예시	표제어수
ZVZ (비생산동사)	DEP	불구동사 유형	덩달다, 데리다	10
	REP	무접사&비생산접미	가르치다, 겪다	1320
ZVP (생산적동사)	HAP	'X-하다' 동사	기억하다, 움찔움찔하다	11580
	DOP	'X-되다' 동사	각인되다, 간주되다	2860
	GOP	'X-거리다' 동사	부지직거리다, 건들거리다	4390
	DIP	'X-대다' 동사	만지작대다, 싹둑대다	2110
	IDP	'X-이다' 동사	깜빡이다, 끄덕이다	390
	JIP	'X-지다' 동사	무너지다, 가려지다	4480
	TRP	'X-뜨리다' 동사	깨뜨리다, 부러뜨리다	440
ZVW (시사동사)	HAP	'X-하다' 동사	백업하다, 불구속하다	990
	DOP	'X-되다' 동사	가열되다, 공천되다	350
	DAP	'X-당하다' 동사	감시당하다, 고문당하다	110
	GOP	'X-거리다' 동사	딜딜거리다, 걸리적거리다	30
	DIP	'X-대다' 동사	갉아대다, 구워대다	480
	CNA	비분류 추가형	가꾸어놓다, 불러오다	18850

표 194. 동사(VS) 범주의 하위유형별 표제어의 분포

비생산동사(ZVZ)는 현재 1,330여개가 수록되어 있으며, 생산적동사(ZVP)는 '하다' 유형이

가장 비중이 높아 11,580개에 이르고, 그 다음으로 비중이 높은 유형이 '거리다'와 '지다' 유형으로 나타났다. 이렇게 '하다/되다/거리다/대다/이다/지다/뜨리다'의 7가지 고순위 접미사에 기반한 동사(ZVP)가 전체 26,250개로 나타났다. 시사동사(ZVW)는 코퍼스에서 지속적으로 추가되고 있는 유형으로, 현재 '하다/되다/당하다/거리다/대다' 유형이 분류되어 있다. 이외에 '비분류 추가형(CNA)'으로 18,850여개의 표제어가 포함되어, 시사동사는 현재 20,810개가 수록되어 있다.

4.3. 하위분류 태그별 특징 기술

4.3.1. '비생산동사'(ZVZ) 범주

이 유형의 동사는 앞서 형용사와 마찬가지로 형태적으로 비생산적 동사 부류로서, 특정 형태적 접미사가 존재하지 않거나 또는 일정 접미 패턴이 존재하더라도 이러한 접미사에 기반한 동사의 수가 생산적이지 않은 경우들이다. 좀 더 명시적으로는, 생산성이 높아 '생산적동사(ZVP)' 범주에서 다루어질 '하다/되다/거리다/대다/이다/지다/뜨리다' 접미 유형을 제외한 모든 동사 형태들이 여기 포함된다.

(1) 가다 | 갚다 | 거닐다 | 누비다 | 높이다 | 다스리다

이들 중에는 '사역/피동'의 일정 접미사가 결합된 형태도 포함된다. 현재 '불구동사 유형(DEP)'과 '무접사/비생산접사 유형(REP)'으로 하위분류되므로 '사역/피동'의 접미사가 실현된 유형들은 후자로 분류된다.

4.3.1.1. 불구동사 유형(DEP)

표 195는 현행사전에 수록된 표제어를 중심으로 구축된 불구동사 목록을 보인다.

끊이다	데리다	번갈다
덩달다	무턱대다	서슴다

표 195. '불구동사(DEP)' 유형의 목록

이들이 사용된 구문의 예를 들면 다음과 같다.

(2ㄱ) 관광객이 <u>끊이지</u> 않고 밀려오네요

(2ㄴ) 그 사람도 <u>덩달아</u> 떠나버렸습니다

(2ㄷ) 사람들을 좀 <u>데리고</u> 오십시오

(2ㄹ) <u>무턱대고</u> 반대만 하면 어떻게 합니까?

(2ㅁ) <u>번갈아</u> 그 역할을 맡아주세요

(2ㅂ) 힘든 일을 <u>서슴지</u> 않고 맡아주셔서 감사합니다

이들 중에는 굳어짐의 정도가 매우 심해 실제로 부사형과 같은 제한된 형태만으로 사용되는 어휘들이 포함되어 있다. 처리의 효율성을 위해, 이런 경우는 부사 범주에서도 이중분류되도록 하였다.

4.3.1.2. 무접사 · 비생산접사 동사(REP)

비생산동사 범주를 구성하는 '무접사/비생산접사' 유형의 동사의 예를 들면 표 196과 같다. 현재 1,320여개의 표제어가 수록되어 있다.

나가다	낳다	놓치다	다니다	달아나다	데치다	듣다	떨다
나누다	내다	누그러들다	다다르다	달이다	도사리다	들다	떨리다
나뉘다	내리다	누다	다듬다	닳다	도지다	들르다	떨치다
나다	내키다	누르다	다루다	닦다	돋다	들이키다	떼다
나대다	널다	누리다	다리다	담그다	돋우다	들추다	떼이다
나르다	넓히다	누비다	다물다	담다	돌다	들키다	뚫다
나무라다	넘기다	눈다	다스리다	당기다	돌리다	디디다	뚫리다
나부끼다	넘다	눌리다	다시다	닿다	돌이키다	딛다	뛰다
나오다	넘치다	눕다	다지다	대다	돕다	따다	뜨다
나타나다	넣다	눕히다	다치다	대들다	두다	따르다	뜯기다
나타내다	노닐다	뉘다	다투다	더듬다	두드리다	딸리다	뜯다
낚다	노리다	뉘우치다	닥치다	더럽히다	두르다	땅기다	띄우다
낚이다	녹다	느끼다	닦다	던지다	뒤집다	땋다	띠다
날다	녹이다	늘다	닫다	덜다	뒤집히다	때다	띠우다
날리다	놀다	늘리다	닫히다	덤비다	뒹굴다	때리다	
남기다	놀라다	늘이다	달구다	덮다	드러나다	때우다	
남다	놀리다	늙다	달다	덮치다	드러내다	떠나다	
낫다	높이다	늦추다	달래다	데다	드리다	떠들다	
낮추다	놓다	다그치다	달리다	데우다	드리우다	떨구다	

표 196. '무접사/비생산접사'(REP) 유형 동사의 예

이들 중에는 '우'와 같은 사역형 접미사가 결합한 유형들과 '히'와 같은 피동형 접미사가 결합한 유형들이 포함되어 있다. '재우다'와 같은 사역형 형태들이 130여개 포함되어 있고, '잡히다'와 같은 피동형 형태들이 170여개 포함되어 있다.

4.3.2. '생산적동사'(ZVP) 범주

'생산적동사(ZVP)'는 앞서 소개한 바와 같이 '하다/되다/거리다/대다/이다/지다/뜨리다'의 7가지 중요 접미사와 결합한 동사 유형을 나타낸다. 앞서 부사와 형용사 관련 논의에서 지적한 것처럼, 이러한 접미사들이 결합하는 동사 어휘에서 그 선행성분이 자립성이 없는 경우는 하나의 파생어로 분류되기 어렵다. 이런 점에서 여기 포함되는 동사들의 경우도 파생법 관점에서의 '단일어/파생어/복합어' 등의 구별과 일치하지 않는다.

4.3.2.1. 'X-하다' 유형(HAP)

접미사 '하다'가 결합하는 동사(HAP)의 선행 성분은 5가지로 나타난다. 첫째는 '명사+하다' 유형으로 '감동하다, 강조하다'처럼 자립성분인 명사에 '하다'가 결합한 형태들이다. 'N-하다' 동사는, 'N-하다' 형용사와 달리, 규칙적으로 'N-를 하다' 동사구문의 대응을 허용한다. 따라서 'N-하다' 동사를 형성하는 '하다'는, 접미사가 아닌 하나의 동사가 선행성분과 축약되어 실현된 것으로 분석될 수 있다. 여기서 '하다'를 파생접사로 간주하면 이 전체는 '하다' 파생동사가 되며, '하다'를 하나의 자립된 동사로 간주하면 이 부류의 동사는 '명사'에 동사 '하다'가 결합한 복합동사로 분류될 것이다.

두 번째는 '한자어기+하다' 유형으로, '금하다, 택하다'처럼 '하다' 앞의 성분이 자립성을 가지지 못하는 경우이다. 이 경우는 위와 달리 'N-를 하다' 구문과 대응되지 못하므로, 그 전체가 하나의 동사로 간주된다. 세 번째는 '의성의태어+하다' 유형으로 예를 들어 '가물가물하다, 재잘재잘하다'처럼 의성의태어에 '하다'가 결합한 형태들이다. 의성의태어는 부사인 경우와 비자립성분인 어기가 실현된 경우가 모두 포함된다. 네 번째는 '형용사+(연결어미)+하다' 유형으로, '우울해하다, 미워하다'처럼 형용사에 일정 연결어가 결합한 후 '하다'가 결합한 형태들이다. 끝으로 '동사+(연결어미)+하다' 유형은 '꺼려하다, 즐겨하다'처럼 동사에 일정 연결어미가 결합하고 '하다'가 결합한 형태들이다. 상대적으로 '형용사'를 기반으로 하는 유형들에 비해 그 수가 제한적이다.

이와 같이 다양한 유형의 선행성분으로 인해 'X-하다' 유형(HAP)은 현재 11,580여개의 표제어 범주를 구성한다. '하다'의 선행성분의 형태특징별 예시는 뒤에서 제시된다.

4.3.2.2. 'X-되다' 유형(DOP)

'X-되다' 유형(DOP)은 앞서 'X-하다' 유형(HAP)과 달리, 선행성분(X) 위치에 모두 명사만이 실현되어 'N-되다' 형태로만 나타난다. 예를 들어 '마비되다, 보존되다'처럼 명사에 '되다'가 결합한 형태들로서, 일부 예를 보이면 표 197과 같다.

마감되다	매립되다	면책되다	묘사되다	밀봉되다	반려되다
마무리되다	매매되다	멸종되다	무마되다	밀수되다	반복되다
마비되다	매몰되다	명명되다	무시되다	밀착되다	반송되다
마취되다	매수되다	명시되다	무장되다	밀폐되다	반영되다
만료되다	매장되다	모집되다	묵살되다	박탈되다	반입되다
말소되다	매진되다	목격되다	미달되다	반감되다	반출되다
매각되다	면제되다	몰살되다	미화되다	반대되다	반품되다
매료되다	면죄되다	몰수되다	민주화되다	반등되다	반환되다

표 197. 'X-되다'(DOP) 유형 동사의 예

4.3.2.3. 'X-거리다/대다/이다'(GOP/DIP/IDP)

'X-거리다/대다/이다' 부류 동사(GOP/DIP/IDP)의 선행성분(X) 위치에는 모두 '의성의태어' 유형만이 나타난다. 예를 들어 '기웃거리다, 소곤대다, 깜빡이다'처럼 의성의태어에 접사가 결합하여 구성되는 형태로서, 표 198/표 199/표 200은 각각 '거리다/대다/이다' 접미사를 포함한 동사 부류의 예를 보인다.

가물거리다	골골거리다	까딱거리다	깩깩거리다	꼼지락거리다	끈적거리다
간들거리다	구불거리다	까불거리다	꺅꺅거리다	꾸깃거리다	끙끙거리다
간질거리다	굽신거리다	간죽거리다	껄껄거리다	꾸물거리다	낄낄거리다
거들먹거리다	근질거리다	깔깔거리다	껄떡거리다	꾸불거리다	낑낑거리다
거치적거리다	글썽거리다	깜박거리다	꼬르륵거리다	꿀꺽거리다	
건들거리다	긁적거리다	갑죽거리다	꼬물거리다	꿈틀거리다	
고불거리다	기웃거리다	깨작거리다	꼬불거리다	끄덕거리다	

표 198. '의성의태어+거리다'(GOP) 유형 동사의 예

웅성대다	절뚝대다	지글대다	쫄랑대다	철컥대다	칭얼대다
웅얼대다	절룩대다	질겅대다	쫑알대다	철컹대다	칭얼칭얼대다
웅얼웅얼대다	조잘대다	집적대다	쭈물대다	철퍼덕대다	큭큭대다
으르렁대다	종알대다	집쩍대다	쭈뼛대다	첨벙대다	킁킁대다
으쓱대다	주물럭대다	징얼대다	찔찔대다	촐랑대다	킬킬대다
응얼대다	주절대다	징징대다	찡찡대다	촐싹대다	떨쩍대다
이죽대다	주춤대다	쩔뚝대다	찰랑대다	치근대다	피식대다
재잘대다	중얼대다	쪼잘대다	참방대다	치근덕대다	핀둥대다

표 199. '의성의태어+대다'(DIP) 유형 동사의 예

달랑이다	들먹이다	반짝이다	속닥이다	저벅이다	철렁이다
덜렁이다	들썩이다	번뜩이다	속삭이다	절뚝이다	철썩이다
덜컹이다	딸랑이다	번쩍이다	술렁이다	지껄이다	출렁이다
뒤뚱이다	똑딱이다	법석이다	울먹이다	집적이다	출썩이다
뒤적이다	뚜벅이다	북적이다	움직이다	찰랑이다	
뒤척이다	망설이다	살랑이다	일렁이다	찰싹이다	

표 200. '의성의태어+이다'(IDP) 유형 동사의 예

4.3.2.4. 'X-지다' 유형(JIP)

'X-지다' 유형(JIP)의 선행성분(X) 위치에는 '고유어 어기'나 '형용사' 또는 '동사'가 분포한다. 형용사에 '지다'가 결합하게 되면 동사성으로 바뀌는 경우가 많고, 동사에 '지다'가 결합하는 경우는 피동형으로 바뀌는 경우가 많다. 즉 '지다'는 일정 상태를 만들어 주는 것으로 보이지만, 형용사에 결합할 때와 동사에 결합할 때 그 의미적인 기능이 차이를 보인다.

이들은 'X-뜨리다' 유형과 '피동/사동', 또는 '자동/타동'의 관계쌍을 형성하기도 하며, 또는 이러한 쌍을 이루지 못하고 별개의 형태로 나타나기도 한다. 다음 (3)은 이러한 쌍을 이루는 어휘의 예를 보이며, (4)는 무관련 형태의 예를 보인다.

(3ㄱ) 넘어지다 / 넘어뜨리다
(3ㄴ) 무너지다 / 무너뜨리다
(3ㄷ) 빠지다 / 빠트리다

(4ㄱ) 벌어지다 / *벌어뜨리다
(4ㄴ) 켜지다 / *켜뜨리다
(4ㄷ) *흩지다 / 흩뜨리다

'지다' 앞에 분포하는 성분에 따라 3가지로 분류가 가능하다. 우선 '고유어 어기({어} 연결형)+지다' 유형으로 나타나는 형태를 볼 수 있다. 예를 들어 '동떨어지다, 쓰러지다, 헤어지다'와 같은 부류가 여기 해당한다. 둘째는 '형용사({어} 연결형)+지다' 유형으로 '가까와지다, 강해지다, 굵어지다' 등을 볼 수 있다. 셋째는 '동사({어} 연결형)+지다' 유형으로 예를 들어 '나눠지다, 남겨지다, 펴지다' 등이 여기 해당한다. 이들의 각 형태 속성별 목록의 예는 뒤에서 소개된다.

4.3.2.5. 'X-뜨리다' 유형(TRP)

'뜨리다' 동사의 경우, 앞서 살핀 '지다' 동사들과 통사·의미적인 쌍을 이루기도 하고 이

와 관련없이 실현되기도 한다. 이들의 경우 '지다'와는 달리, 선행하는 위치에 형용사가 실현되지 못하므로 2가지 유형이 관찰된다. 첫째는 '고유어 어기({어} 연결형)+뜨리다' 유형으로 '망가뜨리다, 무너뜨리다' 같은 형태가 해당된다. 둘째는 '동사({어} 연결형)+뜨리다' 유형으로 '깨뜨리다, 허물어뜨리다'와 같은 형태가 해당된다.

'X-뜨리다' 동사에는 다음과 같이 4가지 형태·음운적인 변이 현상이 수반된다.

　　(5) X-뜨리다 | X-트리다 | X-떠리다 | X-터리다

현행사전에 수록되어 있는 이 부류의 동사 표제어를 보면 이러한 변이 현상을 부분적으로 적용하고 있어, 이들에 대한 체계적 확장을 위해서는 우선 각 관련 어휘에 대한 변이형 군집화 작업이 요구되었다. 즉 앞서 '의성의태어'에 관련한 논의에서 지적한 바와 같이, 사전에 부분적으로 등재된 변이형들에 대한 개별적인 점검을 통해 전체 목록을 보완·확장되는 과정이 진행될 필요가 있다. 또한 'X-지다' 부류와의 대응 가능성을 검토함으로써 사전에 누락된 'X-뜨리다' 유형의 동사를 추가할 수 있다. 이러한 대응관계에 대한 검토를 통해 최종 구축된 '지다/뜨리다' 동사들은 약 800여개로 전체 동사 부류의 약 7%를 구성하는 것을 볼 수 있다.

표 201은 '뜨리다'의 변이형을 규칙적으로 확장한 표제어들의 일부 예를 보인다.

넘어떠리다	떨어터리다	무너떠리다	뭉크러터리다	부닥떠리다	부서터리다
넘어뜨리다	떨어트리다	무너뜨리다	뭉크러트리다	부닥뜨리다	부서트리다
넘어터리다	뚫어떠리다	무너터리다	바스러떠리다	부닥터리다	빠떠리다
넘어트리다	뚫어뜨리다	무너트리다	바스러뜨리다	부닥트리다	빠뜨리다
늘어떠리다	뚫어터리다	뭉그러떠리다	바스러터리다	부러떠리다	빠터리다
늘어뜨리다	뚫어트리다	뭉그러뜨리다	바스러트리다	부러뜨리다	빠트리다
늘어터리다	망가떠리다	뭉그러터리다	버그러떠리다	부러터리다	
늘어트리다	망가뜨리다	뭉그러트리다	버그러뜨리다	부러트리다	
떨어떠리다	망가터리다	뭉크러떠리다	버그러터리다	부서떠리다	
떨어뜨리다	망가트리다	뭉크러뜨리다	버그러트리다	부서뜨리다	

표 201. 'X-뜨리다'(TRP) 유형 동사의 예

4.3.3. '시사동사'(ZVW) 범주

시사동사(ZVW)는 현행사전에 등재되어 있지 않은 다양한 유형의 복합 구성과, 현재 코퍼스에서 지속적으로 추출되는 구어체 표현, 신조어 및 외래어, 약어 등을 포함한 형태들이다. 현재 DECO 사전에는 20,810개가 등재되어 있다. 하위분류가 수반되지 않은 '비분류 추가형

(CNA)' 외에 중요한 접미형태로 5가지가 고려되었다. 다음과 같다.

4.3.3.1. 'X-하다' 유형(HAP)

코퍼스에서 획득된 'X-하다' 유형의 동사의 예를 보이면 다음과 같다.

삼수하다	서핑하다	성폭행하다	셧다운제하다	쇼하다
상견례하다	선거운동하다	성형수술하다	소환조사하다	수수방관하다
생매장하다	선입금하다	세분화하다	손가락질하다	수정제의하다
생이별하다	선팔하다	세일하다	손짓하다	숙연케하다
생중계하다	설레게하다	세팅하다	손찌검하다	스캔하다
샤워하다	성추행하다	섹스하다	솔선수범하다	스터디하다
서빙하다	성폭력하다	셋팅하다	쇼핑하다	

표 202. 시사동사(ZVW)의 'X-하다'(HAP) 유형의 예

여기서 '하다'의 선행성분을 보면 다음과 같이 몇 가지 유형으로 특징지어진다.

(6ㄱ) 외래어 유형: 샤워하다, 세일하다, 세팅하다
(6ㄴ) 신조어/전문용어 유형: 선팔하다, 선입금하다, 셧다운제하다
(6ㄷ) 복합구성 유형: 생매장하다, 선거운동하다, 성폭행하다
(6ㄹ) 관용구/4자성어 유형: 수수방관하다. 솔선수범하다

이들은 현재 지속적으로 추가되고 있어 이와 같은 세분류 정보는 아직 사전에는 포함되지 않았다.

4.3.3.2. 'X-되다' 유형(DOP)

현재의 'X-되다' 부류는 코퍼스에서 추가된 형태들이다. 표 203은 일부 예를 보인다.

개되다	과대포장되다	급진전되다	노잼되다	되풀이되다
개중독되다	과부하되다	기소중지되다	노후화되다	뒷받침되다
개판되다	과소평가되다	기업화되다	눈요기되다	리뉴얼되다
거지되다	과잉되다	기형화되다	다운되다	리프레시되다
거짓되다	관례화되다	꺼리게되다	다원화되다	만나게되다
고도화되다	관료화되다	남파되다	단골되다	맡게되다
고착화되다	구속기소되다	납북되다	단전단수되다	매치되다
고평가되다	구속수감되다	내면화되다	대서특필되다	매혹되다
공식선포되다	금기시되다	내재화되다	대중화되다	먹통되다
공천되다	급마무리되다	노예되다	되물림되다	

표 203. 시사동사(ZVW)의 'X-되다'(DOP) 유형의 예

위에서 보듯이, 'X-되다'의 경우도 선행성분(x)의 분포에 있어 몇 가지 형태적 특징이 나타난다.

(7ㄱ) 구어체 신조어 유형: 개중독되다, 노잼되다, 먹통되다
(7ㄴ) 복합구성된 명사 유형: 과대포장되다, 기소중지되다, 대서특필되다
(7ㄷ) 통사적 구성 유형: 맡게되다, 꺼리게되다, 만나게되다

특히 (7ㄷ)과 같은 형태는 단일어휘가 아닌 통사적 구문으로 판단되지만, 코퍼스에서 이와 같은 형태 중에 높은 빈도로 실현되는 부류에 대해서는 일단 현재의 범주에 수록하는 방식을 택하였다. '시사동사(ZVW)'라는 별도의 범주는 이런 점에서 실제 언어처리를 위한 효율적인 언어자원 구성을 가능하게 하는 장점이 있다.

4.3.3.3. 'X-당하다' 유형(DAP)

'X-당하다' 부류는 현행사전에 동사 표제어로 등재되어 있지 않다. 실제로 '당하다'는 앞서 살핀 다른 접미어들에 비해 선행 성분과의 결속력이 약하고 상대적으로 음절수가 긴 편이어서, '하다/되다'와 달리 앞 성분과 띄어쓰는 경향이 높게 나타난다. 이런 점에서 '당하다'의 문법적 지위에 대한 추가적인 논의가 요구된다.[50]

'X-당하다'를 하나의 동사로 간주한다고 해도 이는 'X-를 당하다'라는 통사적 복합구성에서 유도된 것으로 분석될 가능성이 높다. 그러나 'X-하다/되다' 동사의 경우도 'X-를 하다/N-가 되다'의 구성과 규칙적으로 대응되는 점을 볼 때, 'X-당하다'를 동사 표제어에서 삭제할 근거가 되지는 않는다. 동사의 경우는 논항명사가 뒤에 수반되는 동사와 결합하여 하나의 토큰을 구성하는 경우가 매우 빈번하므로, 'X-당하다'와 같은 유형의 목록을 구축하여 이를 사전 표제어로 수록한다는 것도 현실적으로 쉽지 않다.

이러한 논의를 바탕으로 현재 DECO 사전의 '생산적동사(ZVP)' 범주에는, 현행사전에서의 처리와 같은 방식으로, 어휘화의 속성을 강하게 보이는 'X-하다/되다' 유형만을 표제어로 수록하였다. 반면 현재의 '시사동사(ZVW)' 범주에서 'X-당하다' 부류를 포함하였다. 이와 같이 시사동사 범주는 코퍼스에서 빈번히 관찰되는 유형들을 보다 유연한 방식으로 처리하는 것을 가능하게 한다. 표 204은 'X-당하다' 형태의 일부 예를 보인다.

---

50) 이와 비슷한 동사 유형으로 'X-시키다' 부류가 있다. 그런데 이렇게 범위를 확장하기 시작하면 일련의 기능 동사 부류가 명사와 결합한 복합구성들과 구별이 어려워진다. 현재 코퍼스에서 관찰되는 이러한 'X-V' 부류에서 'X-당하다' 부류가 특히 높은 빈도로 나타나 별도의 태그가 부여되었다. 이런 점에서 이에 대한 논의는 향후 확장되고 보완될 수 있다.

감금당하다	격추당하다	능욕당하다	박탈당하다	성폭행당하다
감시당하다	고문당하다	도난당하다	배신당하다	세뇌당하다
강간당하다	고발당하다	도청당하다	배척당하다	소외당하다
강등당하다	고소당하다	망신당하다	보복당하다	수장당하다
강요당하다	공격당하다	매장당하다	봉쇄당하다	숙청당하다
강탈당하다	구속당하다	멸시당하다	부상당하다	습격당하다
개죽음당하다	구타당하다	몰살당하다	사기당하다	시해당하다
거부당하다	난도질당하다	무시당하다	사형당하다	암살당하다
거세당하다	납치당하다	묵살당하다	살해당하다	
거절당하다 ·	농락당하다	문책당하다	설득당하다	

표 204. 시사동사(ZVW)의 'X-당하다'(DAP) 유형의 예

위에서 보듯이 '당하다' 자체가 3음절어이므로, 3음절어 이상으로 된 선행명사가 결합한 예는 빈번히 관찰되지 않는다. 6음절어 동사 형태는 일반적으로 한국어 사전 표제어로 익숙한 형태가 아니며, 실제 문장에서도 쉽게 하나의 토큰으로 붙여져 사용되지 않는다. 이러한 이유로 '개죽음당하다'나 '난도질당하다'와 같은 3음절어 명사의 결합형은, 2음절어에 비해 그 발생빈도가 현저히 낮은 것을 볼 수 있다.

4.3.3.4. 'X-거리다/대다' 유형(GOP/DIP)

'시사동사(ZVW)'에 수록된 'X-거리다/대다' 유형도, 앞서 '생산적동사(ZVP)' 부류에 등재되지 않은 코퍼스 추가형을 나타낸다. 의성의태어에 '하다/거리다/대다/이다'가 결합하여 형성되는 동사 표제어는 DECO 사전에서는 의성의태어의 유형별 군집화를 체계적으로 확장하는 과정을 통해 보완되었기 때문에, 의성의태어에 기반한 새로운 유형이 활발히 관찰되지는 않는다. 다만 의성의태어 자체가 구어체 표현으로 변형되거나 새로 생성된 신조어 형태가 여기에 해당하며, 특히 접미사 '대다'의 경우는 이러한 의성의태어 부류보다 더 다양한 의미 속성의 선행성분에 결합하는 것을 관찰할 수 있다. 앞서 '의성의태어'에 규칙적으로 실현되었던 4가지 접미사 중에서, '이다'는 새로운 어휘에 대한 생성력이 상대적으로 활발하지 않다. 이러한 이유로 코퍼스에 기반한 시사동사 부류에서 'X-이다' 형태는 별도로 분류되지 않았다. 표 205과 표 206은 'X-거리다/대다'의 일부 예를 보인다.

걸리적거리다	버버거리다	싱글벙글거리다	키득거리다	퍼석거리다
끈덕거리다	버벅거리다	주물거리다	투닥거리다	푸석거리다
딜딜거리다	뽀시락거리다	콩당콩당거리다	툴툴거리다	

표 205. 시사동사(ZVW)의 'X-거리다'(GOP) 유형의 예

까대다	떠들어대다	설쳐대다	졸라대다	툴툴대다
둘러대다	맞대다	악악대다	추근대다	퍼부어대다
들이대다	버벅대다	우겨대다	투덜투덜대다	해대다

표 206. 시사동사(ZVW)의 'X-대다'(DIP) 유형의 예

4.3.3.5. 비분류 추가형(CNA)

'비분류 추가형(CNA)'에는 조합적으로 구성 가능한 다양한 복합동사 표제어와 더불어, 실제 코퍼스에서 빈번하게 관찰되는 외래어, 신조어 또는 전문용어 기반 동사 형태들이 모두 포함된다. 현재 이 범주에는 매우 이질적인 구어체적 형태들이 상당수 포함되어 있어, 이들이 사전 표제어로서의 지위를 부여받을 수 있는가 자체의 검토도 요구되는 형태들이 포함되어 있다. 이러한 유형들을 지속적으로 추가하되, 현재 구축된 사전 표제어 부류와 구별하여 검토하기 위한 '비분류 추가형(CNA)'의 태그가 사용된 이유이다. 표 207은 일부 예를 보인다.

가까워오다	가열시키다	갈아내다	감소시키다	개선시키다
가까워지다	가위눌리다	갈아두다	감시받다	개설레다
가동시키다	가중시키다	갈아버리다	갔다오다	개설레발치다
가면쓰다	가지고놀다	갈아엎다	강등시키다	개신나다
가속시키다	가지런해지다	갈아주다	강요받다	개웃기다
가속화시키다	각광받다	갈아치우다	강추드리다	개이뻐지다
가슴떨리다	각성시키다	갈아타다	강탈해가다	개입시키다
가슴뛰다	각인시키다	감동넘치다	개기다	개졸리다
가슴벅차다	각지다	감동먹다	개까이다	개짜증나다
가슴시리다	간보다	감동받다	개느리다	개쩔다
가슴아파지다	간지나다	감동시키다	개떨리다	개쪽팔리다
가슴저리다	간지럽히다	감동주다	개박살나다	개쫄다
가슴졸이다	간호해주다	감명받다	개발리다	개쫄리다
가슴찡해지다	갈겨쓰다	감사드리다	개빡치다	
가식떨다	갈라서다	감상해보다	개선시켜주다	

표 207. '비분류 추가형(CNA)' 범주의 예

위에 나타난 형태들에 대해 다음과 같은 특징들을 정리할 수 있다.

(8ㄱ) {V-어-V} 형태의 복합동사 유형: 가까워지다, 갈아버리다, 갈라서다
(8ㄴ) {N-V} 형태의 복합동사 유형: 감동넘치다, 가슴벅차다, 감시받다
(8ㄷ) {N-시키다} 동사 유형: 가동시키다, 감동시키다, 개입시키다
(8ㄹ) {신조어} 동사 유형: 각지다, 간지나다, 가식떨다
(8ㅁ) {새 접두사 결합} 동사 유형: 개박살나다, 개빡치다, 개웃기다

이 부류는 추후 보다 심화된 코퍼스 구어체 연구에 의미있는 기초 자료로 사용된다.

4.4. 추가 형태 정보

이상에서 논의한 동사 범주의 하위유형 중에 특정 형태적 속성에 좀 더 주목할 필요가 있다. 다음과 같이 5가지 유형으로 분류된다.

- '생산적동사(ZVP)' 중 'X-하다'(HAP) 동사의 선행성분(X)의 5가지 하위유형
- '생산적동사(ZVP)' 중 'X-지다'(JIP) 동사의 선행성분(X)의 3가지 하위유형
- '생산적동사(ZVP)' 중 'X-뜨리다'(TRP) 동사의 선행성분(X)의 2가지 하위유형
- 'X-하다'(HAP) 동사 중 'N-하다'(NOU) 부류에 대한 추가적 분류 정보
- 동사 범주 표제어 전체에 대한 '고빈도 기본어휘/저빈도 확장어휘' 분류 정보

4.4.1. 'X-하다' 동사(HAP)의 선행성분(X)

'X-하다' 동사(HAP)는 그 선행성분(X)의 형태적 특징에 따라 5가지 유형으로 구별되어 각각의 태그가 할당되어 있다. 선행성분이 부재한(Zero 형태) '하다' 동사를 포함한 전체 유형을 보이면 표 208과 같다.

유형	세분류	형태 특징	태그	예시	표제어수
ZVP	HAP	X=Zero	-	하다	1
		X=명사	NOU	교부하다, 기억하다	6430
		X=어기	CHN	권하다, 취하다	80
		X=의성의태어	PHO	바등바등하다, 움찔움찔하다	3800
		X=형용사	ADJ	그리워하다, 기뻐하다	1230
		X=동사	VER	따라하다, 꺼려하다	40

표 208. 'X-하다' 동사(HAP) 선행성분의 5가지 형태적 분류

4.4.1.1. '하다' 동사와 '명사+하다'(NOU) 유형

우선 '하다' 앞에 아무런 성분이 실현되지 않은 동사 '하다'가 존재한다. 뒤에 제5부에서 논의되지만, 이 동사는 활용변화가 일어날 때 일부 형태에서 'X-하다' 구성과 차이를 보인다.

(9ㄱ) 하다의 활용 예: 했어요, 해서, 하게/*케, 하지/*치
(9ㄴ) '감동하다'의 활용 예:감동했어요, 감동해서, 감동하게/감동케, 감동하지/감동치

위에서 보듯이 일부 'X-하다' 동사는 '하게'가 '케'가 되거나 '하지'가 '치'가 되는 축약 현상을 허용하는데, 단독 동사 '하다'는 이러한 변형을 허용하지 않는다. 이런 이유로 단독의 '하다'는 'X-하다'와 같은 형태들과 다른 활용 클라스로 분류되었다.

'명사+하다' 동사(NOU)는 'X-하다'의 선행성분(X)에 명사(N)가 분포한 경우로, 예를 들면 '강행하다, 강조하다, 감소하다' 등이 해당된다. 만일 '하다'를 파생접사로 간주하면 이 전체는 '하다' 접미사 파생동사가 되며, '하다'를 하나의 자립 동사로 간주하면 '명사'에 동사 '하다'가 결합한 복합동사가 된다. 이들은 현재 6,430여개로 'X-하다' 중 가장 높은 비중을 보인다. 표 209는 일부 예를 보인다.

간수하다	갈등하다	감동하다	감소하다	감탄하다	강습하다	강행하다
간직하다	갈망하다	감량하다	감수하다	강간하다	강요하다	강화하다
간청하다	감격하다	감면하다	감식하다	강구하다	강의하다	개강하다
간파하다	감금하다	감별하다	감안하다	강등하다	강제하다	개관하다
간호하다	감내하다	감사하다	감정하다	강림하다	강조하다	개괄하다
갈구하다	감당하다	감상하다	감지하다	강매하다	강탈하다	개근하다

표 209. '명사+하다'(NOU) 유형의 예

4.4.1.2. '어기+하다'(CHN) 유형

'어기+하다'(CHN) 유형은 '금하다, 택하다'와 같은 동사처럼 '하다' 앞의 성분이 자립성을 가지지 못하는 경우이다. 위의 '명사+하다'(NOU) 유형이 'N-를 하다'의 통사적 구성과 규칙적으로 대응관계를 보이는 것과 대조적으로, 이들은 분리된 두 토큰으로 실현되지 못한다. 사실상 그 전체가 하나의 단일어를 구성하는 형태들이다. 이들은 현재 약 80여개로, 대체로 단음절 한자 어기로 되어 있다. 표 210은 이들의 예를 보인다.

가하다	금하다	동하다	비롯하다	원하다	졸하다	패하다
감하다	기하다	득하다	사하다	위하다	준하다	폐하다
거하다	꾀하다	뜻하다	상하다	응하다	처하다	피하다
격하다	노하다	망하다	설하다	의하다	체하다	행하다
겸하다	논하다	면하다	성하다	인하다	취하다	향하다
고하다	다하다	반하다	속하다	임하다	칭하다	화하다
과하다	달하다	발하다	쇠하다	전하다	택하다	흥하다
관하다	당하다	범하다	약하다	점하다	토하다	
구하다	대하다	변하다	역하다	접하다	통하다	
굴하다	더하다	봉하다	연하다	정하다	퇴하다	
권하다	덜하다	비하다	욱하다	제하다	파하다	

표 210. '한자어기+하다'(CHN) 유형의 예

위에서 보듯이 대체로 '단음절 한자어'로 되어 있으나, '꾀하다, 욱하다' 등과 같이 고유어 단음절어가 실현되기도 하며, '비롯하다'처럼 2음절 고유어가 실현되기도 한다. 단음절어 명사에 '하다'가 결합하였다고 해서 항상 'N-를 하다' 분리 구성이 불가능하다는 역명제는 성립하지 않는다. 가령 '절하다'와 같은 형태는 '절을 하다'로 분리된 구문과 대응되는 현상을 보인다. 이는 명사의 음절수에 기반하여 자동으로 유추할 수 없는 어휘적 특이성의 현상을 나타낸다.

4.4.1.3. '의성의태어+하다'(PHO) 유형

'X-하다' 동사 중에 선행성분(x)에 의성의태어가 실현된 유형(PHO)는 3,800여개로, 매우 높은 비중을 차지한다. 의성의태어가 자립성분인 부사로 사용되면 하나의 파생어가 되는 셈이지만, 의성의태어가 비자립 어기이면 전체는 하나의 단순어로 분류되어야 한다. 의성의태어는 그 수적 비중이 높으면서도, 앞서 부사와 형용사 범주에서도 공통으로 나타나는 현상이기 때문에 사전 표제어 구성에 있어 보다 체계적인 검증이 요구되었다. 표 211은 '의성의태어+하다' 구성의 일부 예를 보인다.

가물가물하다	긁적긁적하다	꼴깍하다	끽하다	데굴데굴하다
간들간들하다	기우뚱하다	꼼지락하다	냠냠하다	두근두근하다
갈팡질팡하다	기웃기웃하다	꽁하다	너덜너덜하다	뒤뚱뒤뚱하다
갸우뚱하다	까딱하다	꾸물꾸물하다	널름널름하다	뒤룩뒤룩하다
갸웃하다	까불까불하다	꾸벅하다	느글느글하다	뒹굴뒹굴하다
건들건들하다	깜빡깜빡하다	꿀꺽하다	느물느물하다	득실득실하다
골골하다	깜빡하다	꿈쩍하다	더덜더덜하다	들락날락하다
굽신굽신하다	깜짝깜짝하다	꿈틀하다	더듬더듬하다	들썩들썩하다
그렁그렁하다	깨갱하다	꿍하다	덜렁덜렁하다	따끔따끔하다
근질근질하다	꺅꺅하다	끄덕끄덕하다	덜컥하다	때굴때굴하다
글썽글썽하다	꼬르륵하다	끄덕하다	덩실덩실하다	떠듬떠듬하다

표 211. '의성의태어+하다'(PHO) 유형의 예

4.4.1.4. '형용사+{어}+하다'(ADJ) 유형

'X-하다'의 선행성분(x)에 형용사가 실현된 경우로, 이때에는 연결어미 {어}가 삽입된 형태로 나타난다. '우울해하다, 미워하다'와 같은 형태들로, 특정 의미적 조건이 충족되는 형용사 부류에 대해 상대적으로 높은 생산성을 보인다. 이러한 생산성으로 인해 현행사전에는 '미워하다, 슬퍼하다' 등의 일부 유형만이 임의로 수록되어 있다. 각 사전마다 제공하는 표제어의 목록이 상이하게 나타나게 된 대표적 경우의 하나이다.

DECO 사전에서는, 이에 대한 조합의 가능성을 검토하기 위해 형용사 표제어에 대한 개별 검증 작업을 수행하였고 이를 통해 현재 1,230여개의 'ADJ-어-하다' 유형(ADJ)의 동사 표제어를 구축하였다. 표 212는 현재 수록되어 있는 이들 동사의 일부 예를 보인다.

막막해하다	미워하다	불편해하다	시무룩해하다
만족스러워하다	민감해하다	비통해하다	시시해하다
만족해하다	민망해하다	뼈아파하다	시큰둥해하다
망신스러워하다	믿음직스러워하다	뿌듯해하다	신기해하다
망측해하다	반가워하다	생소해하다	싫어하다
매스꺼워하다	버르장머리없어하다	서글퍼하다	심난해하다
머쓱해하다	벅차하다	서러워하다	심란해하다
멋쩍어하다	부끄러워하다	서먹해하다	심심해하다
못마땅해하다	부담스러워하다	서운해하다	싱거워하다
못미더워하다	부러워하다	섭섭해하다	싱숭생숭해하다
무료해하다	불만스러워하다	송구스러워하다	쑥스러워하다
무서워하다	불만족스러워하다	수상해하다	쓸쓸해하다
무안해하다	불쌍해하다	수줍어하다	씁쓸해하다
미심쩍어하다	불안해하다	수치스러워하다	
미안해하다	불쾌해하다	슬퍼하다	

표 212. '형용사+{어}+하다'(ADJ) 유형의 예

형용사에 '하다'가 결합해서 동사가 되는 경우, 일반적으로는 형용사가 나타내는 '내면적 상태나 속성' 등을 외면화하는 의미자질을 부여한다. 이때 다음을 보면,

(10ㄱ) 수줍어하다 | 부끄러워하다 | 쑥스러워하다 ☜ {수줍다|부끄럽다|쑥스럽다}
(10ㄴ) 미워하다 | 반가워하다 | 싫어하다   ☜ {밉다|반갑다|싫다}

'하다'를 선행하는 형용사의 의미자질이 (10ㄱ)과 같이 '주체의 심리/상태를 묘사하는가' 아니면 (10ㄴ)과 같이 '외부 대상에 대한 평가/감정을 나타내는가'에 따라, 'ADJ-어-하다' 동사의 의미 해석이 영향을 받는다. 즉 주체를 묘사하는 형용사에 기반한 (10ㄱ)의 동사들은 자동사성 통사·의미 기능을 보여서, 주체의 내면의 상태를 단지 겉으로 드러내는 '양태'적 속성을 나타낸다. 반면 외부 대상에 대한 감정을 나타내는 (10ㄴ)의 동사들은 타동사성 통사·의미 기능을 획득하게 되어 목적어를 취하는 타동문의 심리/감정동사 부류가 된다.

4.4.1.5. '동사+{어}+하다' 유형(VER)

'동사'에 연결어미 {어}가 결합하고 '하다'가 수반된 부류로, '꺼려하다, 즐겨하다'와 같은 부류가 여기에 해당한다. 대체로 어휘적으로 굳어진 성격을 보이므로 '형용사'에서 파생되

는 형태에 비해 생산성이 제한되어 있다. 표 213은 일부 예를 보인다.

꺼려하다	맡아하다	서둘러하다	캥겨하다
따라하다	사무쳐하다	즐겨하다	

표 213. 동사+{어}+하다'(VER) 유형의 예

4.4.2. 'X-지다' 동사(JIP)의 선행성분(X)

이상에서 살펴본 'X-하다' 동사처럼, 'X-지다' 동사의 경우에도 그 선행성분(X) 위치에 다음 3가지 유형이 분포한다. 전체 4,480여개로 그 형태 특징별 수를 보면 표 214와 같다.

유형	세분류	형태 특징	태그	예시	표제어수
ZVP	JIP	X=고유어어기	ROO	망가지다, 무너지다	190
		X=형용사	ADJ	가까워지다, 미워지다	2890
		X=동사	VER	가려지다, 켜지다	1400

표 214. 'X-지다' 동사(JIP)의 선행성분(X) 3가지 유형

여기서 보듯이 '형용사'를 선행성분으로 하는 'X-지다' 유형의 빈도가 가장 높다. 2,890여개로 전체 'X-지다'의 약 65%를 나타냈다. 그 다음은 '동사'를 선행성분으로 하는 구성으로 1,400여개가 수록되었으며, 이러한 자립어 지위를 갖지 못한 어기 부류가 실현된 구성은 약 190여개로 전체의 4% 정도로 나타났다.

이들 모두 연결어미 {어}가 삽입된 형태로 구성된다. 선행성분이 '비자립 어기'로 나타난 경우는 연결어미를 분리해내는 것 자체가 가능하지 않지만, 표면적으로는 모두 {어}가 삽입된 형태를 취하고 있다. 이를 통해 {어}를 수반하는 구조로 생성된 후, 선행성분이 자립성을 잃게 된 결과라는 분석이 가능하다.

4.4.2.1. '고유어 어기+{어}+지다' 유형(ROO)

'고유어 어기'에 '지다'가 연결된 형태(ROO)는 예를 들어 '미어지다, 넘어지다' 등과 같다. 이들은 표면적으로는 {어} 형태소가 삽입된 것으로 나타나지만, 다음과 같이 그 선행성분에 대응되는 자립성분을 설정하기 어렵다.

(11) 떨어/지다 | 망가/지다 | 미어/지다 | 빠/지다 | 토라/지다

이 유형의 'X-지다' 동사는 위에서 언급한 바와 같이 190여개로서, 일부 예를 보이면 표 215와 같다.

고꾸라지다	따지다	부러지다	어스러지다	찌부러지다
곯아떨어지다	떨어지다	부스러지다	어우러지다	처지다
꼬꾸라지다	망가지다	불거지다	우거지다	토라지다
나아지다	무너지다	빠지다	으스러지다	퍼지다
넘어지다	문드러지다	삐지다	이그러지다	해지다
누그러지다	물고늘어지다	사라지다	자빠지다	헤어지다
늘어지다	미끄러지다	스러지다	자지러지다	헤지다
도드라지다	미어지다	쓰러지다	쪼그라지다	흩어지다
동떨어지다	바스라지다	아롱지다	쭈그러지다	
뒤떨어지다	벌어지다	아스러지다	찌그러지다	

표 215. '고유어 어기+{어}+지다'(ROO) 유형의 예

4.4.2.2. '형용사+{어}+지다' 유형(ADJ)

'형용사'에 연결어미 {어}가 수반되고 '지다'가 실현된 동사(ADJ) 부류는 '가늘어지다, 가엾어지다, 간편해지다' 등과 같다. 형용사가 일정 '상태 또는 속성'을 정적(Static)으로 기술하고 있는 반면, 이를 기반으로 구성된 동사는 이러한 '속성의 변화(Change)'가 일어난 사태 및 결과를 표현하고 있다.

이 부류의 동사는 현재 2,890여개로, 형용사 범주와 상당히 활발한 대응 관계를 보임을 알 수 있다. 일부 예를 보이면 표 216과 같다.

가난해지다	강력해지다	건방져지다	경쾌해지다	과밀해지다
가늘어지다	강렬해지다	건전해지다	고단해지다	과해지다
가능해지다	강해지다	건조해지다	고달파지다	괜찮아지다
가벼워지다	같아지다	검붉어지다	고독해지다	괴로워지다
가빠지다	개운해지다	검소해지다	고와지다	괴상해지다
가엾어지다	갸름해지다	검어지다	고파지다	괴팍해지다
가혹해지다	거룩해지다	게을러지다	곤란해지다	교만해지다
각박해지다	거만해지다	격렬해지다	공손해지다	교묘해지다
간단해지다	거북스러워지다	격해지다	공평해지다	교활해지다
간사해지다	거북해지다	견고해지다	공허해지다	구수해지다
간소해지다	거창해지다	겸손해지다	과감해지다	
간편해지다	거추장스러워지다	겸허해지다	과격해지다	
갑갑해지다	거칠어지다	경건해지다	과묵해지다	
강경해지다	건강해지다	경솔해지다	과민해지다	

표 216. '형용사+{어}+지다'(ADJ) 유형의 예

4.4.2.3. '동사+{어}+지다' 유형(VER)

'동사'에 연결어미 {어}가 수반되고 '지다'가 실현된 동사(VER) 부류는, 예를 들어 '벗겨지다, 부서지다, 엉켜지다' 등과 같다. 이 경우는 앞서 형용사에 기반하는 경우와 달리, 대체로 타동사를 선행성분으로 하여 이를 피동동사로 전환하는 기능을 한다. 그런데 이러한 피동 전환과 약간의 거리를 보이는 유형들도 관찰된다. 다음을 보자.

(12ㄱ) 부서지다 | 볶아지다 | 쏟아지다 ➡ {부수다 | 볶다 | 쏟다}
(12ㄴ) 섞여지다 | 쌓여지다 | 엉켜지다 ➡ {섞이다 | 쌓이다 | 엉키다}
(12ㄷ) 알아지다 | 살아지다   ➡ {알다 | 살다}

위에서 (12ㄱ)은 '지다'가 타동사 '부수다/볶다/쏟다' 등과 결합하여 피동동사를 구성하는 경우이다. 반면 (12ㄴ)에서는 선행동사가 이미 '섞이다, 쌓이다, 엉키다'와 같이 자동 또는 피동의 동사 유형으로, 이 경우 뒤에 수반된 '지다'는 피동성을 도입하는 대신 앞서 '형용사+{어}+지다' 동사에서처럼 '상태의 변화 및 그 결과'를 표현하는 기재로 사용되었다. 규범적 문법학자들은 이를 올바르지 않은 구성으로 간주할 가능성이 있으며, 이러한 맥락에서 가령 표준국어대사전에는 이들은 모두 등재되어 있지 않다. (12ㄷ)의 경우는 (12ㄴ)보다도 더 부자연스러운 구어체적인 용법이다. (12ㄴ)이 피동 접미사에 의해 피동형으로 나타난 동사에 다시 '지다'가 결합한 이중적 형태라면, (12ㄷ)에서 '알다, 살다'는 하나의 자동사로서 이 자체에 '지다'가 결합하는 것이 어색하기 때문이다. 그러나 이 형태들은 노래 가사나 일상 대화에서 관찰되는 형태들이다.

현재 이 부류의 동사는 1,400여개가 등재되어 있다. 일부 예를 보이면 표 217과 같다.

벌려지다	비추어지다	섞여지다	쌓여지다	알아지다
벗겨지다	비틀어지다	세워지다	썰어지다	어질러지다
보내지다	빗어지다	솎아지다	쏟아지다	얹혀지다
보여지다	빠개지다	수그러지다	쓰여지다	업혀지다
볶아지다	뿌려지다	숙여지다	쓸어지다	엉켜지다
봉해지다	삭혀지다	숨겨지다	씌워지다	엉클어지다
부서지다	살아지다	시들어지다	씻겨지다	엎어지다
부수어지다	삶아지다	신겨지다	아껴지다	엎질러지다
불려지다	삼켜지다	실려지다	안겨지다	
붙여지다	새겨지다	쌓아지다	알려지다	

표 217. '동사+{어}+지다'(VER) 유형의 예

4.4.3. 'X-뜨리다' 동사(TRP)의 선행성분(X)

현재 생산적동사(ZVP) 범주에는 위의 'X-지다' 동사와 대응적으로 'X-뜨리다' 동사가 포함되어 있다. '뜨리다' 기반 동사의 선행성분(X) 위치에는 '비자립 어기(ROO)'나 '동사(VER)'가 실현될 수 있고, 'X-지다'의 가장 높은 분포를 보였던 '형용사' 성분은 실현되지 못한다. 이두 부류의 예를 보이면 표 218과 같다.

유형	세분류	형태 특징	태그	예시	표제어수
ZVP	TRP	X=고유어어기	ROO	으스러트리다, 부러뜨리다	270
		X=동사	VER	구부러뜨리다, 깨뜨리다	170

표 218. 'X-뜨리다' 동사(TRP)의 선행성분(X) 2가지 유형

'X-뜨리다' 동사에는 다음과 같이 음운·형태적 변이 현상이 관찰된다.

(13) X-어-뜨리다/트리다/떠리다/터리다

이와 같은 변이형에 의한 표제어의 체계적 확장을 위해, 앞서 '의성의태어'에 결합한 동사 표제어 구성에서와 마찬가지로, 사전에 부분적으로 등재된 변이형들에 대한 개별적인 점검을 통해 보완·확장되는 과정이 요구되었다. 위의 표에 제시된 '뜨리다' 표제어 440여 개는 이러한 과정을 통해 구축된 결과이다.

4.4.3.1. '고유어 어기+{어}+뜨리다' 유형(ROO)

'고유어 어기'에 '뜨리다'가 수반되는 경우를 보면, '뜨리다'의 선행성분이 자립성이 없는 어기 형태지만 표면적으로 연결어미 {어}를 수반한 것과 같은 형태를 보인다. 이는 다음과 같다.

(14ㄱ) 무너/뜨리다 | 망가/뜨리다
(14ㄴ) 떨어/뜨리다 | 퍼/트리다

위에 나타난 선행성분들을 보면, (14ㄱ)에서는 대응되는 자립성분 자체가 존재하지 않는 경우인 반면, (14ㄴ)에서는 '떨다'나 '푸다'와 같이 형태적으로 대응되는 동사가 존재한다. 다만 이들의 의미가 서로 같은 유형으로 분석되지 않는다. 아래에서 살펴볼 '동사+{어}+뜨리다' 부류와 비교하면 그 차이를 분명히 볼 수 있다.

현재 270여개의 표제어가 내장되어 있다. 일부 예를 보이면 표 219와 같다.

넘어뜨리다	맞닥뜨리다	쓰러뜨리다	터뜨리다
떨어뜨리다	무너뜨리다	으그러뜨리다	터트리다
망가뜨리다	미끄러뜨리다	자빠뜨리다	퍼트리다
망가트리다	빠뜨리다	찌부러뜨리다	흐트리다

표 219. '고유어 어기+{어}+뜨리다'(ROO) 유형의 예

4.4.3.2. '동사+{어}+뜨리다' 유형(VER)

'동사'에 연결어미 {어}가 결합하고 '뜨리다'가 실현된 형태의 예를 들면 '깨뜨리다, 허물어뜨리다, 엎어뜨리다' 등과 같다. 이들에 대해 다음과 같은 내부 구성 분석이 가능하다.

(15ㄱ) 깨뜨리다: 깨다+{어}+뜨리다
(15ㄴ) 허물어뜨리다: 허물다+{어}+뜨리다
(15ㄷ) 엎어뜨리다: 엎다+{어}+뜨리다

이와 같은 '동사+{어}+뜨리다' 구성 중에는 '동사+{어}+지다' 구성과 사역/자동, 또는 타동/피동과 같은 관계쌍을 이루는 유형이 많다. (15)에 대해 다음을 보자.

(16ㄱ) 깨지다: 깨다+{어}+지다
(16ㄴ) 허물어지다: 허물다+{어}+지다
(16ㄷ) 엎어지다: 엎다+{어}+지다

위에서 나타난 {V/V-뜨리다/V-지다}의 세 부류의 동사들을 함께 비교해 보면,

(17ㄱ) 깨다 / 깨뜨리다 / 깨지다
(17ㄴ) 허물다 / 허물어뜨리다 / 허물어지다
(17ㄷ) 엎다 / 엎어뜨리다 / 엎어지다

'V-뜨리다'는 타동사 'V'에 일정 '양태' 의미를 추가하고, 'V-지다'는 타동사 'V'의 피동동사의 속성을 보인다. 이와 같은 대응 관계의 고찰을 통해 'V-뜨리다/지다' 동사 표제어의 외연을 보다 체계적으로 획득할 수 있다. 현재 이 부류의 동사에는 170여개의 표제어가 수록되어 있다.

4.4.4. 'N-하다'의 명사(N)에 대한 추가 분류정보

'X-하다' 동사(HAP) 중 '명사+하다'로 구성된 유형에는 선행명사가 2음절어로 된 형태들에 대한 3가지 추가 분류 정보가 부착되어 있다. 표 220에서 보이는 바와 같다.

세분류	태그	형태 특징	예시	표제어수
N-하다	NHL	'2음절어-비단순N(를)' 결합	제빵하다, 극장하다	170
	NHV	'2음절어-비단순서술N' 결합	가책하다, 구형하다	210
	NHP	'2음절어-서술접두형N' 결합	간병하다, 개표하다	300

표 220. 2음절어 명사+'하다' 유형의 형태 특징과 표제어 분포

여기 실현된 명사(N)들은 모두 2음절어로 된 '파생/복합'의 비단순어 부류이다. '하다'에 결합하는 명사 대부분이 2음절어이고, 한국어 일반명사 단순형의 대부분이 2음절어라는 점을 고려할 때, 위와 같은 2음절어 비단순형 명사 부류의 정보는 매우 유용한 정보가 될 수 있다. 여기서 제시된 3가지 유형의 '2음절어 비단순어' 명사 부류를 살펴보면 다음과 같다.

4.4.4.1. '2음절 비단순어 비서술명사' 결합 유형

이 부류는 'N-하다'의 명사(N) 위치에 '2음절어 비단순명사'가 분포한 경우로서, 일반적인 '서술성 명사'의 속성을 보이지 않는 명사가 실현된 경우이다. 앞서 논의한 바와 같이, 여기 실현된 '하다'는 대동사와 같은 성분으로 분석된다. 다음을 보자.

(18ㄱ) 곰탕하다 | 육회하다
(18ㄴ) 팔찌하다 | 발찌하다
(18ㄷ) 왕초하다 | 짐꾼하다

위의 형태들은 다음과 같이 다른 구체 동사로부터 '하다'로 대동사화가 된 후 다시 축약에 의해 하나의 토큰을 구성한 것으로 보인다.

(19ㄱ) N-를 (요리하다+착용하다+역할하다 등)
(19ㄴ) N-를 하다
(19ㄷ) N-하다

이러한 경우, 위의 (18)과 같은 형태들을 사전 표제어로 수록하는 것이 바람직한지 논의가 필요하다. 다만 (18)은 다음과 비교해 보면,

(20ㄱ) 갈비찜하다, 황태해장국하다, 궁중떡볶이하다
(20ㄴ) 스마트워치하다, 다이아몬드귀걸이하다
(20ㄷ) 영업팀팀장하다, 오토바이배달원하다

사용된 명사의 음절수와 그 구성 방식에 있어서, 실제 코퍼스에서 추출될 가능성이 훨씬

높아 보인다. '2음절로 된 비단순명사'는 출현 빈도가 높은 단음절어 명사를 내포하기 때문에 고빈도로 사용되는 어휘의 분포가 많다. 이러한 명사 유형이 사전 표제어로 적법한지의 문제를 떠나 실제 빈번히 관찰되므로, 현재 DECO 사전에 별도의 태그(NHL)와 함께 수록되었다. 현재 160여개가 수록되어 있다. 표 221은 일부 예를 보인다.

검무하다	냉면하다	된밥하다	법학하다	역장하다	제값하다
계주하다	냉차하다	된장하다	병원하다	연극하다	제몫하다
곡차하다	냉탕하다	마약하다	수학하다	왕초하다	제빵하다
곰국하다	다방하다	반장하다	신학하다	육회하다	제탓하다
곰탕하다	단짝하다	반찬하다	악역하다	음악하다	주식하다
귀찌하다	당원하다	발찌하다	약밥하다	이장하다	주역하다
극장하다	당직하다	벌주하다	약사하다	장기하다	주주하다
냉국하다	덮밥하다	법관하다	약주하다	젓갈하다	짐꾼하다

표 221. '2음절어 비단순어' 중 비서술명사가 '하다'와 결합한 유형(NHL)

4.4.4.2. '2음절 비단순어 비서술명사' 결합 유형

이 부류는 'N-하다'의 명사(N) 위치에 '2음절어 비단순명사'가 분포한 경우로서, 위와는 달리 전형적인 서술명사의 속성을 보이는 부류이다. 여기 실현된 명사 자체가 조어법 관점에서 파생명사 또는 복합명사이므로, 여기에 다시 '하다'가 결합한 현재의 동사들은 3개 이상의 단위가 결합한 복합 구성이 된다. 다음을 보자.

(21ㄱ) 간/청 ☞ 간/청/하다
(21ㄴ) 군/말 ☞ 군/말/하다
(21ㄷ) 손/질 ☞ 손/질/하다

현재 이러한 부류로 등재된 표제어는 모두 210여개로 '2음절 비단순어 서술명사 결합형(NHV)'으로 수록되었다. 표 222는 일부 예를 보인다.

간청하다	대답하다	만평하다	삽질하다	엄벌하다	즉답하다
군말하다	덕담하다	맞절하다	소청하다	요청하다	즉청하다
귀띔하다	덧셈하다	매질하다	손질하다	욕질하다	직답하다
논평하다	덧칠하다	명령하다	솔질하다	응답하다	징벌하다
농담하다	땜질하다	병사하다	식탐하다	입덧하다	
답례하다	뜀질하다	보답하다	신청하다	입질하다	
답변하다	막말하다	비평하다	쌈질하다	자책하다	
답장하다	막일하다	빗질하다	악평하다	잡일하다	

표 222. '2음절어 비단순어' 중 서술명사가 '하다'와 결합한 유형(NHV)

4.4.4.3. '2음절 비단순어 서술접두 파생어' 결합 유형

마지막으로 이 부류는 'N-하다'의 명사(N) 위치에 '2음절어 비단순명사'가 분포한 경우로 서, '서술성'을 도입하는 파생접두사가 결합하여 서술명사화됨으로써 뒤에 '하다'가 결합하게 된 형태를 나타낸다. 이 경우는 모두 접두 파생 명사로서 그 전체가 2음절어이므로 여기나타난 명사도 모두 단음절어이다. 가령 다음과 같다.

(22ㄱ) 간/병 ☞ 간/병/하다 (*병/하다)
(22ㄴ) 도/색 ☞ 도/색/하다 (*색/하다)
(22ㄷ) 배/차 ☞ 배/차/하다 (*차/하다)

위에서 보듯이, 서술접두사 '간/도/배'와 같은 형태가 실현되어 '간병/도색/배차'와 같은 서술명사가 파생되었고, 이렇게 서술성이 획득된 명사는 뒤에 '하다'를 수반하게 되었다. 이와 같은 '서술접두사가 결합한 2음절 비단순어 서술명사'가 실현된 형태(NHP)는 현재 300여개로 나타났다. 표 223은 일부 예를 보인다.

간병하다	도색하다	멸균하다	방탄하다	상처하다	수성하다
개표하다	득표하다	멸죄하다	배역하다	선곡하다	승급하다
검토하다	등단하다	발병하다	배차하다	성묘하다	승단하다
과세하다	등산하다	발열하다	분당하다	세뇌하다	승차하다
단선하다	면세하다	발포하다	분반하다	세차하다	
단열하다	면죄하다	방독하다	분책하다	소등하다	
도금하다	면책하다	방열하다	살균하다	속죄하다	

표 223. '2음절어 비단순어' 중 서술접두사 파생어가 '하다'와 결합한 유형(NHP)

4.4.5. '고빈도 기본어휘'와 '저빈도 확장어휘' 정보

끝으로 동사 범주에서도, '고빈도 기본어휘(LEO)' 유형과 '저빈도 확장어휘(LET)' 유형의 분류 정보가 수록되었다. 현재 고빈도 기본어휘 부류는 12,460여개로, 연구의 목적에 따라 사전 표제어 규모를 유연하게 선택함으로써 불필요한 중의적 분석의 가능성을 통제할 수 있는 효과가 있다. 이 두 부류의 예와 표제어 수를 제시하면 표 224와 같다.

유형	태그	형태 특징	예시	표제어수
추가정보	LEO	고빈도 기본어휘	가다, 지치다	12460
	LET	저빈도 확장어휘	반개하다, 직파하다	35930

표 224. '고빈도 기본어휘(LEO)/저빈도 확장어휘(LET)'의 표제어 분포

4.5. 동사 기반 '파생/복합 동사' 구성에 대한 고찰

4.5.1. 내적 구조에 따른 하위유형 고찰

앞서 형용사 범주에서처럼, 다음에서 보는 일련의 파생/복합 동사 부류는 기저에 하나의 동사가 실현되고 '명사/부사/동사' 등의 자립성분이 선행성분이 되어 복합동사를 구성하거나, 또는 '접두사'와 같은 비자립성분이 결합하여 파생동사를 구성하는 형태들이다. 즉 하나의 동사 성분에 다른 성분이 결합하여 품사의 변화없이 파생/복합의 조어적 구성을 이루는 경우이다. 앞서 형용사 범주에서도 언급한 바와 같이, DECO 사전의 동사 분류체계에서는 이와 같은 조어적 정보는 별도의 정보 태그로 등재되지 않았다. 다음 5가지 유형은 현재 동사 표제어를 구축하는 과정에서 귀납적으로 획득된 조어적 특징을 정리한 것이다.

- {PFX-V}: '접두사+동사' 유형의 파생동사
- {N-V}: '명사+동사' 유형의 복합동사
- {ADV-V}: '부사+동사' 유형의 복합동사
- {V-V}: '동사+동사' 유형의 복합동사
- {V-AUX}: '동사+보조동사' 유형의 복합동사

앞서 부사와 형용사 범주에서 언급한 바와 같이, 동사에서도 하위유형 분류에 있어 이러한 파생/복합어의 특징은 별도의 분류 기준이 되지 않았다. 동사 범주에서도 이러한 조어적 구성보다는, 위에서 살핀 '하다/되다/거리다' 등과 같은 전형적인 접미사 부류에 의한 분류가 더 유의미하다고 판단되었기 때문이다.

위의 5가지 구성 패턴에서 각 구성원소의 목록을 추출하는 과정이 진행되었다. 여기서 추출된 원소들을 토대로, 현행사전에는 누락되어 있지만 조합 가능한 파생/복합동사 형태들을 개별적으로 확인하였다. 형용사의 경우와 달리, 동사의 경우는 'V-V' 유형의 복합 구성이 매우 활발하게 나타나기 때문에, 동사 표제어 외연의 신뢰도를 높이기 위해서는 이에 대한 체계적인 조합 검증이 반드시 요구되었다. 이 과정을 통해, 이러한 조어적 관점에서 고려할 수 있는 복합형 동사를 16,870여개를 획득하였고 이들은 '시사동사(ZVW)' 범주에서 별도의 태그와 함께 수록되었다. 이들은 현재 DECO 사전에 표 225와 같이 내부 구성 정보를 내장하는 형식으로 등재되었다.

표 225. '시사동사(ZVW)'로 분류된 복합동사의 내부 구성 정보

위에서 '가려눕다'는 '동사+동사'의 결합형, '가로막다'는 '부사+동사'의 결합형, 그리고 '간추리다'는 '접두사+동사'의 결합형의 예로서, 각 표제어의 마지막 영역에서 표제어의 내부 구성정보가 수록된다. 현재 이들의 5가지 내적 구조를 정리하면 표 226과 같다.

번호	유형	구성성분	연결어	예	개수
1	파생동사	접두사+동사	∅	휘감기다	990
2	복합동사	명사+동사	∅	눈감다	340
3		부사+동사	∅	가로긋다	790
4		동사+동사	∅	감싸다	40
			'어'	모아쓰다	6,520
			'고'	주고받다	590
			'어다'	떼다팔다	80
5		동사+보조동사	'어'	떠나버리다	7,530
			'고'	살고보다	560

표 226. '기저동사'에 기반한 '파생/복합동사'의 5가지 조어 방식

위에서 보듯이 '동사'를 선행성분으로 하는 경우는 중간에 일정 연결어미가 실현될 수 있으며, 그 형태에 변이가 수반된다. 다음에서 5가지 유형을 간단히 살펴보기로 한다.

4.5.2. '동사' 앞에 접두사(PFX) 결합한 파생동사

현재 동사 표제어를 구성하는 과정에서 관찰된 접두어 성분은 다양하게 나타났다. 표 227은 이들 접두어가 결합한 동사 복합형의 예를 보인다.

들러/붙다	받/대다	설/건드리다	우러/나다	치/감기다
디/밀다	벌거/벗겨지다	싸/다니다	윽박/지르다	태어/나다
떠다/밀다	복/받치다	쏘/다니다	이/끌다	포/개다
떼/밀다	부르/뜨다	아로/새기다	저/버리다	헐/뜯다
맞/겨루다	부릅/뜨다	앵/토라지다	종/잡다	헛/가르치다
매/만지다	부여/안다	어긋/나다	주저/앉다	헷/갈리다
맴/돌다	북/돋다	어루/만지다	지/새다	휘/갈기다
몰/박히다	비/꼬다	억/누르다	지리/감다	휩/싸다
무/찌르다	빗/놓이다	얼싸/안다	진/무르다	흐/날리다
무르/녹다	뻑/쓰다	업신/여기다	짓/갈기다	
발가/벗겨지다	뻗/대다	엇/갈리다	처/가두다	
밸아/먹다	삐/대다	연/달다	쳐/들다	
버금/가다	사로/잡다	엿/듣다	쳐다/보다	

표 227. 동사 앞에 접두사(PFX)가 결합한 파생동사 유형의 예

위의 예를 통해 볼 수 있듯이, 접두어는 생산성이 낮은 것에서부터 높은 비중을 보이는 것까지 폭넓게 나타난다. 현재 이 부류는 파생법 관점에서 논의되는 동사의 접두사 유형뿐 아니라 접두 위치에 실현되는 모든 비자립성분을 나타낸다. 가령 '휘갈기다'나 '엿듣다'와 같은 접두어뿐 아니라, '거들떠보다/거머당기다'에 나타난 '거들떠/거머'처럼 '어기+{어}'와 같은 형태를 보이는 비자립어 성분이 포함된다. 현재 약 990여개가 수록되어 있다.

4.5.3. '동사' 앞에 부사(ADV) 결합한 복합동사

접두 위치에서 '부사'가 결합하여 구성된 복합동사의 예를 보이면 표 228과 같다.

가로/거치다	그득/고이다	두루/겪다	얼추/가다	펄펄/끓다
가만/두다	그뜩/고이다	따로/가다	지레/채다	펑/터지다
같이/하다	그만/두다	딱/감다	통/털다	후끈/달다
거꾸로/놀다	다/잡다	마주/놓다	팔짝/뛰다	
거듭/나다	더/하다	막/가다	팔팔/끓다	
거저/누리다	덜/하다	못/살다	팍팍/쏘다	
곧이/듣다	도로/가다	쉬이/구하다	펄쩍/날다	

표 228. 동사 앞에 부사(ADV)가 결합한 복합동사 유형의 예

이들은 통사적 구성 방식과 동일한 구조를 보이기 때문에, 다음과 같이 띄어쓰기가 이루어진 동사 구문 형태를 고려할 때, 이들에 대한 사전 표제어 선정이 쉽지 않다. 다음을 보자.

(23ㄱ) 같이하다 ☞ 우리가 그 일을 <u>같이 한다</u>
(23ㄴ) 곧이듣다 ☞ 그 말을 정말로 <u>곧이 듣는</u> 거예요?

(23ㄷ) 도로가다 ☞ 그 길을 <u>도로 가</u>시면 됩니다

(23ㄹ) 후끈달다 ☞ 분위기가 완전 <u>후끈 달</u>아 올랐어요

현재 DECO 사전에는 약 790여개가 수록되어 있다.

4.5.4. '동사' 앞에 명사(N) 결합한 복합동사

접두 위치에서 명사가 결합하여 구성된 복합형 동사의 예를 보이면 표 229와 같다.

겉/놀다	곁/달다	뒤/감기다	배/곯다	줄/달다
겹/쌓다	공/먹다	밑/돌다	앞/당기다	홈/파다

표 299. 동사 앞에 명사(N)가 결합한 복합동사 유형의 예

대체로 단음절 명사 부류가 여기 해당하는데, 코퍼스에서 단음절어 명사가 동사의 논항으로 실현되는 경우, 동사에 붙여쓰는 현상이 빈번하게 관찰된다. 현재 표 229와 같은 유형이 340여개 수록되어 있으나, 다음과 같은 예를 통해 이 부류는 높은 확장성을 가지는 목록을 구성함을 예상할 수 있다.

(24ㄱ) 겁먹다 | 겁주다

(24ㄴ) 밥하다 | 밥짓다 | 밥먹다

(24ㄷ) 돈벌다 | 돈주다 | 돈내다

4.5.5. '동사' 앞에 동사(V) 결합한 복합동사

현재 두 개의 동사가 중첩되어 실현된 복합동사의 예를 보이면 표 230과 같다.

감/싸다	넘/나다	떠/가다	쏘아/붙이다	해/내다
건너/가다	넘어다/보다	떼다/팔다	쓸어/안다	휘어/잡다
까/놓다	둘러/놓다	모아/쓰다	앞서/가다	
나/다니다	둬/두다	불어/세우다	주고/받다	
내/가다	들고/나다	빌/붙다	쥐어/박다	
내려/가다	때려/눕히다	빼/돌리다	퍼/내리다	

표 230. 동사 앞에 동사(V)가 결합한 복합동사 유형의 예

'동사+동사' 결합형은 일반적으로 그 사이에 일정 연결어미를 수반한다. 가장 대표적인 형태가 {어}이며, 이외 {고}와 {어다}도 실현된다.

(25ㄱ) 때려눕히다 ☞ {때리다}-어-{눕히다}
(25ㄴ) 주고받다　 ☞ {주다}-고-{받다}
(25ㄷ) 넘어다보다 ☞ {넘다}-어다-{보다}

위에서 살핀 '접두어' 유형에도 (25ㄱ)과 유사한 형태를 보이는 '거들떠(보다)'와 '거머(쥐다)' 같은 형태가 있었다. 다만 온전한 동사를 분석할 수 있는 (25ㄱ)과 같은 복합형의 선행성분에 비해, '거들떠/거머'는 이에 대응되는 동사를 설정하기 어렵다는 점에서도 구별된다.

4.5.6. '동사' 뒤에 보조동사(AUX) 결합한 동사 유형

이 부류는 위에서 살핀 '동사+동사' 결합형과 유사하지만, 여기서는 후행성분이 현재 복합형의 핵(Head)이 아니라 선행성분을 의미적으로 보조하는 '보조동사'로 사용된다. 이러한 보조동사 유형은 표 231에서 보이는 바와 같다.

가다	나다	놓다	두다	먹다	쌓다	제끼다
가지다	내다	대다	드리다	버리다	있다	주다
나가다	넣다	돌다	들다	보다	재끼다	치다

표 231. 동사 뒤에 결합하는 보조동사(AUX) 유형

위의 '보조동사' 목록은 기존의 문법서와 현행사전, 코퍼스에 대한 다양한 검토를 통해 구성된 결과이다. 이들이 결합한 복합구성의 목록을 획득하기 위해 단순동사들과의 개별적인 '조합 검증'이 수행되었고, 이를 통해 최종적으로 8,090여개가 획득되었다. 이들 중 가장 높은 생산성을 가지는 보조동사는 '보다/버리다/주다/쌓다/가다' 등으로, 이 5가지 보조동사에 의해 구성되는 복합동사가 3,500여개로 나타난다. 이들 복합형의 경우도 중간에 연결어미 {어}가 대표적으로 결합하지만, {고}가 실현되기도 한다. 다음은 이들 5가지 보조동사에 기반한 복합동사의 예를 보인다.

(26ㄱ) {보다}:　 가/보다 | 살고/보다
(26ㄴ) {버리다}: 깨/버리다 | 울어/버리다
(26ㄷ) {주다}:　 먹어/주다 | 가/주다

(26ㄹ) {쌓다}: 놀려/쌓다 | 웃어/쌓다

(26ㅁ) {가다}: 지쳐/가다 | 끝나/가다

'동사+동사' 복합구성에 나타나는 연결어미 {어}를 {어서/어다/어다가}로 대응시키는 검증을 통해, 일정 문맥에 실현된 일반동사를 보조동사와 구별할 수 있다. 다음을 보자.

(27ㄱ) 그 아이는 어제 과자를 <u>훔쳐먹었다</u>

(27ㄴ) 그 아이는 이제 마음을 <u>고쳐먹었다</u>

위에 실현된 '훔쳐먹다'와 '고쳐먹다'의 '먹다'는 형태가 동일하지만 전자는 본동사로, 후자는 보조동사로 사용된 예이다. 다음 변환을 통해 그 차이를 확인할 수 있다. 위의 (27ㄱ)은 다음과 같은 구문들과, 뉘앙스의 차이는 있지만 의미적 대응관계를 허용한다.

(28ㄱ) ≒ 그 아이는 어제 과자를 <u>훔쳐서 먹었다</u>

(28ㄴ) ≒ 그 아이는 어제 과자를 <u>훔쳐다 먹었다</u>

(28ㄷ) ≒ 그 아이는 어제 과자를 <u>훔쳐다가 먹었다</u>

이러한 대응관계가 자연스럽지 않은 (27ㄴ)과 차이를 보인다.

(29ㄱ) ?그 아이는 이제 마음을 <u>고쳐서 먹었다</u>

(29ㄴ) *그 아이는 이제 마음을 <u>고쳐다 먹었다</u>

(29ㄷ) *그 아이는 이제 마음을 <u>고쳐다가 먹었다</u>

또 다른 예로, 보조동사 '버리다'가 실현된 '훔쳐버리다'의 경우, 실제로 물건을 훔쳐서 폐기하는 순차적 행동을 의미하는 '동사+동사' 복합형과의 중의성을 갖기 때문에, 다음과 같은 문장들이 모두 실현된다. 다만 (30ㄱ)이 보조동사 '버리다'가 사용된 형태라면, 일반동사 '버리다'가 사용된 나머지 (30ㄴ)/(30ㄷ)/(30ㄹ)과는 그 의미가 서로 같지 않다.

(30ㄱ)   그 아이들이 친구의 일기장을 <u>훔쳐버렸다</u>

(30ㄴ) ≠ 그 아이들이 친구의 일기장을 <u>훔쳐서 버렸다</u>

(30ㄷ) ≠ 그 아이들이 친구의 일기장을 <u>훔쳐다 버렸다</u>

(30ㄹ) ≠ 그 아이들이 친구의 일기장을 <u>훔쳐다가 버렸다</u>

반면, 다음 '떠나버리다'에 실현된 '버리다'는 보조동사로서의 의미 해석만이 가능하므로, {어서/어다/어다가} 같은 연결어미 자체가 실현되지 못한다.

(31ㄱ)   그 아이들이 친구들과 함께 <u>떠나버렸다</u>

(31ㄴ) *그 아이들이 친구들과 함께 <u>떠나서 버렸다</u>

(31ㄷ) *그 아이들이 친구들과 함께 <u>떠나다 버렸다</u>

(31ㄹ) *그 아이들이 친구들과 함께 <u>떠나다가 버렸다</u>

위에서 논의한 조어법 관점에서의 파생동사와 복합동사 부류는 앞서도 지적한 바와 같이 현재 동사 범주의 하위 범주로 설정되지 않았다. 이상에서 살핀 '파생/복합 동사' 유형의 내적 구성 정보는 각 표제어 어휘 항목에서 개별적으로 제공된다.

PART 04

DECO 어휘소 기본형사전의 통사·의미·감성분류 정보

Ⅰ 통사 · 의미 · 감성분류 개요

앞서 제3부에서 어휘소 기본형사전의 각 대범주별 하위분류체계(POSInfo)와 형태분류정보(MorInfo)에 대하여 논의하였다. 현재 DECO 사전에는 이와 같은 유형의 기본 정보 외에도, 그림 27에서 보이는 바와 같은 '통사·의미·감성분류' 정보들이 수록되어 있다.

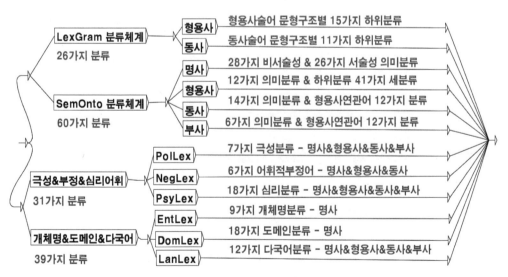

그림 27. 통사·의미·감성 분류체계에 기반한 156가지 분류 정보 태그

그림 27에서 제시된 분류체계는 모두 9가지이다. 이 각각의 분류체계에 대하여 하위분류 정보를 나타내는 태그가 전체 156가지 할당되어 있다. 9가지 분류체계는 표 232와 같다.

번호	분류체계	의미	태그분류	관련 대범주
{1}	LexGram	통사문형구조 분류체계	26가지 분류	동사/형용사
{2}	SemOnto	의미온톨로지 분류체계	60가지 분류	명사/부사/형용사/동사
{3}	PolLex	극성어휘 분류체계	7가지 분류	명사/부사/형용사/동사
{4}	NegLex	부정어휘 분류체계	6가지 분류	명사/형용사/동사
{5}	PsyLex	심리어휘 분류체계	18가지 분류	명사/부사/형용사/동사
{6}	EntLex	개체명 분류체계	9가지 분류	명사
{7}	FeaLex	자질명 분류체계	1가지 분류	명사
{8}	DomLex	도메인 분류체계	18가지 분류	명사/부사/형용사/동사
{9}	LanLex	다국어 분류체계	12가지 분류	명사/부사/형용사/동사

표 232. DECO 사전의 9가지 분류체계별 태그분류 분포

다음 II장에서는 어휘문법 기반 문형분류체계 LexGram에 대해 살펴보고, III장에서는 의미온톨로지 분류체계 SemOnto와 그외의 감성분석(Sentiment Analysis)을 위한 감성분류 체계에 대해 살펴보기로 한다.

II 어휘문법 문형분류체계 LexGram와 사전정보

1. 사전(Dictionary)과 문법(Grammar)

1.1. 어휘문법 테이블(LGT)과 부분문법 그래프(LGG)

DECO 전자사전에 수록된 용언 부류인 '형용사부(AS)'와 '동사부(VS)' 표제어에는, 이들이 서술어로 사용될 때 어떠한 문형 구조를 구성하는지에 대한 정보가 제공된다. 이러한 문형

구조를 기술하는 이론적 프레임은, 해리스(Zellig S. Harris 1968)에 의해 그 이론적 토대가 형성되고 그로스(M. Gross 1975, 1981)에 의해 방법론적 틀이 완성된 '어휘문법(Lexicon-Grammar)' 방법론에 기반하고 있다.

어휘문법 이론은, 의미의 최소단위는 개별 단어가 아니라 하나의 '단문(Simple Sentence)'이라는 기본 공리에 입각하고 있다. 단어가 아닌 문장이 의미의 최소 단위가 되므로, 문장 구조의 근간을 이루는 동사, 형용사, 서술명사가 연구의 핵심이 된다. '어휘문법' 방법론은 두 가지 관점에서 의의를 평가할 수 있다. 첫째는, 형식적이고 객관적 기준을 토대로 술어 구문에 대한 '문법적 기술(Grammatical Description)'을 추구함으로써, 의미적 직관에 기반하는 술어 분류 연구를 보완하는 효과를 제공한다. 둘째는, '개별 어휘의 특이성(Lexical Idiosyncrasy)'을 문법사전 형식으로 기술하는 시도를 통해, 추상적 통사 규칙으로 현상을 제어하려는 일부 통사적 관점의 무리한 일반화를 경계하는 효과가 있다. 이런 점에서 실제 데이터에 대한 '관찰(Observation)'에 입각하는 자연과학 연구의 귀납적 방법론과 맥이 닿아 있다.

그러나 동시에 코퍼스언어학자들과 같이 코퍼스 데이터에 대한 절대적인 신뢰에 기초하지는 않는다. 코퍼스는 현대의 언어 연구에 가장 중요하고 우수한 보조적 장치임에 틀림없으나, 이로부터 획득되는 정량적 언어 정보에 의존적이 되는 순간, 통계적 한계의 덫에서 자유롭지 못할 위험이 존재하기 때문이다. 코퍼스는 일련의 정량적 정보의 추출과 함께 정성적 연구를 수행하기 위한 중요한 보고가 되며, 그로스(Gross 1997)가 언어학 연구를 천문학자의 별에 대한 연구에 비유한 것은 바로 이러한 관점을 반영하고 있다.

어휘문법에서는 사전과 문법이 별개의 장치가 아닌 하나의 메커니즘으로 통합된다. 각 개별 어휘와 연관되어 제공되지 않는 추상적 문형 구조에 대한 정보는 의미가 없다고 판단되므로, 각 개별 어휘에 대해 통사적 문형 구조 정보를 기술하는 '문법사전(Grammar-Dictionary)' 개념이 처음부터 도입되었다. 동시에 하나의 단어를 넘어서는 다양한 복합구성, 구 단위의 표제어, 관용표현(Frozen Expressions), 다단어 표현(Multi-Word Expressions) 등은 기존의 사전 개념으로 표상하는 것이 불가능하므로 일종의 '부분문법(Local Grammar)' 방식으로 기술하는 구단위 사전의 개념이 도입되었다. 이러한 필요에 의해, 다음 두 가지 연구 방법론이 제안되었다.

- 어휘문법 테이블(Lexicon-Grammar-Table): LGT
- 부분문법 그래프(Local-Grammar-Graph): LGG

즉 전자의 경우를 위해 LGT 방법론이 제안되었고, 후자의 경우를 위해 LGG 프레임이 도입되었다. 달리 표현하면, LGT를 통해 문장 층위에 대한 연구인 '문법(Grammar)'을 '문법사전'으로 환원하고, LGG를 통해 단어나 구에 대한 연구인 '어휘 사전'을 '부분적 문법'의 개념으로 환원함으로써 '사전'과 '문법' 사이의 경계를 설정하지 않는 것이다.

궁극적으로 언어처리를 위한 사전과 문법의 적용 단계에 가면, 위의 두 가지 방법론은 '유한상태 트랜스듀서(Finite-State-Transducer: FST)' 모델을 통해 하나의 형식으로 수렴된다. 즉 위에서 사전과 문법의 경계를 넘나들며 기술한 모든 언어 현상들, 즉 하나의 '단어, 복합 구성, 구문, 절, 문장'에 이르는 모든 언어 단위에 대한 기술(Description)이 FST 형식으로 구조화된다. 이러한 FST를 사전학자 또는 문법학자가 '방향성 그래프(Directed Graph)' 방식으로 표상할 수 있도록 그래프 에디터가 구현되어 '유니텍스(Unitex)' 다국어 처리 플랫폼(Paumier 2003)에 내장되었다. 유니텍스 플랫폼에는 이와 같이 사전과 문법을 구축하고, 이렇게 구축된 언어 자원을 토대로 코퍼스를 직접 분석할 수 있도록 그 외의 다양한 텍스트 분석 모듈이 포함되어 있다. 아래에서 FST의 수학적 정의에 대해 살펴보고, LGT와 LGG를 어떻게 FST라는 하나의 구조로 형식화하는지 간단한 예를 통해 논의하기로 한다.

1.2. 유한상태 트랜스듀서(FST)의 수학적 정의와 전이망 그래프

유한상태 트랜스듀서(Finite-State Transducer: FST)는 유한상태 오토마타(Finite-State Automata: FSA)에 출력문이 삽입된 형태의 수학적 모델이다. FSA는 상태기계라고도 명명되는데, 어떠한 입력문(Input), 또는 조건이 충족되면 하나의 상태(State)에서 다른 상태로 변화할 수 있으며 이를 전이(Transition)라 부른다. 이때 이와 같은 입력문의 개념은, 언어처리 영역에서 정의하자면, 하나의 음절이나 단어, 구, 문장 등 자연언어의 모든 단위에 적용될 수 있으며, 전체 상태의 수는 유한한 것으로 정의되어 있어 이와 같은 FSA 모델을 통해 주어진 자연언어에 적법한 단어들의 사전이나 문법을 구성할 수 있다.[51]

즉 자연언어에서 입력값의 일정 조건이 충족되어 전이가 수행되어 모든 입력이 처리되었을 때 현재 상태가 받아들여질 수 있는 상태인 경우, 그 입력문은 기계에 의해 받아들여지는 '적법한 것'이 된다. 이와 같이 일련의 전이함수를 통해 적합한 입력문의 유형이 정의되면, 이러한 FSA를 통해 실제 연쇄를 받아들이고(Acceptor), 인식하는(Recognizer) 것이 가능해진다. 이때 FST는 출력문(Output)의 기능을 추가하여, 이러한 연쇄를 인식할 뿐 아니라, 변환(Transducer)하는 기능도 가능하게 한다. FST는 형식적으로 표 233과 같이 6개의 원소(6-tuple)로 정의된다.

---

51) 자연언어 연구를 위한 4가지 유형의 형식문법(Formal Grammar)과 형식언어(Formal Language)의 문제를 논의한 Chomsky Hierarchy는 여기서는 다루지 않는다. 추후 별도의 지면에서 논의가 이루어지기를 기대한다.

		F = { Σ_1, Σ_2, Q, q0, F, T }		

번호	원소	설명
(1)	Σ_1	입력값(Input Alphabet)의 유한집합
(2)	Σ_2	출력값(Output Alphabet)의 유한집합
(3)	Q	상태(State)의 유한집합
(4)	q0	초기상태(Initial State)이며 Q의 원소
(5)	F	최종상태 집합(Final States)이며 Q의 원소
(6)	T	상태전이함수, 즉 전체 전이의 집합* (*입력값과 출력값 각각에 대한 상태전이함수를 나누어 FST를 7원소쌍으로 정의하기도 함)

표 233. 유한상태 트랜스듀서(FST)의 6원소

즉 유한한 수의 '상태'의 집합(Q)과 초기상태(q0), 최종상태집합(F)이 정의되고, 여기서 인식될 입력값(Σ_1)과 이를 변환하기 위한 출력값(Σ_2)이 주어지면, 이들에 대한 전이함수(T)를 정의함으로써 자연언어의 적법한 모든 연쇄들을 인식하거나 변환할 수 있는 일련의 사전 또는 문법을 구축할 수 있는 것이다.

이러한 FSA/FST는 다음 두 가지 방법으로 표상할 수 있다. 첫째는, '상태전이 테이블(Transition Table)'로 이를 나타내는 방법이다. 표 234를 보자.

	a	b
q0	q1	0
q1	0	q0

표 234. FSA/FST를 상태전이 테이블(Transition Table)로 기술한 예

이 테이블의 첫줄은, 초기상태 'q0'에서 입력값 'a'가 들어오면 상태 q1으로 전이가 일어나며, 입력값 'b'가 들어오면 아무런 작동을 하지 않음을 나타낸다. 두 번째 줄은 상태 'q1'에서 'a'가 입력되면 아무런 작동도 일어나지 않으며 'b'가 입력되면 'q0'로 전이가 일어남을 의미한다. 즉 FST에 정의되어 있는 전이함수를 테이블 형식으로 기술하고 있는 방법이다.

두 번째 방식은 이를 '전이망(Transition Network)' 방식으로 표상하는 것인데, 표 234에 대응되는 전이망을 구축하면 그림 28과 같다.

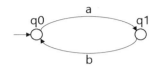

그림 28. 표 234의 전이테이블을 전이망(Transition Network)으로 표상한 예

즉 여기서는 전이가 일어나는 것을 방향성 그래프(Directed Graph) 방식으로 표현하였다. 상태들(q0, q1)은 작은 원으로 표현되고, 전이(T)는 두 개의 작은 원을 연결하는데, 입력값(Input)을 나타내는 레이블(Label)을 가진 방향성 곡선으로 표현된다. 초기의 작은 화살표는 초기상태(q0)의 시작을 나타내며, 최종상태(F)는 이중원(◎)으로 표현된다. 그림 29는 FST의 한 예를 보인다.

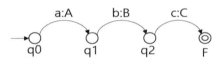

그림 29. FST를 전이망(Transition Network)으로 표상한 다른 예

이 그래프는 abc로 된 입력문을 ABC라는 출력문으로 변환하라는 FST이다. 즉 이 FST는 입력문 알파벳이 {a, b, c}로 이루어지고, 출력문 알파벳이 {A, B, C}로 이루어졌다. 상태집합은 {q0, q1, q2, F}의 유한한 상태로 이루어져 있고, 초기상태는 q0, 최종상태는 F로 설정되어 있다. 그리고 전이함수는 위의 전이망에 표상된 모든 전이를 나타내는 경로들의 집합이다.

위와 같은 FST는, 유니텍스 플랫폼에서 제공되는 FST 그래프 에디터(FSTGraph) 모듈에서 그림 30과 같은 방식으로 치환된다.

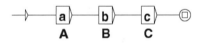

그림 30. 그림 29의 FST를 유니텍스 플랫폼에서 변환한 형식의 그래프 예

즉 그림 29에서 명시적으로 제시되었던 상태들(q0, q1, q2, F)은 모두 내적 구조로 변환되는데, 단 첫째 상태(q0)는 왼쪽의 화살표로, 최종상태(F)는 오른쪽의 이중원 형태로 변환되어 표시된다. 반면 전이함수에 정의되는 입력값과 출력값이 박스의 내부와 그 하단에 명시되었다. 즉 위의 그래프는 초기상태(화살표)에서 입력값 'a'가 들어오면, 출력값 'A'를 할당하고, 'b'가 입력되면 'B'를, 그리고 'c'가 입력되면 'C'를 할당하라는 전이함수를 표상한다.

앞으로 논의할 FSA/FST의 형식은 위의 유니텍스 플랫폼에서 정의된 방식을 따라 기술하기로 한다. 추후 제5부에서 소개될 활용후치사 그래프사전도 모두 유니텍스 플랫폼에서 그림 30과 같은 방식의 FST로 구현되어 있다.

1.3. LGT의 유한상태 트랜스듀서(FST) 변환

표 235는 '어휘문법 테이블(LGT)'의 한 예를 보인다. 이는 형용사 어휘문법 클라스에서 '대칭형용사(YAWS)' 표제어들에 대한 통사 문형구조 정보를 담은 매트릭스 테이블의 일부이다(Nam 1994/1996, 남지순 2007).

N0 :: 인물명사	N0 :: 비인물명사	N0 :: 콤마복수		N1 :: 인물명사	N1 :: 비인물명사	N1 :: 콤마복수	N0-Adj = N1 N0-와 Adj	관사-서로의 삽입	[N0-와 N1] Adj	N0 Adj-고(통하 접속) N1 Adj	(복수명사)이 서로 Adj	(복수명사)0 Adj	N1-와 = N1-에	N0 N1-에 Adj = N1 N0-에 Adj	[N0-의 N1-와-의 Nsym]0 Adj	[N0-와 N1-의 Nsym]0 Adj	대칭명사(Nsym) :: 관계	대칭명사(Nsym) :: 사이	대칭명사(Nsym) :: 거리	N0 N1-와 Adj-Sd Nsym-이다	N0 N1-와 Adj-Sd Nsym-에 있다	N0 N1-의 N2-가 Adj	[N0-의 N2][N1-의 N2]-와 Adj
+	+	-	가깝다	+	+	-	+	+	+	-	+	-	+	+	+	+	-	+	+	+	+	-	-
+	+	-	가깝디가깝다	+	+	-	+	+	+	-	+	-	+	+	+	+	-	+	+	+	+	-	-
+	+	-	가지런하다	+	+	-	+	-	-	-	+	+	+	-	-	-	-	-	+	+	-	+	+
+	+	+	갈등이다	+	+	+	+	+	+	-	-	-	-	-	-	-	-	-	+	+	-	+	+
+	+	+	같다	+	+	+	+	+	+	-	+	-	-	-	-	-	-	-	+	+	-	+	+
+	+	+	같잖다	+	+	+	+	+	+	-	+	-	-	-	-	-	-	-	+	+	-	+	+
+	+	+	걸맞다	+	+	+	+	+	+	-	+	-	+	+	-	-	-	-	+	+	-	+	+
+	+	-	고만고만하다	+	+	+	+	-	-	-	+	+	-	-	-	-	-	-	+	+	+	+	+
+	+	+	관계없다	+	+	+	+	+	+	-	+	-	-	-	-	-	-	-	+	+	+	+	+
-	+	-	균등하다	-	+	-	+	+	+	-	-	-	-	-	-	-	-	-	+	+	-	+	+
-	+	-	균일하다	-	+	-	+	+	+	-	-	-	-	-	-	-	-	-	+	+	-	+	+
-	+	-	균평하다	-	+	-	+	+	+	-	-	-	-	-	-	-	-	-	+	+	-	+	+
+	+	-	그만그만하다	+	+	-	+	+	+	-	+	-	+	+	+	+	+	+	+	+	+	+	+
+	-	-	극치하다	+	-	+	+	+	+	-	+	-	+	+	+	+	+	+	+	+	-	-	-

표 235. 형용사 어휘문법 테이블(LGT)의 예

테이블의 세로열에 각 형용사 어휘가 등재되고, 가로행에 이와 관련된 통사적 특성들이 개별적 기준으로 제시되어, 이에 대한 검증 결과가 '+/-'의 '이진(Binary) 방식'으로 기재된다. 이때 '+'의 값을 갖는 통사 구문들은, 주어진 표제어에 대한 적법적 단문 구조임을 의미하므로, 이들의 집합을 통해 각 개별 어휘별 문법을 구성하게 된다.

가령 위의 테이블 맨 처음에 수록된 형용사 술어 '가깝다'의 경우, '+' 항목을 따라 기술해보면 이 표제어가 표 236과 같은 문장들의 술어로 실현될 수 있음을 알 수 있다.

번호	가로행/ 검증기준	논항분포 및 문형구조에 대한 '문법사전'
1	N0=인물명사	<QHUM>-<SUB> <QHUM>-<와> <가깝다>
2	N0=비인물명사	<!QHUM>-<SUB> <!QHUM>-<와> <가깝다>
3	부사 '서로' 삽입	<NS+SUB>-<SUB> <NS+COM>-<와> 서로 <가깝다>
4	[N0-와 N1] A	<NS+SUB>-<와> <NS+COM> <가깝다>
5	{N0}plural 서로 A	<NS>-(<들>+<E>)-<SUB> 서로 <가깝다>
6	N1-와 = N1-에	<NS+SUB>-<SUB> <NS+COM>-<에> <가깝다>
7	[N0-의 N1-와의 사이] A	<NS+SUB>-<의> <NS+COM>-<와>-<의> 사이-<SUB> <가깝다>
8	[N0-의 N1-와의 거리] A	<NS+SUB>-<의> <NS+COM>-<와>-<의> 거리-<SUB> <가깝다>
9	[N0-와 N1-의 사이] A	<NS+SUB>-<와> <NS+COM>-<의> 사이-<SUB> <가깝다>
10	[N0-와 N1-의 거리] A	<NS+SUB>-<와> <NS+COM>-<의> 거리-<SUB> <가깝다>
11	N0 N1-와 A-관형 사이-이다	<NS+SUB><SUB> <NS+COM>-<와> <가깝다>-<DT> 사이-<이다>
12	N0 N1-와 A-관형 거리-이다	<NS+SUB><SUB> <NS+COM>-<와> <가깝다>-<DT> 거리-<이다>
13	N0 N1-와 A-관형 사이-에 있다	<NS+SUB><SUB> <NS+COM>-<와> <가깝다>-<DT> 사이-<에> <있다>
14	N0 N1-와 A-관형 거리-에 있다	<NS+SUB><SUB> <NS+COM>-<와> <가깝다>-<DT> 거리-<에> <있다>

표 236. 형용사 '가깝다'의 논항 분포 및 문형 구조에 대한 문법사전의 예

이상과 같이 대응 가능한 문장들에 대한 '+' 정보를 따라 단문구조로 복원된 '문법사전'은 그림 31과 같이 유니텍스 플랫폼에서 방향성 그래프 방식으로 표상된 FSA로 변환된다.

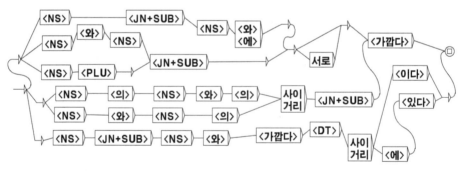

그림 31. 방향성 그래프 방식으로 표상된 형용사 '가깝다'의 문법사전

앞서 표 236에 기술된 각 문장들은 그림 31에서 방향성 그래프 방식의 FSA로 변환되었다. 이러한 표상 방식은 자연언어 문장의 선조적인 속성을 가시적으로 표현하기 때문에, 문법의 확장과 수정, 보완 등이 효율적으로 수행될 수 있다. 가령 위에 '사이/거리'로 설정된 대칭명사(Symmetric Nouns) 부류에 다른 어휘들이 추가될 수 있고, 조사나 어미의 복합형 구성을 위한 문법소 태그의 반복(Loop)이 추가될 수 있다. 또한 위의 그래프가 표상하고 있는 문장 목록을 확인하고 이를 보완하기 위해 유니텍스의 {Explore Graph Paths} 모듈을 사용할

수 있다. 그림 32는 이를 통해 제시된 문장들의 목록을 보인다.

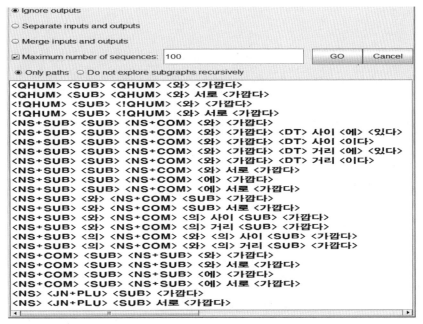

그림 32. FSA/FST에 대응되는 리스트 형식의 예

여기서 〈 〉는 사전의 문법범주나 태그 등 '비단말부호(Non-Terminal)' 성분과 표제어의 '기본형(Lemma)' 정보를 나타내어, 이를 통해 사전에 연동되어 있는 모든 해당 성분 및 활용형을 인식할 수 있게 된다. 그림 31의 그래프에 대해서, 실제 텍스트 입력문(Input)에 출현한 이러한 문법적 연쇄들을 인식한 후, 이에 해당하는 일련의 분석 정보를 XML 방식과 같은 일련의 마크업(Markup) 형태로 삽입할 수 있도록 FST로 변환하는 것이 가능하다. 즉 문장성분의 인식(Chunking)이나 문장의 통사·의미적 자질 분석(Parsing & Semantic Analysis) 결과를 FST의 출력문(Output) 형식으로 제시할 수 있는 것이다. 그림 33은 그림 31에 출력문이 할당된 FST의 일부 예를 보인다.

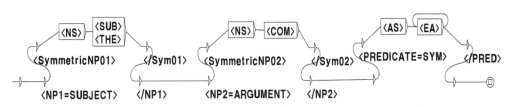

그림 33. Chunking/Parsing 등을 위한 마크업 FST의 예

위의 FST를 '이광수'의 작품 〈무정〉에 나타나는 등장인물 '영채'와 '선형'에 대한 대칭형용사 문장에 적용해 보자. 테스트를 위해 그림 34와 같이 대칭형용사 문장을 내포한 샘플텍스트를 사용한다.

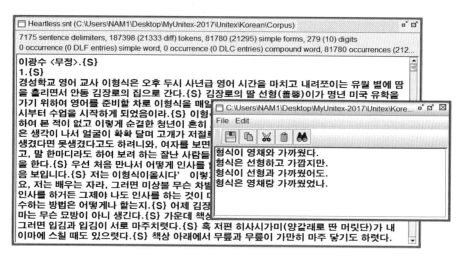

그림 34. 이광수의 '무정' 텍스트 예시

앞서 구축된 FST에 정의된 문장 분석 정보를 통해, 각 명사구와 술어 구문에 대한 통사적 인식(Chunking)이 이루어지고, 이에 대한 의미·통사 정보가 다음과 같이 마크업된다.

- 의미 정보: 예 '〈SymmetricalNP01〉__〈/Sym01〉'
- 명사구 논항 정보: 예 '〈NP1=SUBJECT〉__〈/NP1〉'
- 서술어 정보: 예 '〈PREDICATE=SYM〉__〈/PRED〉'

그림 35는 유니텍스 플랫폼에서 실제 위의 FST를 적용하여 분석된 결과를 보인다.

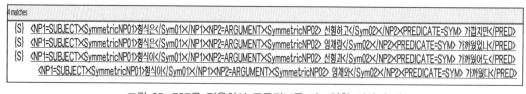

그림 35. FST를 적용하여 구문정보를 마크업한 결과의 예

위의 결과는, 그림 33의 FST에 〈NS〉나 〈SUB〉, 〈AS〉 등의 문법 태그로 설정된 일련의 어휘 성분들에 대해서, 이들의 표면형을 올바르게 인식할 수 있게 하는 '활용형 전자사전'이

내장되어 있어야 획득될 수 있다. 가령 다음과 같은 정보가 현재 분석 플랫폼에 제공되어야 한다.

- '형식/영채/선형'이 명사(\<NS\>)임을 나타내는 명사 표제어 사전
- '와/하고/랑'이 대칭술어의 논항을 유도하는 후치사(\<COM\> 태그) 범주에 속한다는 정보를 제공하는 사전(특히 선행명사의 형태·음운 조건에 따라 {와/과}의 변이형이 나타난다는 정보가 제공되어야 현재 입력문에 나타난 '선형과/영채와'의 변이를 올바르게 분석할 수 있다.)
- 술어의 경우, '가깝다'가 형용사(\<AS\>)임을 나타내는 형용사 표제어 사전
- '지만/웠었나/웠어도/웠다'가 '가깝다'의 적법한 활용어미들임을 제공하는 사전(여기에 기본형의 '가깝다'에서 종성의 'ㅂ'이 일부 활용어미와 결합할 때 변형이 일어난다는 정보가 내장되어야 한다.)

위의 분석 결과는, 현재 DECO 활용형 전자사전을 이용한 Unitex-KOR 플랫폼에서 획득된 것이다. 이에 대해서는 제6부에서 다시 소개된다.

이상에서 살핀 과정은, 각 술어 어휘 표제어에 대한 문형 정보를 어휘문법 테이블로 기술하여, 이를 실제 텍스트 처리에 사용할 수 있는 유한 트랜스듀서 문법으로 변환하는 방법을 보여준다. 이렇게 구성되는 문법은 다시쓰기 규칙의 형태로 형식화되는 구구조문법과 달리, 직접 오토마타 방식으로 형식화되는 전이망(Transition Network) 문법의 형태를 취하고 있다는 점이 특징이다. 현재 LGT 정보를 그림 31의 FST와 같은 그래프로 자동 변환하는 방법론에 대해서는 로쉬(Roche 1997)에서 제안된 바 있다.

1.4. LGG의 유한상태 트랜스듀서(FST) 변환

위에서 어휘문법 테이블(LGT)에 저장된 '문법' 정보를 FST로 변환하는 과정을 살펴보았다. 이번에는 '사전' 정보를 FST로 변환하는 과정을 살펴보기로 한다. 사전 정보를 FST로 변환하는 과정은 크게 두 가지 영역에서 논의될 수 있다.

첫째는 현재의 활용형사전을 구성하는 방법에 대한 논의이다. 앞서 논의한 바와 같이, 한국어 문장에서 실현되는 토큰(Token)은 각 개별 '단어'의 차원을 넘어서서 하나의 '어절'로 실현된다. 이러한 활용형 어절 사전은 FST 구조를 이용하여 효과적으로 구현될 수 있다. 가령 그림 36의 그래프는 뒤에서 논의할 활용후치사 FST의 예를 보인다.

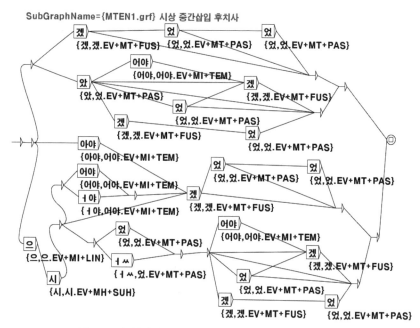

그림 36. '과거/대과거/미래/추정' 시상 후치사 복합형 그래프

이 그래프는 현재 용언의 활용형사전을 구축하기 위해 일련의 선어말어미들 사이의 복합
구성 관계를 FST로 구현한 예이다. 이러한 복합구성은 각 용언 표제어에 대해 결합 가능한
모든 활용후치사 복합형 사전을 구축할 때 부분적 문법 형태로 호출되어 삽입된다. 현재
DECO 사전의 활용후치사 복합형 구성은 이러한 LGG들을 서브그래프로 호출하는 메인 그
래프 구조로 구축되어, 유니텍스 플랫폼에서 FST로 컴파일된다.

이 경우 FST를 사전 또는 문법의 개념으로 적용함으로써 텍스트 입력문에 나타난 활용형
어절들을 명시적 방법으로 분석할 수 있다. 그림 36의 FST는, 그래프 박스에 '입력문'으로
기술되어 있는 일련의 연쇄를 실제 텍스트에서 올바르게 인식한 경우, 그래프에 '출력문'으
로 정의되어 있는 분석정보를 각 문법소에 마크업하는 사전/문법으로 사용될 수 있다.

두 번째 논의는 여러 유형의 복합어 또는 관용표현 사전 문제와 연결되어 있다. 예를 들
어 현행 인쇄사전에 '수사' 항목의 표제어는 어떻게 구성되어 있을까? 표준국어대사전을 보
면 다음 (1ㄱ)/(1ㄴ)은 표제어에 수록되어 있는 반면, (1ㄷ)/(1ㄹ)/(1ㅁ)은 모두 누락되어 있다.

(1ㄱ) 십 | 백 | 천 | 만
(1ㄴ) 이십 | 오십 | 육십 | 팔십 | 구십 등등
(1ㄴ) 삼백 | 육백 | 칠백 | 팔백 | 구백 등등
(1ㄷ) 삼천 | 사천 | 오천 | 육천 | 구천 등등
(1ㄹ) 사만 | 육만 | 칠만 | 팔만 | 구만 등등

즉 한자어 수사 체계의 십진법 기본 단위가 되는 '십/백/천/만'과 여기에 {십}이 결합한 형태는 표제어로 등재되어 있는데, {백}이나 {천}, {만}이 결합한 복합 구성은 등재되어 있지 않다. 이러한 표제어 선정상의 자의적인 선택은, 이론상 무한으로 확장되는 수 체계를 고려할 때, 이들을 이러한 체계의 사전에 모두 등재할 수 없다는 자연스러운 전제에서 비롯되는 것으로 보인다. 앞서 논의한 바와 같이 아라비아 숫자의 경우와 달리, 자연언어로 표현되는 수사 표현이 '억/조/경/해' 단위 이상은 실제로 사용되지 않는다는 점을 고려해도, 방대한 수사 표현을 모두 사전에 등재하기는 어렵기 때문이다. 더욱 문제가 되는 현상은 이러한 복합 구성이 띄어쓰기 없이 하나의 토큰으로 실현될 수 있다는 점이다.

(2ㄱ) 어제 <u>백이십</u> 명이 왔다
(2ㄴ) 어제 입장객이 정확히 <u>사만팔천오백삼십이</u> 명입니다
(2ㄷ) 작년 한해에 <u>7억4천만</u> 불 어치를 사들였어요

한국어 표기법에서 띄어쓰기 문제는 유연하게 허용되기 때문에, '백이십(120)'과 '사만팔천오백삼십이(48532)'는 여러 개의 단위로 실현될 수도 있으나, (2ㄱ)과 (2ㄴ)에서처럼 한 단위로 나타날 수도 있다. 이 토큰 자체가 사전 표제어로 등재되어 있지 않다면 이에 대한 분석은 어렵게 되는데, (2ㄷ)처럼 아라비아 숫자가 함께 나타나면 한층 더 복잡한 복합 구성의 경우가 된다.

한국어에서 사용되는 모든 수사 표현에 대한 사전적 표제어를 구성하는 효율적인 방법은 이러한 복합 구성들을 FST 형식으로 구성하는 것이다. 그림 37은 앞서 제3부에서 제시한 바 있는 수사표현의 부분문법 그래프(LGG)의 예를 다시 보인다. 즉 이 LGG는 '일'부터 '구백구십구'까지의 999개 복합 표제어를 표상하는 FST로서, 출력문 형식을 통해 이러한 연쇄들이 하나의 '한자어 수사 체계(SinoNum)'를 구성함으로 표시하고 있다.

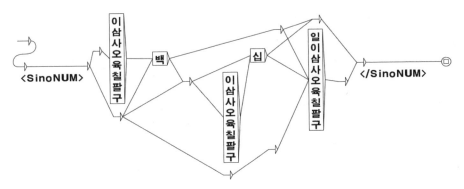

그림 37. {1~999}의 복합형 수사표현에 대한 FST

유니텍스의 {Explore Graph Paths} 모듈을 이용해서 그림 37의 LGG에 대응하는 복합 구성 리스트를 확인하면, 그림 37과 같이 모두 999개의 수사를 표상하고 있음을 검토할 수 있다. 그림 38의 오른쪽 박스를 보면, 이 LGG와 대응하여 모두 999개의 줄(Line)이 생성되었음을 볼 수 있다.

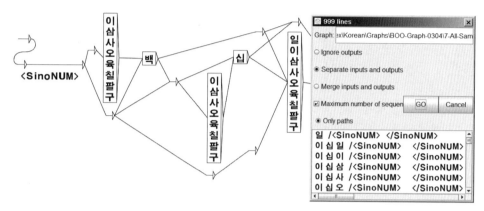

그림 38. {1~999}의 복합형 수사표현에 대응되는 리스트 생성 예

위의 LGG를 실제 코퍼스에 적용하면 이와 같은 복합형 수사들을 올바르게 인식하고 분석할 수 있다. 이를 테스트하기 위해, 여기서도 다음과 같은 샘플 텍스트를 생성하여 유니텍스 플랫폼에서 이를 적용하였다. 그 결과 그림 39와 같이 이들 수사 복합형들이 올바르게 인식되어 LGG의 출력문 태그 정보에 따라 마크업 되었음을 확인할 수 있다.

그림 39. 수사 복합형 LGG를 코퍼스에 적용한 결과

이상과 같은 FST를 통해, 실제로 주어진 입력문의 수사를 아라비아 숫자로 치환하거나

또는 각 수사 표현에 대한 상세한 통사·의미적 정보를 마크업하는 작업이 가능하다.

궁극적으로 FST로 변환되는 LGG 그래프문법을 통해 한 단어 이상으로 구성되는 사전 표제어를 효과적으로 기술할 수 있게 된다. 구나 절, 다단어 표현 등 다양한 부분적 구조에 대한 LGG 사전 및 문법 구축에 대한 논의는 추후 별도의 지면을 통해 다시 소개하기로 한다.

1.5. 어휘문법 연구와 LexGram 분류체계

현재 여기에서 제시하는 한국어 술어구문의 어휘문법 기반 LexGram 분류체계는, 이상에서 논의한 사전과 문법에 대한 방법론적 원칙을 공유하여 구현되었다. DECO 전자사전의 형용사와 동사 술어의 기본형 표제어 사전에는 LexGram 체계의 정보가 태그로 부착된다. 이것은 궁극적으로 이러한 각 태그에 대응되는 어휘문법 테이블의 문형구조 정보를 그래프 방식의 FST로 구축하기 위한 토대가 된다. 현재 LexGram 분류체계는 형용사의 경우 15개의 하위범주 태그로 표시되었고, 동사의 경우 11개의 하위범주 태그로 수록되었다.

LexGram은 다음과 같은 원칙에 입각하여 각 술어 성분에 대한 개별적인 통사 기술이 이루어진 후, 이를 바탕으로 상향식 군집화를 수행하여 획득한 분류체계이다.

- 술어가 요구하는 핵심 논항(Argument)의 개수
- 술어가 요구하는 핵심 논항의 유형(즉 수반되는 후치사의 유형)
- 주어와 보어 등 논항 위치에 실현되는 명사구의 분포(인물명사/사물명사/절)
- 기본 문형과의 통사적 대응문(Equivalent Sentence) 관계

이상과 같은 기준에 기반하여 각 개별 술어 어휘에 대한 통사적 대분류가 수행되고, 이때 각 개별 술어를 핵으로 하는 단문(Simple Sentence)에 대한 다양한 통사적 변형관계와 대응문 구조, 어휘의 분포 등이 검증된다. 그 결과가 이진 매트릭스(Binary Matrix) 형식으로 저장되어 '어휘별 문법정보를 내장한 문법사전'으로서의 '어휘문법 테이블'이 구축된다. 궁극적으로, 의미적으로 유의미한 군집들을 통사적 기재를 통해 객관적으로 해석해내는 것을 목적으로 하므로, 이러한 직관을 고려하면서 통사적 특징들을 검토하는 것이 중요하다.

형용사 술어는, 현재 7,120여개 표제어에 대한 어휘문법 테이블의 연구결과에 기반하여 15가지의 범주가 LexGram 분류체계로 기술되었고, 동사 술어는 현재 18,040여개에 대하여 11가지의 범주가 LexGram 분류체계에서 기술되었다.[52]

---

52) DECO 사전에 내장된 LexGram 분류체계는, 형용사의 경우 Nam(1994, 1996)와 남지순(2007ㄱ)에서 제시된 결과를 기반으로 하고, 동사의 경우 김소연·남지순(2010, 2011)에서 제시된 결과를 통해 그 토대가 마련되었

2. 형용사의 통사적 문형분류 체계

2.1. 형용사 LexGram 하위분류 체계

그림 40은 형용사 술어에 대한 통사적 문형구조 분류체계 LexGram과 이에 따라 하위분류
된 15개의 형용사 문형클라스를 보인다.

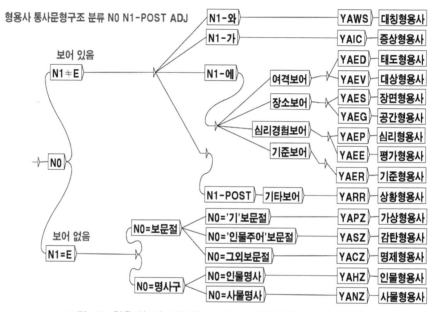

그림 40. 형용사(AS) 범주의 LexGram 통사문형구조 분류체계

2.2. 형용사 술어 구문 분류 개요

2.2.1. 분류 기준

현재 7,120여개의 형용사 어휘 항목에 대한, 형용사 술어 문형구조[53]의 통사적 분류는 첫

다. 다만 위의 연구들에서 이루어진 통사·의미적인 연구는 매우 방대하기 때문에, 현재의 DECO 전자사전
에는 특히 동사의 경우, 위의 연구들에서 통사적 문형 구조의 '대분류' 수준만이 수록되었다. 형용사보다 훨
씬 더 복잡한 구조를 보이는 동사의 경우는 따라서 본래 제시된 33가지의 하위분류 중에서 그 상위유형인
11가지 범주 정보만이 등재된다.

53) 앞서 언급한 바와 같이 형용사 LexGram의 논의는 Nam(1994, 1996), 남지순(2007ㄱ)에서 수행된 어휘문법 연구
에 기반하고 있다. 자세한 논의는 위의 연구들을 참고할 것.

째, 형용사 술어를 특징짓는 '보어'가 존재하는가, 둘째로 만일 존재하는 경우 어떠한 유형의 후치사(Postposition)가 수반되는가, 끝으로 동일 형태의 후치사가 수반되더라도 그 통사·의미적 쓰임이 다른 경우, 이를 명시적으로 구분하기 위한 통사적 대응문 구조(Equivalent Constructions)가 어떠한 유형인가를 고려하여 진행되었다.

본질적으로 보어를 요구하지 않는 형용사 술어 구문에 대해서는 주어 위치 논항의 분포적 특성(Distribution)에 의한 분류가 수행되었다. 보어가 요구되는 형용사 술어 구문에서는 어떠한 보어 유형이 실현되는가가 우선적으로 검토되었는데, 형용사 술어 전체에 대한 이와 같은 개별 검증을 통해 다음과 같은 문형구조 유형으로 요약될 수 있음을 확인하였다.

(1) N0   N1-(와+가+에+기타) ADJ[54]

위에서 보듯이, 형용사 술어 구문을 특징짓는 후치사 부류는 '와/가/에/기타' 유형으로 설정되었는데, 즉 동사 구문에서는 관찰되는 이외의 보어 유형, 가령 '로/를/에서'와 같은 형태의 보어는 형용사 술어 구문을 특징짓는 핵심 보어로 실현되지 않기 때문이다. 'N-로' 보어는 'N-에' 보어와 규칙적인 대응관계를 보이기 때문에 이와 함께 기술되었고, 'N-를' 보어는 형용사 술어의 통사·의미 속성상 타동문 구성이 불가하므로 실현되지 않았다. 'N-에서' 보어도 뒤에서 살필 아주 제한된 경우를 제외하고는 형용사 술어의 필수 논항으로 실현되지 않는다. 또한 'N-를' 보어가 실현되지 않기 때문에 본질적으로 2개의 보어를 요구하는 형용사 술어는 관찰되지 않는다.

이때 'N-와', 'N-가' 보어 구문은 통사·의미적으로 동질적인 클라스를 구성하는 반면, 'N-에' 보어는 다양한 속성을 보인다. 'N-에' 보어 구문의 경우, 주어 위치에 보문절이 분포할 수 있는가의 여부에 따라, 그리고 분포할 수 없는 경우 반드시 인물 주어가 실현되어야 하는가, 그렇지 않은가에 따라 다시 하위분류되었다. 주어 위치에 보문절이 분포할 수 있는 경우, 'N-에' 보어 위치에 반드시 인물 주어가 실현되어야 하는가, 그렇지 않은가에 따라 다시 분류되는 과정을 거쳐 'N-에' 보어를 취하는 형용사 술어 구문은 모두 7가지로 분류되었다.

'N-기타' 보어 유형에는 'N-보다' 'N-에서' 및 'S(절)-고'와 같은 보어 유형이 해당되는데, 형용사 전체 술어의 비중에 비해 이들의 수는 매우 제한되어 있어 1개의 클라스 내부에 개별 특징으로 기술하는 방식을 택하였다. 결과적으로 보어를 취하는 형용사 술어 구문은 전체 10개의 클라스로 분류되었다.[55]

---

54) 위에서 N0는 주어를 의미하는데, 주격조사는 특별한 논의가 필요하지 않는 한 별도로 표시하지 않기로 한다. N1는 보어를 나타내며, 여기 수반되는 숫자는 필요한 경우가 아니라면 'N-에', 'N-와'에서처럼 일반적으로 생략하기로 한다.

55) 본 연구에서 'N-로' 보어는 형용사 술어 구문을 특징짓는 기본 문형 구조의 보어 유형으로 설정되지 않았다.

반면 본질적으로 보어를 요구하지 않는 형용사 술어 구문은 주어 위치에 보문절이 분포할 수 있는가에 따라 나뉘어지고, 보문절이 분포하지 못하는 경우 반드시 인물 주어가 실현되어야 하는가, 그렇지 않은가에 따라 다시 하위분류되었다. 보문절이 분포할 수 있는 경우 그 보문절 내부의 주어 위치에 반드시 인물 명사가 분포되어야 하는지, 그렇지 않은지 등에 따라 다시 하위분류되어 결과적으로 전체 5개의 클라스가 획득되었다.

이상과 같은 15가지 통사 클라스에서 관찰되는 주된 의미적 공통성을 포착하여 각 클라스 코드에 의미적 명칭이 부여되었다. 이 명칭들은 형식적으로 정의된 클라스들에 대한 전체적인 이해를 돕는 데에 편의상 유용하다고 판단되어 귀납적으로 부여된 것으로, 기존의 형용사 연구들에서 선험적으로 주어지는 의미적 명칭 및 분류 방식과는 구별되어야 한다.

2.2.2. 형용사 LexGram 하위범주별 표제어 분포

현재 형용사 범주에 대한 LexGram 체계는 15가지 하위범주로 구성된다. 이들의 하위범주별 표제어 수를 보이면 표 237에서와 같다.

통사구조	보어/주어	하위속성	클라스	의미명칭	예시	개수
NO N1 Adj	N1-와		YAWS	대칭형용사	평행하다, 다르다	130
	N1-가		YAIC	증상형용사	간지럽다, 고프다	220
	N1-에	여격보어	YAED	태도형용사	거만하다, 건방지다	950
			YAEV	대상형용사	미안하다, 고맙다	220
		장소보어	YAES	장면형용사	가득하다, 낭자하다	180
			YAEG	공간형용사	울창하다, 빽빽하다	540
		심리경험보어	YAEP	심리형용사	피곤하다, 걱정스럽다	280
			YAEE	평가형용사	사랑스럽다, 두렵다	240
		기준보어	YAER	기준형용사	알맞다, 부족하다	370
	N1-기타		YARR	상황형용사	낫다, 더하다	130
NO Adj	NO=보문절	'기'보문	YAPZ	가상형용사	어렵다, 쉽다	340
		인물주어보문	YASZ	감탄형용사	어리석다, 용감하다	760
		그외 보문	YACZ	명제형용사	확실하다, 분명하다	860
	NO=인물		YAHZ	인물형용사	우락부락하다, 가난하다	670
	NO=사물		YANZ	사물형용사	시다, 비리다	1,230

표 237. 형용사(AS) LexGram 하위범주별 표제어의 분포

뒤에서 보게 되는 바와 같이, 이들은 모두 'N-에' 보어 구문과 일정 대응 관계를 가지고 실현되며, 이 경우 후자의 'N-에' 문형 구조가 더 자연스럽다고 판단되기 때문에 이에 대응되는 관계문 유형으로 고려되었다.

이상과 같은 방식으로 획득된 형용사 어휘의 15가지 통사적 구문구조에 대한 LexGram 분류체계를 다음에서 살펴보자.

2.3. 각 하위범주별 문형구조 기술

2.3.1. 'N-와' 보어 구문(대칭형용사: YAWS)

'N-와' 보어를 취하는 형용사 술어 구문 'N0 N1-와 ADJ'는 논리적으로 'N1 N0-와 ADJ' 구문을 상호 전제하는 대칭 구문으로 실현된다. 즉 다음과 같은 통사적 특징을 통해 정의된다.

  (1ㄱ) N0 N1-와 ADJ
  (1ㄴ) = N1 N0-와 ADJ

예를 들면 다음과 같다.

  (2ㄱ) A선은 B선과 평행하다
  (2ㄴ) 이 가방이 저 가방과 비슷하다

즉 위의 문장들은 다음의 문장들을 논리적으로 전제하고 있는 대칭술어 구문이다.

  (3ㄱ) = B선은 A선과 평행하다
  (3ㄴ) = 저 가방이 이 가방과 비슷하다

'N-와' 보어가 대칭보어뿐 아니라 동반보어, 경쟁보어 등을 유도할 수 있는 동사 술어 구문과는 달리, 형용사 술어 구문에서는 이와 같은 대칭보어만이 요구된다. 이때 N0과 N1 논항 위치에 분포될 수 있는 명사는 인물성, 비인물성 명사 뿐 아니라, 보문절도 분포될 수 있으며, 이들 사이에는 논리 · 의미적 대칭 관계가 실현된다.

'N-와' 보어 구문을 고찰할 때 다음 두 가지 고려가 필요하다.

2.3.1.1. 등위 접속문과의 구별

첫째는 일반 등위 접속된 복문 구조와의 구별 문제이다. 다음을 보자.

  (4ㄱ) A선과 B선이 평행하다
  (4ㄴ) A선과 B선이 빨갛다

위에서 (4ㄱ)의 술어 '평행하다'는 대칭술어이다. 반면 (4ㄴ)의 술어 '빨갛다'는 이와는 달리 주어만을 요구하는 1항 술어이다. 다음과 같은 검증이 이를 확인해준다.

(5ㄱ) *A선은 평행하고, B선도 평행하다
(5ㄴ) A선은 빨갛고, B선도 빨갛다

즉 (4ㄴ)은, 다음 (6ㄱ)과 같은 두 문장이 (6ㄴ)과 같이 등위 접속되어 다시 (6ㄷ)과 같이 하나의 문장으로 축약된 결과이다.

(6ㄱ) S1: [Na-가 ADJi] / S2: [Nb-가 ADJi]
(6ㄴ) = [Na-가 ADJi]-고, [Nb-가 ADJi]
(6ㄷ) = [Na-와 Nb]-가 ADJi

따라서 위의 (4)에서 대칭보어 'N-와'는 대칭술어 구문인 (4ㄱ)에만 허용된다.

(7ㄱ) A선이 B선과 평행하다
(7ㄴ) *A선이 B선과 빨갛다

또한 (4)의 문장들은 대칭구문에 전형적으로 실현되는 부사 '서로'의 삽입에서도 차이를 보인다. 다음을 보자.

(8ㄱ) A선과 B선이 <u>서로</u> 평행하다
(8ㄴ) *A선과 B선이 <u>서로</u> 빨갛다

2.3.1.2. '재구조화된 N2'와 '대칭명사 N2'

'N-와' 보어 구문과 관련된 두 번째 논의는, 다음과 같이 3개의 논항이 실현된 문장과 연관된다. 다음을 보자.

(9ㄱ) 형은 동생과 성격이 아주 다르군
(9ㄴ) 그 사람은 왼손과 오른손이 아주 다르군

위 문장은 다음과 같이 형식화된다.

(10) N0 N1-와 N2-가 ADJ

위 (9)의 두 문장 모두에서 대칭술어 '다르다'가 나타났는데, 이들은 (10)과 같이 3개의 논항을 내포하고 있다. 그렇다면 대칭술어 '다르다'의 기저 문형 구조는 (10)과 같은 형태로 설정되어야 할 것인가? 답은 부정적이다. 실제로 (10)은 다음과 같은 구조로부터 '재구조화 (Restructuration)'된 구조로 판단된다.

    (11ㄱ) ☞ [N0-의 <u>N2</u>] [N1-의 <u>N2</u>]-와 ADJ
    (11ㄴ) ☞ [<u>N0</u>-의 N1] [<u>N0</u>-의 N2]-와 ADJ

즉 위의 (9ㄱ)과 (9ㄴ)은 각각 다음의 (12ㄱ)과 (12ㄴ)에서 재구조화된 것으로 분석된다.

    (12ㄱ) [형의 <u>성격</u>]-은 [동생의 <u>성격</u>]-과 아주 다르군
    (12ㄴ) [<u>그 사람</u>의 왼손]-은 [<u>그 사람</u>의 오른손]-과 아주 다르군

즉 (12ㄱ)에서 보이는 바와 같이 (9ㄱ)에서는 세 번째 명사구(N2)가 대칭되는 두 논항의 공통되는 성분인 반면, (12ㄴ)에서 보이는 바와 같이 (9ㄴ)에서는 첫 번째 명사구(N0)가 대칭되는 두 논항의 공통되는 성분이다. 따라서 대칭형용사 '다르다'는 본질적으로 2항 술어로서 두 개의 논항을 요구하며, 처음 제시한 (1ㄱ)과 같이 'N0 N1-와 ADJ'가 기본 문형 구조가 된다.

동일한 3개 논항 구조로서, 이번에는 위와는 다른 분석이 요구되는 문장이 있다.

    (13) 아버지가 아들과 사이가 아주 나쁩답니다

위 문장도 표면적 구조는 위의 (10)과 같은 형태로 나타났다. 그러나 여기 실현된 술어 '나쁘다'는 대칭술어가 아닌 1항 술어이다. 즉 이는 다음과 같은 구조로 분석되어야 하는데,

    (14) N0 ADJ

위의 (13)은 본래 (15)와 같은 문장으로부터 변형된 구문이다.

    (15) [아버지와 아들의 <u>사이</u>]-가 아주 나쁩답니다

즉 (13)의 문장의 술어 '나쁘다'는 1항 술어로서, 주어 위치에 나타난 '사이'가 대칭명사로 실현된 경우이다. 이 명사는 대칭 관계에 있는 두 개의 명사구를 수식성분으로 요구하기 때문에 다음과 같이 비수식된 명사구의 실현은 부자연스럽다.

    (16ㄱ) 그런 것이 [아버지와 아들의 사이]-랍니다
    (16ㄴ) *그런 것이 [사이]-랍니다

이상의 검토를 통해 'N-와' 대칭보어 구문의 통사적 특징을 포착할 수 있다. 이와 같이 획득된 형용사 부류는 LexGram 체계에서 'YAWS'라는 태그로 분류되었다. 현재 130여개가 이 범주에 수록되었다. 표 238은 일부 예를 보인다.

가깝다	대동하다	동일하다	비등하다	친밀하다
같다	대등하다	동질적이다	비슷비슷하다	친하다
걸맞다	대립적이다	동하다	비슷하다	평등하다
극친하다	대조적이다	똑같다	상보적이다	평행적이다
나란하다	대칭적이다	막역하다	정답다	평행하다
다르다	돈독하다	맞다	조화롭다	흡사하다
다정하다	동등하다	비등비등하다	친근하다	

표 238. 대칭형용사(YAWS) 클라스의 예

2.3.2. 'N-가' 보어 구문(증상형용사: YAIC)

'N-가' 보어 구문은 학교문법에서 소위 이중주어문으로 분류되어온 구조와 동일한 형태를 보인다. 가령 다음을 보자.

(17ㄱ) 그 분은 눈이 크군요
(17ㄴ) 그 책은 겉표지가 특이하네

위의 문장들은 다음과 같이 'N-의'의 소유격 구조로부터 획득된 이중주어문이다. 따라서 본질적인 'N-가' 보어를 취하는 형용사 술어 구문이 아니다.

(18ㄱ) 그 분의 눈이 크군요
(18ㄴ) 그 책의 겉표지가 특이하네

또한 다음과 같은 문장도 'N-에' 보어가 이중주어문 구조로 변환된 것으로 분석된다.

(19ㄱ) 밤하늘의 안개가 자욱하구나
(19ㄴ) 아이들은 그 소식이 너무 놀라웠다

여기 실현된 'N-가'는 다음과 같은 장소의 'N-에' 보어나 심리경험주의 'N-에' 보어로 환원될 수 있기 때문이다.

(20ㄱ) 밤하늘에 안개가 자욱하구나
(20ㄴ) 아이들에게는 그 소식이 너무 놀라웠다

위와 같이 문장의 일정 논항이 주제화되어 획득되는 이중주어문의 수와 종류는 매우 광범위하다. 따라서 이러한 형태의 형용사 구문이 관찰되는 경우, 'N-가'로 변환되기 이전의 형태를 기저 문형 구조로 설정하는 것이 바람직하다.

반면 현재 'YAIC 클라스'로 분류되는 일련의 형용사들은 이와 같은 보어 구문으로의 변환을 허용하지 않는다. 다음을 보자.

(21ㄱ) 그 아이가 배가 고팠다
(21ㄴ) 아이가 등이 간질간질해서,

위의 구문에 실현된 두 개의 'N-가' 논항들은 다른 형태의 명사구로 변환되지 못한다. 그러므로 이 구문은 본질적인 'N-가' 보어를 내포한 구문으로 분석되는 것이 적절하다. 위의 구문에 나타난 'N-가' 보어에는 인간의 신체부위 관련 명사가 분포되고, 주어 위치에는 인물명사가 실현된다. 이 형용사 술어들은 공통적으로 '신체의 일부에 대해 일정 증상을 체험하고 있는 것을 표현'하는 의미적 자질을 나타내고 있다. 다음 변환 관계는 이 형용사들의 의미적 속성을 형식적으로 정의하는 장치가 된다.

(22ㄱ)   N0 N1-가 ADJ
(22ㄴ) = N0 [N1 ADJ-고] 느끼다

위에서 살핀 (21)의 문장들은 다음과 같은 변환 관계를 허용한다.

(23ㄱ) = 그 아이는 배가 고프다고 느꼈다
(23ㄴ) = 아이가 등이 간질간질하다고 느껴서,

위와 같은 대응문과 대응되는 점에서, (21)은 앞서 살핀 이중주어문 문장들과 구별된다. 이 클라스의 형용사들은 동사적인 속성을 강하게 가지고 있어, 일반적인 형용사 구문에 공기하기 어려운 '지금 막'과 같은 순간성 양태의 부사어들이 결합할 수 있다.

(24)   ☞ 그 아이는 지금 막 배가 고팠다

(25ㄱ)   그 아이가 배가 큼직했다
(25ㄴ) ☞ *그 아이가 배가 큼직하다고 느꼈다
(25ㄷ) ☞ *그 아이가 지금 막 배가 큼직했다

위에서 (19ㄱ)과 (22ㄱ)을 비교하면, 각각 '고프다'와 '큼직하다'는 형용사 술어로 구성된 동일한 논항 구조의 문장이다. 그러나 (19ㄱ)과 달리 (22ㄱ)은 '느끼다' 변형문이나 동사성 부사어인 '지금 막'과 같은 성분의 수식을 받지 못한다. 이렇게 정의된 '증상형용사(YAIC)'는 현재 220여개이다. 일부 예를 보이면 표 239와 같다.

가렵다	따갑다	부르다	쓰리다	어지럽다
간지럽다	따끔하다	부시다	아르르하다	어질어질하다
개운하다	뜨겁다	빠근하다	아리다	어찔어찔하다
거뜬하다	띵띵하다	뻐근하다	아리아리하다	어찔하다
고단하다	띵하다	뻑뻑하다	아물아물하다	얼얼하다
고프다	마렵다	뻑적지근하다	아스스하다	오슬오슬하다
곤하다	마르다	산만하다	아찔아찔하다	으스스하다
근지럽다	멍멍하다	시리다	아찔하다	으슬으슬하다
나른하다	메스껍다	시큰시큰하다	아프다	
노곤하다	메슥메슥하다	시큰하다	알알하다	
더부룩하다	몽롱하다	싸하다	어리어리하다	
딩딩하다	뭉클하다	쓰라리다	어릿어릿하다	

표 239. 증상형용사(YAIC) 클라스의 예

2.3.3. 'N-에' 보어 구문

'N-에' 보어는 형용사 술어 구문에서 가장 복잡한 양상을 보인다. 이들은 4가지의 보어 유형으로 분류되며 전체 7가지의 클라스로 분류된다. 각각의 유형을 살펴보면 다음과 같다.

2.3.3.1. 'N-에' 여격 보어 구문(YAED/YAEV)

'N-에' 여격보어를 취하는 형용사 부류는 '태도형용사(YAED)'와 '대상형용사(YAEV)'로 하위분류된다.

2.3.3.1.1. 'N-에' 태도형용사 구문(YAED)

이 부류는 일반적 '여격'에 해당하는 'N-에' 보어이다. 예를 들면 다음과 같다.

(26ㄱ) 그 아이는 <u>누구에게나</u> 거만하다
(26ㄴ) 그는 헌신적인 <u>아내에게</u> 항상 미안했다

위에 사용된 'N-에' 보어는 'N-에 대해'와 같은 보어 형태로 치환될 수 있다. 그러나 'N-에 대해' 보어는 '대상의 범위, 또는 초점'을 표현하는 상황보어처럼 해석될 수 있기 때문에, 이러한 유형의 'N-에' 보어를 형식적으로 정의하기 위해서는 보다 구체적인 조건이 요

구된다. 이를 위해서 의미적 특징을 형식적으로 정의하는 장치로서 {굴다/행동하다}에 의한 변형문 대응 관계를 추가로 고려하였다. 위에서 '거만하다'나 '미안하다'는 모두 일종의 여격보어를 요구하고 있으나, '거만하다'의 경우 의미적으로 어떤 외적 행동이나 태도를 암시하는 반면, '미안하다'는 주어의 내적인 감정이나 태도를 묘사하는 차이를 보인다. 이러한 의미적 특징을 형식적으로 구별해주는 장치로 다음과 같은 대응문 관계를 이용하였다.

(27ㄱ)   N0 N1-에 ADJ
(27ㄴ) = N0 N1-에 ADJ-게 굴다/행동하다

위의 정의를 통해 이러한 관계를 허용하는 (1ㄱ)만이 '태도형용사(YAED)'로 분류된다. 즉 (26ㄱ)과 (28ㄱ)의 대응관계를 허용하는 '거만하다' 같은 형용사 부류는 '태도형용사(YAED)'로 분류되는 반면, 이러한 대응관계를 허용하지 않는 '미안하다'와 같은 형용사 부류는 아래에서 보게 될 '대상형용사(YAEV)'로 분류된다.

(28ㄱ) = 그 아이는 누구에게나 거만하게 군다
(28ㄴ) = *그는 헌신적인 아내에게 항상 미안하게 (굴었다 + 행동했다)

위의 형식 정의에 의해 획득된 '태도형용사(YAED)'의 수는 950여개이다. 표 240은 일부 예를 보인다.

가차없다	거만하다	경박하다	공손하다	괴까다롭다	교만하다
각별하다	거칠다	경솔하다	공정하다	괴벽스럽다	교활하다
간사스럽다	거침없다	고분고분하다	공평하다	괴상스럽다	구접스럽다
간사하다	건방지다	고약스럽다	과격하다	괴상하다	구차스럽다
간살스럽다	겸손하다	고약하다	과민하다	괴악스럽다	구차하다
간악스럽다	겸허하다	고집스럽다	관대하다	괴이하다	
간악하다	경망스럽다	곰살궂다	광포하다	괴팍스럽다	
거만스럽다	경망하다	공손스럽다	괘사스럽다	괴팍하다	

표 240. 태도형용사(YAED) 클라스의 예

2.3.3.1.2. 'N-에' 대상형용사 구문(YAEV)

이 부류의 형용사 구문은 앞서와 같은 대응문을 허용하지 않지만, 주어 위치에 반드시 '인물성(Human)' 명사가 분포해야 하고, 'N-에' 보어 위치에도 인물성 명사가 분포할 수 있어야 한다는 점에서, 일반 상황보어 및 '장소성(Location)' 논항의 'N-에' 보어 구문과도 구별된다. 또한 'N-에' 보어가 'N-에 대해' 유형으로 치환될 수 있다는 점에서, 추후 보게 될 심리경험주 'N-에' 보어 유형과도 형식적으로 구별된다. 다음을 보자.

(29ㄱ) = 그는 헌신적인 아내에게 항상 미안했다
(29ㄴ) = *그는 헌신적인 아내에게 항상 미안하게 (굴었다 + 행동했다)
(29ㄷ) = 그는 헌신적인 아내에게 대해서 항상 미안했다

위의 검증을 통해 형용사 '미안하다'는 '대상형용사(YAEV)' 클라스로 분류되었다. 표 241
은 일부 예를 보인다.

감사하다	맹목이다	변덕이다	열성이다	죄송하다
고맙다	미안스럽다	생트집이다	열심이다	죄스럽다
극성이다	미안쩍다	서먹서먹하다	열정이다	초조스럽다
극진하다	미안하다	서먹하다	유감없다	초조하다
난리이다	방정이다	세밀하다	유감이다	
능청이다	배짱이다	송구스럽다	죄송스럽다	

표 241. 대상형용사(YAEV) 클라스의 예

2.3.3.2. 'N-에' 장소격 보어 구문(YAES/YAEG)

'N-에' 장소격 보어를 취하는 형용사 부류는 '장면형용사(YAES)'와 '공간형용사(YAEG)'로
하위분류된다.

2.3.3.2.1. 논항교차 구문

여기서 관찰되는 'N-에' 보어는 학교문법에서 '장소' 논항으로 명명하는 보어 유형으로
서, 예를 들면 다음과 같다.

(30ㄱ) 운동장에 1학년 남학생이 가득해서,
(30ㄴ) 뒷산에 짙푸른 전나무가 아주 울창하구나

형용사 술어 구문에서 'N-에' 보어는, 장소성의 'N-에서' 보어와는 달리, 쉽게 덧붙여지기
어려운 형태이다.

(31) 그는 (파리에서 + *파리에) 행복했다

이런 점에서 'N-에' 장소격 보어를 취하는 형용사 구문을 선별하는 것은 상대적으로 용
이하다. 그러나 앞으로 살필 다른 유형의 'N-에' 보어 구문들과의 구별을 위해서는 별도의
추가적인 형식 장치가 요구된다. 이 'N-에' 보어는 다른 문형에서 주어 위치에 실현되고, 주
어 위치의 명사가 'N-로' 보어로 실현되는 이른바 '교차구문'을 구성하는 특징을 보인다. 다

음과 같은 대응 관계를 통해 이를 형식적으로 정의할 수 있다.[56]

(32ㄱ) N0 N1-에 ADJ
(32ㄴ) = N1 N0-로 ADJ

여기서 위와 같은 교차구문을 허용하는 형용사 부류는 다음 두 가지 부류로 하위분류된다.

2.3.3.2.2. '장면형용사'와 '공간형용사'의 구별

앞서 (30)에 제시되었던 'N-에' 보어 구문들은 각각 다음 (33)의 구문에 대응된다.

(33ㄱ) 운동장이 1학년 남학생으로 가득해서,
(33ㄴ) 뒷산이 짙푸른 전나무로 아주 울창하구나

그런데 이때 '울창하다'와 같은 형용사 부류는 '가득하다' 부류와는 달리 다음과 같은 속격 구문을 동시에 허용하는 특징을 보인다.

(34) = [N1-의 N0] ADJ

즉 다음을 보자.

(35ㄱ) *[운동장의 1학년 남학생]-이 가득해서,
(35ㄴ) [뒷산의 짙푸른 전나무]-가 아주 울창하구나

위에서 속격구성을 허용하지 않는 '가득하다' 형용사 구문과 달리, '울창하다'는 (35ㄴ)에서 보는 바와 같이 속격구성을 허용한다. 이러한 차이는 실제로 이 두 형용사의 의미적 특징을 반영하고 있다. '가득하다'는 공간을 채우는 개체들을 묘사하면서도 동시에 그 개체들이 점유한 공간에 대한 결과적 묘사를 하는 이중적 술어의 의미 특징을 가진다. 반면 '울창하다'는 개체들이 채우는 공간 자체에 대한 묘사 없이 단순히 그 개체들에 대한 묘사만도 가능한 점이 특징이다. 대체로 일정 정적인 공간에서의 개체들에 대한 묘사가 가능한 형용사들이 이러한 구문을 허용하는 것으로 보인다.

여기서 (30ㄱ)의 동사가 요구하는 주어 명사구는 반드시 '복수'의 의미 해석을 받는 '불특정' 개체들이어야 함을 볼 수 있다. 한국어의 특성상 '1학년 남학생' '짙푸른 전나무'와 같이 복수 표지가 별도로 나타나지 않았지만, 이들은 불특정 집단 또는 군집의 의미 해석이

---

56) '장소-교차' 구문은 프랑스어 동사구문에서 Boons et al.(1976)에서 연구된 바 있으며, 홍재성(1987)에서 한국어 동사구문에 적용되었다. 형용사 구문의 경우는 Nam(1994, 1996, 2014b), 남지순(2007ㄱ)에서 논의되었다.

전제된다. 가령 다음을 보자.

(36ㄱ) 그 반에 <u>학생들이</u> 과밀해서,
(36ㄴ) *그 반에 <u>학생 한 명이</u> 과밀해서,
(36ㄷ) *그 반에 <u>민우와 영우와 진우와 인아와 진아가</u> 과밀해서,
(36ㄹ) *그 반에 <u>누가</u> 과밀하다고?

위에서 (36ㄱ)의 '과밀하다'는 불특정 복수 명사를 주어로 하였다. 이때 (36ㄴ)과 같이 단수 명사구로 변환되면 문장이 성립하지 않는다. (36ㄷ)과 같이 특정인으로 치환되는 것도 불가능하다. 여기서 아무리 많은 특정인을 더 추가해도 문장은 여전히 부자연스럽게 된다. 이러한 이유로 (36ㄹ)과 같이 특정인에 대한 질문인 '누구' 의문사에도 대응되지 못한다.

이상에서 이러한 교차구문을 허용하는 형용사 부류 중에서, (30ㄱ)-(33ㄱ)의 '가득하다'처럼 (35ㄱ)의 속격구성을 허용하지 않는 부류는 '장면형용사(YAES)'로, 그리고 (30ㄴ)-(33ㄴ)의 '울창하다'처럼 (35ㄴ)의 속격구성을 허용하는 부류는 '공간형용사(YAEG)'로 분류되었다. 표 242는 장면형용사(YAES)의 예, 표 243은 공간형용사(YAEG)의 예를 보인다.

가득가득하다	담뿍하다	무진장하다	송송하다	자욱하다
가득하다	더덕더덕하다	무진하다	수두룩하다	자자하다
과밀하다	더부룩하다	물씬물씬하다	수부룩하다	조밀하다
그득그득하다	더북더북하다	물씬하다	수북수북하다	주렁주렁하다
그득하다	덕지덕지하다	번잡스럽다	수북하다	즐비하다
그렁그렁하다	덥수룩하다	번잡하다	어수선하다	촘촘하다
글썽글썽하다	도담스럽다	복잡스럽다	어지럽다	충만하다
글썽하다	도담하다	복잡하다	역력하다	파다하다
난만하다	드부룩하다	분분하다	영롱하다	혼란스럽다
난분분하다	득실득실하다	빽빽하다	오밀조밀하다	혼란하다
낭자하다	듬뿍듬뿍하다	소담스럽다	왁자하다	혼잡스럽다
늘비하다	듬뿍하다	소담하다	이글이글하다	혼잡하다
다닥다닥하다	만면하다	소복소복하다	자오록하다	흥건하다
닥지닥지하다	만연하다	소복하다	자옥하다	
담뿍담뿍하다	무성하다	소북하다	자우룩하다	

표 242. 장면형용사(YAES) 클라스의 예

가맣다	가뭇하다	감파르다	거무접접하다	검다
가무레하다	감노랗다	거덜거덜하다	거뭇거뭇하다	검디검다
가무스레하다	감노르다	거멓다	거뭇하다	검붉다
가무스름하다	감다	거무레하다	거슴츠레하다	검뿌옇다
가무잡잡하다	감디감다	거무스레하다	거누렇다	검숭검숭하다
가뭇가뭇하다	감파랗다	거무스름하다	검누르다	검적검적하다

검퍼렇다	게접스럽다	구리다	구중중하다	굴터분하다
검푸르다	고리다	구리터분하다	구지레하다	굴텁텁하다
게저분하다	골타분하다	구리텁텁하다	구질구질하다	
게적지근하다	골탑탑하다	구저분하다	구텁지근하다	

표 243. 공간형용사(YAEG) 클라스의 예

공간형용사(YAEG) 부류의 형용사들에는, 위에서 보듯이 색깔을 표현하는 형용사 어휘들이 상당수 포함되어 있다. {까맣다/하얗다/빨갛다/노랗다/파랗다} 의미의 다섯 가지 색깔 형용사 부류는 앞서도 논의한 바와 같이, 그 형태·음운 변이가 활발하게 나타나므로, 이 부류 형용사 전체의 표제어의 수를 확장하는 결과를 가져왔다.

2.3.3.3. 'N-에' 심리경험주 보어 구문(YAEP/YAEE)

'N-에' 심리경험주 보어구문도 '심리형용사(YAEP)' 부류와 '평가형용사(YAEE)' 부류로 하위 분류된다.

2.3.3.3.1. 'ADJ-어-하다' 구문과의 대응

현재 세 번째 유형의 'N-에' 보어로 심리경험주를 표현하는 보어 부류가 관찰된다. 예를 들면 다음과 같다.

(37ㄱ) 그들의 끝없는 요구가 그 남자에게는 몹시 피곤했나 봅니다
(37ㄴ) 아이의 그런 행동이 부모에게는 말할 수 없이 사랑스럽죠

이들은 한국어에서 이중주어문의 술어로 분류되어온 상당수의 형용사 부류를 포함한다. 위의 문장들도 다음과 같은 이중주어문 구조에 자연스럽게 대응된다.

(38ㄱ) = 그 남자는 그들의 끝없는 요구가 몹시 피곤했나 봅니다
(38ㄴ) = 부모는 아이의 그런 행동이 말할 수 없이 사랑스럽죠

그런데 형용사 술어 구문에서는 다음과 같이, 일종의 판단 주체 및 관점의 주체를 나타내는 명사구가 쉽게 부가될 수 있다. 다음을 보자.

(39ㄱ)   그 술이 정말 독하네요
(39ㄴ) ☞ 우리에게는 그 술이 정말 독하네요

이러한 표면적인 유사성에도 불구하고, (37)의 'N-에' 보어는 (39ㄴ)의 'N-에' 보어와는 다르다. (37)의 'N-에' 보어는 다음과 같은 대응문(Equivalent Sentence)에서 직접 목적보어 위치에 실현될 수 있다.

(40ㄱ)　　N0　N1-에 ADJ
(40ㄴ) ≒ N1　N0-를 ADJ-어하다

즉 (37)에 대한 대응문으로 (41)과 같은 타동문을 관찰할 수 있다.

(41ㄱ) = 그 남자는 그들의 끝없는 요구를 몹시 <u>피곤해했나</u> 봅니다
(41ㄴ) = 부모는 아이의 그런 행동을 말할 수 없이 <u>사랑스러워하죠</u>

반면 'N-에'가 부가어로 나타난 (40)은 다음과 같은 대응문을 허용하지 않는다.

(42) = *우리는 그 술을 정말 <u>독해하네요</u>

이러한 심리경험주 보어로서의 'N-에'를 요구하는 형용사 술어에는 다음 2가지 부류가 관찰된다.

2.3.3.3.2. '심리형용사'와 '평가형용사'의 구별

앞서 (37)에 나타난 '피곤하다'는, 주어 논항의 명사구와 'N-에' 보어의 명사구 각각에 논리적으로 하나의 서술어로 기능한다. 이러한 이유로 다음 (43ㄱ)과 같은 이중주어문 구조로부터 1개의 논항으로만 구성된 두 개의 하위문 구조((43ㄴ)과 (43ㄷ))가 허용되는 것을 볼 수 있다.

(43ㄱ) [그 남자는] [그들의 끝없는 요구가] 몹시 피곤했나 봅니다
(43ㄴ) [그 남자는] 몹시 피곤했나 봅니다
(43ㄷ) [그들의 끝없는 요구가] 몹시 피곤했나 봅니다

그런데 '사랑스럽다'는 이러한 이중 술어 기능을 보이지 않는다. 즉 다음 (44ㄱ)에 대하여 (44ㄴ)과 (44ㄷ)을 동시에 허용하지 못하고 (44ㄷ)만이 허용된다.

(44ㄱ) [부모는] [아이의 그런 행동이] 말할 수 없이 사랑스럽죠
(44ㄴ) *[부모는] 말할 수 없이 사랑스럽죠
(44ㄷ) [아이의 그런 행동이] 말할 수 없이 사랑스럽죠

위에서 보이는 특징으로부터, 전자의 경우만이 다음과 같이 두 논항 사이의 '교차구문'을 허용하고 있음을 확인할 수 있다.

(45ㄱ)　　N0　N1-에 ADJ

(45ㄴ) = N1　N0-로 ADJ

(1)의 두 문장에 대해 교차구문 검증을 수행하면 다음과 같다.

(46ㄱ)　　[그들의 끝없는 요구가] [그 남자]-에게는 몹시 피곤했나 봅니다

(46ㄴ) = [그 남자는] [그들의 끝없는 요구]-로 몹시 피곤했나 봅니다

(47ㄱ)　　[아이의 그런 행동이] [부모]-에게는 말할 수 없이 사랑스럽죠

(47ㄴ) = *[부모는] [아이의 그런 행동]-으로 말할 수 없이 사랑스럽죠

　이러한 교차구문 검증을 통해, (46)과 같이 'N1 N0-로 ADJ'의 대응구문을 허용하는 형용사는 '심리형용사(YAEP)' 부류로, (47)과 같이 이를 허용하지 않는 형용사는 '평가형용사(YAEE)' 부류로 하위분류되었다.

　위의 교차구문은, 앞서 장소 보어 구문에서 살핀 것과 유사한 형식을 보인다. 다만 앞서의 경우 명사구 논항 위치에 '보문절'과 같은 분포가 허용되지 않은 것과 달리, 이 형용사 구문에서는 주어 위치에 '보문절'이 실현될 수 있으며, 'N-에' 보어 위치에는 반드시 '인물성 명사'가 분포되어야 하는 차이점을 보인다. 현재 심리형용사(YAEP)는 280여개, 평가형용사(YAEE)는 240여개로 나타났다. 표 244와 표 245는 각각 심리형용사와 평가형용사의 예를 보인다.

감격스럽다	곤혹하다	노엽다	무섭다	불쾌하다
갑갑하다	공허하다	눈부시다	무안스럽다	불편스럽다
거북살스럽다	권태롭다	답답하다	무안하다	불편하다
거북스럽다	귀찮다	당혹스럽다	벅차다	불행스럽다
거북하다	근심스럽다	당혹하다	번거롭다	비분하다
거슬리다	기막히다	뒤숭숭하다	보람차다	비통하다
거추장스럽다	기쁘다	든든하다	부끄럽다	뿌듯하다
걱정스럽다	까마득하다	듬직하다	부담스럽다	서글프다
겸연스럽다	꺼림칙하다	따분하다	분하다	서럽다
겸연쩍다	껄끄럽다	떨떠름하다	불만스럽다	서운하다
고달프다	께름칙하다	뜨끔하다	불만족스럽다	섭섭하다
고생스럽다	난감하다	만족스럽다	불만족하다	성가시다
고통스럽다	난처하다	만족하다	불명예스럽다	수치스럽다
곤란스럽다	남부끄럽다	망신스럽다	불미스럽다	슬프다
곤란하다	낯간지럽다	명예롭다	불안스럽다	
곤혹스럽다	낯뜨겁다	명예스럽다	불안하다	

표 244. 심리형용사(YAEP) 클라스의 예

다음은 평가형용사의 일부 예를 보인다.

가련하다	귀하다	맛없다	밉살맞다	시시하다
가소롭다	그립다	맛있다	밉살머리스럽다	신기롭다
가엾다	근사하다	멋없다	밉살스럽다	신기스럽다
갸륵하다	기특하다	멋있다	밉상스럽다	신기하다
경이롭다	꼴사납다	무시무시하다	보배롭다	신비롭다
과분하다	낯설다	미심스럽다	부럽다	신비스럽다
괘씸스럽다	낯익다	미심쩍다	사랑스럽다	신비하다
괘씸하다	느끼하다	믿음직스럽다	소중하다	신선하다
귀염성스럽다	달갑다	믿음직하다	수상스럽다	싫다
귀엽다	대견스럽다	밉다	수상쩍다	아깝다
귀중하다	대견하다	밉디밉다	수상하다	

표 245. 평가형용사(YAEE) 클라스의 예

2.3.3.4. 'N-에' 기준 보어 구문(YAER)

'N-에' 보어의 마지막 유형으로, 앞서 정의한 3가지 'N-에' 보어 유형의 정의 기준을 허용하지 못하는, 그 외 유형의 'N-에' 보어 구문이 관찰된다. 즉 이는 다음과 같은 'N-에' 보어 구문들로서, 위의 모든 통사적 특징들에 대한 부정적인 속성에 의해 정의된다.

(48) N0   N1-에 ADJ

예를 들면 다음과 같다.

(49ㄱ) 민우는 그 일에 알맞다
(49ㄴ) 그 직업이 인아에게 적합하다

이때 각 논항의 위치에는 명사구나 보문절 모두가 실현 가능하며, 'N-에' 보어는 의미적으로 일정 '기준'으로서의 역할을 가진다. 이 형용사들은 '기준형용사(YAER)' 클라스로 분류되었다. 현재 370여개가 등재되어 있으며, 일부 예를 보이면 표 246과 같다.

결여하다	긴하다	무용하다	불리하다	사소하다
결정적이다	끄떡없다	무익하다	비딱비딱하다	상당하다
결핍하다	마땅하다	무효하다	비딱하다	생경하다
결하다	만부당하다	미진하다	빠듯하다	생소하다
고유하다	모자라다	미흡하다	빡빡하다	손색없다
과분하다	무난스럽다	본유하다	삐뚤다	쓸데없다
과하다	무난하다	부족하다	삐뚤삐뚤하다	
기생적이다	무방하다	부진하다	삐뚤다	
긴요하다	무색하다	불과하다	삐뚤삐뚤하다	

표 246. 기준형용사(YAER) 클라스의 예

2.3.4. 'N-기타' 보어 구문(상황형용사: YARR)

여기서 'N-기타'로 분류된 보어 유형은 'N-에서'와 'N-보다', 'S(절)-고'의 3가지로서, 아래에서 보이는 바와 같다.

(50ㄱ) N0   N1-에서 ADJ
(50ㄴ) N0   N1-보다 ADJ
(50ㄷ) N0   S1-고 ADJ

위 구문의 예를 들면 다음과 같다.

(51ㄱ) 그 집은 도심<u>에서</u> 외떨어졌습니다
(51ㄴ) 딸이 아들<u>보다</u> 낫지요
(51ㄷ) 그 사람은 그 논문을 한 달 안에 끝낸다<u>고</u> 고집입니다

다음에서 이 세 가지 유형을 간단히 살펴보기로 한다.

2.3.4.1. 'N-에서' 장소성 보어

앞서 언급한 바와 같이 일반적으로 'N-에서'는, 특별한 제약없이 형용사 술어 구문에서 실현될 수 있는 장소성의 부가어 부류와 구별되기 어렵다.

(52ㄱ) 그 여자는 <u>뉴욕에서</u> 매우 불행했어요
(52ㄴ) 그 여자는 매우 불행했어요

위에서 (52ㄱ)에 실현된 'N-에서'는 형용사 '불행하다'를 특징짓는 필수성분이 아니다. 반면 현재 상황클라스(YARR)의 한 유형으로 분류된 'N-에서' 보어는 이를 필수성분으로 요구하는 형용사 술어 구문에 실현된다는 점에서, 부가어 'N-에서'와 구별된다. 가령 (51ㄱ)에 대해 다음을 보면,

(53ㄱ) 그 집은 <u>도심에서</u> 외떨어졌습니다
(53ㄴ) ??그 집은 외떨어졌습니다

'N-에서' 보어가 수반되지 않은 (53ㄴ)은 부자연스럽게 판단된다.

2.3.4.2. 'N-보다' 비교성 보어

'N-보다' 보어 역시 일종의 '비교 구문'을 유도하기 위하여 수의적으로 도입되는 부가어

유형과의 구별이 쉽지 않다. 다음을 보자.

(54ㄱ) 그 남자는 친절해요
(54ㄴ) 그 남자는 <u>이 친구보다</u> 더 친절해요

그런데, 앞서 (51ㄴ)에서 제시한 형용사 '낫다'는 'N-보다' 보어를 논리적으로 함축하고 있다. 이런 점에서 (54)의 '친절하다' 술어 구문과는 차이를 보인다. 즉 다음과 같은 문장이 비록 성립한다고 해도,

(55) 딸이 낫지요

이 경우 생략된 'N-보다' 보어를 복원하는 것은 (54ㄱ)의 '친절하다' 술어구문과 비교할 때 훨씬 더 분명해 보인다.

2.3.4.3. 'S(절)-고' 목적성 보어

'S-고' 보어는 일정 보문절이 분포되고, 조사가 아닌 연결어미 '고'가 수반되는 형태를 나타낸다. 위의 (51ㄷ)에서 '논문을 한 달 안에 끝낸다고'와 같은 보문절은, 그 주어가 주절 주어와 동일인이라서 생략된 내포문으로서, 이 보어가 실현되지 않은 다음 (56ㄴ)과 같은 문장은 부자연스럽게 판단된다.

(56ㄱ) 그 사람은 <u>그 논문을 한 달 안에 끝낸다고</u> 고집입니다
(56ㄴ) ??그 사람은 고집입니다

'S-고' 보어를 취하는 형용사 부류 중 대표적인 어휘인 '싶다' 외에도 '극성이다', '고집이다', '안간힘이다' 등과 같은 'N-이다' 유형의 형용사 술어가 상당수 포함되는 현상을 관찰할 수 있다. 그러나 내포문 내부의 구조는 개별 형용사별로 차이를 보인다. 가령 '싶다'의 경우는 내포문에 '다'와 같은 종결어미가 포함될 수 없는 반면, '고집이다', '안달이다' 같은 형용사 술어는 'S-다-고'와 같은 형태의 내포문을 취한다.

이상에서 살핀 이들 3가지 유형의 보어를 요구하는 형용사 술어는 그 수가 매우 제한되어 있어, 'N-기타' 유형의 보어를 취하는 '상황형용사(YARR)' 클라스로 분류되었다. 이들의 개별적인 통사적 특징은 어휘문법 테이블(LGT)에 형용사 어휘별로 기술되어 제공된다. 표 247은 상황형용사(YARR)의 일부 예를 보인다.

고집이다	멀고멀다	배짱이다	소란이다	앙탈이다	외딸다
궁상이다	멀다	변덕이다	시비다	야단이다	외떨어지다
극성이다	멀찍막하다	부족하다	시치미다	억지이다	외지다
난리이다	멀찍멀찍하다	생고집이다	신경질이다	억척이다	우선적이다
낫다	멀찍하다	생난리이다	심통이다	엄살이다	우세하다
더하다	모자라다	생떼이다	싶다	열등하다	우월하다
독촉이다	반항이다	생억지이다	아우성이다	열세하다	월등하다
등쌀이다	발광이다	생트집이다	악착이다	열심이다	유일하다
머나멀다	발악이다	성화이다	안간힘이다	옹고집이다	육갑이다
머다랗다	방정이다	소동이다	안달이다	외고집이다	

표 247. 상황형용사(YARR) 클라스의 예

2.3.5. '{기} 보문절' 주어 구문(가상형용사: YAPZ)

특정 보어 유형이 요구되지 않는 형용사 술어 구문은 모두 5가지로 분류된다. 이들 중 우선 '{기} 보문절'이 주어로 실현된 형용사 술어에 대해 살펴보기로 하자. '{기} 보문절'을 주어로 하는 형용사 구문은 다음과 같은 통사적 대응 관계를 허용한다.

(57ㄱ) [N1-를 V-기]0 ADJ
(57ㄴ) = (N1)0 [V-기]1-가 ADJ

위 대응 관계의 예를 들면 다음과 같다.[57]

(58ㄱ) [이 문제를 풀기]-가 어렵구나
(58ㄴ) = [이 문제는] [풀기]-가 어렵구나

(59ㄱ) [이 옷을 입고 벗기]-가 불편하네요
(59ㄴ) = [이 옷은] [입고 벗기]-가 불편하네요

여기서 (58ㄴ)과 (59ㄴ)의 '(N1)0 [V-기]1-가 ADJ' 구조는 표면적으로 이중주어문 형태를 이루고 있으므로, 현재 문형 분류 원칙에 의해, 형용사 술어 구문의 기저 구문으로 설정되지 않았다. 즉 (58ㄱ)/(59ㄱ)에서 관찰된 '[N1-를 V-기]0 ADJ' 구문이 이 형용사들의 기저 구문이 된다.

그런데 여기 실현되는 형용사 술어 중에는 다시 다음과 같은 구조와 대응문을 허용하는 유형이 관찰된다.

---

57) 이 형용사 술어 구문들은 주어가 실현된 완형보문절을 취하기도 한다(예: '민우가 이 문제를 풀기가 어렵다'). 그러나 주어가 생략된 형태가 더 자연스럽거나, 주어의 실현 자체가 불가능한 형용사 술어들이 관찰된다.

(60) = (N1)0　[V-기]1-에　ADJ

다만 위의 대응문은 (57)의 정의 기준을 충족하는 형용사 모두에 허용되는 속성이 아니어서, 본 형용사들의 기저문으로 설정되지 않았다. 이러한 대응문 여부도 각 형용사 술어별로 어휘문법 테이블에서 개별적으로 기술되었다.[58] 현재 이 클라스에 분류된 형용사는 340여 개로서, 표 248은 일부 예를 보인다.

가능하다	고통스럽다	구차하다	난감하다	멋쩍다	부담스럽다
간단하다	곤궁스럽다	궁상맞다	난처하다	무색하다	부자연스럽다
간편하다	곤란스럽다	귀찮다	난해하다	무안스럽다	부자연하다
거북스럽다	곤란하다	기막히다	더럽다	무안하다	불가능하다
거북하다	곤혹스럽다	까다롭다	두렵다	미안스럽다	불쾌하다
거추장스럽다	곤혹하다	깔끄럽다	마땅찮다	미안하다	불편스럽다
겸연쩍다	과분하다	꺼림칙하다	만만찮다	민망스럽다	불편하다
고달프다	과하다	껄끄럽다	만만하다	민망하다	성가시다
고생스럽다	괜찮다	께름칙하다	망신스럽다	벅차다	손쉽다
고약스럽다	괴롭다	끔찍스럽다	망측하다	번거롭다	수월하다
고약하다	구질구질하다	끔찍하다	멋있다	복잡스럽다	수치스럽다
고역이다	구차스럽다	나쁘다	멋지다	복잡하다	쉽다

표 248. 가상형용사(YAPZ) 클라스의 예

2.3.6. '인물주어 보문절' 주어 구문(감탄형용사: YASZ)

주어 위치에 보문절을 취하는 형용사 술어 중에는, 그 보문절의 주어에 반드시 인물성 명사가 분포되어야 하는 경우가 있다. 실제로 이러한 형용사 술어들은 이 보문절 주어와 그 보문절의 내부에서 주어 위치에 실현된 '인물 명사'에 대한 이중적 술어 성분으로 기능하는 특징을 보인다. 예를 들면 다음과 같다.

(61) [그가 그 사람에게 모든 비밀을 다 털어놓은 것은] 참으로 어리석군요

위 문장에서 형용사 '어리석다'는 '그가 그렇게 행동한 사실'과 그 주체로서의 '그' 자체에 대한 이중적 술어로 기능한다. 이러한 의미·논리적 특징은 다음과 같은 통사적 대응 관계에 의해 형식적으로 정의된다.

---

58) 이 클라스의 형용사들은 영어나 프랑스어와 같은 서구어에서 소위 'Tough Movement (Montée du sujet)'의 현상으로 기술된 형용사 술어들과 대응된다. 영어와 프랑스어의 예를 들면 다음과 같다.
　(ㄱ) It is easy to solve this problem = This problem is easy to solve
　(ㄴ) Résoudre ce problème est facile = Ce problème est facile à résoudre

(62ㄱ)   [(Nhum)0 V 보문소]0 ADJ
(62ㄴ) = (Nhum)0 V-다니, (Nhum)0 ADJ

즉 이러한 대응쌍은, (62ㄱ)에서 보문절 주어에 대한 서술어로 실현된 형용사가 (62ㄴ)과 같이 인물주어(Nhum)에 대한 형용사 술어로도 동시에 실현될 수 있음을 형식적으로 확인해 준다. 즉 (62ㄴ)에서 '(Nhum)0 V-다니' 종속절은 (62ㄱ)의 판단에 대한 근거로 제시되었다. 위의 (61ㄱ)에서 살핀 예에 대응되는 구조를 살펴보면 다음과 같다.

(63) = 그가 그 사람에게 모든 비밀을 다 털어놓다니, 그는 참으로 어리석군요

이러한 속성은 '보문절 주어'를 취하는 형용사 술어에 일반적인 특징은 아니다. 예를 들어 형용사 '확실하다'의 경우를 보면, 위에서 (62ㄱ)과 같은 구문이 성립한다고 하더라도 (62ㄴ)과 같은 대응문이 허용되지 않는다.

(64ㄱ)   [그가 그 사람에게 모든 비밀을 다 털어놓은 것이] <u>확실하군요</u>
(64ㄴ) ≠ 그가 그 사람에게 모든 비밀을 다 털어놓다니, 그는 <u>확실하군요</u>

위의 (64ㄱ)에서 '확실하다'는 '그가 이렇게 행동한 사실' 자체에 대해서는 술어로 기능하지만, 보문절의 주어로 나타난, 즉 그 행동 사실의 주체인 '그'에 대해서는 술어로서의 기능을 하지 않는다. 이러한 통사적 검증을 통해 형용사 '어리석다'와 '확실하다'의 의미적 차이를 확인할 수 있다.

특히 이 클래스의 형용사들은 형태적으로 파생 관계에 있는 부사들, 즉 '게'나 '히'에 의해 부사가 실현된 문장과 또다른 대응문 관계를 구성할 수 있다. 다음을 보자.

(65) ADJ-(게+히), (Nhum)0 V

즉 위의 (61ㄱ)-(63ㄴ)에 대해 다음 구문이 대응관계를 이룬다.

(66) = 참으로 어리석게도, 그가 그 사람에게 모든 비밀을 다 털어놓았군요

즉 이 클래스의 형용사들은 보문절 주어 전체에 대한 술어 기능과 보문절 내부의 인물주어에 대한 술어 기능을 바탕으로, 부사와 관련하여 '향주어 문장부사(Subject-oriented Sentence Adverb)'의 전형적인 특징을 보인다. 이는 문장의 일부를 수식 대상으로 하는 술부부사들과 달리 문장 전체를 수식 범위로 하는 문장부사의 일종으로서, 동시에 의미적으로 인물주어에 초점화되어 있는 형태이다.[59] 이들은 '감탄형용사(YASZ)' 부류로 분류되었으며 현재 약 760여개가 등재되어 있다. 표 249는 그 일부 예를 보인다.

가증스럽다	건전하다	고지식하다	괴팍하다	난폭하다
간사스럽다	결사적이다	고집스럽다	교만스럽다	낭만적이다
간사하다	겸손하다	공명하다	교만하다	낯두껍다
간살스럽다	겸허하다	공정하다	교활하다	냉정스럽다
간악스럽다	경망스럽다	공평하다	궁상맞다	냉정하다
간악하다	경망하다	과감스럽다	궁상스럽다	냉철하다
간특하다	경박하다	과감하다	극악하다	냉혹하다
감상적이다	경솔하다	과격하다	근검하다	너그럽다
감성적이다	고결하다	관대하다	근면하다	노골적이다
감정적이다	고고하다	광적이다	깜찍스럽다	노련하다
거만스럽다	고귀하다	괴기하다	깜찍하다	늠름스럽다
거만하다	고루하다	괴상스럽다	끈덕지다	늠름하다
건방지다	고상하다	괴상하다	끈질기다	능글맞다
건설적이다	고약스럽다	괴이하다	난잡스럽다	능청맞다
건실하다	고약하다	괴팍스럽다	난잡하다	능청스럽다

표 249. 감탄형용사(YASZ) 클라스의 예

2.3.7. '그외 보문절' 주어 구문(명제형용사: YACZ)

이 부류의 형용사는 보문절 주어를 취하는 형용사 술어로 기능하나, 위와는 달리 그 보문절 내부에 반드시 인물성 주어를 요구하지 않는다. 형용사 자체도 그 보문절 명제에 대해서만 술어 기능을 수행할 뿐, 위와 같이 그 보문절 내부의 인물 주어에 대한 이중 술어로 기능하지 않는다. 예를 들면 다음과 같다.

(67) 그가 혼자 떠난 것이 <u>분명해</u>

여기서 형용사 '분명하다'는 주어 명제의 '사실'에 대한 술어로 기능할 뿐, 그 내부의 인물 주어 '그'에 대해서는 아무런 서술적 관계를 가지지 않는다. 즉 이 부류는 위에서와 같이 특정 통사적 대응 관계를 허용하지 않는, 부정적 속성에 의해 정의된 유형으로서, 명제형용사(YACZ) 부류로 분류된다.[60]

(68) [N0 W V]0 ADJ

이들과 형태론적 파생 관계에 있는 부사어가 실현된 문장이 위의 구조와 대응관계를 보이는데,

---

59) 즉 이 형용사 술어 구문은 영어와 프랑스어에서 다음과 같은 문장 유형에 대응된다.
   (ㄱ) Foolishly, he wanted to meet him again
   (ㄴ) Bêtement, Max a perdu sa nouvelle montre
60) 여기서 'W'는 삽입 가능한 모든 단어열을 의미한다.

(69) = ADJ-(게+히), N0 W V

다음 문장을 보자.

(70) <u>분명히</u>, 그가 혼자 떠났어

위의 (70)를 보면 '분명히'는 '향명제 문장부사(Proposition-oriented Sentence Adverb)'의 성격을 보임을 알 수 있다(Nam 1996, 남지순 2007ㄱ). 표 250은 명제형용사(YACZ) 부류 860개의 일부 예를 보인다.

감동적이다	독점적이다	비극적이다	알차다	우연하다
감명적이다	말썽스럽다	비생산적이다	양호하다	위법적이다
감쪽같다	망국적이다	비위생적이다	엄청나다	이색적이다
경이적이다	명목적이다	비합리하다	엉성하다	인상적이다
경제적이다	모험적이다	상식적이다	영원하다	일상적이다
공공연하다	미신적이다	성공적이다	외람스럽다	일시적이다
관습적이다	부조리하다	순리롭다	외람하다	자명하다
느닷없다	불안전하다	순리적이다	우연스럽다	
독보적이다	불안정하다	신성하다	우연적이다	

표 250. 명제형용사(YACZ) 클라스의 예

2.3.8. '인물' 주어 구문(인물형용사: YAHZ)

이 부류는 보문절이 주어 위치에 분포할 수 없으며, 반면 인물성(Hum) 명사가 실현되는 형용사 술어 유형이다. 가령 다음과 같다.

(71) 그 남자는 아주 <u>우락부락하다</u>

위에서 형용사 '우락부락하다'는, 앞서 반드시 인물 주어를 요구하였던 '거만하다' '어리석다' 등의 형용사처럼 인물성 주어를 취한다. 다만 후자의 형용사들이 허용하는 특정한 통사적 대응 관계들을 허용하지 않는, '부정적 정의'에 의해 구성된 클라스이다. 즉 '거만하다'는 여격의 'N-에' 보어를 요구하는 '태도형용사(YAED)'이고, '어리석다'는 인물주어를 내포한 보문절 주어에 대한 이중 술어인 '감탄형용사(YASZ)' 부류이다. '우락부락하다'는 이러한 정의들을 충족하지 못한다.

이 클라스의 형용사들은 인물 주어의 '생김새/몸'과 '생활/삶', '태도/행동'과 같은 의미적 자질을 표현하는 술어 성분으로 기능하는데, 각각 다음과 같은 대응 관계들을 통해 형식적으로 정의된다.

(72ㄱ) (Nhum)0 ADJ = (Nhum)0 ADJ-게 생기다 = [Nhum-의 생김새/몸]0 ADJ
(72ㄴ) (Nhum)0 ADJ = (Nhum)0 ADJ-게 행동하다 = [Nhum-의 행동/태도]0 ADJ
(72ㄷ) (Nhum)0 ADJ = (Nhum)0 ADJ-게 살다 = [Nhum-의 삶/생활]0 ADJ

위의 각각의 예를 들면 다음과 같다.

(73ㄱ)　　 그 남자는 우락부락하다
(73ㄴ) = 그 남자는 우락부락하게 생겼다
(73ㄷ) = 그 남자의 생김새는 우락부락하다

(74ㄱ)　　 그 남자는 느리다
(74ㄴ) = 그 남자는 느리게 행동한다
(74ㄷ) = 그 남자의 행동이 느리다

(75ㄱ)　　 그 남자는 가난하다
(75ㄴ) = 그 남자는 가난하게 산다
(75ㄷ) = 그 남자의 삶은 가난하다

이들은 모두 '인물형용사(YAHZ)' 클라스 안에서 다루어지나, 각 형용사 어휘별 대응 관계 및 통사 특성들은 어휘문법 테이블에서 개별적으로 기술되었다.

위의 대응 관계에서 볼 수 있듯이 이 클라스의 형용사 술어의 주어 위치에는 인물명사 대신 이들과 환유적 관계에 있는 명사구, 즉 '인물명사-의 생김새/행동/삶'와 같은 형태가 실현될 수 있다. 따라서 '인물 주어'가 '비인물성 명사구 주어'로 치환될 수 있다. 그러나 아래에서 살필 '사물형용사(YANZ)' 클라스의 형용사들은, 인물명사를 주어로 취하지 못하고 '비인물성 명사'만을 주어로 요구한다는 점에서 이들과 차이를 보인다. 현재 '인물형용사 (YAHZ)'에는 670여개가 수록되어 있으며, 표 251은 일부 예를 보인다.

가난하다	과년하다	날래다	늙어빠지다	똘방똘방하다
건장하다	괴죄죄하다	날렵하다	다복스럽다	말똥말똥하다
걸출하다	궁색하다	날쌔다	다복하다	망연하다
검소하다	궁핍하다	날씬하다	다부지다	맷집좋다
겁약하다	궁하다	남루하다	단명하다	멍하다
게걸스럽다	극빈하다	노쇠하다	딱바라지다	무사하다
견실하다	꼬질꼬질하다	노약하다	땅딸막하다	무탈하다
골비다	꾀죄죄하다	늙다	또랑또랑하다	무표정하다
곱상하다	나약하다	늙수그레하다	또박또박하다	바라지다

박덕하다	부유하다	수절하다	앳되다	위약하다
박명하다	분방하다	수척하다	어눌하다	위중하다
박복하다	분주스럽다	시름없다	연로하다	유복하다
박색하다	분주하다	시무룩하다	왜소하다	윤택하다
박약하다	빈곤하다	시장하다	우락부락하다	
병약하다	빈궁하다	심약하다	우렁차다	
복성스럽다	빈핍하다	심울하다	우직하다	
복스럽다	쇠약하다	안녕하다	위독하다	

표 251. 인물형용사(YAHZ) 클라스의 예

2.3.9. '사물' 주어 구문(사물형용사: YANZ)

이 클라스의 형용사들은 '보문절'이나 '인물명사'를 주어 위치에 허용하지 않는다. 이들
은 반드시 '비인물 명사'만을 주어로 취한다. 이 형용사들의 의미적 특징을 보면, 오감에 의
해 감지할 수 있는 사물의 상태나 속성을 묘사하는 술어로 기능하는데, 즉 사물들의 '형태/
맛/냄새/소리/느낌'을 표현하고 있음을 볼 수 있다. 이러한 의미적 속성은 다음과 같은 통사
적 대응 관계를 통해 형식화된다.[61]

(76ㄱ) N0 ADJ = N0 ADJ-DT 모양을 가지고 있다 = [N-의 모양/형태]0 ADJ
(76ㄴ) N0 ADJ = N0 ADJ-DT 맛을 가지고 있다 = [N-의 맛]0 ADJ
(76ㄷ) N0 ADJ = N0 ADJ-DT 냄새를 가지고 있다 = [N-의 냄새/향기]0 ADJ
(76ㄹ) N0 ADJ = N0 ADJ-DT 소리를 가지고 있다 = [N-의 소리/음색]0 ADJ
(76ㅁ) N0 ADJ = N0 ADJ-DT 느낌을 가지고 있다 = [N-의 느낌]0 ADJ

위의 세부적 특징을 보이는 형용사들 모두 '사물형용사(YANZ)' 클라스로 분류되었으며,
각 어휘별 특징은 어휘문법 테이블에서 개별적으로 기술되었다. 현재 1,230여개가 수록되어
있다. 표 252는 일부 예를 보인다.

가느스레하다	가파르다	감미하다	거하다	경쾌하다
가느스름하다	각양하다	값싸다	건건하다	고깃고깃하다
가닥가닥하다	간간짭잘하다	강력하다	건하다	고들고들하다
가슬가슬하다	간간하다	거덕거덕하다	걸다	고려고려하다
가칠가칠하다	간결하다	거물거물하다	견고하다	고려루하다
가파롭다	간맞다	거슬거슬하다	경미하다	고려하다

61) 이 클라스에는 소위 '대형용사' 부류로 명명될 수 있는 '그러하다' '그만하다' 등의 형용사들이 포함된다. 이
들의 수가 많지 않다는 점에서 현재 이 클라스에 포함되었으나, 이들은 비인물 명사뿐 아니라 인물 명사, 보
문절 등 모든 형태의 명사구/절을 주어로 취할 수 있다. 앞서 논의한 바와 같이, 이 형용사들의 통사적 특징
은 현재 어휘문법 테이블에서 개별정보로 기술되었다.

고렇다	고불퉁하다	광원하다	구부스름하다	구수하다
고르다	고스란하다	광활하다	구부슴하다	구슬프다
고만하다	고슬고슬하다	괭하다	구불구불하다	군것지다
고부랑고부랑하다	고습하다	굉활하다	구불텅구불텅하다	굵다
고부스레하다	고준하다	구깃구깃하다	구불텅하다	굵다랗다
고부스름하다	곰팡스럽다	구덕구덕하다	구불퉁하다	굵디굵다
고부슴하다	곱슬곱슬하다	구들구들하다	구붓구붓하다	굵직굵직하다
고불고불하다	공활하다	구부렁구부렁하다	구붓하다	굵직하다
고불탕고불탕하다	광대하다	구부렁하다	구석지다	
고불탕하다	광망하다	구부스레하다	구성지다	

표 252. 사물형용사(YANZ) 클라스의 예

3. 동사의 통사적 문형분류 체계

3.1. 동사 LexGram 하위분류 체계

그림 41은 동사부(VS)의 통사적 문형분류 체계 LexGram의 구조를 보인다.

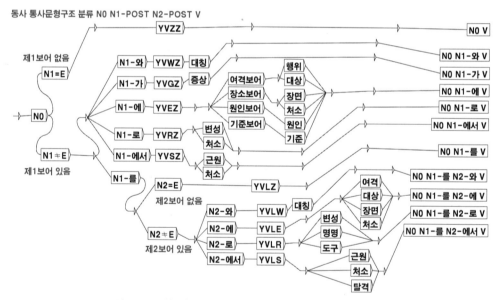

그림 41. 동사(VS) 범주의 LexGram 통사문형구조 분류체계

3.2. 동사 술어 구문 분류 개요

3.2.1. 분류 기준

현재 18,040여개의 한국어 동사 어휘를 대상으로 하는 LexGram 문형분류 체계는 앞서 형용사 분류 연구를 바탕으로 수행되었다.[62] 형용사 LexGram 분류에서는, 보어를 취하는가 유무를 우선 고려하여, 보어가 실현되는 경우는 보어의 유형과 그 보어가 실현된 문장의 통사적 대응문 구조를 통해 하위분류가 수행되었다. 보어를 취하지 않는 형용사의 경우는, 주어 위치에 실현되는 명사 논항의 분포, 즉 보문 주어를 허용하는지 혹은 인물 명사를 요구하는지 등의 특징에 따라 하위 부류가 진행되었다.

실제로 동사 구문에서도 형용사 구문에서와 대응되는 현상들이 관찰된다. 첫째, '에', '와', '가' 등의 후치사에 의해 유도되는 보어 중에서 형용사 구문의 보어들과 의미·통사적으로 유사한 유형들이 동사 구문에서도 관찰된다. 둘째, 술어성분의 의미적 속성을 형식적으로 정의해주는 '두 문장 사이의 통사적 대응문(Equivalent Sentence)' 관계가 관찰된다. 대표적으로 {장소-개체}의 '교차구문'과 같은 현상이 동사구문에서도 실현된다. 셋째로 논항 위치의 명사구의 분포에서도 대응되는 특징이 관찰되는데, 가령 형용사 술어 구문에서처럼 다양한 형태의 보문절 논항이 실현되며, 또한 특정 형태의 논항이 특정 위치에 요구되는 현상들도 관찰된다.

현재 전체 동사 어휘는, 이들이 술어로 사용되는 구문에서 요구하는 보어의 갯수와 유형에 따라 11가지 클라스로 대분류되었다. 이러한 대범주 내부에서 다시 그 통사·의미적 속성을 고려하여 하위분류가 수행되어, 전체 33개의 동사 술어 클라스가 설정되었다. 형용사 구문에서와 마찬가지로, 동사 구문도 일차적으로 보어를 취하는 문형 구조와 보어를 요구하지 않는 구조로 분류되었으며, 보어를 취하는 구조는 다시 보어의 수와 그 후치사의 유형에 따라 하위분류되었다.

앞서 형용사 술어 구문에 실현되는 보어 유형을 귀납적으로 검토한 결과, 타동문을 구성하지 않는 형용사 술어의 특징상 문장내에서의 핵심 보어는 최대 1개로 나타났다. 동사 구문의 경우 핵심 보어는 최대 2개로 관찰되며, 이를 형식화하면 다음과 같이 기술된다.

(1ㄱ) {보어=∅}: N0　V
(1ㄴ) {보어=1}: N0　N1-(와+가+에+로+에서+를)　V
(1ㄷ) {보어=2}: N0　N1-를　N2-(와+에+로+에서)　V

---

62) 앞서도 논의한 바와 같이, 동사 LexGram 체계는 김소연 & 남지순(2010, 2011)에서 수행된 동사의 어휘문법 연구에 기반하고 있다.

위에서 (1ㄱ)은 보어가 실현되지 않는 1항술어로 사용되는 동사 구문 구조를 보이며, (1
ㄴ)은 보어가 1개 실현된 2항술어 구문을 나타낸다. (1ㄷ)은 보어가 2개 실현된 경우로서,
이 경우는 두 보어 중 하나가 반드시 'N-를' 형태로 나타난다. 형용사 술어 구문에서 논의
되던 'N-와/N-가/N-에' 보어 유형이 동사 구문에서도 관찰되는 반면, 형용사에서는 술어
구문을 특징짓는 데에 고려되지 않았던 'N-로/N-에서' 보어 유형이 실현되는 것을 볼 수 있
다. 'N-와/N-가' 보어를 취하는 동사 술어는 통사·의미적으로 동질적인 단일 클래스를 구
성하지만, 'N-에' 보어를 요구하는 동사 술어는 이질적인 여러 유형으로 하위분류될 수 있
다는 점은 앞서 형용사 술어 구문과 공통되는 속성으로 나타난다.

3.2.2. 동사 LexGram 하위범주별 표제어 분포

이상에서 논의한 바와 같이 현재 18,040여개의 동사 술어에 대한 통사적 문형구조는 11가지로
대분류되어 다시 33가지로 하위분류되었다. 이들의 전체 분류체계를 보이면 표 253과 같다.

보어	문형구조	분류	LexGram	논항분포/대응관계	번호	세분류	예	개수
ø	N0 V	1	YVZZ	N0: 보문절	1	사실/VIQS	드러나다	330
				N0: 인물명사	2	인물/VIHS	기침하다	3130
				N0: 사물명사	3	사물/VINS	역류하다	1860
				N0: 동물명사	4	동물/VIAS	꿀꿀대다	280
1	N0 N1-와 V	2	YVWZ	N0: 인물명사	5	대칭/VIWH	사귀다	360
				N0: 사물명사	6	대칭/VIWN	일치하다	90
	N0 N1-가 V	3	YVGZ	N0: 인물명사	7	증상/VIGS	쑤시다	380
	N0 N1-에 V	4	YVEZ	N1: 인물명사	8	행위/VIED	거들먹거리다	610
				N1-에=N1-에대해	9	대상/VIEV	반대하다	240
				N1 N0-로 V	10	장면/VIES	붐비다	280
				N1: 장소명사	11	처소/VIEL	다다르다	370
				N1-에=N1-로인해	12	원인/VIEC	시달리다	280
				N0: 보문절	13	기준/VIER	저촉되다	210
	N0 N1-로 V	5	YVRZ	V= '되다'로 치환	14	변성/VILC	변화하다	120
				N1: 장소명사	15	처소/VILL	향하다	190
	N0 N1-에서 V	6	YVSZ	N1: 보문절	16	근원/VISO	발단되다	110
				N1: 장소명사	17	처소/VISL	출발하다	610
	N0 N1-를 V	7	YVLZ	N0: 보문절	18	사실/VTQS	자극하다	190
				N0: 인물/N1:보문	19	인물/VTHQ	멈추다	1420
				N0: 인물/*N1:보문	20	인물/VTHN	양육하다	5290
				N0: 사물명사	21	사물/VTNS	함유하다	30

보어	문형구조	분류	LexGram	논항분포/대응관계	번호	세분류	예	개수
2	N0 N1-를 N2-와 V	8	YVLW	N2 N1-를 N0-와 V	22	대칭/VTWS	약속하다	100
				N0 N2-를 N1-와 V	23	대칭/VTWA	비교하다	90
	N0 N1-를 N2-에 V	9	YVLE	N2: 보문절	24	여격/VTED	기별하다	690
				N2: 보문절	25	대상/VTEV	소모하다	70
				N0 N2-를 N1-로 V	26	장면/VTES	채우다	60
				N2: 장소명사	27	처소/VTEL	넣다	280
	N0 N1-를 N2-로 V	10	YVLR	N1 N2-로 되다	28	변성/VTLC	각색하다	150
				N2-로= N2-라고	29	명명/VTLA	부르다	20
				N1 N2-로 되다	30	도구/VTLI	포장하다	20
	N0 N1-를 N2-에서 V	11	YVLS	N2: 보문절	31	근원/VTSO	유추하다	50
				N2: 인물명사	32	탈격/VTSP	걷다	100
				N2: 장소명사	33	처소/VTSL	치우다	30

표 253. 동사(VS) LexGram의 하위범주별 표제어의 분포

여기서 보는 바와 같이, 동사 술어는 그 표제어의 규모나 유형별 특징이 형용사보다 훨씬 복잡하게 나타난다. 동사 술어의 단문(Simple Sentence) 구조를 보어의 개수와 유형을 중심으로 살펴보면 전체 11가지로 대분류되지만, 형식적으로 동일한 형태의 보어를 취하는 구문에서도 그 보어의 통사·의미적 속성이 상이한 경우를 고려하여 분류하면 위와 같이 33가지의 하위분류가 가능하다. 즉 논항에 실현되는 명사구의 분포 속성, 후치사의 교체 현상, 또는 동의문 관계 등을 고려하여 위와 같은 하위분류가 실행되었고, 그 결과는 어휘문법 테이블 형식으로 구조화되었다. 반면 DECO 전자사전의 동사 표제어에 대한 LexGram 분류체계는 위의 11가지 대범주에 대해서만 태그를 부여하여 이를 사전에 등재하는 방식을 취하였다. 궁극적으로 각 동사 어휘에 대한 개별적인 통사 속성은 어휘문법 테이블을 참조하여 획득된다.

현재 LexGram에서 고려된 11가지 대범주를 구성하는 문형 구조는, 본질적으로 보어를 요구하지 않는 동사 술어의 구조가 1가지, 하나의 보어가 실현되는 문형 구조가 6가지, 그리고 두 개의 보어가 실현되는 문형 구조가 4가지로 설정된다. 'N-와/가/에' 보어는 형용사 구문과 공통되지만 'N-로/에서/를' 보어는 동사 구문에 고유한 보어로 나타났다. 또한 형용사 구문처럼 'N-에' 보어 구문이 가장 다양하고 복잡하여 그 수적인 비중도 상대적으로 높게 나타났다. 보어가 2개가 요구되는 경우, 제2 보어에 'N-가'는 관찰되지 않아 'N-를'을 제외한 'N-와/에/로/에서' 나머지 4가지 부류만이 실현된 것도 귀납적으로 관찰된 결과이다.

이상과 같은 방식으로 획득된 동사어휘의 11가지 통사적 구문구조에 대한 LexGram 분류체계를 아래에서 소개한다.

3.3. 각 하위범주별 문형구조 기술

3.3.1. 'N0 V' 구문(YVZZ)

3.3.1.1. 하위분류 기준

'N0 V'의 문형 구조의 술어로 실현되는 동사들의 경우, 문장 내에서 고려할 수 있는 유일한 성분이 '주어'이기 때문에, 주어 위치에 실현된 명사의 분포적 속성이 동사 분류의 핵심 기준이 된다.

먼저 주어(N0) 위치에 보문이 실현될 수 있는지, 인물 명사가 실현될 수 있는지, 비인물 명사만이 실현될 수 있는지, 또는 일정 동물 명사가 실현되는지에 따라 각각 '사실/인물/사물/동물'(VIQS/VIHS/VINS/VIAS)의 4가지 유형이 관찰된다.

3.3.1.2. 주어 분포(VIQS/VIHS/VINS/VIAS)

다음을 보자.

> (2ㄱ) 우리의 개혁성과가 미흡했다는 사실이 <u>드러났다</u>
> (2ㄴ) 아이가 밤새 <u>기침했다</u>
> (2ㄷ) 머리카락은 <u>곱슬거리며</u> 올이 굵어지기 시작했고,
> (2ㄹ) 돼지는 여전히 <u>꿀꿀거렸다</u>

위의 (2ㄱ)에 나타난 '드러나다'는 주어 위치에 보문절의 실현을 허용하는 동사 유형(VIQS)이다. 현재 이와 같은 특징을 보이는 동사는 모두 330여개이다. 반면 (2ㄴ)의 '기침하다'와 같은 동사는 주어 위치에 '인물 명사'의 분포를 요구한다(VIHS). 이 부류에는 (2ㄴ)처럼 신체적인 증상을 나타내는 동사뿐 아니라, 사람의 동작, 모양을 흉내내거나 묘사하는 의태어 부류에서 파생된 '생글거리다'와 같은 동사 어휘들도 포함된다.

> (3) 아이가 <u>생글거리며</u> 내게 말을 걸었다

현재 이 부류의 동사는 모두 3,130여개로, 이 중 '의성의태어'에서 파생된 동사가 약 2,000여개의 비중을 차지한다.

(2ㄷ)과 같은 문장의 동사 '곱슬거리다'는 주어 위치에 인물 명사가 분포하지 못하는 유형(VINS)이다. 이들은 주어에 사물 명사를 요구하는 동사 부류로서 현재 1,860여개가 등재되어 있다. 이들의 의미적 특징을 보면, '자연 현상'을 나타내는 동사 부류와 비인물 주어의

일정 움직임을 표현하는 의성의태어 파생 동사가 대부분을 차지한다.

마지막으로 (2ㄹ)의 '꿀꿀거리다'처럼, 특정 '동물' 명사가 주어 위치에 실현되어야 하는 동사 부류(VIAS)에는 280개의 동사가 포함된다. 이들의 경우도 동물이 내는 소리를 흉내내는 의성어 부사에서 파생된 형태들이 주를 이룬다.

이상과 같은 4가지 유형의 1항 술어 동사(YVZZ) 부류는 현재 5,600여개로 전체 동사 18,040개의 31%를 차지한다. 표 254는 일부 예를 보인다.

건들거리다	냠냠거리다	목욕하다	별세하다	비실비실하다
건들건들하다	노망하다	몰락하다	본격화되다	사망하다
골골거리다	누그러지다	무너지다	본격화하다	세수하다
골골대다	단식하다	뭉기적거리다	부스럭거리다	세안하다
골골하다	닳다	뭉기적대다	부스럭대다	소멸되다
금욕하다	둔화되다	미끈거리다	부시럭대다	소멸하다
금주하다	둔화하다	바스락하다	부시럭하다	앙앙거리다
기상하다	딸꾹거리다	반질거리다	부패되다	앙앙대다
꾸물꾸물하다	딸꾹대다	발달되다	부패하다	어기적거리다
꾸물대다	마모되다	발달하다	불거지다	어기적대다
꿍시렁대다	막히다	발효되다	불발되다	
끙끙거리다	만료되다	발효하다	붕괴되다	
끙끙대다	매진되다	번들거리다	붕괴하다	
난파되다	멀미하다	번식하다	비실거리다	

표 254. 'N0 V' 구문(YVZZ) 클라스 동사의 예

3.3.2. 'N0 N1-POST V' 유형의 6가지 하위분류

'N0 N1-POST V'를 문형 구조로 하는 동사구문의 보어(N1-POST)는, '와/가/에/로/에서/를'의 6가지의 후치사(Postposition: POST)의 유형에 따라 분류된다. 이와 같은 2항술어 동사들은 현재 10,780여개로서, 전체 동사 18,040개의 60%를 차지한다.

3.3.2.1. 'N0 N1-와 V' 구문(YWWZ)

앞서 형용사 구문과 마찬가지로, 동사 구문에서도 대칭술어 구문의 'N-와' 보어는 다음과 같은 동의 관계쌍을 허용한다.

(4ㄱ) N0 N1-와 V
(4ㄴ) = N1 N0-와 V

즉 주어와 보어 위치의 두 명사구가 서로 위치를 바꾸어도 두 문장의 기본 함의가 일치하는

유형이다. 여기서 'N-와' 보어는, 논항 위치의 명사 분포에 따라 두 가지 유형으로 구별된다.

3.3.2.1.1. 인물 대칭(VIWH)과 사물 대칭(VIWN)

다음을 보자.

(5ㄱ) 그 아이는 다른 아이들과 자주 <u>다투었다</u>
(5ㄴ) 그 결과는 최고 법원의 판결과 <u>일치했다</u>

위의 (5ㄱ)에서 대칭동사 '다투다'는, 주어와 'N-와' 보어에 행위의 주체가 될 수 있는 두 '인물명사'가 실현되어, 이 둘 사이에 일련의 대칭관계(Symmetry)가 성립되도록 한다. 여기서 'N-와' 보어는 의미적으로 주어의 필수 대응 상대가 되며, 따라서 다음과 같이 '혼자서'와 같은 부사는 실현되지 못한다.

(6) *그 아이는 <u>혼자서</u> 자주 다투었다

이를 통해 두 인물 논항 사이의 대응/대칭성이 전제되어 있다는 의미적 특징을 형식적으로 확인할 수 있다. 이러한 '와' 보어를 요구하는 동사(VIWH)는 현재 360여개로 나타났다.

반면 (5ㄴ)의 동사 '일치하다'는 두 논항 위치에 '사물명사'가 분포될 수 있는 동사 부류(VIWN)의 예를 보인다. 앞서 대칭형용사 구문의 일부 예에서도 관찰된 바와 같이, 이 부류의 상당수의 동사는 'N-와' 보어가 'N-에' 보어로 치환된 구문도 허용하는 특징을 보인다. 즉 (5ㄴ)에 대해 다음을 관찰할 수 있다.

(7) 그 결과는 최고 법원의 <u>판결에</u> 일치했다

3.3.2.1.2. 표제어 목록 일부

현재 (5ㄴ)과 같이 사물명사가 실현된 'N-와' 보어를 허용하는 동사는 전체 90여개로 나타났다. 'N-와' 보어를 취하는 동사(YVWZ) 전체는 450여개로, 표 255는 일부 예를 보인다.

간통하다	결전하다	경주하다	교전하다	논쟁하다	대결하다
건배하다	결탁하다	경합하다	교제하다	다투다	대련하다
격돌하다	결투하다	계약되다	교차하다	단교하다	대립되다
격전하다	결합되다	공생하다	교환되다	단절되다	대립하다
격투하다	결혼하다	공조하다	구별되다	단합되다	대면하다
결맹하다	겹쳐지다	교감하다	구분되다	단합하다	대석하다
결별하다	경기하다	교미하다	내왕하다	담소하다	대작하다
결승하다	경쟁하다	교신하다	내외하다	담합하다	대조되다

대질하다	독대하다	동업하다	동화하다	밀회하다	별거하다
대치되다	동거하다	동일시되다	만나다	바뀌다	병행되다
대치하다	동맹하다	동침하다	맞닥뜨리다	반대되다	
대화하다	동석하다	동화되다	밀애하다	변별되다	

표 255. 'N0 N1-와 V' 구문(YVWZ) 클라스 동사의 예

3.3.2.2. 'N0 N1-가 V' 구문(YVGZ)

'N-가' 보어 구문은 앞서 형용사 구문에서 살핀 바와 같이, 이중 주격 구문과 동일한 표면 구조를 보이기 때문에, 이에 대한 분석은 여러 가지가 가능하다. 동사 구문에서도 'N-가' 보어를 필수 성분으로 요구하는 동사 술어가 존재하는데, 가령 다음과 같이 동사 '쑤시다'의 경우, 'N-가' 보어는 필수 성분으로 관찰된다.

(8ㄱ) 김 노인은 머리가 쿡쿡 쑤셨다
(8ㄴ) ??김 노인은 쿡쿡 쑤셨다

형용사 구문에서와 마찬가지로, 주어에는 인물명사가 나타나고, 'N-가' 보어 위치에는 신체부위명사가 실현되어, 여기 실현된 동사 술어는 일종의 신체적 증상을 나타내는 의미 특징을 보인다.

현재 이와 같은 'N-가' 보어를 취하는 동사는 모두 380여개로 나타났다. 'N-가' 보어를 요구하는 형용사(YAIC) 구문과 같이, 신체의 어떤 순간적인 증상을 나타내는데, 형용사에 비해 좀 더 외향적이거나 반복적인 상태와 움직임을 표현한다. 표 256은 일부 예를 보인다.

간질간질하다	두근두근하다	메슥메슥하다	빙빙하다	선뜩하다
간질거리다	따끔거리다	메식거리다	뿌글거리다	스멀거리다
결리다	따끔대다	메식대다	뿌글대다	스멀대다
근질거리다	따끔따끔하다	메식메식하다	뿌글뿌글하다	스멀스멀하다
근질근질하다	따끔하다	뭉클거리다	삐끗거리다	스물거리다
근질대다	땅기다	뭉클대다	삐끗대다	스물대다
꼴리다	뜨끔거리다	뭉클뭉클하다	삐끗삐끗하다	스물스물하다
꿀리다	뜨끔대다	미식거리다	삐끗하다	시끈거리다
뀌다	뜨끔뜨끔하다	미식대다	상기되다	시끈대다
느글거리다	뜨끔하다	미식미식하다	새큰거리다	시끈시끈하다
느글느글하다	매슥대다	부대끼다	새큰대다	시끈하다
느글대다	매슥매슥하다	비끗거리다	새큰새큰하다	시큰거리다
당기다	매식거리다	비끗대다	새큰하다	시큰대다
도지다	매식대다	비끗비끗하다	선뜩거리다	시큰시큰하다
동하다	매식매식하다	비끗하다	선뜩대다	시큰하다
두근거리다	메슥거리다	빙빙거리다	선뜩선뜩하다	쑤시다
두근대다	메슥대다	빙빙대다	선뜩이다	아물다

표 256. 'N0 N1-가 V' 구문(YVGZ) 클라스 동사의 예

3.3.2.3. 'N0 N1-에 V' 구문(YVEZ)

형용사 구문에서처럼, 동사 구문에서도 'N-에' 보어는 가장 다양한 통사·의미적 특징을 보인다. 동사의 경우 다음과 같이 4가지 유형의 'N-에' 보어 유형이 구분된다.

- 여격 보어: {행위}/{대상} 의미 자질의 'N-에' 보어
- 장소 보어: {장면}/{처소} 의미 자질의 'N-에' 보어
- 원인 보어: {원인} 의미 자질의 'N-에' 보어
- 기준 보어: {기준} 의미 자질의 'N-에' 보어

3.3.2.3.1. 행위/대상 여격 'N-에' 보어(VIED/VIEV)

첫 번째 'N-에' 보어는 '행위'에 대한 여격 또는 '대상성'의 여격의 의미 자질을 보이는 보어 유형이다. 이러한 보어를 요구하는 동사 술어 구문에는 주어 위치에 인물 명사가 실현되고 '에' 보어 위치에는 주어가 직면한 사람 또는 사실을 나타내는 명사구가 실현된다. 이때 동사 술어는 의미적으로 주어가 그 대상에 대해 취하는 행위 또는 태도를 나타낸다. 예를 들면 다음과 같다.

> (9ㄱ) 그는 하암리 코흘리개 아이들에게도 <u>굽신거렸다</u>
> (9ㄴ) 그는 우리가 모두 떠나는 것에 <u>반대했다</u>

위에서 (9ㄱ)의 'N-에' 보어는 주어의 행위나 태도가 가해지고 있는 상대방을 나타내며, (9ㄴ)의 보어는 주어가 직면한 상황이나 추상적인 사실, 대상을 나타낸다. 위의 두 보어는 의미적인 유사성에도 불구하고 이와 같이 세분화된 차이를 보이는데, 다음과 같은 두 가지 검증을 통해 이 차이를 형식화할 수 있다.

첫째는 보어 위치에 실현되는 명사구의 분포의 차이이다. (9ㄱ)에서는 'N-에' 보어 위치에 반드시 인물 명사가 분포할 수 있어야 하지만, (9ㄴ)에서는 인물 명사, 비인물 명사 뿐 아니라 보문절의 분포도 허용된다.

둘째는, 'N-에'를 'N-에 대해'로 교체하는 것이 (9ㄴ)에 자연스럽다는 점이다. (9ㄱ)에서는 'N-에 보어가 주어의 행위/태도의 수혜자, 즉 여격으로 실현된 형태이므로, 어떠한 논점이나 사실에 대한 대상성의 의미 해석을 명확히 해주는 'N-에 대해'와 같은 보어구의 실현이 부자연스럽게 나타난다.

위의 (9ㄱ)와 같은 속성을 보이는 'N-에' 보어를 취하는 동사 부류(VIED)는 610여개로 태도와 관련된 의성의태어 파생 동사를 다수 포함하고 있다. (9ㄴ)에서처럼 'N-에 대해' 보어와의 치환관계에 의해 특징지어지는 동사 부류(VIEV)는 240여개로 나타났다.

3.3.2.3.2. 처소/장면 'N-에' 보어(VIEL/VIES)

두 번째 'N-에' 보어 유형은 '장소 보어' 유형으로 다음 2가지로 구분된다. 첫째는 형용사의 경우에서와 마찬가지로 일정 교차구문을 나타나는 'N-에' 보어이다. 다음을 보자.

(10ㄱ)　이른 아침인데도 마트<u>에</u> 사람들<u>이</u> 붐볐다
(10ㄴ) = 이른 아침인데도 마트<u>가</u> 사람들<u>로</u> 붐볐다

즉 (10ㄱ)의 '처소'를 나타내는 'N-에' 보어가 (10ㄴ)에서 주어로 실현되고, 그 장소를 채우고 있던 '점유물'이 (10ㄱ)에서는 주어로 실현된 반면 (10ㄴ)에서 'N-로' 보어로 변환되어 나타났다. 즉 '장소-점유물' 논항 사이의 교차가 실현된 현상으로 다음과 같이 형식화될 수 있다.

(11ㄱ)　N0 N1-에 V
(11ㄴ) = N1 N0-로 V

위와 같은 교차구문은 프랑스어 동사 구문에서 처음 언급된 바 있고(Boons et al.1976), 그 이후 영어(Salkoff 1983, Levin 1993)와 한국어 동사 구문(홍재성 1987)에서도 언급되었다. 앞서 '장면형용사(YAES)' 범주에서 살핀 바와 같이, 형용사 구문에서도 장소-교차 구문에 대한 논의(Nam 1996, Nam 2014b, 남지순 2007ㄱ)가 이루어졌다. 위의 (10ㄱ)의 예문을 보면, 'N-에' 보어는 주어 명사가 점유하는 일종의 장소로서, 그 내부에서 일련의 움직임이 나타남을 표현하고 있다. 그러나 반복적인 움직임이 공간의 이동 없이 되풀이되고 있어, 이 경우도 앞서 형용사들처럼 일종의 '장면'으로 나타난다. 앞서 형용사처럼 이 구문에서도 주어 위치에는 항상 복수명사가 분포하는데, 비특정 인물/비인물 명사 유형이 실현된다. 현재 이와 같은 'N-에' 보어를 취하는 동사들(VIES)의 수는 280여개이며, 대부분 의성의태어에서 파생된 형태를 보인다.

'N-에' 장소 보어에서 두 번째 유형(VIEL)은, 위와 같은 교차 구문을 허용하지 않는 그 외의 다양한 '장소성' 보어들이다. 이들은 다시 주어의 '이동 여부'에 따라 세분류된다. 다음을 보자.

(12ㄱ) 두 노인은 <u>해변에</u> 다다랐다
(12ㄴ) 이 새는 <u>낙동강 부근에</u> 서식한다

위에서 (12ㄱ)의 동사 '다다르다'는 주어의 움직임에 '이동성'을 전제하고 있는 반면, (12ㄴ)의 '서식하다'는 장소의 이동 없이 동일 공간에서의 움직임이나 존재성을 나타낸다. 따라서 동일한 'N-에' 보어 형태이지만 전자의 경우는 '이동성'의 목적지를 나타내는 장소보어인 반면, 후자의 경우는 '비이동성'의 처소보어를 나타낸다. 현재 (12ㄱ)과 같이 이동의 장

소 보어를 요구하는 동사(VIEL_DP)은 220여개로 나타났다. 이들 중에는 다음과 같이 'V-러' 보어를 취할 수 있는 '이동동사' 부류 30여개(VIEL_DP_MV)가 포함된다.

(13) 그는 집 근처 대원사에 참선하러 들렀다

이러한 '이동성'의 장소보어들은 인물주어를 취하며, 다른 처소성 보어 '로/를'과 교체가 가능하다. 또한 목적지를 나타내는 'N-에' 보어는, 출발지를 나타내는 'N-에서' 및 방향을 나타내는 'N-로' 보어와 통사・의미적 대척점을 이룬다.

주어의 '비이동성'의 특징을 보이는 (12ㄴ)과 같은 'N-에' 보어는, 주어가 위치하고 있는 '처소'로서의 정적인 해석을 받아, 일정 경우 'N-에서' 보어와의 교체가 허용하는 현상이 관찰된다. 이러한 부류의 동사 술어(VIEL_ST)는 모두 150여개로 분류되었다.

3.3.2.3.3. 원인 'N-에' 보어(VIEC)

세 번째 'N-에' 보어 유형으로, '원인'의 의미 기능을 가지는 부류가 있다. 이 경우, 'N-에' 보어는 원인을 나타내는 후치사 '로' 또는 '로 인해'와의 대체를 허용한다. 다음을 보자.

(14ㄱ) 피해자 가족들은 그후 심각한 후유증에 오랜 시간을 시달렸다
(14ㄴ) = 피해자 가족들은 그후 심각한 후유증으로 오랜 시간을 시달렸다
(14ㄷ) = 피해자 가족들은 그후 심각한 후유증으로 인해 오랜 시간을 시달렸다

주어 위치에는 인물이나 비인물 유형의 명사가 실현될 수 있으며, 'N-에' 보어에는 보문절의 분포도 가능하다. 이러한 원인의 'N-에' 보어를 취하는 280개의 동사 중에서, 특히 다음과 같이 주어 위치에 인물 명사만을 요구하고 'N-에' 위치에 보문절을 허용하는 경우들이 있다.

(15)그들은 자신들의 계급적 토대인 봉건질서가 외세에 의해 무너지는 것에 분노했다

이러한 구문의 동사들은 주어의 감정을 나타내는 일련의 의미적인 동질성을 보인다. 이러한 유형의 동사는 현재 원인의 'N-에' 보어 동사(VIEC) 부류 중에서 100여개가 관찰된다.

3.3.2.3.4. 기준 'N-에' 보어(VIER)

마지막 'N-에' 보어 유형은 '기준'의 의미 자질을 보이는 형태이다. 이때 'N-에' 보어는 주어에서 표현된 내용에 대한 일정 기준(Criteria)을 의미하며, 앞서 행위/대상의 'N-에' 보어와 달리 주어 위치에 보문절과 함께 모든 형태의 명사를 허용한다. 예를 들면 다음과 같다.

(16ㄱ) 그 항목은 한미간 협약에 저촉되지 않는다

기준의 'N-에' 보어를 취하는 동사(VIER) 유형은 현재 210여개로서, 이들의 형태·의미적인 특징을 보면, 서술명사에 '하다/되다' 접사가 결합한 형태가 주를 이룬다.

이상에서 'N0 N1-에 V'의 문형 구조를 보이는 동사 구문에 있어, 'N-에' 보어의 통사·의미적 속성에 따라 '행위/대상'의 여격보어, '장면/처소'의 장소보어, 원인보어, 그리고 기준보어의 4가지로 분류되었다. 이러한 보어를 취하는 동사 구문은 모두 6가지로 다시 세분류되어 어휘문법 테이블에 기술되었고, 현재 DECO 동사 사전에는 현재의 대분류(YVEZ) 정보만 수록되었다. 현재 'N-에' 보어를 취하는 동사(YVEZ)는 모두 1,990개로 나타났다. 표 257은 일부 예를 보인다.

가까와지다	경악하다	기여하다	달관하다	도달하다
가담되다	계시다	기초하다	달하다	도래하다
가담하다	골몰하다	꿀리다	답하다	도전하다
가려지다	공감하다	끌리다	당도하다	도착하다
가산되다	관여하다	나타나다	당면하다	도취되다
가세하다	광분하다	낙담하다	당첨되다	돌입하다
가입되다	굴복하다	낙서하다	대들다	동감하다
가입하다	굴하다	낙심하다	대비하다	동요되다
감염되다	귀결되다	난립하다	대응하다	동요하다
감전되다	근거하다	내재되다	대처하다	동조하다
격분하다	근접하다	내재하다	대하다	동참하다
격앙되다	기권하다	노하다	대항하다	들르다
경례하다	기대다	다니다	덤비다	등장하다
경배하다	기생하다	다다르다	데다	떨어지다

표 257. 'N0 N1-에 V' 구문(YVEZ) 클라스 동사의 예

3.3.2.4. 'N0 N1-로 V' 구문(YVRZ)

현재와 같은 자동사 구문에서 관찰되는 'N-로' 보어에는 장소성의 해석을 받는 '처소보어' 유형과 학교문법에서 변성격으로 명명되었던 '변성보어' 유형의 2가지 형태가 관찰된다.

3.3.2.4.1. 변성/처소 'N-로' 보어(VILC/VILL)

첫째, '변성'의 'N-로' 보어를 취하는 구문을 살펴보면, 'N-로' 보어는 의미적으로 주어의 일정 변화의 결과를 나타낸다. 예를 들어,

(17ㄱ) 아직도 여성이 임원급으로 승진하는 자체가 뉴스의 초점이 되는데,
(17ㄴ) 이렇게 얻어진 잉여가치가 잉여자본으로 변화되어,

위의 두 문장에서 'N-로' 보어는 주어의 변화되는 '상태/결과'를 표현한다. 이에 따라 의미적으로 이 보어의 문장은 '되다' 동사로 구성된 다음과 같은 문장을 함의할 수 있다.

(18) N0 N1-로 되다

이러한 변성의 'N-로' 보어를 취하는 동사(VILC) 120여개 중에서, 특히 N0 위치에 인물 명사가 나타나고 N1 위치에 직위/직업 관련 명사가 실현되어, 의미적으로 '인사(人事)'와 관련된 특징을 보이는 동사 유형이 60여개 포함되어 있다.

둘째의 'N-로' 보어는 '처소'를 나타내는 보어이다. 처소의 'N-로' 보어는 대부분 'N-에' 보어와 교체가 가능하다. 이와 같이 교체가 가능한 경우, 장소 보어의 대표적 후치사 형태로 간주되는 '에'에 비중을 두었다. 이와 같이 'N-에' 보어와 교체가 가능한 보어 형태를 취하는 동사들은 모두 'N-에' 보어 구문에서 다루어졌다. 결과적으로 여기에는 이러한 교체가 불가능한 'N-로' 보어를 취하는 동사(VILL) 150개만이 수록되었다. 예를 들면 다음과 같다.

(19) 그는 결혼 후 모스코바로 이사했다

표 258은 'N-로' 보어를 취하는 동사(YVRZ) 310여개의 일부 예를 보인다.

각색되다	교체되다	달아나다	무장되다	변질되다
간주되다	구성되다	당선되다	무장하다	변천하다
간택되다	나누어지다	대피하다	바뀌다	변하다
갈라지다	나뉘다	도피하다	발탁되다	변형되다
감형되다	낙하하다	돌변하다	번안되다	변화되다
강등되다	낙향하다	돌진하다	번역되다	변화하다
결정되다	난입하다	둔갑하다	번지다	변환되다
경유하다	남다	망명하다	변모하다	
계획되다	누출되다	명명되다	변신하다	
곡해되다	달리다	묘사되다	변장하다	

표 258. 'N0 N1-로 V' 구문(YVRZ) 클라스 동사의 예

3.3.2.5. 'N0 N1-에서 V' 구문(YVSZ)

'N-에서' 보어는 2가지로 세분류되는데, 이들은 모두, 의미적으로 출처를 나타내는 후치사 '로부터'와의 치환을 허용한다.[63]

---

63) 단 장소성의 해석을 받는 'N-에서' 보어를 취하는 동사구문이 'N-에' 보어와의 교체를 허용하는 경우는, 앞서와 마찬가지로 'N-에' 보어를 취하는 동사 구문으로 분류하였다.
　(ㄱ) 하늘(에+에서) 별빛이 반짝인다 　 (VIES 클라스)

3.3.2.5.1. 근원/처소의 'N-에서' 보어(VISO/VISL)

첫째, '근원'의 'N-에서' 보어는 주어 명사로 표현된 일련의 사건이나 행동의 시작점 및 근원을 표현한다. 예를 들어,

(20) 이 싸움은 그가 그 사람들을 몰래 만난 데에서 발단되었다

위에서 보는 바와 같이, 'N-에서' 보어에는 보문절의 분포가 가능하며, 주어의 위치에도 보문절을 포함한 모든 형태의 명사가 허용된다. 이러한 'N-에서' 보어를 취하는 동사(VISO) 유형으로 110개가 관찰되었다.

둘째, '처소'의 'N-에서' 보어는 장소성의 해석을 받는 명사 논항으로, 'N-에' 보어와의 교체는 불가능한 반면, 대부분 'N-를' 보어와의 교체를 허용한다. 여기서도 앞서 'N-에' 보어에서와 마찬가지로 주어의 '장소이동 유무'에 따라 두 유형으로 나뉘어진다.

우선 주어의 '장소이동'을 함축하는 동사 술어 구문(VISL_DP)에 나타나는 보어 유형이다. 여기서 'N-에서' 보어는 출발점을 나타낸다. 이러한 보어를 취하는 동사 유형은 현재 120개로 관찰되었다. 이 중에서 'V-러' 보어를 취할 수 있는 이동동사 부류(VISL_DP_MV)는 별도로 분류되었다. 예를 들면 다음과 같다.

(21) 그는 사람들을 만나러 대구에서 출발했다[64]

두 번째 부류는 주어의 장소이동은 일어나지 않는 반면, 주어의 움직임이 한 공간에서 지속적으로 계속되는 '장면묘사'의 의미를 갖는 'N-에서' 장소보어이다. 예를 들면 다음과 같다.

(22) 아이들이 냇가에서 첨벙거린다

위와 같은 유형의 'N-에서' 보어를 취하는 동사는 모두 490여개이다. 여기에는 반복적인 움직임을 나타내는 의성의태어에서 파생된 동사들이 포함되어 있다.

이상과 같은 'N-에서' 보어를 취하는 동사(YVSZ)는 전체 720여개이다. 표 259는 일부 예를 보인다.

(ㄴ) 민우는 빌라(에+에서) 산다　　　　(VIEL_ST 클라스)
64) 여기에 다음과 같이 지향점을 나타내는 'N-로' 보어를 삽입할 수 있다.
　　(ㄱ) 그는 사람들을 만나러 대구에서 서울로 출발했다.
　　이처럼 '에서' 보어와 '로' 보어를 모두 취할 수 있는 동사 구문에 대해서는, '에서' 보어 구문을 기본 문형으로 설정하였다. '출발하다', '떠나다'류의 동사는 의미적으로 출발점이 되는 장소가 지향점보다 더 중요하다고 판단되었기 때문이다.

검출되다	도태되다	분출되다	유래되다	제명되다
격리되다	독립하다	사임하다	유래하다	제외되다
고립되다	면제되다	사퇴되다	은퇴하다	조퇴하다
구제되다	발산되다	사퇴하다	이탈되다	졸업하다
낙방하다	발췌되다	색출되다	이탈하다	중퇴하다
낙선하다	배제되다	석방되다	인출되다	징수되다
낙오되다	배척되다	소외되다	일탈하다	
누락되다	분리하다	시작되다	자퇴하다	

표 259. 'N0 N1-에서 V' 구문(YVSZ) 클라스 동사의 예

3.3.2.6. 'N0 N1-를 V' 구문(YVLZ)

3.3.2.6.1. 하위분류 기준

현재 이 범주에 속하는 동사 어휘는 6,930여개로, 가장 많은 동사 어휘가 분류되어 있는 구문 구조이다[65]. 이 구조의 동사 구문은 주어(N0)와 보어(N1) 위치의 명사 분포 속성을 바탕으로 다음 4가지 유형으로 세분류된다. 특히 보문절의 분포 가능성은 유의미한 기준으로 활용된다.

3.3.2.6.2. 주어/보어 분포(VTQS/VTHQ/VTHN/VTNS)

첫째, 주어 위치에 보문절이 분포할 수 있는 동사(VTQS) 유형이다. 다음을 보자.

(23) 친구들이 모두 자신의 곁을 떠났다는 (것+사실)-이 그 아이를 항상 괴롭혔다

위의 예에서 'N-를' 보어는 주어에 표현된 내용으로 인해 감정을 느끼는 경험주가 되는데, 이처럼 보어 위치에 인물 명사가 분포할 수 있는 동사는 의미적인 동질성을 보여준다. 총 190개의 동사가 이 클라스에 분포되어 있다.

둘째, 주어 위치에 인물명사 분포가 요구되고, 'N-를' 보어에 보문이 분포할 수 있는 구문 유형(VTHQ)이다. 다음을 보자.

(24ㄱ) 그녀는 그들이 어서 떠나기를 원했다
(24ㄴ) 그들은 조선으로 귀국할 것인지 말 것인지를 망설이고 있습니다

---

65) '를' 대격 보어는 다양한 보어와 교체되는 양상을 보인다.
(ㄱ) 그는 동생의 의견-(에+을) 반대했다.
(ㄴ) 소년은 풀밭-(에서+을) 뒹굴었다.
(ㄷ) 이 비행기는 일본-(으로+을) 경유한다.
이러한 현상은 타동 구문에서보다 자동 구문에서 더 빈번하게 관찰된다. 여기서는 다른 형태의 보어와 교체될 수 있는 '를' 보어의 경우, 그 교체되는 보어에 해당되는 구문으로 분류하는 것을 원칙으로 하였다.

위의 예에서 보인 'V-기'와 'V-지'에 의한 보문절 외에도, 'V-고', 'V-음', 'V-것' 등에 의한 보문절도 관찰된다. 'N-를' 보어에 보문이 분포할 수 있는 동사는 모두 1,420여개이며, 이때 보문절 형태를 보면, 특히 'V-기' 보문을 취하는 동사가 180여개, 'V-지' 보문을 취하는 동사가 240개, 그리고 'V-고' 보문을 요구하는 동사는 60여개 등으로 나타났다.

셋째, 주어 위치에 인물명사 분포가 요구되고, 'N-를' 보어에 보문이 분포할 수 없는 구문 유형(VTHN)이다. 현재 5,290여개의 동사가 여기 포함된다. 이 경우 다시 'N-를' 보어의 명사 분포가 인물명사인지 아닌지로 세분류될 수 있다. 예를 들어,

(25ㄱ) <u>아버지는</u> 가장으로서 <u>자식들을</u> 양육하였다
(25ㄴ) <u>그 분은</u> 지병인 혈압 때문에 <u>한약을</u> 복용하고 계신다

위의 예에서 'N-를' 위치에 분포할 수 있는 명사는 (25ㄱ)에서는 '인물명사'만이 가능하고, (25ㄴ)에서는 비인물명사만이 가능하다. 특히 전자의 구문에 나타난 동사 '양육하다'는 보어 성분으로 특히 주어와의 친족 관계와 같이 제한된 의미 자질의 명사만을 허용하고, (25ㄴ)의 동사 '복용하다'는 보어 성분으로 약과 관련된 의미 계열의 명사 부류만을 허용하는 특징을 보인다.

'N-를' 보어에 '비인물명사'가 분포하는 경우는, 또한 '신체 부위' 명사가 실현되어 인물성 주어의 일정 신체의 움직임이나 소리를 흉내내는 의성의태어 파생 동사가 높은 비중으로 나타난다. 이러한 유형의 동사는 현재 2,000여개로, 예를 들면 다음과 같다.

(26ㄱ) <u>어머니는</u> <u>고개를</u> 끄덕끄덕하더니 말했다
(26ㄴ) <u>그가</u> <u>숨을</u> 헉헉거리며 나타났다
(26ㄷ) <u>아내는</u> 주방에서 무엇을 하는지 <u>식기를</u> 달그락거렸다

넷째, 주어 위치에 사물 명사만이 분포할 수 있는 동사(VTNS) 구문이다. 이 부류에 속하는 동사는 30여개로 상대적으로 그 수가 많지 않다. 예를 들면 다음과 같다.

(27) <u>해초는</u> <u>요드를</u> 다량으로 함유하고 있다.

현재 'N-를' 보어를 취하는 동사(YVLZ)는 모두 6,930여개로, 일부 예를 보이면 표 260과 같다.

가려워하다	각오하다	간호하다	감당하다	감안하다
가리키다	간과하다	갈구하다	감상하다	감지하다
가지다	간소화하다	갈망하다	감수하다	감행하다
각성하다	간파하다	감내하다	감식하다	강간하다

강구하다	개업하다	격퇴하다	결의하다	경험하다
강독하다	거역하다	격파하다	경계하다	계량하다
강타하다	건드리다	겪다	경시하다	계산하다
강행하다	검열하다	견인하다	경영하다	계승하다
강화하다	검토하다	견제하다	경작하다	
갖추다	겁탈하다	결산하다	경청하다	
개괄하다	겨냥하다	결심하다	경축하다	

표 260. 'N0 N1-를 V' 구문(YVLZ) 클라스 동사의 예

3.3.3. 'N0 N1-POST N2-POST V' 구문

'N0 N1-POST N2-POST V'를 문형 구조로 하는 동사 구문은 대격 후치사가 수반된 'N-를' 보어를 제 1보어로 하고, 그외의 'N-와/에/로/에서'의 4가지 유형의 제 2보어를 수반하는 형태로 나타난다. 제 2보어의 형태에 따라 전체 4가지 클라스로 분류된다. 이와 같은 3항 술어 동사 어휘는 현재 1,660개로, 전체 180,40개의 동사 어휘의 9%를 차지한다. 5,600여개로 전체 동사의 31%를 차지하는 1항 술어('N0 V') 유형과 10,780개로 전체 동사의 60%를 차지하는 2항 술어('N0 N1-POST V') 유형에 비해 그 비중이 현저히 작은 것을 볼 수 있다.

현재 이와 같은 3항 술어 구문은 'N-를' 보어를 제 1보어로 하므로 모두 '타동사 구문'이 되는데, 이 타동사 구문에서는 주어 위치에 주로 인물 명사가 분포하는 특징을 보인다. 보문절이나 비인물 주어로 특징지어지는 구문은 찾기 어렵기 때문에, 여기서 살필 동사 구문에서 주어 위치의 명사 분포는 하위 클라스를 정의하는 핵심 자질이 되지 않는다. 이러한 개별 속성은 각 클라스별 어휘문법 테이블에 세부 정보로 수록된다.

3.3.3.1. 'N0 N1-를 N2-와 V' 구문(YVLW)

3.3.3.1.1. 2가지 하위분류

3항술어 구문의 첫째 유형은 'N-와' 보어를 취하는 타동사 구문이다. 'N-와' 보어를 취하는 타동사 구문에서 동사를 특징짓는 핵심보어로서의 'N-와'는 '대칭보어'의 형태로만 실현된다. 그러나 형용사 또는 자동사 구문에서와는 달리, 이 구문에서는 '주어'와 'N-를'이라는 두 개의 논항이 존재하므로 'N-와' 보어가 어느 논항과 대칭 관계를 이루는가에 따라 두 가지 동사 부류를 세분류할 수 있다.

3.3.3.1.2. 주어 대칭(VTWS)과 직접보어 대칭(VTWA)

'N-와' 보어를 취하는 타동문 동사의 첫째 부류는, 'N-와' 보어가 주어(N0)와 대칭 관계를

형성하는 대칭동사 부류이다. 즉 다음과 같은 관계쌍을 허용하는데,

(28ㄱ)   N0 N1-를 N2-와 V
(28ㄴ) = N2 N1-를 N0-와 V

예를 들면 다음과 같다.

(29ㄱ)   A사는 B사와 협력을 약속하였다
(29ㄴ) = B사는 A사와 협력을 약속하였다

위의 '약속하다'는 주어 명사가 상대방과의 일정 행위를 약속하는 것으로, 이 경우 상대방도 주어 명사와 일정 행위를 약속하는 것이 동시에 전제되어야 한다. 이러한 유형의 'N-와' 보어를 취하는 동사(VTWS)는 100여개이다.

둘째 부류는 'N-와' 보어가 'N-를' 보어와 대칭 관계를 형성하는 대칭동사 부류이다. 즉 다음과 같은 관계쌍을 허용한다.

(30ㄱ)   N0 N1-를 N2-와 V
(30ㄴ) = N0 N2-를 N1-와 V

위의 관계를 만족하는 예를 보이면 다음과 같다.

(31ㄱ)   부캐넌은 소규모 사회와 대규모 사회를 비교하고 있다.
(31ㄴ) = 부캐넌은 대규모 사회와 소규모 사회를 비교하고 있다.

위의 구문에서 동사 '비교하다'는 주어 명사가 두 배타적 개체, 속성 또는 사실을 상호 비교하고 있는 의미로 사용된 것으로, 'N-와' 보어와 'N-를' 보어 사이의 대칭 관계가 전제된다. 이러한 유형의 'N-와' 보어를 취하는 동사(VTWA)는 모두 90여개이다.

이상과 같이 'N-와' 보어를 취하는 동사(YVLW) 전체의 목록은 190여개로 나타났다. 이들 목록의 일부를 보이면 표 261과 같다.

겨루다	공방하다	교역하다	논의하다	맞추다	부딪다
격론하다	공유하다	교환하다	다툼하다	무역하다	부딪치다
견주다	공저하다	구별하다	단절하다	밀약하다	분간하다
견줌하다	교대하다	구분하다	담판하다	바꾸다	비교하다
결부하다	교류하다	기약하다	대조하다	벌이다	비기다
결합하다	교배하다	나누다	동일시하다	병합하다	비빔하다
계약하다	교섭하다	내기하다	마찰하다	병행하다	섞다

| 소통하다 | 식별하다 | 약정하다 | 엮다 | 왕래하다 | 제휴하다 |
| 시합하다 | 약속하다 | 약조하다 | 연결하다 | 융합하다 | |

표 261. 'N0 N1-를 N2-와 V' 구문(YVLW) 클라스 동사의 예

3.3.3.2. 'N0 N1-를 N2-에 V' 구문(YVLE)

3항술어 구문의 두 번째 유형은 'N-에' 보어를 취하는 타동사 구문이다. 'N-에' 보어를 취하는 구문은 두 보어에 위치하는 명사의 분포 특성에 의해 세 가지 유형으로 구분된다.

3.3.3.2.1. '여격'의 'N-에' 보어(VTED)

첫 번째 유형은 '여격'의 'N-에' 보어 동사(VTED) 구문이다. 'N-에' 보어는 의미적으로 주어로부터 유형 또는 무형의 어떤 것을 받는 대상으로, 'N-에' 위치에 인물 명사뿐 아니라 기관, 단체 등의 비인물 명사가 실현 가능하지만 보문절의 분포는 배제된다. 여기 속하는 동사들은 전체 690여개로서, 통사·의미적 속성에 의해 다시 다음 두 가지 유형으로 분류된다.

- 발화동사 구문('N-를' 위치에 보문절({V-고} 분포 가능)
- 수여동사 구문('N-를' 위치에 보문절 분포 불가능)

첫째는 'N-를' 보어 위치에 보문절이 분포할 수 있는 구문이다. 예를 들어,

(32) 구렁이가 모친에게 <u>그 셋째 딸에게</u> 장가 보내달라고 요구하였다

위에서 동사 '요구하다'는 'N-를' 보어 위치에 '보문절'을 허용하였다. 이때의 보문절은 보문소 '고'에 의해 유도된 형태로, 기존 연구에서 '발화동사' 구문으로 논의되어온 동사 부류와 대응된다. 이러한 'N-에' 보어의 동사 구문(VTED_CM)은 현재 450여개로, 상대적으로 높은 비중을 차지한다.

둘째는 'N-를' 보어 위치에 '보문절'을 허용하지 않는 동사 구문이다. 예를 들면 다음과 같다.

(33) 나는 <u>그 돈의 절반을</u> 극작가 연맹에 기증하겠소

위의 수여동사 '기증하다'는 'N-를' 보어 위치에 일련의 사물성 명사를 취한다. 이러한 유형의 'N-에' 보어를 요구하는 동사(VTED_DO) 부류는 240여개이다. 동사에 따라 'N-를' 보어 위치에 분포할 수 있는 명사 유형이 매우 한정적인 경우가 있다. 가령 돈, 세금 등과 관련

된 '송금하다', '납부하다' 등의 동사가 여기 해당된다.

3.3.3.2.2. '대상'의 'N-에' 보어(VTEV)

둘째는 '대상'의 'N-에' 보어 동사(VTEV) 구문이다. 여격의 'N-에' 보어를 취하는 동사와 달리, 대상의 'N-에' 보어를 취하는 동사는 두 번째 보어(N2) 위치에 보문절의 분포를 허용한다. 예를 들어,

(34) 그는 그 이론을 <u>신제품을 개발하는 데</u>에 적용했다

위의 예에서 'N-에' 보어는 주어의 행위를 표현하는 '적용하다' 동사의 그 대상으로서, 추상적인 개체나 사실, 명제 등을 표현할 수 있다. 대상의 'N-에' 보어 동사 구문(VTEV)은 현재 60여개이다.

3.3.3.2.3. '처소'의 'N-에' 보어(VTES)

셋째는 '처소'의 'N-에' 보어 동사(VTES) 구문이다. 타동사 구문에 처소의 'N-에' 보어가 실현된 이 구문의 경우, 보어의 유형이 자동사 구문에서 관찰되는 유형과 유사하다. 이 경우도 '논항 교차' 관계의 가능성 여부에 의해 2가지 유형으로 분류된다.

• '개체-장소' 논항 교차 구문('N-를'과 'N-에'의 교차) (VTES)
• '개체-장소' 논항 교차 불가('N-에'는 단순 처소 논항) (VTEL)

우선 다음과 같은 형식의 '논항 교차' 쌍을 허용하는 동사(VTES) 부류가 관찰된다.

(35ㄱ)   N0   N1-를   N2-에   V
(35ㄴ) = N0   N2-를   N1-로   V

예를 들어보면 다음과 같다.

(36ㄱ)   소령이 <u>포도주를</u> <u>내 잔</u>에 채웠다
(36ㄴ) = 소령이 <u>내 잔</u>을 <u>포도주</u>로 채웠다

위의 예에 실현된 동사 '채우다'는, (36ㄱ)의 'N-에' 보어 형태인 '내 잔에'가 (36ㄴ)에서 직접보어로 변환되고, 직접보어 '포도주를'이 'N-로' 보어로 변환된 '논항-교차' 관계를 허용한다.

또 하나는 이러한 '논항 교차' 관계를 허용하지 않는 'N-에' 처소 보어를 취하는 동사 (VTEL) 구문이다. 다음을 보자.

(37ㄱ)   그는 장난감들을 서랍장에 넣었다
(37ㄴ) = *그는 서랍장을 장난감들로 넣었다

위에서 'N-에' 보어는 'N-를'의 명사 개체가 존재하고 위치하는 장소를 나타낸다. 현재 이러한 'N-에' 보어를 취하는 동사는 50여개이다.[66] 이 부류에는 자동사 구문에서처럼 'V-러' 보문으로 특징지어지는 이동동사 유형(VTEL_MV)이 포함된다. 예를 들면 다음과 같다.

(38) 선생님은 우편물을 받으러 그를 행정실에 보냈다

현재 'N-에' 보어가 나타나는 3항술어 구문의 동사(YVLE) 부류는 전체 1,100여개이다. 표 262는 일부 예를 보인다.

가르치다	갚다	경고하다	공지하다	권유하다	기재하다
가미하다	건네다	고발하다	과시하다	권장하다	꽂다
가하다	건의하다	고백하다	광고하다	권하다	납부하다
강매하다	걸다	고소하다	교부하다	금하다	납입하다
강요하다	게시하다	고지하다	교습하다	기고하다	납품하다
강의하다	게양하다	고하다	교육하다	기록하다	내다
강제하다	게재하다	공개하다	구걸하다	기부하다	누설하다
강조하다	겨누다	공급하다	권고하다	기입하다	대꾸하다

표 262. 'N0 N1-를 N2-에 V' 구문(YVLE) 클라스 동사의 예

3.3.3.3. 'N0 N1-를 N2-로 V' 구문(YVLR)

'N-로' 보어가 실현되는 타동사 구문은 '변성/명명/도구'의 3가지로 하위분류된다.

3.3.3.3.1. '변성'의 'N-로' 보어(VTLC)

첫째, '변성'의 'N-로' 보어 구문이다. 앞서 2항술어 구문에서도 변화의 결과를 나타내는 동일한 'N-로' 보어가 실현되었으나, 3항술어 구문에서는 그 변화가 '주어'가 아니라 'N-를' 목적어에 나타난다는 점에서 차이를 보인다.

(39ㄱ) 임 의원이 현 관광호텔을 오피스텔백화점으로 개조하는 중이다
(39ㄴ) 야당은 김 전 의원을 당 고문으로 임명했다

---

66) 타동사 구문에서 처소의 '에' 보어는 대부분 '로' 보어로 대체될 수 있다.
　(ㄱ) 아이들이 구겨진 종이를 쓰레기통(에+으로) 던졌다.
　이때 동사의 의미 특성 또는 논항의 명사 분포에 따라 '에'나 '로' 중 하나가 문장에서 더 자연스러운 경우가 있다. 여기서는 '에' 보어가 '로' 보어로 대체될 수 있는 경우, 기본 문형을 '에' 보어 구문으로 설정하는 입장을 유지하였다. 다만 이러한 교체 가능성은 각 동사 표제어에 대한 어휘문법 테이블에서 개별적으로 기술되도록 하였다.

위에서 '개조하다'나 '임명하다'는 두 논항 사이의 상태 변화의 관계를 묘사하는 동사 술어들이다. 이 경우도 앞서 2항 술어 구문에서처럼 'N1 N2-로 되다' 구문이 성립하는지 여부를 검증하여 구성되었다. 이때 2항 술어 구문과 마찬가지로 'N-로' 보어 위치에 직위, 직업, 신분 등과 관련된 명사를 요구하는 동사 부류가 있는데, 예를 들면 '뽑다' '추천하다' 등이 해당되며, 이들은 {'주어'가 'N-로' 보어로 '뽑히다/추천되다'}를 나타내는 자동사 구문과 대응 관계를 보인다. 현재 3항 술어 구문으로 변성의 'N-로' 보어를 취하는 동사(VTLO)는 모두 150여개이다.

3.3.3.3.2. '명명'의 'N-로' 보어(VTLA)

둘째, '명명'의 'N-로' 보어 구문이다. 명명의 'N-로' 보어를 취하는 동사(VTLA)는 20여개로 그 수는 상대적으로 많지 않다. 그러나 통사적으로나 의미적으로 다른 유형의 'N-로' 보어와는 분명히 구별되는 특징을 보인다. 예를 들면 다음과 같은데,

(40) 친구들은 그를 <u>코리언 터미네이터로</u> 부른다

위의 예에서 'N-로' 보어는 인용격 후치사 'N-라고'로 대체될 수 있다.

(41) 친구들은 그를 <u>코리언 터미네이터라고</u> 부른다

위와 같은 '명명'의 'N-로' 보어는 다음 (42)에서 관찰되는 'V-고' 보문의 재구조화에 의한 'N-로' 보어와는 구별된다.

(42ㄱ) {보문절 목적어}　　　경찰은 [그가 범인이라고] <u>판단했다</u>
(42ㄴ) {재구조화}　　　= 경찰은 [그를] [범인이라고] <u>판단했다</u>
(42ㄷ) {'N-로' 보어로 치환} = 경찰은 [그를] [범인으로] <u>판단했다</u>

위에서 (42ㄱ)은 '그가 범인이다'라는 보문절이 '판단하다'의 목적어로 사용된 구문이다. 이때 (42ㄴ)에서는 이 보문절이 두 개의 논항으로 분리되는 재구조화 변환이 나타났다. 이렇게 두 개로 분리된 구조에서 '범인이라고'가 '범인으로'로 치환되어 (42ㄷ)이 구성되었다. 반면 위의 (41)은 표면적으로는 (42ㄴ)과 동일하나, (42ㄱ)과 같은 구문과의 대응관계가 허용되지 않는다. 다음을 보자.

(43) = *친구들은 [그가 <u>코리언 터미네이터라고</u>] 부른다

3.3.3.3.3. '도구'의 'N-로' 보어(VTLI)

마지막 'N-로' 보어 유형은 '도구'의 'N-로' 보어이다. 예를 들면 다음과 같다.

(44) 사람들이 박스를 <u>비닐로</u> 포장한다

위의 예에서 'N-로' 보어는 의미적으로 동사 '포장하다'의 재료, 도구를 나타낸다. 여기서 '포장하다'와 유사한 의미 계열의 '묶다'의 예를 살펴보자.

(45) 사람들이 그를 <u>쇠사슬로</u> 묶었다

예문 (7)에서 'N-로' 보어는 앞서 '포장하다' 구문에서처럼 동작의 재료, 도구의 의미를 보인다. 그런데, (45)의 구문은 다음 (46)과 같은 구조의 '논항 교차' 관계를 허용한다.

(46ㄱ)   N0 N1-를 <u>N2-로</u> V
(46ㄴ) = N0 <u>N2-를</u> N1-에 V

즉 위에서 (45)의 구문은 다음 (47ㄱ)과 같은 교차 관계를 허용하는 반면, (44)의 구문은 (47ㄴ)에서 보이듯이 이러한 교차 구문을 허용하지 않는다.

(47ㄱ) = 사람들이 <u>쇠사슬을</u> 그에게 묶었다
(47ㄴ) = *사람들이 <u>비닐을</u> 박스에 포장한다

따라서 (45)-(47ㄱ)의 교차 구문을 허용하는 동사 '묶다'는 앞서 'N-에' 보어를 취하는 3항 술어 동사 구문(VTES)에서 다루어지는 반면, 이러한 관계를 허용하지 않는 (44)-(47ㄴ)과 같은 구문의 '포장하다'는 단지 도구의 'N-로' 보어를 취하는 동사(VTLI) 부류로 분류된다.

현재 'N-로' 보어를 취하는 동사(YVLR) 부류는 190여개로, 표 263은 일부 예를 보인다.

각색하다	날조하다	변속하다	선택하다	오역하다	운송하다
강등하다	늦추다	변주하다	설정하다	오용하다	위장하다
개량하다	단정하다	변형하다	섬기다	오인하다	위조하다
결정하다	대신하다	변환하다	속단하다	오진하다	이동하다
계획하다	대우하다	보내다	연행하다	오판하다	이송하다
공천하다	등분하다	분할하다	영입하다	오해하다	이전하다
과장하다	명명하다	분해하다	예상하다	옮기다	일컫다
규정하다	묘사하다	선정하다	예정하다	요약하다	임명하다
기억하다	번역하다	선출하다	예측하다	운반하다	

표 263. 'N0 N1-를 N2-로 V' 구문(YVLR) 클라스 동사의 예

3.3.3.4. 'N0 N1-를 N2-에서 V' 구문(YVLS)

'N-에서' 보어가 실현되는 3항술어 구문의 경우, '탈격/근원/처소'의 3가지 유형으로 하위 분류되었다.

3.3.3.4.1. '탈격'의 'N-에서' 보어(VTSP)

'탈격'의 'N-에서' 보어 구문에서 보어는 '여격'의 'N-에' 보어에 위치하는 명사들과 동일한 형태의 분포를 보인다. 다만 그 의미적 방향성에 있어서 서로 대립되는 관계의 보어 구문을 구성한다. 예를 들어,

(48) 전직 대통령들이 몇천억원을 <u>기업에서</u> 걷어 들였다고 한다

위의 예에서 'N-에서' 보어는 '걷다' 동사 행위의 출처가 되는 '탈격'의 보어이다. 이러한 'N-에서' 보어를 취하는 동사(VTSP)는 모두 90여개로 나타났다.

3.3.3.4.2. '근원'의 'N-에서' 보어(VTSO)

'근원'의 'N-에서' 보어 구문은 보어 위치에 보문절이 분포할 수 있다는 점에서 '탈격'의 'N-에서' 보어와 차이를 보인다. 가령 다음을 보면,

(49) <u>최고 권력자들의 복장이 모두 붉은색이었음에서</u> 그 기원을 유추해 볼 수 있다.

위에서 동사 '유추하다'는 'N-에서' 보어 위치에 보문절을 허용하였다. 이러한 속성은 '유추되다'와 같이 형태적으로 대응되는 자동사 구문에서도 동일하게 나타난다. 현재 이와 같이 근원의 'N-에서' 보어를 취하는 동사(VTSO)는 약 50여개이다.

3.3.3.4.3. '처소'의 'N-에서' 보어(VTSL)

마지막 유형은 '처소'의 'N-에서' 보어 구문이다. 이 구문의 처소의 'N-에서' 보어도 앞서 2항 술어 구문에서처럼 동사 행위의 근원지/출발점으로서의 장소를 의미한다. 다만 현재의 3항 술어 구문에서 'N-에서' 보어는 '주어' 명사에 대한 어떤 행위의 출발점이 아닌, 'N-를' 목적보어에 실현된 명사에 대한 일정 동작의 출발점을 의미한다. 다음을 보자.

(50) 그녀는 <u>책상 위에서</u> 가방을 치웠다

위에서 동사 '치우다'는, 목적 보어인 '가방'을 근원지 장소로서의 '책상 위에서' 이러한

동작이 진행됨을 나타낸다. 현재 이러한 처소의 'N-에서' 보어를 취하는 동사(VTSL)는 30여개로 나타났다.

이상에서 현재 'N-에서' 보어를 취하는 3항 술어 구문의 동사(YVLS) 부류는 모두 180여개이다. 표 264는 일부 예를 보인다.

각출하다	구출하다	빌리다	수상하다	제명하다	캐다
강탈하다	도용하다	빼다	압류하다	제외하다	탈취하다
건지다	매입하다	빼앗다	압수하다	징수하다	해임하다
격리하다	모금하다	뺏다	얻다	차용하다	회수하다
고르다	몰수하다	뽑다	유추하다	채취하다	
공제하다	받다	삭제하다	인수하다	추방하다	
구입하다	발굴하다	소거하다	인출하다	축출하다	
구제하다	발췌하다	수령하다	입수하다	출금하다	

표 264. 'N0 N1-를 N2-에서 V' 구문(YVLS) 클라스 동사의 예

4. DECO 사전의 형용사/동사 LexGram 분류

4.1. 동사의 LexGram 분류 정리

이상에서 한국어 동사 구문에서 관찰되는 11개의 문형구조 대범주에 대해서, 논항의 분포 및 보어의 통사·의미적 속성, 대응문과의 관계 등에 대한 검증을 통해 33가지의 하위분류를 수행하였다. 동사 어휘는 형용사에 비해 그 표제어 규모와 문형구조가 훨씬 복잡하게 나타나기 때문에, 앞서도 언급한 바와 같이, 현재 DECO 사전에는 동사의 분류체계 LexGram의 11개 대범주 클라스에 한정된 정보만을 수록하였다. 이를 다시 정리해 보면 표 265와 같다.

번호	통사구조	제1보어	제2보어	클라스	의미·통사명칭	예시	개수
1	N0 V			YVZZ	자동사	꿀꿀대다	5600
2	N0 N1 V	N1-와		YVWZ	대칭 자동사	결혼하다	450
3		N1-가		YVGZ	증상 자동사	근질거리다	380
4		N1-에		YVEZ	여격장소원인기준 자동사	가세하다	1990
5		N1-로		YVRZ	변성처소 자동사	오인하다	310
6		N1-에서		YVSZ	근원처소 자동사	탈퇴하다	720
7		N1-를		YVLZ	타동사	꾀하다	6930

번호	통사구조	제1보어	제2보어	클라스	의미·통사명칭	예시	개수
8			N1-와	YVLW	대칭 타동사	비교하다	190
9	N0 N1 N2 V	N1-를	N1-에	YVLE	여격장소 타동사	맹세하다	1100
10			N1-로	YVLR	변성명명도구 타동사	번역하다	190
11			N1-에서	YVLS	근원처소탈격 타동사	구출하다	180

표 265. DECO 사전에 수록된 동사(VS) 범주의 LexGram 분류 정보

앞서 언급한 바와 같이, 1항술어로 분류된 동사 구문(YVZZ)은 5,600여개로 전체 동사 18,040개의 31%를 차지하고, 3항술어로 분류된 4가지 동사 구문은 1,660개로 전체의 9%에 그친다. 반면 2항 술어로 분류된 6가지 부류가 10,780개로 전체 동사의 60%를 차지하는 것을 볼 수 있다.

유형론적인 측면에서, 형용사 구문과 통사·의미적으로 상당 부분 동일한 보어 유형들이 관찰되었으며, 형용사의 경우에서와 마찬가지로 특히 'N-에' 보어가 가장 복잡한 양상을 보이는 것을 알 수 있다. 수적인 측면에서는 'N0 V' 유형의 자동사 구문과 'N0 N1-를 V' 유형의 타동사 구문을 구성하는 동사 어휘의 수가 가장 높은 비중을 차지했다. 이들 두 클라스 (YVZZ/YVLZ)의 합은 약 12,530개로, 이들을 제외한 나머지 9개 클라스 동사들이 전체의 30% 정도를 차지하는 것을 볼 수 있다.

5,510여개에 해당하는 나머지 9개 클라스에서, 다시 'N-에' 보어가 실현된 두 클라스 (YVEZ/YVLE)에 포함되는 동사가 3,090개로 56%의 비중을 차지한다. 즉 'N0 V' 유형의 자동사 구문과 'N0 N1-를 V' 유형의 타동사 구문을 제외한, 보어를 취하는 나머지 동사 구문들이 둘 중 하나 꼴로 'N-에' 보어를 취하는 것을 알 수 있다.

4.2. 형용사의 LexGram 분류 정리

앞서 논의한 바와 같이 형용사 LexGram 분류체계는, 형용사 어휘 7,120여개에 대해서 15가지의 문형구조 대범주로 구성되었다. 이 경우도 보어의 수와 유형뿐 아니라, 논항의 분포 및 보어의 통사·의미적 속성, 대응문과의 관계 등에 대한 검증을 통해 분류가 이루어졌다. 앞서 제시한 형용사 LexGram 분류체계 표를 다시 보면 표 266과 같다.

번호	통사구조	보어/주어	하위속성	클라스	의미명칭	예시	개수
1	N0 N1 Adj	N1-와		YAWS	대칭형용사	평행하다, 다르다	130
2		N1-가		YAIC	증상형용사	간지럽다, 고프다	220
3		N1-에	여격보어	YAED	태도형용사	거만하다, 건방지다	950
4				YAEV	대상형용사	미안하다, 고맙다	220
5			장소보어	YAES	장면형용사	가득하다, 낭자하다	180
6				YAEG	공간형용사	울창하다, 빽빽하다	540
7			심리경험보어	YAEP	심리형용사	피곤하다, 걱정스럽다	280
8				YAEE	평가형용사	사랑스럽다, 두렵다	240
9			기준보어	YAER	기준형용사	알맞다, 부족하다	370
10		N1-기타		YARR	상황형용사	낫다, 더하다	130
11	N0 Adj	N0=보문절	'기'보문	YAPZ	가상형용사	어렵다, 쉽다	340
12			인물주어보문	YASZ	감탄형용사	어리석다, 용감하다	760
13			그외 보문	YACZ	명제형용사	확실하다, 분명하다	860
14		N0=인물		YAHZ	인물형용사	우락부락하다, 가난하다	670
15		N0=사물		YANZ	사물형용사	시다, 비리다	1230

표 266. DECO 사전에 수록된 형용사(AS) 범주의 LexGram 분류 정보

형용사 범주에서는 보어를 취하지 않는 1항술어가 3,860여개로, 5개의 하위 클라스로 분류되었다. 이 경우 명사의 분포적 특성과 통사적 대응문을 기준으로 형용사 술어의 의미적 차이를 형식적으로 정의하였다. 이들은 전체 형용사의 54%를 차지한다.

나머지 10개 클라스는 모두 2항 술어로서, 한 개의 보어를 요구하는 형용사 술어 구문인데, 여기서도 'N-에' 보어의 비중이 압도적으로 높다. 형용사 술어의 경우 10개 중 7개 클라스가 'N-에'로 특징지어졌으며, 이들의 수가 2항술어 형용사 전체 3,260여개 중 85%에 해당하는 2,780여개로 나타났다.

또한, 동사 구문과 형용사 구문에 공통적으로 '대칭'의 'N-와' 보어 구문, '증상'의 'N-가' 보어 구문, '여격/태도/대상' 등으로 명명된 'N-에' 보어 구문, '점유물-공간' 논항 사이의 교차를 허용하는 'N-에' 장소 보어 구문, '기준'의 'N-에' 보어 구문 등이 관찰되었다.

반면 형용사 구문에 특징적으로 나타난 구문은, '심리경험주'로 사용된 'N-에' 보어가 실현된 '심리형용사(YAEP)' 구문과 '평가형용사(YAEE)' 구문이다. 이때 심리형용사는 앞서 장소성 교차논항 구문과 마찬가지로, 두 논항의 교차를 허용하는 특징을 보인다. 또한 기존의 '향주어 문장부사'나 '향명제 문장부사'로 명명된 일련의 특수한 부사들과 형태적 연관성을 보이는 일련의 형용사들이, 보문절을 주어로 하는 구문(YASZ/YACZ)의 술어로 사용된 점도 주목할 만하다. 보문절 '주어의 상승문(Montée du sujet)', 또는 Tough Movement로 명명되어 온 일련의 'V-기' 보문절 주어 구문은 '가상형용사 클라스(YAPZ)'로 정의되었다.

동사 구문에서는 '원인'을 나타내는 'N-에' 보어의 출현이나, 동작이나 이동을 나타내는 동사들과 관계되는 다양한 '처소' 보어들이 'N-에/로/에서' 보어 형태로 실현된 점이 형용사 구문과의 차이로 나타났다. 또한 '변성/명명/도구' 등의 'N-로' 보어도 형용사 구문에서 관찰되지 않은 속성이다.

앞서 언급한 바와 같이, 이들에 대한 개별적인 정보는 각 어휘문법 테이블에 저장되며, 이는 궁극적으로 유한상태 트랜스듀서 방식으로 변환되어 코퍼스 분석에 사용될 수 있는 대규모 문법사전이 된다. 이에 대해서는 추후 별도의 지면을 통해 다시 세부적 논의를 진행하기로 한다.

Ⅲ | 의미·감성·개체명 분류체계와 사전정보

1. 의미·감성 정보와 감성분석(Sentiment Analysis) 연구

전자사전 구축 과정에서 표제어(Entry) 선정 작업의 문제와 함께 고려되는 중요한 사항이, 표제어와 함께 수록되는 정보(Information)의 유형이다. 앞서 제3부에서 각 표제어별 문법범주 정보(POS Information) 정보와 하위분류 정보(Subcategory Information), 그리고 형태 정보(Morphological Information)가 제시되었고, 제4부에서는 앞 장에서 어휘문법 연구에 기반한 LexGram 분류체계에 따라 통사 문형 정보(Syntactic Information)가 제시되었다. 이 장에서는 의미온톨로지 SemOnto 분류체계에 기반한 의미 정보(Semantic Information)와 실제 응용 시스템에 적용되는 감성 정보(Sentiment Information) 및 그외 관련 정보가 제시된다.

여기서 논의될 의미·감성·개체명 정보를 다시 정리하면 표 267에서 보이는 바와 같다.

번호	분류체계	체계수	분류 유형	태그형식
1	의미온톨로지 분류체계	1가지	SemOnto	Q-{AAA}
2	감성어휘 관련 분류체계	3가지	PolLex/ NegLex/ PsyLex	QX-{AA}
3	개체명 관련 분류체계	4가지	EntLex/ FeaLex/ DomLex/ LanLex	XQFT / XX-{AA}

표 267. 의미·감성·개체명 분류체계

여기서 보는 바와 같이 현재 모두 8가지 방식의 분류체계에 기반한 사전 정보가 제공된다. 위의 분류 정보는 다음과 같은 세 가지 양상을 보인다.

첫째는, 'SemOnto 의미온톨로지 분류체계'로서, 이는 개별어휘들의 의미적 군집화를 상향식(Bottom-up) 방식으로 수행하여 구축된 귀납적 어휘(Lexicon) 분류 체계이다. 이를 기반으로 기존의 개념(Concept) 분류 체계들과 호환성을 가질 수 있도록 조정함으로써, 현재 DECO 사전의 표제어에 수록된 정보가 일반적인 의미 추출 시스템에서 사용될 수 있도록 하였다.

둘째는, 오피니언 마이닝(Opinion Mining)과 감성분석(Sentiment Analysis)에 특화된 일련의 감성 분류체계로서, 현재 3가지 유형으로 요약된다. 우선 '극성어휘 분류(PolLex)'는 오피니언 마이닝 연구에서 가장 핵심적인 정보가 되는 '긍정(Positive)/중립(Neutral)/부정(Negative)' 등의 극성(Polarity)을 단어 차원에 할당하도록 설정된 분류체계이다. '부정어휘 분류(NegLex)'는 문법적 부정소가 아닌 '어휘적 부정소(Lexical Negator)' 부류로서, 공기하는 극성 어휘를 부정(Negation)하는 어휘들을 분류하기 위해 도입되었다. 끝으로 '심리어휘 분류(PsyLex)'는, 극성 분류보다 더 상세히 인간의 심리적 상태를 하위분류하는 체계에 기반하였다. 여기서 소개하는 3가지 유형의 분류체계는 이와 같은 구체적 목적에 맞도록 설정된 분류체계이다. 그러나 사전에는 이러한 속성들이 '문맥에 대한 고려없이' 단순 어휘 차원에서 부여되어야 하기 때문에, 실제 텍스트 처리시에는 여기서 비롯되는 한계점들을 현실적으로 보완하는 과정이 반드시 요구된다. 즉 이들의 현재 사전적 정보는, 실제 도메인별 텍스트 문맥 속에서 재조정되고 보정되어야 하는 기초적 정보가 됨을 환기해야 한다.

셋째는, '개체명어휘 분류(EntLex)'와 '자질명사 분류(FeaLex)', 그리고 '도메인출처 분류(DomLex)'와 '다국어 분류(LanLex)' 체계이다. 처음 두 부류는 명사 범주에만 해당되는 것으로, 오피니언이나 감성이 표현되는 그 '대상(Target)이 되는 개체'와 그 '개체의 속성(Aspect) 또는 자질(Feature)'에 대한 의미적 분류체계를 나타낸다. 다음 두 부류는 특정 도메인이나 언어에서 나타나는 어휘 표현들에 대한 추가적인 정보를 제공하는 분류체계이다. 이들은 사회관계망 텍스트에 기반한 'MUSE 감성주석 코퍼스(Sentiment-Annotated Corpora)'[67]와 함께, 현재 DECO 사전에서 가장 역동적으로 확장되고 있는 정보 유형의 특징을 보인다. 이러한 이유로 현 단계에서는 이들에 대한 분류체계를 간략히 소개하고, 그 전체적인 규모와 분포에 대해서는 추후 별도의 지면을 통해 본격적으로 논의할 예정이다.

빅데이터(Big Data)로 총칭되는 현대의 대규모 언어자료 코퍼스의 가장 중요한 원천이 되는 '사회관계망(Social Media) 텍스트'들을 분석하기 위해서는, 위에서 제시한 바와 같은 여러 유형의 의미적 정보가 제공되어야 한다. 현대의 사회관계망 텍스트는 기본적으로 사용자

---

67) 이에 대해서는 http://dicora.hufs.ac.kr을 참조할 것.

생성문(User-Generated Text) 형태로서, 개인의 생각이나 오피니언, 감정 등을 표현하는 '주관적 문서(Subjective Text)의 성격이 강하기 때문이다. 주관적 문서의 경우, 유용한 정보를 추출하기 위해서는 오피니언의 극성(Polarity)이나 심리적 감정(Emotion 또는 Sentiment) 등을 분석하기 위한 다양한 유형의 의미·감성 정보가 제공되어야 한다.

현재 DECO 사전의 의미·감성 분류체계에서 제공되는 정보는, Liu(2012)에서 제시된 '오피니언 5원소(Opinion Quintuple)'의 핵심 요소들을 추출하는 데에도 중요한 정보가 된다. 표 268을 보자.

$$e_i, \quad a_{ij}, \quad s_{ijkl}, \quad h_k, \quad t_l$$

표 268. Liu(2012)의 '오피니언 5원소(Opinion Quintuple)'

위에서 e_i는 '개체명(Name of an entity)'을 나타내고, a_{ij}는 '이 개체의 속성/자질(Aspect 또는 Feature)', s_{ijkl}는 '이 개체의 자질에 대한 감성(Sentiment)', h_k는 '오피니언 평가자(Opinion Holder)', 그리고 t_l는 '이 평가자에 의해 오피니언이 표현된 시간'을 나타낸다. 즉 오피니언 마이닝 또는 감성분석으로 명명되는 현대의 일련의 연구들은 '자연언어로 된 텍스트로부터 일련의 주관적 정보들인 오피니언 또는 감성을 추출하여 시스템이 사용할 수 있는 구조화된 지식 표현을 생성하는 작업'으로 정의된다. 다시 말해서 현대의 사회관계망 텍스트로부터 표 268의 오피니언 5원소를 자동으로 인식하여 그 추출된 결과를 제시하는 과정이 요구된다. 이러한 오피니언 5원소쌍이 축적되면 이로부터 유의미한 통계적 합을 도출할 수 있고, 이를 기반으로 하는 다양한 시각화(Visualization)가 가능해진다.

현재 분류체계들에 따른 의미 분류 정보들은 DECO 전자사전의 기본형 표제어별로 수록되는데, 이 사전을 컴파일하여 사회관계망 텍스트를 분석하는 언어자원으로 적용하면 그림 42와 같은 코퍼스 분석 결과를 획득할 수 있다.

그림 42와 같은 의미·감성 정보가 부착된 코퍼스가 생성되면 이를 표 268에서 제시한 오피니언 5원소쌍의 리스트로 변환하는 것이 가능해진다. 이후 이렇게 획득된 리스트를 토대로 그림 43과 같은 시각화가 가능해진다. 그림 43은 DECO 사전에 수록된 사전 정보를 이용하여 코퍼스를 가공한 후, 오피니언 원소쌍의 생성을 통해 감성분석을 수행하는 데코텍스(DecoTex) 플랫폼[68] 결과의 예를 보인다.

---

68) 데코텍스는 DECO 사전에 기반한 감성분석 플랫폼으로서, '유광훈 & 남지순(2017)'과 'Yoo(2018)'에 상세히 소개되어 있다.

그림 42. 의미·감성 정보를 내장한 DECO 사전을 이용하여 코퍼스를 분석한 예

　　그림 43에서 보듯이, 현재 적용된 코퍼스에서는 DECO 사전에 수록된 감성 정보를 이용하여 '긍정(Positive)'과 '부정(Negative)'의 표현으로 '이쁘다/맛있다' 등의 어휘와 'ㅜㅜ/ㅠㅠ/ㅉㅉ' 등과 같은 이모티콘이 인식되었다. 이를 토대로 이들이 출현한 문서들에 대한 통계적 연산 결과의 시각화가 이루어졌다. 또한 '자질'로서 '가격, 말, 돈'과 같은 명사들이 인식되어 이들에 대한 시각화도 함께 진행되었다. 이와 같은 개체명 인식과 감성 어휘 인식, 그리고 부정 표현에 대한 인식이 올바르게 이루어지기 위해서는 신뢰할 수 있는 사전의 구축이 무엇보다도 중요하며, 이러한 단어 수준의 분류를 극복하기 위한 문장/문맥 층위의 파싱 정보가 제공되는 것이 중요하다. 이에 대해서는 추후 다른 기회에 더 논의하기로 한다.

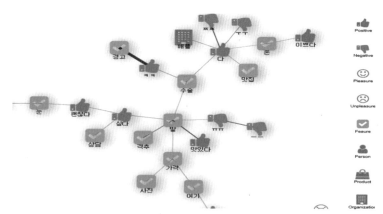

그림 43. DECO 사전의 의미·감성 정보를 이용하여 감성분석을 수행하는 데코텍스 결과의 예

아래에서 현재 8가지 분류체계에 대해 살펴보기로 한다. 현재 이 장에서 기술되는 의미·감성 분류체계에 따른 각 대범주별 표제어 분포는, 현 시점에서의 그 규모를 가늠하고 하위유형들의 상호 비중을 참조하기 위한 지표를 제공하는 의의가 있다. 이를 위해 현재 구축된 전체 표제어 분포를 아래 제시하였다. 다만 앞서 문법범주 세분류(POSInfo) 및 형태정보(MorInfo), 통사정보(LexGram)에 대한 논의에서 하위범주별 표제어 목록의 예를 제시하였던 것과 달리, 여기서는 이러한 목록의 제시는 생략하고 전체 수적 규모만 논의하기로 한다. 다음 2가지 이유 때문인데, 첫째는 이미 앞서 제시되었던 어휘들의 상당 부분이 다른 관점에서 다시 중복적으로 제시되는 것이 바람직하지 않다고 판단되었기 때문이다. 둘째는, 실제로 여기서 논의되는 다양한 정보 유형은 실제 응용시스템에서 매우 중요하고 복합적인 언어자원으로, 이에 대한 본격적인 소개와 심층적 논의가 별도의 방식으로 진행될 필요가 있다고 판단되기 때문이다. 이러한 이유로 이 장에서는 현재의 '분류체계'들에 대한 간단한 소개에 초점을 두고, 추후 별도의 지면에서 이에 대한 본격적인 논의를 진행하기로 한다.

2. 의미온톨로지 분류체계 SemOnto

2.1. SemOnto 의미온톨로지 체계 개요

어휘 성분에 대한 '의미적 분류'는 이들의 형태·통사적인 특징에 기반한 분류와 달리, 객관적으로 검증되기 위한 기재의 마련이 어렵다. 이러한 이유로 오랫동안 현대 언어학 연구에서 핵심적 논의의 대상에서 벗어나 있었고, 어휘 의미론 분야의 연구 자체도 상대적으로 활발한 양상을 보이지 못하였다. 그러나 현대 정보처리 영역의 발전과 함께 실제 정보를 검색하거나 추출하기 위해, 그리고 다양한 문서를 자동으로 분류하고 가공하기 위해, 기계가 쉽게 접근하지 못하는 의미적인 정보가 제공되어야 할 필요성이 중요해지기 시작하였다. 이를 위하여 영어의 워드넷(WordNet)이나 온톨로지(Ontology) 연구, 시멘틱웹(Semantic Web) 등과 같은 연구 영역이 등장하기 시작하였고, 각 언어별 실제 시스템에서 요구되는 이러한 의미적 정보들을 다양한 방법으로 구축하기 시작하였다. 언어 이론적으로 엄밀하게 검증하기 어려운 작업임에도, 실제 시스템에서는 날로 그 중요성이 확장되고 있기 때문이다.

현재 DECO 사전의 SemOnto 의미분류 체계도 이러한 필요성과 배경에서 수행되었다. 여기서는 기존에 제시되어 있는 다양한 개념적, 의미적 분류들과 기본적인 골격을 공유하되, 하향식(Top-down) 추상적 개념분류를 지양하고, 상향식(Bottom-up) 경험적 어휘분류를 수행하고자 하였다.

하향식 개념분류 체계는 개별언어에 의존적이지 않고 보편적이라는 장점을 가지지만, 이러한 분류를 실제 각 언어별 어휘 분류에 적용할 때 재정의해야 하는 문제가 많이 나타난다. 개별 언어별 '어휘적 특이성(Idiosyncrasy)'은 개념 체계만으로 유추되거나 예측되지 않기 때문에, 사전 어휘의 의미 분류에 많은 어려움을 준다. 실제로 방대한 어휘들에 대한 총체적인 의미 분류는, 그 경계를 결정하기 어려운 모호한 유형들의 끊임없는 출현으로 인해, 단순 분류체계의 제시만을 시도하는 이론적 연구와는 차원이 다른 수준의 복잡성을 보인다. 더욱이 자주 사용되는 어휘들일수록 다양한 의미를 가진 경우가 많아, 그 중의적 해석의 문제점이 걸림돌이 된다.

현재 DECO사전의 SemOnto 분류체계를 각 문법 범주별로 보면, '명사(NS)'의 경우는 우선 '비서술성'과 '서술성'으로 대분류된다. 전자는 28가지로 하위분류되고, 후자는 '형용사'와 '동사'의 분류체계에 따라 26가지로 하위분류된다. '형용사(AS)' 범주는 12가지로 하위분류되고, '동사(VS)'는 14가지로 하위분류된다. 동사의 경우는 형용사와 형태론적으로 연관성을 가지는 유형들을 중심으로 형용사 의미 분류체계에 따라 추가분류가 수행된다. '부사(DS)'의 경우는 6가지의 하위분류가 이루어졌으며, 이 경우도 형용사와 파생관계에 있는 형태들을 중심으로 형용사 의미 분류체계를 따른 하위분류가 추가로 수행되었다. 현재 여기서 제안된 의미 분류는 지속적으로 보완되고 확장되고 있다.

DECO 사전의 4가지 대범주의 전체 표제어 중 현재 71,540여개에 대해 SemOnto 분류가 수행되었다. 각 대범주별 각 표제어 수의 분포를 보면 표 269와 같다.

번호	문법범주	표제어수	특징
1	명사(NS)	25,670	비서술성(구체&추상): 19,050개 서술성(형용사성&동사성): 6,620개
2	형용사(AS)	7,360	형용사 분류체계 기반
3	동사(VS)	28,040	동사성(동사분류체계 기반): 25,550개 형용사성(형용사분류체계 기반): 2,490개
4	부사(DS)	10,470	부사성(부사분류체계 기반): 1,430개 형용사성(형용사분류체계 기반): 9,040개

표 269. DECO 4가지 대범주의 SemOnto 분류 표제어 분포

2.2. 명사 의미온톨로지 SemOnto 분류체계

2.2.1. 명사 SemOnto 하위분류 체계

그림 44는 명사 범주의 SemOnoto 분류체계 구성도를 보인다.

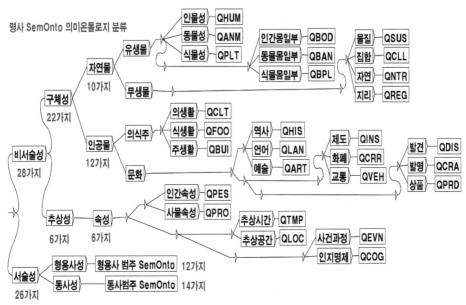

명사 SemOnto 의미온톨로지 분류

그림 44. 명사(NS) 범주의 SemOnto 의미온톨로지 분류체계

2.2.2. 명사 SemOnto 하위유형별 표제어 분포

현재 DECO 전자사전의 명사 범주에 내장된 표제어에서, 복합어 유형 및 코퍼스에서 추가된 부류 등을 제외한 기본 표제어 부류 중 25,670여개에 대하여 SemOnto 체계에 따른 의미 분류가 수행되었다. 명사 범주에 대한 분류는 위의 그림에서 보는 바와 같이 모두 54가지 유형으로 이루어진다. '비서술성' 명사가 28가지로 분류되며, '형용사성'과 '동사성'의 자질을 가지는 '서술성' 명사가 26가지로 분류된다.

2.2.2.1. '비서술성 명사'의 하위분류

2.2.2.1.1. '구체>자연물 명사'의 하위분류

우선 '비서술성' 명사의 경우, 다시 '구체성' 명사와 '추상성' 명사로 세분된다. 구체성 명사는 '자연물'과 '인공물'로 나뉘며, 자연물은 '유생물'과 '무생물'로 하위분류된다. 현재 '자연물'은 모두 9,040여개로서, 표 270은 '자연물'의 하위유형별 예와 표제어의 분포를 보인다.

번호	하위	태그	해석	의미	예시	개수
1	유생물	QHUM	Human	인물성	동생	4,360
2		QANM	Animal	동물성	거미	520
3		QPLT	Plant	식물성	장미	550
4		QBOD	Body	인간몸일부	보조개	700
5		QBAN	Body-Animal	동물몸일부	뿔	100
6		QBPL	Body-Plant	식물몸일부	암술	140
7	무생물	QSUS	Substance	물질	흑연	330
8		QCLL	Collection	집합	군중	1,540
9		QNTR	Nature	자연	벼락	330
10		QREG	Region	지리	호수	470

표 270. 명사 범주의 '비서술성>구체성>자연물'의 하위유형별 표제어 분포

표 270에서 보는 바와 같이 '유생물' 유형은 6가지로 하위분류되고, '무생물' 유형은 4가지로 하위분류된다. 유생물 유형은 전체 6,370여개로서, '인물성(QHUM)/동물성(QANM)/식물성(QPLT)'의 3가지와 그 각각의 고유한 신체일부 또는 부분을 나타내는 어휘 부류의 3가지(QBOD/QBAN/QBPL) 유형으로 구별된다. 현재 '인물성' 부류의 어휘가 4,360여개로 '동물성/식물성' 어휘의 합인 1,070여개의 4배에 달한다. 신체부위 명사에 있어서도 인간의 신체부위 어휘가 700여개로 동식물의 일부분을 나타내는 240여개의 3배에 달한다.

'무생물' 유형은 '물질(QSUS)/집합(QCLL)/자연(QNTR)/지리(Region)'의 4가지로 하위분류되었다. 이들은 전체 2,670여개로서, 여기서 '물질(Substance)'은 광물, 원소와 같은 성분을 나타내며, '집합(Collection)'은 '사람들의 집단'으로 개인들의 복수집합을 표현하는 어휘들로 구성된다. '자연(Nature)'은 모든 자연적 현상과 관련된 어휘들이며 '지리(Region)'는 자연적 공간, 위치 등 장소성 명사를 나타낸다.

2.2.2.1.2. '구체>인공물 명사'의 하위분류

구체성 명사의 두 번째 유형은 '인공물' 부류로, 전체 4,550여개로 구성된다. 이들은 12가지로 하위분류된다. 표 271과 같다.

번호	하위	태그	해석	의미	예시	개수
11	의식주	QCLT	Clothing	의생활	바지	240
12		QFOO	Food	식생활	인절미	600
13		QBUI	Building	주생활	헛간	280
14	문화	QHIS	History	역사	구정	30
15		QLAN	Language	언어	히읗	520

번호	하위	태그	해석	의미	예시	개수
16		QART	Arts	예술	풍금	550
17		QINS	Institution	제도	상고	510
18		QCRR	Currency	화폐	수표	240
19		QVEH	Vehicle	교통	어선	70
20		QDIS	Discovery	발견	혜성	300
21		QCRA	Creation	발명	현미경	310
22		QPRD	Product	상품	쟁반	900

표 271. 명사 범주의 '비서술성>구체성>인공물'의 하위유형별 표제어 분포

여기서 12가지 유형 중 처음 3가지 '의생활(QCLT)/식생활(QFOO)/주생활(QBUI)'은 인간의 의식주와 관련된 모든 구체적 인공물을 표현하는 명사 부류이다. 그 나머지 9가지는 전체 '문화'라는 명칭으로 총칭되었는데, 이들은 '역사(QHIS)/언어(QLAN)/예술(QART)'과 같은 역사·문화적 다양한 활동 및 그 산출물을 나타낸다. 이런 점에서 이들 중에는, 구체물이라기보다 추상물에 가까운 일련의 역사적 약속이나 관습 등과 같은 유형들도 포함된다. 또한 실제 고유명사와의 구별이 명확하지 않은 부류들도 포함된다. 가령 위의 '구정'이나 '히읗'과 같은 유형은 고유명사 영역에서도 다루어지는 어휘 범주이다. '제도(QINS)/화폐(QCRR)/교통(QVEH)'와 같은 부류에도, 이러한 의미적 분야를 우선적으로 고려함으로써, 구체물보다 추상물에 가까운 성격의 어휘들도 함께 포함되었다. '발견(QDIS)/발명(QCRA)/상품(QPRD)'의 분류에서도, 구체물 속성을 분명히 하는 '발명/상품'에 비해 '발견'의 경우에는 추상적 속성을 배제하기 어려운 유형이 포함된다. 현재 분류에서 이와 같이 구체물과 의미적 연관성을 갖는 일련의 준추상성 어휘 부류들을 하나의 군집에서 함께 분류함으로써, 현재 분류체계의 '추상물'의 범주는 아래와 같은 명시적인 유형으로만 한정할 수 있게 된다.

2.2.2.1.3. '추상성 명사'의 하위분류

위에서 살핀 '구체성(자연물 & 인공물)' 22가지 분류와 더불어 '추상성'에는 다음 6가지 하위분류가 존재한다. 추상성은 전체 5,560여개로, 앞서 13,590여개의 구체성과 더불어 '비서술성 명사' 전체는 19,150여개가 된다. 추상성의 6가지 하위분류를 보면 표 272와 같다.

번호	범주	태그	해석	의미	예시	개수
23		QPES	Personality	인간속성	사심	520
24	추상성	QPRO	Property	사물속성	가연성	2,910
25	전체	QTMP	Temporality	추상시간	밤	400
26		QLOC	Location	추상공간	미로	560

번호	범주	태그	해석	의미	예시	개수
27		QEVN	Event	사건과정	화재	660
28		QCOG	Cognition	인지명제	원인	510

표 272. 명사 범주의 '비서술성>추상성'의 하위유형별 표제어 분포

여기서 보듯이, 추상물의 하위유형은 우선 '인간의 속성(QPES)'과 '사물의 속성(QPRO)'을 나타내는 두 부류와, '추상적 시간성(QTMP)'과 '추상적 공간성(QLOC)'을 나타내는 어휘 부류로 나뉘어진다. 마지막으로 '사건 발생과 과정(QEVN)'과 '인간의 인지적 판단 근거가 되는 명제(QCOG)'라는 두 부류로 하위분류된다. 이외의 모든 사회적 제도나 역사적 발견, 예술적 행위 등 추상적 해석이 가능한 어휘들도, 모두 앞서 구체성의 하위범주들에서 의미적으로 연관되는 다른 구체성 명사와 함께 다루어졌다. 위에서 보면, 인간의 속성(QPES) 520여개에 비해 사물의 속성(QPRO) 어휘가 2,910여개로 약 5.6배에 이르는 것을 볼 수 있다.

2.2.2.2. '서술성 명사'의 하위분류

명사 범주에서 '서술성 명사'는 '동사성 명사' 14가지와 '형용사성 명사' 12가지로 전체 26가지로 하위분류된다. 이 분류는 현재 동사 범주의 14가지 하위분류 체계와 형용사 범주의 12가지 하위분류를 계승한 것으로, 여기로 분류되는 명사들은 기본적으로 '하다'나 '스럽다' 등에 의해 '동사' 또는 '형용사'를 유도하는 서술명사들을 포함한다. 그러나 어휘적으로는 이러한 파생 관계가 형성되지 않는다 하더라도, 의미적으로 이들과 유사 관계 또는 동의 관계를 보이는 명사 어휘들은 이 범주에 함께 분류되었다.

2.2.2.2.1. '형용사성 서술명사'의 하위분류

'형용사 SemOnto' 체계에 기반하여 분류된 '형용사성 서술명사'는 전체 920여개로 표 273과 같이 12가지 하위유형으로 분류되었다.

번호	분류	분류	분류	태그	해석	의미	예시	개수
1				QCLO	Color	색깔	분홍	40
2			구체	QVIS	Vision	형태-시각	세모	20
3		사물		QPRT	Perception	오감-시각제외	냄새	30
4				QDIM	Dimension	측량가능	극대	190
5	객체묘사		추상	QPRP	Property	사물추상상태	원더풀	30
6			구체	QCHA	Character	내적성격	과민	60
7		인물		QATT	Attitude	외적태도	애교	80
8			추상	QSTA	State	인물추상상태	박복	120

번호	분류	분류	분류	태그	해석	의미	예시	개수
9	경험묘사			QBIO	BiologicalSymptom	신체증상	갈증	70
10				QPSI	PsychologicalExperience	심리경험	공포	200
11				QLOG	LogicalAssessment	논리판단	내포	50
12				QCOM	Comparison	비교판단	열세	30

표 273. 명사 범주의 '형용사성 서술명사'의 하위유형별 표제어 분포

형용사의 의미 분류는 우선 '대상 객체에 대한 묘사'와 '주체의 경험에 대한 묘사'로 하위분류되고, 다시 객체 묘사에 있어서는 '사물'에 대한 묘사인가, '인물'에 대한 묘사인가로 구별된다. 그 각각은 다시 구체적 특징에 대한 묘사인지, 추상적 상태/속성에 대한 묘사인지로 분류된다. 이렇게 '사물에 대한 구체적 묘사'는 '색깔(QCLO)', '형태 등 시각적 특징(QVIS)', '시각을 제외한 나머지 오감(QPRT)', '측량이 가능한 속성(QDIM)'의 4가지 부류로 하위분류된다. '사물에 대한 추상적 묘사'는 '사물의 추상적 상태·속성(QPRP)'을 나타내는 부류의 1가지로 하위분류된다. '인물'에 대한 묘사는, 경험적으로 관찰 가능한 구체적 속성에 대한 묘사로 '인물의 성격(QCHA)'과 '인물의 외적태도(QATT)'의 2가지로 나뉜다. 인물에 대한 추상적 속성은, 그 사람의 운명이나 인생과 같이 보다 포괄적으로 연상되는 '인물의 추상적 상태(QSTA)'를 묘사하는 1가지 부류로 설정된다. 이와 같이 대상 객체에 대한 묘사는 모두 8가지로 분류되며, 전체 570여개이다.

반면 '주체의 경험에 대한 묘사'는 '신체의 증상에 대한 자각(QBIO)'과 '주체의 심리적 경험(QPSI)', 그리고 '주체의 논리적 판단 행위(QLOG)', '주체의 비교 판단 행위(QCOM)' 등을 묘사하는 4가지 부류로 하위분류된다. 이 부류는 350여개로 나타났다.

여기서 형용사 SemOnto에서는 위의 일부 범주에서 다시 하위분류가 이루어졌다. 즉 '색깔(QCLO)', '오감 중 시각을 제외한 4가지 감각(QPRT)', '측량 가능(QDIM)'의 3가지 범주인데, 이에 따라 연관되는 서술명사나 동사, 부사에서도 같은 방식의 하위분류가 수행되었다. 이에 대해서는 2.6에서 함께 살펴보기로 한다.

2.2.2.2.2. '동사성 서술명사'의 하위분류

명사 중에서 동사 SemOnto 체계에 기반하여 분류된 '동사성 서술명사'는 전체 5,700여개로 표 274와 같이 14가지 하위유형으로 분류되었다.

번호	분류	분류	태그	해석	의미	예시	개수
1	움직임	자신	QMOM	Movement	자기신체 움직임	보행	130
2		타개체	QTRM	Transfer	타개체 움직임	운반	140
3	변화	생리변화	QBIC	BiologicalChange	생리적 변화	골절	360
4		양의변화	QINC	IncrementalChange	양적 증가	득점	80
5			QDEC	DecrementalChange	양적 감소	감산	90
6		질의변화	QPRC	PropertyChange	속성 변화	변질	390
7			QSHC	ShapeChange	외형 변화	돌출	330
8		소유변화	QCRC	CreativeChange	개체 생성	복제	270
9			QDSC	DestructiveChange	개체 소멸	소멸	50
10		자연변화	QNAC	NaturalChange	자연현상 변화	일몰	60
11	활동	자아활동	QMEA	MentalActivity	내적 활동	기억	470
12			QINA	IndividualActivity	외적 활동	결석	1,400
13		타인활동	QSOA	SocialActivity	타인에 대한 활동	검문	1,580
14			QMUA	MutualActivity	상호적 활동	경쟁	350

표 274. 명사 범주의 '동사성 서술명사'의 하위유형별 표제어 분포

동사성 서술명사는 동사의 SemOnto 분류체계에 따라 우선 '움직임/변화/활동'의 3가지로 대분류되었다. '움직임'은 '주체 스스로가 움직이는 것(QMOM)'과 '타개체를 움직이는 것(QTRM)'으로 분류된다. '변화'는 '생리적 변화'와 '양의 변화', '질의 변화', '소유의 변화'와 '자연 현상의 변화'의 5가지로 분류된다. 여기서 '생리적 변화'는 1가지(QBIC)로 나타났지만, '양의 변화'는 '양적 증가(QINC)'와 '양적 감소(QDEC)'의 2가지로 하위분류되었다. '질의 변화'는 '내적 속성의 변화(QPRC)'와 '외형의 변화(QSHC)'로 나뉘어졌다. '소유의 변화'는 다시 '개체의 생성(QCRC)'과 '개체의 소멸(QDSC)'로 양분되었다. 끝으로 '자연 현상의 변화'는 1가지(QNAC)로 나타났다.

동사성 의미 분류의 세 번째 유형인 '활동'은 '자아의 활동'과 '타인과 관계를 맺는 활동'으로 양분된다. 전자는 '내적인 활동(QMEA)'과 '외적인 활동(QINA)'으로 나누어지며, 후자는 '타인에 대한 활동(QSOA)'과 '타인과의 상호 활동(QMUA)'으로 나뉘어진다.

이상에서 명사 범주의 SemOnto에 기반하여, 비서술명사 부류는 '구체/추상' 부류로 하위분류되었으며, 명사 표제어 19,150여개가 여기 해당된다. 서술성명사 부류는 형용사/동사의 SemOnto 분류체계를 따라 전체 6,620개의 서술명사가 여기 분류되었다.

2.3. 형용사 의미온톨로지 SemOnto 분류체계

2.3.1. 형용사 SemOnto 하위분류 체계

그림 45는 형용사 범주의 SemOnto 분류체계 구성도를 보인다.

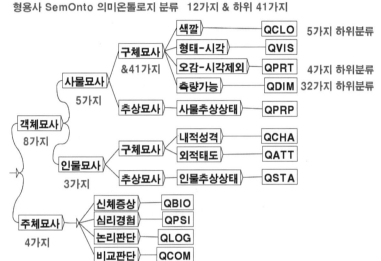

그림 45. 형용사(AS) 범주의 SemOnto 의미온톨로지 분류체계

2.3.2. 형용사 SemOnto 하위유형별 세분류

앞서 '형용사성 서술명사'에서 논의한 바와 같이, 형용사는 우선 '객체에 대한 묘사'와 '주체의 상태 및 판단에 대한 묘사'로 이분된다. 전자는 '사물'과 '인물'에 대해 각각 '구체적', '추상적' 묘사 특성에 따라 8가지로 하위분류된다. 후자는 '신체 증상'과 '심리 경험', '논리 판단'과 '비교 판단'을 나타내는 4가지 유형으로 하위분류된다. 이렇게 전체 12가지의 하위유형이 제시되었다. 이중 '사물'에 대한 '구체 묘사'를 나타내는 하위유형 중에서 '색깔(QCLO)'과 '오감-시각제외(QPRT)', 그리고 '측량가능(QDIM)' 범주에 대해서는 다시 5가지, 4가지, 32가지의 세분류가 수행되었다. 이 세 가지 유형에 대한 세분류 체계를 살펴보면 다음과 같다.

2.3.2.1. '색깔 클라스(QCLO)'의 5가지 세분류

그림 46은 '색깔 표현 클라스(QCLO)'에 속하는 형용사 표제어에 대한 5가지 세분류를 보인다.

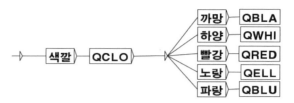

그림 46. 형용사의 '색깔 표현(QCLO)'의 5가지 세분류

'색깔'을 나타내는 형용사 어휘는 모두 5가지 부류이다. 한국어에서 '형용사' 어휘로 표현되는 색깔은 (1ㄱ)과 같은 5가지 색깔뿐이다. 나머지 색깔은 명사나 한자어 어기를 통해 표현되기 때문이다. 다음을 보자.

(1ㄱ) 까맣다, 하얗다, 빨갛다, 노랗다, 파랗다
(1ㄴ) 까망, 하양, 빨강, 노랑, 파랑
(1ㄷ) 녹색, 남색, 청색, 회색
(1ㄹ) 연두/색, 주홍/색, 보라/색
(1ㅁ) 하늘-색, 밤-색, 살구-색

위에서 (1ㄱ)은 형용사 술어로 표현된 5가지 색깔 부류이며, (1ㄴ)은 이 형용사에 형태적으로 대응되는 명사 부류이다. (1ㄷ)/(1ㄹ)/(1ㅁ)은 모두 그 외의 다른 색깔들을 표현하는 어휘들인데, (1ㄷ)은 비자립 단음절어에 '색'이 결합하여 거의 한 단어처럼 사용되는 형태이다. (1ㄹ)은 2음절어에 '색'이 결합한 형태로서 이때 나타난 선행성분들은 '연두 벌레', '주홍 글씨'처럼 문장에서 단독으로 실현 가능한 '관형명사'로 나타나는 유형이 많다. (1ㅁ)은 실제 대상 또는 개체를 나타내는 명사 어휘를 통해, 그 명사의 색을 비유적으로 차용하기 위해 사용된 경우이다. 이 경우 뒤에 '색/빛/색깔' 같은 어휘를 결합하여 색을 나타내는 표현을 구성한다.

그런데 앞서도 논의한 바와 같이, 한국어 형용사로 실현되는 색깔 표현은 음운·형태적 변이를 가지기 때문에 실제 관련 어휘 수가 크게 증가하게 된다. 다음은 '빨갛다'과 '까맣다'의 변이형의 예를 보인다.

(2ㄱ) {RED}: 빨갛다/붉으스름하다/빨그레하다/벌그스름하다 등
(2ㄴ) {BLACK}: 검다/까맣다/꺼무죽죽하다/거무스름하다/까무잡잡하다/시꺼멓다 등

이와 같은 변이형에 의해 전체 5가지 색깔에 대한 형용사 어휘수는 400여개로 증가하게 된다.

2.3.2.2. '오감-시각제외(QPRT)'의 4가지 세분류

두 번째는 '사물의 구체적 묘사' 유형에서 '시각을 제외한 나머지 감각(QPRT)' 부류에 대

한 4가지 세분류이다. 그림 47을 보자.

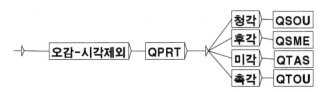

그림 47. 형용사의 '오감-시각제외(QPRT)'의 4가지 세분류

'오감' 중에서 '시각'과 관련된 형용사 표현은 개체의 형태나 모양을 묘사하는데, 이들은 다른 감각 표현들과 달리 그 수가 방대하기 때문에 별도로 '형태-시각(QVIS)' 클라스를 구성하였다. '형태-시각' 클라스는 1,310여개의 형용사 표제어를 포함한다.

반면 여기서 논의하는 '오감-시각제외(QPRT)' 클라스는 4가지 감각과 관련된 형용사들을 포함하며, 전체 650여개로 위의 절반 정도의 규모로 나타났다. 이들은 위의 그림에서 보는 바와 같이, 각각 '청각/후각/미각/촉각'으로 세분류가 가능하다. 4가지 감각과 관련된 형용사의 예를 들면 다음과 같다.

(3) 시끄럽다 | 향긋하다 | 달콤하다 | 보드랍다

위 부류에 속하는 650여개의 형용사와, 앞서 '시각' 관련 형용사, 즉 '색깔(QCLO)'과 '형태-시각(QVIS)' 유형 1,650개를 모두 합하면 전체 2,300여개 형용사가 '오감'과 관련된 의미 자질의 어휘로 분류된다.

2.3.2.3. '측량가능 클라스(QDIM)'의 32가지 세분류

'측량이 가능한 형용사 어휘(QDIM)'는, 형용사 어휘 전체에서 차지하는 표제어 수의 비중은 높지 않지만, 의미적 속성으로 매우 상세하게 하위분류될 수 있다. 이들은 표 275에서 보는 바와 같이 우선 4가지 방식으로 대분류될 수 있다.

번호	중분류	세분류	태그
1	1차원적 속성	5가지(길이/거리/깊이/두께/높이)	5가지 반의어쌍: 10개 태그
2	2차원적 속성	2가지(크기/넓이)	2가지 반의어쌍: 4개 태그
3	3차원적 속성	2가지(용량/무게)	2가지 반의어쌍: 4개 태그
4	에너지 속성	7가지(정도/강도/조도/속도/온도/습도/가격)	7가지 반의어쌍: 14개 태그

표 275. '측량이 가능한 형용사 어휘(QDIM)'의 4가지 의미유형

위와 같이 궁극적으로 16가지 하위 기준에 의한 세분류가 수행될 수 있다. 이때 각 기준들은 형용사 어휘 체계에서 모두 의미적으로 '+/-'의 반의어 쌍을 구성하기 때문에, 최종적으로 32가지의 형용사 세분류가 수행된다. 가령 1차원적 속성의 의미계열을 보면, {길이}에 대해 '길다/짧다'와 같은 반의어쌍, {거리}에 대해 '멀다/가깝다'의 쌍, {깊이}에 대해 '깊다/얕다'의 쌍, {두께}에 대해 '두껍다/얇다'의 쌍, {높이}에 대해 '높다/낮다'와 같은 형용사 부류의 쌍들이 관찰된다. 이러한 방식으로 현재 16가지 의미 기준에 따른 32가지의 형용사 세분류는 전체 1,010여개의 형용사를 포함하고 있다. 그림 48은 이 전체 32가지 세분류 체계를 보인다.

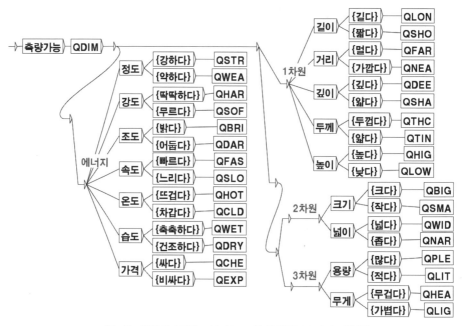

그림 48. 형용사 '측량 가능(QDIM)' 유형의 32가지 세분류

2.3.2.4. 41가지 세분류를 포함한 전체 SemOnto

이상에서 살핀 형용사 SemOnto 분류체계의 12가지 하위범주와 이에 대한 세분류 41가지를 모두 포함하여, 전체 분류도를 다시 구성하면 그림 49와 같다.

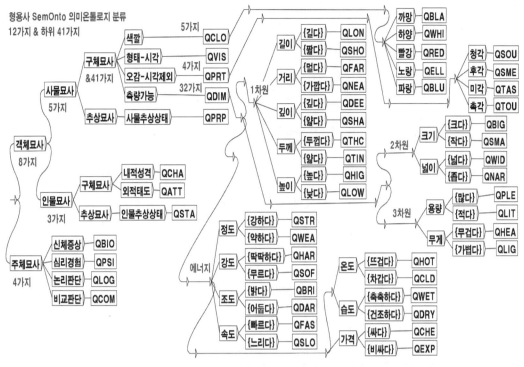

그림 49. '형용사' 범주의 41가지 세분류를 포함한 전체 SemOnto 분류체계

2.3.3. 형용사 SemOnto 하위유형별 표제어 분포

이상에서 형용사 SemOnto 분류체계에 따라, 형용사 표제어에 대한 분류 정보가 수록되었다. 전체 7,360여개의 형용사 표제어에 대한 분류 양상은 표 276과 같이 나타났다. 이 표에서 보이는 형용사 SemOnto 분류체계는 앞서 '형용사성 서술명사'의 분류 양상에서 보였던 것과 동일하다. 다만 명사의 경우, 전체 920여개 정도만이 이 분류체계와 연관되므로, 그 규모면에서 형용사 범주와는 큰 차이를 보인다.

번호	분류	분류	분류	태그	해석	의미	예시	개수
1				QCLO	Color	색깔	빨갛다	340
2		사물	구체	QVIS	Vision	형태-시각	네모지다	1,310
3				QPRT	Perception	오감-시각제외	감미롭다	850
4	객체묘사			QDIM	Dimension	측량가능	길다	430
5			추상	QPRP	Property	사물추상상태	고풍스럽다	450
6		인물	구체	QCHA	Character	내적성격	미련스럽다	730
7				QATT	Attitude	외적태도	수다스럽다	760

번호	분류	분류	분류	태그	해석	의미	예시	개수
8			추상	QSTA	State	인물추상상태	고귀하다	200
9		경험묘사		QBIO	BiologicalSymptom	신체증상	따갑다	340
10				QPSI	PsychologicalExperience	심리경험	부끄럽다	910
11				QLOG	LogicalAssessment	논리판단	적합하다	860
12				QCOM	Comparison	비교판단	대등하다	180

표 276. 형용사 SemOnto 하위유형별 표제어 분포

앞서 언급한 바와 같이 객체에 대한 묘사가 모두 5,070여개로, 전체의 69% 정도로 나타났다. 약 2/3 이상을 차지하고 있는 셈이다. 그 중에서도 '사물' 묘사를 위한 어휘가 3,380여개로, '인물'에 대한 묘사 어휘 1,690개의 2배로 나타났다. 주체의 경험묘사는 2,290여개로 나타났으며, 그중 '부끄럽다'와 같이 심리적 상태 및 경험을 묘사하는 어휘의 분포가 910여개로, 가장 높은 비중을 차지한 것을 볼 수 있다.

표 276에서 제시되지 않은 형용사의 41가지 세분류별 표제어의 예시와 그 개수는 2.6장에서 다른 품사들과 함께 다루어진다.

2.4. 동사 의미온톨로지 SemOnto 분류체계

2.4.1. 동사 SemOnto 하위분류 체계

그림 50은 동사부의 SemOnto 의미온톨로지 분류체계의 구성도를 보인다. 여기서 보듯이, 동사부의 SemOnto 분류는 '움직임(Motion)'과 '변화(Change)', '활동(Activity)'의 3가지로 하위분류된다. 또한 형용사와 형태적 파생 관계에 있거나 또는 이러한 별도의 표지는 없으나 의미적으로 동일 계열로 판단되는 유사어 부류의 동사들이 관찰되는데, 이들은 현재 형용사 범주의 SemOnto 분류체계를 따라 하위분류되었다.

동사 자체의 3가지 대범주는 다시 하위분류가 수행되어 전체 14가지의 클라스로 정의되었다. 앞서 명사에서 '동사성 서술명사' 범주에서 논의된 바와 같이, '움직임'과 '활동'은 자기 스스로의 동작성을 표현하는지 타인과 일정 관계를 전제하는 동작성을 표현하는지, 즉 자동성과 타동성의 개념이 우선적인 척도가 되었다. 반면 '변화'의 경우는 그 변화의 양상이 더욱 세분될 수 있어서 모두 5가지 유형으로 세분된 후, 그 변화의 결과의 속성에 따른 의미 양상을 고려하여 최종적으로 8가지의 하위유형으로 분류되었다.

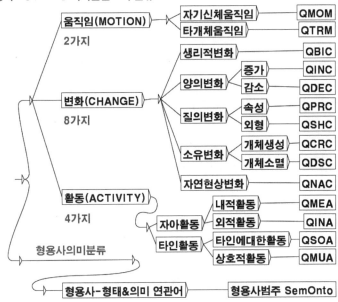

그림 50. 동사(VS) 범주의 SemOnto 의미온톨로지 분류체계

형용사와 형태·의미적으로 연관성을 보이는 일련의 동사들은 일정 '상태성을 묘사'한다는 특징을 보인다. 그러한 이유로 이들은 형용사 SemOnto 분류에 따라, '객체 묘사'와 '주체 경험의 묘사'로 대분류되는 전체 12가지의 분류 방식을 따르고 있다.

2.4.2. 동사 SemOnto 하위유형별 표제어 분포

2.4.2.1. 동사 범주의 14가지 하위분류

우선 동사 범주 고유의 의미 속성 분류는 다음 14가지로 하위분류되는 동사 SemOnto 분류체계에 따라 진행되었다. 표 277에 그 표제어의 예와 개수를 보인다.

번호	분류	분류	태그	해석	의미	예시	개수
1	움직임	자신	QMOM	Movement	자기신체 움직임	꿈틀거리다	3,620
2		타개체	QTRM	Transfer	타개체 움직임	넘어뜨리다	1,020
3	변화	생리변화	QBIC	BiologicalChange	생리적 변화	기절하다	2,700
4		양의변화	QINC	IncrementalChange	양적 증가	급증하다	160
5			QDEC	DecrementalChange	양적 감소	감소하다	170
6		질의변화	QPRC	PropertyChange	속성 변화	낙후되다	6,280

번호	분류	분류	태그	해석	의미	예시	개수
7			QSHC	ShapeChange	외형 변화	돌출하다	2,870
8		소유변화	QCRC	CreativeChange	개체 생성	개통하다	550
9			QDSC	DestructiveChange	개체 소멸	폐간되다	140
10		자연변화	QNAC	NaturalChange	자연현상 변화	범람하다	530
11	활동	자아활동	QMEA	MentalActivity	내적 활동	고대하다	920
12			QINA	IndividualActivity	외적 활동	기립하다	2,970
13		타인활동	QSOA	SocialActivity	타인에 대한 활동	간섭하다	3,010
14			QMUA	MutualActivity	상호적 활동	격돌하다	610

표 277. 동사 SemOnto 하위유형별 표제어 분포

여기서 보는 바와 같이 '형용사와 연관된 유형'을 제외한 나머지 동사 표제어는 전체 25,550여개로 나타났다. 아래에서 보게 될 '형용사 연관 유형' 2,490개를 합하면, SemOnto 분류가 수행된 동사 표제어수 전체는 28,040개가 된다.

현재 14가지 범주로 하위분류된 동사 어휘를 보면, '움직임(Motion)'을 나타내는 동사는 4,640여개로 현재 SemOnto 분류가 수행된 전체 28,040개의 약 16.5%를 차지한다. '스스로 움직임을 표현(QMOM)'하는 '꿈틀거리다' 같은 유형과 '타개체의 움직임을 유발(QTRM)'하는 '넘어뜨리다' 같은 유형이 여기 해당한다.

'변화(Change)'를 나타내는 동사는 전체 13,400개로 전체의 47.8%를 차지한다. 이때 '속성의 변화(QPRC)'를 나타내는 '낙후되다'와 같은 동사가 6,280개로 가장 비중이 높고, '외형의 변화(QSHC)'를 나타내는 '돌출하다'와 같은 동사가 2,870여개로 그 뒤를 이었다. 또한 '생리적 변화(QBIC)'를 나타내는 '기절하다'와 같은 동사가 2,700여개로 다른 의미범주들에 비해 상대적으로 높은 비중으로 나타났다.

'변화' 범주에는 이 외에도 '양적 증가(QINC)'를 나타내는 '급증하다' 같은 동사와 '양적 감소(QDEC)'를 나타내는 '감소하다' 같은 동사들이 포함된다. 또한 '소유의 변화'가 일어나서 '개체를 소유하게 되거나 또는 새로운 개체가 생성(QCRC)'됨을 의미하는 '개통하다' 같은 동사와 '개체를 잃게 되거나 또는 소멸(QDSC)'됨을 의미하는 '폐간되다' 같은 동사들이 포함된다. 마지막으로 '자연현상의 변화(QNAC)'를 나타내는 '범람하다'와 같은 동사들이 이 부류에 포함된다.

'활동(Activity)'을 나타내는 동사는 우선 '자아'에 대한 활동인가, '타인'을 전제한 활동인가로 구별된 후 자아의 활동인 경우는 '고대하다'처럼 '내면적 또는 의식의 활동(QMEA)'을 나타내는 부류와 '기립하다'처럼 '외적 또는 실제적 활동(QINA)'을 나타내는 부류로 나뉘어졌다. 반면 타인과 연관되는 활동의 경우는 '간섭하다'처럼 '타인에 대한 타동적 활동(QSOA)'

을 표현하는지, '격돌하다'처럼 '타인과의 상호적 활동(QMUA)'의 의미가 전제되는 부류인지가 구별되었다. 활동의 경우는 7,510개로 전체 동사의 26.8%를 차지한다.

2.4.2.2. 형용사 SemOnto 기반 12가지 하위분류

앞서 언급한 바와 같이, 동사 어휘 중에서 형용사와 형태·의미적인 연관성을 보이는 부류는 모두 2,490여개로 전체 동사의 8.9%를 차지한다. 이들은 표 278과 같이 형용사 SemOnto 체계에 따라 분류되었다.

번호	분류	분류	분류	태그	해석	의미	예시	개수
1	객체묘사	사물	구체	QCLO	Color	색깔	붉어지다	10
2				QVIS	Vision	형태-시각	볼록대다	30
3				QPRT	Perception	오감-시각제외	미끈거리다	250
4				QDIM	Dimension	측량가능	엄청나다	10
5			추상	QPRP	Property	사물추상상태	와글와글하다	60
6		인물	구체	QCHA	Character	내적성격	NA	10
7				QATT	Attitude	외적태도	굽실거리다	490
8			추상	QSTA	State	인물추상상태	NA	10
9	경험묘사			QBIO	BiologicalSymptom	신체증상	오싹하다	110
10				QPSI	PsychologicalExperience	심리경험	감격하다	1,450
11				QLOG	LogicalAssessment	논리판단	함축하다	40
12				QCOM	Comparison	비교판단	선호하다	20

표 278. 형용사 SemOnto 하위유형별 표제어 분포

이 분류체계에서 '주체의 심리 경험(QPSI)'을 묘사하는 동사의 수가 1,450여개로 전체의 58%를 차지한다. 이들은 '감격하다'와 같이 '감격/감격스럽다/감격하다'의 동일한 심리명사에 기반한 심리형용사-심리동사 쌍의 형태로부터, '기쁘다/기뻐하다'와 같이 '어-하다'에 의해 형용사에서 파생된 동사 형태에 이르기까지 다양한 속성으로 실현된다.

그 외의 객체에 대한 묘사와 관계된 동사 어휘는 상대적으로 그 비중이 높지 않다. 다만 '미끈거리다'나 '와글와글하다'와 같이 일정 의성의태어에서 파생된 동사들의 경우, '사물의 구체적 오감(QPRT)'이나 '추상적 상태(QPRP)'와 관계된 부류로 나타났다. 또한 이러한 의성의태어의 영향으로, '굽실거리다'와 같이 일정 움직임이나 동작을 나타내는 인물의 '외적 태도(QATT)'를 표현하는 동사들도 포함되었다. 그러나 사물에 대한 순수 묘사나 인물의 내면적 성격 및 추상 상태를 묘사하는 어휘는 매우 제한적으로 나타났다. 이는 의미적으로 전형적인 형용사의 상태성 자질에 부합되기 때문에, 동사 범주에서는 거의 관찰되지 않은 것으

로 보인다.

위에서 보듯이 여기 나타난 동사들은 형용사 범주와 형태적으로뿐 아니라 의미적으로도 다양한 연관성을 보인다. 이들은 형용사의 의미자질을 유지하면서도, 이러한 상태로 변화되었거나 또는 변화되고 있는 상황, 또는 동일 공간에서의 반복적 움직임을 하나의 '장면(Scene)'처럼 묘사한다는 점에서 동사 범주의 의미 특징을 보인다.

앞서 명사와 형용사 범주에서처럼 '형용사의 41가지 세분류'에 따른 추가 분류 정보는 다음 2.6장에서 함께 다루어진다.

2.5. 부사 의미온톨로지 SemOnto 분류체계

2.5.1. 부사 SemOnto 하위분류 체계

그림 51은 부사부 범주의 SemOnto 의미온톨로지 분류체계의 구조를 보인다.

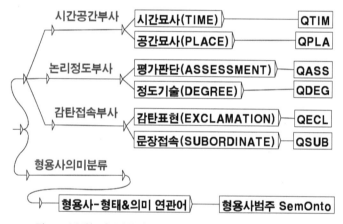

그림 51. 부사(DS) 범주의 SemOnto 의미온톨로지 분류체계

여기서 보는 바와 같이, 부사 범주는 우선 3가지로 대분류된다. 첫째 부류는 '시간과 공간을 표현하는 부사(QTIM/QPLA)' 유형이다. 둘째는 문장으로 표현된 명제나 또는 술어 성분에 대한 수식성분으로서, 논리적 평가나 판단을 나타내는 부사 유형(QASS)과, '정도부사(Adverb of Degree)'로 명명되는 '정도기술(QDEG)' 부사로 구별된다. 셋째는 소위 독립언으로 분류되어온 '감탄사' 부류에 대응되는 '감탄표현(QECL)' 부사류와, 문장들의 접속에 관여하는 '접속부사(Conjunctive Adverb)'로 명명되는 '문장접속(QSUB)' 유형으로 구별된다.

부사 범주에서는 형용사 어휘와 형태적으로 또는 의미적으로 밀접한 관계를 보이는 어휘들이 수적으로 매우 높은 비중을 차지한다. 이들은 형용사 SemOnto 분류체계에 기반하여 하위분류가 수행되었다. 현재 부사 범주는 전체 10,470개의 표제어에 대하여 의미 분류 정보가 수록되어 있다.

2.5.2. 부사 SemOnto 하위유형별 표제어 분포

2.5.2.1. 부사(DS) 범주의 6가지 하위분류

위에서 언급한 바와 같이 '형용사와 연관된 부사' 유형을 제외한, 부사 고유의 SemOnto 하위분류는 모두 6가지로 설정된다. 표 279는 6가지 하위분류의 예와 표제어 수를 보인다.

번호	분류	태그	해석	의미	예시	개수
1	시간공간부사	QTIM	Time	시간묘사	금방	270
2		QPLA	Place	공간묘사	어디	40
3	논리정도부사	QASS	Assessment	평가판단	단연	160
4		QDEG	Degree	정도기술	너무	270
5	감탄접속부사	QECL	Exclamation	감탄표현	어머	560
6		QSUB	Subordinate	문장접속	그리고	130

표 279. 부사 고유의 SemOnto 체계에 따른 6가지 하위분류와 표제어 분포

여기서 분류된 부사의 수는 1,430여개로, 형용사 SemOnto에 따라 분류된 9,040개 부사에 비해 상대적으로 작은 규모를 나타낸다. 그러나 이들 중에는 '정도부사' 부류(QDEG)와 '접속부사' 부류(QSUB)와 같이 부사의 중요한 통사·의미적 기능을 함유하는 어휘들이 포함되어 있다. 현재 이 두 부류는 각각 270여개와 130여개로 나타났다. '시간을 나타내는 부사(QTIM)'는 270여개로, '공간을 나타내는 부사(QPLA)' 40여개에 비해 높은 비중을 차지한다. 현재 이들 중에는 '감탄표현(QECL)'으로 분류된 부사의 수가 560여개로 가장 높은 비중을 차지한다.

이들은 수적으로는 현재 의미 분류가 수행된 전체 10,470개의 부사 표제어의 14%에 불과하지만, 여기에는 음절수가 짧고 고빈도로 사용되는 기본 핵심 부사들의 비중이 높게 나타난다.

2.5.2.2. 형용사 SemOnto 기반 12가지 하위분류

표 280은 형용사와 형태·의미적인 연관성을 갖는 부사들에 대해, 형용사 SemOnto 분류체계에 따라 하위분류한 결과를 보인다.

번호	분류	분류	분류	태그	해석	의미	예시	개수
1	객체묘사	사물	구체	QCLO	Color	색깔	검게	350
2				QVIS	Vision	형태-시각	꼬깃하게	1620
3				QPRT	Perception	오감-시각제외	감미롭게	950
4				QDIM	Dimension	측량가능	길게	590
5			추상	QPRP	Property	사물추상상태	깨끗하게	560
6		인물	구체	QCHA	Character	내적성격	공손히	930
7				QATT	Attitude	외적태도	격렬하게	930
8			추상	QSTA	State	인물추상상태	저속하게	220
9	경험묘사			QBIO	BiologicalSymptom	신체증상	저릿저릿하게	390
10				QPSI	PsychologicalExperience	심리경험	기쁘게	1280
11				QLOG	LogicalAssessment	논리판단	논리적으로	990
12				QCOM	Comparison	비교판단	대등하게	230

표 280. 형용사 SemOnto 체계에 따른 부사 하위유형 분류와 표제어 분포

위의 분류 결과를 보면 형용사와 파생관계를 이루는 부사들이 주를 이루기 때문에, 앞서 형용사 범주에서 나타났던 유형별 비중이 부사 범주에서도 유사하게 나타나는 것을 관찰할 수 있다. 그러나 동일한 형용사로부터 {게}에 의해 유도되는 형태와 {이/히/리/기} 유형으로 파생되는 형태의 이중 부사들의 출현이 빈번하기 때문에 부사의 경우 더 확장된 규모를 나타낸다.

이상에서 본 것처럼, 부사 범주에서는 형용사 범주에서 파생된 어휘의 비중이 매우 높기 때문에, 현재 형용사 SemOnto에 기반하여 분류된 부사 표제어의 수는 9,040여개로, 전체 10,470개의 부사 표제어의 86%를 차지하였다. 부사의 경우도 형용사의 41가지 세분류 체계에 기반한 분류 결과는 다른 품사들과 아래 2.6장에서 함께 다루어진다.

2.6. 형용사 SemOnto의 41가지 세분류와 각 범주별 분포

2.6.1. '색깔(QCLO)' 클라스의 5가지 세분류

'색깔(QCLO)'과 관련되는 범주는 형용사 범주뿐 아니라, 명사에서도 '형용사성 서술명사'에서도 관찰되고, 형용사와 형태·의미적 관계에 있는 동사 및 부사 범주에서도 나타난다. 다만 형용사 어휘로 실현되는 5가지 색깔에 대한 하위분류는 형태적으로 '파생'관계를 보이는 부사 범주에 유의미하게 나타난다. 표 281은 형용사와 부사의 5가지 색깔 관련 세분류의 표제어 수와 예를 보인다.

번호	태그	해석	의미	형용사 예	개수	부사 예	개수
1	QBLA	Black	까망	까맣다	140	까맣게	140
2	QWHI	White	하양	희다	30	하얗게	30
3	QRED	Red	빨강	붉다	100	붉게	110
4	QELL	Yellow	노랑	노랗다	50	노르께하게	50
5	QBLU	Blue	파랑	푸르다	60	파랗게	50

표 281. '형용사/부사' 범주의 '색깔(QCLO)' 관련 표제어 분포

위에서 보듯이 색깔 형용사와 파생관계에 있는 부사 어휘는 {이/히/리/기}에 의한 파생 형태는 나타나지 않는다. 여기서 형용사 표제어와 부사 표제어의 수가 완전히 일치하지 않는 것은, 이들이 형태적 파생 관계를 이룰 때 현대 한국어에서 그 쓰임의 자연스러움의 정도가 변화하면서 나타난 결과로 판단된다.

2.6.2. '오감-시각제외(QPRT)' 클라스의 4가지 세분류

형용사 SemOnto 체계에서 '사물의 구체적 묘사'의 한 부류로서, '시각을 제외한 나머지 감각에 대한 묘사(QPRT)'를 하는 의미 클라스는 {후각/청각/미각/촉각}의 4가지로 세분류되었다. 이러한 세분류는 현재 '명사/형용사/동사/부사' 4개 범주 모두에서 관찰되었다. 다음 표 2는 이들을 비교한 결과를 보인다.

번호	태그	해석	의미	명사	개수	형용사	개수	동사	개수	부사	개수
1	QSME	Smell	후각	무취	10	향긋하다	90	비려지다	60	비릿하게	100
2	QSOU	Sound	청각	소음	10	시끄럽다	110	고요해지다	80	떠들썩하게	110
3	QTAS	Taste	미각	구미	10	달콤하다	170	달아지다	110	고소하게	170
4	QTOU	Touch	촉각	감촉	10	흐물흐물하다	280	따가와하다	140	끈적하게	300

표 282. '명사/형용사/동사/부사' 범주의 '오감–시각제외(QPRT)' 표제어 분포

위에서 보듯이, 현재 클라스에 나타난 품사별 특징을 보면, '명사'는 전체 약 40여개로 매우 한정된 어휘가 분포하는 것을 볼 수 있다. '형용사'는 650여개로 나타났으며, 동사는 390개, 부사는 680여개로 나타났다. 이 유형의 범주도 형용사 어휘에 특화된 의미 속성을 보이므로, 이들과 파생관계에 있는 부사 어휘에서 높은 비중으로 실현된 것을 볼 수 있다.

2.6.3. '측량가능(QDIM)' 클라스의 32가지 세분류

2.6.3.1. {명사/형용사/동사/부사}의 표제어 분포

이 부류는 형용사 부류 중 '사물에 대한 구체 묘사'에 있어, '측량이 가능한 유형(QDIM)'으로 분류되는 클라스와 이에 대한 32가지의 세분류를 보인다. 형용사뿐 아니라 나머지 3가지 범주 모두에서 형태·의미적으로 연관된 어휘들에 대한 세분류가 수행되었다. 표 283에서 보이는 바와 같다.

번호	분류	태그	해석	의미	명사	개수	형용사	개수	동사	개수	부사	개수
1	길이	QLON	Long	길이-길다	최장	10	길쭉하다	40	길어지다	20	기다랗게	40
2		QSHO	Short	길이-짧다	최단	10	몽땅하다	40	짧아지다	20	몽땅하게	40
3	거리	QFAR	Far	거리-멀다	원양	10	멀찍하다	30	아득해지다	20	아득히	40
4		QNEA	Near	거리-가깝다	밀착	10	가깝다	10	근접하다	20	가깝게	20
5	깊이	QDEE	Deep	깊이-깊다	심부	10	깊다	10	심화되다	10	깊숙하게	10
6		QSHA	Shallow	깊이-얕다	천해	10	얕다	10	얕아지다	10	야트막히	10
7	두께	QTHC	Thick	두께-두껍다	두께	10	도톰하다	20	도톰해지다	10	두텁게	30
8		QTIN	Thin	두께-얇다	슬림	10	얇다	30	얇아지다	20	얇게	30
9	높이	QHIG	High	높이-높다	고조	10	높다	10	상승하다	30	높다랗게	10
10		QLOW	Low	높이-낮다	하락	20	나직하다	30	저하되다	40	나지막이	40
11	크기	QBIG	Big	크기-크다	대형	20	거대하다	40	커지다	50	큼직하게	50
12		QSMA	Small	크기-작다	축소	20	작다	40	축소되다	40	자그마하게	30
13	넓이	QWID	Wide	넓이-넓다	광범위	10	넓적하다	50	광활해지다	20	광활하게	80
14		QNAR	Narrow	넓이-좁다	협소	10	좁다	10	협소해지다	10	비좁게	10
15	용량	QPLE	Plenty	분량-많다	대량	40	흔하다	100	많아지다	100	넉넉하게	110
16		QLIT	Little	분량-적다	희소	20	드물다	30	격감하다	40	뜸하게	30
17	무게	QHEA	Heavy	무게-무겁다	무게	10	묵직하다	20	육중해지다	20	묵직하게	30
18		QLIG	Light	무게-가볍다	경량	10	가볍다	20	감량하다	10	가뿐하게	40
19	정도	QSTR	Strong	정도-강하다	강세	10	강렬하다	80	강화되다	100	강렬하게	90
20		QWEA	Weak	정도-약하다	약세	10	약하다	50	약화되다	60	여리게	50
21	강도	QHAR	Hard	강도-딱딱하다	고형	10	단단하다	10	견고해지다	20	단단하게	20
22		QSOF	Soft	강도-무르다	연질	10	물렁물렁하다	30	물러지다	20	물렁하게	40
23	조도	QBRI	Bright	조도-밝다	광명	10	환하다	40	환해지다	30	환하게	50
24		QDAR	Dark	조도-어둡다	어스름	10	컴컴하다	50	칙칙해지다	30	껌껌하게	60
25	속도	QFAS	Fast	속도-빠르다	고속	20	잽싸다	20	가속하다	50	급속하게	30
26		QSLO	Slow	속도-느리다	감속	10	느릿하다	30	느려지다	20	천천히	30
27	온도	QHOT	Hot	온도-뜨겁다	더위	10	덥다	40	뜨거워지다	30	따끈하게	50
28		QCLD	Cold	온도-차갑다	한기	10	서늘하다	50	추워지다	40	냉랭하게	50

번호	분류	태그	해석	의미	명사	개수	형용사	개수	동사	개수	부사	개수
29	습도	QWET	Wet	습도-축축하다	고습	10	고습하다	10	촉촉해지다	10	습하게	20
30		QDRY	Dry	습도-건조하다	건조	10	메마르다	40	메말라하다	10	메마르게	40
31	가격	QCHE	Cheap	가격-싸다	염가	10	저렴하다	10	인하되다	10	저렴하게	10
32		QEXP	Expensive	가격-비싸다	고가	10	비싸다	10	비싸지다	20	비싸게	10

표 283. '명사/형용사/동사/부사' 범주에서 '측량가능(QDIM)' 의미의 표제어 분포

위의 표에서 보듯이, 명사 범주에서는 약 400여개의 표제어가 포함되었다. 반면 형용사는 1,010여개, 동사는 1,330여개, 그리고 부사는 1,200여개로 이 세 범주에서 해당 어휘들의 분포는 매우 유사하게 나타났다.

2.6.3.2. '측량가능(QDIM)' 형용사와 '너무'의 출현

특히 여기 실현된 형용사들은 의미적으로 매우 체계적인 반의어쌍을 이루고 있다. 또한 측량(Measure) 관련 의미 속성으로 정의되는 어휘 성분으로서, 일반적으로 측량 의미 계열의 명사에 대한 술어 성분으로 실현될 수 있다. 즉 다음을 보자.

(4ㄱ) 서울과 대전이 가깝다
(4ㄴ) 서울과 대전 사이의 거리가 가깝다

(5ㄱ) 그 사람은 말이 빠르다
(5ㄴ) 그 사람은 말하는 속도가 빠르다

(4ㄱ)에서 술어로 실현된 '가깝다'는 이 술어에 의미적으로 함의되는 '적정명사(Appropriate Noun)'인 '거리'가 주어 위치에 삽입된 (4ㄴ) 문장과 대응 관계를 허용한다. 한편 (5ㄱ)의 '빠르다'는 적정명사로 '속도'를 함의하므로, (5ㄴ)과 같이 '속도'가 주어에 삽입된 구문과 대응 관계를 형성한다.

이때 서술어 위치에 정확한 수치를 대신하여 위와 같은 형용사 술어가 실현되는 경우, 일반적으로는 화자의 정량적인, 그러나 주관적인 평가를 나타낸다.

(6ㄱ) 식당 테이블 길이가 2미터이네요
(6ㄴ) 식당 테이블 길이가 길어요

가령, 위의 (6ㄱ)에서는 '2미터'라는 정확한 수치가 술어 위치에 실현되었다. 반면 (6ㄴ)에서 술어로 사용된 형용사 '길다'는, 이와 같은 정확한 수치 대신 화자의 주관적 판단을 나타낸다. 즉 '2미터' 길이의 테이블을, 사람에 따라 또 상황에 따라서는 길다고 판단할 수도

있고, 짧다고 판단할 수도 있기 때문이다. 그렇지만, 화자는 이에 대한 가치 판단, 즉 '좋고 싫음'과 같은 감정적인 평가 자체는 유보하고 있다. 즉 '길어서 좋다'는 것인지 '길어서 나쁘다'는 것인지는 전후 문맥 없이 명확하기 알기 어렵다.

반면 다음을 보자.

(7) 식당 테이블 길이가 <u>너무</u> 길어요

위에서는 '지나침'의 의미를 부여하는 부사 '너무'가 실현되었다. 이 경우 화자가 테이블의 길이를 길다고 판단할 뿐 아니라, 이 테이블이 길어서 불만스럽다는 감정을 암시적으로 표현하고 있다.

이러한 관찰을 통해 오피니언 마이닝 연구에서 '너무' 또는 영어의 'too'와 같은 정도부사가 삽입된 경우, (7)에서처럼 '좋다/싫다' 같은 '감성의 키워드'가 실현되지 않았음에도 이 문장이 부정적 오피니언을 나타낼 수 있다는 사실이 주목되었다. 그런데 문제는 현대 사회 관계망 텍스트에서 사용되는 '너무'의 의미 속성을 보면, 지나침의 부정적인 의미보다는 긍정적인 '강조'의 기능을 보이는 정도부사로 사용되는 경우가 훨씬 빈번해지고 있다는 점이다. 다음을 보자.

(8ㄱ) 그 가방이 <u>너무</u> 예뻐요
(8ㄴ) 새로 나온 그램 노트북 <u>너무</u> 좋아요

위에서 '너무'는 '예쁘다'와 '좋다'의 긍정적 오피니언을 더욱 강조하는 강조부사로서, 앞서 (7)과 같은 부정적 평가를 전혀 도입하고 있지 않다. 위와 같은 관찰을 통해 '너무'가 실현된 모든 술어구문을 '부정적 오피니언'으로 분석하는 것은 올바르지 않다는 사실을 파악할 수 있다. 남지순(2012ㄴ), Nam(2014a)에서 제안된 것처럼, 강조부사 '너무'는 공기하는 형용사에 따라 2가지 유형으로 분류될 수 있다.

• 단순 강조부사: 긍정 또는 부정의 의미자질을 갖는 형용사 부류와 공기할 때
• 오피니언도입 부사: '측량가능(QDIM)' 형용사를 포함하여, '사물에 대한 구체 묘사'를 하는 형용사와 공기할 때

즉 다음의 세 문장에서,

(9ㄱ) 그 가방은 <u>멋져요</u> (+) ☞ 그 가방은 <u>너무</u> 멋져요 (++)
(9ㄴ) 그 가방은 <u>비싸요</u> (-) ☞ 그 가방은 <u>너무</u> 비싸요 (--)
(9ㄷ) 그 가방은 <u>커요</u> (Ø) ☞ 그 가방은 <u>너무</u> 커요 (-)

위에서 (9ㄱ)과 (9ㄴ)은 '멋지다', '비싸다'라는 긍정 또는 부정의 극성(Polarity)이 이미 표현된 형용사 술어 구문에 '너무'가 결합하는 경우다. 이때 '너무'는 극성의 결정에는 관여하지 않고, 단지 '정도성'에만 관여하는 단순 강조부사로 사용되었다. 반면 (9ㄷ)은 극성을 나타내지 않는 '측량가능(QDIM)' 형용사 '크다'가 실현되어, 화자의 '긍정/부정'의 오피니언이 실현되지 않은 문장이다. 여기에 부사 '너무'가 결합하여 이 문장의 극성을 '부정적'인 것으로 전환하는 효과를 가져왔다. 즉 여기서 '너무'는 일종의 '오피니언 도입부사'로 기능하였다 (남지순 2012ㄴ). 이러한 '너무'의 이중적 기능은, 함께 공기한 형용사 술어의 의미적 자질을 고려해야 비로소 결정될 수 있는 것으로 판단되는데, 여기서 '측량가능(QDIM)' 형용사는 이러한 오피니언 도입부사로서의 '너무'와 공기하는 대표적인 의미부류로 관찰된다.

가령 '너무+{ADJ}'가 공기한 실제 서술어 구문에 대한 극성 분류를 수행하고자 할 때, {ADJ} 위치에 실현된 형용사 어휘에 등재된 DECO 사전의 의미분류 정보를 활용할 수 있다. 그림 52는 '측량가능(QDIM)' 분류와 같은 의미 정보를 이용하여, 텍스트에 실현되는 '{너무/너무나/넘} + {측량가능 어휘(QDIM)}' 연쇄에 대한 자동 극성분류를 수행하도록 하는 유한상태 트랜스듀서(FST)의 예를 보인다.

그림 52. '너무'와 '측량가능(QDIM)' 어휘의 공기 구문에 대한 자동극성분류 FST

이 그래프는 '너무/너무나/넘'과 같은 변이형을 취한 일련의 {너무} 부사에 현재의 '측량가능(QDIM)' 의미 계열의 어휘가 실현된 경우를 나타낸다. 실제로 이러한 입력 연쇄가 코퍼스에서 인식되면, {너무}는 부정적 오피니언을 도입하는 장치가 되어, 이 전체는 부정적 오피니언을 표현하는 연쇄가 된다. 이 그래프는 다음과 같은 XML 방식의 마크업 주석을 통해 이 연쇄에 대한 자동 극성분류를 수행하도록 구축된 FST를 표상한다.

(10) <POL=NEGATIVE> {너무}+{'측량가능' 의미 어휘} </POL>

현재 DECO 사전의 표제어에 '측량가능' 의미태그(QDIM)가 수록되므로, 이 정보를 이용하면 실제 감성분석의 부분파싱을 위한 중요한 문법 정보를 효과적으로 기술할 수 있게 된다. 즉 그림 52의 그래프에서 <QDIM> 태그의 경우, '형용사'만 고려하더라도 전체 1,010여개의 표제어를 자동 호출하는 것이 가능하다. 위의 그래프는 부트스트랩(Bootstrap) 방식을 이용하여 지속적으로 확장 가능하므로, 현재의 FST에 대한 수정 및 보완이 용이하게 이루어질 수 있다. 즉 {너무}의 더 다양한 변이형들이 추가되고, 형용사 범주에서도 이러한 속성을 공유하는 다른 의미 속성의 어휘 범주들이 추가로 포함될 수 있다.

한편 {너무}가 '긍정어휘(QXPO)'와 실현된 경우는 부정적 오피니언을 도입하지 않고, 단지 '긍정적 오피니언을 강조'하는 '단순정도부사'로 사용된 경우이다. 따라서 '긍정어휘(QXPO)'와 같은 사전적 정보를 이용하여 해당 어휘의 의미 속성을 파악하면, {너무}가 포함된 전체 연쇄에 대해 그림 53과 같은 마크업 주석이 가능해진다. {너무}가 '부정어휘(QXNG)'와 실현된 경우에도, 위와 동일한 방법을 통해 '부정적 오피니언을 강조'하는 정도부사로의 자동 분류가 가능해진다.

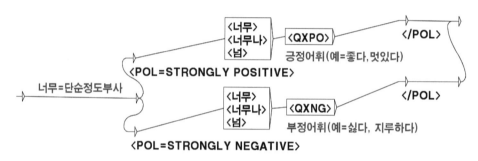

그림 53. '너무'와 '긍정/부정' 어휘의 공기 구문에 대한 자동극성분류 FST

즉 이와 같은 부분문법의 기술은 형용사의 극성 정보가 부착된 사전 표제어가 제공되어야 가능하다. 다음 장에서 살펴볼 극성어휘 분류체계 PolLex는 바로 이러한 목적으로 구축된 것으로, 현재 DECO 사전에 수록되어 있는 '긍정/부정'의 어휘 태그를 이용하면 이 문법을 통해 인식된 연쇄에 다음과 같은 XML 마크업 주석을 수행할 수 있다.

> (11ㄱ) <POL=STRONGLY POSITIVE> {너무}+{긍정어휘} </POL>
> (11ㄴ) <POL=STRONGLY NEGATIVE> {너무}+{부정어휘} </POL>

2.6.3.3. '측량가능(QDIM)' 형용사와 공기 명사의 의미

한편 다음을 보자. 다음 네 문장은 모두 형용사 '길다'를 술어로 하는 문장으로, 여기에는 위에서와 달리 '너무'가 출현하지 않았다.

> (12ㄱ) 그 동영상은 처음에 광고가 길어요
> (12ㄴ) 그 식당은 늘 기다리는 시간이 길어요

(12ㄷ) 새로 나온 노트북은 <u>밧데리 사용 시간이</u> 길어요

(12ㄹ) 아이폰은 제품 <u>보증기간이</u> 길어요

위에 사용된 형용사 '길다'는 모두 '시간성'을 '적정명사'로 하는 술어로서, 함께 공기한 명사에는 이러한 속성이 명시적으로 나타나기도 하고 또는 암시적으로 표현되기도 한다. 가령 (12ㄱ)에서 공기한 명사는 '광고'로서 '광고 시간'을 의미한다. 나머지 경우는 '시간' 또는 '기간'이 포함된 명사구가 실현되었다. 그런데 위에서 (12ㄱ)/(12ㄴ)의 경우는 화자의 부정적인 오피니언을 나타내고 있다. 반면 (12ㄷ)/(12ㄹ)에서는 화자의 긍정적인 평가가 표현되었다. 즉 이 경우는, 형용사 술어는 동일한 성분이 나타났는데, 함께 실현된 명사의 의미 속성이 어떠한가에 따라 그 문장의 극성이 결정되는 예를 보인다.

문제는 이때 실현된 명사들이 '광고', '기다리는 시간', '밧데리 사용시간', '보증기간' 등으로 자체적으로는 특정 긍정적 또는 부정적 의미자질을 갖는 것으로 보기 어려운 유형이라는 점이다. 따라서 위와 같은 문장들의 경우, 공기하는 명사와 형용사 술어의 조합에 대한 올바른 해석이 수행되어야 전체 극성의 판별이 가능해진다. 실제로 의미적으로 특별히 굳어진 술어구의 양상을 보이지도 않는 위와 같은 구문들에 대한 올바른 감성 분석을 위해서는, 이러한 극성 관련 속성에 대한 보다 상세한 정보가 제공되어야 함을 볼 수 있다.

이와 같이 현재 '측량가능(QDIM)' 범주로 분류된 형용사들의 많은 경우가 '문맥 속에서 함께 실현된 명사의 의미 자질'에 따라 새로운 극성을 표현하는 오피니언 서술어를 구성하고 있다. 따라서 아래에서 논의할 '극성어휘(PolLex)' 분류체계에서는 기본적으로 '긍정/부정'의 '극성어휘'를 분류하지만, 문맥에 의해 극성을 도입하는 '상대극성(Context-Dependent Polarity)'의 어휘들에 대한 분류가 함께 수행된다. 즉 (12)와 같은 '측량가능(QDIM)' 어휘들처럼 스스로 긍정/부정을 표시하지 않지만, 공기한 일정 명사들의 의미 자질에 의해 새로이 극성을 나타내는 부류들이 여기 해당된다.

3. 감성어휘(Sentiment Word) 및 개체명 분류체계

3.1. 감성어 및 개체명 분류체계 개요

이 장에서는 감성분석(Sentiment Analysis) 및 오피니언 마이닝(Opinion Mining) 연구에서 요구되는 핵심적인 정보 유형을 다음 두 가지 축에서 제시한다.

• 극성어휘(PolLex)/부정어휘(NegLex)/심리어휘(PsyLex)
• 개체명(EntLex)/자질명(FeaLex)/도메인(DomLex)/다국어(LanLex)

즉 첫째는 '극성어휘(PolLex)/부정어휘(NegLex)/심리어휘(PsyLex)' 등 감성어휘에 관련된 일련의 분류체계이며, 둘째는 이러한 감성어휘에 대한 분류 정보와 함께 요구되는 '개체명(EntLex)/자질명(FeaLex)'과 '도메인(DomLex)/다국어(LanLex)' 등에 대한 일련의 관련어 분류체계이다.

감성분석 연구에서, 대용량의 감성주석 코퍼스(Sentiment-Annotated Corpora)를 기반으로 온전히 '지도적 기계학습(Supervised Machine Learning)' 방법론에 의존하는 시스템이 아니라면, 기본적으로 '감성어휘(Sentiment Word)', 즉 '극성(Polarity)'을 나타내는 어휘에 대한 사전을 구축하는 것은 가장 기본적이면서 핵심적인 작업이 된다. 현실적으로 어떠한 규모와 형태로든, 또한 어떠한 과정을 통해서든 일련의 감성어휘 사전을 갖추지 못한 감성분석 시스템은, 현 수준의 기술력으로는 그 성능을 향상시키기가 매우 어렵기 때문이다.

따라서 많은 기존의 연구들에서 이러한 감성사전을 자동 또는 반자동으로 구축하는 연구 방법들이 제안되었다. 자동으로 이를 획득하는 경우는 오류가 많고 제공되는 정보의 유형이 단순하지만, 빠른 시간내에 적은 비용으로 구축할 수 있다는 장점이 있다. 반면 수동으로 이를 획득하는 것은, 비록 작업자의 주관성으로 인해 객관성을 확보하기 어렵다는 한계가 있지만, 현재의 기술력으로는 기계에 의한 자동 구축보다 훨씬 양질의 사전을 제공한다. 문제는 자동 구축 방법에 비해 훨씬 더 많은 시간과 비용이 요구된다는 점이다. 따라서 후자의 경우는 본격적인 대규모의 감성사전의 구축보다는 소규모 표본의 제시를 통한 정교한 모델링에 더 초점을 두는 경우가 많았다.

이러한 점에서, 현재 DECO 사전에서 제공하는 감성어휘 관련 정보에 대해 다음과 같은 몇 가지 중요한 의의를 가늠할 수 있다.

첫째는 현재 수록된 '긍정/부정'의 표제어 어휘 전체가 16,430여개에 이른다는 점을 고려할 때, 자동 획득이 아닌 언어학자의 검증을 통해 이와 같은 규모의 한국어 감성사전이 구축된 사례는 아직 보고된 바가 없다는 점이다. 영어의 경우 코퍼스로부터 추출하여 구성된 감성사전들과, 또는 워드넷(WordNet)과 같은 언어자원에 기반한 감성어휘 사전(SentiWordNet: Esuli & Sebastiani 2006)이 제시된 바 있고, 이후 이와 유사한 방식을 통해 감성사전이 구축된 바 있다. 자동으로 감성사전을 구축하기 위한 시도로, 이러한 영어 감성사전을 구글 번역기와 같은 프로그램을 이용하여 타언어로 번역한 감성어휘 목록을 사용하는 방법들이 제안되었다(Denecke 2008 외). 그러나 실제로 DECO 사전의 감성어휘 분류를 수행하는 과정에서 영어의 센티워드넷(SentiWordNet)을 한국어에 적용해 본 결과, 유의미한 결론에 이를 수 없음을 확인하였다. 영어 센티워드넷 3.0버전의 117,660여 표제어에서 '긍정/부정'의 가능 확률이 0.5 이상이 되는 11,580여 단어를 추출하여 구글 번역기로 번역한 결과, 번역되지 않은 2,890여개를 제외하고 8,690여 단어가 획득되었다. 그러나 이 결과는 다음과 같은 심각한 문제들을 노출하였다.

- 한국어로 번역된 결과 어휘들이 중복된 형태가 많아 중복제거가 필요
- 문맥이 없이 단어 수준으로 주어진 영어 단어를 한국어로 번역하면서 오류율이 상승
- 실제 한국어로 번역되면서 감성어휘로 판단하기 어려운 유형들이 발생

이러한 문제점을 통해 사람이 직접 결과물 전체를 검토한 결과, 3,660여개 수준으로 걸러졌고 여기서 병명과 관련된 상당수 명사 어휘를 유보하는 경우 감성어휘로 판별할 수 있는 단어는 몇백개 수준에 그치게 됨을 확인하였다. 현재 DECO 사전의 16,430여개의 표제어에는 이러한 과정을 통해 검증한 감성어휘들을 비교 검토하여 포함하였다.[69]

둘째는, DECO 사전에서는 '극성'과 관련하여 '긍정/부정'과 같은 단순 이분법이 아니라 표 284와 같이 5가지 층위로 등급(Rating)을 부여하는 방식을 택하였다는 점이다.

번호	극성분류	태그	등급
1	강한 긍정(Strongly Positive)	{QXSP} 태그	Rating {+2}
2	긍정(Positive)	{QXPO} 태그	Rating {+1}
3	중립(Neutral)	{QXNE} 태그	Rating {0}
4	부정(Negative)	{QXNG} 태그	Rating {-1}
5	강한 부정(Strongly Negative)	{QXSN} 태그	Rating {-2}

표 284. '5가지 등급(Rating)'이 부여된 DECO 절대극성 분류체계

일정 정교한 모델링의 수준이 아닌 대규모 감성어휘 사전의 구축 작업은 대체로 자동 또는 반자동으로 구축되고 있는 상황이어서, '긍정/부정'의 이분법적 분류체계를 사용하는 것이 일반적인 상황임을 고려할 때 그 의의를 강조할 수 있다.

실제로 분류가 상세해질수록 그 경계에서 결정하기 어려운 유형들의 수가 급속히 늘어난다. 이러한 어려움에도 불구하고 이와 같은 세분류 등급을 구별하기 위한 객관적인 기준을 마련하기는 쉽지 않다. 하나의 대안은 작업자들의 일치율을 계산하기 위해 다양한 중복 체크 방법과 통계적 측정 방법들을 사용하는 것이다. 그러나 데이터가 방대해질수록 이러한 작업이 요구하는 시간과 비용이 높아진다. 더욱이 작업자의 언어학적 능력과 집중력, 성실도 등에 개인차가 심하게 나타나므로, 아마존(Amazon)의 메커니컬 터크(Mechanical Turk) 방법론

---

69) 이 과정에 대한 논의는 '신동혁, 조동희 & 남지순(2016)'에 상세히 기술되어 있다.

에 기반한 익명의 값싼 노동력을 이용하는 방식(http://www.mturk.com)은 현 단계로서는 바람직하지 않다고 판단되었다. 현 단계에서 소개되는 DECO의 감성분류 결과는 이러한 한계 속에서 지속적으로 보완되고 수정되고 있는, 동적인 결과물임을 환기할 필요가 있다.

셋째는, 문맥에 관계없이 사전 표제어 수준에 정의될 수 있는 일련의 '긍정/부정' 속성의 단어들과 달리, 문맥에서 공기한 명사 부류와의 연계 속에서 극성이 결정되는 어휘들을 위한 '상대극성' 분류를 제안한다는 점이다. 표 285는 여기 속하는 두 가지 하위유형을 보인다.

번호	극성분류	태그	등급
1	강한 상대극성(Accentuated Dependency)	{QXAD} 태그	Rating {∅}
2	상대극성(Dependent)	{QXDE} 태그	Rating {∅}

표 285. 2가지 하위분류된 DECO 상대극성 분류체계

즉 앞서 5가지 극성 분류는 '절대극성(Absolute Polarity)'을 나타내는 반면, 여기 2가지 극성 분류는 '상대극성(Context-Dependent Polarity, Relative Polarity)' 유형으로 정의된다. 이 부류에는 앞서 살핀 '측량가능' 의미 클래스 외에도 다양한 형태들이 포함되어 {명사/형용사/동사/부사}의 문법범주에 모두 23,680여개가 상대극성 어휘로 등재되었다.

그러나 앞서 언급한 '절대극성'이 절대적으로 단어 차원에서 중의성 없이 '긍정/부정'의 속성을 내장하고 있다는 의미는 아니다. 많이 사용되는 단어일수록 단어 자체가 여러 의미를 갖는 경우가 많고, 또한 '긍정' 또는 '부정'의 하나의 의미로 수렴되는 형태라 하더라도 실제 문맥에 들어가면 비유적, 반어적 장치에 의해 그 의미가 뒤바뀌게 되는 경우가 나타나기 때문이다. 의미적 속성을 단어 수준의 사전에 등재하는 작업에서는 이런 점에서 피할 수 없는 한계에 대한 인식이 필요하다. 앞서 'SemOnto 의미온톨로지' 분류체계와 달리, 감성분류 정보는 구체적인 특정 응용 영역에서 사용되기 위한 직접적인 목적성을 가지므로 이러한 한계에 더욱 신중할 필요가 있다.

넷째는, 이상에서 구축한 'PolLex 극성어휘 분류체계'와 더불어, 이러한 어휘들의 극성을 문맥 속에서 반대로 전환시킬 수 있는 일련의 '극성전환장치(Polarity- Shifting Device: PSD)'(남지순 2012ㄱ, Nam 2014a)인 '어휘적 부정소(Lexical Negator)' 분류체계 NegLex를 제공한다는 점이다. 가령 다음을 보면,

(1ㄱ) 아이폰 수리방식이 불만스러워요
(1ㄴ) 아이폰 수리방식이 불만스럽지 않아요
(1ㄷ) 아이폰 수리방식에 불만이 사라졌어요

위의 (1ㄱ)에서는 '불만스럽다'는 부정적 극성어휘가 실현되어 이 문장은 하나의 부정적 오피니언을 표현한다. (1ㄴ)에서는 전형적인 극성전환장치(PSD)인 문법적 부정소 '않다'가 실현된 경우이다. 이와 같이 부정어(Negator) 표현을 수반한 부정적 극성어휘 '불만스럽다'는 궁극적으로 긍정적 오피니언을 표현하게 된다. 반면 (1ㄷ)에서는 이러한 PSD로 '사라지다'가 실현되었다. 이는 (1ㄴ)의 문법적 부정소와 달리 소위 '어휘적 부정소'로 명명되는데, 이 부정소가 결합한 복합 술어 '불만이 사라지다'를 보면, 부정적 극성어휘 '불만'이 어휘적 부정소 '사라지다'와 결합하여 이 문장도 궁극적으로 (1ㄴ)처럼 긍정적 오피니언을 표현하게 된다. 문제는 현재 '사라지다'와 같은 어휘적 부정소의 목록을 구축하는 일인데, 이것이 일정 형태·통사적 속성에 의해 예측되거나 유추되기 어렵다는 점이다. 궁극적으로 이러한 의미적 기능을 수행할 수 있는 일련의 어휘들을 획득하고 이들의 하위유형을 분류해 내는 것이 감성분석의 성능을 높이는 데에 매우 중요한 열쇠가 된다. DECO 사전에는 이들을 '부정어휘(NegLex)'로 명명하고 {명사/동사/형용사} 범주에서 전체 1,500여개를 추출하였다. 이들은 표 286과 같이 6가지 유형으로 하위분류되었다.

번호	극성분류	태그
1	금지(Prohibition)의 부정어휘	{QXNP} 태그
2	거부(Refusal)의 부정어휘	{QXNR} 태그
3	부인(Denial)의 부정어휘	{QXND} 태그
4	부재(Absence)의 부정어휘	{QXNA} 태그
5	실패(Failure)의 부정어휘	{QXNF} 태그
6	무능(Incompetence)의 부정어휘	{QXNI} 태그

표 286. DECO 부정어휘 NegLex 6가지 분류체계

위에서 정의된 '부정어휘(NegLex)'는 '어휘적 부정소'로서 부정문(Negation)을 유도하는 장치이다. 즉 화자의 '긍정적(Postitive)' 또는 '부정적(Negative)' 오피니언을 표현하는 '극성어휘(PolLex)'와는 구별되어야 한다. 즉 '불만, 싫다, 싫어하다' 등이 부정적 오피니언의 어휘라면, '사라지다, 말소되다, 끝나다' 등은 그 스스로 다소 부정적 뉘앙스를 함축하고 있다고 할지라도, 다음 문맥에서 보듯이 '부정적 극성어휘'와 공기하여 궁극적으로 '긍정적 오피니언'을 유도하는 극성전환장치(PSD)로 사용될 수 있기 때문이다.

(2ㄱ) 그 사람의 <u>전과기록</u>이 드디어 사라졌어요 (+)
(2ㄴ) 그 사람의 <u>범죄기록</u>이 드디어 말소되었어 (+)
(2ㄷ) 이제 <u>고생도</u> 끝났습니다 (+)

다섯째는, 위에서 구축된 '극성어휘(PolLex)' 분류에 비해 보다 상세하게 설정된 '심리어휘(PsyLex)' 분류체계를 병렬적으로 사용한다는 점이다. 심리어휘(PsyLex) 분류체계는 인간의 감정을 단순히 '긍정/부정'의 측면으로 이원화하지 않고, 보다 다양한 심리적 상태로 분할하여 전체 18가지의 하위범주를 설정한다. '기쁨, 슬픔, 분노, 공포, 증오, 놀람' 등과 같이 인간의 감정을 세분화한 것으로, 기존의 연구 전통에서는 심리학자 또는 심리언어학자 등에 의해 다양한 방식의 상세 분류가 제안되었다. 학자에 따라 몇 가지에서 몇십 가지에 이르기까지 다양한 분류 방식이 제안되었는데 대체로 인간의 '감정(Emotion, Appraisal, Feeling, Affect 등)'에 대한 '개념적인' 분류체계 자체만을 제시한 것이 많다. 이와 같이 인간 심리에 대한 분류체계는 여러 유형이 제시된 반면, 각 개별언어의 실제 어휘 자체에 대한 경험적이고 총체적인 분류가 수행된 사례는 찾기가 쉽지 않다.

현재 DECO 사전에서는 {명사/형용사/동사/부사}의 4개 범주에 대해 41,560여개의 표제어가 18가지 심리어휘 분류체계에 기반하여 분류되었다. 이중 '주체의 감정을 표상하는 15가지 유형'에 속하는 표제어는 2,970여개로 나타났지만, '대상에 대한 평가를 표현하는 3가지 유형'에 속하는 표제어는 38,590여개로 나타났다. 실제로 대상에 대한 평가를 표현하는 표제어를 보면, 상대적으로 적은 수의 하위범주로 나뉘지만 많은 어휘가 분포한 것을 볼 수 있는데, 이를 통해 대상에 대한 평가를 표현하는 현재의 3가지 유형 분류는 더 정교하게 세분화될 필요가 있다고 판단된다. 이들에 대한 상세한 논의는 다음 3.2.4에서 진행된다.

여섯째는, 이상에서 논의한 감성어휘 부류에 대한 정보 외에도 '개체명(Named Entity)'과 '자질명(Feature Noun)'에 대한 분류 정보를 제공한다는 점이다. 실제로 개체명은 상당수의 '고유명사' 부류를 포함하며, 자질명은 특정 의미적 속성을 가진 '일반명사' 부류를 포함한다. 이들은 실제 코퍼스가 구체적으로 어느 도메인(Domain)의 텍스트인가를 고려해야 비로소 유의미한 수집과 표제어 구축이 가능하다. 이를 위해 DECO 사전에는 앞서 언급한 바와 같이 다음과 같은 4가지 유형의 연관어 분류체계가 제시되었다.

• 개체명(EntLex) | 자질명(FeaLex) | 도메인(DomLex) | 다국어(LanLex) 분류체계

현재 이 부류는 새로운 표제어의 추가와 함께 지속적으로 확장되고 있다. 앞서도 지적한 바와 같이 여기서는 이들의 분류체계 소개에 초점을 두고, 표제어 규모 및 해당 어휘들에 대한 논의는 추후 별도의 지면을 통해 본격적으로 진행하기로 한다.

DECO 사전의 차별적인 속성으로 제시할 수 있는 마지막 특징은, 감성어휘 표현에 있어 일련의 '다단어(Multi-Word Expression: MWE)' 표현으로 분류되는 형태들에 대한 지속적인 사전 확장이 진행되고 있다는 점이다. 즉 일련의 복합어, 관용구, 구절 등으로 실현될 수 있는 감

성표현들을 부분문법그래프(LGG) 형식을 통해 FST 사전으로 구축하는 연구가 진행되고 있다. 실제 코퍼스를 보면 감성표현이 하나의 단어로 실현되지 않고 다단어 연쇄(Sequence)로 실현되는 경우가 빈번하게 관찰된다. 다음을 보자.

(3ㄱ) 오늘은 왠지 슬픈 노래에 자꾸 <u>마음이 가네</u>요
(3ㄴ) 정치인들의 그런 태도를 보고 어제는 정말 <u>열을 받았어</u>

위에서 '마음이 가다'는 화자의 긍정적 감정을 표현하는 숙어구이고, '열을 받다'는 부정적 감정을 표현하는 숙어구의 예를 보인다. 여기에는 '긍정/부정'을 나타내는 명시적인 단어 자체가 실현되지 않았기 때문에, 단순히 단어 층위의 사전만으로는 이러한 감성 표현들을 인식하기가 어렵다. 그런데 이와 같이 다단어 표현(MWE)으로 이루어지는 감성 표현을 고려하기 시작하면, 이를 단순히 두 단어 결합의 동사구 정도로 한정을 지을지, 아니면 다음과 같이 보다 복잡한 양상의 문장에까지 확장해야할지 결정하기가 쉽지 않다.

(4ㄱ) 본인만 최고라 하니 참 <u>대단하십니다</u>!
(4ㄴ) 도대체 왜 그 사람을 <u>믿은겁니까</u>?
(4ㄷ) 어제 식당에서 밥을 먹는데 <u>돌이 나왔어</u>요
(4ㄹ) 노트북을 사자마자 그 다음날 이유없이 <u>꺼졌어</u>요

위의 문장들 중에서 (4ㄱ)과 (4ㄴ)에는 긍정적 감성을 표현하는 어휘로 분류될 수 있는 '대단하다'와 '믿다'가 실현되었다. 그러나 (4ㄱ)은 빈정거림의 반어법으로 사용된 경우이고, (4ㄴ)은 반어법적 수사의문문으로 이 경우 화자는 무엇을 '질문'하는 목적이 아니라 부정적 감성을 강하게 강조하는 것을 목적으로 하고 있다. 따라서 긍정 어휘와 함께 별도의 부정소가 실현되지 않은 두 문장은, 실제로는 모두 부정적 감성을 표현하는 반대의 극성 문장으로 분류되어야 한다. 특히 일반적으로 '의문문'은 단언적 요소가 유보되기 때문에 보통은 긍정/부정의 판단에서 제외되는 속성을 가지는데, (4ㄴ)과 같은 수사의문문은 강한 부정적 오피니언을 나타내는 유형으로 분류되어야 한다.

(4ㄷ)과 (4ㄹ)은 극성을 나타내는 어휘 자체가 전혀 출현하지 않은 문장들이다. 이 경우는 문맥과 상황을 통해 화자가 불만을 가지고 있음을 유추할 수 있는 형태들로서, 이러한 문장들의 특징을 기술하는 것은 훨씬 더 어렵다. 따라서 다단어 표현(MWE)으로 실현되는 감성표현들을 체계적으로 기술하기 위해서는 보다 심화된 논의가 수반되어야 한다. 현재 DECO 사전에서 다루어지지 않은 이러한 MWE들은, 유한상태 트랜스듀서 방식의 부분문법 그래프로 지속적으로 구축되고 있다. 이에 대해서도 추후 별도의 지면에서 다시 논의하기로 한다.

3.2. 감성 관련 어휘 분류체계

3.2.1. 분류체계 개요

앞서 언급한 바와 같이, 여기서는 감성분석을 위한 분류체계로 현재 DECO 사전의 표제어 정보로 수록되어 있는 다음의 3가지 유형을 소개한다.

• 극성어휘(PolLex)/부정어휘(NegLex)/심리어휘(PsyLex)

여기서 극성어휘와 심리어휘는 '명사/부사/형용사/동사'의 4범주 모두에 해당되지만, 부정어휘는 술어적 속성이 함의되는 문법범주이므로 '명사/형용사/동사'의 4범주에 대하여 분류가 수행되었다. 또한 극성어휘 분류체계에 비해 심리어휘 분류체계는 더 상세한 분류 방식을 따르므로 대부분의 절대극성 어휘들은 심리어휘 분류체계에서 중복적으로 분류된다. 앞서 지적한 바와 같이, 상대극성의 어휘들 중에서 {+/-}의 의미적 반의어쌍의 {-}값에 수렴하는 어휘들 일부는 부정어휘(NegLex)로도 기능하는 특징을 보인다. 이런 경우 이들도 중복적으로 분류되었다.

3.2.2. PolLex 극성어휘 분류체계

3.2.2.1. PolLex 극성어휘의 하위분류

그림 54는 현재 극성어휘의 분류체계 PolLex의 하위분류 구성도를 보인다.

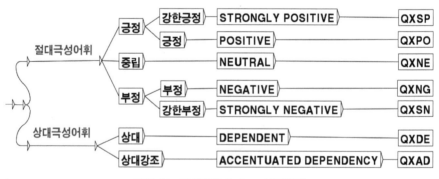

그림 54. 극성어휘 PolLex 분류체계

앞서 논의한 바와 같이, PolLex 극성어휘 분류체계는 5가지의 '절대극성(Absolute Polarity)'을 나타내는 부류와 2가지의 '상대극성(Relative Polarity)'을 나타내는 부류로 대분류된다.

3.2.2.2. 절대극성과 상대극성

3.2.2.2.1. 절대극성(Absolute Polarity) 어휘

문맥에 무관하게 극성을 표현하는 '절대극성(Absolute Polarity)' 유형은 긍정과 부정의 양 극성 정보와 중립 정보, 그리고 이에 대한 정도성(Degree)이 고려되어, 모두 5가지 등급(Rating)이 결합된 극성 범주로 분류된다. 즉 다음과 같다.

• 강한긍정(QXSP)/ 긍정(QXPO)/ 중립(QXNE)/ 부정(QXNG)/ 강한부정(QXSN)

이들은 긍정/부정의 이분법적 분류를 {+2, +1, 0, -1, -2}의 5가지 스코어로 세분화한 방식이다. 이에 해당하는 {명사/형용사/동사/부사}의 표제어의 예와 개수를 보이면 표 287과 같다.

번호	태그	스코어	명사	ZNZ	ZNW	통합	형용사	개수	동사	개수	부사	개수
1	QXSP	{+2}	최고	110	290	400	완벽하다	250	열광하다	30	위대하게	190
2	QXPO	{+1}	만족	770	630	1400	아름답다	900	권장하다	1030	겸손하게	1240
3	QXNE	0	보통	30	20	50	평범하다	20	NA	0	그럭저럭	50
4	QXNG	{-1}	상처	1560	2390	3950	나쁘다	1160	싫어하다	2460	힘들게	2010
5	QXSN	{-2}	증오	140	280	420	잔혹하다	420	참수하다	160	잔인하게	290
	TOTAL		NS	2610	3610	6220	AS	2750	VS	3680	DS	3780

표 287. 4가지 대범주의 절대극성 하위유형별 표제어 분포

위의 표를 보면 명사의 경우 6,220개, 형용사는 2,750개, 동사는 3,680개, 부사는 3,780개로 전체 16,430개로 나타났다. 명사의 수가 다른 문법범주에 비해 높은 비중으로 나타난 것은 특히 코퍼스에서 획득된 상당수의 시사명사(ZNW)로부터 극성어휘들이 추출되었기 때문이다. DECO 사전에서 시사명사에서 획득된 3,610개를 제외하면, 본래 명사 기본 표제어(ZNZ)에서 추출된 것이 2,610여개로 다른 문법범주들과 크게 차이가 나지 않는다.

여기서 각 범주별로 모두 '부정적 극성어휘' 표제어의 비중이 '긍정적 극성어휘' 표제어의 비중보다 더 높게 나타났다. 형용사의 경우는 각각 1,580개와 1,150개로, 두 부류 사이의 차이가 상대적으로 크지 않은데, 동사와 부사의 경우는 두 부류의 표제어 비중이 거의 2배 가까이 차이가 났다. 명사의 경우도 기본 표제어(ZNZ)에서는 2배 정도의 차이를 보였으나, 시사명사(ZNW)에서는 2,670개와 920개로 부정적 극성어휘의 수가 3배가량 높게 나타난 것

을 볼 수 있다. 즉 현대 온라인이나 SNS 텍스트에서 관찰되는 개인들의 글에 거칠고 부정적인 표현들이 심각한 수준으로 관찰된다는 지적과 무관하지 않다. 일반적으로 다른 품사들에서도 관찰되는 '한국어 어휘의 긍부정 양상'을 보면 '부정적' 극성 정보를 가지는 어휘들의 풍부함과 다양성이 평균 2배 규모로 나타남을 경험적으로 확인할 수 있다. 이런 점에서 3배 이상의 차이를 보이는 '시사명사'는 표준적인 한국어 어휘구조와 다른 양상을 보임을 확인할 수 있다.

표 288은 각 품사별 '긍정/부정'의 개수와 비율을 정리한 것이다. 여기서 '긍정'은 '강한긍정(QXSP)'과 '긍정(QXPO)'을 포함한 수치이고, '부정'은 '강한부정(QXSN)'과 '부정(QXNG)'을 포함한 수치이다.

대범주	ZNZ	ZNW	*NS	AS	VS	DS	Total
긍정(QXSP/QXPO)	880	920	1,800	1,150	1,060	1,430	5,440
부정(QXSN/QXNG)	1,700	2,670	4,370	1,580	2,620	2,300	10,870
'부정/긍정' 비율	1.93	2.90	2.43	1.37	2.47	1.61	2.00

표 288. 4가지 대범주의 긍정/부정어의 비율(*NS는 'ZNZ/ZNW'의 합)

3.2.2.2.2. 상대극성(Relative Polarity) 어휘

반면, 문맥에 의존하여 극성을 표현하는 '상대극성(Context-Dependent Polarity)' 유형은 정도성(Degree)이 고려되어, 2가지 유형으로 하위분류된다. 다음과 같다.

• 상대극성(QXDE)/ 강조상대극성(QXAD)

이에 대응되는 {명사/형용사/동사/부사}의 표제어 수를 보면 표 289와 같다.

번호	태그	스코어	명사	ZNZ	ZNW	통합	형용사	개수	동사	개수	부사	개수
1	QXDE	Ø	다량	1910	280	2190	길다	4880	증가하다	7490	가볍게	5690
2	QXAD	Ø	최대량	100	40	140	거대하다	1050	폭등하다	140	극심하게	2100
	TOTAL		NS	2010	320	2330	AS	5930	VS	7630	DS	7790

표 289. 4가지 대범주의 상대극성 하위유형별 표제어 분포

'상대극성'은 전형적으로 술어 성분에서 관찰되는 속성이다. 즉 공기하는 명사에 따라 현재 수반된 상대극성 술어들이 비로소 하나의 극성을 표현하게 되는 경우이므로, 위의 표에서도 이러한 형용사·동사 술어와 형태·의미적으로 연관 관계에 있는 명사들이 포함되지만 다른 대범주에 비해서 그 비중이 높지 않음을 볼 수 있다.

상대극성 어휘는, '좋다'나 '나쁘다'와 같이 술어 단독으로 긍정 또는 부정의 의미를 표현할 수 있는 전형적인 극성 어휘들과 달리, 그 자체로 극성을 표현하지 못하므로 반드시 공기한 일정 어휘들의 문맥에 의존해서 그 극성이 결정된다. 이러한 예로 '많다'나 '넘쳐나다'와 같은 유형을 들 수 있는데, 다음에서 '많다'의 예를 보자.

(5ㄱ) 그 회사는 전국에 **AS센터가** 많아요 (+)
(5ㄴ) 그 회사는 유난히 **AS신청자가** 많네요 (-)

위에서 '많다'는 각각 명시적인 긍부정의 극성이 나타나지 않는 'AS센터'와 'AS신청자'라는 명사와 함께 실현되었다. 그런데 전자는 긍정적 평가를 함축하고 후자는 부정적 평가를 암시적으로 표현한다. 이러한 경우 형용사 '많다'는 상대극성을 나타내는 성분으로서, 공기한 명사와 함께 그 문장에 긍부정의 감성적 평가를 도입하고 있다.

이러한 효과는 사실 공기하는 명사에 절대적으로 좌우된다. 가령 다음과 같은 문장에 실현된 '많다'를 보면, 특별한 긍부정의 평가를 표현하지 않음을 볼 수 있다.

(6ㄱ) 그 대리점은 **가습기가** 많아요 (∅)
(6ㄴ) 대형마트들은 **회원제가** 많습니다 (∅)

이 경우 '많다'는 단순히 해당 개체, 즉 '가습기', '회원제(시스템)'이 많다는 것을 의미할 뿐, 이를 통해 어떤 긍/부정 평가를 함의하지 않는다. 앞서 '측량가능(QDIM)' 형용사들이, 특히 이러한 상대극성의 술어 성분으로 사용된다는 지적을 한 바 있다. 앞서 언급한 것처럼, '측량가능' 의미 범주에 속하는 어휘 유형은 주어진 기준에 대해 '존재함(+)'과 '부재함(-)'의 반의어쌍을 규칙적으로 구성하는 특징을 보인다. 즉 위의 (5)에 대해, '많다'의 반의어 개념인 '적다'가 사용될 수 있다.

(7ㄱ) 그 회사는 전국에 **AS센터가** 적네요 (-)
(7ㄴ) 그 회사는 유난히 **AS신청자가** 적군요 (+)

이 경우에는 (5)과 반대로, (7ㄱ)은 부정적 평가를, (7ㄴ)은 긍정적 평가를 암시하는 것으로 나타난다.

3.2.2.2.3. 상대극성의 {부재} 술어와 극성명사의 공기

위에서 '상대극성' 술어는, 극성이 없는 명사 논항을 수반하여 각 개별 문맥에서 하나의 극성이 부여되도록 하는 유형으로 정의하였다. 그런데 이들은 본래 고유의 극성을 가진 명사 논항과도 공기할 수 있다. 다음을 보자.

(8ㄱ) 그 식당은 늘 <u>인기</u>가 많아요 (+)
(8ㄴ) 그 식당은 늘 <u>먼지</u>가 많아요 (-)

위에서 '많다'가 사용된 두 문장은 각각 긍정적 평가와 부정적 평가를 담고 있다. 그러나 이 경우는 실제로 '인기'와 '먼지'라는 명사 논항 자체가 긍정/부정의 의미를 표현하고 있기 때문에 이에 대한 일종의 기능동사로 사용된 '있다'에 대한 양적인 강조의 양태(Aspect)를 추가할 뿐이다. 즉 다음 문장들과 대응된다.

(9ㄱ) ≒ 그 식당은 늘 인기가 <u>있어요</u> (+)
(9ㄴ) ≒ 그 식당은 늘 먼지가 <u>있어요</u> (-)

이 경우, 위의 (8)의 문장들에 대해 '많다'의 의미적 반의쌍인 '적다'를 치환해 보자.

(10ㄱ) 그 식당은 요즘에도 인기가 <u>적어요</u> (-)
(10ㄴ) 그 식당은 황사철에도 먼지가 <u>적어요</u> (+)

이 경우, (10ㄱ)처럼 긍정어휘 '인기'가 실현된 문장에는 '적다'가 결합하면서 부정적 평가를 나타내는 문장으로 전환이 되었고, (10ㄴ)처럼 부정어휘 '먼지'가 실현된 문장에는 '적다'가 결합하면서 긍정적 평가를 나타내는 문장으로 전환이 된 것을 볼 수 있다. 즉 명시적인 '극성전환장치(PSD)'의 하나인 '문법적 부정소' '없다' 또는 'X-지 않다'와 같은 성분이 결합한 다음 문장들과 유사하다.

(11ㄱ) ≒ 그 식당은 요즘에도 인기가 (<u>없어요 + 있지 않아요</u>) (-)
(11ㄴ) ≒ 그 식당은 황사철에도 먼지가 (<u>없어요 + 있지 않아요</u>) (+)

이상의 관찰을 통해, 현재의 '상대극성' 술어들에 있어서, {부재(-)}의 의미계열을 보이는 어휘들이 '긍정/부정'의 극성을 이미 내포한 명사 논항과 함께 실현되는 경우, 이들의 의미적 기능이 달라질 수 있음을 확인할 수 있다. 즉 (10)에서 보는 바와 같이 이 경우는, 이미 명사 논항에 실현된 '긍정/부정'의 극성을 반대로 전환하는 부정적 장치로 기능하게 된다는 점이다.

따라서 예를 들어 다음과 같은 {부재(-)}의 의미계열을 갖는 '측량가능(QDIM)' 술어들의 경우 이들이 '무극성 명사'와 실현되면 '상대극성(QXDE)' 어휘로 기능하지만, '극성 명사'와 실현되면 '극성전환장치(PSD)'로 기능하게 됨을 알 수 있다.

(12ㄱ) {무극성명사} + {적다/작다/짧다/낮다/좁다/약하다 등등}: 상대극성 술어
(12ㄴ) {극성명사} + {적다/작다/짧다/낮다/좁다/약하다 등등}: 기저극성의 전환

위의 (12ㄴ)과 같은 극성전환장치들은 다음 3.2.3에서 논의하는 '어휘적 부정소(Lexical Negator)' 부류에서 다시 언급된다.

다음에서 다른 예를 들어보자.

(13ㄱ) 그 여배우는 연기력이 <u>절정</u>에 있습니다 (+)
(13ㄴ) 우리의 인내력이 이제는 <u>절정</u>에 왔습니다 (-)

위의 두 문장 모두에서 명사 '절정'은 서술어 '절정에 있다/절정에 오다'의 핵심 성분이다. 위의 (13ㄱ)에서는 명사논항 '연기력'과 공기해서 긍정적 평가를 나타내는 반면, (13ㄴ)에서는 '인내력'과 공기해서 부정적 평가를 나타내고 있다. 그런데 여기서 '연기력'과 '인내력'은 일종의 어떤 능력으로, 다음과 같이 '이러한 능력이 존재할 때(+)' 긍정적 의미로 해석될 수 있다.

(14ㄱ) 연기력이 있다 (+)
(14ㄴ) 인내력이 있다 (+)

위의 관찰을 통해, (13)에 실현된 '연기력/인내력'은 모두 긍정적 극성을 표현하는 명사 논항들로 판단된다. 이 경우 '절정에 있다/오다'는 사실상 {존재(+)}의 의미계열을 보이는 술어 유형이므로, 긍정적 극성을 강조하는 양태적 효과만을 부여하는 것으로 분석되는 것이 타당하다. 실제로 (13ㄱ)에서 '연기력이 절정에 있다'는 것은 '연기력이 뛰어나다'는 의미의 강한 긍정적 평가를 보인다. 문제는 (13ㄴ)에서 '인내력이 절정에 왔다'는 것은 이러한 강조의 양태적 해석이 아니라, '더이상 참을 수 없다'는 강한 부정적 평가를 표현하는 것으로 의미가 바뀐다는 점이다. (13ㄴ)과 같은 경우는 궁극적으로 '내적 의미의 조합'으로 유추되지 않는 전형적인 관용구의 성격을 보인다. 즉 다음과 같은 다단어(Multi-Word Expressions) 감정표현에 대한 별도의 사전 및 문법이 구축되어야 한다.

(15) N-의 인내력이 절정에 오다 {NEGATIVE}

앞서 언급한 바와 같이 다단어(MWE) 언어자원에 대해서는 추후 별도의 지면을 통해 상세히 기술하기로 한다.

3.2.2.3. 문법범주별 극성어휘 양상

현재 PolLex 극성어휘 분류체계에 기반하여 {명사/형용사/동사/부사}의 4범주의 표제어들에 분류 정보가 수록되었다. 우선 명사(NS)의 경우를 보면, 명사는 그 자체로 긍정 또는 부정의 의미를 표현하는 것이 가능하다. 다만 실제로 이러한 어휘가 문장 내에 실현되어 그 문장의 극성을 결정지으려면, 이것이 일련의 서술어로 기능하거나 또는 적어도 이러한 서술적 해석이 전제되어야 한다. 가령 다음을 보자.

(16ㄱ) 세상에 대한 <u>증오</u>
(16ㄴ) <u>최고</u>의 제품!

위에서 '증오'나 '최고'는 그 어휘 자체로 각각 부정과 긍정의 극성을 가진다. 이러한 어휘들이 실현된 문장 또는 구문이 극성을 가지려면 다음과 같이 이들 극성 명사에 대한 '존재함(+)'을 표현하는 일종의 기능동사(Support Verb)나 경동사(Light Verb)가 수반된 해석이 전제되어야 한다.

(17ㄱ) 세상에 대한 증오-(가 있다 + 를 가지고 있다 + 를 보인다 등)
(17ㄴ) 최고의 제품-(입니다 + 같아요 등)

만일 다음과 같이 이러한 서술명사를 수반하는 기능동사가 부정적 의미를 갖거나 부재(-)를 표현하는 유형, 또는 단언하지 못하는 의문문과 같은 형태로 실현되면, 이 문장의 극성은 반대의 해석을 갖게 되거나 또는 더이상 서술명사의 극성을 그대로 표현하는 문장으로서의 기능을 갖지 못하게 된다.

(18ㄱ) 세상에 대한 증오-(가 사라졌어요 + 가 없어요)
(18ㄴ) 최고의 제품-(이 아닙니다 + 일까요?)

위의 (18ㄱ)을 보면, 수반한 기능동사가 '사라지다', '없다'와 같은 '부재'를 의미하는 형태인 경우, 궁극적으로 부정적 의미의 '증오'가 존재하지 않음을 나타낸다. (18ㄴ)에서도 '아니다'라는 '부정'의 어휘가 서술명사 '최고'의 수식을 받은 명사와 공기함으로써 긍정의 극성이 사라지게 되며, '일까요?'와 같은 의문문 형식을 통해 화자의 '단언적 언술'이 유보됨으로써 '긍정'의 의미해석을 받지 못하게 된다. 이런 점에서 긍정/부정의 서술성 명사의 경우는, 이들이 수반하는 기능동사들과의 복합적 구단위에 대한 논의가 함께 수행되어야 한다.

둘째로, 형용사(AS) 범주는 긍정, 부정의 극성 정보를 표현하는 가장 대표적인 문법범주이다. 형용사의 경우는 일반적으로 대상 객체에 대한 묘사나 주체자의 경험 등을 묘사하는 의미 기능을 수행하기 때문에, 일정 수준의 주관성을 표현하는 대표적인 어휘 부류가 된다. 이는 일정 사건이나 행동을 기술하는 동사 부류와는 구별되는 특징으로, 현재 DECO 사전의 형용사의 표제어는 그 전체가 이러한 극성분류의 대상이 되었다.

앞서 명사의 경우처럼 형용사 범주에서도, '시사형용사(ZAW)' 중에는 극성을 나타내는 특정 구어체 표현이나 신조어 유형들이 관찰된다. 일부 예를 들면 다음과 같다.

(19ㄱ) 개좋다, 개맛있다, 꿀잼이다 (+)
(19ㄴ) 개지루하다, 극혐이다 (-)

위에서 보듯이, 최근 많이 사용되는 '개'나 '극'과 같은 접두성분은 반드시 부정적 극성을 도입하는 의미 속성을 보이지 않는다. 특히 '개' 같은 경우는 높은 생산성을 가지는데, 많은 긍정적 표현들에도 강조를 위해 결합된다. 다만 이와 같이 코퍼스에서 높은 빈도로 출현하지만, 아직 그 사전적 지위의 정당성이 분명하지 않은 유형들에 대한 추가 논의가 진행되어야 할 필요가 있다.

셋째로 동사(VS)의 경우는, 형용사 범주와 달리, 주관적 묘사보다는 객관적 기술이나 사건, 행동을 표현하기 위해 사용되는 경우가 많다. 따라서 현재 긍정/부정과 같은 주관적 오피니언을 표현하는 유형에는, 형용사와 파생 관계에 있거나 또는 심리/감정동사 유형으로 분류되는 일련의 특정 의미계열을 가진 어휘들이 해당된다.

마지막으로 부사(DS) 범주의 경우는, 앞서 살핀 명사 범주와 마찬가지로 스스로 온전히 서술어의 기능을 수행하지 못하므로, 문장의 극성 결정에 핵심적인 성분이 되기 어렵다. 가령 다음을 보자.

(20ㄱ) 좀 <u>겸손하게</u> 말해라
(20ㄴ) 아이들이 <u>겸손하게</u> 말을 걸어왔다

위의 예를 보면, '겸손하게'는 문장의 서술어로 기능하지 못하고 본동사 '말하다'나 '말을 걸다'를 수식하는 양태부사로 기능하고 있다. 이 경우는 부사어가 문장의 극성을 결정짓는 핵심어가 되지 못하므로, 가령 (20ㄴ)과 같은 '상황묘사'에서는 술어 동사를 수반하여 '긍정적' 해석을 가능하게 하나, (20ㄱ)과 같은 '일정 요구'를 나타내는 명령문에서는 '부정적' 감정을 함축하는 기능을 한다.

그런데 부사어가 항상 '서술어'가 아닌, 수식성분으로만 기능하는 것은 아니다. 다음을 보자.

(21ㄱ) 그 사람은 아주 <u>겸손하게</u> 보입니다
(21ㄴ) 그 사람이 아주 <u>잔인하게</u> 행동했다

위에서 '겸손하게'나 '잔인하게'는 각 문장을 '부정적 극성'을 갖는 문장으로 결정하는 극성어휘의 역할을 하고 있다. 즉 다음과 같은 형용사 술어 구문과 대응된다.

(22ㄱ) 그 사람은 아주 <u>겸손합니다</u>
(22ㄴ) 그 사람이 아주 <u>잔인했다</u>

즉 (21)의 문장들은, '겸손하다'와 '잔인하다' 형용사가 술어로 사용된 (22)의 문장과 비교할 때, 이러한 술어적 성분이 부사형으로 실현되고, 반면 술어 위치에 부사형을 수반하는 기능동사 '보이다'와 '행동하다'가 실현된 대응문들이다. 이와 같이 부사형을 수반하는 기능동사들은, 그 스스로가 서술어의 의미를 가지지 않고 서술어의 핵심인 부사어를 보조(Support)할 뿐이다. 따라서 (21)과 같은 문장의 부사어는 사실상 (22)의 형용사 술어의 변형으로서, 하나의 온전한 술어로서의 지위를 갖는 것으로의 분석이 가능하다.

이러한 특징으로 인해, 본 연구에서 부사의 극성 분류는 가능한 한 형용사와 파생관계에 있는 어휘들에 대해 우선적으로 수행되었다. 형용사에서 높은 비중을 차지하는 '상대극성' 어휘들의 영향으로, 부사어에서도 이러한 부류의 어휘의 비중이 높게 나타났다. 여기에는 '측량가능(QDIM)'과 관련된 어휘들이 포함되는데, 이 경우 '정도'를 나타내는 어휘 부류들은 부사어의 '정도부사' 부류와 공통되는 현상을 보인다. 즉 다음을 보자.

(23ㄱ) 너무 | 좀 | 매우 | 아주 | 꽤 | 잔뜩 | 엄청
(23ㄴ) 많이 | 완전히 | 대단히 | 엄청나게 | 지나치게

위에서 (23ㄱ)이 형용사와 형태적으로 무관한 정도부사 부류의 예를 보인다면, (23ㄴ)은 형용사와 연관되는 일련의 정도성 부사들의 예를 보인다.

이상과 같이 현재 '단어' 층위의 극성분류 정보가 사전에 제공되었어도, 실제로 이러한 성분들이 사용된 문장 속에서의 극성 여부는, 주어진 문맥에 대한 고려를 통해 최종 결정되어야 함을 환기할 필요가 있다.

3.2.3. NegLex 부정어휘 분류체계

3.2.3.1. '어휘적 부정어(Lexical Negator)'의 정의

앞서 언급한 바와 같이, 극성을 나타내는 '명사' 범주는 서술어 위치에 이를 수반하는 일련의 기능동사들이 실현되어야 한다. 가령 '불만'이라는 서술성 명사는 부정적 극성을 나타내는 어휘인데, 이 경우 다음과 같은 일련의 기능동사들을 통해 문장에 서술어로 실현된다.

(24ㄱ) 이번 조치로 아이폰 구매자들이 불만이 <u>생겼습니다</u>
(24ㄴ) 이번 조치로 아이폰 구매자들이 모두 불만이 <u>있어요</u>
(24ㄷ) 이번 조치로 아이폰 구매자들이 불만을 <u>가졌어요</u>

즉 위에서 '생기다/있다/가지다' 등은 '불만'을 수반해서 {불만스럽다}의 감성을 표현하는 기능동사로 사용되었다. 이러한 기능동사들은 앞서 '측량가능(QDIM)'에서 논의되었던 일련의 술어들로 치환될 수 있다. 가령 '많다/크다/길다/높다' 등과 같이 {존재함(+)}을 표현하는 의미 계열의 술어로 치환되면, 기저구문의 극성을 더 강조하는 효과를 나타낸다. 다음을 보자.

(25ㄱ) 이번 조치로 아이폰 구매자들이 불만이 <u>많아졌습니다</u>
(25ㄴ) 이번 조치로 아이폰 구매자들이 모두 불만이 <u>커졌어요</u>
(25ㄷ) 이번 조치로 아이폰 구매자들이 불만이 <u>큽니다</u>

위에서 '많아지다/커지다' 같은 동사나 '크다'와 같은 형용사는 모두 '측량가능(QDIM)' 의미계열로, 앞서 (24)의 문장들에 비해 그 양적 규모를 더 확장하는 기능을 한다. 그런데 위의 어휘들과 반의어 쌍을 이루는 다음과 같은 성분들이 서술어 위치에 실현되면,

(26ㄱ) 이번 조치로 아이폰 구매자들이 불만이 <u>작아졌습니다</u>
(26ㄴ) 이번 조치로 아이폰 구매자들이 모두 불만이 <u>줄었어요</u>
(26ㄷ) 이번 조치로 아이폰 구매자들의 불만이 <u>가벼워졌어요</u>

앞서 지적한 바와 같이, '극성명사'와 공기하여 이들의 극성을 전환하는 '극성전환장치(PSD)'의 일환으로 기능하게 된다. 즉 위의 (24)/(25)의 예문들과 달리, 화자는 (26)의 모든 문장에서 긍정적 오피니언을 표현하고 있다. '불만'의 감정이 '작아지고, 줄어들고, 가벼워졌기' 때문이다.

그런데, 이와 같은 '측량가능(QDIM)' 의미계열의 어휘들 외에, 공기하는 감성 어휘의 극성을 전환하는 다양한 유형의 서술어들이 관찰된다. 다음을 보자.

(27ㄱ) 이번 조치로 아이폰 구매자들이 불만이 <u>사라졌습니다</u>
(27ㄴ) 이번 조치로 아이폰 구매자들이 불만이 <u>해소되었어요</u>
(27ㄷ) 이번 조치로 아이폰 구매자들의 불만이 말끔히 <u>날아갔습니다</u>

위에서 술어 위치에 사용된 '사라지다/해소되다/날아가다'는 '불만'의 부재를 의미하여 전체 문장을 '긍정적 오피니언'을 표현하는 문장으로 전환한다. 이는 다음과 같은 '문법적 부정소(Grammatical Negator)'에 대응되는 '어휘적 부정소(Lexical Negator)'로 간주될 수 있다. 다음은 '부정부사/부정보조용언/부정용언'으로 분류되는 문법적 부정소의 유형을 보인다.

(28ㄱ) {부정의 부사}+{동사/형용사}: {안/아니/못}+{동사/형용사}
(28ㄴ) {동사/형용사}+{부정 보조용언}: {동사/형용사}+{(지)않다/아니하다/못하다/말다}
(28ㄷ) {명사}+{부정 용언}: {명사}+{(이) 아니다/없다}

위에서 보듯이, 문법적 부정소는 그 어휘적 특징이 명확하고 그 수가 제한되어 있다. 특히 술어 위치에 실현된 명사를 부정하는 경우, 명사 자체를 직접 부정할 수 없으므로, 위의 (28ㄷ)에서처럼 명사를 동반하는 용언 '이다/있다'가 '아니다/없다'로 치환되어 실현된다. 또한 '이다/있다'에 '(지)않다'와 같은 보조용언이 결합하여 실현될 수 있다. 구체적 예를 들어 보면 다음과 같다.

(29ㄱ) {이다 ☞ 아니다}: 그는 사기꾼이야 ☞ 그는 사기꾼이 아니야
(29ㄴ) {있다 ☞ 없다}: 그는 용기가 있어 ☞ 그는 용기가 없어
(29ㄷ) {이다 ☞ (지)않다} 그는 사기꾼이야 ☞ 그가 사기꾼이지는 않지만...
(29ㄹ) {있다 ☞ (지)않다} 그는 용기가 있어☞ 그가 용기가 있지는 않지만...

이와 같이 명사에 대한 문법적 부정소 장치는 '아니다/없다/(지)않다'로 한정되는 반면, (27)에서 명사 '불만'에 결합한 어휘적 부정소 '사라지다/해소되다/날아가다'는 그 목록이 매우 생산적이다. 이때 특정 형태적·의미적 기준을 통해 이들을 유추하거나 형식적 표지에 의해 자동으로 예측하는 것이 가능하지 않기 때문에, 이들에 대한 개별적인 검증이 수행되어야 한다. 이들의 목록이 제공되지 않는 한, 감성어휘의 극성을 전환시키는 장치에 대한 올바른 분석이 수행되기 어렵다.

DECO 사전에서는 이러한 부정소를 '어휘적 부정어(Lexical Negator)'로 명명하고, 궁극적으로 문장 내에 실현된 극성어휘의 극성을 전환시키는 '극성 전환 장치(Polarity Shifting Device: PSD)의 일환으로 분류한다. 어휘적 부정어를 정의하기 위한 형식적 기준으로 다음과 같은 통사적 대응문 구조가 사용되었다.

(30ㄱ)   {PolLex} W {Lexical Negator}
(30ㄴ) ≒ {PolLex} W (없다/아니다/않다)

즉 (30ㄱ)은 (30ㄴ)의 문장을 논리적으로 함축한다. 또한 여기에 일정 양태적 뉘앙스를 첨가한다. 이와 같은 문장에 '극성어휘(PolLex)'와 공기한 술어 성분은 '어휘적 부정어'가 된다. 위의 대응문의 예를 보이면 다음과 같다.

(31ㄱ) 걱정이 사라지다 ☞ {걱정이 없다}를 함의
(31ㄴ) 입상에 실패하다 ☞ {입상이 아니다}를 함의

위의 관계를 통해 '사라지다'나 '실패하다'는 어휘적 부정어의 일환으로 분류된다. 여기서 '어휘적 부정어'는 '사라지다/감소하다'처럼 스스로 긍정 또는 부정적 극성의 의미 특징 없이 중립적으로 선행명사의 극성을 전환하는 장치로 기능한다. 그러나 이 장치는 일반적으로 '부정(Negation)'의 의미 기능을 수행하기 때문에, '실패하다/망하다/의심하다'와 같이 그 자체로 '부정적 극성'을 표현하는 '부정적(Negative)' 감성어휘인 경우들도 상당수 포함된다. 이런 경우 이들은 사전적 단계에서는 이중적 표제어로 중복 분류된다. 궁극적으로 이들이 사용된 '문맥(Context)'에 의해 비로소 그 의미와 기능이 확정될 것이기 때문이다.

DECO 사전에서는 '어휘적 부정소(Lexical Negator)'를 '부정어휘(NegLex)'로 명명하고, 이들의 상세 의미적 특징에 따라 하위분류를 수행하였다. 부정어휘 분류체계 NegLex는 이러한 6가지 하위유형들을 기술하는 분류체계로서 아래에서 소개된다.

3.2.3.2. NegLex 부정어휘의 하위분류

그림 55는 부정어휘 NegLex 하위분류 체계의 구성도를 보인다.

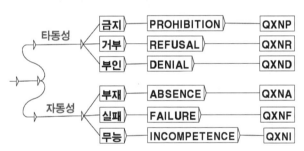

그림 55. 부정어휘 NegLex 분류체계

위 그림에서 보는 바와 같이 부정어휘는 6가지 유형으로 하위분류된다. 이중 '금지(Prohibition)/거부(Refusal)/부인(Denial)'의 3가지는 타인 및 타개체와의 관계가 전제된 타동성의 술어 기능을 보이고, '부재(Absence)/실패(Failure)/무능(Incompetence)'의 3가지는 주어의 상태나 행위에 대한 자동성의 술어 기능을 보인다. 다만 이러한 타동성/자동성의 구별은 논리적 속성으로서, 실제 문장에서의 통사적 속성과 항상 일치하지는 않는다. '부정(Negation)'에 대한 논리·의미론적 연구는 오랜 역사를 가지고 있으며 이에 대한 하위 개념 분류체계도 학자에 따라 여러 유형으로 제안되었다. 모든 의미적 속성에 기반한 연구가 그러하듯이, 형식적 기재의 부재로 인해 부정어휘의 하위분류 방식과 관련된 기존의 연구들은 서로 일치하지 않을 뿐더러, 이들을 서로 비교하기 위한 명시적인 근거의 제시도 어렵다. 여기서는 이와 관련된 기존의 많은 논의들은 생략하고, DECO 사전 구축 과정에서 상향식으로 추출된 실제 어휘들의 군집화 결과를 제시하기로 한다.[70]

우선 부정어휘의 통사·의미적 특징을 보면 타인에 대해 어떠한 행위를 수행하는 '타동성'의 어휘 부류와 자기 스스로의 어떤 행동이나 상황을 표현하는 '자동성'의 어휘 부류로 구별된다. 이때 '타동성'의 어휘 부류에서는, 일련의 행위를 하지 못하도록 하는 '금지(Prohibition) 또는 제한'의 의미 유형(QXNP)과, 요구나 제안 등을 받아들이지 아니함을 의미하는 '거부(Refusal) 또는 거절'의 의미 유형(QXNR), 마지막으로 그렇지 않다고 단정하거나 의심하고 믿지 못함을 의미하는 '부인(Denial) 또는 부정'의 의미 유형(QXND)가 있다.

반면 '자동성'의 어휘들을 보면, 개체가 존재하지 않거나 소멸로 나아가고 있는 상태를 의미하는 '부재(Absence) 또는 소멸'의 의미 유형(QXNA), 그리고 어떤 행위, 혹은 의도가 뜻한 대로 되지 않거나 실패함을 의미하는 '실패(Failure)'의 의미 유형(QXNF), 끝으로 능력, 혹은 지식이 부족하거나 부재함을 의미하는 '무능(Incompetence)'의 의미 유형(QXNI)이 여기 해당된다.

3.2.3.3. NegLex 부정어휘의 표제어 분포

표 290은 현재 부정어휘의 각 품사별 하위범주의 표제어 개수 및 예를 보인다.

번호	대분류	태그	해석	의미	명사	개수	형용사	개수	동사	개수	통합
1	타동성	QXNP	Prohibition	금지	감금	30	불가하다	10	통제하다	70	110
2		QXNR	Refusal	거부	거절	30	반발적이다	10	기각하다	50	90
3		QXND	Denial	부인	부정	20	의문스럽다	20	부인하다	40	80
4	자동성	QXNA	Absence	부재	멸망	220	희박하다	240	줄어들다	580	1040
5		QXNF	Failure	실패	실패	40	무효하다	10	망하다	50	100
6		QXNI	Incompetence	무능	결격	20	모자라다	40	뒤처지다	20	80
TOTAL				NS		360	AS	330	VS	810	1500

표 290. 부정어휘 NegLex의 하위유형별 표제어 분포

위의 표에서 보듯이 전체 부정어휘는 1,500여개로 나타났다. 명사가 360여개, 형용사가 330여개, 동사가 810여개로서, 기본적으로 이 기능이 동사 범주에 고유한 것임을 확인할 수 있다. 전체적으로 표제어의 분포를 보면 '부재(Absence)'를 나타내는 어휘의 수가 가장 많아서 전체의 69%에 이르는 것을 볼 수 있다. 다른 범주와의 심한 불균형을 고려할 때, 추후 연구에서 이 '부재(QXNA)'의 범주는 더 세분화될 필요가 있다고 판단된다. 동사의 경우는 그와 '금지(QXNP)/거

---

70) 이에 대한 결과는 '채병열, 주희진, 신동혁 & 남지순(2017)'에 상세히 보고되어 있다.

부(QXNR)/실패(QXNF)'와 같은 순으로 표제어의 다양성이 나타났고, 형용사의 경우는 '무능(QXNI)'의 어휘가 상대적으로 많이 나타났다. 명사의 경우는 '실패(QXNF)'의 경우가 뒤를 이었다.

3.2.4. PsyLex 심리어휘 분류체계

3.2.4.1. 극성어휘(PolLex)와 심리어휘(PsyLex)

앞서 '감성분석(Sentiment Analysis)' 연구를 위한 감성어휘 정보의 핵심은, '긍정/부정'의 두 축으로 정의되는 극성(Polarity) 정보에 있음을 강조하였다. 그런데 실제 코퍼스에서 관찰되는 주관적 텍스트에는 이와 같은 긍정/부정의 두 축만으로는 기술하기 어려운 중요한 주관적 감성 정보들이 나타난다. 다음을 보자.

(32ㄱ) 빨리 아이폰9가 나오면 <u>좋겠어</u>
(32ㄴ) 저는 갤럭시노트8을 사고 <u>싶어요</u>
(32ㄷ) 우리 동네에도 스타벅스가 있으면 <u>좋겠다</u>
(32ㄹ) 맥북이 조금만 더 저렴하면 정말 <u>최고일텐데</u>!

위의 문장들에는 일정 대상(Target)을 표현하는 '개체명(Named Entity)'들도 명시적으로 등장하였고, 극성을 표현하는 것으로 분석될 수 있을 '좋다/싶다/좋다/최고이다' 등과 같은 술어 성분이 출현하였다. (32)의 문장들에 대해 조금 더 구체적으로 다음과 같은 특징들을 지적할 수 있다.

- 위의 예들은, '객관적 텍스트(Objective Text)'와 '주관적 텍스트(Subjective Text)'를 구별할 때, 분명히 주관적 텍스트 유형에 속한다.
- 여기 제시된 구체적 대상(Target)인 '아이폰9'나 '갤럭시노트8', 그리고 '스타벅스'나 '맥북'에 대해서 화자는 분명 '긍정적/호의적'인 오피니언을 가지고 있다.
- 그런데 위의 문장들은, 화자가 긍정적 오피니언을 표현하는 것으로 분석되어야 할지 또는 부정적 오피니언을 표현하는 것으로 분석되어야 할지 명확하게 판단하기 어렵다. 위의 네 문장은 '긍정/부정의 극성' 관점에서 어떻게 분류되어야 하는가?

위의 문장들에 대해 최종적 '긍정/부정'의 극성 판단이 쉽지 않다. 여기서 위의 질문을 다시 되짚어보면, 다음 두 가지 의문점이 제기된다. 첫째 위와 같은 문장들의 경우, 이러한 질문이 과연 의미있는 것인가 하는 점이며, 둘째는 우리가 온라인상의 다양한 주관적 문서들로부터 추출해야 하는 정보가 반드시 이와 같은 '긍정/부정'의 분류에 한정되는 것이 맞는가 하는 점이다.

위에서 (32)의 네 문장은 모두 현재 사실과 반대이거나 아직 일어나지 않은 시점에 대한 화자의 '기대나 제안, 바램, 아쉬움' 등을 표현하는 문장들이다. 만일 감성분석 연구를 오직 '긍정/부정'의 구별 문제에 한정짓는다면, 위의 예들은 별로 소용가치가 없거나 또는 분류에 어려움을 제공하는 골치아픈 유형이 된다.

반면 감성분석 연구의 영역을 보다 확장하여, 인간의 다양한 감성에 대한 보다 세분화된 유형 연구를 목적으로 한다면, 위의 문장들은 충분히 유의미한 감성 카테고리를 구성할 것이다. DECO 사전의 'PsyLex 심리어휘 분류체계'는 바로 이러한 목적으로 수행되었다. 실제로 현대사회에 점점 더 비중이 높아지는 다양한 사회관계망(SNS) 텍스트의 분석을 통해, 인공지능이나 대화형로봇 등의 구현에 사용될 수 있는 감성적 또는 주관적 대화 패턴과 문법, 사전 등을 구축하기 위해서는, 인간의 다양한 심리적 속성에 따른 어휘 분류 정보가 우선적으로 제공될 필요가 있다.

여기서 극성어휘 분류체계 PolLex에서 제시하였던 {강한긍정/긍정/중립/부정/강한부정/상대극성/강조상대극성}의 분류 방식과 다른, 인간의 심리적 속성에 따른 분류체계가 어떻게 그리고 몇 가지로 제안되어야 할지 논의가 필요하다. 앞서 SemOnto 의미 분류체계에서부터 언급한 바와 같이, 이러한 의미적 분류는 객관화하기 위한 기재의 마련이 어렵기 때문에 하나의 통일된 기준을 제시하는 것이 가능하지 않다.

현대의 감성사전이나 감성주석코퍼스 등의 연구에서 논의되는 대표적인 연구가 Ekman (1992), Plutchik(2001), Parrot(2001) 등의 심리학적 감정분류 연구들인데, 여기서 가령 Ekman (1992)의 분류를 보면, 표 291과 같이 6가지로 심리적 감정(Emotion)이 분류되었고,

JOY, FEAR, ANGER, SADNESS, DISGUST, SURPRISE

표 291. Ekman(1992)의 6가지 감정(Emotion) 분류

Plutchik(2001)에서는 여러 단계의 감정 분류에 있어서 표 292와 같은 8가지의 핵심 감정이 제시되었다.

JOY, SADNESS, ANGER, FEAR, TRUST, SURPRISE, DISGUST, ANTICIPATION

표 292. Plutchik(2001)의 8가지 핵심 감정(Emotion) 분류

또한 SentiSense[71])와 같은 감성사전에서는 Plutchik(2001)와 Parrot(2001) 등의 연구들을 통합하여 표 293과 같이 14가지의 감정 카테고리를 제시한 바 있다.

JOY, FEAR, SURPRISE, ANGER, DISGUST, LOVE, ANTICIPATION, HOPE, DESPAIR, SADNESS, CALMNESS, LIKE, HATE, AMBIGUOUS

표 293. SentiSense 감성사전의 14가지 핵심 감정(Emotion) 분류

이외에도 감정 분류에 대한 여러 제안은 Martin & White(2005)의 연구 및 국내외 심리학, 감성공학 연구 등에서 진행된 바 있다. DECO 전자사전에서는 기존의 다양한 유형의 핵심적인 감성 분류 연구를 통합적으로 수용하되, 실제 한국어 어휘 체계에서 더 세분류되어야 한다고 판단되는 유형을 추가하여, 표 294와 같이 18가지의 심리어휘(PsyLex) 부류를 설정하였다.

LOVE, JOY, WISH, SADNESS, SHAME, REGRET, PAIN, ANGER, FEAR, JEALOUSY, VENGEANCE, HATRED, CONSCIOUSNESS, SYMPTOM, SURPRISE, PLEASANT FEELING, UNPLEASANT FEELING, LOGICAL EVALUATION

표 294. DECO 사전의 심리어휘 PsyLex 분류체계

위의 18가지 하위범주에 있어서 처음 15가지는 '주체의 감정을 표현하는 어휘' 유형이고, 나머지 3개 범주는 '외부 대상에 대한 평가를 표현하는 어휘' 유형이다. 현재 PsyLex 분류체계에 기반하여 {명사/형용사/동사/부사}의 4범주의 41,560여개의 표제어에 대한 분류 연구가 수행되었는데, 전자의 경우 2,970여개의 표제어가 포함되었고, 후자의 경우 38,590여개가 포함되었다.

현재 이러한 '심리적 감정분류'는 자연언어의 어휘에 대한 연구에 기반하기보다, '인간 감정'에 대해 개념적 차원에서 정의된 것이 많고, 따라서 실제 대규모의 어휘 분류가 수행된 결과보다는 '분류 체계' 자체를 제안하는 연구에 한정되는 경우가 많다. 그런데 실제 감성분석 시스템에서 사용하기 위한 감성사전은 어휘에 대한 대규모 분류 작업이 전제되어야 하므로, 이런 경우 대체로 자동으로 획득하는 연구에 집중하게 된다. 가령 앞서 논의한 바와 같이, 영어와 같은 언어에 대해 일정 결과가 보고되면, 이를 구글 번역기와 같은 장치를 통해 다른 언어로 자동 번역된 결과를 사용하는 방법의 제안이 여기 해당된다.

현재 이러한 상황들을 고려할 때, DECO 사전에서 제안하는 이러한 분류 성과들은 그 규모나 신뢰도에 있어 차별적이며 의의있는 언어자원을 구성하고 있다고 판단된다.

3.2.4.2. PsyLex 심리어휘의 하위분류

그림 56은 DECO 사전의 심리어휘 PsyLex 분류체계의 구성도를 보인다.

---

71) http://nlp.uned.es/~jcalbornoz/SentiSense.html

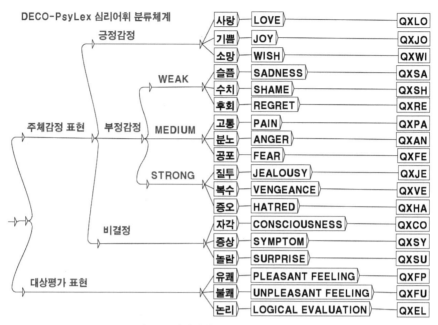

그림 56. 심리어휘 PsyLex 분류체계

여기서 보듯이, 전체 18가지 하위범주는 우선 '주체의 감정표현'과 '대상에 대한 평가 표현'으로 대분류된다. 전자는 '긍정/부정/비결정'의 3가지 유형으로 구별되고, 여기서 '긍정적' 감성은 '사랑(QXLO)/기쁨(QXJO)/소망(QXWI)'의 3가지 범주로 세분류된다. '부정적' 감성은 9가지로 세분류된다. 그 정도에 따라 '약/중/강'으로 구별할 수 있는데, 이들은 '슬픔(QXSA)/수치(QXSH)/후회(QXRE)/고통(QXPA)/분노(QXAN)/공포(QXFE)/질투(QXJE)/복수(QXVE)/증오(QXHA)'의 9가지로 나타난다. 긍부정 속성의 관점에서 볼 때, '비결정성'을 보이는 감성은 3가지로서, '자각(QXCO)/증상(QXSY)/놀람(QXSU)'으로 구분된다. '대상에 대한 평가를 표현'하는 후자의 어휘 부류는 현재 '유쾌(QXFP)/불쾌(QXFU)/논리(QXEL)'의 3가지로 분류되었으나 여기 포함된 어휘수의 규모를 생각할 때 추후 더 세분화될 필요가 있다고 판단된다.

3.2.4.3. PsyLex 심리어휘의 하위유형 속성

현재 심리어휘 부류는 '주체의 감정 표현'과 '대상에 대한 평가 표현'으로 대분류된 후, 다시 18가지로 하위분류된다.[72] 이들의 의미적 특징을 부연 설명하면 다음과 같다.

- 사랑(LOVE): 사랑하거나 좋아함의 감정 및 실제 이 감정을 행동함을 표현

---

72) 이 분류 결과에 대한 논의는 '주희진, 채병열, 조동희 & 남지순(2017)'에 상세히 정리되어 있다.

- 기쁨(JOY): 행복하거나 기쁘거나, 감격하거나, 만족하는 의미를 표현
- 소망(WISH): 소망하거나 간절히 원함을 나타내는 의미를 표현

- 슬픔(SADNESS): 슬프거나 비참하거나, 아쉽거나 우울함의 의미를 표현
- 수치(SHAME): 부끄러워하거나 망신스러워하거나 수치스러움을 표현
- 후회(REGRET): 미안하거나 후회스러움의 감정을 표현

- 고통(PAIN): 고통스러워하거나 괴롭거나 고난스러움을 표현
- 분노(ANGER): 분노, 또는 대단히 화가 난 상태를 표현
- 공포(FEAR): 두려워하거나 무서워하거나 괴롭거나 걱정하는 의미를 표현

- 질투(JEALOUSY): 타인을 부러워하거나, 질투하거나 시기함을 표현
- 복수(VENGEANCE): 타인에게 복수하려는 감정이나 그 행동을 표현
- 증오(HATRED): 누군가를 미워하거나 증오하는 감정을 표현

- 자각(CONSCIOUSNESS): 주체 자신의 심리상태에 대한 판단을 표현
- 증상(SYMPTOM): 생리적이고 신체적인 반응 및 감정을 표현
- 놀람(SURPRISE): 깜짝 놀라거나 난감하거나 당황, 흥분의 상태를 표현
- 유쾌(PLEASANT FEELING): 외부대상/객체에 대해 유쾌/긍정적 평가를 표현
- 불쾌(UNPLEASANT FEELING): 외부대상/객체에 대해 불유쾌/부정적 평가를 표현
- 논리(LOGICAL EVALUATION): 외부대상/객체/상황 등에 대해 논리적/이성적 판단에 근거한 주관적 평가를 표현

3.2.4.4. 심리어휘 하위유형별 표제어 분포

표 295는 현재 DECO 사전에 수록되어 있는 4가지 대범주별 심리어휘 표제어 분포를 보인다.

번호	대분류	중분류	태그	의미	명사	개수	형용사	개수	동사	개수	부사	개수
1	주체 감정	긍정	QXLO	사랑	경애	10	사랑스럽다	10	사랑하다	30	사랑스럽게	10
2			QXJO	기쁨	감개	70	기쁘다	70	기뻐하다	150	기쁘게	210
3			QXWI	소망	갈망	20	소망스럽다	10	갈망하다	30	간절히	10
4		부정	QXSA	슬픔	애통	40	슬프다	80	슬퍼하다	110	슬프게	30
5			QXSH	수치	무안	10	수치스럽다	30	수치스러워하다	30	부끄럽게	20
6			QXRE	후회	참회	10	후회스럽다	10	참회하다	30	후회스럽게	20
7			QXPA	고통	괴로움	20	고통스럽다	40	고생하다	50	고달프게	20
8			QXAN	분노	격노	40	분하다	60	격노하다	170	까칠까칠하게	80

번호	대분류	중분류	태그	의미	명사	개수	형용사	개수	동사	개수	부사	개수
9			QXFE	공포	공포	30	공포스럽다	40	겁내다	90	불안스럽게	50
10			QXJE	질투	질투	10	부럽다	10	질투하다	20	NA	10
11			QXVE	복수	보복	10	NA	10	보복하다	10	NA	10
12			QXHA	증오	원망	10	증오스럽다	10	증오하다	20	저주스럽게	10
13			QXCO	자각	달관	10	따분하다	40	각오하다	280	NA	10
14		비결정	QXSY	증상	간지럼	70	매스껍다	220	가슴뛰다	140	따갑게	140
15			QXSU	놀람	놀람	20	놀랍다	30	놀라다	60	아뿔싸	70
{주체감정} 범주의 TOTAL					NS	380	AS	670	VS	1220	DS	700
16	대상 평가		QXFP	유쾌	유쾌	930	유쾌하다	810	쾌적해지다	990	가뿐히	1370
17			QXFU	불쾌	농락	2690	불쾌스럽다	1320	간사하다	2550	간사하게	1980
18			QXEL	논리	경각심	2650	평범하다	6210	가벼워지다	7750	가늘게	9340
{대상평가} 범주의 TOTAL					NS	6270	AS	8340	VS	11290	DS	12690
TOTAL					NS	6650	AS	9010	VS	12510	DS	13390

표 295. 심리어휘 PsyLex 하위유형별 표제어 분포

위에서 보듯이 {명사/형용사/동사/부사}의 4가지 대범주에 대해서 전체 41,560개의 표제어에 대한 심리어휘 분류가 수행되었다. 여기서 '주체의 감정을 표현'하는 유형은 모두 15가지로 하위분류되었고, 각 문법범주별 380개, 670개, 1,220개, 700개로 전체 2,970여개의 표제어가 이 부류로 분류되었다. 반면 '대상의 평가를 표현'하는 유형은 3가지로 하위분류되었으나, 각 문법범주별 수를 모두 합하면 전체 38,590여개로 나타났다.

후자의 어휘 부류는 사실상 일련의 주관적 감정을 묘사한다고 판단되기는 하지만, 명시적으로 주체의 감정을 묘사하고 기술하는 것이 아니라, 객체/대상에 대한 평가를 통해 간접적으로 주체의 감정을 투영하고 있기 때문에 현재 획득하고자 하는 정보의 유형에 최적화되어 있지 않다. 후자에 대한 분류는 추후 별도의 목적성에 따라, 추가적 분류 체계와 함께 더 정교하게 세분화될 필요가 있다.

앞서도 논의한 바와 같이, 체계 자체를 제안하는 것은 어렵지 않다. 그러나 방대한 어휘 부류를 빠짐없이 검토하여 이를 각 하위범주별로 분류하는 작업은, 많은 모호성과 다의성, 비결정성 등으로 인해 엄청나게 많은 시간과 노력을 필요로 한다. 현재의 분류 결과를 획득하기 위해 이미 많은 노력과 시간이 할애되었고, 향후 더 보완되고 확장된 어휘체계를 구성하기 위해 지속적인 연구가 수행되고 있다는 점에서 회의적일 수 있다. 그러나 중요한 점은, 현재의 연구 결과가 이와 같은 연구가 현실적으로 실행 가능하다는 사실을 경험적으로 확인해준다는 점이다. 이러한 연구를 위한 시간과 비용의 소요가 비현실적이고, 이것이 현실적으로 불가능한 작업이라서 그 차선책으로 더 낮은 질의 자동 구축물을 획득하는 방법론을 모색해야 한다는 일부 전산학적 논리를 비판적으로 되돌아보게 하는 긍정적 효과도

아울러 기대할 수 있다.

3.3. 개체명·도메인 관련어휘 분류체계

3.3.1. 분류체계 개요

'개체명(Named Entity)'과 '자질명(Feature Noun)'은 앞서 논의하였던 Liu(2012)의 '오피니언 5원소(Opinion Quintuple)'의 핵심 성분이다. 여기서 개체명 인식(Named Entity Recognition)은 정보추출 연구 분야에서 오래전부터 다루어져 왔던 연구 영역이다. 이들은 많은 경우, 일반 사전에 등재되지 않은 고유명사 형태를 포함하지만, 반드시 이러한 언어학적 범주와 일치하지 않는다. 이들은 주어진 도메인에서 특정 정보를 추출하고자 할 때, 그 정보의 '대상(Target)'이 될 수 있는 모든 개체(Entity)로서, 감성분석 연구에서는 평가자(Opinion Holder)의 감성평가 대상이 될 수 있는 모든 명사구가 된다.

감성분석 연구는, 주어진 텍스트 전체 또는 각 문장 단위에 대해 '긍정/부정'의 극성을 판단하여 이를 분류하여 제공하는 '문서/문장기반 연구(Document /Sentence-Based Analysis)'와, 이보다 더 정교한 정보를 제공하는 '자질기반 연구(Feature-Based Analysis)' 연구로 구별될 수 있다. 가령 표 296은 이러한 차이를 보인다.

번호	종류	코퍼스 입력문 예	감성분석 결과 예
1	문서기반	치즈초코케익은 크기가 너무 작아요. 예전에 치즈케익은 좋았었는데.. 완전 실망이예요	NEGATIVE
2	문장기반	S1: 치즈초코케익은 크기가 너무 작아요.	NEGATIVE
		S2: 예전에 치즈케익은 좋았었는데...	POSITIVE
		S3: 완전 실망이예요	NEGATIVE
3	자질기반	S1: 치즈초코케익은 크기가 너무 작아요.	Cf. OPINION QUINTUPLE {TARGET=치즈초코케익} {FEATURE=크기} (SENTIMENT=NEGATIVE: 작다) {OPINION HOLDER=∅: ID} {TIME=∅: POSTING TIME}

표 296. '문서/문장/자질' 기반 감성분류의 예시

위에서 '문서기반' 분석 시스템의 경우라면, 전체 텍스트에 대해 '부정적 오피니언'이라는 분석 결과가 제공될 것이다. 반면 '문장기반' 시스템이라면 각 문장별 오피니언 분석 결과가 제공된다. 이때 하나의 문장 내에도 여러 개의 오피니언이 등위 접속되어 실현될 수 있고, 또는 반대로 하나의 오피니언이 여러 개의 문장으로 나뉘어 실현될 수 있다는 문제가 발생한다. 구두점이 제대로 지켜지지 않고, 여러 단편적인 문장 부분들이 연속해서 나열되기도 하기 때문에, 상당 경우는 문장 경계 자체를 파악하기도 어려운 경우가 많이 나타난다. 현재 인터넷 구어체 문서들에서 나타나는 '문장'이 언어학적 정의의 '문장' 개념으로 연구되기 어려운 이유이다.

마지막으로 '자질기반' 시스템이라면 각 문장에서 나타난 '대상(Target)'과 '자질(Feature)'을 인식하여 현재의 오피니언이 '무엇의 어떠한 속성'에 대한 긍정/부정의 극성을 보이는가의 정보를 제공하는 것이 필요하다. 이러한 연구에서 '오피니언 5원소(Opinion Quintuple)'의 개념이 적용될 수 있으며, 위의 표에서 보인 바와 같이 시스템은 '대상/자질/감성/평가자/시간'의 정보를 추출하여 이를 5개의 원소쌍과 같은 데이터베이스 방식으로 구조화하는 것이 가능하다. 이러한 데이터베이스를 토대로 자질기반 감성분석 결과를 제시할 수 있게 된다. 그러나 많은 경우 '오피니언 평가자(Opinion holder)'나 '시간(Time)'은 텍스트에 명시적으로 실현되지 않고 메타데이터의 성격을 보이기 때문에, 이러한 경우는 언어처리 기술이 없이도 이를 획득하는 것이 가능하다.

실제 응용영역에서는 문서나 문장 단위에 대한 오피니언 분류 결과보다 '대상' 및 '자질'에 기반한 오피니언 분류 정보가 보다 유용하다. 평가자가 어느 대상에 대해 특히 어느 자질에 대해 좋은, 혹은 나쁜 평가를 하고 있는가를 아는 것이 중요하기 때문이다. 이러한 정보를 제공하기 위한 1차적인 단계는, 앞서 살핀 '감성어휘'의 추출과 함께, 이러한 '대상'이 될 수 있는 '개체명'을 올바르게 인식하고 이러한 개체들에 의미적으로 연관되는 일련의 '자질명'을 올바르게 찾아내는 것이다. DECO 사전의 '개체명 분류체계 EntLex'와 '자질명 분류체계 FeaLex'는 바로 이러한 목적을 위해 구성되는 사전적 정보들이다.

그러나 '자질'이라는 개념은 반드시 어떠한 '개체'에 대한 관계성을 전제로 의미를 갖기 때문에, 실제로 단어 수준의 정보를 담고 있는 일반적인 '사전'의 개념으로는 이러한 관계성을 효과적으로 기술하기가 쉽지 않다. 일정 동적인 관계를 표현하기 위해 별도의 장치가 요구되며, 특히 이러한 개체명과 자질명이 어떠한 도메인과 연관되는가를 기술하는 것이 중요하다. 앞서 언급한 바와 같이 여기서는 이에 대한 심층적 논의는 추후 다른 지면을 기대하고, '개체명/자질명/도메인/다국어' 정보를 어떠한 방식으로 하위분류하여 기술하는 것이 필요한지, 그 분류체계를 소개하는 것을 주된 목적으로 한다.

3.3.2. EntLex 개체명 분류체계

현재 DECO 사전에 제시된 개체명 분류체계 EntLex는, 실제 코퍼스에서 추출된 어휘들을 중심으로 상향식 군집화를 수행하여 획득된 귀납적 분류체계이다. 이 작업은, 앞서 논의한 SemOnto 의미분류 체계의 일련의 의미적 속성 및 고유명사(ZNE) 표제어들의 의미 클래스를 검토하는 과정을 병행함으로써 보다 효율적으로 수행될 수 있었다.

이런 점에서, 언어학적으로 일반명사인가 아니면 고유명사인가, 또는 사전에 수록될 만한 보편적인 어휘 부류인가 아니면 일회성에 그칠 수 있는 구어체 및 신조어 부류인가 등의 근본적인 질문은 유보하였다. 실제 정보추출(Information Extraction)과 감성분석(Sentiment Analysis) 연구에서 필요로 하는 개체명(Named Entity)를 효과적으로 인식하고 추출하기 위한 목적으로 구축된 것이다.

여기서 '개체명(Named Entity)'으로 명명되는 일련의 어휘 부류에 대한 분류 체계는 영어 및 다른 서구어 연구사례에서도 다양하게 제안된 바 있다. 실제로 개체명 인식을 위한 연구는, 이론적, 개념적 접근과 달리 구체적 응용성을 고려하여 진행되기 때문에, 현행 시스템들에서 채택하는 분류 방법들이 서로 크게 다르지 않다. 이런 점에서 앞서 살핀 '심리어휘' 분류체계와는 차이를 보인다. 심리어휘의 경우 역사적으로 오랫동안 심리학이나 철학, 인문학 등에서 논의되어 온 개념론적 분류 양상과 연관되어 있기 때문에 학자에 따라 훨씬 더 다양한 분류체계가 제안된 반면, 개체명에 대한 논의는 구체적 목적성을 위한 전산학적 분류 개념이기 때문에 학자마다의 그 함의가 크게 다르지 않기 때문이다. 본 연구에서는 제안하는 개체명 분류체계 EntLex는 DECO 사전에 {XX} 접두어로 된 4글자 태그로 수록된다.

3.3.2.1. EntLex 개체명 하위분류

그림 57은 '개체명(Named Entity)'의 분류체계 EntLex의 하위분류 구성도를 보인다.

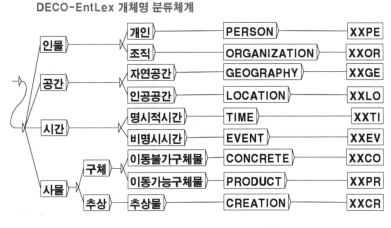

그림 57. 개체명 EntLex 분류체계

위의 표에서 보듯이, EntLex 개체명은 '인물/공간/시간/사물'의 4가지로 대분류되고, 다시 각각 세분류되어 전체 9가지의 분류체계를 구성한다. '인물성'은 '개인(Person)'과 '조직 (Organization)'으로 세분류되고, '공간성'은 '자연공간(Geography)'과 '인공공간(Location)'으로 세분류된다. '시간성'은 '명시적 시간(Time)'과 '비명시적 시간(Event)'로 분류된다. 끝으로 '사물성'은 '구체성/추상성'으로 이분된 뒤, '구체성'은 '이동불가한 구체물(Concrete)'과 '이동이 가능한 구체물(Product)'로 분류된다. '추상성'은 '추상물(Creation)'의 한 가지로 제시된다.

현재 이상과 같은 분류체계에 기반하여, 실제 DECO 사전의 표제어에 관련 정보 태그가 부착되었다. 이 정보는 현재 코퍼스의 지속적인 확장과 함께 도메인 정보, 자질명사 정보, 또한 다국어 정보 등이 함께 동적으로 변화하고 있어, 구체적인 표제어 분포는 추후 논의하기로 한다. 아래에서 각 하위범주별 의미 특징을 살펴보기로 한다.

3.3.2.2. EntLex 개체명 하위유형별 특징

첫째로, '인물' 관련 개체명은 '개인명(XXPE)'과 '조직명(XXOR)'으로 세분류된다. '개인명 (XXPE)'은 다양한 분야의 개인 인명을 나타내고, '조직명(XXOR)'은 회사나 기관, 조직 등의 인간집단으로, 의미적으로 어떤 '행위의 주체'가 될 수 있는 집합 명칭을 지칭한다. 예를 들면 다음과 같다.

(33ㄱ) 개인명(XXPE): 문재인 | 오바마 | 빌게이츠
(33ㄴ) 조직명(XXOR): 구글 | IBM본사 | 국정원

인물 관련 개체명은 정보추출 및 감성분석 연구에서 일반적으로 사람들의 감정이나 평가 등이 이루어지는 그 대상(Target)이 되는 경우가 많기 때문에, 그 종류가 다양하고 그 비중도 높게 나타난다. 이 부류는 문서의 도메인(Domain)에 따라 그 어휘 집합의 특징이 매우 달라지는데, 가령 '스포츠' 관련 기사에 대한 댓글 및 사회관계망 텍스트를 대상 도메인으로 한다면, 주된 인물명과 조직명은 스포츠선수나 감독, 팀이름, 구단명 등이 된다. 반면 '정치기사'에 대한 댓글 또는 정치 토론 광장 등에서 관찰되는 텍스트를 대상으로 하는 경우는, 정치가 이름과 정당명 등이 주된 인물 및 조직 개체명이 된다.

둘째로, '공간' 관련 개체명은 '자연공간(XXGE)'과 '인공공간(XXLO)'으로 세분류된다. 전자는 지리적, 자연적인 공간을 나타내고, 후자는 인공적으로 형성된 모든 유형의 공간 지명을 나타낸다. 그러나 엄밀하게 온전히 자연적 공간인지의 여부는 명확하지 않다. 다만 이러한 '공간 관련 개체명의 수가 많기 때문에, '자연공간'은 산이나 강, 폭포 등 지리적 공간을 포함하고, '인공공간'은 그외의 행정적 구역이나 도시, 마을, 나라명 등의 명칭을 포함하기 위

한 범주로 설정되었다. 각각의 예를 보이면 다음과 같다.

(34ㄱ) 자연공간(XXGE): 지리산 | 한강 | 백두산 | 나일강
(34ㄴ) 인공공간(XXLO): 미국 | 북경 | 강남 | 홍대앞

셋째로, '시간' 관련 개체명은 '명시적시간(XXTI)'과 '비명시적시간(XXEV)'으로 분류한다. 전자는 명시적인 날짜, 숫자로 환원할 수 있는 모든 유형의 사건 및 이벤트를 포함하고, 후자는 명시적으로 날짜나 숫자를 연결시키기 어려운 유형의 시간 관련어를 의미한다. 화자에 따라 그 해당 날짜가 변동될 수 있는 시간 관련어 부류도 후자에 포함된다. 예를 들면 다음과 같다.

(35ㄱ) 명시적시간(XXTI): 현충일 | 크리스마스 | 한글날
(35ㄴ) 비명시적시간(XXEV): 겨울방학 | 봄정기세일 | 결혼식

넷째로, '사물' 관련 개체명은 '구체물'과 '추상물'로 다시 분류된다. 여기서 '구체물'과 '추상물'의 의미적 속성을 형식적인 기재를 이용하여 구별하기 위해, 다음과 같은 기준을 이용하였다.

(36) {N에 대한 '색깔(Color)/형태(Form)' 묘사가 가능}

즉 위의 기준을 충족시키는 명사들은 '구체물'로 정의되었다. 이렇게 정의된 '구체물'에서, 다시 '이동불가 구체물(XXCO)'은 건물, 다리와 같은 '건축물' 유형을 포함하기 위한 것이며, '이동가능 구체물(XXPR)'은 그외의 모든 상품 및 개체를 포함하는 기준이 된다. 여기서 전자는 앞서 '인물' 관련 범주에서 논의한 '조직명(XXOR)' 부류와 이중분류될 수 있는 어휘들을 상당수 포함한다. 가령 '국정원'은 다음과 같은 2가지 해석이 가능하다.

(37ㄱ) 국정원에서 이번 일에 개입하였다
(37ㄴ) 국정원은 내곡동에 위치하고 있다

위의 논의는 앞서 '고유명사(ZNE)' 분류 문제에서도 언급하였던 사항으로, (37ㄱ)에서 실현된 '국정원'이 '인물집단'으로서의 '조직명(XXOR)' 범주에 해당된다면, (37ㄴ)의 경우는 '이동불가 구체물(XXCO)'의 범주로 분류된다. 위의 두 가지 구체물의 예를 보이면 다음과 같다.

(38ㄱ) 이동불가 구체물(XXCO): 게임센터 | 강남역 | 아이폰대리점 | 교내식당
(38ㄴ) 이동가능 구체물(XXPR): 삼성갤럭시폰 | 카메라 | 맥북 | 갈비탕

'사물' 관련 개체물에서 '추상물(XXCR)'은 위의 (36)의 분류 기준을 충족시키지 못하는 사물 관련어들이 된다. 앞서 '구체물'에서와 마찬가지로 '추상물'의 경우도 이것이 문화·예술적 결

과물인지 아니면 상업적 상품인지 등은 별도로 분류되지 않았다. 예를 들면 다음과 같다.

(39) 추상물(XXCR): 애국가, 노래, 사물놀이, 영화

현재 '사물' 관련 범주에 속하는 어휘들은 앞서 '인물' 관련 범주와 같이, 특히 해당 '도메인(Domain)'이 무엇인가에 따라 포함되는 어휘 목록이 분명하게 달라지는 특성을 보인다. 가령 '화장품' 관련 후기글에 나타난 '이동가능 구체물(XXPR)'은 거의 대부분이 상업적 결과물로서, 특히 화장품 제품명 등이 주를 이루는 반면, '미술관' 관련 후기글에 나타난 이 부류는 대부분의 관련 개체명이 예술적 결과물과 연관된 어휘 부류임을 확인할 수 있다. 개체명 및 자질명에 대한 정보가 이와 같이 '도메인' 정보와 함께 수록되어야 하는 중요한 이유이다.

3.3.3. FeaLex 자질명 분류체계

앞서 논의한 바와 같이 '개체명'에 대한 정보와 함께 그 개체의 '속성 또는 자질'에 대한 정보가 제공되면 '자질기반' 감성분석 연구를 위한 주요 토대가 마련될 수 있다. DECO 사전에서 '자질명사(Feature Noun)'는 'XQFT' 태그를 통해 제공된다. 자질명사가 실현된 예를 보이면 다음과 같다.

(40ㄱ) 스타벅스는 <u>분위기</u>는 좋은데 <u>가격</u>이 너무 비싸요
(40ㄴ) 저는 아이폰8이 <u>디자인</u>이 맘에 안들어요

위의 (40ㄱ)에서 사용자는 '스타벅스'를 대상(Target)으로 오피니언을 표현하고 있는데, 이때 그 감성 표현의 대상에 대한 구체적 속성으로 '분위기'와 '가격'이 언급되었다. 화자는 '분위기'에 대해서는 긍정적 오피니언을 가지고 있고, '가격'에 대해서는 부정적인 오피니언을 나타내고 있다. 반면 (40ㄴ)에서는 '아이폰8'라는 대상에 대해, '디자인'의 속성에 있어서 부정적 오피니언을 표현하고 있다.

자질명사는 평가가 이루어지는 도메인의 의미적 속성에 의존적인데, 가령 '노트북 구매 후기글'과 관련된 도메인에서 자질명사는 '디자인, 속도, 무게, 가격' 등과 같은 요소가 되는 반면, '맛집 후기글'과 관련된 도메인에서는 '맛, 가격, 서비스, 분위기, 교통' 등과 같은 요소가 중요한 성분이 되기 때문이다.

그런데 실제 트위터와 같은 사회관계망 텍스트를 분석해보면, 많은 성분들이 생략된 생략문 형식이 많다. '평가자'와 '평가 시간'은 텍스트 내부에 명시적으로 실현되지 않고 메타정보의 형식으로 부여될 때가 많아, 텍스트를 업로드한 시간과 아이디를 추적하는 방법이 필요하다. '평가 대상'이나 '자질'을 나타내는 표현이 생략되어 암시적으로 유추되어야 하

는 경우도 많다. 다음은 '호텔 사용자의 후기글'을 수집한 일부 예를 보인다.

(41ㄱ) 다 좋은데 <u>소음</u>이 좀 심하더라구요
(41ㄴ) <u>교통</u>은 완전 최고예요
(41ㄷ) 직원들이 불친절해서 또 가고 싶지 않아요
(41ㄹ) 방이 조금만 더 컸으면 좋았을 것 같아요

위에서 (41ㄱ)과 (41ㄴ)에서는 대상(Target)이 되는 구체적인 개체명이 생략되었다. 반면 그 호텔의 어느 속성에 대한 오피니언인지를 알게 하는 자질명사 '소음'과 '교통'이 실현되었다. 실제로 '호텔'에 대한 평가를 수행할 때 {소음} 정도와 {교통}은 중요한 하나의 기준이 된다.

반면 (41ㄷ)과 (41ㄹ)에서는 대상을 나타내는 개체명뿐 아니라 자질명도 생략되었다. 즉 (41ㄷ)에서는 {서비스}라는 척도에 대한 부정적 오피니언을 표현하고 있고, (41ㄹ)에서는 {규모}라는 척도에 대한 아쉬움을 표현하고 있다. 이와 같이 자질명사가 생략되는 경우는, 글을 읽는 사람들이 감성어휘만으로 생략된 자질명사를 유추하고 복원하는 것이 가능하기 때문인 경우가 많다. 가령 '좋다'는 어휘가 특정 어느 속성에 대한 만족도를 표현한다면, 이러한 자질명사가 생략된 경우는 무엇이 좋다는 것인지를 유추하기 어렵기 때문에 생략이 쉽지 않다. 반면 '친절하다'는 {서비스}에 대한 술어임을, '크다/작다'는 방이나 시설의 {규모}에 대한 술어임을 유추하는 것이 가능하므로 문장 내에서 쉽게 생략되는 경향을 보인다. 그러나 이렇게 암시적으로 사용된 '자질명사'들을 자동으로 복원해내기 위해서는 이러한 '자질명사'들과 서술어 사이의 복잡한 통사·의미적 관계가 낱낱이 기술되어야 한다.

실제로 '자질명'이 될 수 있는 어휘들을 기술하기 위해서는, 우선적으로 이러한 사전이 적용될 코퍼스의 '도메인'이 명시적으로 분류되어야 하고, 이를 바탕으로 군집화된 '개체명'에 대한 일련의 '자질명'이 목록화되는 단계가 필요하다. 주어진 도메인에서 주어진 개체명들에 대해 어떠한 자질명이 고려되어야 할지도 객관적으로 정의되기 어렵기 때문에, 이는 실제 도메인별 사이트나 해당 서비스에서 고려하는 속성들의 목록을 참조하는 상향식의 연구가 절대적으로 필요하다.

현재 DECO 사전에는 약 18개의 도메인에 대하여 400여개의 자질명사가 수록되어 있으며, 이는 지속적으로 보완되고 확장되는 단계에 있다.

3.3.4. DomLex 도메인 분류체계

3.3.4.1. 주요 키워드와 DomLex 분류체계

앞서 논의한 바와 같이 개체명과 자질명에 대한 연구는, 그 대상 문서의 의미적 영역이

어떠한 유형에 속하는가가 매우 중요하다. 키워드 또는 대상 분야가 무엇인가에 따라 공통적으로 출현하는 개체명의 의미적 특징이 결정되기 때문이다. '정치기사' 댓글에서 정치가 이름이 집중적으로 논의된다면, '연예기사' 댓글에서는 스타, 방송인, 가수 등 연예인들의 이름이 집중적으로 언급될 것이다.

실제 다양한 온라인 문서 및 신문기사 댓글, 상품구매 후기글이나 맛집 블로그, 또는 트위터와 같은 사회관계망 텍스트 등에서 다루어지는 도메인에 무슨 유형이 있고, 이들을 어떠한 기준에 의해 어떠한 방식으로 분류할 것인가의 문제에 대해, 하향식(Top-down)으로 예측하거나 결정하는 것은 바람직하지 않다. 이보다는 현대 사회에서 어떠한 부분에 대한 관심이 높고, 그에 따라 어떠한 문서의 생성 비중이 높은가를 관찰하고, 이에 기반하여 유기적으로 추가하고 확장하는 유연성을 확보하는 것이 중요하다. 이러한 접근의 한 방법으로, 가령 일정 기간 동안의 '구글 트랜드'나 '네이버 트랜드'와 같은 통계적 자료를 기반으로, 최상위 중요 키워드 유형을 검토하여 이로부터 경험적으로 중요 도메인 정보를 획득하는 것이 가능하다. 그림 58에서 제시되는 18가지 도메인 정보는 이러한 방식으로 구현된 것이다.

그림 58. 도메인 DomLex 분류체계

현대의 트랜드를 보이는 통계적 자료로 부터 획득된 주요 순위의 키워드들을 군집화한 결과, 이들이 '정치사회/경제쇼핑/문화예술/서비스관광'의 4가지 분야로 대분류될 수 있다고 판단되었다. 이들은 다시 내부적으로 여러 방법으로 세분류되어 있는데, 이때 각 세분류의 깊이와 세분화의 정도가 차이가 나는 것은, 언어학적으로 또는 이론적으로 예상된 것이 아니라, 실제의 경험적 자료에 기반하여 나타난 결과에서 비롯된 것이다.

위의 18가지 DomLex 도메인 분류체계는, 구글 트랜드에서 최근 검색의 주요 키워드로 선정된 500여개의 키워드에 대한 상향식 군집화(Clustering)를 수행하여 획득된 결과이다. 각 키워드에 대하여 그 키워드가 속한 도메인을 정의하고, 이들을 상향식으로 군집화하여 4개의 상위 범주로 구별한 결과이다. 이러한 방식을 통해 각 키워드기반 도메인이 18가지로 설정되었으나, 이는 보편적, 개념적 분류 체계가 아닌, 현대 사용자들의 관심과 검색의 초점이 되는 어휘들의 분야들을 나타내고 있음을 환기할 필요가 있다. 이런 점에서 현재 4개의 상위범주로 군집화된 18가지 하위범주들은 향후 더 확장되고 세분화될 수 있다.

3.3.4.2. DomLex 하위범주별 특징

4가지 대범주로 설정된 도메인 분류체계의 하위유형을 살펴보면, 첫째 '정치·사회 분야'의 경우, 이 분야는 정치적 견해, 정치가 및 정당, 사회정책, 사회적 사건·사고, 종교, 법률 등과 관련된 키워드 부류를 통해 구성되었다. 둘째 '경제·쇼핑 분야'는 쇼핑몰, 기업체, 경제활동, 경제정책, IT산업 및 상품, 의류 및 화장품 등 온라인 상품구매 등과 관련된 키워드 부류를 통해 군집화되었다. 셋째 '문화·예술 분야'는 문화산업, 문화정책, 영화, 방송, 연예인, 책, 콘서트, 전시회, 게임, 스포츠 등 예술적 행위 및 작품 등과 연관된 키워드 부류를 통해 구성되었으며, 마지막으로 '서비스·관광 분야'는 비예술적 또는 상업적 활동 및 서비스, 생활, 세계, 관광, 맛집, 의료, 학원 등과 연관된 키워드 부류를 통해 구성되었다.

그런데 이러한 키워드들은 각 시기별로 크게 사회적 이슈가 되었던 사건이 나타나면, 관련어의 비중이 비정상적으로 증폭되는 경향이 있다. 이러한 이유로 단순히 개별적인 키워드들에 대한 통계적 수치에만 전적으로 의존하여 이를 자동적으로 분류하는 것은 바람직하지 않다. 따라서 최근 몇년간 주요 키워드로 실현된 어휘들의 통계적 수치와 함께 이들의 의미적 연관성 등을 포괄적으로 고려하여 조정하는 것이 필요하다. 위에서 제시된 도메인 대분류는 이러한 방식으로 일반화된 결과로서, 하위 세분류가 더 진행될 수는 있으나 큰 틀의 분류 체계는 경험적으로 유효할 것으로 판단된다.

현재 이와 같은 도메인 정보는 {X}를 접두어로 4개 문자로 이루어진 태그로 구성되어 있으며, 이러한 18가지 도메인 분류체계 정보를 토대로 하여, 향후 보다 심화된 연구가 진행될 수 있다. 가령 'MUSE'[73] 한국어 코퍼스는 이러한 18가지 도메인 정보를 이용하여 하위분류된 감성주석 코퍼스의 예를 보인다.

현재 18가지 DomLex 도메인 분류체계에 기반하여 구축된 MUSE 한국어 코퍼스는 각 도메인별 100,000여 토큰으로 구성된 감성주석코퍼스이다. 이는 3가지 형식으로 구성되는데, 첫째는 '원시 코퍼스(Raw Corpora)'로서, 문장 단위로 구성되어 테이블 형식의 문서로 저장된다. 둘째는 '문장단위로 감성주석된 코퍼스(SESAC)'로서, 즉 각 문장 단위로 '긍정/부정/객관/복합/기타'의 5가지 분류정보가 주석된 코퍼스이다. 셋째는 '자질기반으로 감성 주석된 코퍼스(TOSAC)'으로서 문장 내부에 DECO 사전에 수록되어 있는 '개체명/자질명/감성어휘' 등의 정보를 자동 부착한 주석 코퍼스이다.[74] 이외에, MUSE 다국어 프로젝트에는 한국어를 포함한 12개 언어에 대한 다국어 감성사전 및 감성코퍼스가 구축되어 있다. 다국어 유형은 다음 장에서 살펴보기로 한다.

3.3.5. LanLex 다국어 분류체계

MUSE 프로젝트에서는, 한국어를 포함한 12개의 다국어 트위터(www.twitter.com) 문서들에, '한국'과 관련된 일련의 키워드 목록을 적용하여 감성코퍼스를 구축하였다. 현재 구축된 12개의 분류도를 보이면 그림 59와 같다.

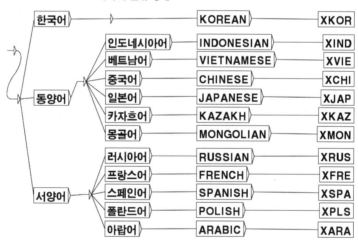

그림 59. 다국어 LanClass 분류체계

---

73) MUSE는 'Multilingual Sentiment Lexica & Sentiment-Annotated Corpora'로서 한국외대 디코라 홈페이지(http:// dicora. hufs.ac.kr)에서 다운로드 받을 수 있다.

74) MUSE 코퍼스의 특징과 주석 태그에 대해서는 '조동희, 신동혁 & 남지순(2016)'에 상세히 소개되어 있다.

MUSE 코퍼스에서 고려된 다국어는, 한국어 이외에 동양어 6가지, 서양어 5가지로 구성된다. 이 언어는 다음과 같은 기준에 의해 선정되었다.

- 최근 5년간 한국과의 경제·문화적 교류의 비중이 높은 국가의 언어 유형
- 최근 5년간 한국에 가장 많이 방문한 해외 관광객 비중이 높은 국가의 언어 유형
- 세계에서 사용하는 언어 인구 순위가 높은 언어 유형(단 가장 많이 연구가 진행된 '영어'는 제외)

이러한 기준에 의해 추출된 동양어는 '중국어/일본어/인도네시아어/베트남어/카자흐어/몽골어'이다. 서양어는 '스페인어/러시아어/아랍어/프랑스어/폴란드어'이다. 현재 선정된 언어는 언어외적인 현실적 수요와 중요도를 감안하여 우선적으로 고려된 것으로, 이는 실제적인 문맥에 따라 유기적으로 보완될 수 있다. 향후 다양한 경제적·문화적 연구 목적에 따라 다국어 대상 언어의 범위는 확장될 수 있을 것이다.

현재 한국어를 제외한 11가지 다국어에 대한 MUSE 언어자원은 '다국어 감성사전'과 '다국어 감성주석코퍼스'로 구성된다. 각각의 사전과 코퍼스는 각각 두 가지로 구성된다. 사전의 경우 첫째, '영어 SentiWordNet'에서 긍정/부정 확률이 0.5 이상으로 나타난 어휘들에 대한 구글 자동 번역을 통해 획득된 결과를 모국어 연구자들이 직접 검토·수정하여 감성사전 SenSELEX을 구축한다.[75] 둘째, '한국어 DECO 전자사전'에 긍정/부정 어휘로 수록된 표제어에 대한 구글 자동 번역을 통해 획득된 결과를 모국어 연구자들이 직접 검토·수정하여 감성사전 DecSELEX을 구축한다.[76]

코퍼스의 경우도 두 가지 단계로 구성되는데, 첫째는 각 언어별 트위터 글을 수집하여 노이즈를 부분적으로 제거한 원시 코퍼스(RawCorpora)를 구축한다. 그 다음 각 언어별 문장단위에 대해 모국어 연구자들이 직접 수동으로 '긍정/부정'의 감성분류를 주석한 감성주석 코퍼스(MUSE-SESAC)를 구축한다.

이상의 다국어 감성사전과 감성코퍼스도 현재 한국외대 디코라 홈페이지에서 연구용으로 다운로드 받을 수 있다. 이들에 대한 보다 구체적인 소개와 논의는 추후 다른 지면을 통해 진행하기로 한다.

---

75) 앞서 논의한 바와 같이, 이와 같은 자동번역 결과물은 언어에 따라 차이가 있지만 일반적으로 그 질이 매우 낮아서 그대로 사용되기에는 무리가 많다. 모국어 연구자의 개입이 반드시 요구되는 이유이다.

76) 이 경우도 '주75'의 경우와 유사하다.

DECO 활용클라스와 문법소 복합형 그래프사전

I 한국어 어휘의 기본형과 활용형

1. '활용형'의 정의

기본적으로 텍스트 언어처리를 위한 '전자사전(Machine-Readable Dictionary)'은 실제 표면형으로 실현되는 '활용변화형' 어절을 인식할 수 있어야 하므로, '단순 기본형(Lemma)' 정보의 제공만으로는 그 역할을 수행할 수 없다. 형태론적으로 한국어보다 훨씬 간단한 영어나 서구어의 경우 기본형 사전이 구축되면, 그와 대응되는 활용형의 인식과 분석을 위해 일련의 규칙이나 스테머(Stemmer)의 개발이 하나의 대안이 될 수 있다. 그러나 한국어와 같이 형태론적으로 복잡한 언어의 경우, 이러한 활용형의 올바른 인식과 분석을 위해서는 앞서 기본형 사전의 구축보다도 훨씬 더 많은 노력과 시간이 요구된다.

여기서 한국어 '활용형'은 앞서 살핀 4가지 대범주에 일련의 후치사가 결합한 표면적 어절 형태를 일컫는다. 다음과 같다.

(1ㄱ) {명사/부사}+{후치사(조사)}
(1ㄴ) {형용사/동사}+{후치사(어미)}

이런 점에서 이는, 기존의 좁은 의미의 동사/형용사의 활용형의 개념에서 확장되어, 일련의 후치사가 결합한 모든 어절 구성 형태들을 의미한다. 앞서도 언급한 바와 같이 '명사후치사'와 '부사후치사'는 학교문법의 '조사'에 해당되고, '형용사후치사'와 '동사후치사'는 '어미'에 해당된다. 그러나 이들 중에는 '학생이었군요'에서처럼 명사 뒤에 '조사+어미' 결합형이 나타나거나, '떠났음을'에서처럼 동사 뒤에 '어미+조사'의 결합형이 나타나는 경우들이 관찰된다. 따라서 이들을 모두 총칭하기 위하여 '활용후치사'라는 중립적인 개념을 사용하고 이들이 결합한 모든 어절 형태들을 '활용형(Inflected Form)'으로 명명하였다. 이를 통해 전자사전이 인식해야 하는 모든 토큰들에 대한 정보를 담고 있는 사전 형태는 '활용형사전'으로 정의된다.

또한 '활용형'이 코퍼스 내에서 사용된 형태는, 하나의 '표면형(Surface Form)', '토큰(Token)' 또는 한국어 고유의 '어절'이라는 용어로 명명되기도 한다. 이와 같은 활용후치사를 '명사/부사/형용사/동사'라는 '어휘소' 부류에 결합하는 대응성분으로 논의할 때에는 '문법소'라는 개념으로 총칭되기도 한다. 이와 같이 앞으로의 논의에서 '활용후치사'는 '문법소'라는 총칭적인 용어와 함께, 문맥에 따라서는 '조사'나 '어미'와 같은 학교문법의 용어와도 혼용되어 사용됨을 밝혀둔다.

2. 분석단위 설정의 문제: 토큰과 형태소

앞서 언급한 바와 같이, 영어처럼 형태론적으로 단순한 언어에서는 각각의 토큰 하나에 개별 태그(Tag)를 부여한다. 예를 들어 'talk' 동사에 대해 'talked, talking, talks'와 같이 여러 활용형이 존재할 때, 이들 각각의 형태에 'VVP, VVG, VVS' 등과 같이 개별적인 태그를 부여하는 방식이다. 실제 영어나 프랑스어와 같은 언어의 전자사전 및 형태소분석기에서는 대체로 이러한 방식을 사용한다. 이와 같은 방법이 한국어의 경우에 적용될 수 없는 이유는 적어도 다음과 같이 두 가지로 정리된다.

첫째는, 영어나 서구어의 경우 각 기본형 동사에 대해 활용 가능한 형태의 수가 제한되어 있기 때문에 가능하다는 점이다. 그러나 한국어와 같이 분석 방식에 따라 몇천개에서 몇십만개 이상에 이르는 활용형 어절이 생성될 수 있는 언어라면 이들에 대해 서로 다른 태그를 부여하는 것은 현실적이지 않다. 한국어의 경우 '말하다'의 활용형으로 실현되는 '말했다, 말하는, 말하고자, 말하려는, 말했니, 말하는구나, 말하면서, 말했던, 말했었습니다' 등의 각 개별형태에 대해 서로 다른 태그를 설정해서 부여하는 것은 언어학적으로 전혀 효율적이지 않기 때문이다.

둘째는, 한국어와 같이 형태론적으로 복잡한 언어에서는, 기본형 어간에 부착되어 있는 복잡한 활용어미들의 복합구성에 대한 내부정보를 제공하는 것이 중요하기 때문이다. 즉 '말하다' 동사에 '현재/과거/미래' 등의 시제와 '주어/청자'에 대한 존칭 표현, '종결형/연결형/관형형' 등의 서법 표현, 그리고 일련의 다양한 양태적 표현 등이 모두 하나의 연쇄가 되어 실현될 수 있기 때문에 이를 구성하는 각 문법형태소에 대한 정보를 제공하는 것이 필요하다.

그렇게 되면 최종적으로 한국어 언어처리 시스템에서 제공해야 하는 '어휘분석(Lexical Analysis)', 또는 '형태소분석(Morphological Analysis)' 정보는, 토큰, 즉 어절 자체에 대한 분석 정보가 아니라 어절 내부를 구성하는 각 개별 '형태소(Morpheme)'들에 대한 분석 정보가 되어야 하며, 이들을 올바르게 처리하기 위한 사전은 위와 같은 정보들을 올바르게 제공하는 핵심 장치가 되어야 한다.

그런데 실제 한국어 언어처리 시스템에서 사용하는 형태소분석기용 사전 모듈은, 많은 경우 다음과 같은 2가지 방법으로 구성된다. 첫째는 활용후치사 복합형 목록을 통째로 획득하여 이를 사전 정보로 수록하여 사용하는 방법이고, 둘째는 각 활용후치사의 구성 원소들의 목록을 구축한 후, 입력된 토큰을 여러 방법으로 분할하여 그 내적 구성을 추정하는 방법이다. 전자의 경우 처리가 간단하다는 장점이 있으나, 저빈도 복합형이 누락될 확률이 높고 특히 각 개별 문법소에 대한 정보를 제공하기 어렵다는 문제가 있다. 후자의 경우는 각 개별 문법소에 대한 정보를 제공할 수 있으나, 그 내부 구성을 추정하는 과정이 복잡하고 상당수의 중의적 분석의 오류를 배제하기 어렵다는 문제가 있다.

이런 점에서 DECO 사전은 위의 두 가지 접근 방법과 차별화된다. DECO 사전에서는 후자의 경우처럼 활용후치사의 개별 구성 원소들에 대한 정보를 제공하지만, 이들을 각각 제공하는 것이 아니라, 언어학적으로 가능한 모든 결합 가능성에 대한 '조합적 생성력(Combinatorial Productivity)' 검증을 통해 활용후치사의 '전체 복합형'의 정보를 제공한다. 이를 통해 후자에서 나타나는 어절 구성 추정 방식의 한계를 극복할 수 있다. 또 한편으로, 전자와 같은 방식에서 제공하지 못한 각 개별 구성 원소에 대한 정보를 제공할 뿐 아니라, 저빈도 복합형에 대한 체계적인 접근이 가능하다.

활용형사전의 완성도를 위해 위와 같은 접근을 시도할 때 제기되는 일반적인 비판이, 언어의 끊임없는 변화와 생산성의 특징과 닿아있다. 그러나 이는 어떠한 접근법을 택하건 부딪치게 되는 문제이다. 이와 같은 미등록어의 문제에 대해서는, 일련의 후치사 원소의 목록과 통계적 추정 알고리즘을 통해 순차적인 모듈로 해결하는 것이 필요하다. DECO 사전에서도 현재의 사전 버전으로 분석에 실패하는 미분석어 부류에 대한 분석추정 알고리즘을 연동하여, 사전에서 처리되지 않는 부분들에 대한 위와 같은 접근법들을 보조적으로 사용하도록 하였다. 이런 점에서 활용후치사의 각 원소에 대한 사전 정보를 제공하는 전체 복합형 어절 사전의 가치와 중요성을 다시 한번 확인할 수 있다.

3. 변이형의 기본단위 및 대표형 설정

이와 같이 형태소 단위로 사전적 정보를 제공한다고 결정하면, 이때 그 기본형 설정을 위한 몇가지 고려가 이루어져야 한다.

첫째, 동사와 형용사의 경우는 기본형에 {다}를 포함한 형태를 설정할 것인가를 결정해야 한다. 현행사전과 문법서에는 {다}를 포함한 형태를 용언의 기본형으로 제시하고 있지만, 한국어 형태소분석기의 많은 경우는 분석결과를 제시하는 간결성 때문에 {다}를 생략한 형태를 기본형으로 하는 경우가 많다. 그러나 단어 단위의 다양한 통계 결과의 획득 및 그 시각화 등을 고려할 때, 용언에서 {다}를 생략하면, 가령 '가다, 이다, 나다'와 같은 용언이 '가, 이, 나'와 같은 조사나 대명사 등과의 구별이 어렵다는 문제가 발생한다. DECO 사전에서는 {다}를 포함한 형태를 기본형으로 제안하였다.

둘째, 형태론적으로 '이형태(Allomorph)' 관계에 있는 '이/가'와 '을/를', '은/는', '았/었'과 같은 조사나 어미에서 어느 형태를 기본형으로 설정할 것인가를 결정해야 한다. 그런데 이 문제는 위의 {다}의 경우와는 달리, 문법서와 사전에서 명백하게 채택되어 있지 않아 어려움이 있다. DECO 사전에서는 조사의 경우는 '무종성 명사'에 결합하는 {가|를|는} 등의 형태를 기본형으로 채택하고, 어미의 경우는 '어/었'과 같이 {어}계열 형태를 기본형으로 취하여 이들 이형태의 기본형을 제시하는 방법을 취하였다. 이 경우, 가령 다음과 같은 '았/었/ 았/썼/였/씼'과 같은 형태들의 대표형으로 {었}이 설정되고,

    (1ㄱ) 그 사람이 드디어 기회를 <u>잡았어요</u>
    (1ㄴ) 그가 노트에 무언가를 <u>적었어요</u>
    (1ㄷ) 그가 어제 제일 먼저 <u>갔어요</u>
    (1ㄹ) 사람들이 화로위에 고기를 <u>구웠어요</u>
    (1ㅁ) 그가 가장 열심히 토론을 <u>하였어요</u>
    (1ㅂ) 그 사람이 우리를 <u>구했어요</u>

다음과 같은 '아/어/ㅏ/ㅓ/Ø/ㅣ'의 형태들에 대한 대표형으로는 {어}가 설정된다.

    (2ㄱ) 어서 이 줄을 <u>잡아</u>!
    (2ㄴ) 빨리 그 내용을 <u>적어</u>!
    (2ㄷ) 내일은 늦지 않게 <u>와</u>!
    (2ㄹ) 타지 않게 잘 <u>구워</u>!
    (2ㅁ) 그럼 너라도 먼저 <u>가</u>!
    (2ㅂ) 어서 그 일을 <u>해</u>!

그런데 여기서 현재의 논의와 비슷해 보이는 '로/으로'와 '랑/이랑'과 같은 문제가 있다. 다음을 보자.

(3ㄱ) (해외로 + 외국<u>으로</u>)
(3ㄴ) (레몬차랑 + 레몬즙<u>이랑</u>)

위에서 보듯이 '로/으로'와 '랑/이랑'은 결합하는 명사의 종성에 따라 {으}나 {이}가 삽입되는 현상을 보인다. 이런 점에서 앞서 명사의 끝음절 종성 여부에 따라 달라지는 이형태들과 유사하게 보인다. 그런데 {이}는 다음과 같은 서술조사, 또는 지정사 '이다'의 다양한 활용과 구별이 어려운 형태들이 관찰되며,

(4ㄱ) (변호사다 + 변호사<u>라는</u> + 변호사<u>면서</u> + 변호사<u>랑</u>)
(4ㄴ) (연수생<u>이다</u> + 연수생<u>이라는</u> + 연수생<u>이면서</u> + 연수생<u>이랑</u>)

또한 활용형태에 따라서는 무종성 명사에도 {이}의 삽입이 허용되기도 한다는 점에서 앞서 {이/가}나 {을/를}과 같이 완전 이형태 유형과는 차이가 있다. 다음을 보자.

(5) (변호사이다 + 변호사입니다 + *변호사이라는 + 변호사이면서 + *변호사이랑)

뿐만 아니라, '랑/이랑'과 같은 형태를 이형태로 설정하게 되면 이와 같은 방식으로 설정해야 하는 이형태의 쌍이 '라는/이라는' '면서/이면서' 등 수없이 늘어나게 되는 부담도 문제가 된다. '으'의 경우는 더 복잡해서, 조사뿐 아니라 어미에서도 매개모음으로 삽입된다. 즉 (3)과 같은 조사의 경우뿐 아니라 다음과 같은 어미의 경우에서도 실현된다.

(6ㄱ) 할아버지가 멀리 혼자서 <u>오시네</u>
(6ㄴ) 할아버지가 손잡이를 꼭 <u>잡으시네</u>

(7ㄱ) 조심해서 <u>오렴</u>
(7ㄴ) 손잡이를 꼭 <u>잡으렴</u>

즉 위에서 동사 '잡다/오다'의 활용어미가 각각 '시네/으시네'와 '렴/으렴'으로 나타난 것을 볼 수 있다. 동사의 형태·음운적 환경에서 {으}가 삽입된 것인데, 이때 이들을 이형태로 설정하게 되면 앞서 {이}의 경우와 마찬가지로 상당수의 이형태쌍을 설정해야 할 것이다.

이러한 검토를 통해, DECO 사전에서는 위의 경우들을 이형태쌍으로 설정하는 대신, {으}와 {이}를 뒤에 수반되는 후치사들과 분리하여, 별도의 형태소로 설정하는 방법을 택하였다.

셋째로, 형태소 분할 경계의 문제도 쉽지 않은 논의이다. 가령 '로서'의 경우도 이를 '로'

과 '서'의 두 형태소의 결합으로 처리할 것인가, 아니면 '로서'를 하나의 형태소로 처리할 것인가의 문제가 나타난다. 또한 '에서' '에게' 등과 같은 경우도 '에'와 '서', '게'의 두 단위로 분할할 것인가 아니면 하나의 단위로 처리할 것인가의 문제가 있다. 형태론적으로 쉽게 해결하기 어려운 문제들에 획일적인 원칙을 제시하는 것은 가능하지 않다. DECO 사전에서는 생산성과 반복성이 높아서 이들을 분할할 필요가 있는 경우, 또는 분할된 성분이 별개의 독자적인 의미기능을 갖는 경우나 현대 한국어에서 여전히 많은 논의의 중심이 되고 있는 경우 등을 제외하고는, 불필요하게 형태소를 분할하지 않는 원칙을 유지하도록 하였다. 이들에 대한 개별적인 논의는 다음에 더 살펴보기로 한다.

4. 어휘소와 문법소의 내부 형태소 정보 제시

형태소 단위로 사전의 기본적 정보를 제공할 때 문법소의 내적 구성 정보뿐 아니라 어휘소의 내적 구성 정보에 대해서도 고찰이 필요하다. 가령 다음을 보자.

(1) 여기자/에게조차도

위의 예는 어휘소 '여기자'와 문법소 '에게조차도'가 결합된 형태이다. 어휘소의 복합 구성은, 상대적으로 유한한(Finite) 문법소의 복합 구성에 비해, 더 복잡한 어휘적 특이성의 현상을 보이며, 신조어 생성 등을 통해 열려있는 목록의 성격을 보인다. 어휘소에 비해 형태론적 역할이 상대적으로 명확한 문법소의 경우는 각 형태소별 유형을 분류하고 이들에 대한 개별적 태그를 부여하는 것이 가능한 반면, 어휘소를 구성하는 자립/비자립 형태소들에 대해서는 이러한 처리가 용이하지 않다.

앞서 제2부와 제3부에서 논의했던 것처럼 어휘소들은, 접두사 및 접미사에 의한 파생어 형성과 여러 개의 자립성분이 결합하는 복합어 형성 등, 복잡한 조어적 과정을 통해 생성된다. 단음절어 두 개의 결합으로 이루어진 '이빨'이나 '해충'와 같은 경우, 이들을 단순어가 아닌 파생어나 복합어로 간주할 것인지와 같은 문제는 이를 명확하게 정리하기가 쉽지 않다. 또한 복합 구성의 띄어쓰기와 붙여쓰기가 유연하게 허용되는 한국어 특성상, 실제로 굳어짐의 정도가 명확하지 않은 상당수의 붙여쓴 복합명사들을 사전에 등재하는 대상으로 포함을 할지의 여부도 쉽게 해결하기 어렵다. 이런 점에서 (1)과 같은 어휘소 복합형에 대해서, 문법소의 경우처럼 내부 분할 정보를 제공할 것인가의 문제를 해결해야 한다. 이러한 결정은 어절 활용형 분석을 위한 사전 구축에서 우선적으로 고려되어 할 사항이기 때문이다.

그런데 여기서 더 심각한 문제는, 만일 이러한 파생어나 복합어 부류에 대한 내부 형태소 정보를 제공하기로 결정한다면, 그 복합구성 전체에 대한 정보를 제공하는 문제가 쉽지 않다는 점이다. 예를 들어 다음을 보자.

(2ㄱ) 행복하다 ☞ 행복/Noun + 하다/Suffix
(2ㄴ) 애매하다 ☞ 애매/Root + 하다/Suffix
(2ㄷ) 호화롭다 ☞ 호화/Root + 롭다/Suffix

위의 (2ㄱ)에서 '행복하다'를 명사와 일정 접미사의 결합으로 분석한다면, 분석 결과에서 형용사 '행복하다'의 정보는 누락된다. 현재 세종계획의 형태소분석기에서 사용하는 방식은 위와 같은 방식으로, 이 경우 실제로 일정 텍스트에서 형용사 목록을 추출하거나 형용사의 빈도를 계산하고자 할 때, 위와 같은 형태들은 모두 포함되지 못하는 문제가 발생한다. 이러한 정보의 누락과 통계적 왜곡을 가져오는 점을 고려할 때 이런 방법은 바람직하지 않다. 또한 (2ㄱ)과 같이 분석하는 경우 (2ㄴ)처럼 동일한 접미사 '하다'가 실현된 경우들도 통일된 방식의 분석이 바람직할텐데, 이 경우는 두 개의 비자립어 '애매'와 '하다'가 결합한 것으로 분석되어야 하므로, 조어법 측면에서 부자연스럽거나 또는 불필요한 구성이 된다. 형용사 '애매하다' 자체에 대한 정보를 제공하는 것보다 더 바람직하지 않은 이유이다. 더불어 (2ㄷ)과 같이, '하다'보다는 그 생산성이 떨어지지만 어느 정도 형태적 파생접사의 기능을 하는 것으로 보이는 '롭다'와 같은 경우, 이러한 분석의 대상으로 삼을 것인가의 문제가 발생한다. 이를 동일하게 분석하기 시작하면 아주 제한된 생산성을 가지는 파생접사들 모두에 대해서 같은 처리를 해주어야 할 것이므로 문제가 더욱 복잡해진다.

이러한 문제점들을 고려할 때, DECO 사전에서는 어휘소의 경우는 그 전체를 하나의 단위로 간주하여 그에 대한 태그를 부여하였다. 다만 명사의 경우, '단순명사'에는 'ZNZ' 태그를 부여하고, '파생/복합명사'에는 그 어휘소 전체에 대해 'ZNX' 태그를 부여하였다. 이때 '여가수' 또는 '세계화'와 같이 접두사 또는 접미사를 내포하는 파생명사의 경우, '접두사 파생명사(PXN)' 태그 및 '접미사 파생명사(SXN)' 태그와 실제 해당 접두/접미사 정보가 하위정보 유형으로 제공되어, 다음과 같은 방식으로 사전에 수록된다.

(3ㄱ) 여가수, NS01+ZNX+PXN+여01+가수
(3ㄴ) 세계화, NS01+ZNX+SXN+세계+화06

동사나 형용사, 부사의 경우는, 앞서 논의한 바와 같이 '하다' '스럽다' '거리다' '히' 등과 같은 파생접미사 부류가 생산성이 높은데, 이들이 결합했다고 해서 모두 획일적으로 파생동사인지 아닌지를 결정하기 어렵다. 따라서 이 범주들에는 '파생/복합'의 분류체계가 적용되지 않고, 생산적인 접미사 부류가 실현된 형태인지의 여부에 따른 분류 태그가 부착되었다. 생산성이 높은 주된 접미사가 결합하는 유형들에 대해서 'ZVP' 'ZAP', 'ZDP' 등의 태그가 부여되었고, 이러한 특정 접미패턴이 실현되지 않은 '가다' '작다' '방금' 등과 같은 동사, 형용사, 부사 등에 대해서는 'ZVZ' 'ZAZ' 'ZDZ'의 태그가 부여되었다. 이와 같이 '어휘소'의 경우는 그 내적 구성 정보가 각각의 고유 태그로 부여되지 않는다. 다만 그 표제어의 형태적 특징을 나타내는 분류 태그가 추가적으로 수록된다. 반면 이 장에서 논의할 '문법소'의 경우는 각 형태소 단위별로 개별 태그가 부여되었다.

5. 텍스트 언어처리를 위한 전자사전의 구조화

이상과 같이 텍스트 언어처리를 위한 사전의 표제어와 관련 정보 유형이 결정되면, 이제 이들을 어떻게 형식화하고 구조화하여 실제 텍스트 처리에서 사용할 것인가 하는 문제가 제기된다. 우선 형태·통사·의미적 정보들은 모두 '기본형(Lemma)' 표제어에 할당된다. 그 다음 실제 텍스트 처리시에 나타나는 활용형을 인식하기 위한 활용형사전을 구축할 때, 각 다양한 활용형에 대하여 기본형사전에 등재된 모든 언어 정보들이 연동되어야 할 것이다. 가령 '평행하다'와 같은 형용사에는, 'N0 N1-와 ADJ' 구조를 갖는 대칭형용사(YAWS)라는 통사적 정보가 기본형사전에 등재되어 있는데, 실제 텍스트에서 추출된 '평행했어'와 같은 활용형에 이를 어떻게 제공할 것인가가 문제가 된다. 즉 표 297과 같은 방식의 정보가 제공되어야 한다.

번호	사전종류	표제어 예	내적 구성 정보
{1}	기본형사전	평행하다	평행하다, AS24+ZAP+HAP+YAWS
{2}	활용형사전	평행했어	{평행하, 평행하다, AS+ZAP+HAP+YAWS} {ㅆ, 었, EA+MT+PAS} {어, 어, EA+TE+DEC}

표 297. 활용형사전에 승계되어야 하는 기본형사전 정보의 예

여기서 {2}는, 현재 DECO 사전을 이용해 분석하면 제공되는 형태소분석 결과를 보인 것이다. {1}의 기본형사전에는, 표제어 '평행하다'가 활용클래스 {AS24}의 형용사(AS)이며, 생산적 접미사로 구성된 어휘(ZAP)이고, '하다' 구성 형태(HAP)이며, 통사적으로 대칭형용사(YAWS)임을 보이는 태그가 부여되었다. {2}에서는 활용형사전에 이 정보가 온전하게 승계되어, 이 정보가 그대로 제공되고, 그 뒤를 이은 두 개의 문법소인 과거시제의 '었'과 종결

형 어미인 '어'가 각각의 '표면형/대표형/태그' 정보와 함께 제공되었다. 이와 같이 기본형사전에 수록되어 있는 정보들이 자동으로 모두 활용형사전에 연동되도록 활용형사전을 자동 생성하는 것이 필요하다.

이를 위해서 사전이 어떠한 구조로 구성되어야 하는지, 그리고 어떠한 장치들을 통해 이러한 과정이 자동으로 이루어질 수 있는지가 고려되어야 한다. DECO 전자사전은 프랑스 파리7대학의 LADL연구소(Gross 1993)에서 구축한 DELA 전자사전과 호환 가능한 방식으로 구축되었다. 기본형사전이 리스트 방식으로 구축되면, 각 표제어에 부착되어 있는 활용클라스 정보를 통해 활용형을 구성하는 일련의 활용후치사들과 결합된다. 이를 통해 활용형사전이 생성되는데, 이 사전은 유한상태 트랜스듀서(Finite-State Transducer: FST) 방식으로 구성된다. 프랑스어의 경우 영어보다 그 활용 양상이 복잡하다. 기본형 대비 활용형 토큰 전체의 표제어 개수가 2배 정도로 확장되는 영어에 비해, 프랑스어는 약 10배 정도로 확장된다. 그러나 한국어의 경우는 앞서도 지적한 바와 같이, 결합할 수 있는 활용후치사의 수와 그 관계의 복잡도가 서구어의 경우와는 비교가 되지 않는다. 현재 DECO 사전은, 어휘소 사전과 문법소 복합형 사전이 별개의 FST로 구축된 후, 이들을 연결 호출하는 그래프를 통해 두 FST가 결합(Concatenation)되도록 구조화되어 있다(Paumier & Nam 2014). 이 장에서는 이와 같이 실제 텍스트에 적용될 DECOF 활용형 전자사전을 구현하는 그 중간 과정들과 이에 요구되는 각 단계별 언어자원의 유형에 대해 살펴볼 것이다.

활용형사전은 궁극적으로 한국어에서 어절 단위로 실현되는 모든 토큰들의 형태소 정보를 제공하는 데에 목적이 있다. 따라서 어휘소의 4가지 대범주에 대하여 이들이 결합하는 각각의 문법소의 복합형들이 올바르게 할당되어야 한다. 이를 위해서 각 대범주별 활용클라스의 설정이 요구된다. 다음 장에서 4가지 대범주에 대한 활용클라스를 어떠한 방식으로 분류하여, 이들에 대한 각각의 활용후치사들을 어떠한 방식으로 기술할 수 있는지를 살펴보기로 한다. 여기서 48,390여개의 동사에 대해 동일한 활용어미 복합형을 취하는 형태론적 유형들을 분류할 필요가 대두되며, 같은 방법으로 9,040여개의 형용사에 대해서도 결합 가능한 활용어미 복합형 목록을 찾아내어 동일 유형별로 군집화하는 작업이 필요하다.

또한 197,180여개의 명사에 대해서도 이들이 어떠한 유형의 조사 부류와 결합 가능한지를 분석하여 명사들의 활용클라스를 설정하는 것이 필요하며, 제한된 보조사 부류이지만 일련의 조사 부류를 허용하는 15,440여개의 부사 범주에 대해서도 이러한 어절 형성 관계를 기술하기 위한 귀납적 방식의 검토가 요구된다. 다음 장에서는 명사와 부사 범주를 우선 논의한 후, 형용사와 동사 범주에 대해 살펴보기로 한다.

1. 명사부(NS)의 활용클라스 분류

1.1. 명사부 활용클라스 하위분류

그림 60은 명사부(NS)의 활용클라스의 4가지 하위분류 구성도를 보인다.

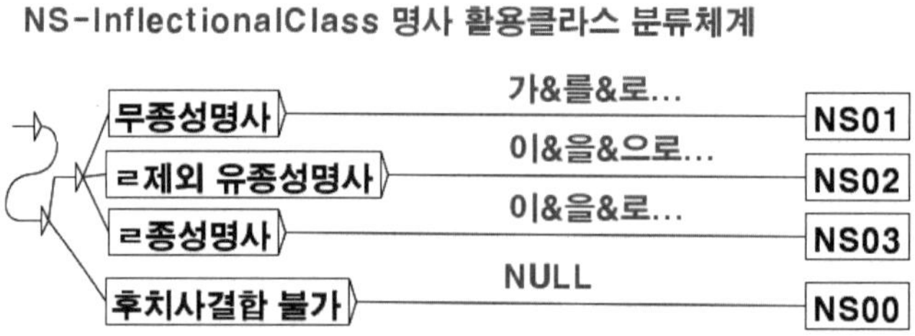

NS-InflectionalClass 명사 활용클라스 분류체계

그림 60. 명사부(NS) 활용클라스의 4가지 하위분류 체계

　　현재 명사부(NS)의 활용클라스는 4가지 유형으로 분류되었다. 첫째는 무종성 끝음절로 된 명사에 결합하는 유형(NS01)이고, 둘째는 'ㄹ'제외 유종성 끝음절 명사에 결합하는 유형(NS02), 그리고 셋째는 'ㄹ'종성 끝음절 명사에 결합하는 유형(NS03)이다. 마지막으로 후치사가 결합하지 못하는 부류와 연관되는 유형(NS00)으로 분류된다.

1.2. 명사 활용클라스별 표제어 분포

표 298은 명사의 4가지 활용클라스별 예와 표제어의 수를 보인다.

번호	태그	설명	예시	표제어수
1	NS01	무종성 끝음절 명사	아이, 노래	83480
2	NS02	'ㄹ'제외 유종성 끝음절 명사	어른, 운동	98800
3	NS03	'ㄹ' 종성 끝음절 명사	아들, 선물	14390
4	NS00	후치사 결합 불가형	새, 딴	420

표 298. 명사부(NS)의 활용클라스별 표제어 분포

현재 DECO 사전에는 전체 197,090개의 명사 표제어가 이와 같은 방식으로 분류되어 있다.[77] 여기서 유종성 명사가 113,190개로 무종성 명사의 1.3배 수준으로 나타났다. 이상에서 분류된 명사부의 4가지 활용클라스에 따라 각 클라스별 결합 가능한 후치사 클라스가 각각 할당된다. 이에 대해서는 뒤에서 다시 살펴보기로 한다.

1.3. 명사부 활용클라스 분류 원칙

실제 코퍼스에서 후치사를 수반하는 명사 어절에 대한 올바른 분석을 수행하려면, 기본형으로 표제어를 구성하는 기존 인쇄사전과 달리, 전자사전에는 이러한 어절 단위 구성에 대한 정보가 제공되어야 한다. 이를 위해서는 우선 어휘소의 각 표제어에 대한 활용적 특징을 관찰하여, 공통되는 성격을 보이는 어휘소들을 하나의 클라스로 설정하는 군집화 (Clustering) 과정이 필요하다. 이를 바탕으로, 결합 가능한 활용후치사의 모든 복합형이 조사되어야 한다. 이러한 활용후치사들도 어휘소의 활용클라스 분류에 맞추어 동일한 클라스 방식으로 분류되어야 하기 때문에, 현재의 '활용클라스' 설정은 매우 중요한 단계가 된다.

명사의 활용클라스 설정에 있어 고려되어야 할 몇 가지 문제들을 아래에서 살펴보기로 한다.

1.3.1. 형태적 특징: 명사의 종성 유형에 따른 활용클라스

명사의 경우, 명사 어휘의 끝음절의 종성의 유무와 그 형태적 특징에 따라, 결합 가능한 후치사 복합형의 형태가 결정된다. 다음 3가지 유형으로 분류된다.

• 무종성 끝음절로 된 명사 부류
• '르' 제외 종성으로 된 끝음절을 가진 명사 부류
• '르' 종성으로 된 끝음절을 가진 명사 부류

위의 각각의 예를 들면 다음과 같다.

(1ㄱ) 아이-(가 + 를 + 로 + 에게 + 의 + …)
(1ㄴ) 학생-(이 + 을 + 으로 + 에게 + 의 + …)
(1ㄷ) 아들-(이 + 을 + 로 + 에게 + 의 + …)

---

[77] 앞서 언급한 바와 같이 현재 DECO 사전에 수록된 각 하위범주별 표제어 수는 십단위 중심으로 조정되어 제시되었기 때문에, 그 경우 그러한 분류표의 총합과 현재 제시된 갯수는 정확히 일치하지 않을 수 있다.

대표적으로 종성의 유무에 따라 주격 후치사가 {가/이}로 구별되고 목적격 후치사가 {를/을}로 구별된다. 반면 종성이 'ㄹ'인가 아닌가에 따라 후치사 '로'는 '{로/으로}의 변이를 보인다. 즉 명사의 형태적 특징에 따라 이러한 3가지 활용클라스가 우선적으로 구별될 필요가 있다. DECO 사전에서는 이를 토대로 {NS01}, {NS02}, {NS03}의 세 가지 활용클라스가 설정되었다.

1.3.2. 통사적 특징: 후치사 결합에 제약이 있는 명사

현재 DECO 사전의 명사(NS) 범주에는 일정 통사적 특징에 의해 후치사의 결합이 제한적이거나 불가한 유형들이 존재한다. '관형사(ZNT)' 범주의 어휘들은 이러한 후치사 결합이 원천적으로 불가능한 경우이다. 다음을 보자.

(2) <u>새</u> 친구 | <u>배꼽</u> 친구 | <u>동네</u> 친구

위에서 '새, 배꼽, 동네' 등은 모두 명사 '친구'를 수식하는 성분으로 사용되었다. 그런데 뒤의 두 경우와 달리 '새'는 관형사 범주에 속하는 유형으로써, 뒤에 어떠한 유형의 후치사도 허용하지 않는다. 이 경우, 끝음절 종성의 특징에 따라 구별된 위의 3가지 활용클라스 부류와 달리, '후치사 결합 불가' 유형으로서 범주화될 필요가 있다. 이에 따라 DECO 사전에서는 이러한 유형의 활용클라스를 {NS00} 부류로 설정하였다.

그런데, 위의 관형사 부류처럼, 다른 명사를 수식하는 위치에 실현되면서 후치사 결합이 어려운 '관형명사(ZNM)' 부류가 있다. 다음을 보자.

(3) 이복 동생 | 사촌 동생 | 친구 동생

위에서 뒤의 두 경우의 수식어 성분인 '사촌'과 '친구'는 하나의 온전한 명사로서, 뒤에 후치사를 허용할 수 있다. 반면 '이복'은 관형명사로서 주격이나 목적격 같은 후치사뿐 아니라 대부분의 다른 후치사들의 결합도 허용하지 않는다. 그런데 관형명사 범주에 속하는 '수식명사(MDN)'와 '유사명사(PSN)' 부류가 후치사 결합에 제약이 심하지만, 이를 획일적으로 정의하기가 어렵다는 것이 문제이다. 앞서 언급한 바와 같이 '수식명사'들은 일부 제한된 후치사의 결합을 허용하기 때문이다.

(4ㄱ) 조기 유학
(4ㄴ) 조기-(*가 + *를 + *로)
(4ㄷ) 조기-(에 + ?의)

이와 같이 관형명사의 후치사 선택의 제약적 속성은 각 어휘별로 개별적 검증을 거쳐야 가능한 것이므로, 이들에 대한 별도의 클라스를 구성하지 않는 한, 이들은 후치사를 취하는 명사 부류에서 다루어지는 것이 적절하다고 판단된다.

위에서 살핀 관형명사들처럼 제한된 유형의 후치사와 결합하는 다른 형태들이 있다.

   (5ㄱ) 그 사람이 <u>거만</u>은 해도 사람은 좋아
   (5ㄴ) 그 아이가 <u>솔직</u>은 해요

위에서 '는/도/만'과 같은 특정 보조사를 수반하여 실현된 '거만'과 '솔직'은 형용사 '거만하다'와 '솔직하다'를 구성하는 비자립어기들이다. 이들은 통사적으로 온전한 명사가 아니기 때문에 위와 같이 아주 제한된 구성에서만 관찰되는데, 이 경우 이러한 형용사 구성 어기들만으로 별도의 활용클라스를 설정하는 것이 타당한지 검토되어야 한다. 두 가지 문제가 있는데, 첫째 이러한 구성은 구어체에서 많이 사용되는 형용사 부류에 한정되어 관찰되기 때문에, 자주 사용되지 않는 모든 형용사 어기에까지 확장 적용하기 어렵다는 점이다. 둘째, 다양한 통사적 기능을 수행하는 다른 명사 활용 복합형들과 달리, (5)와 같은 후치사 결합형들은 문장내에서 의미있는 통사적 기능을 수행하지 못한다는 점이다. 이러한 부류의 후치사 결합만이 나타나는 어기들을 위해 별도의 활용클라스를 설정하는 것은 바람직하지 않아 보인다. (5)와 같은 연쇄는 추후 일종의 다단어(MWE) 유형으로 간주되어 별도의 방식으로 기술된다.

1.3.3. 의미적 특징: 인물명사와 결합 가능한 후치사

학교문법에서 '인물명사'에 결합하는 유형으로 논의되는 일련의 후치사 부류가 존재한다. 다음을 보자.

   (6ㄱ) 선생님-(에게 + 께 + 한테 + 에 (의해))
   (6ㄴ) 헌법-(*에게 + *께 + *한테 + 에 (의해))

위에서 보는 바와 같이 '에게'나 '께', '한테'는 인물성 명사에만 결합 가능하다. 이러한 점에서 명사의 의미적 속성에 기반하여, 이러한 유형의 후치사를 허용하는 (6ㄱ)과 같은 명사 부류와 그렇지 않은 (6ㄴ)과 같은 부류를 구별하여 활용클라스를 구별하는 방법이 제안될 수 있다. 그런데 이러한 의미적 분류에는 다음 두 가지 문제가 대두된다.

첫째, 앞서 형태적 특징과는 달리, 이들을 구별하기 위한 형식적이고 객관적 기준을 마련하기 어렵다는 점이다. 더욱이 비유적으로 사용되거나 의인화되는 경우, 이러한 후치사 결합 유무의 결정이 무의미해진다. 다음을 보자.

(7ㄱ) 그 아이는 요즘 매일 (??거울에 + 거울에게) 말을 걸어
(7ㄴ) 그는 요즘 (쇼팽에 + ??쇼팽에게) 푹 빠져있어

위의 (7ㄱ)에서는 '거울'이 의인화되어 사용되어서 '거울에'와 같은 연쇄가 어색하게 판단된다. (7ㄴ)에서는 반대로 '쇼팽'이 인물명사이지만 그 인물 대상을 지칭하는 것이 아니라, '쇼팽의 음악'을 나타내는 환유적 용법으로 사용되어서, '쇼팽에게'와 같은 연쇄가 부자연스럽게 판단된다.

둘째는, 실제 사용된 문맥에 따라 이와 같은 '인물성' 해석의 유무가 달라지는 명사 부류가 적지 않은 비중으로 관찰된다는 점이다. 가령 다음을 보자.

(8ㄱ) 그 건물은 감사원(에 + 에서) 가깝습니다
(8ㄴ) 감사원(이 + 에서) 이번 일에 개입하였어요
(8ㄷ) 그 소식은 감사원(에나 + 에게나) 좋을 일이네요!

위의 (8ㄱ)에 나타난 '감사원'은 구체적 건물의 의미를 가지며 따라서 '비인물성' 명사로 분류된다. 반면 (8ㄴ)의 경우는 전형적인 인물성 주어를 요구하는 동사 '개입하다'를 수반하여 '감사원'이 일정 행위의 주체자로 해석되고 있다. (8ㄷ)의 경우 역시 '인물들의 집합'의 개념으로 사용된 것으로, '에게' 여격이 실현되었다. 즉 '조직, 집단'을 표현하는 어휘 부류, 가령 '감사원, 청와대, 삼성, 구글' 등과 같은 조직명, 회사명 어휘들은 그 자체로 공간적인 대상이나 건물 등을 의미할 수 있으며, 동시에 이러한 조직의 구성원들을 집합적으로 명명한 '인물집단'을 의미할 수 있는 중의성을 갖는 경우가 빈번하게 관찰된다.

이런 점에서, 명사의 의미적 특징을 통해 결합 가능한 후치사 유형을 결정짓고, 그 활용 클래스를 분류하는 것은 바람직하지 않다고 판단된다. 따라서 이들에 대한 최대 확장된 후치사 결합 가능성을 고려하는 원칙을 유지하였다.

1.3.4. 화용적 특징: 개인 인명에 추가되는 형태소

개인 인명이 나타난 어절에서 끝음절 종성이 존재하는 경우, '이'를 추가하는 경우가 관찰된다. 특히 성을 뺀 개인 이름을 사용한 구어체적 친근한 표현이나, 전체 이름을 사용한 대상을 비하한 표현에서 나타난다. 다음을 보자.

(9ㄱ) 영식(이 + 의가) 오늘 왔어요
(9ㄴ) 영식(을 + 의를) 오늘 만났어요
(9ㄷ) 김영식(이 + 의가) 자기가 최고인 줄 알아요

위의 (9ㄱ)과 (9ㄴ)에서 '영식'에 '이'나 '을'을 곧바로 수반한 형태는, 오히려 '이-가'나 '이-를'과 같이 '이'를 삽입한 후 무종성 명사에 결합하는 '가'나 '를'를 결합한 형태보다 부자연스럽다. 이러한 어절은 신문기사나 객관적 문서에서는 잘 나타나지 않고 대화체나 소설, 주관적 문서에서 관찰되는 형태이다. (9ㄷ)처럼 '성'과 '이름'을 모두 사용하는 경우는, 의미적 뉘앙스가 위의 것들과 달리 친근함뿐 아니라 비하하는 느낌을 부여할 수 있다.

이러한 현상이 일반적인 다른 명사에서는 허용되지 않고, 오직 개인 인명과 관련해서만 나타난다는 점도 주목할 필요가 있다. 다음을 보자.

(10ㄱ) 그 학생-(이 + *의가) 오늘 왔어요
(10ㄴ) 그 학생-(을 + *의를) 오늘 만났어요

위에서처럼 명사 '학생'의 경우는 형태소 '이'가 삽입되지 못한다. 이런 점에서 개인 인명과 연관된 표면형 어절에 대한 올바른 인식이 이루어지기 위해서는, 이러한 특수한 {이}의 삽입 가능성이 분석될 수 있어야 한다. 그런데 이러한 명사 부류를 위한 하나의 새로운 활용 클라스를 설정하기에 문제가 있다. 이러한 유형의 개인 인명은 본래 명사 사전의 표제어로서의 지위를 갖기 어렵기 때문이다. 현재 DECO 사전에도 개인 인명은 극히 제한된 경우에 한해 수록되어 있는데, 이 경우 어느 정도 검증이 된 유명인과 역사적 인물들이어서, 실제로 형태소 '이'가 삽입되는 어절 형태는 관찰하기 어렵다. 다음을 보자.

(11ㄱ) 순신-(이 + ??의가)
(11ㄴ) 순신-(을 + ??의를)
(11ㄷ) 이순신-(이 + ??의가)

궁극적으로, 개인 인명과 관련된 별도의 대용량 데이터베이스가 구축되는 경우, 이와 같은 화용적 특징이 고려된 활용클라스가 구성될 수 있다. 이 경우에도 외국인의 인명이나 역사적 인물, 유명인사 등 중요한 인명에는 사실상 결합상의 제약이 나타나기 때문에, 이와 같은 별도의 활용 클라스의 설정이 의미있는지 검토될 필요가 있다. 이 경우에도, '이'의 결합 가능성을 허용하는 최대 확장된 방식의 후치사 복합형 목록을 구성하는 원칙을 유지하였다.

2. 부사부(DS)의 활용클라스 분류

2.1. 부사부 활용클라스 하위분류

그림 61은 부사부(DS) 범주의 활용클라스의 4가지 하위분류 체계를 보인다.

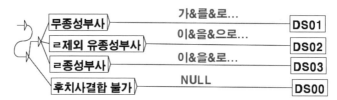

그림 61. 부사부(DS)의 활용클라스의 4가지 하위분류 체계

부사부(DS)의 활용클라스도 모두 4가지 부류로 분류되었다. 첫째는 무종성 끝음절로 된 부사에 결합하는 유형(DS01)이고, 둘째는 'ㄹ'제외 유종성 끝음절 부사에 결합하는 유형(DS02), 그리고 셋째는 'ㄹ'종성 끝음절 부사에 결합하는 유형(DS03)이다. 마지막으로 후치사가 결합하지 못하는 부류와 연관되는 유형(DS00)으로 분류된다.

2.2. 부사 활용클라스별 표제어 분포

표 299는 부사의 각 활용클라스별 예와 표제어의 수를 보인다.

번호	태그	설명	예시	표제어수
1	DS01	무종성 끝음절 부사	빨리, 거저	9220
2	DS02	'ㄹ'제외 유종성 끝음절 부사	가끔, 기왕	4610
3	DS03	그외 유종성 끝음절 부사	종일, 정말	710
4	DS00	후치사 결합 불가형	어머나, 아차	860

표 299. 부사부(DS)의 활용클라스별 표제어 분포

부사의 경우는, 전체 15,400여개의 부사 표제어에 대하여 무종성 부사가 9,220개로, 유종성 부사의 1.7배 수준으로 나타났다. {이}계열 부사와 '게' 유형 부사가 상대적으로 높은 비중을 차지하여 나타난 결과로 보인다. 부사의 경우도 이상에서 분류된 4가지 활용클라스에 따라 각 클라스별 결합 가능한 후치사 클라스가 각각 할당된다. 이에 대해서는 뒤에서 다시 살펴보기로 한다.

2.3. 부사 활용클라스 분류 원칙

부사 어휘들도 실제 코퍼스에서는 일련의 보조사, 즉 '부사후치사'를 수반하여 하나의 토큰을 구성한다. 예를 들어 다음을 보자.

(1ㄱ) 아이들이 <u>빨리도</u> 갔다
(1ㄴ) 그 시계가 늘 <u>정확하게만은</u> 울리지 않는다
(1ㄷ) <u>금방은</u> 아니지만 반드시 올 거야
(1ㄹ) <u>천천히는</u> 아니더라도 느긋하게 오세요

이러한 부사 어절에 대한 올바른 인식을 위해서는, 이와 같은 조합 가능성이 사전에 기술되어야 한다. 부사의 경우는 명사와 달리 제한된 유형의 보조사 결합만이 허용된다. 또한 명사의 경우, 일반적으로는 후치사와의 결합시 형태 변이가 나타나지 않지만, 간혹 다음과 같은 일부 준말 형태가 존재하는데,

(2ㄱ) (이것이 + <u>이게</u>) 전부입니까?
(2ㄴ) 우리가 (그것을 + <u>그걸</u>) 찾았습니다

부사의 경우는 이러한 형태적 변이는 관찰되지 않는다. 가령 다음과 같은 형태가 관찰될 때,

(3ㄱ) 정말 (빨리는 + <u>빨린</u>) 오셨네요
(3ㄴ) (급하게는 + <u>급하겐</u>) 하지 마세요

위에 실현된 '빨린'이나 '급하겐'은 '빨리'와 '급하게'에 '는'대신 'ㄴ'이 실현된 것으로 부사 자체의 형태 변화가 일어나지는 않는다. 위의 (2)와 같은 형태를 고려하여 이러한 축약된 형태를 별도로 기술해주어야 하는 명사 클라스와 달리, 부사의 경우는 '무종성 끝음절' 부류인 경우 활용후치사에 '는'과 'ㄴ'을 모두 수록하여 위의 형태를 도출해내는 데에 문제가 없다. 이와 같이 부사 클라스에 결합하는 활용후치사도 부사의 마지막 음절의 종성 형태에 의존적이므로 이에 따른 활용클라스 분류가 수행된다.

2.3.1. 형태적 특징: 부사의 종성 유형에 따른 활용클라스

부사부(DS)의 어휘도 끝음절의 종성의 유무와 그 특징에 따라, 결합 가능한 후치사 복합형의 형태가 결정된다. 다음과 같이 3가지 유형으로 분류된다.

- 무종성 끝음절로 된 부사 부류
- '르' 제외 종성으로 된 끝음절을 가진 부사 부류
- '르' 종성으로 된 끝음절을 가진 부사 부류

위의 각각의 예를 들면 다음과 같다.

 (4ㄱ) 거저(는 + 로 + ...)
 (4ㄴ) 당장(은 + 으로(는) + ...)
 (4ㄷ) 정말(은 + 로 + ...)

앞서 명사의 경우와 마찬가지로, 종성의 유무에 따라 후치사가 {는/은}과 같이 대립된다. 또한 종성이 '르'인가 아닌가에 따라 후치사 '로'는 '{로/으로}'의 변이를 보인다. 따라서 부사의 경우도 이러한 형태적 특징에 따라 3가지 기본 활용클라스 정보가 할당된다. 즉 {DS01}, {DS02}, {DS03}으로 분류되었다.

2.3.2. 통사적 특징: 후치사 결합에 제약이 있는 부사

현재 부사(DS) 범주에도 통사·의미적 특징에 의해 후치사의 결합이 매우 제한적이거나 불가한 유형들이 존재한다. '감탄사(ZDE)' 범주의 어휘들은 이러한 후치사 결합이 근본적으로 불가능한 경우이다. 다음을 보자.

 (5ㄱ) (어머나 + *어머나도), 빨리도 왔네!
 (5ㄴ) (아차 + *아차만도) 깜박 잊었습니다

위에 실현된 '어머나' '아차' 는 감탄사 범주에 속하는 유형으로써, 뒤에 후치사를 허용하지 않는다. 이들은 '후치사 결합 불가 유형'으로 범주화되어 {DS00} 클라스로 분류되었다.

3. 형용사부(AS)의 활용클라스 분류

3.1. 형용사부 활용클라스 하위분류

한국어에서 형용사 범주는 동사 범주와 마찬가지로, 직접 다양한 활용어미를 취하는 서술어 유형이다. 이때 명사나 부사와는 달리, 활용어미와의 결합 단계에서 어간의 일부분에 변이가 수반되기 때문에 실제 활용된 표면형의 인식에 훨씬 더 많은 어려움이 따른다. 학교문법에서는 일반적으로 양성모음과 음성모음으로의 이분법, 그리고 종성에 있어 'ㅂ'이나 'ㅎ'활용과 같이 몇 가지 대표적 유형이 설정되고, 이에서 벗어나는 경우 '불규칙 활용'이라는 명칭으로 기술되었다.

그러나 실제 모든 활용형 어절을 인식하기 위한 전자사전에서는, 각 표제어에 대한 구체적인 활용형 목록이 빠짐없이 제공되어야 한다. DECO 사전에서는 남지순(2007ㄴ)의 연구에 기반하여 현재 모두 26가지의 활용클라스를 구성하였다.[78] 실제로 활용클라스를 구성하는 데에 '다' 앞의 음절 속성이 중요한 기능을 하므로, 여기서는 편의상 '다' 앞의 음절을 '끝음절'로 명명하여 논의를 진행하기로 한다.[79] 전체 분류도를 보이면 그림 62와 같다.

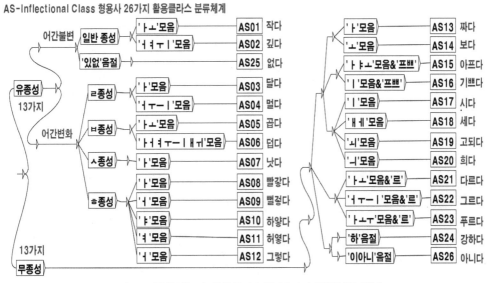

그림 62. 형용사(AS) 활용클라스의 26가지 하위분류 체계

---

78) 남지순(2007ㄴ)에서 제안된 24가지의 형용사 클라스에 '아니다/이다' 클라스와 '있다/없다' 클라스의 2가지 개별 유형이 추가된 결과이다.

79) 그러나 앞서 언급한 바와 같이 실제 DECO 사전에 수록되어 있는 기본형의 끝음절은 '다'로 되어 있다. 이 장에서 활용클라스 특징을 설명하는 논의에서 편의상 '다 앞의 음절'을 '끝음절'이라는 용어로 설명한다는 것으로, 사전에 정의된 기본형 형태에는 변화를 주지 않는다.

여기서 보듯이, 유종성 끝음절로 된 형용사 부류가 12가지, 무종성 끝음절로 된 부류가 12가지로 분류되었고, 별도로 '있다/없다' 부류와 '아니다/이다' 부류가 설정되어 전체 26개 활용클라스가 구성되었다. 유종성 끝음절어 유형에서 'ㅎ'받침 유형이 5가지로 세분류되었고, 무종성 끝음절어 유형에서는 '르' 유형이 3가지로 세분류되어 상대적으로 다양한 유형을 나타냈다. 활용후치사의 유형이 달라지는 데에 영향을 미치는 종성 유형은 'ㄹ/ㅂ/ㅅ/ㅎ'의 4가지가 나타났고, 나머지 종성은 이에 영향을 미치지 않았다. 그 경우는 소위 '양성/음성' 모음으로 구별되는 끝음절 모음의 형태에 따라 활용후치사의 유형이 달라졌다. 무종성어의 경우는 대체로 마지막 음절의 모음이 영향을 미치는데, 단 끝음절이 '프/쁘' 등과 같이 'ㅡ' 모음 유형으로 나타나거나 '르'로 나타나는 경우에는 다시 그 앞의 음절의 성격에 따라 달라지는 양상을 보였다. 그외에 '하'와 '아니/이', '있/없'의 경우는 그 음절 자체에 의해 정의된 클라스들이다.

3.2. 형용사 활용클라스별 표제어 분포

표 300은 현재 26가지로 분류된 형용사 활용클라스의 표제어 갯수와 예시를 보인다.

번호	태그	어간종성	끝음절모음	예시	표제어수
1	AS01	일반종성	ㅏ/ㅗ	작다, 높다	850
2	AS02		ㅓ/ㅕ/ㅜ/ㅣ	깊다, 굳다	110
3	AS03	ㄹ종성	ㅏ	달다, 살다	10
4	AS04		ㅓ/ㅜ/ㅡ/ㅣ	멀다, 길다	40
5	AS05	ㅂ종성	ㅏ/ㅗ	곱다, 가깝다	240
6	AS06		ㅏ/ㅑ/ㅕ/ㅜ/ㅡ/ㅣ/ㅐ/ㅟ	즐겁다, 춥다	600
7	AS07	ㅅ종성	ㅏ	낫다	1
8	AS08	ㅎ종성	ㅏ	빨갛다, 노랗다	50
9	AS09		ㅓ	꺼멓다, 시퍼렇다	30
10	AS10		ㅑ	뽀얗다, 하얗다	10
11	AS11		ㅕ	허옇다, 희뿌옇다	10
12	AS12		ㅓ	그렇다, 이렇다	10
13	AS13	무종성	ㅏ	짜다, 비싸다	70
14	AS14		ㅗ	보다	10
15	AS15		ㅏ/ㅑ/ㅗ + ㅡ('르'제외)	고프다, 아프다	40
16	AS16		(그외) + ㅡ('르'제외)	기쁘다. 슬프다	40
17	AS17		ㅣ	시다, 느리다	240
18	AS18		ㅐ/ㅔ	세다, 날쌔다	20

번호	태그	어간종성	끝음절모음	예시	표제어수
19	AS19		ㅚ	고되다, 헛되다	40
20	AS20		ㅢ	희다, 희디희다	10
21	AS21		ㅏ/ㅗ + ㄹ	고르다, 빠르다	40
22	AS22		ㅓ/ㅜ/ㅡ/ㅣ + ㄹ	게으르다, 그르다	10
23	AS23		ㅏ/ㅗ/ㅜ + ㄹ	검푸르다, 짙푸르다	20
24	AS24		하	허술하다, 허약하다	4690
25	AS25	특정유형	있/없	멋있다, 어이없다	800
26	AS26		이/아니	아니다, 트집이다	1110

표 300. 형용사부(AS)의 활용클라스별 표제어 분포

여기서 보듯이 전체 9,100여개의 형용사에 대해 26개의 활용클라스가 분류되었다. 이중 '하다' 유형이 4,690여개로 전체의 52% 정도를 차지하였다. 그 외 수적으로 높은 비중을 차지하는 클라스는 '있다/없다' 유형과 '이다/아니다' 유형으로 나타났다. 다음에서 각 클라스별 특징을 살펴보기로 한다.

3.3. 활용클라스 하위범주별 특징

3.3.1. 일반 유종성 형용사 부류 2가지: {AS01/AS02}

첫째 클라스는 {AS01}로서, 여기 속하는 형용사 부류는 일반 유종성 끝음절 어간으로서 끝음절의 모음이 'ㅏ/ㅗ'와 같이 소위 '양성모음'인 경우이다. 활용어미와 결합할 때 어간의 변이가 일어나지 않고, 결합하는 어미는 '아/아서/았'과 같은 형태소 계열이 나타난다. 이 범주의 형용사의 예를 들면 '작다, 좋다, 높다, 낮다, 좁다, 같다' 등이 있다. 전체 850여개의 표제어가 이와 같은 활용후치사 부류를 취한다. '작다'의 활용 예를 들면 '작아, 작으니, 작아서, 작은, 작았다, 작고, 작구나' 등과 같다.

둘째 클라스는 {AS02}로서, 여기 속하는 형용사 부류는 일반 유종성 어간으로서 끝음절의 모음이 'ㅓ/ㅕ/ㅜ/ㅣ'와 같이 소위 '음성모음'인 경우이다. 활용어미와 결합할 때 어간의 변이가 일어나지 않고, 결합하는 어미는 '어/어서/었'과 같은 형태소 계열이 나타난다. 이 범주의 형용사의 예를 들면 '깊다, 굳다, 굽다, 늦다, 묽다' 등이 있다. 전체 110여개로 '깊다'의 활용 예를 들면 '깊어, 깊으니, 깊어서, 깊은, 깊었다, 깊고, 깊구나' 등과 같다.

3.3.2. 'ㄹ종성' 형용사 부류 2가지: {AS03/AS04}

셋째 클라스는 {AS03}으로, 이 형용사들은 'ㄹ종성' 끝음절 어간으로서 끝음절 모음이 'ㅏ'와 같이 '양성모음'인 경우이다. 이런 경우 활용어미와 결합할 때 어간에 2가지 변이가 일어난다. 첫째는 'ㄹ'이 그대로 실현되는 경우이고, 둘째는 어간의 'ㄹ'이 탈락하는 경우이다. 결합하는 어미는 '아/아서/았'과 같은 형태소 계열로 나타난다. 전체 10여개로서, '달다'의 예를 들면 '달아, 다니, 달아서, 단, 달았다, 달고, 달구나' 등과 같다.

넷째 클라스는 {AS04}로서, 이 형용사들은 'ㄹ종성' 끝음절 어간으로 끝음절 모음이 'ㅓ/ㅜ/ㅡ/ㅣ'와 같이 '음성모음'인 경우이다. 이 경우도 활용어미와 결합할 때 어간에 2가지 변이가 일어난다. 첫째는 'ㄹ'이 그대로 실현되는 경우이고, 둘째는 어간의 'ㄹ'이 탈락하는 경우이다. 결합하는 어미는 '어/어서/었'과 같은 형태소 계열로 나타난다. 전체 40여개로서, '멀다'의 예를 들면 '멀어, 머니, 멀어서, 먼, 멀었다, 멀고, 멀구나' 등과 같다.

3.3.3. 'ㅂ종성' 형용사 부류 2가지: {AS05/AS06}

다섯째 클라스는 {AS05}로서, 이들은 'ㅂ종성' 끝음절 어간으로 끝음절 모음이 'ㅏ/ㅗ'와 같이 '양성모음'인 경우이다. 이는 활용어미와 결합할 때 어간에 3가지 변이가 일어난다. 첫째는 'ㅂ'이 그대로 실현되는 경우이고, 둘째는 '오'로 변화하는 경우, 셋째는 '우'로 변화하는 경우이다. 결합하는 어미는, 변화된 어간과 결합하여 '와/와서/왔'과 같은 형태로 실현된다. 전체 240여개로서, '곱다'의 예를 들면 '고와, 고우니, 고와서, 고운, 고왔다, 곱고, 곱구나' 등과 같다.

여섯째는 {AS06}로서, 이 형용사들은 위와 같이 'ㅂ종성' 끝음절 어간인데, 끝음절 모음이 'ㅏ/ㅓ/ㅕ/ㅜ/ㅡ/ㅣ/ㅐ/ㅝ'와 같이 '음성모음'인 경우이다. 활용어미와 결합할 때 앞서와는 달리 어간에 2가지 변이가 일어난다. 첫째는 'ㅂ'이 그대로 실현되는 경우이고, 둘째는 '우'로 변화하는 경우이다. 결합하는 어미는, 변화된 어간과 결합하여 '워/워서/웠'과 같은 형태로 실현된다. 전체 600여개로서, '춥다'의 예를 들면 '추워, 추우니, 추워서, 추운, 추웠다, 춥고, 춥구나' 등과 같다.

3.3.4. 'ㅅ종성' 형용사 부류 1가지: {AS07}

일곱 번째 클라스는 {AS07}로서, 이는 'ㅅ종성' 끝음절 어간으로 끝음절 모음은 'ㅏ'와 같이 '양성모음'으로 실현되는 형태이다. 이는 활용어미와 결합할 때 어간에 2가지 변이가 일어난다. 첫째는 'ㅅ'이 그대로 실현되는 경우이고, 둘째는 어간의 'ㅅ'이 탈락하는 경우이다. 결합하는 어미는 '아/아서/았'과 같은 형태소 계열이 나타난다. 현재 '낫다' 1개만이 이 클래스로 나타났으며, 활용된 예를 들면 '나아, 나으니, 나아서, 나은, 나았다, 낫고, 낫구나' 등과 같다.

3.3.5. 'ㅎ종성' 형용사 부류 5가지: {AS08~AS12}

여덟 번째에서 열두 번째 클라스는 모두 'ㅎ종성' 끝음절 형용사들이다. 그러나 끝음절의 모음이 어떤 형태인지에 따라 그 활용후치사가 다른 형태로 결합한다. 여덟 번째 클라스는 {AS08}로서, 이 형용사들은 끝음절 모음이 'ㅏ'와 같이 '양성모음'인 경우이다. 이는 활용어미와 결합할 때 어간에 2가지 변이가 일어난다. 첫째는 'ㅎ'이 그대로 실현되는 경우이고, 둘째는 어간의 'ㅎ'이 탈락하는 경우이다. 결합하는 어미는 어간의 'ㅏ'와 결합하여 'ㅐ/ㅐ서/ㅆ'과 같은 형태로 변환된다. 전체 50여개로서, '빨갛다'의 예를 들면 '빨개, 빨가니, 빨개서, 빨간, 빨갰다, 빨갛고, 빨갛구나' 등과 같다.

아홉 번째 클라스는 {AS09}로서, 이 부류는 끝음절 모음이 'ㅓ'와 같이 '음성모음'인 경우이다. 활용어미와 결합할 때 어간에 2가지 변이가 일어난다. 첫째는 'ㅎ'이 그대로 실현되는 경우이고, 둘째는 어간의 'ㅎ'이 탈락하는 경우이다. 결합하는 어미는 어간의 'ㅓ'와 결합하여 'ㅔ/ㅔ서/ㅆ'과 같은 형태로 변환된다. 전체 30여개로서, '뻘겋다'의 예를 들면 '뻘게, 뻘거니, 뻘게서, 뻘건, 뻘겠다, 뻘겋고, 뻘겋구나' 등과 같다.

열 번째 클라스는 {AS10}로서, 끝음절 모음이 'ㅑ'와 같은 '양성모음'인 경우이다. 활용어미와 결합할 때 어간에 2가지 변이가 일어난다. 첫째는 'ㅎ'이 그대로 실현되는 경우이고, 둘째는 어간의 'ㅎ'이 탈락하는 경우이다. 결합하는 어미는 어간의 'ㅑ'와 결합하여 'ㅒ/ㅒ서/ㅆ'과 같은 형태로 변환된다. 전체 10여개로서, '뽀얗다'의 예를 들면 '뽀얘, 뽀야니, 뽀얘서, 뽀얀, 뽀얬다, 뽀얗고, 뽀얗구나' 등과 같다.

열한 번째 클라스는 {AS11}로서, 끝음절 모음이 'ㅕ'와 같은 '음성모음'인 경우이다. 활용어미와 결합할 때 어간에 2가지 변이가 일어난다. 첫째는 'ㅎ'이 그대로 실현되는 경우이고, 둘째는 어간의 'ㅎ'이 탈락하는 경우이다. 결합하는 어미는 어간의 'ㅕ'와 결합하여 'ㅖ/ㅖ서/ㅆ'과 같은 형태로 변환된다. 전체 10여개로서, '허옇다'의 예를 들면 '허예, 허여니, 허예서, 허연, 허옜다, 허옇고, 허옇구나' 등과 같다.

열두 번째 클라스는 {AS12}로서, 끝음절 모음이 'ㅓ'와 같은 '음성모음'인 경우이다. 활용어미와 결합할 때 어간에 2가지 변이가 일어난다. 첫째는 'ㅎ'이 그대로 실현되는 경우이고, 둘째는 어간의 'ㅎ'이 탈락하는 경우이다. 결합하는 어미는 어간의 'ㅓ'와 결합하는 형태이어서 위의 {AS09}과 유사하지만, 어간변이가 {AS09}와는 다른 양상을 보여, 'ㅐ/ㅐ서/ㅒ'과 같은 형태로 변환된다. 전체 10여개로서, '그렇다'의 예를 들면 '그래, 그러니, 그래서, 그런, 그랬다, 그렇고, 그렇구나' 등과 같다.

3.3.6. 일반 무종성 형용사 부류 8가지: {AS13~AS20}

무종성 끝음절 형용사들로서, 끝음절 형태가 고정되지 않은 부류는 8가지 유형으로 분류된다. 열세 번째에서 스무 번째 클래스가 여기 해당된다.

열세 번째 클래스는 {AS13}로, 끝음절 모음이 'ㅏ'와 같은 '양성모음'인 경우이다. 활용어미와 결합할 때 어간은 변화가 없고, 결합하는 어미는 {어/어서/었} 형태소가 'Ø/Ø서/ㅆ'와 같은 형태로 나타난다. 전체 70여개로서, '짜다'의 예를 들면 '짜, 짜니, 짜서, 짠, 짰다, 짜고, 짜구나' 등과 같다.

열네 번째 클래스는 {AS14}로서, 끝음절 모음이 'ㅗ'와 같은 '양성모음'인 경우이다. 활용어미와 결합할 때 어간은 변화가 없고, 결합하는 어미는 '아/아서/았' 계열의 형태소가 실현되는데, 이 경우는 어간의 'ㅗ'와 축약된 'ㅘ/ㅘ서/왔'의 형태도 동시에 허용한다는 점이 특징이다. 현재 '보다' 1개뿐이며, 이를 바탕으로 하는 복합구성 형용사 부류가 생성되어, 현재 해당 표제어 수는 더 확장되어 있다. 활용 예를 들면 '보아, 보니, 보아서, 본, 보았다, 보고, 보구나' 등과, 축약이 이루어진 '봐, 보니, 봐서, 본, 봤다, 보고, 보구나' 등의 활용형이 중복적으로 관찰된다.

열다섯 번째 클래스는 {AS15}로서, 끝음절 모음이 '프/쁘' 등과 같이 'ㅡ' 음성모음이고, 그 앞 음절에 'ㅏ/ㅑ/ㅗ'와 같은 '양성모음'이 실현된 경우이다. 활용어미와 결합할 때 어간에 2가지 변이가 일어난다. 첫째는 'ㅡ' 모음이 그대로 실현되는 경우이고, 둘째는 'ㅡ' 모음이 생략되는 경우이다. 결합하는 어미는, 변화된 어간과 결합하여 'ㅏ/ㅏ서/았'과 같은 형태로 실현된다. 전체 40여개로서, '아프다'의 예를 들면 '아파, 아프니, 아파서, 아픈, 아팠다, 아프고, 아프구나' 등과 같다.

열여섯 번째 클래스는 {AS16}로서, 이 경우도 끝음절 모음이 'ㅡ'와 같이 음성모음이고, 그 앞 음절에도 'ㅓ/ㅕ/ㅜ/ㅡ/ㅣ/ㅔ'와 같은 '음성모음'이 실현된 경우이다. 활용어미와 결합할 때 어간에 2가지 변이가 일어난다. 첫째는 'ㅡ' 모음이 그대로 실현되는 경우이고, 둘째는 'ㅡ' 모음이 생략되는 경우이다. 결합하는 어미는, 변화된 어간과 결합하여 'ㅓ/ㅓ서/었'과 같은 형태로 실현된다. 전체 40여개로서, '기쁘다'의 예를 들면 '기뻐, 기쁘니, 기뻐서, 기쁜, 기뻤다, 기쁘고, 기쁘구나' 등과 같다.

열일곱 번째 클래스는 {AS17}로서, 끝음절 모음이 'ㅣ'와 같은 '음성모음'이 실현된 경우이다. 활용어미와 결합할 때 2가지 이중적 변이가 가능하다. 첫째는 'ㅣ' 모음이 그대로 실현되고 '어/어서/었'과 같은 형태소 계열이 결합하는 경우이고, 둘째는 이 둘이 축약이 일어나서 'ㅕ/ㅕ서/ㅕㅆ'과 같은 형태로 실현되는 경우이다. 전체 240여개로 '멋지다'의 예를 들면, '멋지어, 멋지니, 멋지어서, 멋진, 멋지었다, 멋지고, 멋지구나' 등과 같은 활용형과, '멋져, 멋지니, 멋져서, 멋진, 멋졌다, 멋지고, 멋지구나' 같은 축약형 활용형이 중복적으로 관찰된다.

열여덟 번째 클라스는 {AS18}로서, 끝음절 모음이 'ㅐ/ㅔ'와 같은 형태가 실현된 경우이다. 활용어미와 결합할 때 2가지 이중적 변이가 가능하다. 첫째는 'ㅔ/ㅐ' 모음이 그대로 실현되고 '어/어서/었'과 같은 형태소 계열이 결합하는 경우이고, 둘째는 이 둘이 만나면서 뒤의 '어' 형태가 삭제되는 경우이다. 전체 20여개로 '굳세다'의 예를 들면 '굳세어, 굳세니, 굳세어서, 굳센, 굳세었다, 굳세고, 굳세구나' 등과 같은 활용형과 '굳세, 굳세니, 굳세서, 굳센, 굳셌다, 굳세고, 굳세구나' 같은 축약형 활용형이 중복적으로 관찰된다.

열아홉 번째 클라스는 {AS19}로서, 끝음절 모음이 'ㅚ'와 같은 형태가 실현된 경우이다. 활용어미와 결합할 때 2가지 이중적 변이가 가능하다. 첫째는 'ㅚ' 모음이 그대로 실현되고 '어/어서/었'과 같은 형태소 계열이 결합하는 경우이고, 둘째는 이 둘이 만나면서 축약이 일어나 'ㅙ' 형태로 실현되는 경우이다. 전체 40여개로 '헛되다'의 예를 들면 '헛되어, 헛되니, 헛되어서, 헛된, 헛되었다, 헛되고, 헛되구나' 등과 같은 활용형과 '헛돼, 헛되니, 헛돼서, 헛된, 헛됐다, 헛되고, 헛되구나' 같은 축약형 활용형이 중복적으로 관찰된다.

스무 번째 클라스는 {AS20}로, 끝음절 모음이 'ㅢ'와 같은 형태가 실현된 경우이다. 활용어미와 결합할 때 어간 변이가 일어나지 않으며 '어/어서/었'과 같은 형태소 계열이 결합한다. 현재 '희다'와 '희디희다' 2개뿐으로, 활용의 예를 들면, '희어, 희니, 희어서, 흰, 희었다, 희고, 희구나' 등과 같은 형태가 관찰된다.

3.3.7. '르' 끝음절 형용사 부류 3가지: {AS21/AS22/AS23}

무종성 끝음절 형용사로 끝음절 형태가 '르'로 실현되는 경우, 그 앞 음절의 모음의 성격에 따라 3가지 클라스로 분류된다. 즉 스물한 번째에서 스물세 번째 클라스가 여기 해당한다.

스물한 번째 클라스는 {AS21}로서, 끝음절에 '르'가 나타나고, 그 앞 음절에 'ㅏ/ㅗ'와 같은 '양성모음'이 실현된 경우이다. 활용어미와 결합할 때 어간에 2가지 변이가 일어난다. 첫째는 끝음절의 '르'에서 'ㅡ' 모음이 그대로 실현되는 경우이고, 둘째는 'ㅡ' 모음이 생략되고 'ㄹ'이 앞의 음절의 종성으로 결합하고 'ㄹ'이 다시 삽입되는 경우이다. 결합하는 어미는, 어간에 추가된 'ㄹ'과 결합하여 '라/라서/랐'과 같은 형태로 실현된다. 전체 40여개로서, '다르다'의 예를 들면 '달라, 다르니, 달라서, 다른, 달랐다, 다르고, 다르구나' 등과 같다.

스물두 번째 클라스는 {AS22}로서, 끝음절에 '르'가 나타나고, 그 앞 음절에 'ㅓ/ㅜ/ㅡ/ㅣ'와 같은 '음성모음'이 실현된 경우이다. 활용어미와 결합할 때 어간에 2가지 변이가 일어난다. 첫째는 끝음절의 '르'에서 'ㅡ' 모음이 그대로 실현되는 경우이고, 둘째는 'ㅡ' 모음이 생략되고 'ㄹ'이 앞의 음절의 종성으로 결합하고 'ㄹ'이 다시 삽입되는 경우이다. 이 경우는 결합하는 어미가, 어간에 추가된 'ㄹ'과 결합하여 '러/러서/렀'과 같은 형태로 실현된다. 전체 10여개로서, '게으르다'의 예를 들면 '게을러, 게으르니, 게을러서, 게으른, 게을렀다, 게으르고, 게으르구나' 등과 같다.

스물세 번째 클라스는 {AS23}로서, 끝음절에 '르'가 나타나고, 그 앞 음절에 'ㅏ/ㅗ/ㅜ'와 같은 형태가 실현된 경우이다. 활용어미와 결합할 때 어간에 2가지 변이가 일어난다. 첫째는 끝음절의 '르'에서 'ㅡ' 모음이 그대로 실현되는 경우이고, 둘째는 'ㄹ'이 다시 삽입되는 경우이다. 앞서 {AS22}에서 'ㄹ'이 삽입될 때, 'ㄹ'이 삽입 전에 'ㅡ'이 생략되고 'ㄹ'이 앞 음절의 종성으로 결합하고 다시 'ㄹ'이 삽입되었던 것과는 차이를 보인다. 이 경우는 결합하는 어미가, 어간에 추가된 'ㄹ'과 결합하여 '러/러서/렀'과 같은 형태로 실현된다. 전체 20여개로서, '푸르다'의 예를 들면 '푸르러, 푸르니, 푸르러서, 푸른, 푸르렀다, 푸르고, 푸르구나' 등과 같다.

3.3.8. '하' 끝음절 형용사 부류 1가지: {AS24}

스물네 번째 클라스는 {AS24}로서, '무종성' 끝음절 어간에 '하'가 나타나는 유형이다. 활용어미와 결합할 때 2가지 활용변화가 나타난다. 첫째는 끝음절의 '하'에 결합하는 어미에 'ㅣ'음소가 삽입되어 '여/여서/였'과 같은 형태로 실현되는 경우이며, 둘째는 이 둘 사이의 축약이 일어나서 'ㅐ/ㅐ서/ㅕ'과 같은 형태로 실현되는 경우이다. '하다' 형용사는 형용사 범주에서 가장 생산성이 높은 유형으로 현재 4,690여개가 수록되어 있으며, '허술하다'의 예를 들면, '허술하여, 허술하니, 허술하여서, 허술한, 허술하였다, 허술하고, 허술하구나' 등과 같은 활용형과, '허술해, 허술하니, 허술해서, 허술한, 허술했다, 허술하고, 허술하구나' 같은 축약형 활용형이 중복적으로 관찰된다.

3.3.9. '있/없' 끝음절 형용사 부류 1가지: {AS25}

스물다섯 번째 클라스는 {AS25}로서, 끝음절이 '있/없'이 나타나는 유형이다. 이 부류는 현재 '유종성 > 일반종성 > 음성모음'의 특징을 보이는 {AS02} 클라스와 동일한 '연결형/서술형' 활용어미를 취한다. 다만 '관형형' 활용어미에 있어 일반적으로 형용사 범주에서는 허용되지 않는 '는' 활용형이 허용된다는 점에서, {AS02} 클래스와 구별된다. '있다/없다'는 일정 명사에 결합하여 하나의 형용사처럼 기능하는 경우가 많아 목록의 확장성이 높다. 현재 800여개가 이 클래스로 분류되어 있다. '맛있다'의 예를 들면, '맛있어, 맛있으니, 맛있어서, 맛있는, 맛있었다, 맛있고, 맛있구나'에서 보듯이 관형형 '맛있는'이 실현된다는 점에서, {AS02}의 '깊다'와 구별되며(*깊는), 그 외의 경우에는 동일하게 실현된다.

3.3.10. '이/아니' 끝음절 형용사 부류 1가지: {AS26}

스물여섯 번째 클래스는 {AS26}로서, 끝음절이 '이/아니'가 나타나는 유형이다. 이 부류는 현재 '무종성 > ㅣ'모음' 부류인 {AS17} 클래스와 동일한 '연결형/서술형' 활용어미를 취한다. 다만 '인용형' 활용어미에 있어 일반적인 형용사 범주와는 달리 '다'가 '라'로 변환되는 형태를 취한다는 점에서 앞서 {AS17} 클래스와 구별된다. 다음을 보자.

(1ㄱ) 그 사람이 (건방지다 + 착하다)
(1ㄴ) 사람들이 그 사람이 (건방지다고 + 착하다고) 말하더군요

(2ㄱ) 그가 (그런 일에는 아주 극성이다 + 범인이 아니다)
(2ㄴ) 사람들이 그가 (그런 일에는 아주 극성이라고 +범인이 아니라고) 말하더군요

위에서 보듯이, (1ㄱ)의 '건방지다, 착하다'와 같은 형용사는 (1ㄴ)과 같이 인용문 형식으로 실현되었을 때 종결어미 '다'로 그대로 삽입된다. 반면 (2ㄱ)의 '극성이다'와 '아니다'의 경우는 인용문에 삽입될 때 '다'가 '라'로 변환되는 것을 볼 수 있다. 이러한 현상은 현재 '이다'에 의해 형용사 술어로 실현된 'X-적(的)이다/N-이다' 형용사에 모두 적용된다. 다음을 보자.

(3) 사람들이 그가 (이기적이라고 + 혼자 안달이라고) 말하더군요

이러한 형용사 부류로 인해 그 표제어의 수가 확장되는데, 현재 약 1,110개가 수록되어 있다. '아니다'의 활용 예를 보이면 '아니어, 아니니, 아니어서, 아닌, 아니었다, 아니고, 아니구나'와 같으며, 인용문에서 '아니라는, 아니라고' 등과 같은 형태를 보인다. 즉 '건방지다는, 건방지다고'와 같은 형태로 활용되는 다른 형용사 부류와 차이를 보인다.

4. 동사부(VS)의 활용클라스 분류

4.1. 동사부 활용클라스 하위분류

동사의 경우도 형용사의 경우와 상당히 유사한 성격을 보인다. 그런데 이 두 범주는 결합하는 활용후치사의 형태와 종류가 완전히 동일하지는 않다. 동사 어간 형태도 형용사 범주와 유사하기는 하지만 완전히 동일하지 않아서, 일정 규칙에 의한 추론이 불가능하다. 동사나 형용사 범주 각각에서 'ㅂ'과 같이 동일한 종성이 실현된 경우에도 개별 어휘에 따라 그 활용방식이 차이가 나는 것처럼, 동사와 형용사 부류의 유사성에도 불구하고 이들에 대한 개별적 검토없이 유사한 형태적 특징만으로 이들의 활용클라스를 설정하는 것은 불가능하다.

동사와 형용사의 대표적 차이는 서술형 현재형 종결어미에서 동사에는 '는/ㄴ' 형태소가 삽입된다는 점이다. 관형형에서도 동사의 경우에만 '는/ㄴ'이 현재형에 실현될 수 있다. 앞서 형용사의 경우처럼, 동사의 경우도 각 어휘에 대한 개별적 검토를 통해, 상향식 군집화를 거쳐 모두 28가지 활용클라스가 설정되었다.[80) 그림 63과 같다.

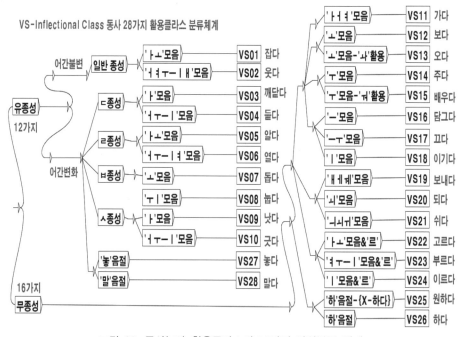

그림 63. 동사(VS) 활용클라스의 28가지 하위분류 체계

---

80) 이 경우도 앞서 형용사의 경우와 마찬가지로, 남지순(2007ㄴ)에서 제안된 25가지의 동사 활용클라스에 기초하고 있다. 여기에 '하다/놓다/말다'의 3가지 개별 유형이 추가되었다.

위에서 보듯이, 유종성 끝음절로 된 동사 부류가 10가지, 무종성 끝음절로 된 부류가 15가지 분류되었고, 별도로 '하다(앞성분없이)'와 '놓다', '말다'의 특정 형태 3가지가 설정되어 전체 28개 활용클라스가 구성되었다. 유종성 끝음절어 유형에서 형용사에 나타나는 '하얗다, 노랗다' 등 색깔 형용사의 'ㅎ 종성형'이 동사에서는 관찰되지 않으며, 활용후치사의 유형이 달라지는 데에 영향을 미치는 종성 유형은 'ㄷ/ㄹ/ㅂ/ㅅ'의 4가지 유형으로 나타난다. 'ㄹ/ㅂ/ㅅ/ㅎ'의 4가지로 특징지어졌던 형용사 부류와는 차이를 보인다. 이외의 나머지 종성은 활용후치사를 결정하는 데에 특별한 영향을 미치지 않고, '양성/음성' 모음으로 불리어 온 끝음절 모음의 형태에 따라 활용후치사의 결합형태가 달라짐을 볼 수 있다.

무종성 끝음절어 유형에서는 동사에서도 '르' 유형이 3가지로 세분류되어 상대적으로 다양한 유형을 나타냈다. 끝음절이 '하'의 경우, '생각하다'와 같이 앞에 일정 성분이 실현될 때(VS25), '생각케' '생각치'와 같은 축약형을 허용한다. 그런데 단독으로 사용되는 동사 '하다'의 경우는 이러한 축약을 허용하지 않으므로 별도의 클라스로 설정되었다. 이러한 현상은 형용사와 다른 점인데, 형용사에서는 단독으로 사용되는 '하다'가 나타나지 않으므로, 끝음절 '하'의 두 가지 부류의 설정이 필요하지 않았다. 반면 형용사에서도 '가능하다' 같은 경우, '가능치/가능케'와 같은 축약형이 가능하다.

특정 끝음절 유형은 이러한 '단독형 하다'외에도, '놓다'와 '말다'가 설정되었다. 이들의 특이점은 아래에서 논의하기로 한다.

4.2. 동사 활용클라스별 표제어 분포

표 301은 28가지로 하위분류된 동사 활용클라스별 표제어 갯수와 예시를 보인다.

번호	태그	어간종성	끝음절모음	예시	표제어수
1	VS01	일반종성	ㅏ/ㅗ	잡다, 참다	1520
2	VS02		ㅓ/ㅕ/ㅜ/ㅡ/ㅣ/ㅐ	웃다, 뜯다	1610
3	VS03	ㄷ종성	ㅏ	깨닫다, 치닫다	10
4	VS04		ㅓ/ㅜ/ㅡ/ㅣ	듣다, 싣다	120
5	VS05	ㄹ종성	ㅏ/ㅗ	알다, 날다	340
6	VS06		ㅓ/ㅜ/ㅡ/ㅣ/ㅕ	열다, 끌다	750
7	VS07	ㅂ종성	ㅗ	돕다, 뵙다	10
8	VS08		ㅜ/ㅣ	눕다, 줍다	70
9	VS09	ㅅ종성	ㅏ	낫다, 잣다	10
10	VS10		ㅓ/ㅜ/ㅡ/ㅣ	긋다, 붓다	100

번호	태그	어간종성	끝음절모음	예시	표제어수
11	VS11	무종성	ㅏ/ㅓ/ㅕ	가다, 서다	1750
12	VS12		ㅗ	보다, 쏘다	1590
13	VS13		ㅗ (ㅘ활용)	오다, 끌려오다	870
14	VS14		ㅜ	주다, 미루다	1760
15	VS15		ㅜ (ㅝ 활용)	배우다, 깨우다	350
16	VS16		ㅡ	담그다, 잠그다	310
17	VS17		ㅡ/ㅜ	끄다, 트다	260
18	VS18		ㅣ	이기다, 망가지다	16310
19	VS19		ㅐ/ㅔ/ㅖ	보내다, 떼다	3500
20	VS20		ㅚ	되다, 악화되다	3240
21	VS21		ㅟ/ㅞ/ㅝ	쉬다, 날뛰다	130
22	VS22		ㅏ/ㅗ + 르	고르다, 자르다	340
23	VS23		ㅕ/ㅜ/ㅡ/ㅣ + 르	부르다, 기르다	240
24	VS24		ㅣ + 르	이르다	1
25	VS25		하(X-하 유형)	원하다, 폭로하다	12640
26	VS26	특정유형	하	하다	1
27	VS27		놓	놓다, 꾸며놓다	550
28	VS28		말	말다, 걱정말다	20

표 301. 동사부(VS)의 활용클라스별 표제어 분포

위에서 보듯이 전체 48,400여개의 동사에 대해 28개의 활용클라스가 분류되었다. 이중 {VS25}의 '하다' 유형이 12,640여개로 전체의 26%를 차지하였으나, 동사의 경우는 형용사와는 달리, 더 높은 비중으로 나타난 클라스가 {VS18}로 모두 16,310여개로 나타났다. 이것은 '거리다/이다/뜨리다/지다' 유형의 동사의 비중이 높아 나타난 결과로 보인다. 그다음 의성의태어에 '대다'가 결합한 분포가 높은 {VS19}와 '되다' 동사 유형이 많이 나타난 {VS20} 형태로 나타났다. 다음에서 각 클라스별 특징을 살펴보기로 한다.

4.3. 활용클라스 하위범주별 특징

4.3.1. 일반 유종성 동사 부류 2가지: {VS01/VS02}

일반 유종성 끝음절로 된 동사의 경우, 모음의 특성에 따라 두 가지 활용클라스로 분류된다. 첫째는 {VS01}로서, 끝음절의 모음이 'ㅏ/ㅗ'와 같은 '양성모음'으로 실현된 경우이다. 활용어미와 결합할 때 어간의 변이가 일어나지 않고, 결합하는 어미는 '아/아서/았'과 같은 형태소 계열이 나타난다. 이 범주의 동사의 예를 들면 '잡다, 참다' 등이 있다. 전체 1,520여개로

'잡다'의 활용 예를 들면, '잡아, 잡으니, 잡아서, 잡는, 잡았다, 잡고, 잡는구나' 등과 같다.

둘째 클라스는 {VS02}로서, 끝음절의 모음이 'ㅓ/ㅕ/ㅜ/ㅡ/ㅣ/ㅐ'와 같은 '음성모음'으로 실현된 경우이다. 활용어미와 결합할 때 어간의 변이가 일어나지 않고, 결합하는 어미는 '어/어서/었'과 같은 형태소 계열이 나타난다. 이 범주의 동사의 예를 들면 '웃다, 뜨다' 등이 있다. 전체 1,610여개로 '웃다'의 활용 예를 들면, '웃어, 웃으니, 웃어서, 웃는, 웃었다, 웃고, 웃는구나' 등이 있다.

4.3.2. 'ㄷ' 종성 동사 부류 2가지: {VS03/VS04}

끝음절의 종성이 'ㄷ'인 경우도, 모음의 속성에 따라 두 가지로 분류된다. 셋째와 넷째 클라스가 여기 해당한다. 셋째 클라스는 {VS03}로서, 끝음절 모음이 'ㅏ'와 같은 '양성모음'으로 실현된 경우이다. 활용어미와 결합할 때 어간에 2가지 변이가 일어난다. 첫째는 'ㄷ'이 그대로 실현되는 경우이고, 둘째는 어간의 'ㄷ'이 'ㄹ'로 변환되는 경우이다. 결합하는 어미는 '아/아서/았'과 같은 형태소 계열이 나타난다. 전체 10여개로서, '깨닫다'의 예를 들면 '깨달아, 깨달으니, 깨달아서, 깨닫는, 깨달았다, 깨닫고, 깨닫는구나' 등과 같다.

넷째 클라스는 {VS04}로서, 끝음절 모음이 'ㅓ/ㅜ/ㅡ/ㅣ'와 같은 '음성모음'으로 실현된 경우이다. 활용어미와 결합할 때 어간에 2가지 변이가 일어난다. 첫째는 'ㄷ'이 그대로 실현되는 경우이고, 둘째는 어간의 'ㄷ'이 'ㄹ'로 변환되는 경우이다. 결합하는 어미는 어/어서/었'과 같은 형태소 계열이 나타난다. 전체 120여개로서, '듣다'의 예를 들면 '들어, 들으니, 들어서, 듣는, 들었다, 듣고, 듣는구나' 등과 같다.

4.3.3. 'ㄹ' 종성 동사 부류 2가지: {VS05/VS06}

끝음절의 종성이 'ㄹ'인 경우도 모음의 속성에 따라 두 가지로 분류된다. 다섯째와 여섯째 클라스가 여기 해당한다. 다섯째 클라스는 {VS05}로서, 끝음절 모음이 'ㅏ/ㅗ'와 같은 '양성모음'으로 실현된 경우이다. 활용어미와 결합할 때 어간에 2가지 변이가 일어난다. 첫째는 'ㄹ'이 그대로 실현되는 경우이고, 둘째는 어간의 'ㄹ'이 탈락하는 경우이다. 결합하는 어미는 '아/아서/았'과 같은 형태소 계열이 나타난다. 전체 340여개로서, '알다'의 예를 들면 '알아, 아니, 알아서, 아는, 알았다, 알고, 아는구나' 등과 같다.

여섯째 클라스는 {VS06}로서, 끝음절 모음이 'ㅓ/ㅜ/ㅡ/ㅣ/ㅕ'와 같이 '음성모음'인 경우이다. 활용어미와 결합할 때 어간에 2가지 변이가 일어난다. 첫째는 'ㄹ'이 그대로 실현되는 경우이고, 둘째는 어간의 'ㄹ'이 탈락하는 경우이다. 결합하는 어미는 '어/어서/었'과 같은 형태소 계열이 나타난다. 전체 750여개로서, '열다'의 예를 들면 '열어, 여니, 열어서, 여는, 열었다, 열고, 여는구나' 등과 같다.

4.3.4. 'ㅂ' 종성 동사 부류 2가지: {VS07/VS08}

끝음절의 종성이 'ㅂ'인 경우, 모음의 속성에 따라 두 가지로 다시 분류된다. 일곱째와 여덟째 클라스가 여기 해당한다. 일곱 번째 클라스는 {VS07}로서, 끝음절 모음이 'ㅗ'와 같은 '양성모음'으로 실현된 경우이다. 활용어미와 결합할 때 이 경우는 어간에 3가지 변이가 일어난다. 첫째는 'ㅂ'이 그대로 실현되는 경우이고, 둘째는 '오'로 변화하는 경우, 셋째는 '우'로 변화하는 경우이다. 결합하는 어미는, 변화된 어간과 결합하여 '와/와서/왔'과 같은 형태로 실현된다. 전체 10여개로서, '돕다'의 예를 들면 '도와, 도우니, 도와서, 돕는, 도왔다, 돕고, 돕는구나' 등과 같다.

여덟 번째 클라스는 {VS08}로서, 끝음절 모음이 'ㅜ/ㅣ'와 같은 '음성모음'으로 실현된 경우이다. 활용어미와 결합할 때 어간에 2가지 변이가 일어난다. 첫째는 'ㅂ'이 그대로 실현되는 경우이고, 둘째는 '우'로 변화하는 경우이다. 결합하는 어미는, 변화된 어간과 결합하여 '워/워서/웠'과 같은 형태로 실현된다. 전체 70여개로서, '눕다'의 예를 들면 '누워, 누우니, 누워서, 눕는, 누웠다, 눕고, 눕는구나' 등과 같다.

4.3.5. 'ㅅ' 종성 동사 부류 2가지: {VS09/VS10}

끝음절의 종성이 'ㅅ'인 경우도 모음의 속성에 따라 두 가지로 분류된다. 아홉 번째와 열 번째 클라스가 여기 해당한다. 아홉 번째 클라스는 {VS09}로서, 끝음절 모음이 'ㅏ'와 같은 '양성모음'인 경우이다. 활용어미와 결합할 때 어간에 2가지 변이가 일어난다. 첫째는 'ㅅ'이 그대로 실현되는 경우이고, 둘째는 어간의 'ㅅ'이 탈락하는 경우이다. 결합하는 어미는 '아/아서/았'과 같은 형태소 계열이 나타난다. 전체 10여개로서, '낫다'의 예를 들면 '나아, 나으니, 나아서, 낫는, 나았다, 낫고, 낫는구나' 등과 같다.

열 번째 클라스는 {VS10}로서, 끝음절 모음이 'ㅓ/ㅜ/ㅡ/ㅣ'와 같은 '음성모음'인 경우이다. 활용어미와 결합할 때 어간에 2가지 변이가 일어난다. 첫째는 'ㅅ'이 그대로 실현되는 경우이고, 둘째는 어간의 'ㅅ'이 탈락하는 경우이다. 결합하는 어미는 '어/어서/었'과 같은 형태소 계열이 나타난다. 전체 100여개로서, '긋다'의 예를 들면 '그어, 그으니, 그어서, 긋는, 그었다, 긋고, 긋는구나' 등과 같다.

4.3.6. 일반 무종성 동사 부류 11가지: {VS11~VS21}

'무종성' 끝음절 동사 부류는 모두 11가지로 분류된다. 열한 번째에서 스물한 번째 클라스가 여기 해당한다. 열한 번째 클라스는 {VS11}로서, 끝음절 모음이 'ㅏ/ㅓ/ㅕ'와 같은 형태인 경우이다. 활용어미와 결합할 때 어간은 변화가 없고, 결합하는 어미는 {어/어서/었} 형태소의 경우 'Ø/Ø서/ㅆ'과 같은 형태로 실현된다. 전체 70여개로서, '가다'의 예를 들면 '가, 가니, 가서, 가는, 갔다, 가고, 가는구나' 등과 같다.

열두 번째 클라스는 {VS12}로, 끝음절 모음이 'ㅗ'와 같은 '양성모음'인 경우이다. 활용어미와 결합할 때 어간은 변화가 없고, 결합하는 어미는 '아/아서/았' 계열의 형태소가 실현된다. 이 경우는 어간의 'ㅗ'와 축약된 'ㅘ/ㅘ서/왔'과 같은 형태도 동시에 허용한다는 점이 특징이다. 전체 1,590여개로, '쏘다'의 활용 예를 들면 '쏘아, 쏘니, 쏘아서, 쏘는, 쏘았다, 쏘고, 쏘는구나' 등과, 축약이 이루어진 '쏴, 쏘니, 쏴서, 쏘는, 쐈다, 쏘고, 쏘는구나' 등의 활용형이 중복적으로 관찰된다.

열세 번째는 {VS13}로서, 끝음절 모음이 'ㅗ'와 같은 '양성모음'인 경우이다. 활용어미와 결합할 때 어간은 변화가 없고, 결합하는 어미는 '아/아서/았' 계열의 형태소가 실현된다. 이 경우는 앞서 {VS12}와는 달리, 항상 어간의 'ㅗ'와 축약된 'ㅘ/ㅘ서/왔'과 같은 형태로 실현되어야 한다는 점이 특징이다. 전체 870여개로, '오다'의 활용 예를 들면 '와(*오아), 오니, 와서(*오아서), 오는, 왔다(*오았다), 오고, 오는구나' 처럼 반드시 축약이 이루어진 형태만 관찰된다.

열네 번째는 {VS14}로서, 끝음절 모음이 'ㅜ'와 같은 '음성모음'인 경우이다. 활용어미와 결합할 때 어간은 변화가 없고, 결합하는 어미는 '어/어서/었' 계열의 형태소가 실현된다. 이 경우도 어간의 'ㅜ'와 축약된 'ㅝ/ㅝ서/줬'과 같은 형태도 동시에 허용한다는 점이 특징이다. 전체 1,760여개로, '주다'의 활용 예를 들면, '주어, 주니, 주어서, 주는, 주었다, 주고, 주는구나' 등과, 축약이 이루어진 '줘, 주니, 줘서, 주는, 줬다, 주고, 주는구나' 등의 활용형이 중복적으로 관찰된다.

열다섯 번째는 {VS15}로서, 끝음절 모음이 'ㅜ'와 같은 '음성모음'인 경우이다. 활용어미와 결합할 때 어간은 변화가 없고, 결합하는 어미는 '어/어서/었' 계열의 형태소가 실현된다. 이 경우는 앞서 {VS14}와는 달리 항상 어간의 'ㅜ'와 축약된 'ㅝ/ㅝ서/줬'와 같은 형태로 실현되어야 한다는 점이 특징이다. 전체 350여개로, '배우다'의 활용 예를 들면 '배워(*배우어), 배우니, 배워서(*배우어서), 배우는, 배웠다(*배우었다), 배우고, 배우는구나' 처럼 반드시 축약이 이루어진 형태만 관찰된다.

열여섯 번째는 {VS16}로서, 끝음절 모음이 'ㅡ'와 같이 '음성모음'인 경우이다. 활용어미와 결합할 때 어간에 2가지 변이가 일어난다. 첫째는 'ㅡ' 모음이 그대로 실현되는 경우이고, 둘째는 'ㅡ' 모음이 생략되는 경우이다. 결합하는 어미는, 변화된 어간과 결합하여 'ㅏ/ ㅑ서/ㅆ'과 같은 형태로 실현된다. 전체 310여개로서, '담그다'의 예를 들면 '담가, 담그니, 담가서, 담그는, 담갔다, 담그고, 담그는구나' 등과 같다.

열일곱 번째는 {VS17}로서, 끝음절 모음이 'ㅡ/ㅜ'와 같이 '음성모음'인 경우이다. 활용어미와 결합할 때 어간에 2가지 변이가 일어난다. 첫째는 'ㅡ' 모음이 그대로 실현되는 경우이고, 둘째는 'ㅡ' 모음이 생략되는 경우이다. 결합하는 어미는 변화된 어간과 결합하여 'ㅓ/ ㅕ서/ㅆ'과 같은 형태로 실현된다. 전체 260여개로서, '끄다'의 예를 들면 '꺼, 끄니, 꺼서, 끄는, 껐다, 끄고, 끄는구나' 등과 같다.

열여덟 번째는 {VS18}로서, 끝음절 모음이 'ㅣ'와 같은 '음성모음'이 실현된 경우이다. 활용어미와 결합할 때 2가지 이중적 변이가 가능하다. 첫째는 'ㅣ' 모음이 그대로 실현되고 '어/어서/었'과 같은 형태소 계열이 결합하는 경우이고, 둘째는 이 둘이 축약이 일어나서 'ㅕ/ㅕ서/ㅆ'과 같은 형태로 실현되는 경우이다. 전체 1,6310여개로 '이기다'의 예를 들면, '이기어, 이기니, 이기어서, 이기는, 이기었다, 이기고, 이기는구나' 등과 같은 활용형과, '이겨, 이기니, 이겨서, 이기는, 이겼다, 이기고, 이기는구나' 같은 축약형 활용형이 중복적으로 관찰된다.

열아홉 번째는 {VS19} 클라스로서, 끝음절 모음이 'ㅐ/ㅔ/ㅖ'와 같은 형태가 실현된 경우이다. 활용어미와 결합할 때 2가지 이중적 변이가 가능하다. 첫째는 'ㅔ/ㅐ/ㅖ' 모음이 그대로 실현되고 '어/어서/었'과 같은 형태소 계열이 결합하는 경우이고, 둘째는 이 둘이 만나면서 뒤의 '어' 형태가 삭제되는 경우이다. 전체 3,500여개로 '보내다'의 예를 들면, '보내어, 보내니, 보내어서, 보내는, 보내었다, 보내고, 보내는구나' 등과 같은 활용형과, '보내, 보내니, 보내서, 보내는, 보냈다, 보내고, 보내는구나' 같은 축약형 활용형이 중복적으로 관찰된다.

스무 번째는 {VS20}로서, 끝음절 모음이 'ㅚ'와 같은 형태가 실현된 경우이다. 활용어미와 결합할 때 2가지 이중적 변이가 가능하다. 첫째는 'ㅚ' 모음이 그대로 실현되고 '어/어서/었'과 같은 형태소 계열이 결합하는 경우이고, 둘째는 이 둘이 만나면서 축약이 일어나 'ㅙ' 형태로 실현되는 경우이다. 전체 3,240여개로 '악화되다'의 예를 들면 '악화되어, 악화되니, 악화되어서, 악화되는, 악화되었다, 악화되고, 악화되는구나' 등과 같은 활용형과, '악화돼, 악화되니, 악화돼서, 악화되는, 악화됐다, 악화되고, 악화되는구나' 같은 축약형 활용형이 중복적으로 관찰된다.

스물한 번째는 {VS21}로서, 끝음절 모음이 'ㅟ/ㅚ/ㅝ'와 같은 형태가 실현된 경우이다. 활용어미와 결합할 때 어간 변이가 일어나지 않으며 '어/어서/었'과 같은 형태소 계열이 결합한다. 전체 130여개로, '쉬다'의 예를 들면, '쉬어, 쉬니, 쉬어서, 쉬는, 쉬었다, 쉬고, 쉬는구나' 등과 같은 형태가 관찰된다.

4.3.7. '르' 끝음절 동사 부류 3가지: {VS22/VS23/VS24}

'무종성' 어간으로 끝음절이 '르'로 실현되는 유형은, 그 앞 음절의 모음 속성에 따라 3가지로 분류된다. 스물두 번째에서 스물네 번째 클라스가 여기 해당한다. 스물두 번째 클라스는 {VS22}로서, 끝음절에 '르'가 나타나고, 그 앞 음절에 'ㅏ/ㅗ'와 같은 '양성모음'이 실현된 경우이다. 활용어미와 결합할 때 어간에 2가지 변이가 일어난다. 첫째는 끝음절의 '르'에서 'ㅡ' 모음이 그대로 실현되는 경우이고, 둘째는 'ㅡ' 모음이 생략되고 'ㄹ'이 앞의 음절의 종성으로 결합하고 'ㄹ'이 다시 삽입되는 경우이다. 결합하는 어미는, 추가된 'ㄹ'과 결합하여 '라/라서/랐'과 같은 형태로 실현된다. 전체 340여개로서, '고르다'의 예를 들면 '골라, 고르니, 골라서, 고르는, 골랐다, 고르고, 고르는구나' 등과 같다.

스물세 번째 클라스는 {VS23}로서, 끝음절에 '르'가 나타나고, 그 앞 음절에 'ㅓ/ㅜ/ㅡ/ㅣ'와 같은 '음성모음'이 실현된 경우이다. 활용어미와 결합할 때 어간에 2가지 변이가 일어난다. 첫째는 끝음절의 '르'에서 'ㅡ' 모음이 그대로 실현되는 경우이고, 둘째는 'ㅡ' 모음이 생략되고 'ㄹ'이 앞의 음절의 종성으로 결합하고 'ㄹ'이 다시 삽입되는 경우이다. 이 경우는 결합하는 어미가, 어간에 추가된 'ㄹ'과 결합하여 '러/러서/렀'과 같은 형태로 실현된다. 전체 240여개로서, '부르다'의 예를 들면 '불러, 부르니, 불러서, 부르는, 불렀다, 부르고, 부르는구나' 등과 같다.

스물네 번째 클라스는 {VS24}로서, 끝음절에 '르'가 나타나고, 그 앞 음절에 'ㅣ'와 같은 형태가 실현된 경우이다. 활용어미와 결합할 때 어간에 2가지 변이가 일어난다. 첫째는 끝음절의 '르'에서 'ㅡ' 모음이 그대로 실현되는 경우이고, 둘째는 'ㄹ'이 다시 삽입되는 경우이다. 앞서 {VS23}의 경우, 두 번째 어간 변이형에서 'ㅡ' 모음이 생략되고 'ㄹ'이 앞의 음절의 종성으로 결합하고 'ㄹ'이 다시 삽입되었던 현상과 구별된다. 이 경우도 활용어미는, 어간에 추가된 'ㄹ'과 결합하여 '러/러서/렀'과 같은 형태로 실현된다. 현재 '이르다' 1개뿐으로, 이 동사의 활용의 예를 들면 '이르러, 이르니, 이르러서, 이르는, 이르렀다, 이르고, 이르는구나' 등과 같다.

4.3.8. '하' 끝음절 동사 부류 2가지: {VS25/VS26}

'무종성' 어간으로 끝음절에 '하'가 나타나는 경우는 두 가지로 분류된다. 스물다섯 번째와 스물여섯 번째 클라스가 여기 해당한다. 스물다섯 번째 클라스는 {VS25}로서, 끝음절에 '하'가 나타나고 그 앞에 다른 성분이 결합하는 유형이다. 이 경우 뒤의 {VS26}에서 살필 단독의 '하다' 동사와 달리, 특히 구어체에서 '하게'가 '케'로 '하지'가 '치'로 실현되는 차이를 보인다. 가령 '생각하게'는 '생각케', '생각하지'는 '생각치'와 같은 활용변화가 추가로 관찰되므로, 이 클라스에서는 이에 대한 활용형의 가능성도 기술되었다. '하' 음절의 동사들은 활용어미와 결합할 때 2가지 활용변화가 나타난다. 첫째는 끝음절의 '하'에 결합하는 어미가 {어/어서/었}과 같은 형태소 계열로 나타날 때, 'ㅣ'음소가 삽입되어 '여/여서/였'과 같은 형태로 실현되는 경우이며, 둘째는 이 둘 사이의 축약이 일어나서 'ㅐ/ㅐ서/ㅙ'과 같은 형태로 실현되는 경우이다. '하다' 동사는 형용사 범주와 마찬가지로 생산성이 매우 높은 유형으로 현재 12,640여개가 수록되어 있다. '생각하다'의 예를 들면, '생각하여, 생각하니, 생각하여서, 생각하는, 생각하였다, 생각하고, 생각하는구나, 생각치, 생각케' 등과 같은 활용형과, '생각해, 생각하니, 생각해서, 생각하는, 생각했다, 생각하고, 생각하는구나' 같은 축약형 활용형이 중복적으로 관찰된다.

스물여섯 번째 클라스는 {VS26}로서, 끝음절에 '하'가 나타나는 유형이다. 위의 {VS25}와 달리 '하' 앞에 다른 성분이 실현되지 않은 단독의 '하다' 동사를 나타낸다. 위에서 논의한 모든 특징은 동일하되, '하게'가 '케'로, '하지'가 '치'로 실현될 수 없다는 차이를 보인다. 이 동사도 활용어미와 결합할 때 2가지 활용변화가 나타난다. 첫째는 끝음절의 '하'에 결합하는 어미가 {어/어서/었}과 같은 형태소 계열로 나타날 때 'ㅣ'음소가 삽입되어 '여/여서/였'과 같은 형태로 실현되는 경우이며, 둘째는 이 둘 사이의 축약이 일어나서 'ㅐ/ㅐ서/ㅙ'과 같은 형태로 실현되는 경우이다. '하다' 동사의 활용의 예를 들면 '하여, 하니, 하여서, 하는, 하였다, 하고, 하는구나, (*치, *케)' 등과 같은 활용형과, '해, 하니, 해서, 하는, 했다, 하고, 하는구나' 같은 축약형 활용형이 중복적으로 관찰된다.

4.3.9. '놓' 끝음절 동사 부류 1가지: {VS27}

스물일곱 번째 클라스는 {VS27}로서, 끝음절이 '놓'의 형태로 나타나는 유형이다. 이 부류는 현재 '유종성 > 일반종성 > 양성모음' 부류인 {VS01} 클라스와 동일한 '연결형/서술형' 활용어미를 취한다. 다만 이들과 달리 '놔/놔라'와 같이 축약된 형태들을 허용하는 특징이 있다. 이 클라스의 어휘들은 '놓다'를 보조용언으로 취하는 복합형으로 확장성이 높기 때문에 현재 550여개가 이 클라스로 분류되어 있다. '놓다'의 예를 들면, '놓아, 놓으니, 놓아서, 놓는, 놓았다, 놓고, 놓는구나' 등과 같은 활용형과, '놔, 놓으니, 놔서, 놓는, 놨다, 놓고, 놓는구나'와 같은 축약형 활용형이 중복적으로 관찰된다. 앞서 {VS01}의 '잡다'의 경우 '잡아/*좌', '잡아서/*좌서', '잡았다/*좠다'와 같이 축약형이 불가한 현상과 구별된다.

4.3.10. '말' 끝음절 동사 부류 1가지: {VS28}

스물여덟 번째 클라스는 {VS28}로, 끝음절에 '말'이 나타나는 유형이다. 이 부류도 현재 '유종성 > ㄹ종성 > 양성모음' 부류인 {VS05} 클라스와 동일한 '연결형/서술형' 활용어미를 취한다. 다만 이들과 달리 명령형에서 '마/마라' 등이 나타나는 점에서 차이를 보인다. '말다'의 경우도, 이를 포함하는 복합형으로 인해 약 20여개가 이 클라스로 분류되어 있다. '말다'의 예를 들면, '말아/마, 마니, 말아서, 마는, 말았다, 말고, 마는구나'에서 보듯이 명령형 '말아/마/말아라/마라'의 변이형이 실현된다는 점에서 '알다'와 같은 {VS05}의 동사들과 구별된다. 즉 '알다'는 '알아/*아/알아라/*아라'에서 보듯이 '말다' 유형의 명령형을 허용하지 않는다.

III 활용형 생성을 위한 언어자원의 구축

1. 요구되는 5가지 언어자원

이상에서 어휘소의 전체 4가지 대범주별 활용클라스가 설정되었다. 이와 같은 활용클라스 분류 번호가 각 표제어에 부착되면, 이 정보를 이용해서 활용형사전이 생성된다. 이를 위해 표 302와 같은 단계로 언어자원(Linguistic Resources)이 구축되어야 한다.

단계	구축되어야 하는 언어자원	언어자원 명칭
[1]	활용클라스 번호 부착된 기본형사전 구축	DECO-LexDic
[2]	어간변이형 사전 생성을 위한 그래프문법 구축	DECO-RooVarGraph
[3]	어간변이형 사전 생성 (유니텍스 플랫폼)	DECO-RooVarDic
[4]	활용클라스별 활용후치사 그래프사전 구축	DECO-InfSfxGraph
[5]	활용클라스별 어휘소/문법소 연결 그래프문법 구축	DECO-LinGraph

표 302. 5가지 언어자원 구축을 위한 프로세싱 단계

표 302에서 보는 바와 같이 [단계 1]은 '활용클라스 정보가 부착된 기본형사전' LexDic이 텍스트 파일의 형식으로 저장되는 단계를 보인다. 예를 들면, 형용사 '곱다'는 다음과 같은 활용클라스 번호가 할당되어 기본형사전 LexDic에 수록된다.

    (1) 곱다, AS05

[단계 2]는 각 사전 표제어에 대해서, 앞서 활용클라스의 특징을 통해 살펴보았던 어간의 변이 속성을 기술하고 이를 형식화하는 단계이다. 이는 앞서 언급하였던 유한상태 트랜스듀서(Finite-State Transducer: FST) 방식의 그래프문법 RooVarGraph으로 구축된다. {AS05} 클라스의 어간변이형을 기술한 RooVarGraph의 예를 보이면 그림 64와 같다.

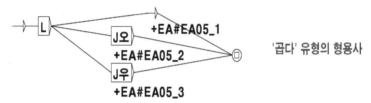

'AS05' 활용클라스 형용사의 어간변이형 - FileName={AS05.grf} in INFLECTION

그림 64. {AS05} 활용클라스 형용사의 어간변이형 생성 그래프 예시

그림 64는 '곱다'와 같은 형용사의 어간 변이가 3가지로 실현되어야 함을 기술한 FST이다. 여기에 사용된 {L}, {J}와 같은 연산자는 뒤에서 다시 설명하기로 한다. 여기서 '곱'과 같은 경우는 'EA05_1'이라는 활용어미 복합형에 연결되며, '고오'는 'EA05_2'에, '고우'는 'EA05_3'에 연결되어야 함을 기술하고 있다. 즉 표 303은 어간 '곱'이 곱/고오/고우'의 3가지로 변이가 수행되어 각각의 후치사 부류와 결합함을 보인다. '곱고/곱지만' 등과 '고와/고왔어요', '고우니/고우니까' 등에서 보는 바와 같이, 수반되는 후치사의 형태에 따라 어간의 형태가 달라져야 하기 때문이다.

유형	어간변이	'곱다'의 예	결합하는 후치사 예	후치사 클라스
1	AS05_1	곱	고/지만/다는	EA05_1
2	AS05_2	고오	ㅏ/ㅆ어요/ㅏ야지	EA05_2
3	AS05_3	고우	니/니까/면서도	EA05_3

표 303. 동사 '곱다'의 어간 변이형 및 결합 후치사 클라스

[단계 3]은, 위의 [단계 1]의 기본형사전 LexDic에 [단계 2]의 변이형 정보가 기술된

RooVarGraph 그래프문법을 적용하여, '어간변이형 사전' RooVarDic을 생성하는 단계이다. 즉 '곱다'의 예를 보면, 앞서 (1)의 표제어는 다음과 같은 형식으로 변환된다.

(2ㄱ) 곱, 곱다 AS05+EA05_1
(2ㄴ) 고우, 곱다. AS05+EA05_2
(2ㄷ) 고오, 곱다. AS05+EA05_3

위에서처럼 각 기본형 표제어에 대하여 어간변이형을 생성하면, 변이가 일어나지 않는 경우와 2가지로 일어나는 경우, 그리고 3가지로 일어나는 경우의 세가지 유형이 나타난다. 위의 (2)와 같은 어간변이형 사전은 현재 유니텍스(Unitex) 플랫폼에서 [단계 1]의 리스트 사전과 [단계 2]의 그래프문법을 적용하여 자동으로 생성할 수 있다.

[단계 4]는 각 활용클라스에 결합하는 '활용후치사 복합형의 집합을 기술한 사전' InfSfxGraph이다. 이것은 위에서처럼 FST형식으로 그래프문법으로 구성되어 있다. 앞서 살핀 {AS05} 클라스의 첫번째 어간변이형에 결합하는 {EA05_1} 활용후치사의 일부 예를 보이면 그림 65와 같다.

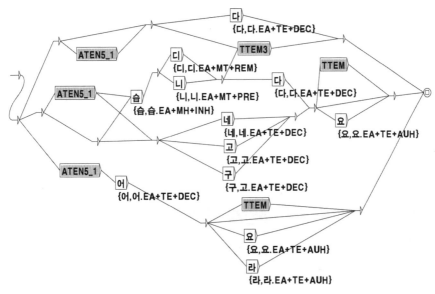

그림 65. {EA05_1}의 서술형 복합형({DEC5_1_2.grf})

그림 65에서 회색 박스로 되어 있는 부분은 서브그래프(Subgraph)로서 이 그래프에서 호출되는 유형들이다. 위의 그래프는 {EA05_1}의 서술형의 일부를 나타낸 것으로, 즉 이들은

'곱다'와 같은 형용사의 {어간 1(AS05_1)}의 유형인 '곱'에 결합하는 후치사들의 일부를 보인 것이다. 경로를 따라가 보면 '다/습니다/네요/고요' 등이 나타남을 볼 수 있고, 어간 변이형과 결합하면 '곱다/곱습니다/곱네요/곱고요' 등이 구성됨을 알 수 있다. 어간 변이형과의 결합은 다음 [단계 5]의 그래프문법을 통해 가능해진다.

[단계 5]는, 위의 [단계 3]의 어간변이형 리스트사전과 [단계 4]의 활용후치사 그래프사전을 연결해주는 그래프문법 LinGraph이다. 그림 66은 형용사 범주에서 어간변이형 {AS05} 리스트를 활용후치사 복합형 {EA05}와 연결될 것을 선언하는 그래프문법의 예를 보인다. 여기 사용된 함수와 문법은 뒤의 4.2.에서 다시 설명된다.

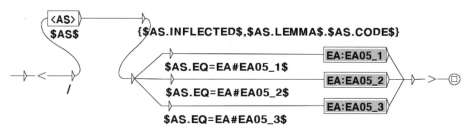

그림 66. 어휘소/문법소를 연결호출하는 그래프문법 LinGraph

이상의 5단계를 거치면 이제 코퍼스에 적용될 수 있는 활용형사전이 최종 생성된다. 유니텍스 플랫폼을 통해 어떠한 방식으로 이와 같은 과정이 진행되는지 뒤의 제6부에서 살펴보기로 한다. 아래에서는 현재 각 단계에 대한 구체적 소개가 이루어진다. 다음 2장에서는 '어간변이형' 생성을 위한 3단계([단계 1]~[단계 3])가 소개되고, 3장에서 활용후치사 그래프사전([단계 4]), 그리고 4장에서 연결그래프문법([단계 5])이 소개된다.

2. 어간 변이형 생성을 위한 3단계 구축

2.1. [1단계]: 어휘소 기본형 리스트사전 DECO-LexDic

2.1.1. 어휘소 기본형 테이블형식 사전

앞에서 어휘소의 기본형사전을 구축하기 위한 표제어 선정의 문제, 또한 등재되는 형태·통사·의미적 정보들의 분류체계 태그에 대한 소개가 이루어졌다. 이러한 과정을 거쳐 현재 DECO 사전의 '기본형(Lemma) 사전'이 구축되었다. 초기 버전은 MS-EXCEL 환경에서, 각 대분류별로 별도의 파일로 구성되었다. 명사의 경우는 그 표제어의 수가 197,180여개에 이르기 때문에 전체의 거의 50%에 이르는 시사명사(ZNW) 부류를 별도로 분리하여 현재 다음과 같이 5가지의 엑셀 파일 형식으로 저장되었다.

- 명사부(NS) 어휘 기본형사전
- 명사부 중 시사명사(NS+ZNW) 기본형사전
- 부사부(DS) 어휘 기본형사전
- 형용사부(AS) 어휘 기본형사전
- 동사부(VS) 어휘 기본형사전

위와 같이 저장된 초기 버전의 '형용사 표제어' 일부 예를 보이면 표 304와 같다.

표제어	활용	대분류	빈도	중분류	형태	통사1	통사2	의미1	의미2	의미3	의미4
가깝다	AS05	ZAZ	LEO	REP		YAWS	YARR	QXDE	QXEL	QDIM	QCOM
가난하다	AS24	ZAP	LEO	HAP	NOU	YAHZ		QXDE	QXEL	QSTA	
가냘프다	AS15	ZAZ	LEO	REP		YAHZ		QXDE	QXEL	QDIM	QTIN
가느다랗다	AS08	ZAZ	LEO	REP	DLD	YAHZ		QXDE	QXEL	QDIM	QTIN
가늘다	AS04	ZAZ	LEO	REP		YAHZ		QXDE	QXEL	QDIM	QTIN
가능하다	AS24	ZAP	LEO	HAP	CHN	YAER	YAPZ	QXPO	QXEL	QLOG	
가득하다	AS24	ZAP	LEO	HAP	PHO	YAES		QXDE	QXEL	QPRP	QPLE
가련하다	AS24	ZAP	LEO	HAP	CHN	YAEE		QXNG	QXFU	QPSI	
가렵다	AS06	ZAZ	LEO	REP		YAIC		QXNG	QXSY	QBIO	QTOU
가볍다	AS06	ZAZ	LEO	REP		YASZ	YAED	QXDE	QXEL	QDIM	QLIG
가쁘다	AS15	ZAZ	LEO	REP		YAIC		QXDE	QXSY	QBIO	
가소롭다	AS05	ZAZ	LEO	REP		YAEE	YAPZ	QXNG	QXFU	QPSI	
가엾다	AS06	ZAZ	LEO	REP		YAEE		QXNG	QXFU	QPSI	
가증스럽다	AS06	ZAP	LEO	SEP		YAED	YASZ	QXSN	QXFU	QPSI	
가지런하다	AS24	ZAP	LEO	HAP	PHO	YAWS		QXPO	QXEL	QVIS	
가차없다	AS25	ZAZ	LEO	REP		YAED		QXSN	QXEL	QATT	
가파르다	AS21	ZAZ	LEO	REP		YANZ		QXDE	QXEL	QVIS	
가하다	AS24	ZAP	LEO	HAP	CHN	YACZ		QXDE	QXEL	QPSI	
가혹하다	AS24	ZAP	LEO	HAP	CHN	YASZ	YAED	QXSN	QXPA	QPSI	QLOG
각박하다	AS24	ZAP	LEO	HAP	CHN	YAED	YASZ	QXNG	QXEL	QPSI	

표 304. 형용사부(VS) 엑셀파일에 저장된 사전 초기버전 예시

이상과 같이 저장된 엑셀 파일들은 {X.dic} 방식으로 'dic'이라는 확장자를 가진 텍스트 파일로 저장되어야 한다. 유니텍스에서는 '유니코드(Unicode)' 인코딩 방식을 지원하므로, 한국어 윈도에서 기본으로 지원하는 'ANSI' 인코딩 방식이 아닌, '유니코드(Unicode)' 인코딩 방식으로 텍스트 파일을 저장해야 한다. 그림 67과 같이 메모장(Notepad)이나 워드패드(Wordpad) 등의 프로그램을 통해 변환할 수 있다.

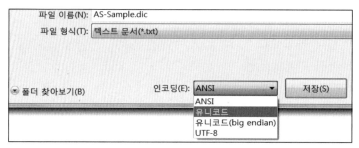

그림 67. 메모장(Notepad)에서 유니코드 인코딩 변환 방법

2.1.2. 어휘소 기본형 리스트형식 DIC 사전

위의 테이블형식의 초기사전은 표 305와 같이 유니코드 인코딩으로 저장된 텍스트 파일로 변환되어야 한다. 파일명이 {X.dic}과 같이 저장되어야 한다.

```
가깝다,AS05+ZAZ+LEO+REP++YAWS+YARR+QXDE+QXEL+QDIM+QCOM
가난하다,AS24+ZAP+LEO+HAP+NOU+YAHZ++QXDE+QXEL+QSTA
가냘프다,AS15+ZAZ+LEO+REP++YAHZ++QXDE+QXEL+QDIM+QTIN
가느다랗다,AS08+ZAZ+LEO+REP+DLD+YAHZ++QXDE+QXEL+QDIM+QTIN
가늘다,AS04+ZAZ+LEO+REP++YAHZ++QXDE+QXEL+QDIM+QTIN
가능하다,AS24+ZAP+LEO+HAP+CHN+YAER+YAPZ+QXPO+QXEL+QLOG
가득하다,AS24+ZAP+LEO+HAP+PHO+YAES++QXDE+QXEL+QPRP+QPLE
가련하다,AS24+ZAP+LEO+HAP+CHN+YAEE++QXNG+QXFU+QPSI
가렵다,AS06+ZAZ+LEO+REP++YAIC++QXNG+QXSY+QBIO+QTOU
가볍다,AS06+ZAZ+LEO+REP++YASZ+YAED+QXDE+QXEL+QDIM+QLIG
가쁘다,AS15+ZAZ+LEO+REP++YAIC++QXDE+QXSY+QBIO
가소롭다,AS05+ZAZ+LEO+REP++YAEE+YAPZ+QXNG+QXFU+QPSI
가엾다,AS06+ZAZ+LEO+REP++YAEE++QXNG+QXFU+QPSI
가증스럽다,AS06+ZAP+LEO+SEP++YAED+YASZ+QXSN+QXFU+QPSI
가지런하다,AS24+ZAP+LEO+HAP+PHO+YAWS++QXPO+QXEL+QVIS
가차없다,AS25+ZAZ+LEO+REP++YAED++QXSN+QXEL+QATT
가파르다,AS21+ZAZ+LEO+REP++YANZ++QXDE+QXEL+QVIS
가하다,AS24+ZAP+LEO+HAP+CHN+YACZ++QXDE+QXEL+QPSI
가혹하다,AS24+ZAP+LEO+HAP+CHN+YASZ+YAED+QXSN+QXPA+QPSI+QLOG
각박하다,AS24+ZAP+LEO+HAP+CHN+YAED+YASZ+QXNG+QXEL+QPSI
```

표 305. 유니코드 인코딩으로 저장된 텍스트 파일 {X.dic} 예시

이 파일에서 볼 수 있는 것처럼, 현재 {X.dic} 사전에서 지켜져야 하는 구분자(Separator) 제약이 있다.

- 각 열에는 단 하나의 표제어만 등재되어야 한다.
- 맨처음 항목이 표제어(Entry)이며 한글 알파벳으로 이루어진 연쇄이어야 한다.
- 맨처음 항목 뒤에는 일련의 관련 정보(Information)가 부착될 수 있는데 이 둘을 구별하는 구분자는 쉼표(,)가 되어야 한다.
- 쉼표 뒤의 첫 정보에는 반드시 4가지 대범주의 하나(NS/DS/AS/VS)가 명시되어야 하며, 이 때 각 품사별 활용클라스를 나타내는 번호가 연접해야 한다. 가령 위의 예는 형용사(AS) 범주로서, 각 활용클라스 번호가 01부터 26번까지 부착되어 나타난다.
- 그 뒤의 정보들은 모두 '+' 구분자를 통해 나열되는데, 이때 이들은 생략되어도 되고 그 출현 순서도 관계가 없으며 수십개가 연속해서 나열되어도 된다. 현재 DECO사전에는 대범주와 활용클라스 다음에 다음과 같은, 생략 가능한 정보 유형이 수록되어 있다. 우선 {형태적 정보}가 3글자 태그로 수록되고, {통사적 정보}가 'Y'를 접두어로 하는 4글자 태그로 수록된다. {의미적 정보}와 기타 {감성 및 개체명 정보} 등이 'Q' 또는 'QX', 'X' 등을 접두어로 하는 4글자 태그로 수록된다.

위의 4가지 범주에 대해 이상과 같은 리스트방식의 파일이 생성되면, 이제 여기 등재되어 있는 활용클라스 정보를 통해 이들에 대한 어간변이형을 자동으로 생성하게 된다. 다음을 보자.

2.2. [2단계]: 어간변이 생성그래프 DECO-RooVarGraph

위에서 구축한 리스트 방식의 사전 파일로부터, 활용클라스 정보를 활용하여 각 어휘별 어간변이형 파일을 자동으로 생성하기 위해서는, 각 활용클라스의 어간 변이를 명시적으로 기술하는 과정이 요구된다. 예를 들어 위의 예시에서 보인 형용사 리스트사전으로부터, 활용클라스 정보를 사용하여 궁극적으로 표 306과 같은 방식의 어간변이형 리스트사전을 생성하는 것이 필요하다.

```
.ㄱ ㅏ.ㄲ ㅏㅂ, 가깝다.  AS+ZAZ+QXDE+QXEL+EA#EA05_1
.ㄱ ㅏ.ㄲ ㅏ.ㅇ ㄴ, 가깝다.  AS+ZAZ+QXDE+QXEL+EA#EA05_2
.ㄱ ㅏ.ㄲ ㅏ.ㅇ ㅜ, 가깝다.  AS+ZAZ+QXDE+QXEL+EA#EA05_3
.ㄱ ㅏ.ㄴ ㅏ ㄴ.ㅎ ㅏ, 가난하다.  AS+ZAP+QXDE+QXEL+EA#EA24
.ㄱ ㅏ.ㄴ ㅑ ㄹ.ㅍ ㅡ, 가냘프다.  AS+ZAZ+QXDE+QXEL+QXNA+EA#EA15_1
.ㄱ ㅏ.ㄴ ㅑ ㄹ.ㅍ, 가냘프다.  AS+ZAZ+QXDE+QXSY+QXNA+EA#EA15_2
.ㄱ ㅏ.ㄴ ㅡ.ㄷ ㅏ.ㄹ ㅏ ㅎ, 가느다랗다.  AS+ZAZ+QXDE+QXEL+QXNA+EA#EA08_1
.ㄱ ㅏ.ㄴ ㅡ.ㄷ ㅏ.ㄹ ㅏ, 가느다랗다.  AS+ZAZ+QXDE+QXEL+QXNA+EA#EA08_2
.ㄱ ㅏ.ㄴ ㅡ ㄹ, 가늘다.  AS+ZAZ+QXDE+QXEL+QXNA+EA#EA04_1
.ㄱ ㅏ.ㄴ ㅡ, 가늘다.  AS+ZAZ+QXDE+QXEL+QXNA+EA#EA04_2
.ㄱ ㅏ.ㄴ ㅡ.ㅇ.ㅎ ㅏ, 가능하다.  AS+ZAP+QXPO+QXEL+EA#EA24
.ㄱ ㅏ.ㄷ ㅏ ㅇ.ㅊ ㅏ ㄴㅎ, 가당찮다.  AS+ZAZ+QXNG+QXEL+EA#EA01
.ㄱ ㅏ.ㄷ ㅡ ㄱ.ㅎ ㅏ, 가득하다.  AS+ZAP+QXDE+QXEL+EA#EA24
.ㄱ ㅏ.ㄹ ㅕ ㄴ.ㅎ ㅏ, 가련하다.  AS+ZAP+QXNG+QXFU+EA#EA24
.ㄱ ㅏ.ㄹ ㅕ ㅂ, 가렵다.  AS+ZAZ+QXNG+QXSY+EA#EA06_1
.ㄱ ㅏ.ㄹ ㅕ.ㅇ ㅜ, 가렵다.  AS+ZAZ+QXNG+QXSY+EA#EA06_2
.ㄱ ㅏ.ㄹ ㅕ, 가렵다.  AS+ZAZ+QXNG+QXSY+EA#EA06_3
```

표 306. 자동생성된 어간변이형 리스트사전 예시

즉 '가냘프다'와 같은 경우, 결합하는 활용어미에 따라 어간이 '가냘프/가냘ㅍ'의 2가지 변이형을 보이는 {AS15} 클라스이므로, 이와 같이 활용어미와의 음절 구성을 위해 어간의 음절이 자음과 모음의 음소단위로 해체된 상태로 준비가 된다. '가냘프다'의 2가지 어간변이형 표제어 맨 뒤에 보면, 활용후치사의 유형이 2가지 하위유형으로 분류되어 각각 할당되어 있는 것을 확인할 수 있다. 즉 다음과 같다.

- 가냘프, 가냘프다. AS+...+EA#EA15_1
- 가냘ㅍ, 가냘프다. AS+...+EA#EA15_2

즉 '가냘프'라는 어간에 결합하는 활용후치사는 {#EA15_1}이라는 부분에 기술되어 있으며, '가냘ㅍ'에 결합하는 활용후치사는 {#EA15_2}이라는 부분에 기술되어 있다. 이러한 활용후치사 집합에 대해서는 뒤의 3.2와 3.3에서 기술된다.

궁극적으로 위와 같은 상태로의 변환은 유니텍스 플랫폼에서 자동으로 수행될 수 있는데, 이를 위해서 중요한 것은, 각 활용클라스별 가능한 어간변이형이 몇가지이며 어떠한 유형이 되는지를 명시적으로 형식화하는 작업이다. 이는 다음에서 보듯이 유한상태 트랜스듀서(FST) 방식으로 구현된다. 사용자가 방향성 그래프(Directed Graph) 방식으로 그 어간변이 유형을 기술하면, 유니텍스 플랫폼에서 자동으로 FST로 변환된다. 이를 통해 어휘소 기본형사전(LexDic)에 대한 어간변이형 리스트사전(RooVarDic)을 생성할 수 있게 된다.

다음에서 각 대범주별 '어간변이형 생성그래프' RooVarGraph를 살펴보기로 하자.

2.2.1. 명사부의 '어간변이 생성그래프' RooVarGraph

명사의 경우, 앞서 활용클라스가 모두 4가지로 설정되었다. 각 클라스별 어간변이 현상을 방향성 그래프로 표상할 수 있는데, 명사의 4가지 클라스에 대한 어간변이형 생성 그래프 RooVarGraph를 보이면 표 307과 같다.

클라스	명사(NS) 어간변이형 생성그래프 RooVarGraph {NS00~NS03}/ INFLECTION
NS01	**'NS01' 활용클라스 명사의 어간변이형 – FileName={NS01.grf} in INFLECTION** **+JN#JN01**
NS02	**'NS02' 활용클라스 명사의 어간변이형 – FileName={NS02.grf} in INFLECTION** **+JN#JN02**
NS03	**'NS03' 활용클라스 명사의 어간변이형 – FileName={NS03.grf} in INFLECTION** **+JN#JN03**
NS00	**'NS00' 활용클라스 명사의 어간변이형 – FileName={NS00.grf} in INFLECTION** **+JN#JN00**

표 307. 명사(NS)의 '어간변이형 생성그래프' RooVarGraph

위에서 4가지 그래프가 모두 동일하게 나타난 것처럼, 명사의 경우는 활용후치사와 결합할 때 어간변이가 나타나지 않는다. 따라서 각 그래프는 각 활용클라스별로 어떤 후치사가 연결되어야 하는지를 보이는 정보(각 JN01/JN02/JN03/JN00)만을 담고 있다. 위 그래프가 표상하는 FST는, '명사구 뒤에 후치사가 결합되어 올바르게 인식되면, 그에 대한 분석 정보로서 {+JN#JN01}과 같은 태그를 부착하라'는 의미를 나타낸다. 앞서 '가깝다'의 예에서 자동 생성된 어간변이형 파일을 다시 살펴보면, 다음과 같은 활용후치사 정보가 부착된 것을 확인할 수 있다.

(3ㄱ) 가깝다, AS05

(3ㄴ) ㄱㅏ · ㄲㅏㅂ, 가깝다. AS+ZAZ+QXDE+QXEL+EA#EA05_1

2.2.2. 부사부의 '어간변이 생성그래프' RooVarGraph

부사부의 경우도 명사부의 경우와 마찬가지로, 부사의 끝음절 종성 유무와 그 유형에 따라 결합 가능한 후치사의 형태가 3가지로 분류되었다. 또한 후치사 결합이 불가한 형태들에 대해 'DS00'과 같은 클라스가 할당되어 모두 4가지 유형의 활용클라스가 설정되었다. 부사의 경우도 기본적으로 어휘소의 형태변화 없이 후치사가 결합하는 방식이므로 앞서 명사의 경우와 동일한 방식의 RooVarGraph가 구축된다. 표 308과 같다.

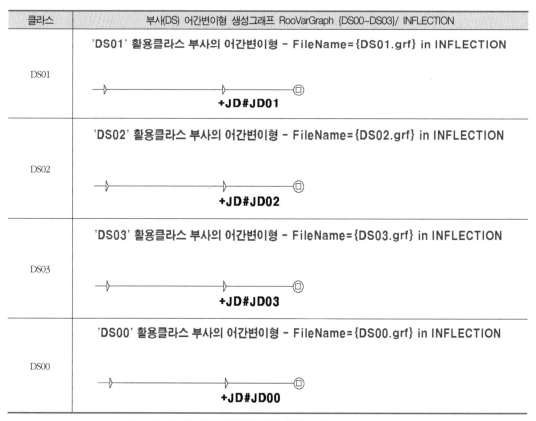

클라스	부사(DS) 어간변이형 생성그래프 RooVarGraph {DS00~DS03}/ INFLECTION
DS01	'DS01' 활용클라스 부사의 어간변이형 - FileName={DS01.grf} in INFLECTION +JD#JD01
DS02	'DS02' 활용클라스 부사의 어간변이형 - FileName={DS02.grf} in INFLECTION +JD#JD02
DS03	'DS03' 활용클라스 부사의 어간변이형 - FileName={DS03.grf} in INFLECTION +JD#JD03
DS00	'DS00' 활용클라스 부사의 어간변이형 - FileName={DS00.grf} in INFLECTION +JD#JD00

표 308. 부사(DS)의 '어간변이형 생성그래프' RooVarGraph

위에서도 각 부사 어휘소에 결합하는 활용후치사 클라스 정보가 할당되었다. 이를 통해 실제 어간변이형 파일을 어떻게 자동 생성하는지에 대해서는, 다음 제6부에서 살펴보기로 한다.

2.2.3. 형용사부의 '어간변이 생성그래프' RooVarGraph

형용사부와 동사부의 경우는, 앞서 명사와 부사의 경우와는 달리, 활용후치사와 결합할 때 어간의 변이가 다양하게 실현되기 때문에, 이를 정의하는 RooVarGraph의 양상도 매우 복잡해진다. 형용사 활용클라스가 전체 26가지이므로, 이를 위한 RooVarGraph도 각 클라스별로 모두 26개가 된다. 표 309와 같다.

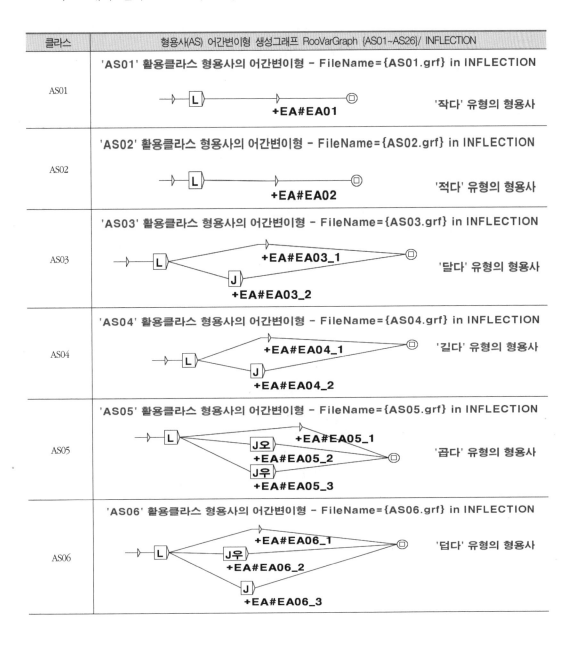

클라스	형용사(AS) 어간변이형 생성그래프 RooVarGraph {AS01~AS26}/ INFLECTION
AS01	'AS01' 활용클라스 형용사의 어간변이형 - FileName={AS01.grf} in INFLECTION
AS02	'AS02' 활용클라스 형용사의 어간변이형 - FileName={AS02.grf} in INFLECTION
AS03	'AS03' 활용클라스 형용사의 어간변이형 - FileName={AS03.grf} in INFLECTION
AS04	'AS04' 활용클라스 형용사의 어간변이형 - FileName={AS04.grf} in INFLECTION
AS05	'AS05' 활용클라스 형용사의 어간변이형 - FileName={AS05.grf} in INFLECTION
AS06	'AS06' 활용클라스 형용사의 어간변이형 - FileName={AS06.grf} in INFLECTION

클라스	형용사(AS) 어간변이형 생성그래프 RooVarGraph {AS01~AS26}/ INFLECTION
AS07	'AS07' 활용클라스 형용사의 어간변이형 – FileName={AS07.grf} in INFLECTION +EA#EA07_1 +EA#EA07_2 '낫다' 유형의 형용사
AS08	'AS08' 활용클라스 형용사의 어간변이형 – FileName={AS08.grf} in INFLECTION +EA#EA08_1 +EA#EA08_2 '빨갛다' 유형의 형용사
AS09	'AS09' 활용클라스 형용사의 어간변이형 – FileName={AS09.grf} in INFLECTION +EA#EA09_1 +EA#EA09_2 '뻘겋다' 유형의 형용사
AS10	'AS10' 활용클라스 형용사의 어간변이형 – FileName={AS10.grf} in INFLECTION +EA#EA10_1 +EA#EA10_2 '하얗다' 유형의 형용사
AS11	'AS11' 활용클라스 형용사의 어간변이형 – FileName={AS11.grf} in INFLECTION +EA#EA11_1 +EA#EA11_2 '허옇다' 유형의 형용사
AS012	'AS12' 활용클라스 형용사의 어간변이형 – FileName={AS12.grf} in INFLECTION +EA#EA12_1 +EA#EA12_2 +EA#EA12_3 '그렇다' 유형의 형용사
AS13	'AS13' 활용클라스 형용사의 어간변이형 – FileName={AS13.grf} in INFLECTION +EA#EA13 '짜다' 유형의 형용사
AS14	'AS14' 활용클라스 형용사의 어간변이형 – FileName={AS14.grf} in INFLECTION +EA#EA14 '보다' 유형의 형용사

클라스	형용사(AS) 어간변이형 생성그래프 RooVarGraph {AS01~AS26}/ INFLECTION
AS15	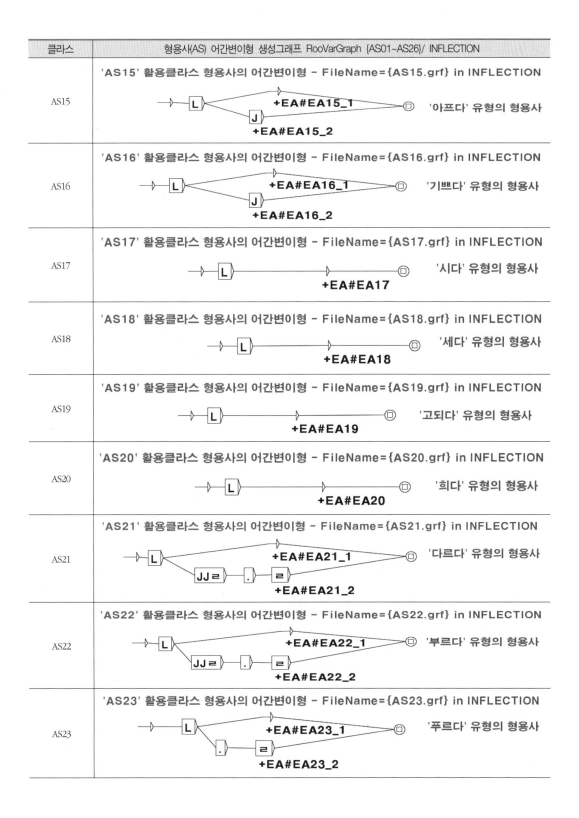

'AS15' 활용클라스 형용사의 어간변이형 – FileName={AS15.grf} in INFLECTION

+EA#EA15_1
+EA#EA15_2
'아프다' 유형의 형용사

'AS16' 활용클라스 형용사의 어간변이형 – FileName={AS16.grf} in INFLECTION

+EA#EA16_1
+EA#EA16_2
'기쁘다' 유형의 형용사

'AS17' 활용클라스 형용사의 어간변이형 – FileName={AS17.grf} in INFLECTION

+EA#EA17
'시다' 유형의 형용사

'AS18' 활용클라스 형용사의 어간변이형 – FileName={AS18.grf} in INFLECTION

+EA#EA18
'세다' 유형의 형용사

'AS19' 활용클라스 형용사의 어간변이형 – FileName={AS19.grf} in INFLECTION

+EA#EA19
'고되다' 유형의 형용사

'AS20' 활용클라스 형용사의 어간변이형 – FileName={AS20.grf} in INFLECTION

+EA#EA20
'희다' 유형의 형용사

'AS21' 활용클라스 형용사의 어간변이형 – FileName={AS21.grf} in INFLECTION

JJㄹ . ㄹ
+EA#EA21_1
+EA#EA21_2
'다르다' 유형의 형용사

'AS22' 활용클라스 형용사의 어간변이형 – FileName={AS22.grf} in INFLECTION

JJㄹ . ㄹ
+EA#EA22_1
+EA#EA22_2
'부르다' 유형의 형용사

'AS23' 활용클라스 형용사의 어간변이형 – FileName={AS23.grf} in INFLECTION

. ㄹ
+EA#EA23_1
+EA#EA23_2
'푸르다' 유형의 형용사

클라스	형용사(AS) 어간변이형 생성그래프 RooVarGraph {AS01~AS26}/ INFLECTION
AS24	'AS24' 활용클라스 형용사의 어간변이형 - FileName={AS24.grf} in INFLECTION L +EA#EA24 '강하다' 유형의 형용사
AS25	'AS25' 활용클라스 형용사의 어간변이형 - FileName={AS25.grf} in INFLECTION L +EA#EA25 '없다' 유형의 형용사
AS26	'AS26' 활용클라스 형용사의 어간변이형 - FileName={AS26.grf} in INFLECTION L +EA#EA26 '아니다' 유형의 형용사

표 309. 형용사(AS)의 '어간변이형 생성그래프' RooVarGraph

이상에서 형용사의 활용클라스별 어간변이형을 생성하는 그래프 RooVarGraph에 대해서 살펴보았다. 앞서 명사나 부사와 달리, 어간 변이를 기술하기 위해 몇 가지 연산자가 사용되었다. {AS21} 클라스를 예로 들어 설명하면 다음과 같다.

- {L}: 좌측으로 한 '음절'을 소거하는 연산자(즉 {AS21} 클라스에 적용된 'L'은 '다르다' 형용사 어간의 끝음절인 '다'를 소거하는 연산자이다)
- {J}: 좌측으로 한 '음소(자음 또는 모음)'를 소거하는 연산자(즉 {AS21} 클라스에 적용된 두 개의 'J'는 형용사 '다르다'에서 'L'을 통해 '다'가 소거된 후 연이어 두 개의 음소, 즉 모음 'ㅡ'과 자음 'ㄹ'을 연속해서 소거한다는 의미이다)
- {ㄹ}: 좌측으로 첨부되는 실제 어휘성분(즉 {AS21} 클라스에 적용된 {ㄹ}은 앞의 연산이 완료된 후 'ㄹ'을 첨가하라는 의미로서, '다르'에서 '르가 소거된 후 'ㄹ'이 첨부되어 '달'이 된다)
- {.}: 음절의 경계를 표시하는 연산자(즉 {AS21} 클라스에 적용된 {.}는 이 연산자가 적용되기 전 남아있는 성분과 그 다음에 새로 덧붙여지는 성분이 하나의 음절을 구성할 수 없음을 표현한다. 이 그래프에서는 '.'이 나타난 다음에 'ㄹ'이 다시 실현되었는데, '.'에 의해서 이 두 음소('ㄹ'과 'ㄹ')가 하나로 통합되지 않고 두 개의 별개의 음절에 나뉘어 분포하게 된다. 즉 최종적으로 '달ㄹ'과 같이 된다. 이것은 ㄲ이나 ㅆ과 같이 쌍자음이 형성될 수 있는 경우를 막기 위한 연산자이다)

따라서 {AS21} 클라스에서 위의 연산자들이 모두 적용된 형태는 다음 의미의 문법으로 인식된다.

- '다르다'와 같은 유형의 형용사는 두 가지 어간 변이형을 갖게 된다. 첫째는 그래프의 상위 경로를 통해 인식되는 방식으로, 끝음절 '다'가 소거된 어간 형태가 곧바로 {#EA21_1}의 일련의 활용후치사들과 결합된다. 즉 '고, 지, 다고' 등과 같은 활용후치사가 동반되는 경우, 어간에서 '다'가 소거된 '다르'에 결합하여 '다르고, 다르지, 다르다고' 등이 생성된다. 둘째는 그래프의 아래 경로를 통해 인식되는 방식으로, 끝음절 '다'가 소거된 어간 형태에서 다시 음소가 두 개 소거되고(JJ'), 'ㄹ'이 결합한 후 거기서 음절의 경계가 생성되고(·), 다시 'ㄹ'이 첨가되어 최종적으로 '다르다 ⇒ 다르 ⇒ 다 ⇒ 달 ⇒ 달ㄹ'가 생성된다. 이렇게 생성된 어간변이형은 {#EA21_2}의 일련의 활용후치사들과 결합된다. 즉 'ㅏ, ㅆ다, ㅏ서' 등과 결합하여 궁극적으로 '달라, 달랐다, 달라서' 등이 생성된다.

2.2.4. 동사부의 '어간변이 생성그래프' RooVarGraph

동사부의 경우도 활용후치사와 결합할 때 어간의 변이가 다양하게 실현되기 때문에, 이를 정의하는 RooVarGraph의 양상도 복잡해진다. 동사 활용클라스가 전체 28가지이므로 이를 위한 RooVarGraph도 모두 28개가 된다. 표 310과 같다.

클라스	동사(VS) 어간변이형 생성그래프 RooVarGraph {VS01~VS28}/ INFLECTION
VS01	'VS01' 활용클라스 동사의 어간변이형 - FileName={VS01.grf} in INFLECTION L +EV#EV01 '잡다' 유형의 동사
VS02	'VS02' 활용클라스 동사의 어간변이형 - FileName={VS02.grf} in INFLECTION L +EV#EV02 '먹다' 유형의 동사
VS03	'VS03' 활용클라스 동사의 어간변이형 - FileName={VS03.grf} in INFLECTION L +EV#EV03_1 Jㄹ +EV#EV03_2 '깨닫다' 유형의 동사
VS04	'VS04' 활용클라스 동사의 어간변이형 - FileName={VS04.grf} in INFLECTION L +EV#EV04_1 Jㄹ +EV#EV04_2 '듣다' 유형의 동사

클래스	동사(VS) 어간변이형 생성그래프 RooVarGraph {VS01~VS28}/ INFLECTION
VS05	**'VS05' 활용클래스 동사의 어간변이형 - FileName={VS05.grf} in INFLECTION** L → J → +EV#EV05_1 / +EV#EV05_2 → '알다' 유형의 동사
VS06	**'VS06' 활용클래스 동사의 어간변이형 - FileName={VS06.grf} in INFLECTION** L → J → +EV#EV06_1 / +EV#EV06_2 → '열다' 유형의 동사
VS07	**'VS07' 활용클래스 동사의 어간변이형 - FileName={VS07.grf} in INFLECTION** L → J오 → J우 → +EV#EV07_1 / +EV#EV07_2 / +EV#EV07_3 → '돕다' 유형의 동사
VS08	**'VS08' 활용클래스 동사의 어간변이형 - FileName={VS08.grf} in INFLECTION** L → J우 → +EV#EV08_1 / +EV#EV08_2 → '눕다' 유형의 동사
VS09	**'VS09' 활용클래스 동사의 어간변이형 - FileName={VS09.grf} in INFLECTION** L → J → +EV#EV09_1 / +EV#EV09_2 → '낫다' 유형의 동사
VS10	**'VS10' 활용클래스 동사의 어간변이형 - FileName={VS10.grf} in INFLECTION** L → J → +EV#EV10_1 / +EV#EV10_2 → '긋다' 유형의 동사
VS11	**'VS11' 활용클래스 동사의 어간변이형 - FileName={VS11.grf} in INFLECTION** L → +EV#EV11 → '가다' 유형의 동사
VS012	**'VS12' 활용클래스 동사의 어간변이형 - FileName={VS12.grf} in INFLECTION** L → +EV#EV12 → '쏘다' 유형의 동사

클라스	동사(VS) 어간변이형 생성그래프 RooVarGraph {VS01~VS28}/ INFLECTION
VS13	'VS13' 활용클라스 동사의 어간변이형 - FileName={VS13.grf} in INFLECTION +EV#EV13 '오다' 유형의 동사
VS14	'VS14' 활용클라스 동사의 어간변이형 - FileName={VS14.grf} in INFLECTION +EV#EV14 '주다' 유형의 동사
VS15	'VS15' 활용클라스 동사의 어간변이형 - FileName={VS15.grf} in INFLECTION +EV#EV15 '배우다' 유형의 동사
VS16	'VS16' 활용클라스 동사의 어간변이형 - FileName={VS16.grf} in INFLECTION +EV#EV16_1 '담그다' 유형의 동사 +EV#EV16_2
VS17	'VS17' 활용클라스 동사의 어간변이형 - FileName={VS17.grf} in INFLECTION +EV#EV17_1 '끄다' 유형의 동사 +EV#EV17_2
VS18	'VS18' 활용클라스 동사의 어간변이형 - FileName={VS18.grf} in INFLECTION +EV#EV18 '이기다' 유형의 동사
VS19	'VS19' 활용클라스 동사의 어간변이형 - FileName={VS19.grf} in INFLECTION +EV#EV19 '보내다' 유형의 동사
VS20	'VS20' 활용클라스 동사의 어간변이형 - FileName={VS20.grf} in INFLECTION +EV#EV20_1 '되다' 유형의 동사 +EV#EV20_2
VS21	'VS21' 활용클라스 동사의 어간변이형 - FileName={VS21.grf} in INFLECTION +EV#EV21 '쉬다' 유형의 동사
VS22	'VS22' 활용클라스 동사의 어간변이형 - FileName={VS22.grf} in INFLECTION +EV#EV22_1 '고르다' 유형의 동사 +EV#EV22_2

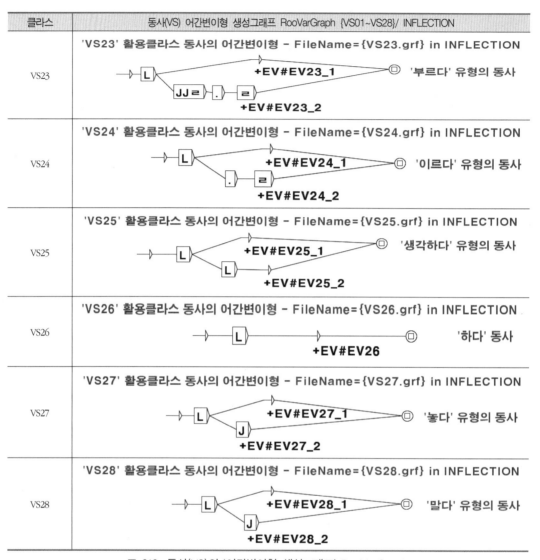

클라스	동사(VS) 어간변이형 생성그래프 RooVarGraph {VS01~VS28}/ INFLECTION
VS23	'VS23' 활용클라스 동사의 어간변이형 – FileName={VS23.grf} in INFLECTION '부르다' 유형의 동사
VS24	'VS24' 활용클라스 동사의 어간변이형 – FileName={VS24.grf} in INFLECTION '이르다' 유형의 동사
VS25	'VS25' 활용클라스 동사의 어간변이형 – FileName={VS25.grf} in INFLECTION '생각하다' 유형의 동사
VS26	'VS26' 활용클라스 동사의 어간변이형 – FileName={VS26.grf} in INFLECTION '하다' 동사
VS27	'VS27' 활용클라스 동사의 어간변이형 – FileName={VS27.grf} in INFLECTION '놓다' 유형의 동사
VS28	'VS28' 활용클라스 동사의 어간변이형 – FileName={VS28.grf} in INFLECTION '말다' 유형의 동사

표 310. 동사(VS)의 '어간변이형 생성그래프' RooVarGraph

이상에서 동사의 28가지 활용클라스별 '어간변이형 생성 그래프' RooVarGraph를 구축하였다. 이제 4가지 대범주별 활용클라스에 대해 RooVarGraph가 구축되었으므로, 유니텍스 플랫폼에서 이를 통해 '어간변이형 리스트 사전' RooVarDic을 자동 생성할 수 있게 된다. 아래에서 이를 진행하는 과정에 대해 살펴보기로 한다.

2.3. [3단계] : 어간변이 리스트사전 DECO-RooVarDic

2.3.1. UNITEX 플랫폼에서 RooVarGraph 불러오기

이 장에서는 앞서 구축한 활용클라스별 '어간변이형 생성 그래프' RooVarGraph를 이용하여 유니텍스 플랫폼에서 '어간변이형 리스트 사전' RooVarDic을 자동으로 생성하는 과정에 대해 소개한다. 유니텍스 플랫폼은 현재 프랑스 파리이스트 대학교(UPEM)에서 다운로드[81] 받을 수 있다. 프로그램을 인스톨한 후 실행을 하면, 그림 68과 같이 처음 로고와 함께 사용자가 사용할 언어(Language)를 선택하라는 입력창이 나타난다.

그림 68. 유니텍스 플랫폼 초기화면의 '언어선택 창'

'한국어(Korean)'를 선택하게 되면 사용자 작업폴더에 자동으로 {Korean}이라는 폴더가 생성되며, 한국어 언어처리에 기본적으로 요구되는 한국어 알파벳 파일 등 일련의 연관 파일들이 함께 호출된다. 앞으로 사용자가 생성하는 모든 파일들은 별도의 설정을 하지 않는 한 디폴트로 현재의 {Korean} 폴더 내부에 저장된다.

2.3.2. 어간변이형 사전 RooVarDic 자동 생성하기

위에서 'Korean'을 선택하여 초기 화면이 나타나면, 메뉴바에서 {DELA} 메뉴를 클릭한다. 그다음 나타난 선택창에서 현재 {X.dic}으로 저장된 기본형사전을 선택하여 오픈한다. 그림 69에서 보이는 바와 같다.

---

81) http://unitexgramlab.org

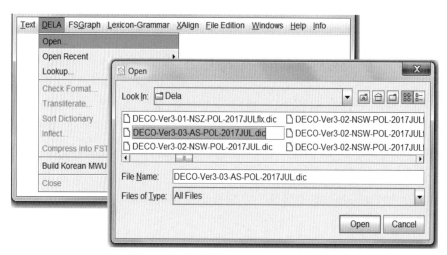

그림 69. 유니텍스에서 기본형사전 {X.dic} 선택하기

그림 69에서 선택한 형용사 사전을 유니텍스 플랫폼에서 '열기'를 하면, 그림 70의 왼쪽과 같은 형식으로 화면에 나타난다. 여기서 다시 {DELA} 메뉴를 선택하여 {Inflect} 서브메뉴를 선택한다.

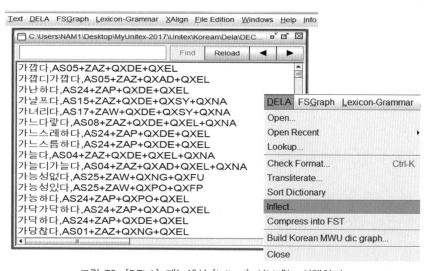

그림 70. {DELA} 메뉴에서 {Inflect} 서브메뉴 선택하기

그림 70과 같이 {Inflect} 메뉴를 클릭하면, 이제 위의 {X.dic} 파일의 기본형 어휘들에 대한 어간변이 리스트를 생성하기 위해, 앞 장에서 구축한 어간변이 그래프 RooVarGraph를 선택하는 새로운 창이 오픈된다. 그림 71의 왼쪽 창은 어간변이형 리스트사전 RooVarDic을 생

성하기 위해, 해당 그래프 RooVarGraph를 저장한 폴더를 선택하는 창이다. 여기서 {Set}을
선택하면 오른쪽과 같이 사용자가 어간변이 그래프를 저장한 폴더를 직접 선택할 수 있는
대화창이 나타난다. 일반적으로 Korean 폴더에 자동 생성되어 있는 Inflection 폴더 내부에,
앞서 구축한 어간변이 그래프들을 저장하는 것이 바람직하다.

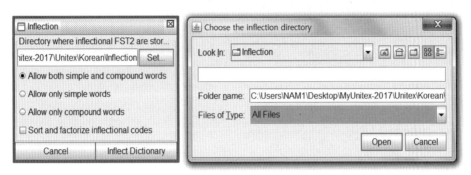

그림 71. RooVarGraph를 선택하여 어간변이(Inflection) 수행하기

그림 71과 같이 어간변이를 위한 그래프 폴더 선택을 마친 후, 왼쪽 화면 하단에 있는
{Inflect Dictionary}를 클릭한다. 이때 그림 72와 같이 유니텍스 플랫폼에서 어간변이형 생성
프로세싱이 수행되는 것을 볼 수 있다.

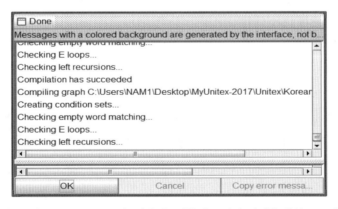

그림 72. {Inflect Dictionary} 선택 후 진행되는 어간 변이형 생성 프로세싱

여기서 작업이 완료되었다는 {Done} 메시지가 나타나면 {OK}를 클릭한다. 이때 그림 73과
같이, 어간변이가 이루어진 '어간변이형 리스트사전' {XXXflx.dic} 형식의 파일이 나타난다.

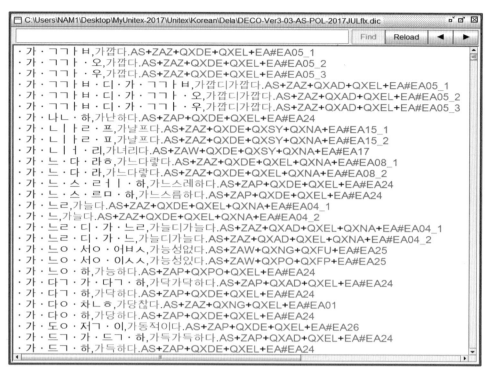

그림 73. 자동생성된 {XXXflx.dic} 형식의 어간변이형 리스트사전 예시

위에 나타난 화면을 보면, 각 변이형 표제어별로 '변이형&기본형&관련정보' 방식의 3영역 구조(Triple Structure)가 생성되었음을 관찰할 수 있다.

- 첫째 구역: 어간변이형이 음소단위, 더 정확하게는 종성이 초성과 중성으로부터 분리된 음소분할 형태로 실현된 '어간변이형 표제어 리스트'로 구성된다.
- 제1구분자: 콤마(어간변이형과 기본표제어 영역을 구분)
- 둘째 구역: 어휘소 기본형(Lemma) 표제어로 구성된다.
- 제2구분자: 마침표(기본형 표제어와 관련정보 영역을 구분)
- 셋째 구역: 사전에 수록된 일련의 관련정보 유형으로, 즉 문법범주 대분류/중분류/세분류, 형태정보, 통사문형정보, 의미정보, 감성정보 등이 모두 '+'로 연결되어 나열된다. (마지막 부분에는 반드시 활용클라스별 활용후치사 정보가 'EA#EA04_1/ EA#EA04_2'와 같은 방식으로 부착된다).

2.3.3. 다른 대범주에 대한 추가 예시: 명사(NS)의 경우

그림 74는 명사 기본형 표제어 사전({NS.dic} 형태)을 유니텍스 플랫폼에서 호출하여 오픈한 예를 보인다.

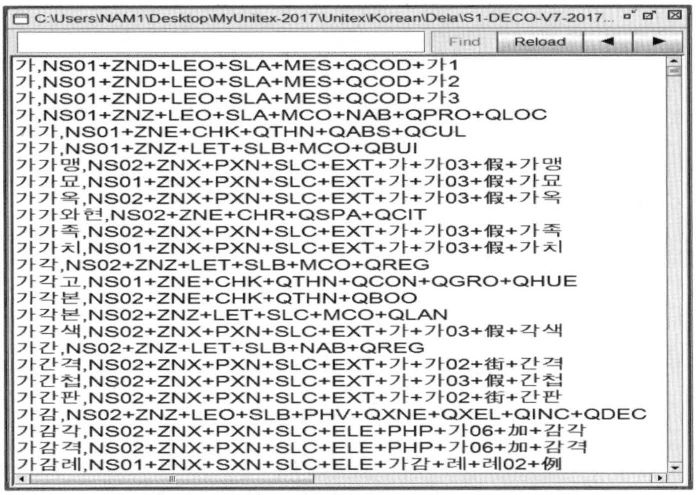

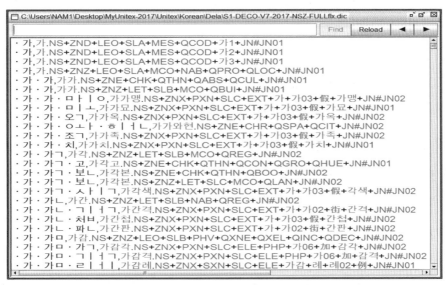

그림 74. 명사 기본형 표제어 사전 {NS.dic} 예시

위의 파일에 대하여, 앞서와 같은 방법으로 {Dela} 메뉴의 {Inflect} 모듈을 수행하면, 그림 75와 같이 어간변이형 사전 RooVarDic이 생성된 것을 확인할 수 있다.

그림 75. 명사 '어간변이형 리스트사전' RooVarDic 예시

이상과 같은 방식으로, 현재 4가지 대범주에 대한 기본형 표제어 사전 LexDic에 어간변이형 그래프 RooVarGraph를 적용하여 최종적으로 어간변이형 사전 RooVarDic을 획득하였다. 이제 이들이 각각 호출하는 활용후치사 목록이 구축되어야, 비로소 실제 코퍼스에 나타나는 모든 유형의 토큰들을 올바르게 인식하고 이들에 대한 분석 결과를 제공할 수 있게 된다.

다음 장에서는 어휘소 어간에 결합하는 문법소, 즉 활용후치사들을 어떠한 방식으로 구축하고 구조화하는가에 대해 살펴보기로 한다.

3. 활용후치사 그래프사전 DECO-InfSfxGraph 구축

3.1. 4가지 대범주의 활용후치사 개요

한국어 활용형사전의 구축을 위해서는, 앞서 논의한 어간변이형 사전과 함께, 각 활용클래스별 결합 가능한 후치사들의 복합형 목록이 구현되어야 한다. 여기서 각 대범주별 활용후치사 사전은, 활용클래스 단위로 그래프사전 방식으로 구축된다. 즉 '활용후치사 그래프사전' InfSfxGraph은, 각 활용클래스별 어휘소 부류에 결합 가능한 일련의 후치사들의 조합의 가능성을 유한상태 트랜스듀서(FST) 방식으로 기술하는 것으로, '방향성 비순환 그래프(Directed Acyclic Graph: DAG)' 방식으로 표상된다.

현재 4가지 대범주에 대해 다음과 같은 방식으로 구성된다.

- 명사부(NS)의 활용후치사(조사) 그래프사전: 4가지 활용클래스 {JN00~JN03}
- 부사부(DS)의 활용후치사(조사) 그래프사전: 4가지 활용클래스 {JD00~JD03}
- 형용사부(NS)의 활용후치사(어미) 그래프사전: 26가지 활용클래스 {EA01~EA26}
- 동사부(NS)의 활용후치사(어미) 그래프사전: 28가지 활용클래스 {EV01~EV28}

예를 들어 형용사 '곱다'의 경우, 활용클래스가 {AS05}이므로, 결합하는 활용후치사 클래스는 {EA05}가 된다. 이 클래스에는 형용사 술어의 '종결형/연결형/명사형/관형형' 등의 후치사 복합형이 포함되는데, 가령 종결형은 '서술형/의문형/명령형/청유형'의 4가지로 다시 분류된다. 연결형 또한 '원인/목적/시간' 등 여러 유형으로 하위분류되므로 이들은 여러 개의 서브그래프로 분할되어 기술된다. 뿐만 아니라 같은 연결형에서도 {지만} 유형과 같은 경우는 어간 변이의 첫 번째 형태인 '곱'과 결합하므로 {EA05_1}의 하위유형으로 기술되지만, {었다} 유형의 경우는 두 번째 변이형인 '고오'와 결합하므로 {EA05_2}에서 기술되며,

{으니} 유형과 같은 경우는 세 번째 어간 변이형인 '고우'와 결합하므로 {EA05_3}에서 기술된다. 즉 {EA05.grf} 메인그래프는 다음과 같은 세 범주의 집합으로 구성된다.

- {EA05_1.grf}({AS05_1} '곱' 결합)의 후치사 예: 지만, 다니, 더라도, 지요
- {EA05_2.grf}({AS05_2} '고오' 결합)의 후치사 예: ㅏ요, 났다, ㅏ라, ㅏ서
- {EA05_3.grf}({AS05_3} '고우' 결합)의 후치사 예: 니, ㄴ, ㄹ까, ㄹ테니

궁극적으로 {EA05} 클라스는 {EA05.grf}를 메인 그래프로 하며, 이 그래프는 위와 같이 어간 변이에 따른 3가지 부류의 활용후치사 복합형을 기술한 서브그래프 집합을 호출한다. 이 서브그래프들은 각 후치사 형태들의 다양한 통사·의미적 속성에 따라, 다시 계층화된 방식으로 수십에서 수백개의 서브그래프를 호출하는 구조로 구성된다. 전체 4가지 대범주에서 호출되는 서브그래프의 수를 모두 포함하면 약 4,000여개에 이르는 방대한 구조가 된다.

여기서 각 대범주별 활용후치사의 복합형이 실현된 토큰의 예를 살펴보자. (1ㄱ)은 명사 '학교'에 대한 어절의 예를 보이고 (1ㄴ)은 '작다'에 대한 어절의 예를 보인다.

(1ㄱ) 학교<u>에서만은</u>
(1ㄴ) 작<u>았었군요</u>

위와 같은 어절들을 올바르게 인식하여 그 내부 분석 결과를 제시하기 위해서, 현재 구현되어야 하는 활용형사전은 다음과 같은 방식의 정보를 내장하고 있어야 한다.

(2ㄱ) 학교/NS+에서/JN+만/JN+은/JN
(2ㄴ) 작/AS+았/EA+었/EA+군/EA+요/EA

즉 (2ㄱ)에서는 '학교'가 명사(NS)이고, 그 뒤에 3개의 후치사(JN)가 결합하여 모두 4개의 형태소로 이루어졌음을 보인다. (2ㄴ)에서는 '작'이 형용사(AS)이고, 그 뒤에 4개의 후치사(EA)가 결합하여 모두 5개의 형태소로 이루어졌음을 보인다. 그런데 앞서 제시한 바와 같이, 현재 DECO-Tagset은 상세정보가 계층적 구조로 덧붙여지는 방식으로 구조화되어 있다. 즉 위의 대범주 정보보다 훨씬 상세한 POS 하위 정보 및 그외의 형태·통사·의미 정보 등이 사전에 수록되어 있기 때문에, 이러한 정보를 모두 수록한 사전을 적용하는 경우, 코퍼스에 보다 복합적인 분석 정보를 주석할 수 있게 된다. 위의 (2)의 방식보다 조금 더 복잡한 방식의 태그 정보를 제공한 유형의 예를 보이면 다음과 같다.

(3ㄱ) {학교,.NS01+ZNZ} {에서,.JN+CA+LOC} {만,.JN+AU+LIM} {은,는.JN+AU+THE}
(3ㄴ) {작,작다.AS+ZAZ}{았,었.EA+MT+PAS}{었.EA+MT+PAS}{군,.EA+TE+DEC}{요,.EA+TE+AUH}

위에서 보는 바와 같이, 각 어휘소 및 문법소 원소(Element) 당 제공되는 정보의 유형이 복잡해지면, (2)와 같은 구분자 방식으로는 이를 표상하는 것이 어렵다. (3)의 방식은 현재 DECO 사전을 적용할 때 1차적으로 획득되는 분석 방식이다. 여기서 각 단위는 { } 단위로 구분되며, 각 단위 내부는 '표면형-구분자(콤마)-기본형-구분자(마침표)-대범주와 활용클라스-구분자(플러스)-그외의 모든 정보 반복'과 같은 방식으로 나타난다. 이때 기본형이 표면형과 동일한 경우는 생략되도록 되어 있어, 가령 '학교'나 '에서'에는 두 번째 영역이 비어있고, '은'은 '는'이, '작'은 '작다'가 각각 기본형으로 설정되어 있으므로 두 번째 영역에 실현되었다.

실제로 이러한 표상 형식은 자의적인 선택이어서 위와 같은 방식으로 정규화가 되면 이를 일정 다른 방식으로 변환하는 것은 어렵지 않다. 앞서 언급한 바와 같이 현재 유니텍스 플랫폼에서는 다음과 같은 방식으로의 자동 변환을 허용한다.

(4ㄱ) 학교//NS01/ZNZ+에서//JN/CA/LOC+만//JN/AU/LIM+은/는/JN/AU/THE
(4ㄴ) 작/작다/AS/ZAZ+았/었/EA/MT/PAS+었//EA/MT/PAS+군//EA/TE/DEC+요//EA/TE/AUH

위에서 보듯이, 각 단위의 관련 정보는 '/'로 연결되어 있다. 여기서 모든 문법소에는 'JN+CA+LOC'(또는 'JN/CA/LOC 방식)와 같이 3단계의 계층화된 태그 정보가 할당된다.

다음 3.1에서는 '명사부'와 '부사부'에 결합하는 활용후치사(JN과 JD)의 논의를 대표하여 '명사 활용후치사(JN)' 범주를 살펴보고, 3.2에서는 '형용사부'와 '동사부'에 결합하는 활용후치사(EA와 EV)들을 대표하여 '동사 활용후치사(EV)' 범주를 살펴보기로 한다.

3.2. 명사/부사의 활용후치사 그래프사전

3.2.1. 활용후치사 복합구성을 위한 원소 분류체계

3.2.1.1. 활용후치사 원소분류 개요

그림 76은 명사 범주의 활용후치사 복합형을 구성하는 원소 분류체계를 보인다. 여기 제시된 후치사들은 명사에 결합하는 명사후치사(JN)의 원소(Element)들로서, 학교문법에서 조사로 명명되어 온 일련의 문법소들이다. 이들은 DECO 사전에서 '논항조사(CA)/보조조사(AU)/연결조사(LK)/특수조사(SP)/서술조사(CP)'의 5가지로 대분류되고, 다시 그림 76에서 보는 바와 같이 하위분류가 이루어진다.[82]

---

82) 여기서는 남지순(2014)에서 제안된 명사후치사 하위명칭을 사용하여 논의하였다. 앞서도 언급한 바와 같이 명사후치사, 명사 활용후치사, 문법소, 조사 등의 용어를 문맥에 따라 혼용해서 사용하기로 한다.

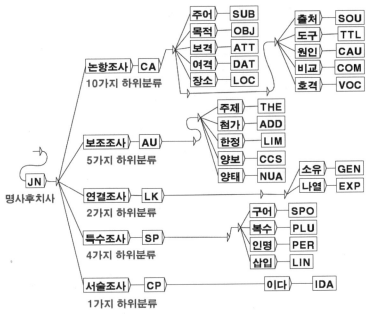

DECO 명사후치사 원소분류체계 #5가지중분류-22가지세분류

그림 76. 명사후치사 복합형을 구성하는 원소 분류체계

여기서 '논항조사'와 '서술조사'는 학교문법에서 각각 '격조사'와 '서술격조사'로 명명된 것으로, 넓은 의미에서 모두 격조사로 통합되어 설명될 수 있다. 이들은 문장 내에서 단독으로 하나의 문장성분을 구성할 수 있는 논항들을 유도하는 후치사들이다. 반면 '보조조사'와 '특수조사'는 학교문법에서 일련의 보조사 유형으로 분류되어 온 것으로, 논항조사에 덧붙여지거나 이를 치환해서 사용될 수 있다. '연결조사'는 단독으로 하나의 문장성분을 구성하지 못하고, 반드시 앞뒤의 일련의 명사구와 공기하여 비로소 하나의 문장성분을 구성할 수 있다. 학교문법에서 소유격, 또는 관형격으로 명명되어 온 부류와 부사격으로 분류된 유형들과 대응된다.

논항조사(CA)의 경우, 다시 '주격/목적격/보격/여격/장소격/출처격/도구격/원인격/비교격/호격'의 10가지로 하위분류된다. 반면 보조조사(AU)는 '주제/첨가/한정/양보/양태'의 5가지로 하위분류된다. 연결조사(LI)는 '소유/나열'의 2가지로 하위분류되며, 특수조사(SP)는 '구어/복수/인명/삽입'을 나타내는 유형으로 4가지 하위분류된다. 끝으로 서술조사(CP)는 '이다' 지정사 1가지로 구성된다. 이렇게 전체 22가지로 세분류된 활용후치사는 앞서 제시한 바와 같이 'JN+CA+SUB'와 같은 방식의 3단계 분류정보 태그로 실현된다.

이러한 활용후치사들의 특징은, 이들이 단독으로 실현되지 않고 여러 개의 후치사가 결합한 '복합형'으로 실현된다는 데에 있다. 이때 그 결합 방식이나 순서에 있어 제약이 나타나는데, 통사·의미적 특징으로 예측하거나 획일화하기 어려운, 어휘적 개별성의 특징을 보인다. 따라서 우선 각 활용후치사 원소에 대한 빠짐없는 목록이 구축되어야 하며, 이들 사이의 조합 및 결합관계에 대한 개별적인 검토가 수행되어야, 비로소 귀납적으로 그 결합관계에 대한 신뢰할 수 있는 정보를 제공할 수 있게 된다.

명사와 부사 범주에서 이들의 복합형 구성은 그 양상이 다르게 나타나지만, 기본적으로 이들을 구성하는 활용후치사 원소(Element) 목록은 유사하게 설정되어 있다. 아래에서 명사부의 활용후치사 원소를 살펴본다.

3.2.1.2. 명사 활용후치사(JN) 원소의 분포

우선 전체 명사 활용후치사 원소의 기본형(Lemma)의 개수는 168개로서, 이들의 하위범주별 예시와 개수를 보이면 표 311과 같다.[83]

번호	태그1	명칭	태그2	명칭	태그3	명칭	예시	개수
1					SUB	주격조사	가	5
2					OBJ	목적격조사	를	1
3					ATT	보격조사	로	5
4					DAT	여격조사	에게	9
5			CA	논항조사	LOC	장소격조사	에	4
6					SOU	출처격조사	에서	8
7					TTL	도구자격격조사	로써	3
8					CAU	원인격조사	로	10
9					COM	비교격조사	와	21
10					VOC	호격조사	여	3
11	JN	명사후치사			THE	주제보조사	는	1
12					ADD	첨가보조사	도	1
13			AU	보조조사	LIM	한정보조사	만	3
14					CCS	양보보조사	나마	7
15					NUA	양태보조사	부터	36
16			LK	연결조사	GEN	소유연결조사	의	1
17					EXP	나열연결조사	랑	40
18					PER	인명조사	이	5
19			SP	특수조사	PLU	복수조사	들	1
20					SPO	구어조사	요	1
21					LIN	삽입조사	으	2
22			CP	서술조사	IDA	'이다'지정사	이다	1

표 311. 명사후치사(JN)의 하위유형별 목록 예시와 갯수

---

83) 앞서 '어휘소'의 경우와 달리, '문법소'의 경우는 각 항목별 개수를 십단위로 올림한 수를 나타내지 않는다. 많은 항목에서 갯수가 10개 이하의 소수인 경우가 관찰되며, 이들은 어휘소와 달리 목록의 확장성도 높지 않기 때문이다.

여기서 보듯이 명사후치사(JN) 원소는 모두 22가지로 하위분류된다. 전체 원소들의 기본형태(Lemma)의 수는 168개로, 이들이 실제 문맥에서는 '을/를'과 같은 형태적 변이를 수반하기 때문에 이러한 변이형을 고려하면 그 수는 더 증가하게 된다.

3.2.1.3. 활용후치사(JN) 원소 목록

표 312에서 제시한 5가지 대범주별 명사 후치사 원소를 보면 표 312와 같다. 이 표는 '논항조사{JN+CA}' 범주의 10가지 하위유형 기본형을 나타낸다. 모두 69개의 원소가 여기 해당된다.

가/SUB	에/DAT	로써/TTL	랑/COM
께서/SUB	에게/DAT	----------	마냥/COM
께옵서/SUB	한테/DAT	때문에/CAU	마따나/COM
서/SUB	----------	로/CAU	만/COM
에서/SUB	로/LOC	로말미암아/CAU	만치/COM
----------	서/LOC	로말미암아서/CAU	만큼/COM
를/OBJ	에/LOC	로써/CAU	말고/COM
----------	에서/LOC	로인하여/CAU	보다/COM
가/ATT	----------	로인하여서/CAU	보담/COM
라/ATT	게/SOU	에/CAU	씩/COM
라고/ATT	계서/SOU	에의하여/CAU	에서/COM
로/ATT	께/SOU	에의하여서/CAU	처럼/COM
으/ATT	에게/SOU	----------	하고/COM
----------	에게서/SOU	가지고/COM	하고는/COM
게/DAT	에서/SOU	갖고/COM	----------
께/DAT	한테/SOU	같이/COM	시여/VOC
더러/DAT	한테서/SOU	와/COM	야/VOC
ㄹ더러/DAT	----------	끼리/COM	여/VOC
보고/DAT	로/TTL	대로/COM	
보고서/DAT	로서/TTL	따라/COM	

표 312. '논항조사{JN+CA}' 부류의 10가지 하위범주 69개 원소

이 표에서 보듯이, 논항조사의 10가지 하위범주에 내포된 원소의 수가 전체의 41%를 차지한다. 이들 중에는 '때문에'나 '에 의하여' 또는 '으로 말미암아', '으로 인하여'와 같이 하나의 단일 조사로 설정하기 어려운 유형들이 포함되어 있다. 실제 코퍼스에서는 띄어쓰기가 늘 명시적으로 지켜지지 않을뿐 아니라, '원인(CAU)' 범주에서 특히 한정된 수의 '후치사구'가 관찰되므로, 추후 여러 단위로 실현된 형태들에 대한 분석에 활용될 수 있도록 현재의 후치사 목록을 확장된 관점에서 설정하였다.

표 313은 그 외의 4가지 대범주에 대한 원소 목록을 보인다. 즉 보조조사와 연결조사, 특수조사, 그리고 서술조사의 12가지 하위범주로 분류된 99개의 원소의 기본형 목록이다.

는/THE	다/NUA	중/NUA	냐/EXP	자/EXP
---------	다가/NUA	짜리/NUA	네/EXP	치고/EXP
도/ADD	동안/NUA	째/NUA	는커녕/EXP	커녕/EXP
---------	ㄹ랑/NUA	쪽/NUA	니/EXP	하고/EXP
만/LIM	라도/NUA	쯤/NUA	니만큼/EXP	하곤/EXP
밖에/LIM	로/NUA	처럼/NUA	도/EXP	하며/EXP
뿐/LIM	마다/NUA	측/NUA	든/EXP	하면/EXP
---------	마저/NUA	형/NUA	든가/EXP	---------
ㄴ가/CCS	만큼/NUA	---------	든지/EXP	군/PER
ㄴ들/CCS	번째/NUA	의/GEN	라/EXP	님/PER
ㄴ지/CCS	부터/NUA	---------	라는/EXP	씨/PER
나/CCS	분/NUA	거나/EXP	라든가/EXP	양/PER
나마/CCS	상/NUA	건/EXP	라면/EXP	이/PER
라도/CCS	서/NUA	고/EXP	라야/EXP	---------
이/CCS	서껀/NUA	와/EXP	란/EXP	들/PLU
---------	식/NUA	ㄴ만치/EXP	랑/EXP	---------
가량/NUA	씩/NUA	ㄴ만큼/EXP	면/EXP	요/SPO
간/NUA	야/NUA	ㄴ즉/EXP	면서/EXP	---------
경/NUA	야말로/NUA	ㄴ즉슨/EXP	아니라/EXP	으/LIN
까지/NUA	적/NUA	ㄴ지라/EXP	에/EXP	이/LIN
껏/NUA	정도/NUA	ㄴ커녕/EXP	요/EXP	---------
ㄴ가/NUA	조차/NUA	나/EXP	입네/EXP	이다/IDA

표 313. 그외 후치사 {AU/LK/SP/CP} 부류의 12가지 하위범주 99개 원소

여기서 제시된 4가지 대범주를 간단히 살펴보면, 우선 '보조조사(AU)'의 경우, 학교문법에서 보조사로 명명되어 온 '주제(THE)/첨가(ADD)/한정(LIM)'의 3가지 부류외에 '양태(NUA)' 유형을 포함하고 있다. 양태(NUA)에는 모두 39가지 원소가 포함되어 있는데, '마다/부터/까지/만큼/조차/처럼' 등과 같이 일반적으로 논항조사에 결합하여 추가적인 뉘앙스를 추가하는 부류와 '씩/가량/껏/중/쯤' 등과 같이 소위 '통사적 접미사'로 명명되는 일련의 중간적인 성격의 단위가 포함된다. 이는 뒤에서 다시 논의된다. 기본적으로 보조조사는 앞서 논항조사를 대신하거나 추가적인 결합을 통해 실현되므로 문장 내에서 문법적 속성을 결정하는 성분으로 사용되지 않는다.

'연결조사(LK)'는 문장 내에서 단독의 문장성분을 구성하지 못하고 반드시 뒤에 수반되는 일정 성분과 함께 문장의 구성요소를 구성하게 하는 후치사이다. '연결조사'의 종류에는 2가지가 있는데, 첫째는 '소유(GEN)'의 연결조사이고, 둘째는 '나열(EXP)'의 연결조사이다. 전자는 1가지 원소만이 존재하지만 후자는 현재 43개가 수록되어 있다. 즉 다음 예문에서 '며'는 두 개 이상의 명사의 연속된 출현을 전제하는 연결조사이다.

(5) 그는 우리들의 지도자며, 동반자며, 정신적 지주입니다

다음 '특수조사(SP)'는 반드시 인명을 나타내는 명사에 결합할 수 있는 '이'와 같은 유형이다. 아래 문장의 주어 명사에 결합한 성분과 같은데,

(6) 영식이가 어제 도착했다

이 성분은 선행명사의 일부를 이루는 것으로 분석되기도 어렵기 때문에, 문장 내에서 다른 조사들이 결합하기 전에 실현되는 일종의 특수조사로 분류된다. 반면 명사의 복수를 나타내는 '들'은, 형태론적으로 조사보다는 명사와 조어적 관계에 있는 파생접사, 통사적 접미사, 또는 불완전명사 등으로 간주될 수 있다. 그러나 이들을 모든 명사에 결합하여 명사 표제어를 이중적으로 생성하는 방법보다는, 현재의 명사후치사 사전에서 다른 조사들이 결합하기 전에 실현되는 일종의 특수 성분으로 간주되는 방법이 효율적이라 판단되었다. '복수(PLU)'의 특수조사는 이러한 관점에서 이 부류에 기술되었다. '구어(SPO)'의 특수조사는 다음과 같이 문장의 어디에서나 다른 조사 뒤에 쉽게 결합하는 '요'와 같은 형태를 나타낸다.

(7) 제가요 오늘은요 직접 가보려구요

또한 다음과 같이 일종의 매개모음으로 기능하는 '으/이'는 '삽입(LIN)' 유형으로 분류되었다.

(8ㄱ) 모두들 학교로 집으로 서둘러 떠났다
(8ㄴ) 어제 그 아이는 한 친구랑 동생이랑 같이 왔어요

이상에서 168개의 명사후치사 원소들의 목록이 구성되었다. 이들이 어떠한 순서와 어떠한 선택 제약 관계에 의해 서로 결합될 수 있는지를 살펴보기로 한다.

3.2.2. 명사후치사 복합형 목록 구축 방법론

3.2.2.1. 복합형 목록과 코퍼스 기반 연구의 한계

이상과 같이 명사후치사 원소의 목록이 정립되면, 이들이 결합한 모든 복합형에 대한 정보가 제공되어야 한다. 가령 다음 예문을 보면,

(9ㄱ) 민우마저도 선생님께는 그 사실은 말하지 않았다
(9ㄴ) 그 학생들이 그 역에까지만이라도 가주었으면 좋겠다

명사후치사들이 여러 개가 중첩되어 실현되는 현상이 매우 빈번한 것을 확인할 수 있다. 위에서 '역에까지만이라도'를 분석해보면 그림 77과 같은데,

그림 77. 명사 어절 '역에까지만이라도'의 후치사 중첩현상

명사 '역'에 대해 5개의 문법소가 연달아 실현된 것을 볼 수 있다. '에'는 이 어절의 문법 기능 또는 격을 표현하는 핵심후치사로서, 나머지 후치사들이 모두 사라져도 이 후치사만으로도 이 어절의 기능을 수행할 수 있다. 즉 이를 제외한 나머지는 일련의 보조조사(AU)와 특수조사(SP)들로서, 의미적 뉘앙스를 추가하기 위해서 또는 음운적 환경에 의해서 실현된 형태이다.

이와 같이 여러 단위가 결합한 복합형 어절을 올바르게 인식하기 위해서는, 전자사전에는 결합 구성에 대한 명시적 조건이나 정보 또는 그 목록이 제시되어야 한다. 그러면 이와 같은 명사후치사 복합형은 어떻게 획득할 수 있는가? '실현 가능한 모든 조사 복합형'의 목록이 기존 연구나 문법서에 이미 제시된 바 있는가? 기존의 한국어 인쇄사전 또는 세종 전자사전과 같은 일련의 전자 표제어에 이러한 활용형 정보가 빠짐없이 제공된 것이 존재하는가? 이에 대한 답은 부정적이다. 대사전에 수록된 복합형 후치사의 표제어는 주요하다고 판단되는 부류에 대한 선별적 예시에 불과하므로, 그 전체 목록은 기대하기가 어렵다. 기존의 관련 연구에서도 특정 조사와 연관된 일련의 복합형에 대한 개별적인 논의 또는 전체적인 원칙에 대한 논의가 이루어졌으나, 활용형사전을 구축할 수 있는 실제적인 자료와 목록의 제공은 찾아보기 어렵다.

그런데 앞서 지적한 바와 같이, 형태론적으로 복잡한 한국어 체계에서 조사 단위들의 복합형 구성을 일정 '규칙'의 형태로 예측하는 것도 가능하지 않다. 다음을 보자.

(10ㄱ) 대학생부터가 그런 일에 앞장서야 합니다
(10ㄴ) 어른들부터께서 그런 일에 앞장서셔야 합니다

명사후치사 '부터' 뒤에 주어를 나타내는 '가'가 실현되거나 '께서'가 실현될 수 있다. 그런데 다음과 같이 그 위치를 뒤바꾸어 '부터'를 '가/께서' 뒤에 위치해 보면,

(11ㄱ) *보호자가부터도 당장 그 얘기를 믿지 못하였다
(11ㄴ) 선생님께서부터도 당장 그 얘기를 믿지 못하셨다

위의 (11ㄱ)에서 주어를 표시하는 '가' 뒤에 '부터'와 '도'가 수반된 형태는 어색하게 판단

된다. 그런데 동일한 주어 표지인 '께서'가 수반되고 뒤에 '부터'와 '도'가 결합한 (2ㄴ)는 상대적으로 훨씬 자연스럽게 느껴진다. 위의 차이를 인정한다면 (2ㄱ)에 나타난 형태는 제외되어야 하지만 (2ㄴ)의 형태는 후치사 복합형 목록에서 고려되어야 한다. 그렇다면 이를 어떻게 예측할 수 있을까?

여기서 이와 같이 여러 개의 조사가 중첩되는 현상이 개별 어휘적 의존성을 보인다는 문제뿐만 아니라, 어절의 길이가 길어질수록 문법성 여부의 판단이 어려워진다는 데에 또다른 문제가 있다. 텍스트에서 조사 3개, 또는 4개 결합한 복합형은 빈번히 사용되는 형태가 아니기 때문이다. 그렇다고 이러한 다중 결합 현상이 완전히 비현실적인 문제가 아니라는 데에 어려움이 있다. 다음에서 보듯이,

(12ㄱ) 이제 너<u>하고만큼은</u> 꼭 끝장을 봐야겠어
(12ㄴ) 이제 너<u>하고만큼만은</u> 꼭 끝장을 봐야겠어
(12ㄷ) 이제 너<u>하고만큼만이라도</u> 꼭 끝장을 봐야겠어

명사에 후치사가 3개, 또는 4개 이상 결합한 'N-하고만큼은'이나 'N-하고만큼만은', 'N-하고만큼만이라도'와 같은 구성은 실제 관찰되는 조합 가능한 형태이다. 여기서 이러한 검증 작업에 중요한 열쇠가 되는 현상이 바로 '비문성(Non-grammaticality)'의 속성이다. 다음을 보자.

(13ㄱ) 오늘은 정말 행복했어요   ⇒ {'었' 삽입}
(13ㄴ) 지금쯤 얼마나 행복하겠어요!   ⇒ {'겠' 삽입}
(13ㄷ) 앞으로 꼭 행복하시어요!   ⇒ {'시' 삽입}
(13ㄹ) 그때는 정말 행복했겠어요!   ⇒ {'었-겠' 삽입}
(13ㅁ) 그때는 정말 행복하셨겠어요!   ⇒ {'시-었-겠' 삽입}
(13ㅂ) 그때 그 일을 겪기 전엔 행복하셨었겠어요! ⇒ {'시-었-었-겠' 삽입}
(13ㅅ) *그때 그 일을 겪기 전엔 행복하겠었시어요! ⇒ {'겠-었-었-시' 삽입}

위에서 형용사 '행복하다'의 7가지 활용후치사 조합에 있어서, (13ㄱ)~(13ㄷ)의 처음 3가지는 '삽입 후치사' 즉 선어말 어미가 한가지만 실현되어 상대적으로 간단한 활용형을 구성한다. 4 번째 경우부터 삽입 후치사가 2개, 3개, 4개가 결합하여 복잡한 구성이 나타났는데, 이때 실현된 '시'와 '었', '겠'은 각각 그 문법적 기능이 달라 (13ㄹ)~(13ㅂ)의 3가지 경우는 모두 적법한 구성으로 보인다. (13ㄹ)에서는 과거시제의 '었'과 추측의 '겠'이 사용된 경우이며 (13ㅁ)에서는 여기에 존칭의 '시'가 결합한 경우이다. (13ㅂ)에서는 (13ㅁ)에 다시 과거시제 '었'이 한번 더 출현하여 과거 시점에서보다 다시 그 이전의 대과거 시점을 표현하는 문법적 구성으로 보인다. 그런데 실제로 (13ㅂ)과 같은 구성은 이미 그 사용 빈도가 매우 낮아, 한국어 화자도 이에 대한 적법성 판단 검증을 하기 쉽지 않다. 이러한 검증 작업에서

중요한 역할을 하는 것이 바로 (13ㅅ)과 같은 구문의 설정이다. (13ㅂ)의 모호함과 비교할 때 (13ㅅ)은 분명히 비문이 된다. 이 경우를 통해, 결합하는 단위성분들이 이렇게 여러개 실현되는 것이 문제가 아니라, 그 결합 제약을 어기는 것이 문제가 됨을 간접적으로 확인할 수 있다. 즉 '최소 기본단위'의 목록 구성이 진행되면 이들의 '결합 제약'에 대한 광범위한 검증 작업이 수행되어야 한다. 기존의 많은 관련 연구들에서도 이에 대한 명쾌하고 만족할 만한 언어자료가 제공되지 못하는 것이 바로 이러한 어려움에서 비롯되는 것으로 보인다.

이러한 현실적인 어려움을 극복하기 위한 시도의 하나로, 조사의 복합형을 실제 자료체인 '코퍼스'로부터 획득하는 방법이 제안되었다(남윤진 2000, 이희자·이종희 2010 등). 이러한 문제에서 코퍼스는 하나의 훌륭한 대안이 된다. 그러나 코퍼스에 기반하는 접근은 크게 두 가지 관점에서 한계에 부딪힌다.

첫째는 코퍼스에 기반하는 통계적 접근법에서는 아무리 코퍼스의 규모를 늘려도 여기서 추출되는 결과물이 사전 자체를 온전하게 대신하지는 못한다는 점이다. 가령 실제로 언어 사용자들이 사용하는 위와 같은 조사 복합 구성이,

(14) 에마저 | 에처럼 | 으로야말로 | 한테마저 | 한테처럼

대용량 말뭉치에 기반하여 복합조사를 연구한 남윤진(2000)의 연구 목록에 누락되어 있다는 이선희(2006)의 지적처럼, 코퍼스에서 추출되는 복합형만으로 한국어 조사 복합형의 전체 목록을 구성하는 것은 불가능하다.

코퍼스가 체계적으로 구축된 사전 항목에 대하여 현실적인 검증을 가능하게 하는 훌륭한 보조 장치임에는 틀림없으나, 아무리 방대한 코퍼스를 이용한다 하더라도 현행 대사전에 등재되어 있는 표제어의 완성도를 따라갈 수는 이치와 같다. 실제로 코퍼스는 사전의 표제어에 대한 이차적인 점검 장치로서, 자주 쓰이는 기초 어휘 목록의 구성이나 또는 거의 사용되지 않는 고어 또는 사어, 저빈도어 유형을 재정비하는 효율적인 보조 장치의 의미를 가진다는 점을 상기해야 한다.

둘째는 코퍼스에서 추출된 조사 복합형 목록이 설사 만족스럽다 하더라도, 한국어의 조사 복합형은 사실상 그 내부 구성성분들에 대한 언어학적 정보가 함께 제공되어야 한다는 점이다. 즉 위의 예문들에 실현된 조사 복합형이 어떠한 성분들로 구성되어 있는지 그 내부 정보를 제공하는 것은, 근본적으로 코퍼스에서 추출된 복합형 목록만으로는 가능하지 않다. 가령 다음은 코퍼스에서 조사 복합형을 추출하여 제시한 이희자·이종희(2010)의 목록의 예를 보인다.

(15) 느냐거늘 | 느냐거든 | 느냐거들랑 | 느냐건만 | 느냐는데 | 느냐는데요
　　느냐니까 | 느냐니까는 | 느냐니까요 | 느냐니깐 | 느냐니요 | 느냐더니

위와 같이 코퍼스에서 조사/어미의 복합형을 추출하는 데에 성공하더라도 실제로 활용형 전자사전에 제공되어야 하는 내부정보는, 앞서 제1부에서 논의한 바와 같이, 각 내부 구성 형태소 정보를 포함한 형태가 되어야 하기 때문이다. 가령 다음과 같은 정보들이 제공되어야 한다.

- 어떤 원소(형태소), 몇 개의 원소(형태소)로 구성되었는가?
- 주어진 표면형 원소의 기본형(Lemma)이 무엇인가?
- 각 후치사 원소의 통사·의미적 속성은 무엇인가?

따라서 (15)와 같은 복합형 목록이 획득되어도, 이들 내부의 구성성분들에 대한 분석적 연구를 수행한 후, 이들의 개별 속성을 일일이 기술하는 것이 필요하다. 이러한 문제들을 고려할 때, 이러한 작업은 궁극적으로 코퍼스기반 복합형 추출만으로는 대신할 수 없다는 사실을 확인할 수 있다.

앞서도 논의한 바와 같이, 코퍼스 분석을 위한 전자사전에서는 토큰의 인식률을 높이는 데에 일차적 목적을 두므로, 가능한 한 최대한의 복합형 조사가 인식되고 분석될 수 있도록 활용형사전 표제어의 재현율(Recall)을 높이는 데에 주력하는 것이 바람직하다. 조사들의 결합형 목록의 구축에 있어서, 여러 개의 조사 구성이 다소 어색하고 무겁고 많이 관찰되지 않는 복합 형태라 판단될지라도, 명백히 불가능하다고 판단되는 유형과의 비교 검증을 통해, 가능한 한 조사 복합형으로 간주하는 원칙이 요구된다.

3.2.2.2. '조합적 생성력' 검증 방법론

그렇다면 왜 형태론적으로 발달한 한국어에서, 이토록 중요한 후치사 복합형 목록이 기존 연구에서 명확하게 제시되어 있지 않은 것일까? 그 첫째 이유는 '목록의 방대함'에 있다. 상호 복잡한 제약 관계를 보이며 여러 원소가 결합하므로, 그 전체 조합 가능성이 너무나 방대할 것으로 생각되기 때문이다. 이러한 이유로 이렇게 복합형 목록이 제공되지 않는다면, 이를 획득하기 위해서는 각 단일형 원소의 전체 목록과 함께 각 기본 단위들이 결합할 수 있는 '전체 결합 조건/규칙'이 제공되어야 할 것이다. 그런데 이것은 더 까다롭다. 이들의 결합적 제약 관계가 일정 규칙으로 기술하기 어려운, 어휘적 특이성의 속성을 보이기 때문이다.

앞서 후치사 복합형 목록의 연구가 미흡한 두 번째 이유는, '실용적인 필요성에 대한 몰이해'에서 비롯된다. 전체 후치사 원소들에 대한 모든 결합 가능성을 검토한다는 것은 많은

시간과 노력이 필요할 뿐 아니라, 아직도 해결되지 않은 형태론적 논쟁의 대상들에 대해 적극적이고 자의적인 결정을 내려야 하는 부담이 있다. 후치사 전체에 대하여 실제 사용할 수 있는 형태의 복합형 사전을 구성하려면, 일부 대표적인 '표본(Sample)' 또는 '모델(Model)' 수준에 머물러서는 안되기 때문이다. 따라서 필연적으로 '어미'나 '접사'와 경계에 있는 애매한 형태들에 대한 자의적인 결정이 수반되어야 하며, 결합 가능 여부의 판단이 모호한 형태들에 대한 일련의 선택이 동반되어야 한다. 이론언어학적 연구에서처럼 흥미로운 한 두 형태의 현상에 국한된 심층 논의는 여기서는 사실상 큰 도움이 되지 못하기 때문이다. 궁극적으로 위와 같은 작업이, 한국어 텍스트의 자동처리 시스템이나 외국인을 위한 이러닝 시스템과 같은 실제 시스템을 구현하고자 할 때, 무엇보다도 우선되어야 하는 단계임을 할 인지할 필요가 있다.

이러한 현실적 한계 속에서, 궁극적으로 전자사전에서 요구되는 명사후치사 복합형의 목록을 획득하기 위해서는, 단일 원소들의 목록을 구축하고 이를 바탕으로 가능한 모든 '조합적 생성력(Combinatorial Productivity)'에 대한 검증을 진행해야 한다. 가령 주격 후치사 복합구성을 획득하기 위해서는, '주격' 논항조사 개별 성분들에 대하여, 결합 가능한 보조조사들을 어휘별로 검증하는 것이 필요하다. 이들이 결합하는 순서 및 각 개별어휘별 결합 가능성 등을 그림 78과 같은 그래프 방식을 통해 검증할 수 있다. 다음을 보자.

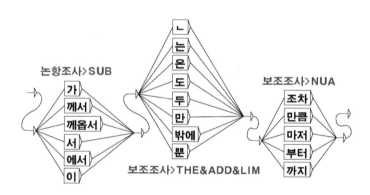

그림 78. 조사 복합형의 '조합적 생성력' 검증을 위한 그래프 표상 과정 예시

그림 78은 '주격' 논항조사 원소들과 일련의 보조조사 원소들의 결합 가능 여부를 검토하기 위해 방향성 그래프(DAG) 방식으로 이들을 표상하는 과정을 보인다. 여기서 이런 원소집합들을 서로 유기적으로 순서를 교차하면서 연결하는 검증을 통해, 가능한 연결 경로를 찾아내어 이를 완성된 DAG로 구축할 수 있다. 이렇게 시작된 그래프가 최종적 형태를 갖추게 되면, 실제 DECO 활용형사전 생성을 위한 명사후치사 복합형 그래프사전이 구축된다.

그림 78과 같은 '조합 검증'에서 시작되어 최종 획득된 복합형 그래프 사전의 한 예를 보이면 그림 79와 같은 형태가 된다. 이 그래프는 '무종성 끝음절 명사(NS01)'에 결합하는 '주격(SUB)' 복합형 사전 일부({JN01_SUB.grf})를 표상한다.

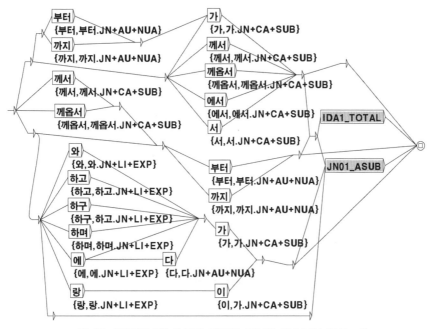

그림 79. '주격(SUB)' 후치사 복합형 FST의 예 {JN01_SUB.grf}

3.2.3. 명사후치사 복합형 구성에 대한 그래프사전

3.2.3.1. 명사후치사 메인 그래프 {JN.grf}

현재 DECO 사전에서 명사후치사 복합형은 방향성 그래프 방식으로 구축되어 유한상태 트랜스듀서(FST)로 변환된다. 그림 80은 명사후치사 복합형 전체를 호출하는 메인 그래프 {JN.grf}를 보인다.

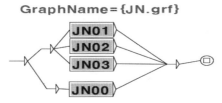

그림 80. 명사후치사 복합형 그래프 전체를 호출하는 주 그래프

위에서 보듯이 {JN.grf}는 모두 4개의 유형으로 분류된 명사후치사 복합형 범주의 그래프 문법을 호출하는 메인 그래프이다. 위에서 {JN01}은 무종성명사 유형인 {NS01}에 결합하고, {JN02}는 '르'제외 유종성명사 유형 {NS02}에 결합한다. {JN03}은 '르'종성명사 유형 {NS03}에 결합하고, {JN00}은 관형사(ZNM)와 같이 후치사를 허용하지 않는 명사 유형 {NS00}에 결합한다. 다음에서는 무종성 명사 {NS01} 범주와 결합하는 후치사 복합형 {JN01}을 기반으로, 각 하위유형들을 살펴보기로 한다.

3.2.3.2. 무종성명사(NS01)의 후치사 {JN01.grf}

그림 81은 '무종성 명사' {NS01}와 결합하는 {JN01} 후치사 범주의 메인그래프({JN01.grf})를 보인다.

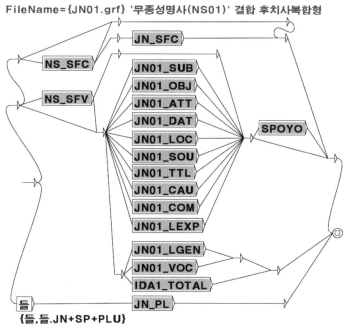

그림 81. 무종성 명사'와 결합하는 {JN01} 범주의 주 그래프

위의 그래프에서 보는 바와 같이, 실제로 후치사 복합형의 문법적 기능을 결정짓는 데 중심이 되는 요소는 3가지 부류이다.

- '논항조사(CA)'로 분류된 10가지 유형의 세분류 후치사
- '연결조사(LI)'로 분류된 2가지 유형의 세분류 후치사

• '서술조사(CP)'로 분류된 1가지 유형의 후치사

즉 그림 81의 그래프는, 10개의 논항조사 세분류 명칭으로 구축된 10개의 서브그래프와 2개의 연결조사 서브그래프, 그리고 1개의 서술조사 서브그래프를 호출하고 있다. 여기서 서브그래프(Subgraph)는 회색 박스로 표현되어 있다. 이들 그래프가 호출될 때, 전후에 다음 두 가지 특징을 보인다. 첫째, 왼편에 일련의 '통사적 접미사({NS_SFV})'의 결합을 허용할 수 있어, 명사에 이들이 결합한 후 다시 결합할 수 있는 특징을 보인다. 이 성분들도 회색박스의 서브그래프 형식으로 표현되었다. 둘째, 뒤에 구어체 삽입조사 유형인 '요'(JN+SP+SPO)'의 결합을 허용할 수 있어 이를 표상하는 서브그래프 {SPOYO}가 덧붙여졌다. 이때 왼편에 결합하는 '통사접미사'의 경우, 이들이 '무종성 어휘(NS_SFV)' 부류이면 현재의 {JN01} 클라스의 후치사들과 결합이 이루어지나, 이들이 '유종성 어휘(NS_SFC)' 부류이면 뒤에 결합하는 후치사 유형이 {JN01}이 아니라 {JN02}와 같은 '유종성명사 결합형 후치사' 부류가 수반되어야 한다. 따라서 이 경우 유종성명사 결합형 후치사 부류를 나타내는 {JN_SFC}가 호출되었다.

즉 다음에서 (16ㄱ)은 '유종성 통사적 접미사(NS_SFC)'와 결합한 '후치사(JN_SFC)' 결합형을, (16ㄴ)은 '무종성 통사적 접미사(NS_SFV)'와 결합한 '후치사(JN01)' 결합형의 예를 보인다.

(16ㄱ) 한달(NS)-동안({NS_SFC})-은({JN_SFC})
(16ㄴ) 만원(NS)-짜리({NS_SFV})-는({JN01})

그외에, 현재 무종성명사(NS01)에 복수 표지의 '들'이 나타나면 뒤에 결합하는 후치사 군집이 달라진다. 즉 'ㄹ'종성 명사(NS03)에 결합하는 후치사 유형이 달라져야 한다. 즉 'ㄹ'종성 명사(NS03)에 결합하는 후치사 부류(JN03)와 동일한 유형의 후치사들이 결합해야 한다. 이 후치사들을 표상하는 그래프는 {JN_PL}로 명명되었다.

위에서 보듯이, 앞서 5가지 명사후치사 대범주 중에서 나머지 2부류, 즉 '보조조사(AU)'와 '특수조사(SP)' 부류는 위의 서브그래프들의 내부에 다양한 방식으로 결합되어 '보조적으로' 실현된다.

3.2.3.3. 통사적 접미사 처리

명사와 명사후치사가 결합하기 전에 삽입 가능한 일련의 '통사적 접미사' 유형을 표상하는 그래프 {NS_SFC}를 살펴보자. 이들은 학자에 따라 '의존명사'로, '접미사'로 또는 '조사'로 분류되기도 하는, 형태·통사적으로 중간적인 성격의 어휘들이다.

이들 중에는, 파생접미사들처럼 다른 명사와의 결합에 상대적으로 제약이 심한 유형으로부터, 통사적인 공기 관계 성분처럼 그 결합이 훨씬 자유로운 유형에 이르기까지 다양하게 나타난다. 이들을 처리하기 위해 다음과 같은 3가지 방식이 가능하다.

- 첫째, 이들을 제외한 명사 형태만 어휘소 사전에 등재하고, 명사가 후치사와 결합할 때 그 사이에 실현되는 부류를 별도의 장치를 통해 인식하는 방법
- 둘째, 이들이 결합한 명사 형태를 어휘소 사전에 하나의 표제어로 등재하는 방법
- 셋째, 이들을 후치사 그래프에 내장하여, 다른 후치사가 결합하기 전에 이들이 삽입될 수 있는 현상을 고려하는 방법

위의 3가지 방법 중에서 첫 번째 방식은, 활용형 토큰 전체에 대한 정보를 최대 제공하는 현재의 활용형사전의 목적성에 부합되지 않는다. 두 번째 방식의 경우, 형태·의미적으로 하나의 명사 어휘로 간주하기 어려운 유형이나 생산성이 높은 유형들은 이와 같이 사전 표제어로 등재하는 것이 적절하지 않아 보인다. DECO 사전에서는 기본적으로 세 번째 방법을 채택하여, 그림 81과 같은 방식으로 후치사 그래프에 삽입하는 방식을 사용하였다. 이들은 대부분 보조조사의 양태(NUA) 유형으로 분류되어 삽입되었으나 '님'처럼 인물명에 결합하는 특수조사 유형(PER)도 포함된다. 다음 그림 82는 유종성 통사적 접미사 부류(NS_SFC)와 무종성 통사적 접미사 부류(NS_SFV)의 그래프를 보인다.

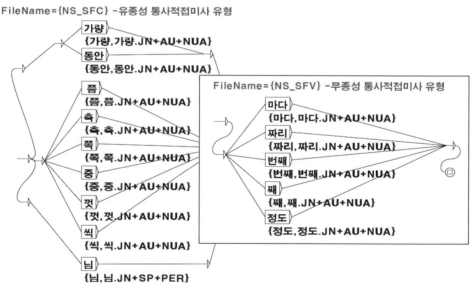

그림 82. 유종성 통사적 접미사와 무종성 통사적 접미사 그래프

반면 생산성이 높지 않고 결합관계가 제한적이라 판단되는 부류는, 그 결합형 자체를 일

종의 파생어처럼 사전 표제어로 등재하는 두 번째 방식을 채택하였다. 현재 그 사용 빈도가 높다고 판단되는 유형에 대해서는 지속적으로 그림 82의 그래프 사전에 추가·보완되도록 하였다. 현재 DECO 활용형사전은 이처럼 각 통사·의미적 특징에 따른 어휘 성분들이 개별 그래프로 모듈화되어 호출되는 방식으로 구성되므로, 이와 같은 성분들의 지속적인 추가와 확장, 수정 등의 작업이 효과적으로 수행될 수 있다.

현재 그래프에 나타난 태그는, 입력문과 출력문의 두 층위로 되어 있는 유한트랜스듀서(FST)의 문법적 정의를 따른 형태이다. 앞서도 지적한 바와 같이, '입력문(Input)' 박스에는 표면에 실현되는 형태가 제시되어 있어, 이러한 입력문이 인식되면, 현재의 FST의 경로를 따라 그 박스 아래에 제시되어 있는 '출력문(Output)' 형식으로 변환된다. 출력문의 태그는 앞서도 언급한 바와 같이 입력문의 표면형태를 분석한 결과값을 제시한 형식으로서, 다음과 같은 3가지 영역으로 구성되어 있다.

(17) {Surface, Lemma. Tag1+Tag2+Tag3}

최초에 표면형이 나타나고, 제1구분자로 컴마가 나타나며, 기본형이 실현되고 그 다음 제2구분자는 마침표가, 그 다음에는 문법소의 분류정보가 3개 단위로 계층화된 태그로 구성된다. 즉 예를 들면 다음과 같다.

(18ㄱ) {쯤, 쯤. JN+AU+NUA}
(18ㄴ) {껏, 껏. JN+AU+NUA}

3.2.4. 논항조사(CA)의 하위범주별 그래프사전

3.2.4.1. '주격' 논항조사(SUB) 그래프

그림 83은 '논항조사' 중에서 '주격' 후치사들을 표상하는 그래프 {JN01_SUB.grf}를 보인다. 이 그래프의 상단에서 보는 바와 같이, 기본적으로 '가/께서/께옵서/에서/서'와 같은 주격 후치사들이 일련의 보조조사들과 연결되어 복합형을 구성할 수 있다. 예를 들면 다음과 같다.

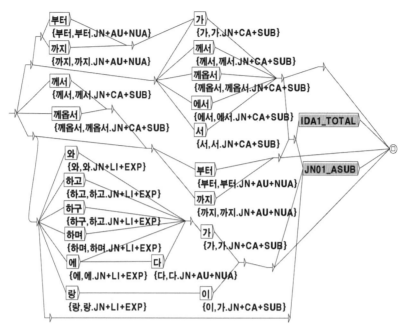

그림 83. '주격'의 논항조사(SUB) 복합형 구성을 표상하는 FST

(19ㄱ) 그 <u>분부터가</u> 당장 그 일을 하겠다고 할겁니다
(19ㄴ) 그 <u>분께서만이</u> 그 일을 할 수 있답니다
(19ㄷ) 국정원<u>에서만큼은</u> 그 일을 알고 있을 거예요

그래프의 하단에서 나타난 '와/하고/하구/하며/에/랑'은 뒤에서 보게 될 '나열연결조사'의 일종으로 2개 이상의 명사를 나열할 때 사용되는 후치사 유형이다. 다음은 이들이 나타나고 주격 조사 '이/가'가 실현되고 그 뒤의 일련의 보조조사({JN01_ASUB})가 수반된 예를 보인다.

(20ㄱ) 배추<u>하고</u> 파<u>하고</u> 마늘<u>하고가</u>(=마늘이) 이번 명절에 제일 비싸답니다
(20ㄴ) 오토바이<u>랑</u> 소형차<u>랑</u> 택시<u>랑이</u>(=택시가) 이번에 규제대상이어서...

위에서 회색 박스로 실현된 두 개의 박스는 여기서 호출되는 서브그래프를 보인다. {IDA1_TOTAL.grf}는 서술조사 '이다'의 모든 활용형을 표상하는 그래프 집합으로서, '무종성 명사(NS01)'에 연결되는 그래프 부류(JN01)를 나타내며, {JN01_ASUB.grf}는 '만, 만큼은, 만은, 도, 나, 조차는, 마저도' 등 일련의 복합 보조조사를 나타낸다.

3.2.4.2. '목적격' 논항조사(OBJ) 그래프

그림 84는 '목적격 후치사(OBJ)'를 표상하는 그래프를 보인다. 여기서도 무종성명사에 결

합하는 '를/ㄹ' 형태의 격조사와 일련의 보조사가 결합하는 관계를 보이고 있다.

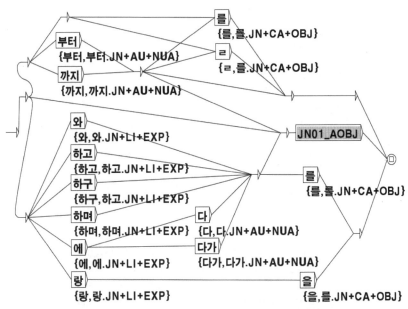

그림 84. '목적격'의 논항조사(OBJ) 복합형 구성을 표상하는 FST

목적격 후치사를 핵으로 하는 복합형 후치사 어절의 예를 들면 다음과 같다.

(21ㄱ) 위원회에서는 다섯 번째 후보<u>까지를</u> 면접하기로 했다
(21ㄴ) 사람들이 그 약속<u>부터마저도</u> 믿지 못하겠다고 합니다
(21ㄷ) 당신들이 책<u>하며</u> 노트<u>하며</u> 연필<u>하며를</u>(=연필을) 모두 공급한다면 수락하겠습니다

3.2.4.3. '보격' 논항조사(ATT) 그래프

그림 85는 '보격'의 위치에 실현되는 후치사(ATT)를 표상하는 그래프이다. 이 경우도 '보격'
으로 사용되는 '가/라/라고/로/루' 후치사와 서브그래프로 호출된 일련의 보조사(JN01_AATT)
부류의 결합으로 실현된다. 또한 위치 제약에서 상대적으로 자유로운 보조사 '부터/까지'가
추가로 결합 가능하고, '나열연결' 후치사의 일련의 형태들도 앞서 '주격'이나 '목적격'처럼
추가로 결합 가능하다.

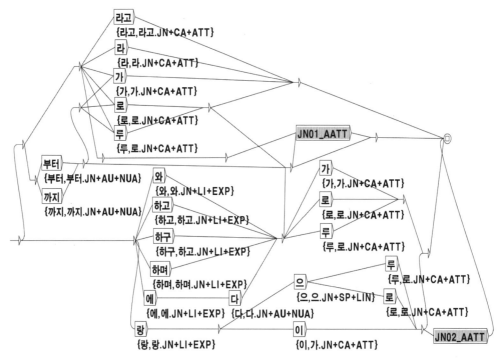

그림 85. '보격'의 논항조사(ATT) 복합형 구성을 표상하는 FST

위의 그래프가 표상하는 보격 후치사 복합형의 일부 예를 들면 다음과 같다.

    (22ㄱ) 물이 갑자기 수증기가 되지는 않습니다
    (22ㄴ) 사회는 그런 사람들을 선구자라고 부른다
    (22ㄷ) 그들의 숭고한 노력을 [돈하고 이기심하고 명예하고로] 환원해서 설명해서는 안됩니다

3.2.4.4. '여격' 논항조사(DAT) 그래프

그림 86은 '여격'의 논항조사(DAT)를 표상하는 그래프이다. '여격'을 나타내는 후치사는 상대적으로 다양한 편이다. '에게/게/에/한테/께/더러/ㄹ더러/보고/보구/보고서/보구서'로 실현되는 여격 후치사들은 이 그래프에서 보는 바와 같이 뒤에 '다가/다'와 '로/루' 등을 수반하는 특징을 보인다.

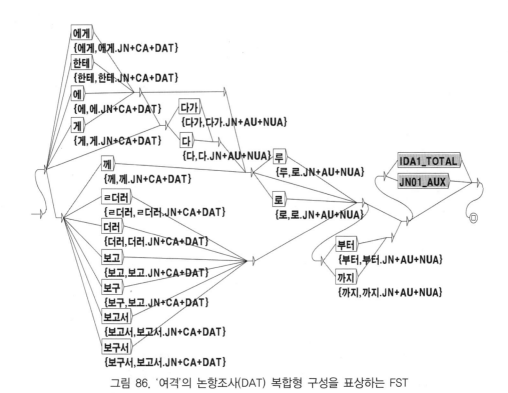

그림 86. '여격'의 논항조사(DAT) 복합형 구성을 표상하는 FST

이 그래프에 나타난 '보고/보고서'는 두 형태 모두 여격(DAT)의 후치사로서, 서로 통사·
의미적 대립성을 보이지 않는다.

    (23ㄱ) 괜히 우리<u>보고</u> 그런 일을 하라고 하다니!
    (23ㄴ) 늘 괜히 우리<u>보고서</u> 그런 일을 하라고 하다니!

'에게/에게서'의 쌍에서 보이는 통사·의미적 대립 현상과는 차이를 보인다.

    (24ㄱ) 그가 아이<u>에게</u> 책을 주었다
    (24ㄴ) ⇔ 그가 아이<u>에게서</u> 책을 가져갔다

'한테/한테서'의 경우도 위의 '에게/에게서'와 같이 대립쌍을 구성한다.[84]

---

84) 그러나 '에게'나 '한테'는 여격(DAT)과 출처격(SOU)의 이중적 용법을 가지므로, 다음과 같이 출처격으로 사용
    된 경우에는, '에게서/한테서'와 대립관계를 보이지 않는다.
    (ㄱ) 그가 그 아이-(에게+에게서) 그 얘기를 들었어
    (ㄴ) 그가 그 아이-(한테+한테서) 그 얘기를 들었어

(25ㄱ) 그가 아이한테 책을 주었다
(25ㄴ) ⇔ 그가 아이한테서 책을 가져갔다

특히 구어체에서 빈번하게 사용되는 '한테'의 경우, 뒤에 일련의 보조조사가 결합한 예를 보이면 다음과 같다.

(26ㄱ) 그가 우리한테 다 얘기했어요
(26ㄴ) 어서 우리한테다가 다 털어놔봐
(26ㄷ) 내일쯤은 우리한테다로 택배가 도착하려나?
(26ㄹ) 우리한테다만큼은 다 얘기를 했어야지!

3.2.4.5. '장소격' 논항조사(LOC) 그래프

그림 87은 '장소'의 논항조사(LOC)를 표상하는 그래프이다.

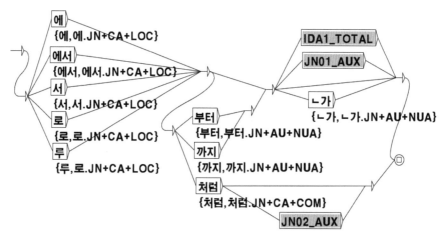

그림 87. '장소'의 논항조사(LOC) 복합형 구성을 표상하는 FST

논항조사 중 장소격(LOC)을 나타내는 후치사는 추후 통사·의미적 속성에 따라 조금 더 세분화 하는 것이 가능하다. 대표적인 '에/에서' 외에도 방향성을 나타내는 '로'가 포함되어 있으며, 이 경우에도 일련의 보조조사 {JN01_AUX}가 결합한 복합형 구성이 가능하다. 다음은 몇가지 장소격 후치사 복합형의 예를 보인다.

(27ㄱ) 사람들이 광장에까지 잔뜩 모여있다
(27ㄴ) 이번엔 시민단체에서 안국역에선가 집회를 개최한다던데
(27ㄷ) 그런 공문을 초등학교로만큼은 보내지 말아야지요

3.2.4.6. '출처격' 논항조사(SOU) 그래프

그림 88은 '출처'의 논항조사(SOU)를 표상하는 그래프이다.

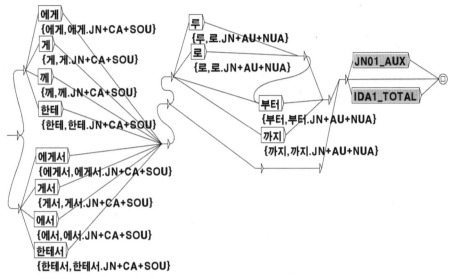

그림 88. '출처'의 논항조사(SOU) 복합형 구성을 표상하는 FST

논항조사 중에서 '출처격(SOU)'은 행위나 동작, 추상적 정보 등의 출처 또는 기원이 되는 논항을 유도하는 후치사이다. '에게서/에서/한테서' 등이 명시적이고 전형적인 출처격 후치사 부류이지만, 여격과 형태가 동일한 '에게/께/한테'와 같은 형태들도 이러한 기능을 수행하는 중의적 형태들이다. 뒤에 '로/루'와 같은 후치사의 결합이 가능하고, '부터/까지' 또는 그외의 보조조사 {JN01_AUX} 부류가 결합할 수 있다. 다음을 보자.

(28ㄱ) 너희도 할아버지께 그 소식을 들었니?
(28ㄴ) 우리가 너한테까지 그런 취급을 받아야 한다는 것이 어이가 없구나
(28ㄷ) 그 사람은 가까운 동료한테서조차도 인정을 받지 못하는군요

위에서 나타난 '로'에 대한 구어체 표현 '루'는 후치사 '도'에 대한 구어체 '두'처럼 실제 코퍼스에서는 빈번하게 관찰된다. 다음은 '루'의 실현 예를 보인다.

(29ㄱ) 우리한테루 어서 와
(29ㄴ) 너희두 그 아이에게서루 들었지?

3.2.4.7. '도구자격격' 논항조사(TTL) 그래프

그림 89는 논항조사 중에서 '도구' 또는 '자격'을 나타내는 후치사(TTL) 부류를 표상하는 그래프이다.

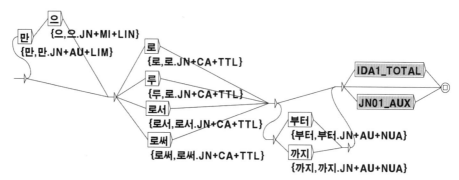

그림 89. '도구/자격'의 논항조사(TTL) 복합형 구성을 표상하는 FST

여기서 보듯, 대표적 후치사는 '로/루/로서/로써'가 되며, 일반적으로 도구에는 '로써'가, 자격에는 '로서'가 사용되는 것이 원칙이다. 이 경우도 일련의 보조조사들과 결합한 복합형 구성이 나타난다. 다음을 보자.

> (30ㄱ) 제가 이 회의 의장으로서 말씀을 드립니다
> (30ㄴ) 벌금만으로조차는 절대 그런 악습을 막을 수 없습니다
> (30ㄷ) 과연 이러한 법규로써까지 사람들을 통제해야 합니까?

3.2.4.8. '원인격' 논항조사(CAU) 그래프

그림 90은 논항조사 중 '원인'을 나타내는 후치사(CAU) 부류를 표상하는 그래프이다.

이 클래스의 대표적인 후치사 유형은 '에/로/루/로써' 등이며, '때문에'와 같은 어절이 명사 뒤에 곧바로 결합하는 경우도 관찰된다. 이 그래프에는 현재 띄어쓰기 맞춤법 규정을 지키지 않은 일련의 '구절'이 하나의 어절로 구성되어 포함되어 있는데, 이를 정리하면 다음과 같다.

- '때문에' 어절 형태
- '에'에 '의하다'의 일부 활용형이 결합한 형태(에의해, 에의해서 등)
- '로'에 '인하다'의 일부 활용형이 결합한 형태(로인해, 로인하여 등)
- '로'에 '말미암다'의 일부 활용형이 결합한 형태(로말미암아, 로말미암아서 등)

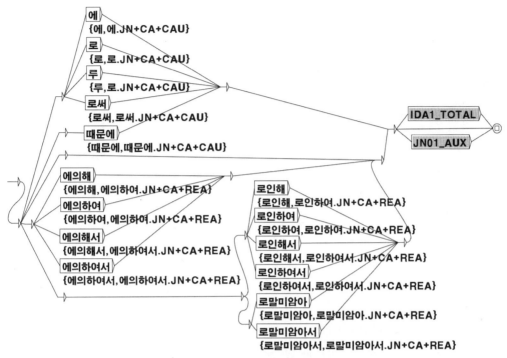

그림 90. '원인'의 논항조사(CAU) 복합형 구성을 표상하는 FST

위의 예들을 보이면 다음과 같다.

    (31ㄱ) 오랜 폭우에 과일들이 모두 썩어버렸다
    (31ㄴ) 비때문에 농작물이 모두 망가졌다
    (31ㄷ) 예상치못한 많은 비로인해 항공기가 결항하였다

위의 결합형들이 띄어쓴 단위로 올바르게 실현되는 경우는 분석 상에 문제가 없다. 다만 단음절 명사를 동반할 때, 특히 구어체에서 위의 연쇄들이 여백 없이 실현되는 경우가 관찰된다. 이러한 경우 위와 같이 후치사 그래프사전에 등재하게 되는 것을 통해 인식할 수 있는 장점이 있으며, 또한 이 전체 구성이 문장 내에서 하나의 '원인'을 나타내는 구나 절이 될 수 있음을 표현하고 있어, 언어학적 연구에 추후 추가적인 정보를 제공하는 장점이 있다.

3.2.4.9. '비교격' 논항조사(COM) 그래프

다음은 논항조사 중에서 비교, 동반, 공동 또는 대칭 등의 다양한 통사·의미 기능을 가지는 일련의 후치사들을 '비교격(COM)'이라는 명칭으로 통칭하여 그래프로 표상한 결과이다.

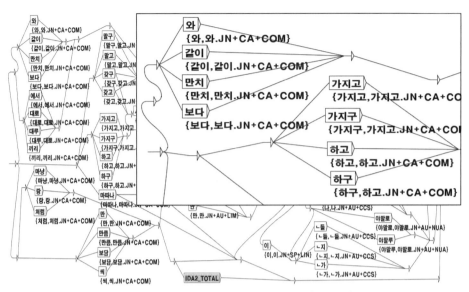

그림 91. '비교격'의 논항조사(COM) 복합형 구성을 표상하는 FST

이들은 '와/같이/보다/만큼/만/처럼/에서/하고/랑/갖고/말고' 등과 같은 다양한 형태로 표현되는 후치사 부류를 포함한다. 이들과 결합하는 일련의 보조조사(AU)들은 각 후치사별로 그 결합 순서 및 제약관계가 복잡하게 나타나므로, 서브그래프로 호출되지 않고 현재 그래프에 함께 기술되었다. 다음은 이 부류의 후치사 복합형의 일부 예를 보인다.

(32ㄱ) 그런 친구보다만도 못하다니 실망이구나
(32ㄴ) 초등학생처럼조차도 말을 못하다니 놀랍군요
(32ㄷ) 그는 그 친구하고서만은 꼭 자신의 성적을 비교한다

이 부류의 후치사들이 결합한 논항들은, 이들이 포함된 서술어 및 문형구조에 따라 하나의 비교 논항이 되기도 하고, 동반 논항, 대칭 논항, 또는 경쟁 논항이 되기도 한다. 따라서 후치사의 표면적 어휘 형태만으로 격을 분류하는 것은 무의미하다. 이들에 대한 세부적 분류는 통사적 층위에서 추후 이루어지는 것이 바람직하므로, 여기서는 더 세분되지 않았으며, 편의상 모두 '비교격(COM)'으로 총칭되었다.

3.2.4.10. '호격' 논항조사(VOC) 그래프

다음은 논항조사 중에서 '호격(VOC)'을 나타내는 후치사를 나타낸다. '무종성명사(NS01)'에 결합하는 후치사 부류이므로 다음과 같이 '야/여/시여'의 변이형이 관찰되지만, 유종성명사 부류에 결합하는 유형들은 '아/이여/이시여' 등이 나타난다.

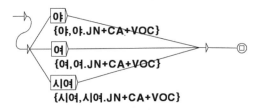

그림 92. '호격'의 논항조사(VOC) 복합형 구성을 표상하는 FST

다음은 이러한 호격 후치사 논항의 예를 보인다.

(33ㄱ) 친구야, 오늘도 행복한 하루가 되기를 바란다
(33ㄴ) 젊은이여, 더 높은 꿈을 펼쳐라
(33ㄷ) 우리들의 어머니시여, 이 땅의 모든 자식들의 등불이 되어 주소서

이상과 같이 DECO 사전에는 모두 10가지의 논항조사 부류가 기술되어 있다. 아래에서 논의할 '연결조사(LI)' 부류는 '소유연결'과 '나열연결'의 두 가지로서, 문장 내에서 단독으로 문장의 직접성분(Immediate Constituent: IC)이 되지 못한다는 점에서 논항조사들과 구별된다.

3.2.4.11. '소유연결' 조사(GEN) 그래프

연결조사 중에서 '소유연결(GEN)' 후치사는 소위 '속격'의 후치사인 '의'가 결합하는 어절을 유도한다. 그림 93에서 보는 바와 같이, 이들은 그 앞에 논항조사를 수반하는 일련의 복합 형태를 구성할 수 있다.

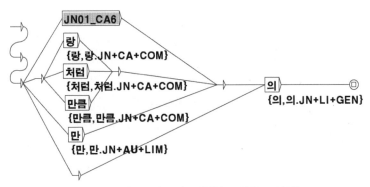

그림 93. '소유연결' 조사(GEN) 복합형 구성을 표상하는 FST

이 그래프에서 호출된 서브그래프 {JN01_CA6}는 일련의 논항조사들을 표상하는 그래프로, 가령 '에게/에서/께/같이/로/로써' 등과 같은 일련의 후치사를 포함한다. 즉 이들이 표현

된 문장의 예를 들면 다음과 같다.

(34ㄱ) 옛 친구의 이메일이 어제 도착했다
(34ㄴ) 파리<u>에서의</u> 추억이 아직 생생하다
(34ㄷ) 오랜 친구<u>로서의</u> 조언을 한 마디 하겠어
(34ㄹ) 우리 엄마<u>만의</u> 요리 레시피를 알려줄께

3.2.4.12. '나열연결' 조사(EXP) 그래프

연결조사 중에서 여러 개의 명사구를 '나열연결'(EXP)하는 후치사는 매우 복잡한 양상을 보인다. 그림 94를 보자.

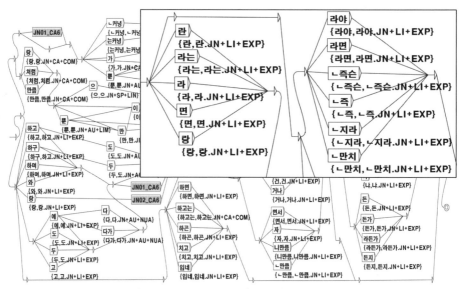

그림 94. '나열연결' 조사(EXP) 복합형 구성을 표상하는 FST

이 부류의 조사들이 결합한 명사어절도 단독으로 문장 성분을 구성하지 않고, 1개 이상의 선행 또는 후행 명사구를 수반해야만 전체가 하나의 논항으로 기능하게 된다. 이들은 2개의 명사구만을 나열하는 후치사 부류와 3개 이상의 명사구를 나열할 수 있는 후치사 부류로 구분된다.

3.2.4.12.1. 'N-EXP N'의 2개 명사만을 연결

'는커녕'과 '커녕'의 예를 보면, {N1-(는커녕/커녕) N2}와 같은 형태로 실현된다.

(35ㄱ) 그는 (아빠는커녕 + 조국은커녕) 자신을 낳아준 엄마도 모른다
(35ㄴ) 그는 며칠동안 (고기커녕 + 밥커녕) 빵조각 하나도 먹지 못했다

'는커녕'의 경우, 유종성 명사가 선행하는 경우 '은커녕'으로 실현되고, 무종성 명사가 실현되는 경우 '는커녕' 또는 'ㄴ커녕'의 형태로 실현된다. 반면 '커녕'의 경우는 선행 명사의 음운 조건에 관계없이 동일한 형태를 취한다.

위의 연결조사들 중에서 '라는'과 '란' 역시 다음과 같은 형태로 실현된다. 그런데 다음의 (36)와 (37)에 실현된 이들 연결조사의 통사·의미적 기능은 서로 다르다.

(36ㄱ) 그는 친구-(라는 + 란) 친구는 모두 불러 모았다
(36ㄴ) 그는 재산-(이라는 + 이란) 재산은 그 헛된 일에 모두 탕진해 버렸다

(37ㄱ) 부모님 고향친구-(라는 + 란) 분이 어제 찾아 오셨다
(37ㄴ) 아버지 당숙-(이라는 + 이란) 분이 어제 전화를 하셨어요

위에서 (36)는, {Na-라는/란 Na}와 같이 동일한 명사구가 연결되어야 하는 제약 관계를 보인다. 이 구문은 '모든 Na'라는 의미를 나타낸다. 반면 (37)의 경우는 {Na-라는/란 Nb}와 같은 구성으로 'Nb-가 Na-이다'와 같은 보어 구문이 인용문 관계절 형식으로 실현된 경우이다.

조사 '면'과 '하면'의 경우도 위의 '라는/란'의 (36)의 용법처럼 {Na-면/하면 Na}과 같은 연결 구성을 유도한다. 다음을 보자.

(38ㄱ) 노래면 노래, 운동이면 운동, 그는 못하는 게 없어요
(38ㄴ) 노래하면 노래, 운동하면 운동, 그는 못하는 게 없어요

그런데 앞선 경우와는 달리, 이 구성은 동일 구조가 2회 이상 반복되어야 자연스럽다. 즉 가령 {Na-면/하면 Na, Nb-면/하면 Nb}와 같은 반복 구조를 요구한다. (39)와 다음을 비교해보자.

(39ㄱ) ??노래면 노래, 그는 못하는 게 없어요
(39ㄴ) ??운동하면 운동, 그는 못하는 게 없어요

3.2.4.12.2. 'N-EXP N-EXP N'의 3개 이상 명사 연결

표 314의 예문에서 나타난 연결조사들은 다음과 같이 3개 이상의 명사 연결 구성을 허용한다.[85]

---

85) 이에 대한 추가적 논의는 남지순(2014)을 참고할 것.

번호	패턴	예문
1	N-와/과	할머니께서 약식에 밤과 대추와 잣을 잔뜩 넣으셨다
2	N-랑/이랑	할머니께서 약식에 밤이랑 대추랑 잣이랑을 잔뜩 넣으셨다
3	N-하고	할머니께서 약식에 밤하고 대추하고 잣하고를 잔뜩 넣으셨다
4	N-하며	할머니께서 갈비찜하며 약식하며 식혜하며 많이 싸주셨다
5	N-에	할머니께서 갈비찜에 약식에 식혜에 음식을 잔뜩 하셨다
6	N-니/이니	할머니께서 잡채니 약식이니 식혜니 잔뜩 싸주셨다
7	N-다/이다	할머니께서 잡채다 약식이다 식혜다 바리바리 싸주셨다
8	N-랴/이랴	할머니께서는 떡이랴 밥이랴 식혜랴 음식 준비에 정신이 없으셨다
9	N-건/이건	그는 돈이건 가구건 보석이건 닥치는대로 모았다
10	N-거나/이거나	그는 돈이거나 가구거나 보석이거나 닥치는대로 사들여댔다
11	N-도	그는 돈도 가족도 명예도 모두 버렸다
12	N-고/이고	그녀는 우리들의 어머니고 연인이고 지도자였습니다
13	N-며/이며	그녀는 우리들의 어머니며 연인이며 지도자였습니다
14	N-면서/이면서	그녀는 우리들의 어머니면서 연인이면서 지도자였습니다
15	N-자/이자	그녀는 우리들의 어머니자 연인이자 지도자였습니다
16	N-요/이요	그녀는 우리들의 어머니요 연인이요 지도자였습니다
17	N-나/이나	그는 집이나 가구나 차를 사는 데에 모든 돈을 쏟아부었다
18	N-든지/이든지	그는 친구든지 가족이든지 동료든지 항상 최선을 다해 대한다
19	N-든가/이든가	친구든가 가족이든가 동료든가 어서 누구라도 좀 불러보세요
20	N-든/이든	그는 친구든 가족이든 동료든 항상 최선을 다해 대한다
21	N-라든가/이라든가	그는 증오라든가 사랑이라든가 정이라든가 그 어떤 감정도 나타내지 않았다
22	N-라든지/이라든지	그는 증오라든지 사랑이라든지 정이라든지 그 어떤 감정도 나타내지 않았다
23	N-ㄴ지/인지	그는 민우의 고백이 가짜인지 진심인지 장난인지 도무지 알 수가 없었다
24	N-ㄴ가/인가	그는 민우의 고백이 가짜ㄴ가 진심인가 장난인가 도무지 알 수가 없었다
25	N-냐/이냐	인생의 목표가 돈이냐 명예냐 사랑이냐를 선택하지 않으면 안된다

표 314. 3개 이상의 명사 연결구성을 허용하는 나열연결조사 예시

이들의 의미적인 속성을 보면, 단순 나열의 의미뿐 아니라 배타적 선택의 의미를 가지는 연결 구성들도 관찰된다. 그런데 위와 같은 나열연결조사들 중에는 선행명사 위치에 유종성명사가 실현되는 경우, {이}가 결합하여 'X/(이)X'의 변이쌍을 구성하는 형태들이 규칙적으로 나타난다. 위에서 제시한 예의 일부를 다시 보면,

- 그녀는 우리들의 어머니면서 연인이면서 지도자였습니다
- 그녀는 우리들의 어머니며 연인이며 지도자였습니다
- 그는 증오라든가 사랑이라든가 정이라든가 그 어떤 감정도 나타내지 않았다

- 그는 증오라든지 사랑이라든지 정이라든지 그 어떤 감정도 나타내지 않았다

위에서 '이면서/이며/이라든가/이라든지' 등은 2가지 방식으로 분석이 가능하다. 첫째는 일반 조사로 전성된 형태로 간주하여, 이 경우 {이}가 일종의 매개모음처럼 실현된 것으로 분석하는 것이다. 둘째는 지정사 {이다}가 일련의 용언 활용후치사를 수반하여 실현된 형태로 분석하는 것이다. 남지순(2014)에서는 지정사 {이다}와 관련된 활용복합형과 별도로 다음과 같은 50여개의 '(이)X' 유형을 불변형 기본조사로 제안하였다.

조사유형	'(이)X' 형 조사 (지정사 '이(다)'와 형태적 연관성)	개수
논항조사	(이)라, (이)라고, (이)랑, (이)여, (이)시여	5
연결조사	(이)고, (이)랑, (이)며, (이)자, (이)든, (이)든지, (이)든가, (이)나, (이)건, (이)거나, (이)라든가, (이)라든지, (이)랴, (이)ㄴ가, (이)ㄴ지, (이)니, (이)란, (이)라는, (이)다, (이)요, (이)면서, (이)네, (이)냐	23
보조조사	(이)라도, (이)ㄴ들, (이)나마, (이)나, (이)든, (이)든가, (이)야, (이)야말로, (이)ㄹ랑, (이)란, (이)라, (이)라고, (이)라면, (이)라야, (이)면, (이)ㄴ즉, (이)ㄴ즉슨, (이)니만큼, (이)ㄴ만큼, (이)ㄴ만치, (이)ㄴ지라	21

표 315. 지정사 {이다}와 중복분류되는 '(이)X' 유형의 명사후치사

DECO 사전에서도 위의 형태들을 지정사 {이다}와는 별도로 현재의 '논항조사/연결조사/보조조사' 복합형 그래프에서 기술하는 원칙을 택하였다. 이들의 경우, 유종성 명사에 결합하는 후치사 부류가 되므로 {JN02}와 {JN03} 클라스에서 다루어졌다.

3.2.4.13. '이다' 서술조사(IDA) 그래프

명사 뒤에 결합하는 후치사 유형 중에서 '서술조사(CP)'인 지정사 '이다'(IDA)는, 뒤에 일련의 활용어미를 취하는 명사후치사이다. '이다'가 활용어미를 수반하여 구성되는 복합형은 그 규모가 크고 자체로 매우 복잡한 집합을 구성하고 있어, 명사후치사 전체 복합형의 구성에 있어 다루기가 가장 어려운 부분이다. '이다'에 결합하는 활용어미들은 형용사 술어에 결합하는 활용어미들과 유사한 속성을 보이기 때문에, 명사나 부사 범주에서 관찰되었던 후치사(조사) 부류와 별개로, 형용사 범주의 후치사(어미) 복합형 연구가 전제되어야 한다.

서술조사, 즉 지정사 '이다'의 활용형은, 실제로 형용사 활용클라스 {AS26}의 활용후치사 부류와 동일하다. 따라서 '이다' 복합 구성에 대한 논의는 다음 장의 '동사/형용사 활용클라스'를 참조하도록 한다. 서술조사 '이다'의 활용어미들의 여러 유형들 중에서 '목적(PUR)' 범주와 '관형(DT)' 범주의 복합형의 예를 보이면 그림 95와 같다.

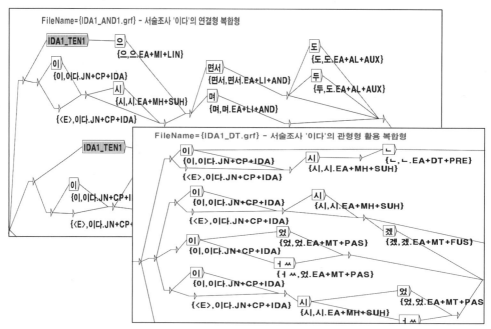

그림 95. 서술조사 '이다'의 '목적(PUR)/관형(DT)' 복합형 FST의 예시

그림 95의 그래프를 참조하여 예상할 수 있는 '이다' 활용형 어절의 예를 들면 다음과 같다.

(40ㄱ) 예전에 변호사<u>이시던</u> 분들이 계시면 나와 주십시오
(40ㄴ) 예전에 변호사<u>시었던</u> 분들이 여기 계신가요?
(40ㄷ) 내년에는 그 그룹의 후계자<u>이시려고</u> 본인은 애를 쓰시는데..

3.2.5. '부사후치사(JD)' 복합형 구성에 대한 그래프사전

'부사후치사(JD)' 복합형도 앞서 명사후치사의 경우처럼 방향성 그래프 사전으로 구축되어 유한상태 트랜스듀서(FST)로 변환된다. 그림 96에서 보듯이 부사후치사 전체를 호출하는 메인 그래프 {JD.grf}도 명사후치사와 동일한 방식으로 구성되어 있다.

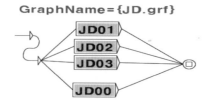

그림 96. 부사후치사 복합형 그래프 전체를 호출하는 메인 그래프 {JD.grf}

위의 메인그래프는 명사후치사의 경우처럼 4개의 하위클라스를 호출하는 것으로, 각각의 서브그래프는 기본적으로 명사의 경우와 동일한 원칙으로 구축되었다. 다만 명사의 경우와 달리 주로 '보조조사(AU)' 유형의 후치사가 결합하므로, 내부적 요소는 훨씬 더 간결한 형태를 보인다. 통사적 접미사(NS-SFC 또는 NS_SFV)의 경우에도 부사에서는 매우 제한된 형태만이 관찰되므로, 그 내부적 결합 가능 유형은 명사의 경우와는 차이를 보인다. 부사에 결합하는 후치사 결합형의 예를 들면 다음과 같다.

(41ㄱ) 민우가 정말 <u>빨리도</u> 왔구나
(41ㄴ) 그가 <u>정확하게는</u> 대답을 하지 못했지만 그래도 <u>비슷하게는</u> 답을 맞추었다
(41ㄷ) 학생들이 갑자기 <u>많이들</u> 오는 바람에 음식을 급히 내어야 했습니다

부사의 경우, 일정 유형의 후치사가 결합할 수 있을 뿐 아니라, 문장의 주어나 화자 또는 청자가 복수명사일 때 복수(Plural)를 나타내는 형태소 '들'이 부사에 결합될 수 있다. 여기에서 부사후치사(JD)의 경우는 명사후치사(JN)을 참조하는 것으로 논의를 대신하기로 한다.

3.2.6. 조사와 어미의 중첩 현상

앞에서도 논의한 바와 같이, 명사후치사(조사)들이 결합하여 복합형을 구성할 때 용언의 후치사(어미)들이 결합하기도 하고, 반대로 용언의 후치사들이 결합하는 복합형에도 명사후치사들이 덧붙여지는 현상이 관찰된다. 명사후치사 복합형에서 대표적인 현상이 서술조사 '이다'가 출현하면서 이에 대한 모든 활용형 어미가 뒤에 결합하는 경우이다. 이 경우 조사의 복합형에 형용사 활용어미와 같은 일련의 어미 결합형이 결합하게 된다. 다음을 보자.

(42ㄱ) 어제 그를 만난 것은 <u>시내에서였었거든요</u>
(42ㄴ) 우리가 만난 때가 <u>저녁이었었나?</u>

위의 (42ㄱ)에서 명사 '시내'에는 '에서였었거든요'와 같이 '에서-이(다)-었-었-거든-요'의 6개의 문법소가 결합하였다. 더 정확히는 논항조사 '에서'와 서술조사 '이다'의 2가지 조사에 4개의 활용어미가 결합한 형태이다. (42ㄴ)에서 '저녁'은 '이(다)-었-었-나'의 4개의 문법소가 결합한 것으로, 즉 '이다' 1개의 조사에 3개의 활용어미가 결합한 형태이다.

다음은 반대로 활용어미의 복합형에 조사가 결합한 예를 보인다.

(43ㄱ) 그 사람이 오늘 <u>도착하기만을</u> 기다려야지
(43ㄴ) 우리가 모두 <u>합격했음을</u> 빨리 알립시다

위에서 보듯이 '도착하다'나 '합격하다' 같은 동사에 명사형 어미 '기/음'이 결합하여 명사형이 구성되면, 이때 이를 수반하는 일련의 명사후치사가 결합한다. 이 경우 '도착하다'나 '합격하다'와 같은 용언 어휘소에 결합 가능한 모든 후치사 복합형 정보를 제공할 때, 활용어미 복합형에 추가로 조사 복합형의 결합 관계가 기술되어야 한다. 이러한 중첩 현상을 통해 한국어 활용형 어절들의 복합 구성이 더욱 복잡한 양상을 보이게 된다.

3.3. 형용사/동사의 활용후치사 그래프사전

형용사와 동사의 경우도, 활용형사전을 구성하기 위해서는 각 활용클라스별 어간의 변이형 사전 RooVarDic을 생성한 후, 이들과 결합하는 활용후치사 복합형에 대한 그래프사전을 구축하여야 한다. 이때 어휘소 어간에는 변화가 없이 후치사 자체에만 변화가 수반되는 경우도 있고 결합하는 어간 자체도 변화를 겪는 경우가 있다. 이러한 양상이 명사후치사의 경우와는 비교가 되지 않을 정도로 복잡하기 때문에, 이에 대한 개별적인 기술이 수반되어야 한다.

현행 인쇄사전과 학교문법, 그리고 형태론 관련 연구서를 살펴보면 한국어 용언의 활용변화에 대한 개괄적인 소개와 함께, 가령 'ㅂ불규칙용언' 'ㄹ불규칙용언' 등과 같은 분류기호가 제시되어 있는 것을 관찰할 수 있다. 문제는 이러한 'ㅂ불규칙용언'의 모든 활용변화가 어떠한 양상을 보이는지에 대한 체계적이고 명시적인 언어자료는 찾기 어렵다는 점이다. 더욱이 이러한 종류의 정보만으로는, 실제로 여러 개의 활용어미들이 일정 순서를 가지고 결합할 때, 그 음운적 조건에 따라 일련의 축약과 변형 현상이 수의적으로 허용되거나 또는 반드시 이를 따라야 하는 경우 등 다양한 변화가 나타나는 특징 정보를 명시적으로 획득할 수가 없다. 다음은 동사 '오다'와 '내밀다'에 대한 활용변화 예를 보인다.

(44ㄱ) 오(다)-었-었-구나   ⇒ [활용형] 왔었구나
(44ㄴ) 오(다)-시-었-어-요   ⇒ [활용형] 오셨어요
(44ㄷ) 오(다)-시-겠-습-니-까   ⇒ [활용형] 오시겠습니까
(44ㄹ) 오(다)-겠-지만-은   ⇒ [활용형] 오겠지만은
(44ㅁ) 오(다)-는   ⇒ [활용형] 오는

(45ㄱ) 내밀(다)-었-었-구나   ⇒ [활용형] 내밀었었구나
(45ㄴ) 내밀(다)-시-었-어-요   ⇒ [활용형] 내미셨어요
(45ㄷ) 내밀(다)-시-겠-습-니-까   ⇒ [활용형] 내미시겠습니까
(45ㄹ) 내밀(다)-겠-지만-은   ⇒ [활용형] 내밀겠지만은
(45ㅁ) 내밀(다)-는   ⇒ [활용형] 내미는

위에서 '오다'와 같은 경우, (44ㄱ)에서 '*오았었구나' 대신 '왔었구나'와 같이 축약된 형태가 반드시 실현되어야 하며, 두 개의 과거시제 '었'이 서로 다른 형태로 실현되는 것을 볼 수 있다. (44ㄷ)에서처럼 존칭의 '시'와 추측의 '겠'이 함께 실현되는 경우는 그 순서가 결정되어 있어, '오시겠습니까' 대신 '*오겠시습니까'와 같은 연쇄는 불가능하다.

'내밀다'의 경우를 보면, (45ㄴ)과 같이 존칭의 '시'가 곧바로 수반되는 경우는 종성의 'ㄹ'이 탈락된 형태로 실현되어 '내미셨어요'가 되지만, (45ㄱ)과 같이 과거시제 '었'이 수반되는 경우는 종성 'ㄹ'이 탈락되지 않아 '내밀었었구나'가 된다. (45ㄹ)과 같이 추측의 '겠'이 수반되는 경우도 'ㄹ종성'이 사라지지 않아서 '내밀겠지만은'이 된다. 반면 (45ㅁ)처럼 관형형 '는'이 수반된 경우는 'ㄹ종성'이 탈락된다.

용언의 활용 변화 현상에 대한 명시적인 기술을 수행하기 위해서는, 이와 같이 각 개별 어휘소에 대하여 결합 가능한 모든 문법소들의 복합형 구성 정보를 파악하여, 이를 토대로 이러한 문법소들의 모든 결합형을 획득하는 과정이 요구된다.

이 경우도 다음과 같이 두 단계로 나뉘어 작업이 진행된다.

- 형용사/동사 활용후치사 원소 목록 구축
- 각 후치사 원소별 결합관계 기술을 통한 후치사 복합형 사전의 생성

형용사와 동사의 '활용클라스'에서 논의한 것처럼, 이 두 용언은 활용형 구성에 있어 서로 동일하지는 않지만 상당히 유사한 양상을 보인다. 활용후치사의 통사·의미적 구조는 더욱 비슷하며, 단지 일부 하위유형에서 '형태'적인 배타성이 나타난다. 이 두 범주에서 좀 더 복잡한 양상을 보이는 동사부(VS)에 대한 논의를 대표로 진행하기로 한다.

3.3.1. 활용후치사 복합구성을 위한 원소 분류체계

3.3.1.1. 원소 분류 개요

그림 97은 동사 범주의 활용후치사의 원소들에 대한 하위분류 체계를 보인다. 여기서 보는 바와 같이, 동사에 결합하는 동사후치사(EV)와 형용사에 결합하는 형용사후치사(EA)는 학교문법에서 어미로 명명되어 온 문법소 부류이다. 이들은 현재 '종결형(TE)' '연결형(LJ)' '관형형(DT)' '명사형(NO)'의 4가지 '어말어미' 부류와 '삽입형(MH/MT/MI/AL)' 4가지의 '선어말어미'로 중분류되고, 다시 각각 하위분류가 수행되어 전체 모두 33가지로 세분류된다.

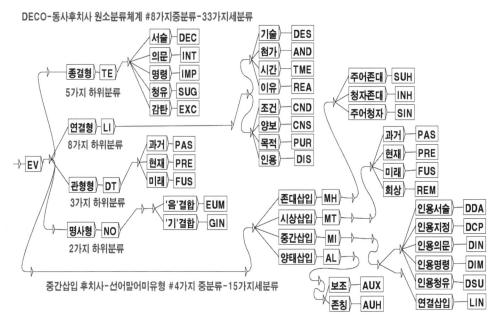

그림 97. 동사후치사 복합형을 구성하는 원소 분류체계

이러한 활용후치사들의 특징은, 앞서 명사/부사 후치사 경우에서처럼 단독으로 실현되지 않고 여러 개의 후치사가 결합한 '복합형'으로 실현된다는 데에 있다. 이러한 복합구성은 그 결합 방식이나 순서에 있어 제약이 나타나며, 이것이 일련의 통사·의미적 규칙으로 예측되지 않는 매우 복잡한 개별적인 현상을 보인다. 따라서 각 활용후치사 원소(Element)에 대한 목록을 구축한 후, 이들 사이의 결합관계에 대한 개별적인 검토가 수행되어야 비로소 활용후치사 복합형들의 결합관계에 대한 일반화 및 클라스 구성이 가능해진다.

3.3.1.2. 동사 활용후치사(EV) 원소의 분포

전체 동사후치사(EV)의 원소들의 기본형(Lemma)은 모두 333개로 나타났다. 이들의 하위범주별 원소의 개수를 보이면 표 314와 같다.

번호	태그1	명칭	태그2	명칭	태그3	명칭	예시	개수
1	EV	동사 활용 후치사	TE	종결형 5가지 (140개)	DEC	서술	다	56
2					INT	의문	까	40
3					IMP	명령	라	15
4					SUG	청유	자	6
5					EXC	감탄	구나	23

번호	태그1	명칭	태그2	명칭	태그3	명칭	예시	개수
6					DES	기술	다가	25
7					AND	첨가	면서	20
8					TME	시간	자	6
9			LI	연결형 8가지 (121개)	REA	이유	어서	18
10					CND	조건	면	9
11					CNS	양보	ㄹ망정	26
12					PUR	목적	려	15
13					DIS	인용	고	2
14					PAS	과거	ㄴ	1
15			DT	관형형 3가지	PRE	현재	는	1
16					FUS	미래	ㄹ	1
17			NO	명사형 2가지	EUM	'ㅁ'결합	ㅁ	1
18					GIN	'ㄱ'결합	기	1
19					SUH	주어존대	시	2
20			MH	존대삽입 3가지	INH	청자존대	습	1
21					SIN	주어청자	세	1
22					PAS	과거	었	2
23			MT	시상삽입 4가지	PRE	현재	는	2
24					FUS	미래	겠	3
25					REM	회상	더	2
26					DDA	인용서술	다	2
27					DCP	인용지정	라	1
28			MI	중간삽입 6가지	DIN	인용의문	냐	5
29					DIM	인용명령	라	1
30					DSU	인용청유	자	1
31					LIN	연결삽입	오	14
32			AL	양태삽입	AUX	보조	까지	28
33					AUH	존칭	요	2

표 314. 동사후치사(EV)의 하위유형별 목록 예시와 개수

여기서 보는 바와 같이, 어말어미 유형은 '종결형/연결형/관형형/명사형' 4가지이고 비어
말어미, 또는 선어말어미 유형은 '존대삽입/시상삽입/중간삽입/양태삽입'의 4가지 부류이다.
동사후치사 원소들 중 수적으로 가장 높은 비중을 차지하는 유형은 '종결형'과 '연결형'으
로, 이 부류에 다양한 통사·의미적 기능을 갖는 문법소들이 나타남을 볼 수 있다. '종결형'
은 '서술/의문/명령/청유/감탄'의 5가지 문장유형으로 분류되고 '연결형'은 '기술/첨가/시간/
이유/조건/양보/목적/인용'의 8가지로 분류된다. 여기서 종결형에는 현대 SNS 텍스트 언어에

서 나타나는 '용/염/여/욤' 등과 같은 일련의 형태들이 별도의 태그(TEM)으로 구성되어 있다. 이 부류는 분석되는 코퍼스의 도메인에 따라 필요한 경우 선택적으로 적용될 수 있도록 별도의 모듈로 구성되었다.

'관형형'은 '과거/현재/미래추정'의 3가지로 분류되고, 명사형은 'ㅁ-결합/기-결합'의 2가지로 분류된다. 명사형의 경우는 이외에도 '것-결합(KES)'과 '그외 의존명사-결합(NOM)' 형태가 존재하는데, 이들도 실제 구어체에서 관찰되는 축약 또는 비정규적 표현들로서 현재의 모듈에 선택적으로 적용할 수 있도록 구조화되었다.

'삽입형' 중에서 '존대삽입'은 '주어존대/청자존대/주어청자존대'의 3가지로 분류되고, '시상삽입'은 '과거/현재/미래/회상'의 4가지로 분류된다. '중간삽입'은 '서술/지정/의문/명령/청유/연결삽입'의 6가지로 하위분류된다. 그리고 끝으로 이상에서 살핀 후치사들의 여러 유형과 다양하게 결합하는 '양태삽입'의 '보조/존칭'의 2가지 부류가 설정되어 있다.

앞서 언급한 바와 같이 이들은 동사후치사 원소의 '기본형(Lemma)' 목록이다. 전체 333개이지만, 이들의 형태변이형들을 고려하면 그 수는 더 많아진다. 현재 종결형 5가지 하위범주에 모두 140개의 활용후치사 원소가 포함되며, 연결형 8가지 하위범주에 121개의 후치사원소가 포함된다. 그외 관형형과 명사형 원소로 5개가 관찰되었고, 삽입형은 그 전체 15가지 하위범주에 대해 67개가 나타났다. 아래에서 각 하위범주별 후치사 원소 목록을 살펴보기로 한다.

3.3.1.3. 동사후치사(EV) 원소 목록

동사 활용후치사 하위범주별 원소 목록을 '종결형/연결형/관형형/명사형/삽입형'의 5가지 유형으로 나누어 살펴보기로 한다.

3.3.1.3.1. '종결형(TE)' 후치사 원소 목록

표 315는 동사후치사에 있어, 종결형(TE)의 5가지 세분류 유형에 대한 140개 원소의 기본형의 목록을 보인다.

어/DEC	구만/DEC	는지/DEC	니/DEC	려고/DEC
거든/DEC	군/DEC	나/DEC	니까/DEC	ㄹ지니라/DEC
걸랑/DEC	께/DEC	나니/DEC	다/DEC	ㄹ지라/DEC
걸/DEC	ㄴ걸/DEC	네/DEC	다마다/DEC	ㄹ지어다/DEC
게/DEC	는걸/DEC	노니/DEC	데/DEC	라/DEC
고/DEC	ㄴ데/DEC	노라/DEC	도다/DEC	라고/DEC
구나/DEC	는데/DEC	느니/DEC	ㄹ걸/DEC	라구/DEC

래/DEC	어/INT	느뇨/INT	게나/IMP	구랴/EXC
러/DEC	가/INT	니/INT	구려/IMP	구려/EXC
리/DEC	게/INT	니까/INT	라/IMP	구만/EXC
ㅁ세/DEC	고/INT	담/INT	어라/IMP	군/EXC
마/DEC	구나/INT	ㄹ쏘냐/INT	려무나/IMP	ㄴ걸/EXC
만/DEC	군/INT	래/INT	렴/IMP	는걸/EXC
면/DEC	까/INT	랴/INT	마/IMP	ㄴ데/EXC
면서/DEC	꼬/INT	리/INT	마라/IMP	는데/EXC
어서/DEC	ㄴ가/INT	리까/INT	오/IMP	ㄴ지/EXC
오/DEC	는가/INT	면/INT	요/IMP	는지/EXC
어야지/DEC	ㄴ감/INT	면서/INT	으라/IMP	네/EXC
어다/DEC	는감/INT	소이까/INT	지/IMP	니까/EXC
어다가/DEC	는고/INT	아/INT	-----------	도다/EXC
요/DEC	ㄴ데/INT	오리까/INT	다/SUG	라/EXC
지/DEC	는데/INT	오이까/INT	세/SUG	만/EXC
지니라/DEC	는지/INT	요/INT	세나/SUG	면/EXC
지라/DEC	나/INT	지/INT	자/SUG	면서/EXC
지만/DEC	나이까/INT	이/INT	자꾸나/SUG	어/EXC
지어다/DEC	남/INT	-----------	지/SUG	지/EXC
이/DEC	냐/INT	어/IMP	-----------	지만/EXC
어도/DEC	오/INT	거라/IMP	고/EXC	이/EXC
-----------	느냐/INT	게/IMP	구나/EXC	

표 315. '동사후치사 종결형(TE)' 부류의 5가지 하위범주의 140개 원소

여기서 보는 바와 같이 종결형 후치사의 기본형 목록은 전체 140개인데, 이때 서술형 (DEC)의 수가 56개로 가장 많고, 의문형(INT)의 수가 40개, 명령형(IMP)의 수가 15개, 청유형 (SUG)의 수가 6개, 그리고 감탄형(EXC)의 수가 23개로 나타난다. 이들 중에는 다음과 같이 동일한 형태가 여러 범주로 다분류되는 유형들이 포함된다. 예를 들어 다음에서,

(46ㄱ) 어제 그 친구들이 (왔어. + 왔지.) ☞ {서술형}
(46ㄴ) 어제 그 친구들이 (왔어? + 왔지?) ☞ {의문형}

위에서처럼 동일한 어말형태 '어/지'가 서술문과 의문문에 나타나는 것을 볼 수 있다. 텍스트에서는 구두점의 차이로, 대화에서는 억양의 차이로 이들 사이의 구별이 이루어진다. 또한 이들 중에는 뒤에서 살필 '연결형'과 동일한 형태의 활용후치사들도 포함된다. 다음을 보자.

(47ㄱ) 어제 그 친구들이 왔었는데! ☞ {서술형}
(47ㄴ) 어제 그 친구들이 왔었는데 문이 잠겨 있었나봐요 ☞ {연결형}

위의 (47ㄱ)에서 '는데'는 일상적인 서술형 문장에서, 문미에 잘 나타나는 활용후치사이다. (47ㄴ)과 같이 복문 문장에서 종속절을 유도하는 연결형 후치사로 사용 가능한 속성을

고려할 때, (47ㄱ)이 하나의 온전한 문장이 아닌 (47ㄴ)과 같은 복문에서 유도된 일종의 생략문으로 분석되는 것이 가능하다. 그러나 (47ㄱ)과 같은 문장도 실제 코퍼스에서 매우 빈번하게 관찰되는 유형이다. 이러한 후치사 형태를 통해 주어진 문장이 종결되고 새로운 문장들이 연이어 출현하는 문맥이 빈번하기 때문에, 이를 효과적으로 처리하기 위해서는, 이러한 유형의 후치사들을 종결형 범주에서 중복적으로 분류하는 것이 바람직하다.

끝으로, 앞서 언급한 바와 같이 SNS 텍스트에서 사용되는 일련의 비정규적 종결형 후치사 부류가 별도로 구성되었다. 다음과 같은 형태들이,

(48ㄱ) 전 정말 꼭 가고 <u>싶어용!</u>   ☜ {싶어요}의 변이
(48ㄴ) 어제 하루종일 저 혼자 <u>했어염</u> ㅠㅠ ☜ {했어요}의 변이

실제 사회관계망 텍스트에서 매우 높은 빈도로 출현하므로, 텍스트의 성격에 따라서는 이들에 대한 인식율이 시스템의 성능에 많은 영향을 미친다. 그러나 이들은 문법적으로 다른 종결형들과는 그 지위가 다르며, 지속적으로 변화되고 보완되어야 하므로 별도의 모듈로 처리하도록 구성되었다.

3.3.1.3.2. '연결형(LI)' 후치사 원소 목록

표 316은 연결형(LI)의 8가지 세분류 유형에 대한 121개 원소의 기본형 목록을 보인다.

고나/DES	ㄹ지/DES	며/AND	ㄴ즉/REA	면/CND
까/DES	런지/DES	면서/AND	ㄴ즉슨/REA	어야/CND
까봐/DES	려/DES	어서/AND	ㄴ지라/REA	---------
까봐서/DES	시피/DES	어다/AND	나니/REA	거나/CNS
ㄴ바/DES	지/DES	어다가/AND	노라니/REA	거늘/CNS
ㄴ지/DES	---------	지/AND	노라니까/REA	거니와/CNS
나니/DES	어/AND	---------	니/REA	거든/CNS
노니/DES	거니/AND	ㄴ즉/TME	니까/REA	건/CNS
는데/DES	건/AND	니/TME	다시피/REA	건마는/CNS
는지/DES	고/AND	니까/TME	매/REA	건만/CNS
니/DES	고서/AND	매/TME	므로/REA	ㄴ들/CNS
다/DES	느니/AND	자/TME	어서/REA	나/CNS
다가/DES	니/AND	자마자/TME	---------	나마/CNS
다니/DES	다/AND	---------	거든/CND	나마나/CNS
더니/DES	다가/AND	어/REA	걸랑/CND	노라고/CNS
되/DES	도/AND	거늘/REA	ㄴ들/CND	더라도/CNS
듯/DES	든/AND	건대/REA	노라면/CND	어도/CNS
듯이/DES	든지/AND	길래/REA	더라면/CND	든/CNS
ㄹ새/DES	ㄹ뿐더러/AND	ㄴ만치/REA	ㄹ진대/CND	든가/CNS
ㄹ세라/DES	ㄹ수록/AND	ㄴ만큼/REA	려면/CND	든지/CNS

ㄹ망정/CNS	지/CNS	고자/PUR	러/PUR	자/PUR
ㄹ지라도/CNS	지마는/CNS	느라/PUR	려/PUR	---------
ㄹ지언정/CNS	지만/CNS	느라고/PUR	려구/PUR	고/DIS
려니와/CNS	---------	도록/PUR	려다/PUR	
련마는/CNS	게/PUR	되/PUR	려다가/PUR	
련만/CNS	게끔/PUR	려고/PUR	려면/PUR	

표 316. '동사후치사 연결형(LI)' 부류의 8가지 하위범주의 121개 원소

'연결형(LI)' 부류는 학교문법에서 부사형, 또는 연결형으로 분류되는 '비종결형' 활용후치사들로, 모두 8가지로 세분류된다. 이들의 경우도 동일한 형태소가 여러 통사·의미적 기능을 가질 수 있으므로 실제 코퍼스 분석에서는 중의성이 발생한다. 또한 앞서 논의한 '종결형' 후치사들과 통용될 수 있는 형태들이 많다. 또다른 예를 들어보면 다음과 같다.

(49ㄱ) 그 책을 다 팔려고 싸게 내놓았어
(49ㄴ) 그 책을 정말 다 팔려고?

여기 실현된 후치사 '려고'는 목적(PUR)을 나타내는 형태로서 (49ㄱ)에서 연결형 후치사로 사용되었다. 이 경우도 (49ㄴ)에서처럼 의문형 부호와 함께 종결형 위치에서 실현되는 현상이 실제 코퍼스에서 매우 빈번하게 관찰된다. 앞서 언급한 바와 같이 이들을 종결형 후치사의 일환으로 분석 가능하도록 태그 범주를 설정하지 않는 경우, (49ㄴ)의 구문은 '하나의 종결부호가 실현된 온전한 문장(Sentence)'으로 분석하기 어려워진다. 이러한 필요성을 고려하여 '려고'는 종결형(TE) 중 '서술형(DEC)'의 한 부류로, 그리고 연결형(LI) 중 '목적(PUR)'의 부류로 이중분류된다.

3.3.1.3.3. '관형형(DT)' 후치사 원소 목록

표 317은 관형형(DT)의 3가지 세분류 유형에 대한 3개 원소의 기본형 목록을 보인다.

ㄴ/PAS	는/PRE	ㄹ/FUS

표 317. '동사후치사 관형형(DT)' 부류의 3개 원소

관형형 후치사는 통사·의미적으로 '과거/현재/미래추정'의 형태로 분류된다. 이때 '미래추정'은 반드시 시간적 미래만이 아닌, '추정'의 의미를 나타내는 경우도 포함한다. 관형형 어절을 구성하는 핵심(Head)으로서의 활용후치사 원소는 위의 3가지이지만, 이들도 그 내부에 다양한 시제 관련 삽입형 후치사를 포함하여 후치사 복합형을 구성한다. 다음에서 보듯이,

(50ㄱ) 우리가 그당시 <u>만난</u> 사람
(50ㄴ) 우리가 그당시 <u>만나던</u> 사람
(50ㄷ) 우리가 그당시 <u>만났었던</u> 사람

과거시제와 회상의 의미를 내포할 때, '더'과 '었' 등이 중복적으로 결합할 수 있다. 그러나 이러한 시상 관련 후치사들은 선어말어미, 즉 삽입형 후치사로서, 어절의 어말 위치에 실현되지 못한다. 위의 예 모두에서 어절 끝에는 반드시 관형형 후치사('ㄴ')가 수반되는 것을 확인할 수 있다.

3.3.1.3.4. '명사형(NO)' 후치사 원소 목록

표 318은 명사형(NO)의 2가지 세분류 유형에 대한 2개 원소의 기본형 목록을 보인다.

ㅁ/EUM	기/GIN

표 318. '동사후치사 명사형(NO)' 부류의 2개 원소

동사의 명사형에는 기본적으로 'ㅁ'과 '기'에 의한 명사형이 포함된다. 앞서 논의한 바와 같이, DECO 사전에서는 이외에도 '것'의 구어체 변이형과 일련의 의존명사들이 활용후치사와 결합한 형태들을 인식하기 위해 별도의 추가 태그(KES/NOM)를 설정하였다. 예를 들면 다음과 같다.

(51ㄱ) 그 사람은 벌써 <u>갔을걸로</u> 생각하세요 ☞ ('갔을 것으로')
(51ㄴ) 이제 <u>갈데가</u> 없어요   ☞ ('갈 데가')

위의 (51ㄱ)에서 '갔을걸로'는 '가다+었+을+것+으로'와 같이, (51ㄴ)의 '갈데가'는 '가다+을+데+가'와 같이 분석이 되어야 한다. 그런데 이러한 복합구성이 구어체 문장에서 하나의 토큰으로 실현되는 경우, 이들에 대한 올바른 분석이 어렵게 된다. DECO 사전에서는 이에 대한 유연한 접근을 위해 일부 의존명사에 대해 'V-관형형-의존명사' 결합형을 동사의 명사구 구성의 한 유형으로 설정하여 활용후치사 복합형 그래프사전에 포함하였다. 즉 (51)의 '것'이나 '데'를 'ㅁ/기'에 의한 명사구처럼 동사의 활용형을 형성하는 일련의 후치사 결합형으로 포함시키는 방법이다. 이론적으로 추가적인 논의가 필요하지만, SNS 텍스트와 같은 구어체 코퍼스에서는 매우 효과적으로 미분석 어절들을 분석할 수 있게 하는 장점이 있다. 따라서 이들도 별도의 모듈로 구성되어 선택적으로 적용될 수 있도록 하였다.

그런데, 동사의 명사형(NO)이 실현된 활용형 어절은, 앞서 종결형이나 연결형의 경우와

달리, 뒤에 일련의 '명사후치사(JN)'들이 결합 가능하게 된다. 위의 (51)에서도 '으로'나 '가' 같은 명사후치사가 실현되었다. 따라서 이러한 명사형 후치사 원소가 결합하는 복합형 그 래프에서는, 앞서 명사 범주에서 논의하였던 '명사후치사(JN)' 전체가 다시 고려되어야 한다. 이들이 여기서 서브그래프로 호출되어야 하므로, 전체 생성 가능한 후치사 조합의 가능성 은 기하급수적으로 확장된다. 명사후치사나 동사후치사 원소 자체의 수는 제한적이나 이들 이 결합하는 복합형의 경우의 수가 걷잡을 수 없이 복잡해지는 이유가 여기에 있다.

3.3.1.3.5. 4가지 '삽입형(MH/MT/MI/AL)' 원소 목록

표 319는 4가지 삽입형(MH/MT/MI/AL)의 15가지 세분류 유형에 대한 67개 원소의 기본형 목 록을 보인다.

세/SUH	더/REM	--------	까지/AUX	보다/AUX
시/SUH	디/REM	--------	는/AUX	부터/AUX
--------	--------	나니/LIN	ㄴ들/AUX	서건/AUX
습/INH	노라/DDA	노니/LIN	나/AUX	야/AUX
--------	다/DDA	느니/LIN	나마/AUX	야말로/AUX
세/SIN	--------	는지/LIN	다/AUX	에서/AUX
더/PAS	라/DCP	니/LIN	다가/AUX	은/AUX
었/PAS	ㄴ가/DIN	다/LIN	도/AUX	의/AUX
--------	냐/DIN	러/LIN	를/AUX	이/AUX
는/PRE	느냐/DIN	려/LIN	ㄹ랑/AUX	조차/AUX
니/PRE	는가/DIN	오/LIN	라/AUX	--------
--------	ㄹ까/DIN	어야/LIN	라도/AUX	요/AUH
겠/FUS	--------	으/LIN	마저/AUX	라/AUH
ㄹ/FUS	라/DIM	이/LIN	만/AUX	
리/FUS	--------	잖/LIN	만치/AUX	
--------	자/DSU	--------	만큼/AUX	
		가/AUX	밖에/AUX	

표 319. '동사후치사 4가지 삽입형'의 15가지 하위범주의 67개 원소

'삽입형' 활용후치사는 어말에 실현되지 못하는 일련의 선어말어미 유형으로서, 앞서 언 급한 바와 같이 다시 4가지 하위유형으로 분류된다. '존대/시상/중간/양태'의 4가지 유형으 로서, '존대'는 다시 '주어존대/청자존대/주어청자존대'의 3가지로 분류되고 '시상'은 '과거/ 현재/미래/회상'의 4가지로 분류된다. '중간'은 '(인용)서술/지정/의문/명령/청유/연결'의 6가지 로 분류되고, 마지막 '양태'는 '보조/존칭'의 2가지로 구성된다.

이상에서 논의한 '동사후치사(EV)' 원소들이, 이렇게 단일 원소의 형태로 실현되는 것이 아니라 여러 개의 원소들이 일련의 어휘 선택 제약과 순서 제약을 가지고 서로 결합하여

실현되므로, 이제 이들의 복합 결합형에 대한 논의가 필요하다. 다음에서 이에 대해 살펴보기로 하자.

3.3.2. 동사후치사 복합형 목록 구축 방법론

앞서 명사 범주에서 논의한 바와 같이, 동사 범주에서도 이상과 같은 활용후치사 원소 목록이 구축되면, 다음 단계에서는 이들이 서로 결합한 활용후치사 복합형에 대한 체계적인 기술이 이루어져야 한다. 가령 다음 예문에서 나타난 동사어절을 보면,

(52ㄱ) 사람들이 이제는 모두 <u>떠났겠어요</u>
(52ㄴ) 선생님이 직접 그 사람을 <u>잡으셨었다고는</u> 애기하지 마세요

여러 개의 후치사 원소가 중첩되어 실현되고 있음을 확인할 수 있다. '잡으셨었다고는'의 경우를 분석하면 그림 97과 같다.

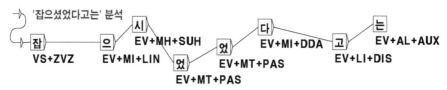

그림 97. 동사 어절 '잡으셨었다고는'의 후치사 중첩현상

이 그림에서 동사 '잡다'에 대해 7개의 문법소가 결합한 것을 볼 수 있다. 즉 '존칭'과 '시제', 그리고 '인용'과 '주제화' 등 여러 통사·의미적 특징을 나타내는 문법소가 결합하였다. 동사의 경우는 명사의 경우와는 달리 문법소의 기본형이 어간 및 다른 문법소와 결합하면서 축약 및 변이가 일어나므로, 위와 같이 단순 태그 정보의 제공만으로는 충분하지 않다. 가령 위와 같은 기본형 후치사들이 결합한 '잡으시었었다고는'이 실제 문장에서 축약이 일어나서 '잡으셨었다고는'과 같은 형태가 되었음을 보여주는 '표면형 & 기본형' 쌍이 제공되어야 한다. 이를 위하여 DECO 사전에서는 앞서 언급한 바와 같이, 후치사 복합형 사전 정보를 {Surface, Lemma. Tag1+Tag2}과 같은 방식의 3영역 구조(Triple Structure)로 형식화하였다.

3.3.3. 동사후치사 복합형 구성에 대한 그래프사전

3.3.3.1. 동사후치사 메인 그래프 {EV.grf}

앞서 명사후치사의 경우처럼, 동사후치사 복합형도 방향성 그래프 방식으로 구성되어 유한상태 트랜스듀서(FST)로 변환된다. 그림 98은 이 전체를 호출하는 메인 그래프 {EV.grf}를 보인다.

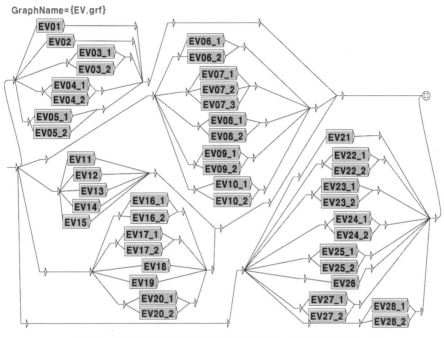

그림 98. 동사후치사 복합형 전체를 호출하는 주 그래프 {EV.grf}

현재 동사후치사 메인그래프 {EV.grf}는 전체 28개의 활용클라스에 대한 46개의 서브그래프를 호출한다. 위에서 가령 {EV03} 클라스를 보면 '깨닫다'와 같은 소위 'ㄷ불규칙용언'에 결합하는 활용후치사 클라스로서, 이때 '고/습니다/니/자/는다' 등과 같은 일련의 활용후치사 복합형은 동사의 어간이 '깨닫'인 형태와 결합하는 유형이지만, '으니/아서/아/았다/았어요' 등과 같은 부류는 '깨달'과 결합하는 형태들이다. 따라서 전자는 {EV03_1} 그래프 속에 포함되고, 후자는 {EV03_2} 그래프 속에 포함된다. 이들은 각각 '깨닫'과 '깨달'의 두 가지 어간 유형으로 변형된 어간변이형 사전 RooVarDic에서, 각 변이형 표제어에 할당되어 있는 활용클라스 {EV03_1}와 {EV03_2}에 의해 호출되어, 각 변이형 어간에 연결된다. 위의 그래프에서 각 클라스 범주가 1개의 서브그래프로 표상되어 있는 경우는 어간의 변이가 나타나지 않는다는 의미이며, 2개 이상의 서브그래프로 분리되어 있는 클라스는 어간의 변이가 일어나므로, 그때 그 어간의 변이에 따라 결합하는 활용후치사 군집이 달라짐을 의미한다. 이와 같이 현재 28개의 동사 활용클라스에서 어간 변이 양상을 정리하면 다음과 같다.

- 어간 변이 없음: 따라서 결합하는 활용클라스 1개 집합　　☞ 11개 클라스
- 어간 변이 2가지: 따라서 결합하는 활용클라스가 2개 집합 ☞ 16개 클라스
- 어간 변이 3가지: 따라서 결합하는 활용클라스가 3개 집합 ☞ 1개 클라스

아래에서는 '잡다'와 같이, '유종성 & 양성모음' 끝음절이 실현되어 어간변이가 없는 동사 {VS01} 부류를 중심으로, 이러한 동사들과 결합하는 활용후치사 복합형 {EV01} 클라스의 각 하위범주들을 논의하기로 한다.

3.3.3.2. 유종성 무변이 동사(VS01)의 후치사 {EV01.grf}

그림 99는 '유종성 무변이 동사'(VS01)와 결합하는 후치사(EV01)의 메인그래프({EV01.grf})를 보인다.

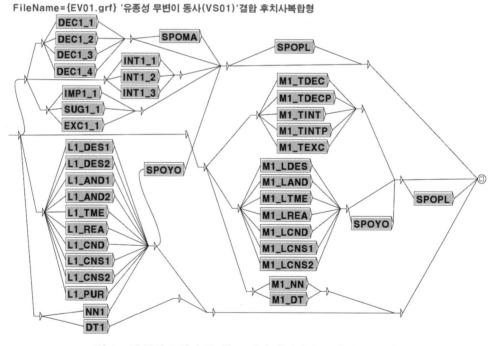

그림 99. '유종성 무변이 동사'(VS01)의 후치사 {EV01}의 주 그래프

이 그래프는 일련의 어말어미형 활용후치사를 핵(Head)으로 하는 복합형에 대한 서브그래프 22가지와, '인용삽입(MI)' 활용후치사가 내포된 간접인용문 내포 활용형을 표현하는 14가지의 서브그래프를 호출한다. {EV01} 클라스의 메인 그래프이다. 즉 18가지의 어말 후치사 유형은 다음과 같이 구성된다.

- '종결형(TE)'의 5가지 하위분류에 대한 활용후치사를 표현하는 서브그래프 10개(서술형4/의문형3/명령1/청유1/감탄1)
- '연결형(LI)'의 8가지 하위분류에 대한 활용후치사를 표현하는 서브그래프 10개(기술2/첨가2/시간1/이유1/조건1/양보2/목적1)
- '관형형(DT)'의 3가지와 '명사형(NO)'의 2가지 하위분류에 대한 활용후치사를 표현하는 서브그래프 2개

위에서 보듯이, 그 해당 그래프의 내부 구성 관계가 복잡한 경우는 2개 이상으로 분할되는 방식으로 구조화되었다. 따라서 이들을 표현하는 전체 그래프의 수는 22개가 된다. 반면 그림 99의 오른편에 제시된 간접인용문 내포 활용형은 다음과 같은 13가지의 유형을 표상하는 14개의 서브그래프를 나타낸다.

- '간접인용문' 내포 어절의 어말 형태가 '종결형(TE)' 중 '서술형/의문형/감탄형'의 3가지인 경우에 대한 활용후치사를 표현하는 서브그래프 5개(서술형2/의문형2/감탄형1)
- '간접인용문' 내포 어절의 어말 형태가 '연결형(LI)' 중 6가지 경우에 대한 활용후치사를 표현하는 서브그래프 7개(기술/첨가/시간/이유/조건/양보2)[86]
- '간접인용문' 내포 어절의 어말 형태가 '관형형(DT)'인 경우와 '명사형(NO)'인 경우에 대한 활용후치사를 표현하는 서브그래프 2개

즉 앞서 표 314의 동사 후치사의 각 원소 유형 중, 선어말어미에 해당하는 '중간삽입' 후치사 부류는, 위의 어말어미 복합형 내부에 삽입되어 실현되므로 별도의 서브그래프를 구성하지 않는다.

반면 위에서 14가지 그래프로 기술된 간접인용문 내포 활용형들을 보면, 예를 들어 다음과 같은 형태들이 포함된다.

(53ㄱ) 계몽기간이 끝나면 주차 위반차는 모두 <u>잡는다더라</u>

---

[86] 연결형의 8번째 하위유형인 '인용(DIS)'은 뒤의 '간접인용문 내포 활용형' 그래프에서 함께 다루어진다. 뒤의 3.3.3.8을 참조할 것.

(53ㄴ) 선생님들이 복장위반 모두 <u>잡으신다셨으니깐</u> 주의들 해!

'잡는다더라'나 '잡으신다셨으니깐'은 두 개의 어절로 분리된 형태로도 변형될 수 있다. 전자의 예를 들면 다음과 같다.

(54ㄱ)　　잡는다더라
(54ㄴ) = 잡는다 하더라
(54ㄷ) = 잡는다고 하더라

위에서 (53)과 같이 하나의 어절로 실현될 수 있는 인용문 내포 활용형은, 그 구성 원소들의 결합관계가 한층 복잡해지기 때문에 조합적 경우의 수가 기하급수적으로 확장된다. 가령 '잡으신다셨으니깐'은 어간 '잡다'에 8개의 후치사 원소가 결합하여 구성된 복합형태이다. 실제 언어현실에서 지나치게 긴 길이의 단일토큰은 낮은 빈도로 출현하는 것이 사실이지만, 위와 같이 여러 개의 원소가 중첩되어 실현된 형태가 분명히 현재 사용되고 있는 적법한 어절 형태의 한 예를 보이므로, '활용형 어절 사전' 구성에 있어서는 이들에 대한 모든 조합 가능성이 고려되어야 타당하다.

위의 그래프에는 {SPOYO}/{SPOPL}/{SPOMA}와 같은 서브그래프가 호출되어 있다. 이들은 '요/들/만'과 같이 조사와 어미의 경계를 넘나드는 보조사들로, 구어체 텍스트에서 쉽게 결합하는 일련의 양태성 후치사들을 표상한다. 다음을 보자.

(55ㄱ)　　어제 날씨가 좋아서 모두 피크닉을 갔어
(55ㄴ) ⇒ 어제 날씨가 <u>좋아서요</u> 모두 피크닉을 <u>갔어요</u>

위의 (55ㄴ)에서 종결형 어절 '갔어요'에 나타난 '요' 외에, 연결형 어절 '좋아서'에도 '요'가 결합하였다. 이러한 형태는 구어체 문장에서 그 분포가 매우 자유로운 것을 볼 수 있다.

(56ㄱ)　　어제 저희는 피크닉을 다함께 갔는데, 갑자기 비가 와서 ...
(56ㄴ) ⇒ 어제요 저희는요 피크닉을요 다함께 갔는데요, 갑자기 비가 와서요 ...

위에서 보듯이 '어제'나 '저희는' '피크닉을'과 같은 명사어절에도 '요'가 결합하였고, 연결형 동사 어절 '갔는데', '와서'에도 '요'가 결합하였다. 이는 복수표지 '들'이 구어체에서 자유롭게 결합하는 현상과 매우 유사하게 보인다. '들'의 경우도 명사어절이나 용언어절 모두에 쉽게 결합하는 특징을 보인다.

(57ㄱ)　　어서 많이 먹구서 다같이 또 힘을 내야지!
(57ㄴ) ⇒ 어서들 많이들 먹구서들 다같이들 또 힘들을 내야지!

현재 각 서브그래프에는 어절의 중간이나 끝에 결합 가능한 일련의 보조적 성분들이 기술되어 있으나, 실제 코퍼스를 검토하는 과정에서 계속 추가되어야 하거나 새롭게 생성되는 유형들이 관찰된다. 이러한 유형들을 효율적으로 추가하고 보완하기 위해, 위와 같은 유형의 서브그래프를 추가적으로 설정하였다.

다음에서 {EV01.grf} 메인그래프가 호출하는 각 하위범주별 서브그래프를 살펴보자.

3.3.3.3. '종결형(TE)' 후치사의 5가지 하위유형

3.3.3.3.1. '서술형'(DEC) 표상 그래프 4가지

'서술'을 나타내는 활용후치사의 결합형 구성은 매우 다양하다. 이들은 이러한 수적 비중으로 인해, 하나의 그래프에 모두 표상하지 않고 4개의 그래프로 분할하여 표현하였다. 다음은 이렇게 구성된 4개의 그래프에서 기술하고 있는 후치사 복합형의 예를 보인다.

(58ㄱ) {DEC1_1.grf}: 잡을래요| 잡으시는구면| 잡으셔야지요| 잡아야겠어요 등등
(58ㄴ) {DEC1_2.grf}: 잡는다| 잡았었겠다| 잡으시네요| 잡습니다 등등
(58ㄷ) {DEC1_3.grf}: 잡으시더라| 잡더라구요| 잡을게요| 잡았겠지요 등등
(58ㄹ) {DEC1_4.grf}: 잡으리라| 잡으시누면요| 잡았겠수| 잡겠으리다 등등

4개 그래프로 분할되어 표상된 '서술형(DEC)' 중 두 번째 그래프 {DEC1_2.grf}를 예로 들어보기로 하자. 그림 100에서 보이는 바와 같다.

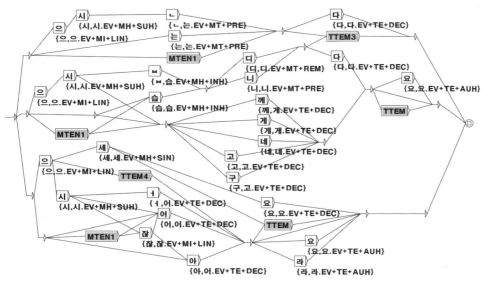

그림 100. '서술형' 후치사(DEC) 복합형을 표상하는 FST

이 그래프는 다음과 같은 후치사 복합형들을 표상한다.

(59)잡으신다 | 잡으셨었다 | 잡으십니다 | 잡겠습디다 | 잡으시네요 | 잡으시잖아

위 그래프에서는 두 가지 유형의 서브 그래프들이 호출되어 있다. 첫째는 어말에 나타나는 구어체 비정규적 종결형인 '용/염/여' 등을 표현하는 서브그래프 {TTEM} 부류이다. 이를 통해 다음과 같은 형태들을 분석할 수 있다.

(60) 잡는당 | 잡아야지용 | 잡아서염

위의 형태들을 이와 같은 별도의 서브그래프로 관리함으로써, 실제 코퍼스에서 지속적으로 확장되고 변화하는 현상들을 유연하게 고려할 수 있다는 장점이 있다.

두 번째는 시상을 표현하는 일련의 중간삽입 서브그래프 {MTEN1} 유형이다. 이는 한국어에서 기본적으로 '과거/대과거/미래/추정' 등의 시제·시상의 선어말어미들의 중복적인 결합 관계를 보이는 그래프로, 다양한 유형의 후치사 복합형 내부에 높은 빈도로 재사용되는 '시상 서브그래프'이다. 여기서 '미래' 시제는 '추측, 추정'을 나타내는 일련의 시상 표현과 중첩되는 현상이 나타난다. 다음을 보자.

(61ㄱ) 우리가 내일 학교에 <u>가겠어요</u>
(61ㄴ) 내일 비가 <u>오겠어요</u>

위에서 실현된 문법소 '겠'은 미래를 나타내는 시간부사 '내일'과 공기한 문장에서, 미래에 대한 서술어 표현에 나타났다. (61ㄱ)에서는 화자의 의지를 내포하는 미래의 시상을 나타내고 (61ㄴ)에서는 추측성 발화의 성격을 보이는 미래의 시상을 나타내고 있다. 일반적으로 '과거'나 '현재' 시제와 같이 분명히 이미 발생했거나 현재 진행되고 있는 사건을 표현하는 시제 표현들과는 달리, '미래'는 아직 일어나지 않은 시점에 대한 표현이므로 이에 대한 다양한 시상적 뉘앙스가 추가될 수 있다.

그러나 이러한 구분은 '겠'과 같은 단일 형태소나 단어 차원에서 결정될 수 있는 것이 아니라, 이것이 사용된 문장의 문맥에 의해 결정된다. 따라서 이를 사전 층위에서 구분하여 등재하는 것도 불가능하다. 특히 다음과 같이 과거시제의 다른 문법소들과 공기하는 '겠'의 처리 문제에 들어가면 더욱 이러한 필요성이 부각된다.

(62ㄱ) 그분들이 어제쯤은 이미 <u>도착하셨겠지요?</u>
(62ㄴ) 아이들이 예방주사는 작년에 이미 <u>맞았겠던데</u>

위의 예들은 '어제쯤은'이나 '작년에'와 같이 과거를 나타내는 시간부사와의 공기를 허용하는 과거시제 동사술어로 이루어진 문장들이다. 이 경우 여기에 내포되어 있는 문법소 '겠'은 미래시제를 나타내는 어미로 분석되기 어렵다. 따라서 이상과 같은 특징을 보이는 '겠'과 같은 후치사는 '미래추정(FUS)'의 유형으로 설정되었다. 이들 시상관련 삽입형들의 복합 구성을 효과적으로 호출하기 위해 그림 101과 같이 별도의 서브그래프로 구성되었다.

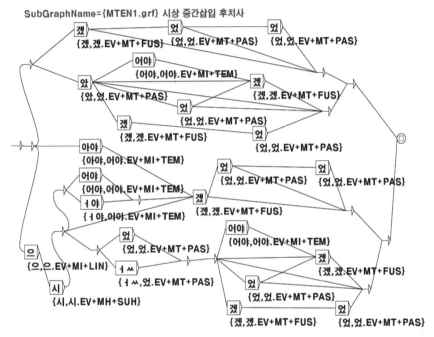

그림 101. '과거/대과거/미래/추정' 시상삽입(MT) 후치사 결합 FST

이 그래프에서 기술하는 시제·시상 삽입후치사의 복합형의 예를 들면 다음과 같다.

(63) 잡겠-| 잡겠었-| 잡겠었었-| 잡았겠-| 잡았겠었-| 잡았어야|
　　　잡아야겠-| 잡으셔야겠었-| 잡으셨었었-| 잡으셨었- 등등

이 그래프는 모두 33개의 후치사 복합형을 표상하고 있는데, 유니텍스 플랫폼을 이용하면 위의 그래프에 대응되는 활용후치사 복합형의 목록을 생성할 수 있다. 그림 102와 같이 메뉴바에서 'FSGraph > Tools > Explore Graph Paths'를 실행하면 오른쪽과 같은 대응되는 리스트를 확인할 수 있다.

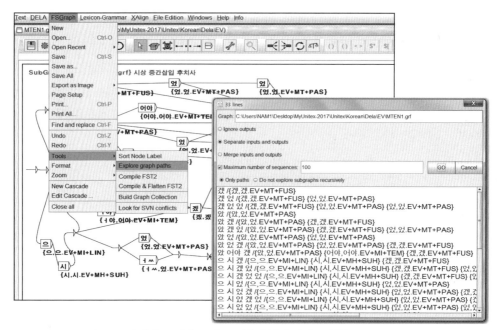

그림 102. 유니텍스 기반 그래프 대응 활용후치사 복합형 리스트 생성 예

3.3.3.3.2. '의문형'(INT) 표상 그래프 3가지

'의문'을 나타내는 활용후치사의 결합형 구성도 그 수가 방대한 편이어서, 현재 3개의 그래프로 분리되어 표현되었다. 다음은 이렇게 구성된 3개의 그래프에 대응되는 후치사 복합형의 예를 보인다.

(64ㄱ) {INT1_1.grf}: 잡았던가요| 잡으실까| 잡으십니까| 잡아요| 잡으시나 등등
(64ㄴ) {INT1_2.grf}: 잡더냐| 잡으실래요| 잡으려나| 잡으렵니까|잡았겠느냐 등등
(64ㄷ) {INT1_3.grf}: 잡으련가| 잡으랴| 잡았겠수| 잡겠느뇨| 잡을꼬 등등

그림 103은 첫 번째 서브그래프의 예를 보인다. 여기서도 위의 서술형의 경우처럼, '시상'을 표현하는 중간삽입 후치사 부류가 {MTEN1} 그래프로 삽입되었고, 구어체 비정규적 종결형을 나타내는 {TTEM} 서브그래프가 삽입되었다.

앞서 언급한 바와 같이, 한국어 문장에서 '의문형 종결어미'에는 '서술형 종결어미'와 동일한 형태가 마침표 대신 의문부호를 수반하여 실현되는 경우가 빈번하게 관찰된다. 다음을 보자.

(65ㄱ) 내가 그 사람을 잡았어.   (☞ '았어'가 서술형 범주에서 기술)
(65ㄴ) 당신이 그 사람을 잡았어? (☞ '았어'가 의문형 범주에서 기술)

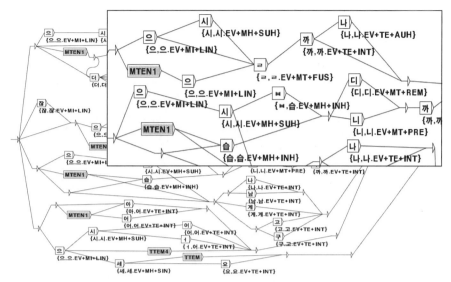

그림 103. '의문형' 후치사(INT) 복합형을 표상하는 FST

'았어'는 (65ㄱ)에서는 서술 종결형 후치사로 사용되었고 (65ㄴ)에서는 의문 종결형 후치사로 사용되었다. 따라서 이 연쇄는 두 유형의 그래프에서 동시에 기술되어야 한다. 이러한 중의성 또는 통용성은 다음과 같이 '연결어미'들과의 관계에서도 관찰된다.

(66ㄱ) 그 사람이 정말 끈질기게 우리를 <u>잡던데</u>!
(66ㄴ) 그 사람이 계속 우리를 <u>잡던데</u>?
(66ㄷ) 그 사람이 계속 우리를 <u>잡던데</u> 무슨 할 말이 있던 것 같아요

3.3.3.3.3. '명령형'(IMP) 표상 그래프 1가지

그림 104는 '명령'을 나타내는 활용후치사의 복합형 구성을 나타낸다. 현재 1개의 그래프 {IMP1.grf}로 구성되어 있다. 다음은 이러한 경로를 통해 인식되는 명령 활용 복합형의 예를 보인다.

(67) 잡으렴| 잡으시게나| 잡아라| 잡거라| 잡으시죠| 잡아요| 잡으세요| 잡지마| 잡지마라 등등

여기서 보듯이 'V-지 말다'의 부정 명령형도 포함되어 있는 것이 특징이다. 구어체에서는 '잡지마, 가지마' 등의 어절 형태가 빈번하게 관찰되기 때문에, 이들도 단일 단위를 구성하는 활용후치사 복합형으로 기술되었다. 가령 '떠나지 마세요'처럼 문법적으로 올바르게 띄어쓴 경우는, 동사 '떠나다'와 '말다'에서 각각 인식되므로 문제가 없다. 문제는 현재처럼 음절수가 적으면서 자주 쓰는 표현들이 하나의 어절로 실현되는 경우, 복합구성을 올바르게 인식하기 위

해서 이들에 대한 정보가 현재의 활용 그래프 내에 기술되어야 한다는 점이다.

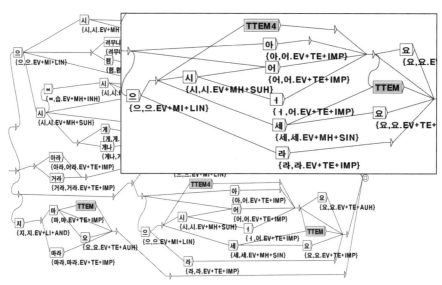

그림 104. '명령형' 후치사(IMP) 복합형을 표상하는 FST

앞서 서술형이나 의문형과는 달리 '명령형'에서는 과거나 미래 등을 나타내는 시제 변화 후치사가 결합되지 않으므로, 시상 삽입후치사 {MTEN1.grf} 서브그래프가 호출되지 않았다.

3.3.3.3.4. '청유형'(SUG) 표상 그래프 1가지

그림 105는 '청유'를 나타내는 활용후치사의 복합형 구성을 나타낸다. 현재 1개의 그래프 {SUG1.grf}로 구성되어 있다.

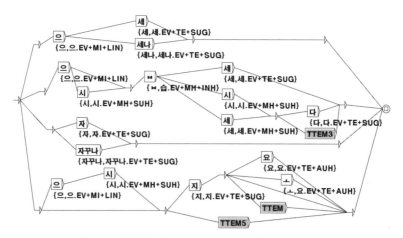

그림 105. '청유형' 후치사(SUG) 복합형을 표상하는 FST

청유형 후치사도 앞서 명령형의 경우와 마찬가지로, 시제를 표현하는 중간삽입 후치사가 실현되지 않는다. 위의 경로를 통해 인식되는 청유형의 예를 들면 다음과 같다.

(68) 잡읍시다| 잡자| 잡자꾸나| 잡으시죠| 잡으세나| 잡으십시다 등등

3.3.3.3.5. '감탄형'(EXC) 표상 그래프 1가지

그림 106은 '감탄'을 나타내는 활용후치사의 복합형 구성을 나타낸다. 현재 1개의 그래프 {EXC1.grf}로 구성되어 있다.

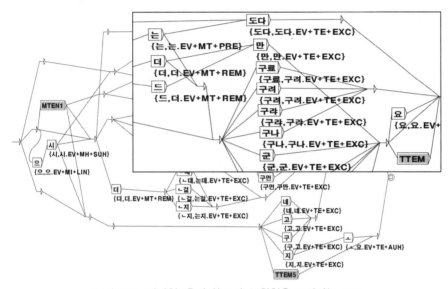

그림 106. '감탄형' 후치사(EXC) 복합형을 표상하는 FST

이 그래프의 경로를 통해 인식되는 감탄형의 예를 들면 다음과 같다.

(69) 잡더구려| 잡더구나| 잡으시던데요| 잡으시네| 잡던걸 등등

감탄형의 경우도, 앞서 서술형이나 의문형과 통용되는 후치사가 나타난다. 이들도 종결 구두점이 마침표인가 의문부호인가 또는 감탄부호인가에 따라 그 문법적 기능이 달라질 수 있는 속성을 보인다.

3.3.3.4. '연결형(LI)' 후치사의 7가지 하위유형

3.3.3.4.1. '기술'(DES) 표상 그래프 2가지

'기술(Description)'을 나타내는 연결형 활용후치사의 복합형 구성은 2개의 그래프로 분리되어 표현되었다. 그림 107은 '기술' 활용후치사의 첫 번째 그래프 {L1_DES1.grf}를 보인다.

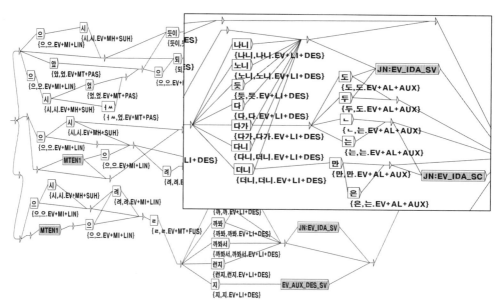

그림 107. '기술' 후치사(DES) 복합형을 표상하는 FST

이 그래프에서 인식될 수 있는 후치사의 예는 다음과 같다.

　(70) 잡듯이| 잡으시다가| 잡으니| 잡으실까봐| 잡았을지 등등

현재 여기에 제시되지 않은, 두 번째 '기술' 연결형 후치사 그래프 {L1_DES2.grf}에서는 다음과 같은 후치사들이 표현되어 있다.

　(71) 잡으시는데| 잡으려는지| 잡을새라| 잡으려는데도 등등

3.3.3.4.2. '첨가' 활용후치사(LI+AND)를 표상하는 2개 그래프

'첨가(Addition)'를 나타내는 연결형 활용후치사의 결합형 구성은 2개의 그래프로 분리되어 표현되었다. 그림 108은 '첨가' 활용후치사의 첫 번째 그래프 {L1_AND1.grf}를 보인다.

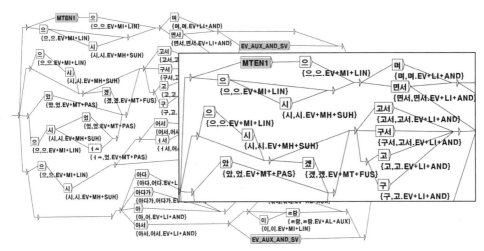

그림 108. '첨가' 후치사(AND) 복합형을 표상하는 FST

이 그래프에서 인식될 수 있는 후치사의 예는 다음과 같다.

(72) 잡으며| 잡았었으면서| 잡으면서| 잡으시고서| 잡았고| 잡으셔서|잡아다가는 등등

현재 여기에 제시되지 않은, 두 번째 '첨가' 연결형 후치사 그래프 {L1_AND2.grf}에서는 다음과 같은 후치사들이 표현된다.

(73) 잡을수록| 잡느니| 잡았겠거니| 잡으시든지| 잡지만은 등등

3.3.3.4.3. '시간(TME) 표상 그래프 1가지

그림 109는 '시간(Time)'을 나타내는 연결형 활용후치사의 복합형 그래프 {L1_TME.grf}를 보인다.

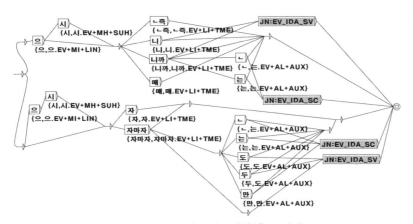

그림 109. '시간' 후치사(TME) 복합형을 표상하는 FST

이 그래프에서 인식될 수 있는 후치사의 예는 다음과 같다.

(74) 잡으니| 잡으시자| 잡으니까| 잡자마자| 잡으시니까는 등등

3.3.3.4.4. '이유'(REA) 표상 그래프 1가지

그림 110은 '이유(Reason)'를 나타내는 연결형 활용후치사의 복합형 그래프 {L1_REA.grf}이다.

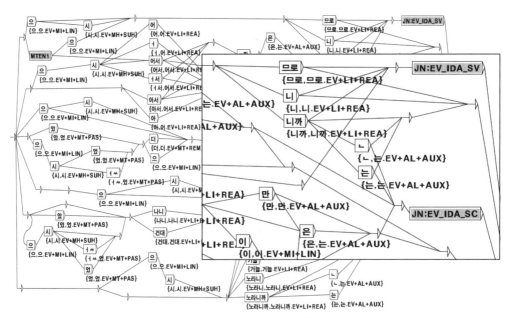

그림 110. '이유' 후치사(REA) 복합형을 표상하는 FST

다음은 이 그래프에서 인식될 수 있는 후치사의 예를 보인다.

(75) 잡으므로| 잡으니까| 잡으셔서| 잡았던지라| 잡으시길래 등등

3.3.3.4.5. '조건'(CND) 표상 그래프 1가지

그림 111은 '조건(Condition)'을 나타내는 연결형 활용후치사의 복합형 그래프 {L1_CND.grf}를 보인다.

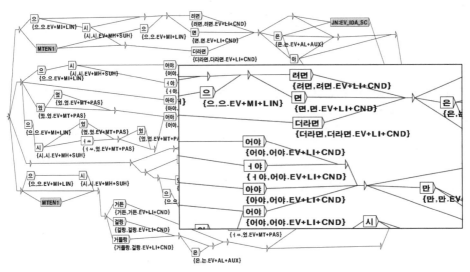

그림 111. '조건' 후치사(CND) 복합형을 표상하는 FST

이 그래프에서 인식될 수 있는 후치사의 예를 보이면 다음과 같다.

(76) 잡으셔야| 잡으시면| 잡았었더라면| 잡으시거든| 잡았던들| 잡겠거들랑 등등

3.3.3.4.6. '양보'(CNS) 표상 그래프 2가지

'양보(Concession)'를 나타내는 연결형 활용후치사의 결합형 구성은 2개의 그래프로 분리되어 표현되었다. 그림 112는 '양보' 활용후치사의 첫 번째 그래프 {L1_CNS1.grf}를 보인다.

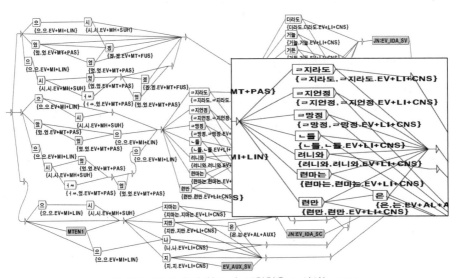

그림 112. '양보' 후치사(CNS) 복합형을 표상하는 FST

이 그래프에서 인식될 수 있는 후치사의 예를 보이면 다음과 같다.

(77) 잡으실지라도| 잡은들| 잡으시지만| 잡든가| 잡았건만| 잡았거나| 잡았더라도 등등

반면 현재 여기 제시되지 않은, 두 번째 그래프 {L1_CNS2.grf}에 의해서 인식되는 후치사의 예는 다음과 같다.

(78) 잡으셔도| 잡았었어도| 잡으나마나| 잡아도| 잡겠었어도 등등

3.3.3.4.7. '목적'(PUR) 표상 그래프 1가지

그림 113은 '목적(Purpose)'를 나타내는 연결형 활용후치사의 결합형 그래프 {L1_PUR.grf}를 보인다.

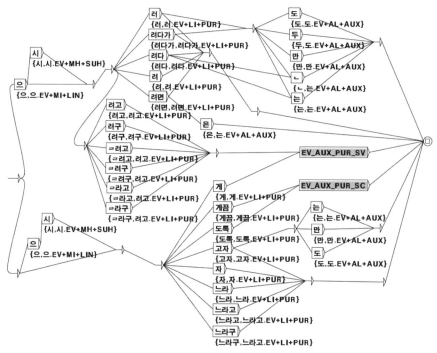

그림 113. '목적' 후치사(PUR) 복합형을 표상하는 FST

이 그래프에서 인식될 수 있는 후치사의 예를 보면 다음과 같다.

(79) 잡으시러| 잡으려다가| 잡으려고| 잡으시게| 잡으시도록| 잡느라 등등

끝으로 인용(Discourse)을 나타내는 연결형 활용후치사의 복합형은 앞서 언급한 바와 같이,

3.3.3.8의 간접인용문 내포 활용후치사 연결형 그래프 내부에서 함께 기술된다.

3.3.3.5. '관형형(DT)' 후치사 그래프 1가지

그림 114는 '관형형' 활용후치사의 복합형 그래프 {DT1.grf}를 보인다.

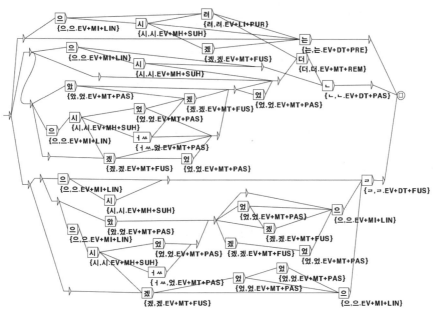

그림 114. '관형형' 후치사(DT) 복합형을 표상하는 FST

여기서 인식될 수 있는 후치사의 형태는 다음과 같다.

(80) 잡으려는| 잡았었던| 잡는| 잡은| 잡으신| 잡을| 잡았었을| 잡으시겠을 등등

3.2.3.6. '명사형(NO)' 후치사 그래프 1가지

그림 115는 '명사형'을 나타내는 활용후치사의 복합형 그래프 {NN1.grf}를 보인다.

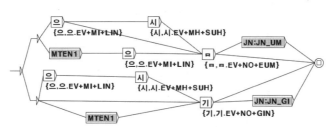

그림 115. '명사형' 후치사(NO) 복합형을 표상하는 FST

여기서 보듯이 동사 어간에 명사형 후치사가 결합하여 어절이 형성되면, 이 어절은 뒤에 조사, 즉 명사후치사의 결합이 가능해진다. 따라서 이 부류의 활용후치사 그래프에는 명사후치사 {JN.grf} 그래프가 수반되어야 하며, 이때 'ㅁ'으로 유도되는 명사 부류에는 '유종성 명사 부류'에 결합하는 {JN02} 유형이, 그리고 '기'로 유도되는 명사 부류에는 '무종성명사 부류'에 결합하는 {JN01} 유형이 실현되어야 한다. 이러한 명사후치사 그래프들은 현재 'JN' 폴더 내부에 내장되어 있어 위에서 삽입된 회색 서브그래프에는 그 폴더 경로가 다음과 같이 명시되어 있다.

(81ㄱ) JN:JN_UM ☞ 'JN' 폴더 속의 {JN_UM.grf} 그래프를 호출하라는 의미
(81ㄴ) JN:JN_GI ☞ 'JN' 폴더 속의 {JN_GI.grf} 그래프를 호출하라는 의미

위에서 인식될 수 있는 후치사의 형태는 다음과 같다.

(82) 잡으심이| 잡기를| 잡으시기가| 잡았음을| 잡았겠기만을 등등

앞서도 언급한 바와 같이, 현재 동사의 명사형 후치사 그래프에는 다음과 같은 일련의 구어체 어절들에 대한 별도 그래프가 추가되어 있다.

(83ㄱ) 이 물건에는 <u>잡을데가</u> 없네
(83ㄴ) 이제 <u>먹을거</u> 좀 주세요
(83ㄷ) 다음에 여기 <u>올적에</u> 꼭 들려주세요

위의 문장들에 나타난 '잡을데' '먹을거' '올적'은 'V-관형형-의존명사'의 연쇄가 구어체에서 하나로 붙여쓰여진 형태이다. 현대 SNS 텍스트 등에서 이러한 어절들이 상당수 관찰되기 때문에 DECO 사전에서는 각 동사의 명사형 활용후치사 그래프에서 이러한 일련의 의존명사들을 관형형 후치사 뒤에 후행하는 성분으로 삽입하는 방식을 택하였다. 가령 그림 116은 의존명사 '것/거/껏/꺼'가 결합되는 어절을 표현하기 위해 구성된 그래프의 일부를 보인다.

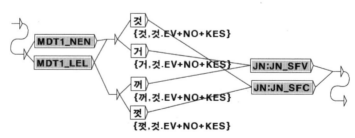

그림 116. 'V-관형형-의존명사' 결합 중 의존명사 '것' 관련 그래프 일부

여기서 그래프 왼편에 삽입된 서브그래프 {MDT1_NEN.grf}는 '느/는'과 같은 현재 및 과거 관형형을 표상하고, {MDT1_LEL.grf}는 'ㄹ'과 같은 미래 및 추정 관형형을 표상한다. 또한 오른편의 서브그래프들은 각각 '무종성명사에 결합하는 조사' {JN_SFV.grf}와 '유종성명사에 결합하는 조사' {JN_SFC.grf}의 두 가지를 나타낸다. 이러한 구어체 의존명사의 결합형 구성에 대한 처리 문제는 추후 다른 지면을 통해 더 상세히 논의하기로 한다.

3.3.3.7. '간접인용문 내포(MI)' 종결형 그래프 3가지

간접인용문을 내포한 활용후치사 중 어말 형태가 종결형인 복합형은 '서술'과 '의문' '감탄'의 3가지로 하위분류된다. 이들은 5개의 서브그래프로 구성되어 있다. 현재 일반 문장구조에서 나타나는 5가지 종결형 후치사 중 '명령'과 '청유'는, 간접 인용문을 전달하는 화법상의 문장의 의미적 기능과 맞지 않기 때문에 이러한 결합 구성이 관찰되지 않는다. 즉 다음을 보자.

(84ㄱ) [서술] 손님들이 오늘 택배가 도착하느냐<u>시는데요</u>
(84ㄴ) [의문] 손님들이 오늘 저녁 도착한다<u>시니?</u>
(84ㄷ) [감탄] 드디어 오늘 선물이 도착한다<u>는구나!</u>
(84ㄹ) [명령] *손님들이 오늘 택배가 도착하느냐<u>시어라!</u>
(84ㅁ) [청유] *손님들이 오늘 택배가 도착하느냐<u>십시다!</u>

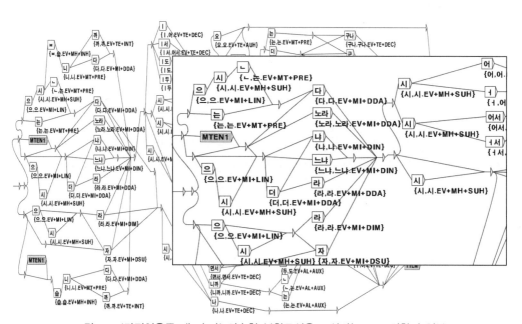

그림 117. '간접인용문 내포(MI)' 서술형 복합구성을 표상하는 FST 집합의 일부

현재 위의 3가지 하위유형에 대한 5개 서브그래프는 다음과 같이 구성된다.

- '서술'형 2개 그래프: {M1_TDEC.grf} & {M1_TDECP.grf}(현재형과 과거형)
- '의문'형 2개 그래프: {M1_TINT.grf} & {M1_TINTP.grf}(현재형과 과거형)
- '감탄'형 1개 그래프: {M1_TEXC.grf}

그림 117은 '서술형' 유형 중 첫째 그래프 {M1_TDEC.grf}의 예를 보인다. 여기서 인식될 수 있는 어절의 예를 들면 다음과 같다.

(85) '서술: 잡는다는구나| 잡느냐십니다| 잡으라지요| 잡았다더라| 잡으신다더군| 잡으신답니다 등등

위에서 제시되지 않은 '의문형'과 '감탄형'의 그래프에 의해 인식될 수 있는 어절의 예를 들면 다음과 같다.

(86ㄱ) '의문: 잡는다시니?| 잡으신다던가?| 잡으라십디까?| 잡는다실까?| 잡았다던데? 등등
(86ㄴ) '감탄: 잡는다는구나!| 잡으라시네요!| 잡았다네요!| 잡자시는걸!| 잡았대요! 등등

현재 '잡다'와 같은 {VS01} 클라스와 결합하는 {EV01}의 활용후치사에는 해당되지 않지만, 위와 같은 그래프와 결합하는 어휘소가 지정사 '아니다'나 일련의 'X-이다' 유형의 형용사로 실현되는 경우, 내포문의 종결어미 '다'는 '라'로 변환된다. 다음을 보자.

(87ㄱ) 잡는다는구나
(87ㄴ) *학생이다는구나   ☞ 학생이라는구나
(87ㄷ) *(학생이) 아니다는구나 ☞ (학생이) 아니라는구나
(87ㄹ) *비논리적이다는구나   ☞ 비논리적이라는구나

따라서 위에 사용된 '라'는 '인용지정(DCP)'의 태그로 기술되어, '인용명령(DIM)'의 형태로 실현된 본질적인 '라'의 경우와는 구별되도록 한다.

(88ㄱ) 떠난다는구나 ☞ {인용서술 '떠난다'} & {서술형 종결 '는구나'}
(88ㄴ) 떠나냐는구나 ☞ {인용의문 '떠나냐'} & {서술형 종결 '는구나'}
(88ㄷ) 떠나라는구나 ☞ {인용명령 '떠나라'} & {서술형 종결 '는구나'}
(88ㄹ) 떠나자는구나 ☞ {인용청유 '떠나자'} & {서술형 종결 '는구나'}

여기서 명령형 내포문을 살펴보면, 실제로 {V-어/어라}의 형태로 실현되는 명령형이 인용 내포문으로 삽입될 때에는 {어}가 탈락되어 나타난다. 위의 (88ㄷ)의 '떠나라'나 '가라'와 같

은 경우는 어간에 이미 '어/아' 형태가 실현된 경우이어서, 명령형의 {어}의 생략 현상이 명시적으로 드러나지 않았으나, 다음의 동사들을 보면 이러한 현상을 분명하게 확인할 수 있다.

(89ㄱ) 잡아!/ 잡아라! ☞ *잡-아-라-는구나/ 잡-으-라-는구나
(89ㄴ) 먹어!/ 먹어라! ☞ *먹-어-라-는구나/ 먹-으-라-는구나
(89ㄷ) 쳐!/ 쳐라! ☞ *쳐-라-는구나/ 치-라-는구나
(89ㄹ) 와!/ 와라! ☞ *와-라-는구나/ 오-라-는구나
(89ㅁ) 이겨!/ 이겨라! ☞ *이겨-라-는구나/ 이기-라-는구나

현재 간접인용문 내포 후치사 복합형 그래프에는, 이러한 현상을 고려하여 {어}가 탈락된 명령령 형태가 삽입되어 있다. 위의 (89)에서 제시한 명령형 인용문의 예에서 '잡으라지요', '잡으라십디까?', '잡으라시네요' 등이 올바르게 기술되어 있는 것을 확인할 수 있다.

이상에서 논의한 '간접인용문 내포 어절'은, 어절 내부에 '서술형/의문형/청유형/명령형'[87] 종결어미를 내포하는 유형으로서, 내포된 종결어미 뒤에 반드시 실제 주절의 종결형 후치사가 추가되는 복합 구성이다. 즉 이와 같이 내포된 종결어미들은 '인용 삽입형(MI)' 후치사 부류가 된다.

3.3.3.8. '간접인용문 내포(MI)' 연결형 그래프 6가지

간접인용문을 내포한 활용후치사 중 어말어미가 '연결형'인 복합형은 6가지로 하위분류된다. 7개의 서브그래프로 구성되어 있다. 여기 6가지에는, 앞서 일반 구문에서 논의되었던 7가지 연결형 중에서 '목적(PUR)'의 경우가 관찰되지 않는다. 주어/주체의 의지가 전제되는 '목적'형 활용후치사와 타인의 말을 인용하는 간접인용문의 논리·의미적 특징이 서로 배타적이기 때문으로 보인다. '목적'을 제외한 6가지에 대한 간접인용문 내포문 그래프는 다음과 같이 구성된다.

- 1. 어말 연결형이 '기술(DES)형'인 복합형 1개 그래프: {M1_LDES.grf}
- 2. 어말 연결형이 '첨가(AND)형'인 복합형 1개 그래프: {M1_LAND.grf}
- 3. 어말 연결형이 '시간(TME)형'인 복합형 1개 그래프: {M1_LTME.grf}
- 4. 어말 연결형이 '이유(REA)형'인 복합형 1개 그래프: {M1_LREA.grf}
- 5. 어말 연결형이 '조건(CND)형'인 복합형 1개 그래프: {M1_LCND.grf}
- 6. 어말 연결형이 '양보(CNS)형'인 복합형 2개: {M1_LCNS1.grf} & {M1_LCNS2.grf}

---

87) 내포문에 실현된 종결형에는, 5가지 기본 유형중에서 '감탄형'은 나타나지 않는다. 간접인용문의 논리·의미적 속성상, 내포문의 정보가 '서술/의문/명령/청유'는 가능하지만, '감탄'형으로 나타나는 것은 부자연스럽기 때문으로 보인다.

그림 118에서 '기술(DES)'의 복합형 그래프 {M1_LDES.grf}의 예를 살펴보자.

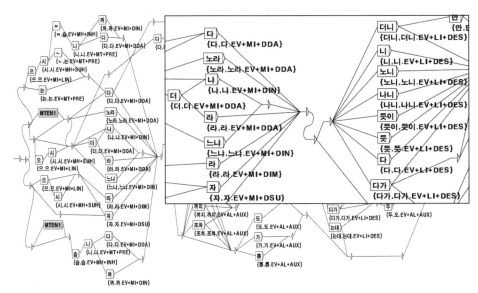

그림 118. '간접인용문 내포(MI)' 기술형 복합구성을 표상하는 FST 집합의 일부

이 그래프에 의해 인식될 수 있는 어절의 예를 들면 다음과 같다.[88]

　(90) '기술': 잡는다더니| 잡으신다는데| 잡으셨느냐더니만| 잡으라셨는데도| 잡자시니|
　　　　　 잡으시라니 등등

같은 방식으로 나머지 5가지 연결형 복합형의 예를 들면 다음과 같다.

　(91ㄱ) '첨가': 잡는다고는| 잡으신다면서도| 잡으시냐며| 잡으래서 등등
　(91ㄴ) '시간': 잡느냐시니| 잡는다시자마자| 잡는다시자| 잡냐시자 등등
　(91ㄷ) '이유': 잡는다니까| 잡았다길래| 잡았었다시거늘| 잡으신다셔서 등등
　(91ㄹ) '조건': 잡는다면은| 잡으라거든| 잡았었다시면| 잡는다거들랑 등등
　(91ㅁ) '양보': 잡는단들| 잡았다지만은| 잡으랄망정| 잡으라지만 등등

---

88) 앞서 언급한 바와 같이, 연결형의 '인용(DIS)'에 해당하는 후치사 복합형은 '첨가(AND)' 그래프에서 함께 수
　록되었다. 실제로 학교문법에서 '인용'의 후치사로 명명되는 유형은 여기서 논의하는 다양한 연결형 후치사
　의 한 하위유형으로서, '말하다/전하다/이야기하다'와 같은 일련의 발화동사 부류가 후행동사로 실현될 때 설
　정될 수 있는 특정 통사·의미 기능을 보인다. 이에 대해서는 추후 별도의 지면에서 논의하기로 한다.

3.3.3.9. '간접인용문 내포(MI)' 관형형/명사형 그래프

간접인용문을 내포한 활용후치사 중 어말 형태가 '관형형'인 그래프와 '명사형'인 그래프는 각각 1개의 그래프로 구성된다.

- 1. 어말 후치사가 '관형형(MT)'인 복합형 1개 그래프: {M1_DT.grf}
- 2. 어말 후치사가 '명사형(NN)'인 복합형 1개 그래프: {M1_NN.grf}

위에서 '관형형' 복합형 그래프 {M1_DT.grf}를 예로 들어 보면 그림 119와 같다.

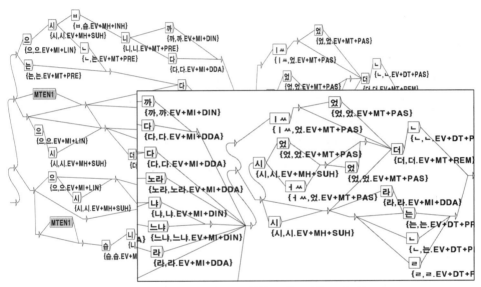

그림 119. '간접인용문 내포(MI)' 관형형 복합구성을 표상하는 FST

이 그래프에 의해 인식될 수 있는 어절의 예를 들면 다음과 같다.

(92) 잡는다는| 잡으라셨던| 잡느냐라는| 잡았느냐는| 잡자시는 등등

같은 방법으로 '명사형' 그래프 {M1_NN.grf}에 의해 인식될 수 있는 어절의 예를 들면 다음과 같다.

(93) 잡는다기보다는| 잡는다심이| 잡았다라기에| 잡으라심을| 잡았었다기에 등등

현재 '간접인용문' 내포 복합형의 그래프는 이미 충분히 복잡한 내적 구성을 보인다. 그

런데 여기서 어말 후치사가 명사형 'ㅁ/기'가 되는 경우, 여기에 일련의 명사후치사(조사)의 복합적 결합이 다시 고려되어야 한다. 이로 인해, 전체 생성되는 활용형 어절의 종류와 수는 다른 서브그래프들에 비해 훨씬 가중된 형태가 된다.

4. '어휘소/문법소 연결호출' 그래프문법 DECO-LinGraph 구축

4.1. 연결호출 그래프문법 개요

앞서 3장에서 '명사/부사/동사/형용사'의 네가지 대범주에 대한 활용후치사 복합형을 기술하는 그래프 사전이 소개되었다. 명사와 부사에 결합하는 후치사 부류는 상대적으로 간단한 양상을 보이는 반면, 동사와 형용사에 결합하는 후치사의 조합 가능형은 매우 복잡한 양상을 보인다. 위에서 구축된 활용후치사 사전은 각 대범주별로 메인 그래프가 구성되고, 이들이 활용클래스 전체를 서브그래프로 호출하는 전이망(Transition Network) 방식으로 구조화되어 있다. 이들은 유니텍스 플랫폼을 통해 유한상태 트랜스듀서 사전으로 컴파일된다.

이와 같이 방대한 구조의 활용후치사 복합형 그래프사전이 구축되면, 앞서 구축된 어간변이형 사전과 이들을 연결시키는 '연결호출 그래프문법 DECO-LinGraph'가 구축되어야 한다.

기술적인 관점에서 보면, 이 그래프문법은 '어간변이형 사전' DECO-RooVarDic과 '활용후치사 사전' DECO-InfSfxDic을 합하여 단일 리스트방식을 생성하는 것이 아니라, 두 개의 유한 오토마타가 '연결(Concatenation)'된 형식으로 존재하도록 두 유형의 사전을 호출하는 그래프이다. 4가지 범주별 '연결호출 그래프문법' LinGraph는 다음과 같이 구조화된다.

- 명사부의 연결호출 그래프문법 LinGraph: {NSall-r.grf}
- 부사부의 연결호출 그래프문법 LinGraph: {DSall-r.grf}
- 형용사부의 연결호출 그래프문법 LinGraph: {ASall-r.grf}
- 동사부의 연결호출 그래프문법 LinGraph: {VSall-r.grf}

아래에서 각 범주별 '연결호출 그래프문법'에 대해 살펴보기로 한다.

4.2. 각 대범주별 연결호출 그래프문법 LinGraph

4.2.1. 명사/부사 범주의 연결호출 그래프문법

명사/부사 범주의 'LinGraph 그래프문법'은 형용사/동사의 경우에 비해 상대적으로 단순하다. 명사/부사의 활용클라스는 각각 4개의 하위범주로 구성되어 있기 때문에, 이렇게 각 활용클라스에 속하는 '어휘소 부류(NS/DS)'와 '활용후치사 부류(JN/JD)'도 각각 4가지 유형으로 구별된다. 다음은 명사 범주의 LinGraph를 보인다.

4.2.1.1. 명사 '연결호출 그래프문법' {NSall-r.grf}

그림 120은 명사 범주의 어간변이형 사전과 활용후치사 사전을 각 활용클라스별로 연결·호출하는 그래프문법 {NSall-r.grf}를 보인다.

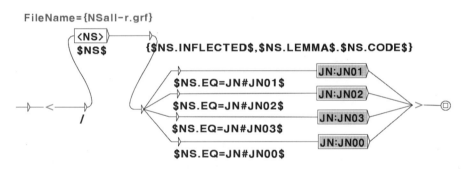

그림 120. '명사(NS)' 범주의 연결호출 그래프문법 {NSall-r.grf}

위의 그래프문법은 명사(NS) 범주의 어간변이형 사전에 수록되어 있는 각 활용클라스 정보를 이용하여, 각각 대응되는 명사후치사(JN) 범주를 연결하는 명령을 표상한다. 여기 사용된 연산자와 변수, 부호들의 의미를 아래에서 살펴보기로 한다.

4.2.1.2. 사용되는 연산자와 변수의 의미

그림 120의 그래프 경로 상에서 사용된 각 연산자와 변수들의 의미를 초기상태부터 단계별로 하나씩 살펴보기로 한다.

4.2.1.2.1. '형태소모드(Morphological Mode)' 연산자

그래프문법의 '초기상태(Initial State)'에서 이어지는 경로 상의 '<'과 '마지막상태(Final State)'

로 이어지는 경로 상의 '>'는 '형태소모드(Morphological Mode)'에서의 그래프 구축을 의미하는 연산자(Operator)이다. 즉 이 부호의 내부에서 기술되는 모든 현상들은 원칙적으로 '여백'없이 하나의 단위를 구성하는 성분들임을 의미한다.

앞서 언급한 바와 같이, 유니텍스의 '유한상태 트랜스듀서(Finite-State Transducer: FST)' 편집기 (FSGraph 메뉴)에서 구축되는 FST에는, 초기상태와 최종상태를 제외한 중간의 다른 상태들은 명시적으로 기술되지 않는다. 여기서 초기상태(S0)는 화살표로, 최종상태(F)는 이중원(◎)으로 표시된다. 반면 고전적 FST에서 아크(Arc) 방식의 경로(Path) 위에 표시되는 전이(Transition) 입력 문(Input)은 박스 내부에 표현되고, 출력문(Output)은 박스 하단에 표현된다.

이러한 형식의 FST에서, 연이은 두 박스로 기술된 연쇄는 '토큰의 내적 성분들의 기술'과 '토큰의 외적 연쇄에 대한 기술'의 두 가지 가능성을 동시에 표현한다. 반면 위와 같은 '형태소모드'에서는 원칙적으로 모든 성분들이 '하나의 토큰 내부의 성분'임을 의미한다. 한국어와 같이 하나의 어절(토큰) 속에 여러 개의 형태소 단위가 정의되거나 분석되어야 하는 경우, 이를 위한 사전과 문법의 구성을 위해 사용되는 연산자로서, 현재 이 그래프문법에서 정의되는 명령은 모두 하나의 단일 토큰 내부의 현상임을 명시한다.

4.2.1.2.2. '사전생성용 그래프' 연산자

초기상태 이후 각괄호의 시작부호(<) 이후에 실현된 '/'는 이 그래프가 '사전생성용 그래프(Graph for Dictionary)'임을 의미하는 부호이다. 유니텍스 플랫폼에서 이러한 부호가 삽입된 그래프는, 일반 '텍스트 분석용 그래프' 부류와 달리 사전생성을 위해 사용된다.

이와 같은 '생성용' 그래프는, 일반적인 '분석용' 그래프와는 그 성격이나 제약 조건 등이 다르게 설정된다. 가령 후자의 경우 '무한 순환'의 루프(Loop)와 같은 기능을 그래프 구축시 사용할 수 있으나, 전자의 경우는 이러한 루프는 무한생성을 초래하므로 허용되지 않는다. 그래프의 수학적·이론적 속성에 대해서는 추후 유니텍스에 대한 상세한 논의를 통해 별도로 진행하기로 한다.

4.2.1.2.3. DECO 3영역구조(Triple Structure) 변수

DECO 사전의 '어간변이형 사전' RooVarDic은 '콤마'와 '마침표'의 2개의 구분자에 의해 각 영역을 표현하는 3영역구조(Triple Structure)로 되어 있다. 3개의 영역은 '표면형/기본형/사전 정보(대범주&활용클라스 + 그외 정보들 + 활용후치사 클라스)'와 같은 방식으로 구성된다. 앞서 언급한 바와 같이, 이를 다시 보이면 다음과 같다.

(94) Surface, Lemma. NS01+ZNZ+JN#JN01

여기서 '입력문' 박스 내부에 표현된 '<NS>'는 현재 위와 같은 '어간변이형 사전' RooVarDic에 기술된 대범주 태그, 즉 'NS/DS/AS/VS'의 4가지를 나타낸다. < >는 그 내부의 스트링이 '표면형'에 속하지 않고, '기본형(Lemma)'이나 '사전정보(즉 Non-Terminal)' 영역에 실현됨을 의미한다. 즉 위의 입력문을 통해 'NS'라는 태그가 가 들어있는 사전 표제어를 '찾는' 명령을 실행한다. 여기서의 입력문은 '인식'되는 스트링을 의미하기 때문이다.

반면, 입력문 박스의 하단에 위치한 '출력문'의 'NS'는 변수(Variable)를 정의하기 위해 사용된 임의의 부호이다. 이때 "$...$" 사이의 값은 xxx, ABC 등과 같이 사용자가 임의로 부여할 수 있다. 다만 여기서 부여된 변수 이름은 뒤에서 동일하게 사용되어야 한다.

이때 경로의 의미는 '<NS>'가 들어있는 표제어를 찾아서, 이때 이 부분을 XX(여기서는 다시 NS로 명명함)로 설정하고, 이 XX를 다음 경로의 출력문에서 정의하는 방식대로 다시쓰기(그래프 명칭의 '-r'의 의미(=Replace: 치환하기))를 하라'는 의미이다. 다시쓰기를 하기 위한 경로에서는 입력문이 비어있는 것을 볼 수 있다. 즉 이 경로는 다음과 같이 구축된다.

(95) <E>/ {$NS.INFLECTED$, $NS.LEMMA$. $NS.CODE$}

즉 그래프상에서 빈 전이(⇨)의 형태로 실현되는 부분은 실제로 입력문이 없는(<E>부호) 상태를 의미한다. 여기서 출력문은 위의 3영역구조(Triple Structure)의 3가지 영역을 나타내는 형태로 정의된다. 출력문 전체는 '{...}'로 둘러쌓이고, 그 안의 3가지 영역은 각각 '$...$'로 정의되며, 이 3가지 영역은 '콤마(,)'와 '마침표(.)'를 이용한 2개의 구분자로 분리된다. 이때 첫째 값은 'XX.INFLECTED'로 '표면형'을 의미하고, 둘째 값은 'XX.LEMMA'로 그 어휘의 '기본형'을 의미하며, 셋째 값은 'XX.CODE'로 그 표제어에 할당된 모든 정보 태그의 집합을 나타낸다. 이때 사용된 'XX'는 앞의 경로에서 '변수'로 정의하였던 부분(여기서는 'NS'로 정의하였음)을 표현한다.

궁극적으로 이 경로의 의미는 '바로 전 단계에서 XX(즉 NS)라는 변수로 정의된 입력문을 가진 줄단위에서 {표면형,기본형.품사}와 같은 형식의 다시쓰기를 하라'는 명령으로 정의된다.

4.2.1.2.4. '활용클라스' 조건 검사 연산자

그 다음 경로에서는 다음과 같은 형식의 연산자가 나타난다.

(96) <E>/ $NS.EQ=JN#JN01$

이 경로에서도 입력문은 비어있다. 즉 '<E>'으로 입력되고, 출력문에는 "$XX(변수).EQ=Y$" 와 같은 형식의 연산자가 나타났다. 다시 말해, 전체 '$...$'와 같은 형식 구조 안에 '변수

XX(여기서는 NS)'가 정의되고, 그다음 구분자 '.'가 사용된 후, 'EQ=...'와 같은 구조에 'Y'라는 일련의 정보가 제시되었다. 이는 '변수 XX'에 대한 조건을 'Y'로 주기 위한 것이다.

즉 위 경로의 전체 의미는 '변수 XX(여기서는 NS)에 대해서 조건 Y(여기서는 'JN#JN01'라는 코드를 가진 변수라는 조건)를 충족시키는지를 검사하라'는 것으로 정의된다. 이 경로는 앞서 정의된 변수에 대한 특정 조건을 삽입하기 위해 사용된 것이다. 여기서 사용될 수 있는 조건 Y는 '어간변이형 사전'의 다음과 같은 구조에서,

(97) 표면형,기본형.대범주(&활용클래스번호)+코드1+코드2+코드3+...+코드n

'코드' 부분에서 1개를 선택하여 설정할 수 있다. 만일 여러 개의 조건을 설정해야 한다면, 위와 같은 경로를 다시 옆에 반복하는 방법으로 사용한다. 이와 같이 조건을 설정할 수 있는 특징은, 현재 그래프가 '부가전이망(Augmented Transition Network: ATN)'과 같은 생성력을 가진다는 것을 의미한다. 이와 같은 조건의 설정은 '형태소 모드' 상태에서만 허용된다.

4.2.1.2.5. '활용후치사 복합형 그래프' InfSfxGraph 호출

그 다음 경로에서 입력문에 '회색 박스(Gray Box)'로 표현되어 있는 'JN:JN01'은 현재 그래프에서 호출되는 서브그래프를 의미한다. 여기서 'JN'은 폴더이름, ':'은 폴더와 파일명을 분리하는 구분자이며, 'JN01'은 하위그래프 이름을 의미한다. 즉 이 경로의 의미는 '앞의 경로에서 정의한 변수 XX(여기서는 NS)에 대해 조건 Y를 검사한 후, 이를 충족하면 여기 정의된 하위그래프(즉 {JN01.grf})를 폴더 JN에서 찾아서 연결하라'의 의미로 정의된다.

그 다음 경로에서 다시 그래프 처음의 '<'과 쌍을 이루는 마지막의 '>'를 삽입하여 이 그래프가 '형태소모드(Morphological Mode)'에서 수행됨을 의미한다.

4.2.1.2.6. '연결호출 그래프문법' 파일명 {XXX-r.grf}

현재 위의 명사부에 대한 그래프문법 LinGraph은 {NSall-r.grf}라는 파일명으로 저장되었다. 파일명에 사용된 {-r} 옵션은 유니텍스 플랫폼에서 사용할 사전 명칭에 반드시 적용되어야 하는 제약조건이다. 한국어와 같이 형태론적으로 복잡한 언어로 이루어진 코퍼스 분석 시 적용되는 사전은, 이와 같이 '형태소 모드'에서 '치환하기(Replace: -r)' 방식으로 구축된 'XX-r.grf' 그래프문법이 된다. 유니텍스 플랫폼에서, 그리고 DECO 사전에 있어서 '사전'과 '문법'의 경계가 특별히 존재하지 않는 현상은 이러한 속성과 연관되어 있다.

이상과 같은 방식으로 명사부(NS)뿐 아니라, 부사부(DS), 형용사부(AS), 동사부(VS)의 각 범주별 연결호출 그래프문법 LinGraph가 구축된다.

4.2.1.3. 부사 '연결호출 그래프문법' {DSall-r.grf}

그림 121 그래프는 '부사(DS)' 범주의 연결호출 그래프문법 {DSall-r.grf}를 보인다.

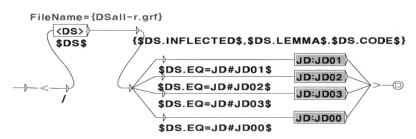

그림 121. '부사(DS)' 범주의 연결호출 그래프문법 {DSall-r.grf}

부사의 경우도 그 활용클라스의 수가 많지 않아, 앞서 명사의 경우처럼 하나의 연결호출 사전으로 구성된다. 위에서 '명사(NS)' 대신 '부사(DS)'가 실현되었고, '명사후치사(JN)' 대신 '부사후치사(JD)'가 실현된 것을 볼 수 있다. 그외의 문법은 앞서 명사의 경우와 모두 동일하다.

4.2.2. 형용사/동사 범주의 연결호출 그래프문법

4.2.2.1. 형용사 '연결호출 그래프문법' {ASall-r.grf}

'형용사(AS)' 범주의 연결호출 그래프문법 LinGraph는 전체 26개 형용사 활용클라스에 대한 기술이 이루어져야 하므로, 앞서 명사/부사의 경우와는 달리, 3개의 그래프 파일로 분할되어 기술되었다. 그 후 전체 메인 그래프에서 이들을 호출하는 방식으로 구성된다. 전체 3개 그래프를 호출하는 메인그래프 {ASall-r.grf}는 그림 122와 같은 형식으로 구성된다.

그림 122. '형용사(AS)' 범주의 연결호출 그래프문법 메인그래프 {ASall-r.grf}

위의 메인그래프 {ASall-r.grf}에서 호출된 3개의 서브그래프는 다음과 같은 활용클라스를 정의한다.

- {ASF-r.grf}: 'AS-FirstFile'로서, 'AS01~AS09'까지의 클라스를 호출한다.
- {ASS-r.grf}: 'AS-SecondFile'로서, 'AS10~AS21'까지의 클라스를 호출한다.
- {AST-r.grf}: 'AS-ThirdFile'로서, 'AS22~AS26'까지의 클라스를 호출한다.

그림 123은 위에서 호출된 3개의 서브그래프 중, 첫 번째 서브그래프 파일 {ASF-r.grf}를 보인다.

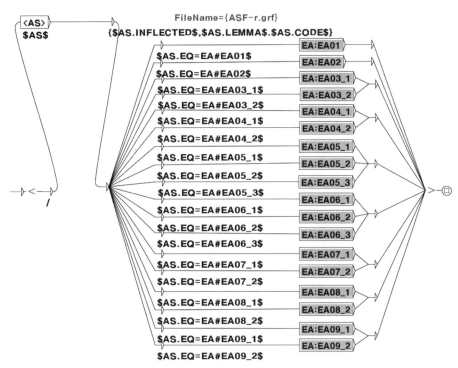

그림 123. '형용사(AS)' 범주의 연결호출 그래프문법 중 {ASF-r.grf} 그래프

위에서 보듯이 첫 번째 서브클라스는 {EA01}부터 {EA09}까지의 9개 활용클라스에 대한 '어간변이형 사전'과 '활용후치사 사전'을 연결·호출하는 기능을 한다. 위에서 수행된 조건 검사는 모두 18가지이며, 이에 따라 각각 18가지의 후치사 복합형 그래프 집합이 서브그래프로 호출되는 것을 볼 수 있다. 앞서 살핀 메인그래프 {ASall-r.grf}는 이러한 서브그래프 3개를 모두 호출하여 각각의 조건을 검사하는 대규모의 FST가 된다.

4.2.2.2. 동사 '연결호출 그래프문법' {VSall-r.grf}

'동사(VS)' 범주의 연결호출 그래프문법 LinGraph도 전체 28개 동사 활용클라스에 대한 기술을 포함해야 하므로 3개의 그래프 파일로 분할되어 기술되었다. 이후 전체 메인 그래프에서 이들 3개 서브그래프를 호출하는 방식으로 구성된다. 그림 124는 전체 3개 서브그래프를 호출하는 메인그래프 {VSall-r.grf}를 보인다.

그림 124. '동사(VS)' 범주의 연결호출 그래프문법 메인그래프 {VSall-r.grf}

위의 메인 그래프에서 호출된 3개의 서브그래프는 다음과 같은 활용클라스를 정의한다.

• {VSF-r.grf}: 'VS-FirstFile'로서, 'VS01~VS09'까지의 클라스를 호출한다.
• {VSS-r.grf}: 'VS-SecondFile'로서, 'VS10~VS21'까지의 클라스를 호출한다.
• {VST-r.grf}: 'VS-ThirdFile'로서, 'VS22~VS28'까지의 클라스를 호출한다.

그림 125는 위의 3개의 서브그래프 중 첫 번째 그래프 파일 {VSF-r.grf}를 보인다.

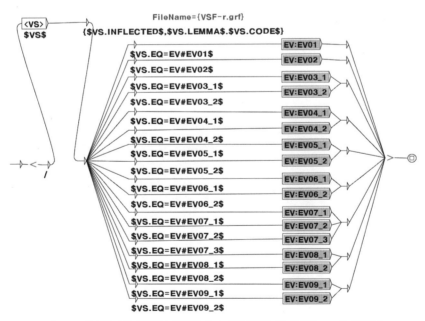

그림 125. '동사(VS)' 범주의 연결호출 그래프문법 중 {VSF-r.grf} 그래프

위의 서브그래프에서도 형용사의 경우와 마찬가지로, 어간변이가 나타나면 각각 그 변이형에 따라 결합 가능한 후치사 복합형의 집합이 달라지므로, 전체 9개 활용클라스에 대해 호출되는 서브그래프의 수는 17개로 확장되는 것을 볼 수 있다.

이상과 같은 방법을 통해 한국어 활용형사전을 생성하기 위한 모든 언어자원이 구성되었다. 이제 이를 바탕으로 실제 컴파일을 통해 코퍼스에 실현된 실제 활용형 토큰을 인식할 수 있는 DECO 활용형 전자사전을 준비하게 된다. 다음 장에서는 위의 언어자원 파일들을 유니텍스 플랫폼에서 어떠한 과정으로 컴파일하여 한국어 코퍼스 분석을 위한 언어자원으로 사용하게 되는지 그 과정에 대해 논의하기로 한다.

PART 06 유니텍스 플랫폼 기반 활용형사전 컴파일과 코퍼스 분석

I. 활용형사전 컴파일 개요

이 장에서는 앞서 구축한 언어자원들을 토대로 하여, 실제 코퍼스에 실현되는 표면형 어절을 분석할 수 있는 한국어 활용형 전자사전 DECO를 컴파일하는 과정을 소개한다. 이후 실제 코퍼스를 분석하기 위해 현재 구축된 DECO 사전을 적용하는 방법에 대해 논의한다. 현재 유니텍스(Unitex) 플랫폼에서 'DECOF 활용형사전' 컴파일을 위해 요구되는 언어자원의 유형을 요약해보면 다음과 같다.

- 1. 리스트 형식의 어휘소 사전(DECO-LexDic)
- 2. 각 활용클래스별 어간변이를 표상하는 그래프문법(DECO-RooVarGraph)
- 3. 어휘소 어간변이형 사전(DECO-RooVarDic)
- 4. 활용클래스별 후치사복합형 그래프사전(DECO-InfSfxGraph)
- 5. 어휘소-문법소 연결호출 그래프문법(DECO-LinGraph)

앞서 논의한 바와 같이 사전의 표제어가 되는 기본형 어휘소에 대한 리스트 형식의 사전 {DECO-LexDic}이 구성되면, 궁극적으로는 여기 내장되어 있는 활용클래스 정보를 토대로 다양한 활용형의 처리를 위한 활용형사전 DECOF가 구현된다.

이를 위해 우선 각 어휘소의 어간변이 현상을 기술한 그래프문법 {DECO-RooVarGraph}이 구축되어야 하며, 이를 유니텍스 플랫폼에서 어휘소 기본형사전에 적용한 후 어간변이형

사전 {DECO-RooVarDic}을 자동 생성한다. 다음에는 앞서 생성된 어간변이형 사전과 연결되는 각 대범주별 활용후치사 복합사전이 구성되어야 한다. 이를 유한트랜스듀서(FST) 방식의 그래프사전 {DECO-InfSfxGraph}으로 구축한 후, '어간변이형 사전'과 '활용후치사 사전'을 연결하는 연결호출 그래프문법 {DECO-LinGraph}을 구축하여 이를 통해 모든 기본형에 대한 활용형 인식이 가능한 활용형사전 DECOF의 생성이 완성되는 것이다.

이와 같은 과정으로 활용형사전이 컴파일되면, 실제 분석하고자 하는 코퍼스 파일을 유니텍스에서 호출한다. 컴파일된 DECO 전자사전을 적용하여 형태소분석 및 다양한 형식의 정보추출, 데이터마이닝, 감성분석 등의 응용 연구를 수행할 수 있다. 현재 요구되는 5가지 언어자원을 구축하는 방법에 대해서는 앞서 제3부에서 제5부에 걸쳐 상세히 소개하였다. 이제 이렇게 구축된 언어자원을 바탕으로 어떻게 컴파일을 수행하는지 다음 Ⅱ장에서 살펴보고, Ⅲ장에서는 이를 실제 코퍼스에 적용하는 방법을 살펴보기로 한다.

Ⅱ 유니텍스 기반 활용형사전 컴파일 6단계

1. [1단계]: 어휘소 리스트사전 DECO-LexDic 불러오기

1.1. LexDic의 파일 특징 개요

표 320은 현재 DECOF 활용형사전 컴파일의 첫 번째 단계에서 요구되는 어휘소 리스트사전 LexDic에 대한 파일 특징 개요를 보인다.

파일명	{NSZ.dic} {NSW.dic} {DS.dic} {AS.dic} {VS.dic}
확장자명	반드시 'XX.dic' 형식
파일형식	텍스트 파일
인코딩	유니코드
저장폴더명	Unitex/Korean/Dela

파일특징	'Lemma, NS01+ZNZ+QXPO' 형식의 표제어 행 구성 (즉 '기본형_콤마_대범주와 활용클라스 _+_기타정보' 유형으로 각 열 구성)
파일개수	5개 (각 대범주별 4개 파일 & 시사명사 파일(NZW.dic) 별도)

표 320. 어휘소 리스트사전 {LexDic}의 파일 정보

1.1.1. 파일 구성 및 파일명

1단계는 사전의 표제어가 될 기본형사전 목록을 구성하는 단계이다. 기본적으로 활용후 치사와 결합할 4개의 대범주 파일로 구성된다. 그러나 본 연구에서는 명사부의 표제어 규모가 크기 때문에, 표제어 파일을 두 개의 파일로 분할하여 구성하였다. 즉 코퍼스에서 추가된 '시사명사(ZNW)' 부류는 별도의 파일을 구성함으로써, 지속적인 확장과 보완의 유연성을 확보하게 하였다. 따라서 4개 대범주에 대해 전체 5개 파일이 되었다.

전자사전이 DECO 사전과 같이 모듈화된 단계에 의해 체계적으로 구현될 때의 중요한 장점은, SNS 텍스트와 같이 지속적인 모니터링과 확장성이 요구되는 언어처리 시스템에서 효과적으로 보완되고 업그레이드될 수 있다는 점이다. 또한 연구자 스스로 연구의 목적에 따라 필요한 경우, 별도의 파일명으로 추가적 사전을 구성할 수 있다는 점이 차별적 특징이다.

새로운 파일명을 생성하는 경우, 파일명 및 파일이 저장되는 폴더 및 중간경로는 한글이 아닌 영문으로 설정되어야 한다. 파일형식은 '유니코드(Unicode)' 방식으로 인코딩이 된 텍스트 파일이어야 하며, 확장자는 {XXX.dic}과 같이 반드시 'dic'으로 설정되어야 한다. 이렇게 생성된 파일류는, 언어별로 자동 생성되는 내부 폴더의 하나인 {DELA} 폴더 내에 저장되어야 한다. 즉 유니텍스 플랫폼을 시작할 때 사용자는 자동으로 언어를 선택하게 되어 있는데, 이때 하나의 언어를 선택하면 자동으로 일련의 폴더들이 그 언어의 하위 폴더로 생성된다.

가령 한국어 선택시 자동 생성된 '한국어(Korean)' 폴더 내부에 DELA 폴더가 생성되는데, 위의 {XXX.dic} 파일들은 그 폴더 내부에 저장되어야 한다. 그림 127은 유니텍스 플랫폼을 인스톨한 후, 언어를 '한국어(Korean)'로 선택하고 초기 화면을 시작한 모습을 보인다.

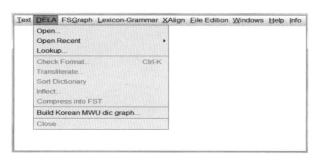

그림 127. 유니텍스 플랫폼의 초기화면

위의 화면에서 보이는 여러 메뉴들 중에서, DECO 전자사전의 컴파일과, 코퍼스에 사전 적용하는 과정에 관계되는 하위 메뉴들은 4가지 유형으로 정리된다.

- {Text} 메뉴: 코퍼스 불러오기 및 전처리, 사전 적용, 문맥추출 등의 기능
- {DELA} 메뉴: 사전 변이형 생성하기, 사전 컴파일하기 등
- {FSGraph} 메뉴: 그래프사전 불러오기, 구축하기, 컴파일하기, 부분문법그래프 구축하기 등
- {Info} 메뉴: 적용할 사전 선언하기, 플랫폼 디스플레이 옵션 설정하기 등

1.1.2. 파일의 내적 구조

이 파일의 특징은 파일 내부 형식이 반드시 다음과 같은 LexDic 기본형사전 구조를 따라야 한다는 데에 있다.

(1) Lemma, NS01+Info1+Info2+ ... +Infon

즉 첫 영역은 반드시 한국어 알파벳으로만 구성된 단일형 연쇄가 실현되고 구분자로 콤마(,)가 나타난다. 두 번째 영역의 첫 성분은 4가지 대범주(NS/DS/AS/VS)의 하나에 활용클래스 번호가 결합한 형태가 실현되어야 한다. 그 뒤의 모든 언어 정보들은 수의적인 것으로서 개수나 순서의 제약 없이 모두 '+'에 의해 연결된다. 이와 같이 언어 정보들을 수의적으로 계속 추가할 수 있도록 구조화되어 있는 속성은, 사전의 확장성의 측면에서 매우 중요한 특징이 된다. 현재 DECO 사전에 지속적이고 체계적인 방식으로 표제어 및 관련정보를 보완하고 확장하는 것이 가능한 배경이 여기에 있다. 앞서 살핀 형용사 기본형사전 {AS.dic} 파일의 일부 예를 보면 그림 128과 같다.

그림 128. 형용사 기본형사전 {AS.dic} 파일의 일부 예

위 사전은 기본적으로 MS-EXCEL 같은 테이블 형식의 문서로 저장된 후 텍스트 파일로 변환된 것으로, 기본형 표제어 뒤에 콤마가 실현되고 대범주의 활용클래스 번호가 부여되어 있다. 위의 화면은 표제어에 POS 하위분류 정보와 일련의 의미·감성 분류 정보들만이 부착된 서브사전(Sub-Dictionary)의 예를 보인다. 이 파일은 유니텍스의 DELA 폴더 안에 저장된다.

2. [2단계]: 어간변이 생성그래프 DECO-RooVarGraph 불러오기

2.1. RooVarGraph의 파일 특징 개요

표 321은 DECOF 사전 컴파일의 두 번째 단계에서 요구되는 '어간변이 표상 그래프문법' RooVarGraph에 대한 파일 특징 개요를 보인다.

파일명	{NS00.grf}~{NS03.grf} / {DS00.grf}~{DS03.grf} / {AS01.grf}~{AS26.grf} / {VS01.grf}~{VS28.grf}
확장자명	'XX.grf' 형식
파일형식	유니텍스 그래프 파일
인코딩	-
저장폴더명	Unitex/Korean/Inflection
파일특징	각 대범주별 활용클래스별로 어간변이형을 그래프 형식으로 내장하고 있으므로 모두 전체 활용클래스 개수만큼의 파일이 생성되어 있음
파일개수	62개 (명사 4개/ 부사 4개/ 형용사 26개/ 동사 28개 파일)

표 321. '어간변이 표상 그래프문법' {RooVarGraph}의 파일 특징

2.1.1. 파일 구성 및 파일명

4가지 대범주별 사전의 기본형 표제어들의 '어간변이형' 정보를 내장한 그래프문법 이다. 기본적으로 각 대범주별 활용클래스 개수만큼의 그래프 파일로 구축되어 있다. 가령 '곱다'와 같이 3가지 어간변이형을 갖는 형용사 {AS05} 클래스의 어간변이형 그래프문법은, '곱/고오/고우'의 3가지 형태를 기술하고, 이 각각의 형태에 연결되는 활용후치사 복합형 집합의 정보를 기술하고 있다. 명사와 부사의 경우는 각각 4가지의 활용클래스가 존재하므로, 해당 그래프문법 RooVarGraph도 4개씩 구성된다. 반면 형용사와 동사는 각각 26개와 28개의 그래프 파일로 구성된다. 이들은 모두 {XX.grf}와 같은 형식의 그래프 파일로 저장되며, {Korean}

폴더 내부의 {Inflection}이라는 폴더 내부에 저장된다. 전체 파일 수가 62개가 된다.

2.1.2. 파일의 내적 구조

이 그래프문법의 내적 구조를 논의하기 위해, 예를 들어 앞서 논의한 '곱다'와 같은 형용사의 어간변이형 그래프문법 {AS05.grf}를 살펴보자. 그림 129와 같다.

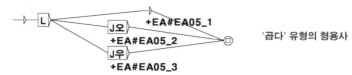

그림 129. '곱다'류 형용사 클라스의 어간변이형 그래프문법의 예 {AS05.grf}

앞서 언급한 바와 같이 위의 그래프는 입력문과 출력문이 있는 유한상태 트랜스듀서(FST)로서, 이 문법에서 사용된 연산자 및 형식을 정리하면 다음과 같다. 실제 관찰되는 어간변이 형태들은 입력문(Input)으로서 박스 내부에 기술된다. 이 각각에 대해 다음과 같은 방식으로 출력문(Output)이 설정되어 있다.

(2) +폴더명#그래프파일명 (예: +EA#EV05_1)

여기서 이 그래프 초기 단계에서 사용된 연산자 'L'은 오른쪽에서 왼쪽으로 이동하면서 하나의 '음절(Syllable)'을 삭제하는 명령어이다. 즉 위의 예에서는, 기본형 어간의 끝음절인 '다'를 삭제하기 위한 명령어이다. 그 다음 단계에서 실현된 연산자 'J'는, 다시 한 번 더 오른쪽에서 왼쪽으로 이동하면서, 이번에는 하나의 '음소(Letter)'를 삭제하는 명령어이다. 즉 위의 예에서는 기본형 어간의 '끝음절 왼쪽의 음절'의 종성(자음)을 삭제하기 위한 명령어이다. 만일 종성과 중성(모음)을 모두 삭제하기를 원하는 경우에는, 'JJ'와 같이 연산자를 중첩해서 사용한다. 연산자 'L' 적용 후 나타난 3가지 경로 중에서 맨처음 것은 더 이상의 추가 동작을 하지 말고 그대로 진행하라는 의미로, 입력문이 '<E>'로 실현되었다. 반면 두 번째와 세 번째 경로에서는, 모두 하나의 음소를 삭제하라는 'J' 연산자가 사용되었다. 이렇게 하여 '곱다'의 경우 처음 경로에서는 '다'만 제거된 '곱'이 그대로 남아있게 되며, 두 번째와 세 번째 경로에서는 연산자 'L'과 'J'에 의해 '다'와 'ㅂ'이 소거되어 '고'만 남게 된다.

그런데 두 번째와 세 번째 경로에서는, 'J' 연산자로 음소를 삭제한 후, '오'와 '우'를 연이어 삽입하도록 되어 있다. 이를 통해 각각 '고오'와 '고우'가 생성된다. 앞서 다른 활용클라스의 예에서 논의한 바와 같이, 연산자 J를 중첩해서 사용할 때에는 두 개의 자음이 연이어 나타난 경우, 이것이 하나의 음절을 의미하는지 아니면 두 개의 음절에 나타난 두 개의 자음을 의미하는지 중의성이 발생할 수 있다. 이때에는 이를 구별하기 위해 음절의 경계를 삽입하는 연산자 '.'를 사용할 수 있다. 가령 'ㄱㄱ'와 같이 음절 구성상의 중의성을 갖는 형태에 대해, 사용자가 'ㄱ.ㄱ'와 같이 이 사이에 '.'을 삽입하는 경우, 두 개의 ㄱ은 하나의 음절을 구성하는 성분으로 처리되지 않는다.

이상과 같이 어간변이형의 올바른 형태들이 입력문에 주어지면, 이들이 각각 결합할 수 있는 활용후치사 집합에 대한 정보가 제공되어야 한다. 이것이 위의 그래프의 출력문(Output)에 기술되어 있는 정보이다. 앞서 (2)에서 보는 바와 같이, 이 FST는 출력문에 기술된 '+폴더명#그래프파일명' 정보를 표제어 변이형 항목에 추가 정보 유형으로 삽입하도록 한다.

궁극적으로 그림 129의 FST는 다음과 같은 명령을 의미하고 있다.

- 기본형사전(LexDic)에서 각각을 라인(Line) 단위로 읽는다.
- 이때 각 라인에서 콤마 뒤에 나타난 활용클라스 번호를 읽어, {AS05}인 경우 그 표제어를 선택한다.
- 이렇게 선택된 표제어들에 대해 그림 129의 입력문에 정의된 연산자를 적용한다.
- 가령 '곱다'와 같은 표제어는 이제 '곱/고오/고우'의 세가지 변이형으로 변환된다.
- 그다음 기본형사전 정보의 마지막에 '+EA#EV05_1/+EA#EV05_2/+EA#EV05_3'의 정보를 추가로 부착한다.
- 이러한 작업을 {AS05} 활용번호를 가진 모든 기본형 표제어 라인에 적용한다.

즉 위의 명령을 통해 표 322와 같은 기본형사전 LexDic 파일로부터 어간변이형 사전 RooVarDic이 생성된다.[89]

LexDic	가깝다,AS05+ZAZ+QXDE+QXEL
RooVarDic	• 가 · ㄱ가ㅂ,가깝다.AS+ZAZ+QXDE+QXEL+EA#EA05_1 • 가 · ㄱ가 · 오,가깝다.AS+ZAZ+QXDE+QXEL+EA#EA05_2 • 가 · ㄱ가 · 우,가깝다.AS+ZAZ+QXDE+QXEL+EA#EA05_3

표 322. {LexDic}의 표제어 '가깝다'에 대한 {RooVarDic}의 어간변이형

표 322의 상단의 예는 기본형사전 LexDic에 수록된 '가깝다'라는 {AS05} 클라스의 한 표

---

89) 각 음절에서 종성이 분리된 형태에 대한 화면 출력형은 사용되는 컴퓨터 환경에 따라 다르게 나타날 수 있다. 그러나 이러한 분리형태 모습은 실제 내부 컴파일 작업에는 영향을 미치지 않는다.

제어를 보인다. 여기서 어간변이형 생성 그래프 RooVarGraph를 통해 하단과 같은 어간변이형 사전 RooVarDic의 표제어가 생성되었다. 여기에는 '가깝다'의 3가지 어간변이형이 생성되었고, 정보의 맨 뒤에는 '+EA#EA05_1'와 같은 활용클라스 정보가 부착되어 있다. 현재 구축된 어간변이형 그래프문법에 의해 자동 생성된 결과이다.

3. [3단계]: 어간변이 리스트사전 DECO-RooVarDic 불러오기

3.1. RooVarDic의 파일 특징 개요

표 323은 DECOF 사전 컴파일의 세 번째 단계에서 요구되는 '어간변이 리스트사전' RooVarDic에 대한 파일 특징 개요를 보인다.

파일명	{NSZflx} {NSWflx} {DSflx} {ASflx} {VSflx}
확장자명	'XXflx' 형식으로 자동 생성됨
파일형식	텍스트 파일
최종파일	컴파일후 {NSZflx.bin} {NSWflx.bin} {DSflx.bin} {ASflx.bin} {VSflx.bin} 파일생성
컴파일하기	'DELA' 폴더 내의 'Compress Into FST' 메뉴를 이용
저장폴더명	Unitex/Korean/Dela
파일특징	'RooVarEntries, Lemma. NS+ZNZ+QXPO+JN#JN01' 형식의 표제어 행 구성 (즉 '어간변이형_콤마_기본형_마침표_대범주_+_기타정보_+JN#JN01' 방식으로, 활용 정보가 자동으로 맨 뒤에 결합한 형태의 각 열로 자동 생성됨)
파일개수	5개 (본래 존재하였던 LexDic 파일에 대해, 유니텍스 플랫폼에서 각각 동일한 수의 파일이 생성되며, 각 이름에 flx가 덧붙여진 파일명이 자동 생성됨)
주의할 점	'XXflx' 어간변이형 사전이 올바르게 자동 생성된 것을 텍스트 파일 형식으로 확인한 후 이를 반드시 컴파일해서 'XXflx.bin' 파일을 생성해야 한다. 따라서 DELA 폴더 내에 최종적으로 {XX.dic} 파일(원시파일)과 {XXflx} 파일(어간변이형 파일 텍스트형식), {XXflx.bin} 파일(컴파일된 파일)의 3가지가 존재하게 된다.

표 323. '어간변이형 리스트사전' {RooVarDic}의 파일 특징

3.1.1. 파일 구성 및 파일명

이 사전은 유니텍스 플랫폼에서, DELA 메뉴의 'Inflect'라는 서브메뉴를 통해 자동으로 생성된다. 생성된 파일은, 본래의 기본형사전 LexDic의 파일명에 'flx'가 결합한 형식으로 파일명이 자동 부여된다. 즉 앞서 기본형사전들로부터 {NSZflx}, {NSWflx}, {DSflx}, {ASflx}, {VSflx}

파일이 자동으로 생성되어 DELA 폴더에 저장된다.

앞서 그림에서 본 바와 같이, 기본형사전 LexDic에 등재되었던 활용클래스 정보를 이용하여 어간변이형이 생성되고, 생성된 파일에서는 각 어간변이형의 맨 오른쪽에 각 활용클래스 세분류 정보가 '+JN#JN01'과 같은 방식으로 부착되는 것을 볼 수 있다.

어간변이형 파일(XXflx)이 자동 생성되면, 이를 'DELA' 메뉴의 'Compress Into FST' 메뉴를 이용하여 반드시 컴파일한 후, XXflx.bin 파일을 생성해야 한다.

3.1.2. 유니텍스 기반 RooVarDic 생성 과정

유니텍스 플랫폼에서 RooVarDic은 자동 생성된다. 이를 위해 첫째, 유니텍스 플랫폼의 'DELA' 메뉴를 클릭한다. 'Open' 메뉴에서 {NS.dic}, {AS.dic}, {DS.dic}, {VS.dic} 중의 한 파일을 선택하여 클릭한다. 클릭하여 파일 열기를 하면 그림 130과 같은 화면이 나타난다.

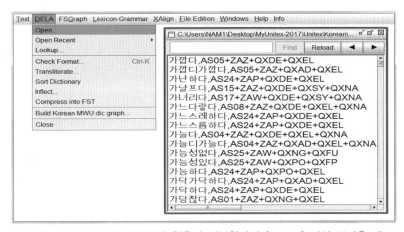

그림 130. DELA 메뉴를 통해 형용사 기본형사전 {AS.dic} 파일 불러온 예

여기서 그림 131처럼 'DELA'의 'Inflect' 메뉴를 클릭한다. 이때 오른쪽 상단과 같이 'Inflection'을 위한 작은 박스가 나타난다. 이때 'Inflect Dictionary'를 클릭하면 오른쪽과 같이 프로그램이 수행되고, 결과 화면('Done' 메시지)이 나타난다. 일반적으로 'Inflection'을 위해 요구되는 변이형 그래프문법은 프로그램이 'Inflection' 폴더에 저장되어 있는 RooVarGraph를 디폴트로 호출하므로 별도의 선택을 하지 않아도 된다.

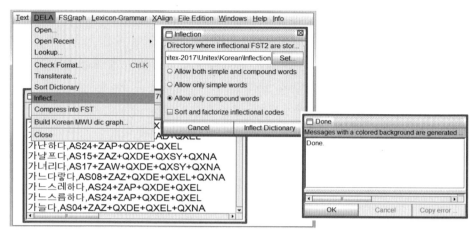

그림 131. 'Inflect' 메뉴를 통한 {AS.dic} 사전의 'Inflection' 과정

이 프로그램이 수행되면 순차적으로 각 대범주별로 위의 작업이 이루어진다. 이렇게 하여 {NSflx.dic}, {VSflx.dic}, {ASflx.dic}, {DSflx.dic} 사전을 자동으로 생성하게 된다. 다시 DELA의 'Open' 메뉴를 클릭하여 자동 생성되어 있는 현재 어간변이형 파일을 클릭한다. 그 예를 보면 그림 132과 같다.

그림 132. 형용사 어간변이형 사전 {DECO-RooVarDic}의 일부 예

이 화면을 보면, 새로 생성된 RooVarDic 파일에 DECO 사전의 '3영역구조(Triple Information)'의 값이 두 개의 구분자(Separator) 콤마(,)와 마침표(.)를 통해 실현된 것을 볼 수 있다. 첫째 영

역은 어간변이형들로, 기본적으로 한국어 어간변이에서 음소 단위의 변이가 일어나기 때문에, 종성 위치의 자음들이 모두 분리되었고 쌍자음 같은 경우도 모두 분리되어 제시되었다. 위에서 볼 수 있듯이 '가깝/가까오/가까우'의 3가지 어간변이형이 실현된 것을 볼 수 있다. 둘째 영역은 기본형 표제어로, 세 번째 영역과는 마침표(.)를 구분자로 하여 분리되었다. 세 번째 영역에는 본래 기본형사전에 내장되어 있던 일련의 정보들이 모두 그대로 계승되었고, 다만 마지막에 현재의 어간변이형 표제어가 어떠한 활용후치사들과 결합하는지를 보이는 변이형 활용클라스 번호가 부착되었다. 즉 처음의 '가깝'은 {EA05_1} 클라스의 후치사 집합과 결합하고, '가까오'는 {EA05_2} 클라스의 후치사 집합, '가까우'는 {EA05_3} 클라스의 후치사 집합과 결합하는 것을 알 수 있다.

이제 위와 같이 생성된 파일을 'Open'한 상태에서 DELA의 'Compress into FST' 메뉴를 클릭한다. 그림 133와 같은 작업 종료 박스가 나타나면서 컴파일 작업이 완성된다.

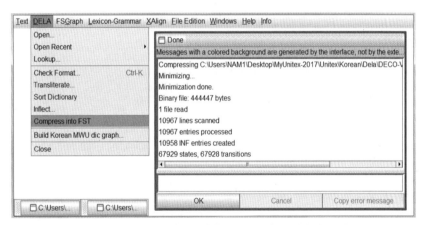

그림 133. 어간변이형 사전 {RooVarDic}의 컴파일 과정

최종적으로 컴파일이 완료되면 어간변이형에 대한 결과 파일은 {NSflx.bin}, {VSflx.bin}, {ASflx.bin}, {DSflx.bin}와 같은 {XXXflx.bin} 파일 형식이 된다. 이들은 '어간변이형 사전' RooVarDic이 컴파일된 최종 결과사전이므로, 리스트 형식으로는 확인되지 않는다.

4. [4단계]: 활용후치사 그래프사전 DECO-InfSfxGraph 불러오기

4.1. InfSfxGraph의 파일 특징 개요

표 324는 DECOF 사전 컴파일의 네 번째 단계에서 요구되는 '활용후치사 그래프사전' InfSfxGraph에 대한 파일 특징 개요를 보인다.

파일명	{JN.grf} {JD.grf} {EA.grf} {EV.grf}의 4개 메인그래프 & 서브그래프들
확장자명	'XX.grf' 형식으로 자동 생성됨
파일형식	그래프 파일 (유니텍스의 FSGraph 메뉴에서 생성됨)
최종파일	현재의 그래프 파일 그대로
컴파일	별도의 컴파일 불필요함
저장폴더명	Unitex/Korean/Dela 폴더내부에 각 {JN/JD/EA/EV} 폴더를 생성하여 내부에 저장
파일특징	여러 층위의 서브그래프를 호출하는 순환전이망(RTN) 방식으로 구성된 유한상태 트랜스듀서 그래프 파일
파일개수	각 범주별 4개 메인 그래프가 각각 활용클라스별 후치사 그래프를 서브그래프로 호출함 (명사/부사: 4개 활용클라스 존재, 이때 가령 {JN01}의 경우 14개의 서브그래프가 호출되며 3개의 보조 그래프가 호출됨, 동사: 28개 활용클라스에 대한 46개의 서브 그래프가 호출되며, 다시 그 내부에는 여러 개의 보조 그래프가 호출됨. 따라서 전체 내장된 그래프의 수는 약 4,000여개에 이름)
주의할점	호출되는 서브그래프의 단계가 너무 깊어지면 사전 생성시 시간이 많이 소요될 수 있음.

표 324. '활용후치사 복합형 그래프사전' {InfSfxGraph} 파일 정보

4.2. 파일의 전체 구성과 내적 구조

4.2.1. 전체 4천여개 대규모 파일집합

여기 저장된 파일들은 모두 그래프 파일로서 유니텍스의 FSGraph 메뉴에서 생성된 유한 상태 트랜스듀서 파일들이다. 이들은 각 대범주별로 {JN/JD/EA/EV}의 폴더 내부에 각각 저장된다. 각 폴더에는 최종적 메인 그래프들이 하나씩 존재하며, 이들이 내부에 여러 층위의 서브그래프들을 호출하는 방식이다. 이들은 모두 {DELA} 폴더 내부에 저장되어야 한다.

앞서 논의한 바와 같이 명사/부사 범주는 각각 4개의 활용클라스가 존재하므로, 기본적으로 메인그래프 {JN.grf}와 {JD.grf}는 각각 4개의 활용클라스를 표상하는 4개의 서브그래프를 호출한다. 그러나 가령 {JN01.grf}와 같은 첫 클라스를 보면, 주격/목적격/여격 등과 같은 다양한 논항조사와 보조조사 유형별로 다시 서브그래프가 호출되고, 그 내부에 다시 다양한 서브그래프들이 호출되므로, 전체 이와 관련된 그래프 파일의 수는 훨씬 방대하게 나타난다.

동사/형용사의 경우는 그 활용클라스가 더욱 복잡한데, 동사의 경우 {EV.grf} 메인그래프는 28개의 활용클라스별 서브그래프를 호출한다. 그러나 동사/형용사는 어간의 변이가 나타나므로, 앞서 살핀 바와 같이 '곱다'와 같은 {EV05} 클라스는 {EV05_1}, {EV05_2}, {EV05_1}의 세 가지 군집으로 분할된다. 따라서 28개 활용클라스는 모두 46개의 서브그래프로 확장된다. 이 각각의 서브그래프들은 여러 단계를 거쳐 다양한 서브그래프들을 다시 호출하므로 InfSfxGraph에 속하는 그래프 전체의 개수는 약 4,000여개에 이르는 것을 확인할 수 있다. 그림 134는 명사와 동사의 활용후치사 그래프사전을 내장하는 폴더의 예를 보인다.

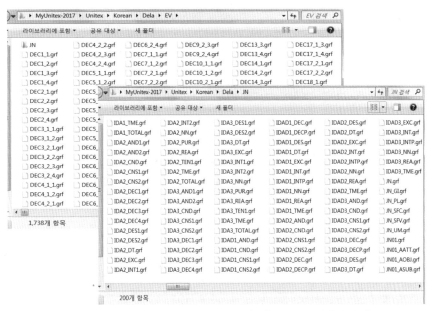

그림 134. {JN} 폴더에 내장된 파일 목록과 {EV} 폴더에 내장된 파일 목록

여기서 보듯이, 명사후치사(JN)의 경우는 200개의 그래프 파일이 내장되어 있고, 동사후치사(EV)의 경우는 1,738개의 그래프 파일이 내장되어 있다. 여기에 부사후치사(JD)와 형용사후치사(EA)의 그래프 파일들을 모두 포함하면 전체 약 4,000여개의 대규모의 그래프 파일이 구조화되어 있음을 알 수 있다.

이와 같은 구조적 복잡도로 인해, 추후 활용형사전을 생성할 때 호출되는 서브그래프의 깊이를 일정 층위에서 제한하지 않으면, 컴퓨터 환경에 따라 시간 소요가 많을 수 있음을 고려해야 한다. 다만 사전 생성은 한번 수행하면 코퍼스 분석시 반복되는 작업이 아니므로, 최종적으로 사전 생성 단계에서의 주의가 요구된다.

4.2.2. 파일의 내적 구조

앞서 살펴본 바와 같이, 활용후치사 복합형 사전 InfSfxGraph은 그림 135과 같은 FST 방식으로 되어 있다.

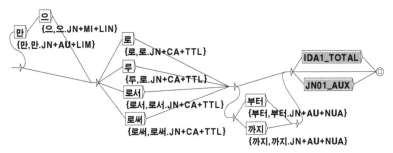

그림 135. 명사후치사(JN)의 논항조사 중 '도구/자격(TTL)' 후치사 FST 사전

위의 예는 명사후치사(JN)의 논항조사 중에서 '도구/자격(TTL)'을 나타내는 후치사 복합형을 표상하는 그래프사전이다. 앞서 '어휘소' 표제어의 경우, 각 표제어는 '단일 항목'으로 구성되며, 여기 결합되는 정보 유형은 형태/통사/의미 정보 등 다양한 성격을 보이므로 리스트 방식으로 구조화되었다.

반면 이와 같은 '문법소', 즉 활용후치사의 경우는 기본적으로 여러 개의 문법형태소 단위들이 결합한 '복합 형태' 표제어가 되며, 여기 결합하는 정보 유형은 일정하게 'JN+CA+TTL'과 같은 3단계 층위의 태그로 구성된다. 따라서 이러한 특징을 고려할 때, 이를 리스트 방식으로 구축하는 것보다 훨씬 효율적이고 직관적인 방법으로 후치사 복합형 사전을 구성할 수 있는 장점이 있다. 궁극적으로 다음과 같은 문장에 나타난 '증거로써까지'와 같은 어절 구성에 대해,

(3) 저희가 이런 <u>증거로까지</u> 여러분을 압박하려 한 건 아닙니다

다음과 같은 분석 결과를 제공해야 하는데,

(4) 증거/NS+로/JN+까지/JN

DECO 사전의 '어간변이형 리스트 사전'과 '활용후치사 그래프 사전'을 이용하면 표 325와 같은 방식의 분석 결과를 제공할 수 있다.

표면형 어절	LexDic 어휘소 정보	InfSfxGraph 문법소 정보
증거로까지	{증거, 증거. NS+ZNZ+LEO+MCO+QPRO+JN#JN01}	{로, 로. JN+CA+TTL} {까지, 까지. JN+AU+NUA}
증거로써		{로써, 로써. JN+CA+TTL}
증거로부터		{로, 로. JN+CA+TTL} {부터, 부터. JN+AU+NUA}
증거만으로		{만, 만. JN+AU+LIM} {으, 으. JN+MI+LIN} {로, 로. JN+CA+TTL}

표 325. 표면형 어절의 내부 분석정보 제시 방법의 예

이때 어휘소는 리스트 사전에 수록된 모든 정보들을 그대로 적용할 수 있으며, 문법소는 그래프 사전에 수록된 각 단위별 정보를 적용할 수 있다. 위의 (4)와 같이 어휘소 '증거'에 대한 일련의 활용후치사들이 결합한 표면형 어절 '증거로까지/증거로써/증거로부터/증거만으로' 등은, 여기에서 보는 바와 같이 어휘소 리스트 사전과 위의 활용후치사 그래프 사전의 적용을 통해 내부 분석 정보를 효율적으로 제공할 수 있다.

5. [5단계]: 어휘소/문법소 연결그래프 DECO-LinGraph 불러오기

5.1. LinGraph의 파일 특징 개요

표 326은 DECOF 사전 컴파일의 다섯 번째 단계에서 요구되는 '어휘소/문법소 연결호출' 그래프사전 LinGraph에 대한 파일 특징 개요를 보인다.

파일명	{NSall-r.grf} {DSall-r.grf} {ASall-r.grf} {VSall-r.grf}의 4개 메인그래프
확장자명	'XX.grf' 형식
파일형식	그래프 파일 (유니텍스의 FSGraph 메뉴에서 생성됨)
최종파일	컴파일 후 {NSall-r.fst2} {DSall-r.fst2} {ASall-r.fst2} {VSall-r.fst2}의 4개 파일로 생성
컴파일	'FSGraph' 메뉴의 'Compile & Flatten FST2' 메뉴를 통해 컴파일해야 함
저장폴더명	Unitex/Korean/Dela 폴더내부에 저장
파일특징	여러 층위의 서브그래프를 호출하고 조건을 검증하는 부가전이망(ATN)과 대응되는 방식의 유한상태 트랜스듀서 '사전그래프' 파일
파일개수	{NSall-r.grf} {DSall-r.grf} {ASall-r.grf} {VSall-r.grf}의 4개 메인그래프 & 형용사와 동사에서 각각 호출하는 3개의 서브그래프들 (전체 10개 파일)
주의할 점	반드시 컴파일을 수행해야 하며, 이때 검색할 서브그래프의 층위를 제한하는 것이 필요함. 파일이 크지 않은 명사나 부사의 경우는 'Depth=10' 정도, 동사/형용사의 경우는 현재 그래프의 복잡도로 인해 'Depth=6' 정도가 권장됨.

표 326. '어휘소/문법소 연결호출' 그래프사전 {LinGraph} 파일 정보

5.1.1. 파일 구성 및 파일명

여기 저장된 파일의 이름은 {XX-r.grf}와 같은 형식으로 구성된다. 즉 앞의 'XX'는 영문자로 된 임의로 문자열로 선택될 수 있으나, 파일명에 반드시 '-r'이 삽입되어야 한다. 앞서 논의한 바와 같이, 유니텍스에서 사용하는 연결호출 그래프문법의 파일명에 '-r'을 결합하면 다음과 같은 의미로 정의된다. "예를 들어 {NSall-r.grf}과 같은 그래프문법이 호출하는 어간변이형 사전 {NSflx.dic}의 표제어에 대해, 현재 {NSall-r.grf}에 정의된 바와 같이 입력문이 인식되면, 여기 정의된 출력문으로 '치환(Replace)'하라는 의미가 된다.(가령 프랑스어와 같은 서구어의 일반사전 파일명에는 '-r'이 결합하지 않으며, 이 경우 디폴트 처리로, 출력문이 '삽입(Merge)' 처리된다.)"

이와 같이 모두 4개의 메인 그래프 파일이 구성되며, 여기서 형용사와 동사는 각각 3개의 서브그래프로 분할되어 기술되어 있으므로 이러한 서브그래프들을 모두 포함하면 전체는 10개의 파일이 된다. 이 연결호출 그래프문법은 해당 언어의 'DELA' 폴더 내부에 저장되어야 하며, 컴파일을 수행하면 4개의 유한상태 트랜스듀서 파일로 변환된다. 즉 {NSall-r.fst2}와 같이 확장자 'fst2'를 갖는 형태로 자동 생성된다. 이때의 컴파일 작업은 'FSGraph' 메뉴에서 'Compile & Flatten FST2' 메뉴를 통해 수행된다.

5.1.2. 파일의 내적 구조

그림 136은 {NSall-r.grf}의 예를 다시 보인다.

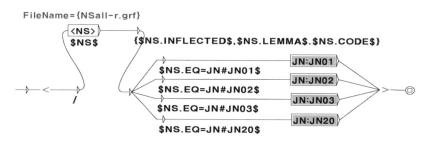

그림 136. 명사 범주에 대한 연결호출 그래프사전 {NSall-r.grf}의 예

앞에서 보았듯, 이 그래프문법은 현재의 입력문에 정의된 값을 인식한 후, 이에 대해 출력문에 정의된 변수(NS)를 통해 DECO 사전의 3영역구조(Triple Structure)를 다시쓰기를 한다. 그 이후 일정 조건을 검증하여, 이 검증을 통과하면 서브그래프로 호출되어 있는 일련의 활용후치사 복합형을 결합하도록 하는 명령을 기술하고 있다. '명사/부사/형용사/동사'의 4가지 대범주에 대해 이와 같은 그래프문법이 구축된다.

5.1.3. DECO-LinGraph 사전 컴파일하기

다음에서는 유니텍스 플랫폼에서 현재 {XXall-r.grf} 방식의 그래프문법을 컴파일하여 {XXall-r.fst2} 방식의 트랜스듀서 파일을 획득하는 방법에 대해 살펴본다.

이를 위해서는 'FSGraph' 메뉴의 'Compile & Flatten FST2' 서브메뉴를 통해 컴파일이 진행되어야 한다. 실제로 다른 곳에서 이미 생성된 {XXall-r.fst2} 파일을 이 폴더에 복사하는 경우에도, 현재의 컴파일 작업은 생략되어서는 안 된다. 현재의 플랫폼에서 다시 수행되어야 하는데, 만일 이 단계가 누락되면, 뒤에 사전을 코퍼스에 적용하기 위해서 'Apply Lexical Resources' 메뉴를 수행할 때, 그 대화창 내부에 현재 호출해야 할 파일명, 즉 {XXall-r.fst2}가 나타나지 않는다. 그림 137을 보자.

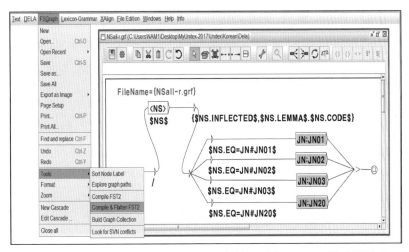

그림 137. 'Compile & Flatten FST2'로 컴파일하여 {XXall-r.fst2} 생성하기

즉 이 단계에서 컴파일이 진행되어야, 추후 코퍼스 분석시 사전 선택 창에 현재의 트랜스듀서 파일 {XXall-r.fst2}이 올바르게 생성되어, 코퍼스 분석에 적용될 수 있는 사전의 형태로 존재하게 된다. 그림 138은 그림 137의 'Compile & Flatten FST2' 메뉴를 클릭한 경우 출현하는 선택창이다. 기본값으로 서브그래프의 층위를 10까지 내려가는 것이 설정되어 있으나, 사용하려는 그래프가 크고 복잡한 경우, 계산의 복잡도로 인해 소요되는 시간과 메모리를 고려하여 더 제한된 숫자로 축소하는 것이 바람직하다. DECO 사전에서는 각 대범주별 활용클라스의 복잡도를 고려하여, 그 층위를 6으로 설정(Maximum flattening depth=6)하는 방식으로 수행되었다.

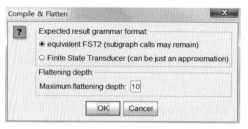

그림 138. 'Compile & Flatten FST2' 메뉴의 옵션 선택창

이제 이상에서 {XXall-r.fst2} 파일들이 컴파일되면, 이제 모든 사전 생성 작업이 완료되었고, 이제 이를 사용하기 위한 환경 설정이 요구된다.

6. [6단계]: 유니텍스에서 컴파일된 사전 선언하기

6.1. Info 메뉴의 서브메뉴 Preferences 이용

우선 유니텍스 플랫폼 메뉴바의 오른쪽 끝에 있는 Info 메뉴의 Preferences 서브메뉴를 클릭한다. 여기서 '형태소모드 사전(Morphological mode dictionaries)' 탭으로 이동한다. 화면이 나타나면, 추가하고자 하는 사전 목록을 선택하기 위해 'Add' 버튼을 클릭한다. 오른쪽과 같이 추가할 사전 선택창이 팝업되어 나타난다. 이때 여기서 현재 위에서 구축된 사전들이 모두 내장되어 있는 폴더 'Dela'를 선택한다.

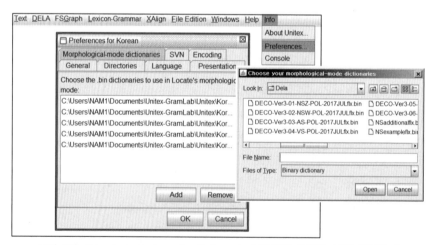

그림 139. 'Morphological mode dictionaries' 탭에서 연결할 사전 선언하기

그림 139을 보자. 여기서 {XXflx.bin} 파일들을 선택하여 'Open'을 클릭한다. 파일 목록이 너무 많이 나타나는 경우, 오른쪽 화면 하단의 'Files of Type'에서 'Binary dictionary'를 확인하여 불필요한 다른 파일들을 통제할 수 있다. 여기서 'Open'을 하면 화면의 왼쪽과 같이 선택한 사전들이 새로이 추가되는 것을 확인할 수 있다.

여기서 선택한 '형태소 모드 사전'은 한국어와 같이 토큰 내부 단위들을 중심으로 사전이 구성되어야 하는 언어들을 위한 것이다. 즉 {XX-r.fst2}의 연결호출 그래프문법이 호출할 '형태소 모드' 사전들이, 앞서 구축된 {XXflx.bin} '어간변이형 사전'들임을 정의하는 과정이 된다. 그림 140의 예를 보면, 현재 화면의 5가지 사전이 형태소모드 사전으로 선언된 것을 알 수 있다.

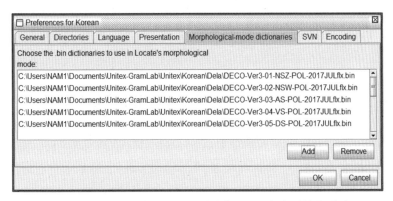

그림 140. 5가지의 형태소모드 사전 {XXflx.bin}이 선언된 예시

여기서 형태소모드 사전을 선택할 수 있다는 것은, 실제로 현재 DECO 사전에는 태그셋의 다층적인 정보가 '+'를 통해 연결되어 있기 때문에, 연구의 목적에 따라 사전에 수록되는 정보를 여러 단계로 조정하는 것이 가능하므로, 그만큼 여러 수준의 형태소모드 사전을 구축할 수 있다는 것을 의미한다. 간단한 사전정보만이 수록된 형태소모드 사전, 또는 전체 정보가 모두 수록된 형태소모드 사전, 이러한 선택이 연구의 목적에 따라 가능하기 때문에, 현재 이 모듈에서 적절한 사전을 선언할 수 있다.

여러 가능한 버전 생성에 있어, 예를 들어 어휘소 어간변이형 사전의 경우는 다음과 같은 몇 가지 조합이 가능하다.

- 모든 정보가 수록된 통합버전: 예: DECO-NS-FULLflx.bin
- 핵심 정보만 수록된 기초버전: 예: DECO-NS-BASICflx.bin
- 핵심 정보와 감성정보만 수록된 부분버전: 예: DECO-NS-POLAflx.bin

또한 활용후치사 복합형 사전의 경우는 다음과 같은 조합이 가능하다.

- 모든 정보가 수록된 통합버전: 태그의 예: {JN+CA+SUB}
- 중범주 정보까지만 수록된 기초버전: 태그의 예: {JN+CA}
- 대범주 정보만 수록된 단순버전: 태그의 예: {JN}

가령 그림 140에서 선언된 사전은, '핵심정보와 감성정보'만 수록된 어휘소 변이형 사전에 활용후치사 통합 버전이 적용된 {DECO-AS-POL}과 같은 사전 부류이다.

이상과 같이 현재 호출하고자 하는 '어간변이형 사전' {XXflx.bin}을 선언하고 'OK'를 클릭하면, 이제 이 사전을 활용후치사 복합형 그래프사전과 연결하여 호출하는 {XX-r.fst2} 그래프문법 LinGraph를 이용하여 코퍼스를 분석할 준비가 마무리된다. 위와 같은 형태소모드 사전에 대한 선언(정의)이 한번 이루어지면, 사용자가 따로 '삭제(Remove)'를 선택하지 않는 한, 원칙적으로 유니텍스 플랫폼에 계속 그 정보가 저장되어 남아 있게 된다.

6.2. 코퍼스 분석시 적용할 연결호출 사전 {XX-r.fst2}

이상에서 현재 구축한 사전을 적용하기 위한 모든 컴파일 과정과 사전 선언 작업이 마무리된다. 이제 이렇게 선언된 사전을 실제 코퍼스에 적용하여, 사용자가 원하는 코퍼스 텍스트 분석을 수행하기 위해서는, 그림 141과 같은 메뉴에서 {XX-r.fst2} 파일들을 선택하는 과정이 필요하다.

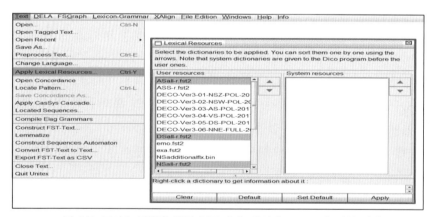

그림 141. 코퍼스 적용을 위한 연결 호출 사전 {XX-r.fst2} 파일 선택

여기서 보듯이 유니텍스의 {Text} 메뉴에서 {Apply Lexical Resources} 서브메뉴를 클릭하면 사용자가 적용하고자 하는 언어자원, 즉 사전 목록이 자동으로 나타난다. 여기서 적용하고자 하는 {XX-r.fst2} 유형의 파일들을 중복적으로 선택한 후, 이를 'Apply' 버튼을 통해 코퍼스 분석에 적용할 수 있다. 다음 장에서 실제 코퍼스에 현재 사전을 적용하여 분석하는 과정에 대해 논의하기로 한다.

Ⅲ DECOF 활용형사전과 코퍼스 분석

1. DECOF 사전 적용과 코퍼스 분석

1.1. 코퍼스 불러오기

이상에서 구축된 DECOF 활용형사전을 이용하여 연구자가 원하는 코퍼스에 대한 형태소분석 및 일련의 텍스트 분석 연구를 수행할 수 있다. 연구의 대상이 될 코퍼스는 연구자의 목적에 따라 그 대상과 도메인이 달라지므로, 다음과 같은 몇 가지 경로를 통해 획득될 수 있다.

- 연구자가 유니텍스의 {File Edition} 메뉴나 문서편집기를 통해 직접 구축하는 방법
- 세종코퍼스와 같이 국가/공공기관/그 외 단체의 공개된 코퍼스를 활용하는 방법
- 저작권이 소멸하여 누구나 사용할 수 있는 문학작품 코퍼스를 사용하는 방법
- 웹문서나 SNS텍스트, 블로그, 신문기사댓글, 정치적 토론글, 트위터, 페이스북 등 사용자생성문(User-Generated Texts)을 크롤링(Crawling)하여 구축하는 방법

연구의 목적에 따라 요구되는 코퍼스의 도메인과 성격이 달라진다. 현재 DECO 사전은 정규적인 방식으로 구축된 균형코퍼스(Balanced Corpus) 외에도, 사용자들의 주관적 오피니언, 감성이 표현된 다양한 SNS텍스트와 같은 모니터코퍼스(Monitor Corpus)를 분석하는 데에도 적용될 수 있도록, 사전의 확장성이 유연하게 고려될 수 있는 구조로 되어 있다. 현재 코퍼스

에서 지속적으로 추가되고 있는 시사명사(ZNW), 시사부사(ZDW), 시사형용사(ZAW), 시사동사(ZVW) 등이 어휘소 사전 표제어에 수록되고 있으며, 두 단어 이상의 구, 또는 절과 같은 복합 구성으로 이루어지는 복합어, 또는 관용표현 등과 같은 '다단어(Multi-Word Expression: MWE)' 사전이 부분문법 그래프 방식으로 구조화되어 유한상태 트랜스듀서(FST) 사전으로 구축된다.

현재 DECO 사전을 구축하는 과정에 대한 소개에 있어, 이러한 복합 구성의 구 또는 다단어 표현, 이모티콘(Emoticon), 구두점(Punctuation Mark)이나 숫자(Digits), 외국어표기 등 다양한 유형의 표제어에 대해서는 추가적인 논의를 진행하지 못하였다. 추후 이러한 사전 표제어들과 함께 현재 수록되어 있는 의미·감성정보를 어떻게 확장하고 보완하여, 실제 코퍼스의 오피니언 및 감성분석 연구에 적용하는가에 대해 논의하기를 기대한다. 이장에서는 현재 구축된 DECOF 활용형사전을 적용하는 방법론의 제시에 한정하고, 이광수 작가의 단편소설 '무정'을 코퍼스로 선정하여 논의를 진행하기로 한다.

이 텍스트는 현재 누구나 자유롭게 사용할 수 있는 텍스트이다. 유니텍스 플랫폼에서 이 파일을 오픈하기 위해서 텍스트는 반드시 '유니코드(Unicode)' 인코딩 방식으로 저장된 '텍스트(txt)' 파일이어야 하며, 파일명 및 폴더명 등이 영문으로 구성되어야 한다. 그림 142는 무정 텍스트({Heartless.txt})를 유니텍스 초기화면에서 오픈한 것을 보인다.

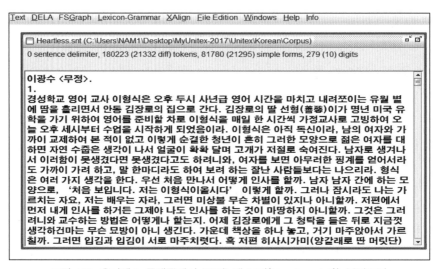

그림 142. 유니텍스 플랫폼에서 '무정' 텍스트({Heartless.txt}) 불러오기

이 파일은 본래의 텍스트를 전혀 가공하지 않은 상태이므로, 유니텍스 플랫폼에서 자동으로 전체 '토큰'의 수는 카운트하였으나 가령 '문장'의 수는 카운트하지 못하였다. 토큰은 여백 단위로 인식되어 모두 18만 어절 규모로 나타났으며, 문장은 그 경계를 인식하는 전처

리 문법이 적용되지 않아 '문장경계 표지(Sentence Delimiter)'가 0개로 나타났다.

1.2. 코퍼스 전처리하기

위의 원시 코퍼스를 처음 오픈할 때 유니텍스에서는 이 파일에 대한 일련의 전처리 (Preprocessing)를 수행할 것인가를 묻는다. 사용자가 '예'라고 하면 다음과 같은 전처리를 위한 선택창이 오픈되며, 만일 '아니오'라고 답하면 원시코퍼스가 그대로 게시된 후, 추후 사용자가 {Text} 메뉴에서 {Preprocess Text} 메뉴를 직접 선택하여 이를 수행할 수 있도록 한다. 유니텍스에서 원시텍스트가 오픈되면 파일명이 자동으로 {XXX.snt}와 같은 형식으로 변환된다. 그림 143을 보자.

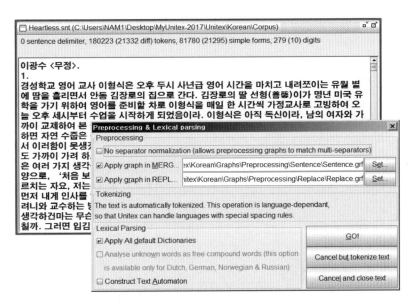

그림 143. 원시 코퍼스의 전처리(Preprocessing)를 위한 선택창

위에서 제시된 바와 같이 전처리 단계에서는, 문장의 경계를 인식하고 토큰의 빈도 목록을 구축하거나, 텍스트의 토큰들에 대한 모든 분석후보들을 FST 형식으로 표상한 텍스트 오토마톤을 구축하는 작업을 수행할 수 있다. 여기서 사용자는 어떠한 언어자원을 사용하여 어떠한 유형의 전처리를 수행할 것인지를 선택할 수 있다. 위의 화면은 현재 유니텍스에 디폴트로 실현되는 것으로서, 이 그대로의 화면에서 'GO!'를 클릭하면 그림 144의 왼편 화면과 같이 전처리 모듈이 작동한 후(Done), 오른편과 같이 문장경계 표지 {S}가 마크업된 파일이 생성된다.

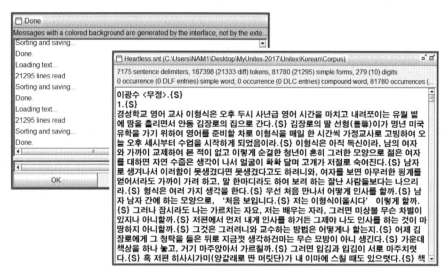

그림 144. 전처리모듈 수행 후, 문장경계표지 {S}가 마크업된 파일의 예

1.3. 사전 적용하기

위와 같이 전처리된 파일에 대해 사전을 적용하기 위해서는, {Text} 메뉴의 {Apply Lexical Resources} 서브메뉴를 클릭한다. 아래와 같이 사용자가 적용하고자 하는 사전을 선택할 수 있는 창이 나타나는데, 앞서 논의한 바와 같이 사용자는 {XX-r.fst2} 유형의 사전을 선택하면 된다. 이때 적용할 사전이 여러 개인 경우 <Ctrl>키를 이용하여 다중 선택을 수행한다. 그림 145와 같다.

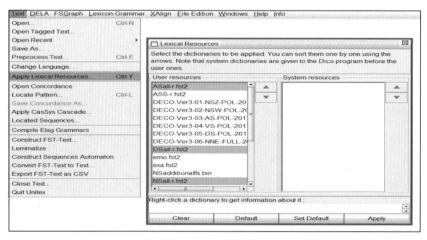

그림 145. 코퍼스분석을 위한 {XX-r.fst2} 유형의 사전 선택창

4가지 범주에 대한 {NSall-r.fst2} {DSall-r.fst2} {ASall-r.fst2} {VSall-r.fst2}을 선택하면, 이를 'Apply'한다. 사전 적용에 소요되는 시간은 코퍼스의 크기에 따라 달라진다. 그림 146과 같이 일정 시간 동안 아래와 같은 '동작중(Working)' 메시지가 나타나고, 작업이 종료되면 '완료 (Done)' 메시지가 나타난다.

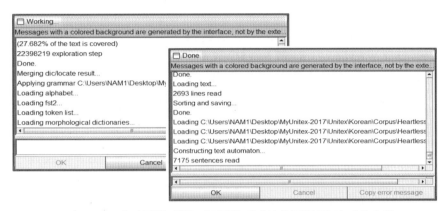

그림 146. 코퍼스분석을 위한 사전적용 단계의 '동작중/완료' 메시지 창

1.4. 사전 적용된 코퍼스 분석 결과 보기

이상과 같이 코퍼스에 사전 적용 작업이 종료되면, 그림 147의 화면에서 보듯이 원본 코퍼스에 대해 사전이 적용된 후, 그 출현 토큰의 '형태소별 빈도목록'과 전체 텍스트의 '문장별 형태소분 석의 중의적 후보들'이 FST 그래프 방식으로 제공된다. 아래에서 이들에 대해 조금 더 살펴보자.

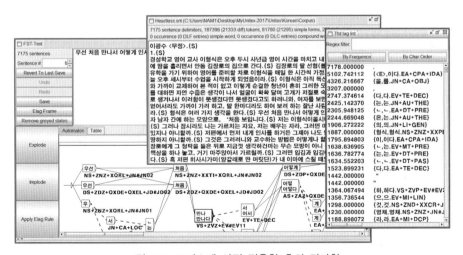

그림 147. 코퍼스에 사전 적용한 후의 결과창

1.4.1. 형태소 단위의 빈도 리스트

DECOF 활용형사전을 적용하여 텍스트에 출현한 토큰들에 대한 형태소분석이 수행되면 '각 형태소별 빈도목록'이 제공될 수 있다. 그림 148의 화면에서 보듯이, 유니텍스에서는 '빈도순' 형태소빈도 리스트와 '가나다순' 형태소빈도 리스트를 제공한다.

그림 148. DECOF 활용형사전 적용후의 '빈도순/가나다순' 형태소목록

여기서 제공되는 빈도 목록의 형태소분석 정보는, 표 327과 같이 DECO 사전의 '3영역구조(Triple Structure)' 형식과 동일한 형태로 제공된다.

의미	경계 BD	제1영역 Surface	구분자 콤마	제2영역 Lemma	구분자 마침표	제3영역 Information	어휘소 활용정보 +Folder#InflectionalClass	경계 BD
예시	{	가까우	,	가깝다	.	AS+ZAZ+QXDE	+EA#EA05_3	}
	{	을	,	를	.	JN+CA+OBJ	-	}

표 327. 빈도목록의 형태소분석 정보와 DECO 사전의 3영역 정보유형

즉 다시 표현하면 다음과 같다.

(5ㄱ) {가까우, 가깝다. AS+ZAZ+QXDE+EA#EA05_3}
(5ㄴ) {을, 를. JN+CA+OBJ}

또한 그림 148의 왼편에 제시된 고빈도순 목록을 보면, 이 텍스트에서는 마침표가 71,718 번으로 가장 고빈도로 출현하였음을 볼 수 있다. 그 다음 표면형이 생략된 서술격조사 '이 다'가 실현된 경우와 목적격 '을'이 그 다음 순위로 나타났다. 이때 빈도를 나타내는 숫자가 정수값이 아니라 소숫점 포함 숫자로 실현된 것은, 하나의 표면 형태에 대하여 사전에 중의 적 분석 후보가 존재하기 때문이다. 가령 단 1회 출현한 형태소에 대하여 사전에 2가지 후 보가 등재되어 있다면, 각각이 0.5회의 출현빈도로 계산된다. 유니텍스는 형태소분석 단계 에서 통계적 방식에 의한 예측을 배제하고 가능한 모든 후보들을 제시하는 방식을 택하고 있기 때문이다. 중의성 제거는 사전과 규칙에 기반하거나 확률태거 등에 기반한 방식을 통 해 그 다음 단계에서 처리된다.

실제로 사전이 적용되어 형태소분석이 수행된 텍스트에 대한 빈도 리스트에는 바로 이와 같은 중의성의 문제가 심각하게 발생할 수 있음을 고려해야 한다. 특히 사전이 정교하게 구 축되어 있을수록, 또한 태그셋이 상세하게 세분류되어 있을수록 이러한 중의성의 발생은 높은 비중으로 나타나게 된다. 여기서 그림 149와 같은 '토큰 어절에 대한 빈도 목록'을 보 자. 이것은 실제 사전 적용이 이루어지기 전에, 여백(Space) 단위로 분리된 단위들에 대한 단 순 빈도를 계산한 것이다.

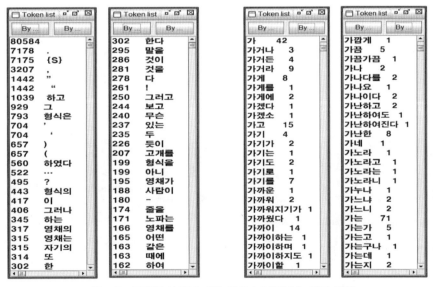

그림 149. 표면형 토큰에 대한 빈도순/가다나순 빈도 목록

위의 화면은 어절 토큰 단위에 대한 '빈도순 리스트'와 '가나다순 리스트'를 보인다. 빈도 수는 모두 정수값으로 표현되었다. 이 경우는 '하다'나 '가다', '가깝다'와 같은 동사나 형용

사의 기본형에 대한 정보가 제공되지 않으므로, 그 활용형들에 대해 모두 제각각 빈도 계산이 이루어졌다. '형식은, 형식의, 영채의, 영채는'과 같이 등장인물을 표현하는 명사 부류에 조사가 결합한 어절 형식도 그대로 계산되었기 때문에 명사 '형식'이나 '영채'가 실제로 몇 번 출현하였는지를 정확히 파악하기 어렵다는 한계가 있다. 그러나 표면형 형태 그대로에 대한 빈도 목록이므로, 중의적 형태에 대한 오분석 위험이 발생하지 않는다는 장점이 있다.

1.4.2. 문장별 분석 중의성을 표상하는 텍스트 오토마톤

앞서 그림 147에서 제시되었던 또 하나의 특징이, 텍스트에 실현된 토큰들에 대한 분석 결과를 각 문장별로 '그래프 방식'으로 표상하여 제공하는 '텍스트 오토마톤(Text Automaton)'의 기능이다. 예를 들어 무정 텍스트의 8 번째 문장은, 그림 150에서 보는 바와 같이 '우선 처음 만나서 어떻게 인사를 할까.'와 같은 문장으로 나타났다.

FST-Text	
7175 sentences	우선 처음 만나서 어떻게 인사를 할까.
Sentence # 8	

그림 150. 무정 텍스트 전체 7175개 문장 중 8 번째 문장의 예

즉 무정 텍스트에는 7,175개의 문장이 들어있는 것으로 분석되었는데, 이때 문장 번호 '#8'에 해당하는 문장으로 위와 같은 문장이 나타났다. 이에 대해 유니텍스 플랫폼에서 제공하는 '텍스트 오토마톤'에는, 그림 151과 같이, 모든 분석의 가능성이 방향성 그래프 방식으로 제시된다.

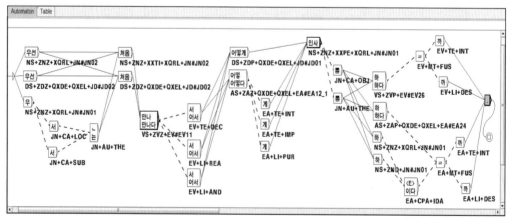

그림 151. 무정 텍스트 #8번 문장의 중의적 분석결과를 보이는 텍스트 오토마톤

여기 제시된 문장은, 마지막에 위치한 '구두점'인 마침표를 포함하여 모두 7개의 토큰으로 구성되었다. 그러나 DECO 사전 검색을 통해 분석 가능한 후보들의 중의성을 모두 표시하면, 표 328에서 보이는 바와 같이 각 토큰별로 1~8가지의 중의성이 발생하는 것을 확인할 수 있다.

토큰	어절	형태소분석 가능 개수
제1토큰	우선	4가지
제2토큰	처음	2가지
제3토큰	만나서	3가지
제4토큰	어떻게	4가지
제5토큰	인사를	2가지
제6토큰	할까	8가지
제7토큰	마침표	1가지
전체		1,536가지 (= 4 x 2 x 3 x 4 x 2 x 8 x 1)

표 328. #8번 문장의 전체 토큰에 대한 형태소 분석 가능 개수

그 결과 이와 같이 짧은 문장에 대해 무려 1,536 가지의 분석 중의성이 나타난다. 유니텍스에서는 이러한 중의성을 그래프 형식({Text Automaton})으로 제공함으로써, 연구자가 실제로 중의성이 나타난 토큰의 '앞뒤 문맥(n-gram)'을 고려하여, 어떠한 유형의 경로가 선택되어야 하는지, 어떠한 경로에서 특별히 많은 중의적 분석 가능성이 나타나는지 등을 효율적으로 검토할 수 있게 한다.

위의 그래프에서 두 박스를 연결하는 경로(Path)에서, '실선'은 두 토큰 사이의 경계를 나타낸다. 즉 여백으로 분리된 두 단위의 경계를 표현한다. 반면 '점선'은 두 형태소 사이의 경계를 나타낸다. 즉 여백으로 분리되지 않고 하나의 단위를 구성하는 구성성분들 사이의 경계를 표현한다. '박스(Box)'는 실제 텍스트에 실현된 입력문(Input)을 나타내며, 그 하단의 '태그(Tag)'는 사전정보를 제공하는 출력문(Output)을 나타낸다. 여기서 '표면형'과 '기본형'이 동일하지 않을 경우에는 박스 안에 2단으로 이를 표시하고, 동일한 경우는 생략하여 한 번만 표시하는 방식을 택한다.

위의 '텍스트 오토마톤(Text Automaton)'에 대해서, 화면에 이웃한 '테이블(Table)' 탭을 이용하면, 각 토큰별로 중의적 분석 가능성이 '리스트(List)' 형식으로 나열된 테이블을 확인할 수 있다. 그림 152와 같다.

Form	POS sequence #1	POS sequence #2	POS sequence #3	POS sequence #4	POS sequence #5	POS sequence #6	POS sequence #7
우선	{우,.NS+ZNZ+XQRL+JN#JN...	{우,.NS+ZNZ+XQRL+JN#...	{우선,.DS+ZDZ+QXDE+QX...	{우선,.NS+ZNZ+XQRL+...			
처음	{처음,.DS+ZDZ+QXDE+QXE...	{처음,.NS+ZNZ+XXTI+XQ...					
만나서	{만나,만나다.VS+ZVZ+EV#EV...	{만나,만나다.VS+ZVZ+EV#...	{만나,만나다.VS+ZVZ+EV#...				
어떻게	{어떻,어떻다.AS+ZAZ+QXDE...	{어떻,어떻다.AS+ZAZ+QX...	{어떻,어떻다.AS+ZAZ+QXD...	{어떻게,.DS+ZDP+QXDE...			
인사를	{인사,.NS+ZNZ+XXPE+XQR...	{인사,.NS+ZNZ+XXPE+XQ...					
할까	{하,.NS+ZND+JN#JN01} {⟨E...	{하,.NS+ZND+JN#JN01} ...	{하,.NS+ZNZ+XQRL+JN#J...	{하,.NS+ZNZ+XQRL+JN...	{하,하다.AS...	{하,하다.AS...	{하,하다.VS...	{하,하다.VS+ZV...

표 329. #8번 문장의 중의적 분석결과를 '리스트' 형식으로 표상한 예

2. 부분문법그래프(LGG) 기반 정보추출 및 주석코퍼스 구축

이상에서 코퍼스에 대한 사전적용을 기반으로 형태소분석이 수행되면, 이를 토대로 의미 있는 응용연구들이 수행될 수 있다. 다음을 보자.

2.1. LGG에 기반한 문맥추출(Concordance) 결과 생성

2.1.1. 문맥추출 모듈

'문맥추출(Concordance)' 모듈은 코퍼스 처리 플랫폼에서 가장 대표적인 프로그램이다. 일정 키워드(Keyword)를 중심으로 이것이 사용되는 문맥(Context)을 보여줌으로써, 연구자들이 실제 어휘가 사용되는 통사·의미적인 문맥을 파악하고, 공기하는 어휘들의 연어(Collocation) 정보 등을 연구하는 것을 가능하게 한다. 이러한 이유로 코퍼스 관련 분석도구 및 프로그램에서, 빈도목록과 함께 문맥추출 기능은 가장 대표적으로 제공되는 기능이다.

현재 제공되는 이러한 프로그램들의 공통점은, 키워드를 중심으로 문맥 정보를 추출할 때, 단순 키워드 기반 검색의 한계를 극복하기 위하여 일련의 '정규표현식(Regular Expressions)'의 사용을 허용한다는 점이다. 그러나 정규표현식은 그 자체만으로 표현할 수 있는 조건의 제한이 많을 뿐 아니라, 그 수식에 익숙하지 않은 연구자들에게는 통사적으로 복잡한 조건을 올바르게 기술하는 것이 매우 까다로운 작업이 된다.

유니텍스는 이러한 측면에서 매우 유연하고 차별적인 정보추출 플랫폼을 제공한다. 연구자가 획득하고자 하는 정보의 키워드가 더 이상 하나의 단어나 정규표현식의 형식이 아니라, 하나의 단어에서부터 구, 절, 문장, 심지어 수십, 수백 개의 구문이나 패턴을 적용하여

이러한 정보를 추출할 수 있도록 한다. 이를 위해 더이상 단어 리스트나 수식의 형태가 아닌, FST 형식의 방향성 그래프를 사용하는 환경을 제공한다. 여기서 논의하는 부분문법 그래프(Local Grammar Graph: LGG)이다.

2.1.2. 부분문법그래프(Local Grammar Graph)의 구축

그림 152에 제시된 그래프를 살펴보자.

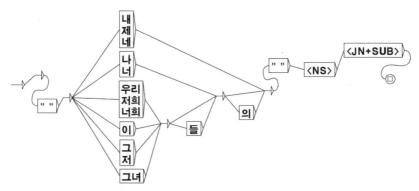

그림 152. 특정 통사적 구문을 추출하기 위한 부분문법 그래프(LGG)

이 그래프는 다음과 같은 통사적 구문을 추출하기 위한 부분문법을 표상한다.

• '1인칭/2인칭/3인칭' 대명사의 소유격 또는 '이/그/저' 유형의 지시대명사의 소유격이 실현되고, 그 뒤에 하나의 '명사(NS)'가 '주격 후치사(JN+SUB)'를 수반하여 실현된 구문

위의 그래프에서 맨 왼편의 " " 부호는 반드시 여백이 실현되어야 함을 표현한다. 이 부호가 빠진 경우, '형제의'와 같이 '제' 앞에 '형'이라는 다른 음절이 실현된 토큰이 포함될 수 있다. 여기서 '내/제/네'는 복수의 '들'도 수반되지 못하고 소유격의 '의'도 수반되지 못한다. 반면 '나/너'의 경우는 복수표지의 결합은 어렵지만 소유격 '의'의 결합이 가능하다. '우리/저희/너희'의 경우 '이/그/저'와 '그녀'의 경우처럼 '들'과 '의'의 결합이 모두 수의적으로 가능하다. 이들 뒤에 다시 " "이 삽입되어 반드시 여백이 삽입되도록 함으로써 '내일'이나 '제사' 같은 구성이 배제되도록 한다. 이러한 그래프의 장점은 연구자가 자연언어의 문장 구성 원리를 직접 시각화하여 살펴볼 수 있게 함으로써, 이를 수정하거나 보완, 확장하는 작업을 매우 유연하고 용이하게 한다는 데에 있다.

2.1.3. 문맥추출(Concordance) 결과 생성하기

이상과 같이 그래프가 구축되면, 이를 키워드, 또는 키패턴(Key-Pattern)으로 하여, 그래프에 기술된 일련의 정보를 문맥추출 모듈을 통해 추출한다. 이를 수행하기 위해 {Text} 메뉴의 {Locate Pattern} 서브메뉴를 클릭하면, 그림 153과 같은 화면이 나타난다.

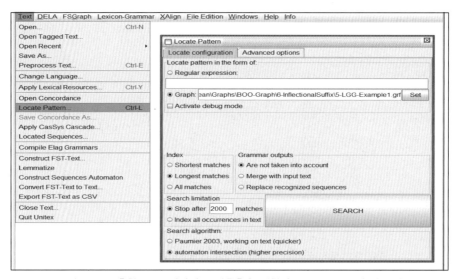

그림 153. 구축한 LGG 패턴의 문맥추출을 위한 {Locate Pattern} 옵션창

위의 오른쪽 화면에서 팝업된 {Locate Pattern} 대화창에서 보듯이, 간단한 패턴의 경우는 직접 키워드 단어 또는 정규식을 작성하는 것도 가능하도록 되어 있다. 그러나 앞서 부분문법 그래프에서 구축된 패턴은 이보다 훨씬 복잡하므로, 여기서는 {Graph} 옵션에서 해당 그래프 파일을 선택한다. 그래프 파일을 찾아 설정하기 위해 {Set} 버튼을 클릭한다.

또한 현재 문맥 추출에 있어서, 디폴트로 되어 있는 값은 '최장일치 방법(Longest matches)'이고, 문법 출력문(Grammar Outputs)은 '고려하지 않음(Are not taken into account)'으로 조정되어 있다. 그러나 뒤의 예에서 보듯이, 현재 구축하는 부분문법 그래프에서 특정 주석 또는 마크업(Markup) 하고자 하는 경우는, 출력문을 '텍스트에 삽입하기(Merge with Input Text)'와 같은 조건으로 선택해야 한다.

또한 '검색될 패턴의 수(Search Limitation)'도 기본값이 200개로 되어 있으나, 부분문법 그래프에서 기술된 패턴이 다양하고 고빈도 유형이라고 판단된다면, 그 수를 더 확장하는 것이 바람직하다. 위에서는 2,000개로 그 한계값을 두었고, 경우에 따라 모든 출현 패턴을 선택하는 것도 가능하다.

마지막으로 '검색 알고리즘(Search Algorithm)'의 옵션은, 한국어의 경우는 형태소 단위로 처리해야 하는 복잡도의 속성 때문에, 반드시 'Automaton Intersection'이라는 하단의 옵션이 선택되어야 한다.

이러한 설정을 끝내고 오른쪽의 {Search} 버튼을 클릭하면 그림 154의 왼쪽 화면과 같이 결과값이 몇 개가 추출되었는지를 보이는 메시지가 나타난다. 여기서는 모두 231개가 출현하였다. 여기서 'OK'를 하면 이를 토대로 가운데 화면과 같이 'Concordance'를 구축하라는 선택창이 나타난다. 여기서 가운데 화면의 하단의 'Build Concordance' 버튼을 클릭하면 프로그램이 작동하고 오른쪽 화면과 같이 'Done' 메시지가 나타난다.

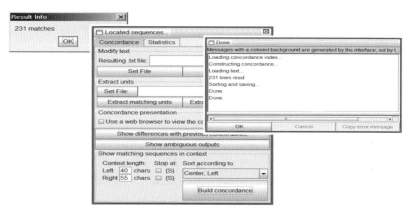

그림 154. 문맥추출 작업의 진행과정 화면

여기서 최종적으로 'OK'를 클릭하면, 그림 155와 같이 문맥추출 결과 화면이 나타난다.

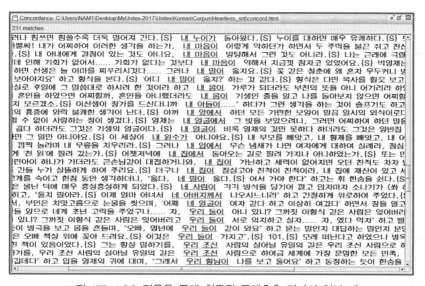

그림 155. LGG 적용을 통해 획득된 문맥추출 결과의 일부 예

2.2. <XML> 방식의 마크업과 주석 코퍼스 구축

이번에는 연구자가 일정 정보를 추출하여 이를 분류하고, 이에 알맞은 일정 태그를 XML방식으로 마크업을 하거나 또는 주석 코퍼스를 구축하고자 할 때, 앞서 논의하였던 부분문법 그래프(LGG)를 '출력문(Output)'을 가진 유한 트랜스듀서 방식으로 구축하는 작업을 살펴본다. 즉 앞서 논의한 LGG에 그림 156과 같이 출력문(Output)을 삽입한다.

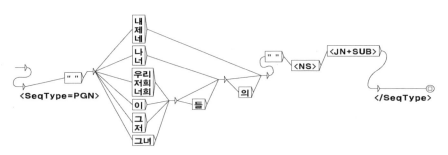

그림 156. 출력문을 가진 유한상태 트랜스듀서(FST) 방식의 LGG

위에 정의된 입력문 구문에 대해서 '<SeqType=PGN> .... </SeqType>'과 같은 XML 방식의 태그가 출력문에 정의되었다. 이러한 정보를 텍스트에 마크업한 주석코퍼스로 변환하기 위해서는, {Locate Pattern} 메뉴를 수행할 때 'Grammar Outputs' 선택 옵션을 'Merge with Input Text'로 선택한다. 그 후에 위와 동일한 방식으로 문맥추출 프로세싱을 진행하면 그림 157과 같은 결과를 획득할 수 있다.

그림 157. XML 방식의 마크업이 자동 생성된 주석코퍼스 결과의 예

이상에서 논의한 LGG는, 반복적으로 동일한 방법을 적용하는 부트스트랩(Bootstrap) 방식을 통해 효율적으로 확장될 수 있다. 실제로 유니텍스 플랫폼에서 LGG의 여러 응용과 변형을 통해 수행할 수 있는 연구 영역은 매우 다양하다. 유니텍스와 LGG에 대한 심화된 논의는 추후 별도의 지면을 통해 진행하기를 기대한다.

Ⅳ DECOF 활용형 전자사전의 의의

1. 활용형사전 구축 단계별 연구내용

한국어 전자사전 DECO의 연구는 어휘소 사전과 문법소 사전을 각각 구성한 후, 이를 기반으로 한국어 토큰의 모든 표면형을 분석할 수 있는 한국어 활용형사전을 생성하는 것을 목표로 수행되었다. 인간 사용자를 위한 전자화된 디지털 사전에서 기본적으로 제공하는 표제어의 형식이 '기본형(Canonical Form)'인 반면, 텍스트 자동처리를 위한 전자사전에서 제공하는 표제어 및 정보의 형식은 실제 코퍼스에서 관찰되는 모든 '활용형(Inflected Form)'에 대한 것이어야 하기 때문이다.

이 책에서는 우선적으로 사전의 근간이 되는 '표제어(Entry)' 목록을 체계적으로 구축하는 문제에 오랜 논의를 진행하였다. 어휘소를 '명사/부사/형용사/동사'의 4가지 대범주로 설정한 후, 어떠한 방법으로 이들에 대한 표제어를 설정하고 어떠한 방법으로 이들에 대한 하위분류를 수행할 것인가를 논의하였다. 이러한 하위분류의 문제는 세분화된 태그셋(Tagset) 설정의 문제로 연결되었다. 이러한 과정을 거쳐 각 어휘소 표제어에 수록될 '사전 정보 (Information)'에 대한 논의가 진행되었다. 어떠한 분류 체계에 기반하여 어떠한 종류의 정보를 획득하고, 이를 어떠한 방식으로 사전에 수록할 것인가를 검토하는 것이 요구되었다.

이와 같이 어휘소에 대한 표제어와 사전정보 구축 작업이 수행되면, 이들이 결합할 수 있는 '활용후치사'들에 대한 연구가 진행되어야 한다. 활용후치사, 즉 문법소의 다양한 복합 구성에 대한 낱낱의 기술이 완성되면, 이들이 어떠한 방식으로 어휘소 부류와 연결되어 궁극적으로 활용형사전이 생성될 수 있는가를 논의할 수 있다.

코퍼스 분석을 위한 한국어 활용형 전자사전을 구축하기 위해 고려되어야 하는 주요 연구 단계들과 각 단계별로 요구되는 언어자원을 정리해 보면 다음과 같다.

- 문법범주 대분류의 설정과 표제어 목록의 체계적인 구축
- 각 문법범주별 하위분류 체계의 정립
- 사전에 수록되는 형태·통사·의미 분류체계와 관련 정보 연구
- 문법범주 및 언어정보에 대한 핵심/상세 태그셋(Tagset)의 정립
- 언어정보 수록을 위한 사전 형식 및 구조에 대한 연구
- SNS 텍스트 감성분석과 같은 응용분야 사전으로의 확장성 고려
- 각 대범주별 활용클라스의 정립
- 각 대범주별 활용후치사 원소의 목록과 그 통사·의미 기능에 대한 연구
- 활용후치사 원소의 조합검증을 통한 후치사 복합형 연구
- 어휘소와 문법소 사전의 유한상태 트랜스듀서(FST) 구조화 연구
- 실제 활용형사전 컴파일을 위한 전산 플랫폼의 구현/확보
- 사전과 문법의 경계를 넘어서는 언어현상 기술 방법론 고찰
- 복합어, 다단어표현(MWE), 관용표현의 사전·문법에 대한 연구
- 미분석어 처리를 위한 확률 추정 알고리즘 모듈 개발에 필요한 언어자원 구성

이 책에서는 이상과 같은 과정을 거쳐 구축된 DECOF 활용형사전을 소개하였다. 이 사전의 현재 버전(Ver.5.1.2017)의 표제어 규모와 태그셋 특징에 대해 정리해 보면 다음과 같다.

2. DECOF 활용형사전의 어휘소 표제어 규모

이 책에서 소개된 DECOF 전자사전의 어휘소 기본형 항목은 전체 270,050여개의 표제어로 구성되어 있다. 현재 20가지 중분류 유형별 표제어의 분포를 보이면 표 330과 같다. 이 표의 오른쪽에는 표준국어대사전(1999)의 표제어 분포(정호성 2000)를 제시하여 함께 비교하였다. 표준국어대사전의 주표제어는 전체 44만여 항목으로 구성되어 있으나, 여기서 '전문어(221,733개), 북한어(64,313개), 방언(20,482개), 옛말(12,194개)'을 제외한 '일반어' 표제어는 전체 170,791개로, 모두 16가지의 품사로 분류된다. 이중 9가지가 DECO 사전의 어휘소 부류에

대응된다. 나머지 7가지는 '조사, 어미, 접두사, 접미사, 어근, 무품사, 통용'으로 분류된 형태로서, 문법소 및 기타 비자립성분 부류에 해당된다. 표준국어대사전의 9가지 어휘소 관련 표제어의 수는 162,814개로 나타났고, 나머지 문법소 및 비자립성분 관련 표제어는 10,157개로 나타났다.

DECO	대범주	중분류	태그	DECO표제어수	DECO 통합	표준대사전	표준품사	표준번호
1	명사부 (NS) 197,180개	대명사	ZNP	330	330	330	대명사	1
2		수사	ZNU	190	190	175	수사	2
3		의존명사	ZND	1,090	1,090	531	의존명사	3
4		관형사	ZNT	420	420	370	관형사	4
5		관형명사	ZNM	1,920	195,150	141,609	명사	5
6		일반명사	ZNZ	13,880				
7		비단순명사	ZNX	63,570				
8		외래명사	ZNF	12,680				
9		고유명사	ZNE	11,470				
10		시사명사	ZNW	91,630				
11	부사부 (DS) 15,440개	비생산부사	ZDZ	5,870	14,860	8,700	부사	6
12		생산적부사	ZDP	7,910				
13		시사부사	ZDW	1,080				
14		감탄부사	ZDE	580	580	529	감탄사	7
15	형용사부 (AS) 9,040개	비생산형용사	ZAZ	960	9,040	3,049	형용사	8
16		생산적형용사	ZAP	5,480				
17		시사형용사	ZAW	2,600				
18	동사부 (VS) 48,390개	비생산동사	ZVZ	1,330	48,390	7,521	동사	9
19		생산적동사	ZVP	26,250				
20		시사동사	ZVW	20,810				
	DECO 어휘소 전체				270,050 개	162,814 개 (어휘소 유형 9가지)		
21	문법소	명사후치사	JN/JD		{원소}168	172	조사	10
		용언후치사	EV/EA		{원소}333	808	어미	11
	비자립어	접두사	NPF		{명사}570	168	접두사	12
		접미사	NSF/SFN		{명사}450	336	접미사	13
	DECO 사전의 문법소, 비자립어 부류의 일부에 해당					7,353	어근	14
						595	무품사	15
						725	통용	16
						10,157 개 (문법소 유형 7가지)		

표 330. DECO 27만 표제어와 표준대사전 17만 일반어 표제어

이 표에서 보는 바와 같이, 명사에서는 의존명사와 일반명사 범주에서 그 규모의 차이가

나타났고, 부사와 형용사, 특히 동사 범주에서 표제어 수에 있어 큰 차이가 나타났다. 표준국어대사전에는 조사, 어미, 접사 등 문법소와 비자립성분들이 표제어로 수록되어 있는 반면, DECO 사전에서는 이들은 모두 제외되었다. 비자립성분은 일정 자립 형태를 구성하는 내부성분으로 정의되어, 그 복합형 자체가 사전에 표제어로 등재되는 원칙을 따랐기 때문이다. 또한 조사와 어미는, 기본 원소들의 목록을 구축하여 이들 사이의 '조합적 생성력(Combinatorial Productivity)'을 검증한 후, 가능한 모든 후치사 복합형을 유한상태 트랜스듀서(FST) 방식으로 별도의 문법소 사전을 구성하므로, 이러한 점에서 일부 복합형 문법소가 사전에 수록되는 방식과의 비교는 적절하지 않다고 판단되었다. 현재 DECO 문법소 사전에서 생성될 수 있는 활용 후치사 복합형은, 명사후치사(조사)의 경우, '이다'에 결합하는 용언후치사(어미)를 제외하면 약 n·104 규모로 나타났고, 동사/형용사후치사의 경우, 명사형 어미에 결합하는 명사후치사(조사)를 제외하면 약 n·106 규모로 나타났다. 이들이 각 개별 어휘소와 결합하여 생성하는 활용형 어절의 수는 현재의 어휘소 표제어 수에 비례하여 엄청난 규모로 팽창하게 된다.

3. DECOF 활용형사전의 태그셋 분포

이 책에서 소개된 DECO 사전의 전체 태그의 분포를 정리해 보면 표 331과 같다.

번호	어휘소/문법소	분류유형	분류체계	하위유형	태그특징	태그	태그 개수
1	어휘소	문법범주 하위분류 정보	POSInfo	대분류	NS/DS/AS/VS	2자리	4
2				중분류	Z-AA	3자리	20
3				세분류	AAA	3자리	80
4		형태정보	MorInfo	형태 정보	AAA	3자리	149
5		형태의미 정보	MorSem	대명사 분류	Q-AAA	4자리	5
6				의존명사 분류	Q-AAA	4자리	12
7				고유명사 분류	Q-AAA	4자리	26
8		통사정보	LexGram	통사문형 정보	Y-AAA	4자리	26
9		의미정보	SemOnto	의미온톨로지 정보	Q-AAA	4자리	60
10		감성어휘 관련정보	PolLex	극성어휘 정보	QX-AA	4자리	7
11			NegLex	부정어휘 정보	QX-AA	4자리	6
12			PsyLex	심리어휘 정보	QX-AA	4자리	18
13		개체명/ 도메인 관련정보	EntLex	개체명 정보	XX-AA	4자리	9
14			FeaLex	자질명 정보	XQ-FT	4자리	1
15			DomLex	도메인 정보	XX-AA	4자리	18

번호	어휘소/문법소	분류유형	분류체계	하위유형	태그특징	태그	태그 개수
16			LanLex	다국어 정보	XX-AA	4자리	12
17	문법소	문법범주 하위분류 정보	POSInfo	대분류	JN/JD/EA/EV	2자리	4
18				중분류	AA	2자리	13
19				소분류	AAA	3자리	55

표 331. 12가지 분류체계에 기반한 DECO-Tagset의 525가지 태그 분포

이 표에서 보이는 바와 같이 DECO 어휘소와 문법소에 대한 태그셋(DECO-Tagset)은 모두 12가지의 분류체계에 따라 전체 525가지의 태그로 구성되어 있다. 이 태그들 중 일부는 여러 문법범주에 걸쳐 나타나기 때문에, 이러한 중복되는 부분을 고려하면 전체 태그 수는 이보다 더 압축된다. 표 332는 그 전체 태그를 알파벳순으로 정렬한 목록을 보인다.

AS/형용사	CHO/고어관형사	GNF/기본외래N	NOU/명사-X	SIM/단순외래N
DS/부사	CHR/로마자포함	GNT/본질관형사	NRO/비로마자외래	SLA/1음절어
NS/명사	CIM/복합외래어	GOP/X-거리다	NUM/어휘화수사	SLB/2음절어
VS/동사	CLA/의존분류사	HAL/N-를하다	NUT/수관형사	SLC/3음절어
--------	CNA /비분류추가	HAP/X-하다	NVN/N+VN명사	SLD/4음절어
ZAP/생산적형용사	COP/부정지정사	HIP/X-히'부사	NZC/2-3비결정N	SLE/5음절어
ZAW/시사형용사	DAP/X-당하다	IDP/X-이다	NZF/핵심외래N	SLF/6음절어
ZAZ/비생산형용사	DEN/D+N복합	INC/비단위의존	NZO/2-3복합N	SLG/7음절어
ZDE/감탄부사	DEP/불구동사	INI/알파벳약어	NZX/2음절파생N	SXN/N+접미'명사
ZDP/생산적부사	DEU/들'첨가형	INV/불변외래N	ORD/서수표현수사	TEN/관형+N복합
ZDW/시사부사	DFS/통사접미형	JEG/X-적(的)	OSS/X-었'활용	THI/3인칭대명
ZDZ/비생산부사	DGT/십진수단위	JEP/X-적이다	PEN/유사N+명사	TJD/X-터지다
ZND/의존명사	DIP/X-대다	JIP/X-지다	PGN/X-기'명사	TRP/X-뜨리다
ZNE/고유명사	DLD/X-다랗다	JLP/X-적으로	PHA/하다'형용N	USG/어림수수사
ZNF/외래명사	DNU/수사수식어	KOR/고유어표현	PHD/하다/되다'N	VAR/변이외래N
ZNM/관형명사	DOP/X-되다	LEO/고빈도기본	PHO/의성의태관련	VEN/동사+N복합
ZNP/대명사	DTZ/비용언관형	LET/저빈도확장	PHP/서술접두N	VER/V-어하다
ZNT/관형사	EAN/동물감탄사	MCO/구체명사	PHS/서술접미N	VNN/VN+N명사
ZNU/수사	EBA/기본감탄사	MDN/수식명사	PHV/'하다'동사N	WEN/명사형포함N
ZNW/시사명사	EIP/X-이'부사	MEN/수식N+명사	PJD/X-빠지다	WNE/고유N시사
ZNX/비단순명사	EML/군대감탄사	MES/단위성의존	PMN/X-'ㅁ'명사	WNF/외래N시사
ZNZ/일반명사	EPR/특수감탄사	MOR/형태변이복합	PRI/기본관형사	WNX/비단순N시사
ZVP/생산적동사	ESO/노래감탄사	NAB/추상명사	PRS/속성접미N	--------
ZVW/시사동사	FAM/가족관계N	NDE/들'첨가불가	PSN/유사명사	QABS/고유N추상
ZVZ/비생산동사	FAP/가족접두사	NDU/수사수관형	PXN/'접두+N'명사	QAND/의존N동물
--------	FAS/가족접미사	NEN/N+N복합	REP/무접사유형	QANM/동물
ABB/발음약어	FFR/4자성어	NGE/'N-의'관형	RIP/X-{이}부사	QART/예술
ADJ/형용사파생	FIR/1인칭대명	NHL/비서술N결합	ROM/로마자외래N	QASS/평가판단
AEN/A+N복합	FMO/관형외래어	NHP/서술접두N결합	ROO/고유어어기	QATT/외적태도
AJZ/형용관형사	FNT/관용적관형	NHV/서술N결합	SCZ/용언전성관형	QBAN/동물일부
CHK/한자어포함	GEP/X-게'부사	NNU/수사만사용	SEC/2인칭대명	QBIC/생리변화
CHN/한자어기어	GNE/기본고유N	NOA/형용사무관	SEP/X-스럽다	QBIG/{크다}

QBIO/신체증상　QHAR/{딱딱}　QSMA/{작다}　QXPA/심리:고통　XXPE/인물개인
QBLA/{검정}　QHEA/{무겁다}　QSME/후각　QXPO/극성:긍정　XXPR/이동구체
QBLU/{파랑}　QHIG/{높다}　QSOA/대인활동　QXRE/심리:후회　XXTI/명시날짜
QBOD/인간신체　QHIS/역사　QSOF/{무르다}　QXSA/심리:슬픔　--------
QBOO/고유N서적　QHOT/{뜨겁다}　QSOU/청각　QXSH/심리:수치　YACZ/명제A
QBPL/식물일부　QHTP/인물사물대명　QSPA/고유N공간　QXSN/극성:강부정　YAED/태도A
QBRI/{밝다}　QHUD/의존N인물　QSPD/의존N공간　QXSP/극성:강긍정　YAEE/평가A
QBUI/주생활　QHUE/고유N인물　QSRN/고유N종교　QXSU/심리:놀람　YAEG/공간A
QCHA/내적성격　QHUM/인물성　QSTA/인물추상　QXSY/심리:증상　YAEP/심리A
QCHE/{싸다}　QHUP/인물대명사　QSTR/{강하다}　QXVE/심리:복수　YAER/기준A
QCIT/고유N도시　QINA/외적활동　QSUB/문장접속　QXWI/심리:소망　YAES/장면A
QCLD/{차갑다}　QINC/양적증가　QSUS/물질　--------　YAEV/대상A
QCLL/집합　QIND/고유N인명　QTAS/미각　XACT/도메인:스타　YAHZ/인물A
QCLO/색깔　QINS/제도　QTEM/고유N시간　XARA/언어:아랍어　YAIC/증상A
QCLT/의생활　QLAN/언어　QTHC/{두껍다}　XCHI/언어:중국어　YANZ/사물A
QCOD/의존N사물　QLED/의존N길이　QTHN/고유N사물　XCLO/도메인:의류　YAPZ/가상A
QCOG/인지명제　QLIG/{가볍다}　QTHP/사물대명사　XCOS/도메인:화장　YARR/상황A
QCOM/비교판단　QLIT/{적다}　QTIM/시간　XCUL/도메인:문화　YASZ/감탄A
QCON/고유N구체　QLOC/추상공간　QTIN/{얇다}　XECO/도메인:경제　YAWS/대칭A
QCRA/발명　QLOG/논리판단　QTMP/추상시간　XEDU/도메인:교육　YVEZ/에자동V
QCRC/개체생성　QLON/{길다}　QTOU/촉각　XFRA/언어:프어　YVGZ/가자동V
QCRE/고유N발명　QLOW/{낮다}　QTRM/타체움직　XGAM/도메인:게임　YVLE/에타동V
QCRR/화폐　QMEA/내적활동　QVEH/교통　XIND/언어:인니어　YVLR/로타동V
QCUD/의존N화폐　QMOM/자가움직　QVIS/시각　XITP/도메인:전자　YVLS/에서타동
QCUL/고유N문화　QMUA/상호활동　QVOD/의존N부피　XJAP/언어:일본어　YVLW/대칭타동
QDAD/의존N시간　QNAC/자연변화　QWEA/{약하다}　XKAZ/언어:카자흐　YVLZ/타동V
QDAR/{어둡다}　QNAR/{좁다}　QWED/의존N무게　XKOR/언어:한국어　YVRZ/로자동V
QDAY/고유N기념　QNAT/고유N국가　QWET/{축축}　XLIF/도메인:생활　YVSZ/에서자동
QDEC/양적감소　QNEA/{가깝다}　QWHI/{하양}　XMON/언어:몽골어　YVWZ/와자동V
QDEE/{깊다}　QNEW/고유N발견　QWID/{넓다}　XMOV/도메인:영화　YVZZ/자동V
QDEG/정도기술　QNTR/자연변화　QXAD/극성:강상대　XPLA/도메인:성형　--------
QDID/의존N넓이　QPEO/고유N민족　QXAN/심리:분노　XPLD/언어:폴란드　EA/형용사후치사
QDIM/측량가능　QPES/인간속성　QXCO/심리:자각　XPOL/도메인:정치　EV/동사후치사
QDIS/발견　QPLA/공간묘사　QXDE/극성:상대　XQFT/자질명사　JD/부사후치사
QDRY/{건조}　QPLD/의존N식물　QXEL/심리:논리　XRES/도메인:맛집　JN/명사후치사
QDSC/개체소멸　QPLE/{많다}　QXFE/심리:공포　XRUS/언어:러시아　--------
QECL/감탄표현　QPLT/식물성　QXFP/심리:유쾌　XSIN/도메인:가수　AU/조사:보조
QECO/고유N경제　QPRC/속성변화　QXFU/심리:불쾌　XSOC/도메인:사회　CA/조사:논항
QEDI/고유N건축　QPRD/상품　QXHA/심리:증오　XSPA/언어:스페인　LK/조사:연결
QELL/{노랑}　QPRO/사물속성　QXJE/심리:질투　XSPO/도메인:운동　SP/조사:특수
QEND/의존N에너지　QPRP/사물추상　QXJO/심리:기쁨　XTUR/도메인:관광　CP/조사:서술
QERA/고유N시대　QPRT/오감　QXLO/심리:사랑　XVIE/언어:베트남　--------
QEVE/고유N사건　QPSI/심리경험　QXNA/부정:부재　XWOR/도메인:세계　AL/어미:양태삽입
QEVN/사건과정　QRED/{빨강}　QXND/부정:부인　--------　DT/어미:관형형
QEXP/{비싸다}　QREG/지리　QXNE/극성:중립　XXCO/고정구체　LI/어미:연결형
QFAR/{멀다}　QSHA/{얕다}　QXNF/부정:실패　XXCR/사물추상　MH/어미:존대삽입
QFAS/{빠르다}　QSHC/외형변화　QXNG/극성:부정　XXEV/암시시간　MI/어미:중간삽입
QFOO/식생활　QSHO/{짧다}　QXNI/부정:무능　XXGE/자연공간　MT/어미:시상삽입
QGEO/고유N자연　QSLN/고유N언어　QXNP/부정:금지　XXLO/인공공간　NO/어미:명사형
QGRO/고유N집단　QSLO/{느리다}　QXNR/부정:거부　XXOR/인물집단　TE/어미:인터넷

--------	SOU/출처격조사	DIN/인용의문어미	REM/회상어미	SPA/쌍부호
ADD/첨가보조사	SPO/구어조사	DIS/인용어미	SIN/주어청자어미	SRM/로마자
ATT/보격조사	SUB/주격조사	DSU/인용청유어미	SUG/청유어미	SSY/기타
CAU/원인격조사	THE/주제보조사	EUM/'ㅁ'결합어미	SUH/주어존대어미	UNK/미등록어
CCS/양보보조사	TTL/도구자격조사	EXC/감탄어미	TEM/시사어미	--------
COM/비교격조사	VOC/호격조사	FUS/미래어미	TME/시간어미	APF/A의접두
DAT/여격조사	--------	GIN/'기'결합어미	--------	ASF/A의접미
EXP/나열연결조사	AND/첨가어미	IMP/명령어미	MP/비자립성분	DPF/D의접두
GEN/소유연결조사	AUH/존칭어미	INH/청자존대어미	SB/비한글기호	DSF/D의접미
IDA/지정사	AUX/보조어미	INT/의문어미	--------	NPF/N의접두
LIM/한정보조사	CND/조건어미	KES/'것'결합어미	EMO/이모티콘	NSF/N의접미
LIN/삽입조사	CNS/양보어미	LIN/연결어미	MOX/비자립어기	SFA/A파생접미
LOC/장소격조사	DCP/인용지정어미	NOM/의존N어미	PHM/의성의태	SFD/D파생접미
NUA/기타보조사	DDA/인용서술어미	PAS/과거어미	PUN/종결부호	SFN/N파생접미
OBJ/목적격조사	DEC/서술어미	PRE/현재어미	SCH/한자	SFV/V파생접미
PER/인명조사	DES/기술어미	PUR/목적어미	SML/중간부호	VPF/V의접두
PLU/복수조사	DIM/인용명령어미	REA/이유어미	SNU/숫자	VSF/V의접미

표 332. DECO-Tagset 전체 원소의 알파벳순 정렬 목록

현재 이 태그들은 '+' 부호를 통해 여러 유형이 서로 결합 가능하도록 정의되어 있다. 단 POSInfo 중에서 대범주에 해당하는 'NS/DS/AS/VS'의 경우에는 반드시 실현되어야 하며, 그 뒤에 활용클라스를 나타내는 일련의 2자리 숫자가 수반되어야 한다. 반면 그외의 모든 정보 유형은 임의로 선택되거나 생략될 수 있다. 표 331의 태그셋이 현재 이 책에서 논의된 어휘소와 문법소에 대한 태그 체계를 보인다면, 표 332는 구두점 및 부호, 형태소 등을 포함한 현재 DECO-Tagset의 481개 전체 목록을 제시하고 있다.

이 책에서는 기본형사전의 표제어를 구성하는 단계에서 시작하여, 각 표제어에 할당되어야 한다고 판단되는 중요한 언어학적 정보들에 대한 고찰, 그리고 이를 바탕으로 실제 활용형사전을 컴파일하는 과정에 이르기까지 그 전반적인 활용형 전자사전의 생성 방법론을 소개하였다. 이 과정에서 한국어의 다양한 형태·통사·의미·활용 속성들에 대한 논의가 진행되었고, 이와 같은 실제 DECOF 활용형사전 생성을 위해 요구되는 플랫폼으로서 유니텍스(Unitex) 시스템이 소개되었다. 이 전체가 가능하기 위해서 궁극적으로 구축되는 사전의 구조와 형식화에 대한 논의가 전제되었고, 이를 위해 유한상태 트랜스듀서(Finite-State Transducer: FST)의 개념이 아울러 소개되었다. 이와 같은 구축 방법론에 대한 소개에 초점을 두었기 때문에, 여기서는 실제로 구축된 DECOF 활용형사전의 구체적인 성과와 성능 등에 대한 평가 및 검증은 진행하지 못하였다. 또한 현재 오피니언 마이닝 및 감성분석 연구를 위해 지속적으로 확장되고 있는, 극성어휘(PolLex), 부정어휘(NegLex), 심리어휘(PsyLex) 및 개체명(EntLex) 등 기타 관련어휘들의 분류체계에 대해서는 본격적으로 논의하지 못하였다. 이에 대해서도 추

후 별도의 지면을 통해 보다 심화된 논의가 이루어질 것을 기대한다.

언어는 계속 변화하고 생성되며 소멸한다. 이렇게 동적인 대상을 정적인 공간에 담으려 하는 순간, 이미 우리는 우리의 임무를 다시 반복해야 함을 깨닫게 된다. 그럼에도 이러한 끊임없는 변화가 언어 불변의 양상을 탐구하는 노력을 헛되게 만들지 않는, 그 보편적인 힘이 어디에 있는 것인지 새삼 경이로움을 느끼게 된다.

참고문헌

• 사전류

고려대학교 민족문화연구원(2009). 『고려대 한국어대사전』, 고려대학교 출판부.

국립국어연구원(1999). 『표준국어대사전』, 두산동아.

신기철/신용철(1990). 『새우리말큰사전』, 삼성출판사.

연세대학교 언어정보개발연구원(1998). 『연세한국어사전』, 두산동아.

우리말샘(2016). https://opendict.korean.go.kr/main

이희승(1982). 『국어대사전』, 민중서림.

한글학회(1992). 『우리말큰사전』, 어문각.

• 단행본 및 논문

고영근, 구본관(2008/2018). 『우리말 문법론』, 집문당.

국립국어연구원(2003). 『21세기 세종계획 전자사전 개발 연구보고서』, 문화관광부.

김석득(1992). 『우리말 형태론』, 탑출판사.

김소연, 남지순(2010). 「어휘문법 기반 'N-에' 보어 구문 연구」, 『프랑스어문교육』 33. 203-227.

김소연, 남지순(2011). 「어휘문법 기반 한국어 동사 구문 연구-형용사 구문과의 비교를 중심으로」, 『프랑스어문교육』 36. 1-33.

남기심, 고영근(1985). 『표준 국어문법론』, 탑출판사.

남윤진(2000). 『현대국어의 조사에 대한 계량언어학적 연구』, 국어학회.

남지순(2001ㄱ). 「명사 전자사전 어휘부 구성을 위한 어기, 접사, 'X-적'의 연구」, 『한국어학』 13. 121-150.

남지순(2001ㄴ). 「전자사전과 한국어 단음절어 명사의 처리」, 『한글』 252. 195-223.

남지순(2002ㄱ). 「고유명사 자동 처리를 위한 전자 데이터베이스의 구축」, 『어학연구』 38(1). 407-441.

남지순(2002ㄴ). 「한국어 명사 전자사전 DECO-N의 하위 모듈 사전의 구성」, 『한국외국어대학교 논문집』 34. 105-125.

남지순(2003ㄱ). 「한국어 형용사 전자사전 DECOS-ADJ의 어휘부 구축을 위한 몇가지 논의」, 『어학연구』 39(1). 205-241.

남지순(2003ㄴ). 「한국어 부사 전자사전의 어휘 구성을 위한 데이터베이스의 구축」, 『한국어학』 21. 105-154.

남지순(2003ㄷ). 「한국어 동사 전자사전의 어휘부 데이터베이스 구축을 위한 현행 인쇄사전 표제어의 검토」, 『언어학』 37. 101-123.

남지순(2005). 「표기 중의성 외래어의 자동처리를 위한 외래명사 전자사전의 구축」, 『언어학』 41.

47-74.

남지순(2006). 「한국어 의존명사 전자사전 어휘부 구성을 위한 연구」, 『언어학』 44. 185-214.

남지순(2007ㄱ). 『한국어 형용사 어휘문법』, 한국문화사.

남지순(2007ㄴ). 『한국어 동사 형용사 활용마법사』, 박이정.

남지순(2012ㄱ). 「오피니언 극성을 전환하는 한국어 부정표현 자동 인식을 위한 연구」, 『언어와 언어학』 57. 61-94.

남지순(2012ㄴ). 「오피니언 극성 전환 장치 '너무'와 공기하는 서술어 유형에 관한 연구」, 『언어과학』 19(4). 89-123.

남지순(2014). 「한국어 활용형 전자사전 구축을 위한 조사 복합형 구성단위에 대한 연구」, 『한국사전학』 24. 150-205.

송철의(2008). 『국어의 파생어형성 연구』, 국어학회.

시정곤(1992). 『국어의 단어 형성 원리』, 국학자료원.

신동혁, 조동희, 남지순(2016). 「한국어 감성사전 DecoSelex 구축을 위한 영어 SentiWordNet 활용 및 보완 논의」, 『한국사전학』 28. 75-111.

옥철영(2007). 「국어 어휘 의미망의 구축과 활용」, 『새국어생활』 17(3). 27-50.

유광훈, 남지순(2017). 「SNS텍스트의 오피니언 마이닝을 위한 언어자원 기반 감성 분석 플랫폼 연구」, 『언어와 정보 사회』 32. 123-168.

유현경(1996). 『국어 형용사 연구』, 연세대학교 박사학위논문.

윤애선(2007). 「국내외 어휘 의미망의 구축과 활용」, 『새국어생활』 17(3). 5-26.

이기용(2002). 『전산형태론』, 고려대학교출판부.

이선희(2006). 「조사」, 『왜 다시 품사론인가』 남기심외 공저. 커뮤니케이션북스. 301-346.

이익섭, 채완(1999). 『국어 문법론 강의』, 학연사.

이희자, 이종희(2010). 『어미 조사 전문가용 사전』, 한국문화사.

정호성(2000). 「표준국어대사전 수록 정보의 통계적 분석」, 『새국어생활』 10(1). 55-72.

조동희, 신동혁, 남지순(2016). 「MUSE 감성주석코퍼스 구축을 위한 분류 체계 및 태그셋 연구」, 『우리말연구』 47. 5-47.

주희진, 채병열, 조동희, 남지순(2017). 「PsyClass 분류체계 연구」, 『DECO Lexical Negation & PsyClass』 DICORA-TR-2017-06. 한국외국어대학교. 33-177.

채병열, 주희진, 신동혁, 남지순(2017). 「DECO 어휘적 부정소」, 『DECO Lexical Negation & PsyClass』 DICORA-TR-2017-06. 한국외국어대학교. 3-32.

최성용, 신동혁, 남지순(2017). 「소셜 미디어 텍스트의 미분석어 처리를 위한 전처리기 및 사전확장 연구」, 『언어학』 25. 193-226.

최현배.(1929/1989). 『우리말본』, 정음문화사.

최형용(2016). 『한국어 형태론』, 역락.

하치근(2010). 『우리말 파생형태론』, 경진.

홍재성(1987). 『현대 한국어 동사 구문 연구』, 탑출판사.

황화상(2013). 『현대국어 형태론』, 지식과교양.

Amstrong-Warwick, S.(1995). Automated Lexical Resources in Europe: A Survey, *Automating The Lexicon*. Oxford University Press. 357-403.

Arnold, M. B.(1960). *Emotion and Personality*. New York: Columbia University Press.

Boons, J.-P., A. Guillet, C. Leclère(1976). *La structure des phrases simples en français: constructions intransitives*. Genève: Droz.

Courtois, B.(1987). *Dictionnaire électronique du LADL pour les mots simples du français (DELAS)*, RT du LADL 17. Université Paris 7.

Das, A. and S. Bandyopadhyay(2010). SentiWordNet for Indian languages, *The 8th Workshop on Asian Language Resources(ALR)*.

Denecke, K.(2008). Using SentiWordNet for multilingual sentiment analysis, *IEEE 24th International Conference 2008*.

Ekman, P.(1992). An argument for basic emotions. *Cognition and Emotion*. 6(3/4). 169-200.

Esuli, A. and F.Sebastiani(2006). SentiWordNet: A publicly available lexical resource for opinion mining, *Proceedings of the 5th Conference on Language and Evaluation* (LREC 06).

Gross, M.(1975). *Méthodes en syntaxe*, Paris: Hermann.

Gross, M.(1981). Les bases empiriques de la notoion de prédicat sémantique, *Langages* 63. Paris: Larousse.

Gross, M.(1989), La construction de dictionnaires électroniques. *Annales des Télécommunications*. 44(1/2). Issy-les-Moulineaux/Lannion: CNET.

Gross, M.(1993). *Presentation of the LADL*, Unpublished. LADL. Université Paris 7.

Gross, M.(1997). The Construction of Local Grammars, *Finite-State Language Processing*, E. Roche & Y. Schabes(eds), Cambridge: MIT Press. 329-354.

Gross, M.(1999). A bootstrap method for constructing local grammars, *Contemporary Mathematics*, Proceedings of the Symposium 1998. University of Belgrade.

Harris, Z.(1968). *Mathematical Structures of Languages*. Interscience Publishers.

Hausser, R.(2001). *Foundations of Computational Linguistics*. Springer.

Han, J., C. Hwang, S. Choi, G. Yoo, E. Laporte & J. Nam(2018). *DECO-MWE: Building a Linguistic Resource of Korean Multiword Expressions for Feature-Based Sentiment Analysis. The 13th Workshop on Asian Language Resources (ALR13)*.

Laporte, E.(2005). Lexicon management and standard formats. *Archives of Control Sciences*. Polish Academy of Sciences 15(3). 329-340.

Leclère, C.(1990). Organisation du Lexique-Grammaire des verbes français, *Langue française* 87. Paris: Larousse.

Levin, B(1993). *English Verb Classes and Alternations,* University of Chicago Press.

Liu, B.(2012). *Sentiment analysis and opinion mining*, Morgan and Claypool Publishers.

Martin, J. and P. White(2005). *The language of evaluation: Appraisal in english*, London: Pal Grave

MacMillan.

Miller, G. A.(1995). WordNet: An on-line lexical database, *International Journal of lexicography*.

Nam, J.(1990). Sur une construction N0 N1-ita en coréen. *Lingvisticae Investigationes* 14(2). Amsterdam/Philadelphia: John Benjamins Publishing Company.

Nam, J.(1994). *Classification syntaxique des constructions adjectivales en coréen,* Thèse de doctorat, Université Paris 7.

Nam, J.(1996). *Classification syntaxique des constructions adjectivales en coréen.* Amsterdam/ Philadelphia: John Benjamins Publishing Company.

Nam, J.(1997). Lexique-grammaire des adjectifs coréens et analyse syntaxique automatique, *Langages* 126. Paris: Larousse. 105-124.

Nam, J.(2014a). A Novel Dichotomy of the Korean adverb Nemwu in Opinion Classification, *Studies in Language* 38(1). John Benjamins Publishing Company. 169-207.

Nam, J.(2014b). Two-arguments-crossing phenomena in adjectival constructions, *Language Sciences* 45. Elsevier Ltd. 96-122.

Nam, J.(2015). *Korean electronic dictionary DECO.* DICORA-TR-2015-02. Hankuk University of Foreign Studies.

Pang, B. and L. Lee(2008). Opinion Mining and Sentiment Analysis, *Foundations and Trends in Information Retrieval* 2(1-2). 1-135.

Parrot, W. G.(2001). *Emotions in Social Psychology.* Philadelphia: Psychology Press.

Paumier, S.(2003). *UNITEX - Manuel d'utilisation*, IGM. Université de Marne-la-Vallée.

Paumier, S. and J. Nam(2014). Un système de dictionnaire de mots simples du coréen, *Penser le Lexique Grammaire*, Editions Honoré Champion. 481-490.

Plutchik, R.(2001). The nature of emotions, *American Scientist* 89(4). 344-350.

Roche, E.(1997), Parsing with Finite-State Transducers, *Finite-State Language Processing*, Cambridge: The MIT Press. 241-281.

Salkoff, M.(1983). Bees are swarming in the garden, *Languages* 59(2). Baltimore: The Waverly Press.

Silberztein, M.(1993). *Dictionnaires électroniques et analyse automatique de textes - le système INTEX.* Paris: Masson.

Yoo, G.(2018). *Implementation of the Language Technology Platform, DecoTex, and its application to Sentiment Analysis in Social Media Texts.* M.A. Thesis. Hankuk University of Foreign Studies.

Yoo, G. and J. Nam(2018) A Hybrid Approach to Sentiment Analysis enhanced by Sentiment Lexicons and Polarity Shifting Devices, *The 13th Workshop on Asian Language Resources (ALR13)*.

저자 약력

남지순 (Jeesun Nam)

연세대학교에서 학사 및 석사 학위 후 프랑스 파리제7대학(Université Paris 7) 이론형식언어학과에서 박사 학위를 받았다. 이후 파리이스트대학교(UPEM)에서 컴퓨터언어학 아빌리타시옹학위(Habilitation)를 취득하였다. 귀국 후 KAIST 인공지능연구센터(CAIR) 선임연구원을 거쳐 현재 한국외국어대학교 언어인지과학과 교수로 재직 중에 있다. 한국외대 디지털언어지식콘텐츠연구센터 센터장을 맡고 있으며, 캐나다 몬트리올대학교(Université de Montréal) 및 멕길대학교(McGill University), 파리이스트대학교(UPEM)에서 초빙교수를 역임하였다. 한국어 전자사전과 어휘문법 연구, 부분문법 방법론에 관련된 연구를 진행하고 있으며, 특히 사회관계망 텍스트의 오피니언 마이닝 및 감성분석을 위한 언어자원 구축에 대해 함께 연구하고 있다. (http://dicora.hufs.ac.kr)

<저서>

Classification syntaxique des constructions adjectivales en coréen (1996, John Benjamins Publishing Company) 및 한국어 형용사 어휘문법 (2007), 한국어 동사 형용사 활용 마법사 (2007) 등.

<논문>

Lexique-grammaire des adjectifs coréens et analyse syntaxique automatique (1997, Larousse), 오피니언 극성을 전환하는 한국어 부정표현 자동 인식을 위한 연구 (2012), 한국어 활용형 전자사전 구축을 위한 조사 복합형 구성단위에 대한 연구 (2014), A Nouvel Dichotomy of the Korean adverb Nemwu in Opinion Classification (2014, John Benjamins Publishing Company), Un système de dictionnaire de mots simples du coréen (2014, Ed. Champion. S. Paumier와 공저), Two-arguments-crossing phenomena in adjectival constructions (2014, Elsevier Ltd) 등 다수.

▌코퍼스 분석을 위한 한국어 전자사전 구축방법론

초 판 1쇄 발행 2018년 4월 27일
초 판 2쇄 발행 2019년 11월 20일
저 자 남지순
펴낸이 이대현
편 집 권분옥
디자인 안혜진
펴낸곳 도서출판 역락 | 등록 제303-2002-000014호(등록일 1999년 4월 19일)
주 소 서울시 서초구 반포4동 577-25 문창빌딩 2층
전 화 02-3409-2058(영업부), 2060(편집부) | 팩시밀리 02-3409-2059
전자우편 youkrack@hanmail.net
ISBN 979-11-6244-146-6 93700

- 정가는 표지에 있습니다.
- 잘못된 책은 교환해 드립니다.

- 이 도서의 국립중앙도서관 출판예정도서목록(CIP)은 서지정보유통지원시스템 홈페이지(http://seoji.nl.go.kr)와 국가자료공동목록시스템(http://www.nl.go.kr/kolisnet)에서 이용하실 수 있습니다.(CIP제어번호: CIP2018011834)